2023中国上市公司
数字化创新评价报告

王永贵　王竞达　汪淋淋　尚　铎　等 著

浙江工商大学出版社
ZHEJIANG GONGSHANG UNIVERSITY PRESS
·杭州·

图书在版编目(CIP)数据

2023 中国上市公司数字化创新评价报告 / 王永贵等
著. —杭州：浙江工商大学出版社，2023.12
ISBN 978-7-5178-5821-8

Ⅰ. ①2… Ⅱ. ①王… Ⅲ. ①上市公司－企业创新－
数字化－研究报告－中国－2023 Ⅳ. ①F279.246-39

中国国家版本馆 CIP 数据核字(2023)第 217148 号

2023 中国上市公司数字化创新评价报告

2023 ZHONGGUO SHANGSHI GONGSI SHUZIHUA CHUANGXIN PINGJIA BAOGAO

王永贵　王竞达　汪淋淋　尚　铎　等 著

出 品 人	郑英龙
策划编辑	郑　建
责任编辑	谭娟娟　徐　凌　黄拉拉　李兰存　高章连
责任校对	韩新严
封面设计	杨　鑫
责任印制	包建辉
出版发行	浙江工商大学出版社
	(杭州市教工路 198 号　邮政编码 310012)
	(E-mail:zjgsupress@163.com)
	(网址:http://www.zjgsupress.com)
	电话:0571－88904980,88831806(传真)
排　　版	杭州朝曦图文设计有限公司
印　　刷	杭州宏雅印刷有限公司
开　　本	787mm×1092mm　1/16
印　　张	37
字　　数	746 千
版 印 次	2023 年 12 月第 1 版　2023 年 12 月第 1 次印刷
书　　号	ISBN 978-7-5178-5821-8
定　　价	126.00 元

前　言

　　当前,数字经济已成为稳增长、促转型并推动中国式现代化建设的重要引擎。其中,数字化创新作为数字经济高质量发展的重要驱动力和数字经济时代企业持续发展的必然选择,得到了前所未有的关注。党的二十大报告也明确提出:"加快发展数字经济,促进数字经济和实体经济深度融合,打造具有国际竞争力的数字产业集群。"与此相对应,越来越多的企业试图将数字化创新作为企业价值创造和赋能增长的基石,以便在激烈的市场竞争中赢得领先优势。

　　作为我国经济发展的排头兵,越来越多的上市公司正在积极践行数字化创新。在我国加速发展数字经济的新格局下,数字化创新已成为众多上市公司获取竞争优势的战略武器。研究表明,传统产业上市公司和数字原生产业上市公司在数字化程度和数字化创新表现方面存在较大差异,上市公司的数字化创新水平会因上市公司所处的区域、省份和产权的不同而有所差异,上市公司所处的数字化创新生态环境也存在区域和省份的差异。目前尚未有研究对上述差异进行科学、客观、合理的评价,在这种背景下,对上市公司的数字化创新情况和数字化创新生态环境进行评价,不仅有助于广大市场参与者了解上市公司数字化创新水平和数字化创新生态环境,而且对促进我国数字经济健康高质量发展也具有非常重要的现实意义。

　　作为一部面向数字经济主战场并深入探究企业数字化创新实践的研究报告,《2023中国上市公司数字化创新评价报告》基于"战略导向—创新投入—创新产出—创新效益"的全过程视角,构建了上市公司数字化创新评价体系。具体而言,本报告分为"理论篇""总体状况与环境评价篇""传统产业评价篇""数字原生产业评价篇"和"结论篇",共 11 章。"理论篇"主要对上市公司数字化创新的背景、理论,以及数字化创新评价的框架、方法进行评述;"总体状况与环境评价篇"不仅从整体层面和产业层面对我国上市公司的数字化创新进行评价,还分区域、分省份从整体环境到具体的数字化基础环境、数字化融合环境和数字化支持环境对上市公司的数字化创新生态环境进行全方位评价;"传统产业评价篇"基于区域、省份、产权 3 个维度对传统产业上市公司的数字化创新进行评价;"数字原生产业评价篇"从区域维度、省份维度、产权维度对数字原生产业上市公司的数字化创新进行评价;"结论篇"旨在对评价报告进行总结,并对上市公司数字化创新提出对策建议与政策启示。

概括而言,本研究报告的特色主要体现在以下几个方面。第一,基于传统产业和数字原生产业的视角全面分析了上市公司的数字化创新表现。本报告创新性地将上市公司归类为传统产业和数字原生产业,以此对上市公司的数字化创新进行更为全面和深入的考察,突出了在不同产业类别下上市公司的数字化创新表现存在的差异。第二,基于"内外融汇"的视角搭建了上市公司数字化创新评价指标体系。本报告不仅从上市公司本体层面构建数字化创新评价指标体系,多维度透视上市公司数字化创新表现,而且从宏观环境层面构建了包括数字化基础环境、数字化融合环境和数字化支持环境在内的数字化创新生态环境评价体系,对上市公司数字化创新进行全方位、全链条的充分阐释。第三,创建了"四位一体"的上市公司数字化创新评价体系。本报告围绕数字化战略导向、数字化要素投入、数字化创新成果和数字化创新绩效 4 个关键维度展开,对上市公司数字化创新进行了相对完整的分析与阐释。第四,立足于"三维"视角全面揭示了上市公司基于不同区域、省份和产权的数字化创新特征。本报告不仅从区域、省份和产权 3 个维度对上市公司的数字化创新整体特征进行了评价,而且进一步分区域、省份、产权对上市公司的数字化战略导向、数字化要素投入、数字化创新成果和数字化创新绩效进行了分类评价,有助于进一步挖掘上市公司数字化创新的优势与差异,为上市公司提升数字化创新能力、优化数字化创新管理提供诊断和决策依据。第五,基于"三维互补"的视角,从数字化基础环境、数字化融合环境和数字化支持环境 3 个方面对上市公司数字化创新生态环境进行分区域、分省份的全面评价。本报告从整体到局部,层层推进,在分区域、分省份综合评价上市公司数字化创新生态环境的基础上,进一步深入比较不同区域、省份的数字化基础环境、数字化融合环境和数字化支持环境之间的优势与差异,为各区域和各省份优化数字化创新生态环境提供诊断依据,为上市公司提升数字化创新能力提出针对性的对策建议。

本报告是集体智慧的结晶。浙江工商大学王永贵教授携团队通过大量的资料查阅、深度的实地调研,构建了上市公司数字化创新的评价指标体系,运用科学的评价方法深入分析了上市公司的数字化创新表现与差异。同时,感谢本书的合作者王竞达教授的整体谋划、专业建议和辛勤付出。本报告的第1章、第2章、第3章、第4章和第11章由王永贵、汪淋淋、尚铎、李霞、曾静、万壮、张思祺、王皓月、杨江琳、周语嫣、张二伟、张静、高乐伟、史梦婷、郭笑笑等人撰写;第5章、第6章、第7章、第8章、第9章和第10章由王竞达、王田力、周率、马里斌、梅延拓、车洪雪、祖广政、郭家琪、贾博坤、李雪儿、王馨竹、郭燕姿、李博涵、李泊宁、刘孟陶、张惠文、卢雨欣和赵得平等人撰写。没有大家的共同努力,本研究报告就无法及时与读者见面。此外,诚挚感谢深圳市桑达实业股份有限公司监事会主席崔辉先生、赛复投资公司李强先生、华创证券雷昊先生、方正基金夏旭先生等专家,感谢他们在百忙之中提供了很多宝贵的建议。

目 录
CONTENTS

数字原生产业评价篇

结论篇

理　论　篇

1 上市公司数字化创新:背景、理论与整体架构

随着以人工智能、物联网、区块链、云计算、大数据、5G 等为代表的数字技术的快速发展与商业应用,全球经济已经进入数字经济时代,世界各主要国家和地区均将数字化创新作为优先发展的方向。2022 年,中国数字经济规模达 50.2 万亿元,总量稳居世界第二,占 GDP 的比重提升至 41.5%,数字经济已成为稳增长促转型的重要引擎。[①] 党的二十大报告提出"加快发展数字经济,促进数字经济和实体经济深度融合",为中国数字经济发展提供了方向指引。

数字经济作为未来发展的主要经济形式,数字产业化和产业数字化作为发展数字经济的核心内容,都离不开企业数字化创新的驱动。数字化创新是指企业利用数字化资源和数字化工具改善其产品、服务、流程和商业模式的过程。在当前中国加速进入数字经济时代的新格局下,数字化创新为企业获取竞争优势提供了新的机遇。上市公司作为中国市场主体的中坚力量,正在积极践行数字化创新,积极布局人工智能、大数据等领域,逐步顺应并参与数字经济发展的大潮,努力成为数字经济发展的"引领者"和"生力军"。[②]

1.1 上市公司数字化创新的背景与研究意义

1.1.1 上市公司数字化创新的背景

近年来,伴随着政府对数字经济发展的关注度和重视度日益提高,各种有关数字经济的政策不断出台。自 2017 年政府工作报告首次提及"数字经济"以来,关键词"数字经济"和"数字化"在政府工作报告中出现的频次开始增加。具体而言,如表 1-1 所示,2017 年政府工作报告仅简单提出"促进数字经济加快成长"。2019 年以来,

---

① 国家互联网信息办公室.数字中国发展报告:2022 年[R/OL]. (2023-05-23)[2023-09-07]. http://www.cac.gov.cn/rootimages/uploadimg/1686402331296991/1686402331296991.pdf? eqid =c3a51341000002e900000006647964eb.

② 进一步发挥上市公司在数字经济发展中的生力军作用[EB/OL]. (2022-12-25)[2023-09-07]. https://baijiahao.baidu.com/s? id=1753164851233966788&wfr=spider&for=pc.

政府工作报告对数字经济逐步提出明确要求,有关数字经济的说法也经历了从"壮大数字经济""全面推进'互联网＋',打造数字经济新优势""加快数字化发展,打造数字经济新优势""加强数字中国建设整体布局"到"促进数字经济和实体经济深度融合""大力发展数字经济"的转变。尽管 2018 年政府工作报告没有提及"数字经济",但首次提出了"数字中国"建设,这是对"数字经济"的进一步延伸。从这些说法的变化可以看出,国家对数字经济的认知更加深入、科学,中国数字经济发展已经进入全面总动员阶段。

表 1-1　年度政府工作报告中有关"数字经济"的主要表述一览表

年份	具体内容	关键词
2017	推动"互联网＋"深入发展,促进数字经济加快成长	"成长"
2019	深化大数据、人工智能等研发应用,培育新一代信息技术;壮大数字经济	"壮大"
2020	继续出台支持政策,全面推进"互联网＋",打造数字经济新优势	"互联网＋" "新优势"
2021	加快数字化发展,打造数字经济新优势,协同推进数字产业化和产业数字化转型	"加快" "新优势" "数字产业化" "产业数字化"
2022	促进数字经济发展;加强数字中国建设整体布局;完善数字经济治理,培育数据要素市场,释放数据要素潜力	"加强" "治理" "数据要素"
2023	促进数字经济和实体经济深度融合;大力发展数字经济	"大力发展" "深度融合"

资料来源:浙江工商大学数字创新与管理研究院和首都经济贸易大学资产评估研究院整理。

在数字经济快速发展的背景下,数字技术也在不断创新与发展,这也影响着中国企业的数字化创新水平和数字化创新能力。相关数据显示:2022 年中国信息领域相关专利合作条约(Patent Cooperation Treaty,PCT)国际专利申请量近 3.2 万件,占全球总量的比例达 37%,排名第一[①];数字经济核心产业发明专利授权量 33.5 万件,占中国发明专利授权总量的比例为 41.9%,同比增长 17.5%[②]。为了提升企业数字化创新的积极性和动力,更好地推动企业数字化创新,在政府工作报告的指导

---

① 2022 年中国 PCT 国际专利申请量,继续排名首位! 华为继续位居申请人排行榜榜首 [EB/OL]. (2023-03-01)[2023-09-07]. https://baijiahao. baidu. com/s? id=1759162972382204915& wfr=spider&for=pc.

② 2022 年中国数字经济核心产业专利授权情况数据分析:专利数量快速增长[EB/OL]. (2023-08-29)[2023-09-07]. https://www. 163. com/dy/article/IDA9GAAN051481OF. html.

下,国务院、发改委和工信部等相继出台了一系列相关支持政策,如表 1-2 所示。鼓励企业数字化创新发展的政策体系在不断完善:从政策支持对象来看,逐步从广义上推动重点产业的数字化创新聚焦到支持专精特新、中小企业等具体对象的数字化创新;从政策支持方式来看,从把握方向、提供转型引导和资金支持逐步发展到推广试点应用、完善配套服务、优化发展环境等多措并举,旨在助力企业科学高效地开展数字化创新,促进企业高质量发展。

表 1-2 政府出台的鼓励企业数字化创新政策

时间	发文机关	标题	内容
2020 年 8 月	国资委	关于加快推进国有企业数字化转型工作的通知	把握方向,加快推进产业数字化创新;技术赋能,全面推进数字产业化发展;突出重点,打造行业数字化转型示范样板
2021 年 12 月	国务院	"十四五"数字经济发展规划	大力推进产业数字化转型;加快企业数字化转型升级;全面深化重点产业数字化转型;推动产业园区和产业集群数字化转型;培育转型支撑服务生态
2022 年 8 月	工信部 财政部	关于开展财政支持中小企业数字化转型试点工作的通知	聚焦关键领域和环节的中小企业数字化转型的重点方向;打造行业规范高效、有利复制推广的中小企业数字化转型示范样板;增强中小企业的数字化服务能力;提升政府资金引导、优化数字化环境的政策效能
2022 年 11 月	工信部	中小企业数字化转型指南	坚持企业主体,效益优先;因"企"制宜推进数字化转型;坚持应用牵引,供需互促;全流程提供专业化服务,基于应用反馈提升产品服务供给水平;坚持政府引导,协同联动;推动形成促进中小企业数字化转型的工作合力
2023 年 2 月	中共中央 国务院	数字中国建设整体布局规划	构筑自立自强的数字技术创新体系;加强企业主导的产学研深度融合;强化企业科技创新主体地位,发挥科技型骨干企业引领支撑作用
2023 年 3 月	发改委	关于印发投资项目可行性研究报告编写大纲及说明的通知	以数字化交付为目的,实现设计—施工—运维全过程数字化应用方案
2023 年 5 月	发改委 工信部 财政部 人民银行	关于做好 2023 年降成本重点工作的通知	加大专精特新"小巨人"企业发展支持力度,继续推进中小企业数字化转型试点
2023 年 6 月	财政部 工信部	关于开展中小企业数字化转型城市试点工作的通知	聚焦中小企业数字化转型中的痛点难点,切实解决中小企业"不愿转、不敢转、不会转"的问题,围绕提质、增效、降本、减存、绿色、安全的目标,提升数字化转型服务供给能力,降低转型成本,确保中小企业数字化转型取得实效

资料来源:浙江工商大学数字创新与管理研究院和首都经济贸易大学资产评估研究院整理。

结合企业实践来看,在政策支持以及日益激烈的行业竞争背景下,不少企业开始探索数字化创新,虽然取得了一定的成效,但多数企业的数字化创新仍停留在初级阶段,失败率较高。企业的数字化创新面临着重重挑战,例如数字化创新观念薄弱、转变困难,缺乏清晰的数字化创新路径,数字化要素投入不足,数字技术水平较低等。鉴于此,对于中国企业而言,数字化创新道阻且长。

1.1.2 上市公司数字化创新的研究意义

截至 2022 年底,中国上市公司总数增至 5,079 家(为主板、创业板、科创板、北交所上市公司数量之和),总市值规模达 84.68 万亿元(为 A 股、B 股和 H 股市值之和),占 GDP 总量的比例高达 69.97%;上市公司研发投入占全国企业研发投入的比例已超 50%,且呈稳定增长态势;高技术制造业上市公司研发强度达 6.71%,显著高于全国平均水平;各行业上市公司累计披露专利数量超 140 万件,差不多占全国专利数量的 1/3。[①] 鉴于此,上市公司在引领企业创新方面发挥着模范作用,正逐步成长为实体经济的"基本盘"、经济发展动能的"转换器"。[②] 基于上市公司越发重要的地位,推动上市公司在信息化、数字化、网络化、智能化领域的健康发展,可以助力上市公司快速响应市场变化和提供更优质的产品与服务,从而获得更高的收益和竞争优势,最终为促进中国数字经济发展注入新引擎、新动力。因此,对上市公司的数字化创新进行深入研究具有一定的意义和价值,主要体现在以下几个方面。

1.1.2.1 打造数字经济时代新竞争力,助力企业高质量发展

数字化浪潮的到来,从根本上改变了传统生产导向的商业模式,给企业经营带来了巨大的挑战和全新的机遇。有别于传统工业化发展时期的"制造能力"竞争,数字经济时代企业核心竞争力变成了"服务能力＋数字化能力＋制造能力",数字化创新成为企业高质量发展的必然选择。在这一背景下,通过构建全面、系统的数字化创新评价指标体系,可以科学评价、横向对比上市公司的数字化创新能力,从省份、区域、产权等多维视角帮助上市公司了解自身的数字化创新情况,更加深入地认识现阶段数字化创新存在的优势和不足,更好地提升上市公司的数字化创新水平,打造数字经济时代下新的竞争力,从而促进上市公司高质量发展。

---

① 中上协.中国上市公司 2022 年经营业绩分析报告:整体保持平稳增,"双循环"相互促进[EB/OL].(2023-04-30)[2023-09-07].https://baijiahao.baidu.com/s?id=1764569219534971332&wfr=spider&for=pc.

② 中上协.推动上市公司数字化转型,为经济发展注入新动能[EB/OL].(2022-07-04)[2023-09-07].https://www.chinanews.com/cj/2022/07-04/9795511.shtml.

1.1.2.2　促进数实融合,打造具有国际竞争力的数字产业集群

习近平总书记在党的二十大报告中强调:"加快发展数字经济,促进数字经济和实体经济深度融合,打造具有国际竞争力的数字产业集群。"伴随着数字技术赋能产业创新发展,特别是对传统产业进行改造提升,助力产业链的优化调整与迭代提升已经成为推进产业高质量发展,进而推动中国经济高质量发展的必然趋势。基于此,本报告创新性地将中国上市公司分为传统产业上市公司和数字原生产业上市公司两大类别,分别对两者的数字化创新进行多角度深入剖析,有助于梳理不同产业类型下上市公司数字化创新的差异性和独特性,找到不同产业与数字技术融合的突破点,以便更好地实现数字技术对传统产业全方位、全链条的改造升级,助力传统产业数字化转型发展;同时,有助于增强数字产业链关键环节竞争力,促进数字经济与实体经济深度融合,最终助力构建具有国际竞争力的数字产业集群。

1.1.2.3　优化数字化创新生态环境,推进数字中国建设

建设数字中国是数字经济时代推进中国式现代化的重要引擎,是构筑国家竞争新优势的有力支撑。数字中国需要构筑自立自强的数字创新体系,而这一目标的实现有赖于上市公司作为技术创新的主体,发挥科技型骨干公司的创新引领支撑作用。因此,如何为上市公司进行数字化创新提供环境支持,发挥其主体作用,成为建设数字中国的重要内容。基于此,通过开发由数字化基础环境、数字化融合环境以及数字化支持环境构成的数字化创新生态环境评价体系,结合各区域、省份上市公司的数字化创新表现,可以对不同区域、省份的数字化创新支持资源和环境进行综合分析,找出所存在的差异,并揭示这些差异给上市公司数字化创新带来的影响。更进一步,各区域和省份可以结合上市公司数字化创新表现为其提供更为精准有力的支持措施,在助力上市公司数字化创新的同时,加快推动数字中国建设。

1.2　上市公司数字化创新的理论分析

1.2.1　数字化创新研究的理论基础

数字化创新是一项可以帮助企业获取核心竞争力的系统工程,需要在一定的制度保障下,结合企业特定属性来组织人员参与、配置企业内外部资源、开展学习。本报告基于数字化创新的本质,对相关理论进行梳理,为构建上市公司数字化创新评价指标体系提供科学、合理的理论基础。

1.2.1.1　资源依赖理论

资源依赖理论由 Pfeffer 和 Salancik 在 1978 年首次提出。两位学者对资源依赖理论进行了系统的论述,指出对于一些无法自给自足的战略性资源,企业必须依赖外部其他组织来获取。[①] 作为企业的一项重要战略举措,数字化创新离不开持续的资源投入,这不仅限于不同企业内部的异质性资源,更注重外部资源。随着全球经济迈入数字经济时代,为了更好地塑造新的竞争优势以应对更为激烈的市场竞争,数字化创新是越来越多企业的必然选择,而获取和整合极为丰富的外部数字化创新资源则成为企业实现数字化创新的关键驱动路径之一。基于此,在构建上市公司数字化创新评价体系时,除了考虑企业内部层面的资源驱动要素外,还应考虑外部宏观层面的资源驱动要素。

1.2.1.2　技术创新理论

技术创新理论由经济学家 Schumpeter 等提出,他们认为创新是通过将生产要素和生产条件重新组合引入生产体系后,在破坏原有生产结构基础上创造新的结构,最终建立一个新的生产函数。[②] 在这一理论下,企业通过产品创新、流程创新、服务创新、组织创新等一系列量变举措,能够推动实现降低成本、提高效率或增加利润的质变,进而再循环往复,产生新的经济增长点。[③] 根据该理论,与数字技术相关的生产要素和生产条件是企业开展数字化创新的必要前提,需要在构建数字化创新体系时重点关注。基于此,在构建上市公司数字化创新评价体系时,本报告将重点关注企业内部数字化要素的投入以及数字经济发展环境等外部生产条件。

1.2.1.3　社会技术系统理论

社会技术系统理论认为,组织是社会系统、技术系统和外部环境相互作用而形成的社会技术系统。[④] 其中,社会系统包括人和外部伙伴,技术系统包括将材料转化为产品的工具和技术。社会系统和技术系统相互配合的程度以及外部环境决定了组织的运行效率。社会技术系统理论有 2 个主要论点:第一,通过技术因素和社会因

---

① PFEFFER J, SALANCIK G R. The external control of organizations: a resource dependence perspective[M]. New York: Harper & Row, 1978.

② SCHUMPETER J A, FAIN G. Capitalisme, socialisme et démocratie[M]. Paris: Payot, 1951.

③ 王竞达,王永贵,等. 2023 中国上市公司创新发展指数报告[M]. 北京:中国财政经济出版社,2023:28.

④ MAKARIUS E E, MUKHERJEE D, FOX J D, et al. Rising with the machines: a sociotechnical framework for bringing artificial intelligence into the organization[J]. Journal of business research, 2020, 120: 262-273.

素的组合优化,可以实现组织目标,社会制度的设计应与技术制度相一致;第二,3个子系统相互作用并影响组织的实践。在组织设计中,也需要考虑外部环境的要求。[①]基于此,对企业而言,为了实现数字化创新这一目标,既需要发挥"人"的作用,如数字化领导力、在数字化技术研发与应用方面的员工投入等,也需要发挥"技术"的作用,如数字化技术要素、数字化基础要素等,同时还需要考虑外部宏观环境的影响,如数字化基础环境、数字化融合环境和数字化支持环境等数字化创新生态环境。

1.2.1.4 创新扩散理论

创新扩散理论由 Rogers 提出,该理论系统阐释了创新的产生、扩散,以及创新决策、采用和实施结果。创新扩散被定义为在一个社会系统的成员之间,一项创新通过特定的渠道在一段时间内传播的过程。[②] 创新、沟通渠道、时间和社会系统构成了创新扩散的四大要素。正如早期从区域产业技术扩散的观察中获取知识一样,宏观角度的创新扩散研究主要探讨如何借助政府干预来加快创新在产业生态中的扩散,包括通过采购政策创造新市场,通过监管和其他手段聚集或集中市场,通过合同向较小的公司提供市场准入、风险资本、加强专利保护等。[③] 从而,本报告的数字化创新生态环境指标涵盖了数字化技术、数字化融合和数字化支持环境3个二级指标,并且本报告进一步细化了包括数字化产业、政策、服务等在内的多项支持指标。

1.2.1.5 可供性理论

生态心理学家 Gibson 提出"可供性"这一概念[④],用来描述技术对象所具有的可被人利用以完成不同目标的潜能。可供性也被认为是环境所拥有的独立于人类感知的倾向属性,是指环境潜在功能的客观性不会因未被主体利用而消失。[⑤] 其中,技术可供性具有功能属性和关系属性两方面性质。[⑥] 在这一概念下,数字技术也具有可供性。[⑦]

---

① SOLIMAN M,SAURIN T A,ANZANELLO M J. The impacts of lean production on the complexity of socio-technical systems[J]. International journal of production economics,2018,197:342-357.

② ROGERS E M. Diffusion of innovations[M]. New York:The Free Press of Glencoe,1962.

③ UTTERBACK J M. Innovation in industry and the diffusion of technology[J]. Science,1974,183(4125):620-626.

④ GIBSON J J. The theory of affordances[M]. Hillsdale,NJ:Lawrence Erlbaum,1977.

⑤ TURVEY M T. Affordances and prospective control:an outline of the ontology[J]. Ecological psychology,1992,4(3):173-187.

⑥ HUTCHBY I. Technologies,texts and affordances[J]. Sociology,2001,35(2):441-456.

⑦ NAMBISAN S,LYYTINEN K,MAJCHRZAK A,et al. Digital innovation management:reinventing innovation management research in a digital world[J]. MIS quarterly,2017,41(1):223-238.

具体来看,数字技术具备促进创新的潜能,以创新为目标的企业利用数字技术可以开发其潜能,实现数字化创新。企业在创新过程中对数字技术的利用体现了数字技术可供性的关系属性,而实现数字化创新则体现了数字技术可供性的功能属性。[①]基于此,在构建上市公司数字化创新评价指标体系时,可从功能属性和关系属性出发,既考虑数字技术的投入和应用,也关注数字技术应用的成果(如数字经济发明专利数量、数字产品和服务创新等)和据此为企业带来的绩效(如数字化创新带来的转化绩效、盈利绩效、效率绩效、研发绩效和影响绩效等)。

1.2.2 数字化创新研究的理论框架

本报告在 Hitt 等提出的"投入—产出"模型[②]的基础上,结合资源依赖理论、技术创新理论、社会技术系统理论、创新扩散理论以及可供性理论等对数字化创新进行新的阐释,基于"战略导向—创新投入—创新产出—创新效益"的逻辑探究上市公司数字化创新的全过程,并构建了具有中国本土特色的上市公司数字化创新整体框架,如图 1-1 所示。

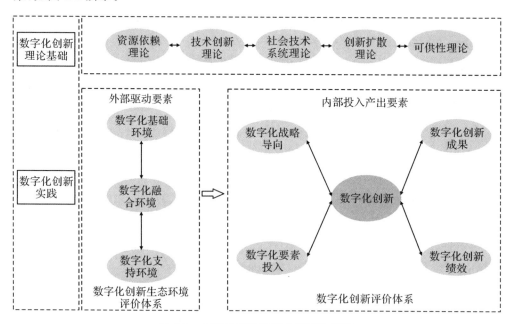

图 1-1 上市公司数字化创新整体框架

资料来源:浙江工商大学数字创新与管理研究院和首都经济贸易大学资产评估研究院整理。

---

① 洪江涛,张思悦.可供性理论视角下制造业数字创新的驱动机制[J/OL].科学学研究,1-17.[2023-09-21].https://doi.org/10.16192/j.cnki.1003-2053.20230602.002.

② HITT M A,IRELANDR D,SIRMON D G,et al. Strategic entrepreneurship:creating value for individuals,organizations,and society[J]. Academy of management perspectives,2011,25(2):57-75.

根据资源依赖理论、技术创新理论和社会技术系统理论,数字化创新需要整合内外部数字化资源[①],因此在探究上市公司的数字化创新时既需要考虑公司内部的影响因素,也需要对公司所处的外部宏观环境因素进行分析。在考虑外部宏观环境时,本报告结合创新扩散理论,聚焦数字化生态环境,从数字化基础环境、数字化融合环境和数字化支持环境方面具体分析了上市公司数字化创新的外部环境。针对上市公司数字化创新的内部影响因素,本报告则结合可供性理论和"投入—产出"模型,从上市公司的数字化战略导向、数字化要素投入、数字化创新成果和数字化创新绩效4个维度展开,分析了中国上市公司数字化创新情况。对于上市公司数字化创新的内外部驱动因素,本报告将在下面的小节中具体展开论述。

1.2.3 数字化创新的外部驱动要素

外部驱动要素是企业数字化创新的重要驱动力,其提供了支持和促进数字化创新的关键条件和资源,如基础设施、数据共享、政策法规、智力人才、政府服务等[②]。这些外部驱动要素不仅影响数字化创新的能力,而且影响数字化创新的速度和效果。接下来,本报告将从数字化基础环境、数字化融合环境以及数字化支持环境3个方面进行介绍,如图1-2所示。

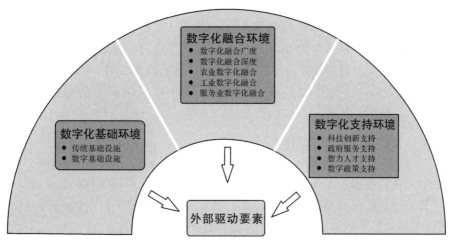

图 1-2 上市公司数字化创新的外部驱动要素

资料来源:浙江工商大学数字创新与管理研究院和首都经济贸易大学资产评估研究院整理。

---

① YOO Y,BOLAND JR R J,LYYTINEN K,et al. Organizing for innovation in the digitized world[J]. Organization science,2012,23(5):1398-1408.

② 田泽,夏月,管歆格.多维驱动因素联动效应对企业数字化创新的影响:来自 SEM 与 fsQCA 的实证分析[J/OL].科技进步与对策,1-11.[2023-10-06]. http://kns. cnki. net/kcms/detail/42. 1224. G3. 20230625. 0952. 002. html.

1.2.3.1　数字化基础环境

数字化基础环境指的是使数字化技术可以运行、交流和应用的各种硬件、软件、网络、服务等设施的集合。数字化基础环境是整个数字化创新的基石，是数字经济高质量发展的先决条件，其健全和完善对推动企业数字化创新，实现数字化转型至关重要。良好的数字化基础环境能够提供数字化基本工具和稳定的数字化运行环境，企业只有充分依托这些基础技术和资源才能实现数字化创新和持续发展。本报告从传统基础设施和数字基础设施 2 个方面对数字化基础环境进行了测算。

（1）传统基础设施

传统基础设施是指已经建立和运营的基础设施，通常是为了满足社会、经济和技术需求而建立的物理结构或系统。通信、数据传输和数字连接是传统基础设施的主要组成部分。传统基础设施的发展和覆盖范围对现代社会的信息流动、经济发展和创新至关重要，它在推动数字化创新方面发挥着关键作用。[①] 结合我国上市公司数字化创新实践来看，传统基础设施主要包含光缆光纤、微波、卫星、移动通信、IPv6、IPv4 等。

（2）数字基础设施

数字基础设施是指支撑数字化经济和社会运作的基础性信息技术与通信网络设施。它包含硬件、软件、网络设备以及与之相关的资源，使得数字信息的传输、存储、处理和访问成为可能。[②] 数字基础设施为企业进行数字化创新时所需要的在线业务、数据传输、互联网连接等业务提供了必要的基础设施支持。具体来看，数字基础设施评价主要体现在工业互联网、物联网、云计算中心、数据存储列阵、5G、6G 等数字基础设施的发展程度上。

1.2.3.2　数字化融合环境

数字化融合环境是指在数字化时代，由不同行业、技术和领域的数字化发展相互交叉和融合所形成的整体外部环境。在数字化融合环境下，以数字技术为基础，将农业、工业和服务业等传统行业和领域与数字化发展相结合，能够促进各个行业间的融合和协同创新。[③] 数字化融合环境促使创新和协作成为常态，为企业创造了更多的数字化发展机遇和市场空间，是企业进行数字化创新的重要外部驱动要素。

---

① 庞瑞芝，王宏鸣.数字经济与城市绿色发展：赋能还是负能？[J/OL].科学学研究，1-17.[2023-10-06].http://dio.org/10.16192/j.cnki.1003-2053.20230802.001.

② LYYTINEN K，YOO Y，BOLAND J R. Digital product innovation within four classes of innovation networks[J]. Information systems journal，2016，26(1)：47-75.

③ 姜奇平，刘宇洋，许滨鸿.产业数字化转型与居民消费结构升级：效应、路径与机理[J].产业经济评论，2023(4)：67-89.

基于相关学术研究以及上市公司数字化创新实践,本报告主要从数字化融合广度、数字化融合深度、农业数字化融合、工业数字化融合和服务业数字化融合5个方面进行测算。

(1)数字化融合广度

数字化融合广度是指根据数字化技术的应用范围和特点,将不同领域的产业划分为几个主要类别。目前,以技术发展的眼光来看,典型的数字化技术主要包含大数据、人工智能、物联网、区块链等。[①] 不同的数字化产业种类,提供了不同的技术和商业机会。企业可以利用数字化融合环境中的不同数字化产业种类来寻找合作伙伴、探索新业务模式和推动创新。基于此,本报告认为,数字化融合广度主要包括大数据企业数、物联网企业数、人工智能企业数、区块链企业数等方面。

(2)数字化融合深度

数字化融合深度代表了一个行业或产业中的所有公司、机构和参与者的总体规模和影响力。一个区域的数字化融合程度越高,代表着该区域内整体数字化进程越快。数字化融合深度的提高为企业提供了更多的市场机会,推动了数字化创新。企业可以通过洞察数字化产业规模,识别机会和解决方案,满足市场需求。本报告认为,数字化融合深度主要包括数字产品制造业、数字产品服务业、数字技术应用业、数字要素驱动业等数字经济核心产业的规模。

(3)农业数字化融合

农业数字化融合是将数字技术与农业生产、管理和市场等方面紧密结合,强调数字化技术在农业领域的应用。农业数字化融合程度越高,意味着农村地区的数字化推广效果越好。[②] 本报告旨在用3个指标对农业数字化融合进行测算:一是农村宽带接入用户数,以此衡量农村地区的互联网普及程度;二是乡村振兴指数,用于评估农村地区的发展程度和经济繁荣度;三是农村居民平均每百户年末移动电话拥有量,反映农村居民使用移动通信设备的普及程度等信息。

(4)工业数字化融合

工业数字化融合是指将数字技术与工业的生产、供应链和管理等方面相融合,广泛应用自动化、大数据、物联网等技术,推动数字化创新,实现智能制造和个性化生产。[③] 工业数字化融合程度越高,意味着工业的数字化进程越深入和成熟。本报

① URBINATI A,CHIARONI D,CHIESA V,et al. The role of digital technologies in open innovation processes: an exploratory multiple case study analysis[J]. R&D management,2020,50(1):136-160.

② 谢康,易法敏,古飞婷. 大数据驱动的农业数字化转型与创新[J].农业经济问题,2022(5):37-48.

③ 史宇鹏.数字经济与制造业融合发展:路径与建议[J].人民论坛·学术前沿,2021(6):34-39.

告主要通过 3 个指标对工业数字化融合进行测算,具体包括规模以上工业企业每百家拥有网站数、规模以上工业企业每百人使用计算机台数以及规模以上工业企业电子商务销售额。

(5)服务业数字化融合

服务业数字化融合是指将数字技术与服务业的各个领域和环节相融合,实现服务业数字化转型和创新的过程。服务业数字化融合程度越高,意味着服务业的数字化环境越好,企业可以依靠此良好环境加快创新服务模式,提升服务效率和改善消费者体验。[①] 服务业数字化融合包括第三产业增加值、互联网相关服务业投入/业务收入以及数字普惠金融指数 3 个具体测算指标。

1.2.3.3 数字化支持环境

数字化支持环境是企业数字化创新不可或缺的环境支撑,它在科技、服务、人才、政策等方面为企业数字化创新提供了强有力的保障,促使企业的数字化创新取得成功。基于数字化创新相关研究以及上市公司数字化创新实践,本报告主要从科技创新支持、政府服务支持、智力人才支持和数字政策支持 4 个方面进行测算。

(1)科技创新支持

科技创新支持是企业进行数字化创新的重要驱动因素。[②] 数字化支持环境意味着持续的科技创新,这些科技创新不仅能够解决企业技术创新瓶颈问题,还能够为企业提供更多的创新机会,满足企业数字化创新的需求。科技创新支持主要包括技术市场成交额、国内发明专利申请授权量、规模以上工业企业新产品项目数等基本要素。

(2)政府服务支持

政府在上市公司数字化创新中扮演着重要角色,它可以通过提供各项服务来促进企业的数字化发展。良好的政府服务能够通过官方网站、政务微博等渠道向企业提供重要资源和信息,不仅有助于减轻企业数字化创新活动的行政负担和降低成本,还利于企业做出明智的决策和战略规划。政府服务支持主要包括电子政务水平、政务微博竞争力、我国分省(区、市).gov.cn 域名分布等基本要素。

(3)智力人才支持

数字化创新需要具备相关技术和创新能力的人才。人才是第一资源,企业创新离不开智力人才支持。许多创新涉及技术和专业知识,尤其是一些关键领域数字化

---

① 郭克莎,杨倜龙.中国产业数字化改造的机制和政策[J].经济学动态,2023(3):21-35.

② CHAE B. A General framework for studying the evolution of the digital innovation ecosystem: the case of big data[J]. International journal of information management,2019,45:83-94.

技术的创新突破,更加需要各类创新型人才和复合型人才。[①] 因此,智力人才支持是区域内企业数字化创新的核心驱动要素。智力人才支持主要包括软件研发人员就业人数、普通高等学校专任教师数、每十万人口高等学校平均在校生数等基本要素。

(4)数字政策支持

数字化支持环境需要有相关的政策规划和治理措施,以保障企业数字化创新的顺利进行。数字政策支持可以创造一个良好的政策环境,降低政策风险和不确定性,从而为企业数字化创新提供明确规范和发展方向。数字政策支持主要包括政府工作报告数字经济热度、数字经济政策搜索指数、省级地方政府数字经济政策关注度等基本要素。

1.2.4 数字化创新的内部投入产出要素

数字化创新能力是企业数字化创新水平的重要体现。企业数字化创新能力是指企业运用云计算、大数据、人工智能、区块链等新兴的数字技术和工具,快速探索、识别和应用创新解决方案的能力。[②] 这种能力是一种融合数字技术的综合创新能力[③],旨在改变和提升企业业务模式、产品和服务、运营流程以及客户体验等多个过程[④]。数字化创新水平评价是衡量企业在数字化时代的竞争力和未来发展潜力的重要方式,因此科学合理地进行评价,有助于企业更好地了解自身的数字化创新状况,识别改进机会,优化资源利用,满足顾客需求,应对市场变化,进而塑造市场竞争优势,最终获得可持续发展。

目前,理论界和实务界对企业数字化创新的内涵具有不同见解。一些学者秉持狭义的观点,认为数字化创新主要体现在能够利用数字技术和设备来提升企业业务运营流程和实现顾客价值上。例如:有学者认为数字化创新是指企业能够使用数字技术开发出新的产品、服务和流程等[⑤];也有学者认为数字化创新主要包括销售支

---

① 王维,张萌萌,郭韬.商业模式创新对新创企业组织韧性的影响机制研究[J/OL].科技进步与对策,1-11.[2023-10-06].http://kns.cnki.net/kcms/detail/42.1224.G3.20230901.1326.010.html.

② VEGA A,CHIASSON M. A comprehensive framework to research digital innovation:The joint use of the systems of innovation and critical realism[J]. Journal of strategic information systems,2019,28(3):242-256.

③ 李小青,何玮萱,李子彪,等.制造企业数字化创新能力影响因素识别及评价[J].科技管理研究,2022,42(16):1-10.

④ YOO Y,HENFRIDSSON O,LYYTINEN K. Research commentary—the new organizing logic of digital innovation:an agenda for information systems research[J]. Information systems research,2010,21(4):724-735.

⑤ KEVIN Z Z,FANG W. Technological capability,strategic flexibility,and product innovation[J]. Strategic management journal,2010,31(5):547-561.

持、产品和服务、分析支持和整合能力[①]。在此基础上，有部分学者提出数字化创新不只是数字技术硬实力，还应包含和组织配套的软实力。例如，有学者认为数字化创新包括产品创新、服务创新、流程创新、商业模式创新等方面[②]，亦有学者认为数字化创新涵盖企业组织、文化变革、战略规划、数字技术应用以及生态圈等方面[③]。

对于如何评价企业的数字化创新，理论界和实务界存在多种方法。考虑到数字化创新往往涉及多个方面的资源和成果，采用投入和产出理论视角可以帮助公司综合考量数字化创新的全过程。投入和产出理论是一种同时研究"投入"和"产出"的经济定量分析方法。具体来看，"投入"主要指在社会生产活动中所运用的各种生产要素，"产出"则代表一种社会效果，用于评价生产活动的经济后果。投入和产出理论考虑了产业之间的投入和产出关系，能够对整个经济体进行全面且系统的分析。因此，在评价相关指标时会使整个评估结果更加准确、客观。正如前面提到的，上市公司的数字化创新过程是把资源转化为创新产出的过程，是一个典型的投入—产出过程，所以现有研究也大多基于此视角对企业的数字化创新水平或能力进行评价。例如：有学者基于投入和产出理论视角，从创新专利产出、人才储备、资金获取、资源整合和经济基础5个维度评价企业数字化创新水平和能力[④]；也有学者发现企业数字化创新能力应当包含数字化创新产生能力（环境感知能力、机会识别能力、设想产生能力）、数字化创新转化能力（基础设施架构能力、创新保障能力、数据资源运营能力）和数字化创新实施能力（生产能力、营销能力、服务能力）3个方面[⑤]。

企业数字化创新是一个循序渐进的系统的过程，在评价企业的数字化创新时，必须着眼于全过程考量。因此，本报告以国内外理论界和实务界对企业数字化创新的理论阐释和分析为基础，结合上市公司数字化创新的实践特征，基于投入和产出理论视角，拟从"战略导向—创新投入—创新产出—创新效益"4个方面出发，对上市公司的数字化创新进行评价，如图1-3所示。

---

① 程宣梅,朱述全,谢洪明.数字化、服务化战略与商业模式创新[J].科技与经济,2021,34(1):36-40.

② FICHMAN R G,DOSSANTOS B L,ZHENG Z E. Digital innovation as a fundamental and powerful concept in the information systems curriculum[J]. MIS quarterly,2014,38(2):329-353.

③ 王瑞,董明,侯文皓.制造型企业数字化成熟度评价模型及方法研究[J].科技管理研究,2019,39(19):57-64.

④ 李小青,何玮萱,李子彪,等.制造企业数字化创新能力影响因素识别及评价[J].科技管理研究,2022,42(16):1-10.

⑤ 陈峣,李天柱.制造企业数字化创新能力的结构维度划分[J].科学与管理,2023,43(4):28-36.

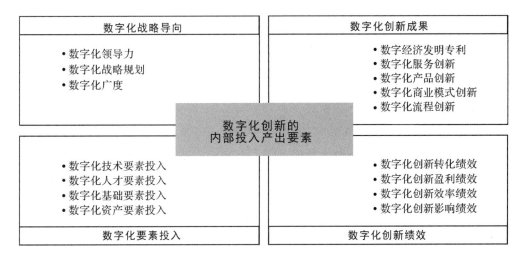

图 1-3 上市公司数字化创新的内部投入产出要素

资料来源:浙江工商大学数字创新与管理研究院和首都经济贸易大学资产评估研究院整理。

1.2.4.1 数字化战略导向

数字化战略导向是指企业明确定义和规划数字化转型的战略方向和目标,以确保数字化创新与企业的长期业务战略相一致。[①] 作为一种导向性原则,数字化战略导向通过指导企业的运营活动来增强企业对外部市场的适应性,同时对企业的生产计划、行为特征和活动范围产生潜在影响。基于此,本报告认为企业数字化战略导向主要包括 3 个方面:一是数字化领导力,即驱动企业数字化创新的组织、管理与领导力量;二是数字化战略规划,即实现数字化创新的战略决策和详细规划;三是数字化广度,即企业数字化创新的领域和多样化程度,揭示了企业在各个业务领域和部门中推动数字化创新的程度和范围。

1.2.4.2 数字化要素投入

数字化要素投入是指企业为实现数字化创新所进行的资源投入,它包含技术、人力、知识、资金、数字设施等生产要素的投入。通过数字化要素投入,企业可以建立良好的数字化基础,支持数字化创新,并为未来的发展奠定坚实基础。[②] 基于此,本报告认为企业的数字化要素投入主要包含以下 4 个方面:一是数字化技术要素投入,即企业利用人工智能、移动通信、云计算、区块链、物联网、大数据等数字化技术的程度;二是数字化人才要素投入,即企业在数字化技术研发与应用方面的人才要素投入;三是数字化基

---

① 胡媛媛,陈守明,仇方君.企业数字化战略导向、市场竞争力与组织韧性[J].中国软科学,2021(S1):214-225.

② 康瑾,陈凯华.数字创新发展经济体系:框架、演化与增值效应[J].科研管理,2021,42(4):1-10.

础要素投入,即企业在数字基础设施建设和数字平台建设方面所投入的资源要素;四是数字化资产要素投入,即企业通过数字并购等方式获取的数字化资产和数字化能力。

1.2.4.3 数字化创新成果

数字化创新成果是指企业在数字化创新过程中所产生的新的成果或结果。这些成果涵盖了多个领域,如新产品、新技术、新服务、新流程、新模式等。[①] 创新成果通常体现的是企业应用各种数字技术、工具和方法,对现有问题和挑战提出创造性的解决方案,并带来积极的影响和改变。目前,不同的研究对具体指标的选取仍存在一定差异,但新产品数量、数字经济发明专利数量等是学界较为常见的衡量指标。[②] 其中,数字经济发明专利数量能够直接、客观地衡量企业的数字化创新水平。[③] 本报告认为,企业的数字化创新成果不只体现在新产品或技术上,还应包含企业在服务、流程、商业模式等多个维度上的创新努力。基于此,可以从以下 5 个方面更为详细地测度企业的数字化创新成果:一是数字经济发明专利数量,即与数字经济相关的专利申请数量;二是数字化服务创新,强调企业利用数字化工具改善服务,提升服务水平;三是数字化产品创新,即企业利用数字化工具改善产品;四是数字化商业模式创新,即企业利用数字化工具改变其价值创造的逻辑;五是数字化流程创新,即企业利用数字化工具优化流程,以此提升生产运营及管理效率。

1.2.4.4 数字化创新绩效

企业进行数字化创新活动的最终目的是实现创新绩效的全面提升,只有将创新成果转化为创新绩效,企业才能实现持续的竞争优势和业务增长。[④] 本报告认为企业数字化创新绩效可以从 4 个方面进行测度:一是数字化创新转化绩效,即企业数字化创新带来的资产转化效益,可以用数字化创新形成的数字技术无形资产占比加以衡量。[⑤] 二是数字化创新盈利绩效,可以通过人均创利和研发利润率进行测度。人均创利即企业净利润与员工人数的比值,研发利润率即企业净利润与企业研发投入的比值,用于评估数字化创新活动对企业人均创利和研发利润的影响。三是数字化创新效率绩效,具体可通过流动资产周转率和增长率,即本年流动资产周转率减去

---

① SATISH N, KALLE L, ANN M, et al. Digital innovation management: reinventing innovation management research in a digital world[J]. MIS quarterly,2017,41(1):223-238.

② 黄勃,李海彤,刘俊岐,等.数字技术创新与中国企业高质量发展:来自企业数字专利的证据[J].经济研究,2023,58(3):97-115.

③ 吴育辉,张腾,秦利宾,等.高管信息技术背景与企业数字化转型[J].经济管理,2022,44(12):138-157.

④ 赵宸宇.数字化发展与服务化转型:来自制造业上市公司的经验证据[J].南开管理评论,2021,24(2):149-163.

⑤ 张永珏,李小波,邢铭强.企业数字化转型与审计定价[J].审计研究,2021(3):62-71.

上年流动资产周转率后与上年流动资产周转率的比值加以体现,衡量企业流动资产的运作效率和利用效率。四是数字化创新影响绩效,即企业数字化创新带来的社会影响力和认可度,可用企业市值和市值增长率等指标进行测度。

1.3 上市公司数字化创新评价报告的整体架构与特色

1.3.1 上市公司数字化创新评价报告的整体架构

本报告通过构建上市公司数字化创新指数,探究科学、严谨、有效评价上市公司数字化创新水平的理论框架。具体而言,本报告基于微观企业层面数字化创新和宏观环境层面数字化创新生态环境的评价维度,分别采用层次分析法和熵权法计算上市公司数字化创新的指标权重。其中,微观企业层面数字化创新包含数字化战略导向、数字化要素投入、数字化创新成果和数字化创新绩效等指标,宏观环境层面数字化创新生态环境包含数字化基础环境、数字化融合环境和数字化支持环境等指标,以此对上市公司数字化创新进行全面的分析。具体分析时,本报告基于相关理论,从区域、省份以及产权3个维度展开,细致剖析了传统产业上市公司和数字原生产业上市公司的数字化创新水平。

本报告分为5个部分,共计11章。其中,第一部分为理论篇(第1—2章),主要对上市公司数字化创新的背景、理论,以及数字化创新评价的框架和方法进行概述。具体来看,第1章是数字化创新的背景与理论分析,第2章是数字化创新评价总体框架和评价方法。第二部分为总体状况与环境评价篇(第3—4章),旨在从整体层面对上市公司的数字化创新和数字化创新生态环境进行评价。具体来看,第3章是上市公司总体分析、传统产业上市公司数字化创新整体评价和数字原生产业上市公司数字化创新整体评价,第4章是上市公司数字化创新生态环境评价,分区域和省份对数字化创新生态环境即数字化基础环境、数字化融合环境、数字化支持环境进行全面的评价。第三部分为传统产业评价篇(第5—7章),对传统产业上市公司的数字化创新进行评价。具体来看,第5章是从区域维度对传统产业上市公司数字化创新进行评价,第6章是从省份维度对传统产业上市公司数字化创新进行评价,第7章是从产权维度对传统产业上市公司数字化创新进行评价。第四部分是数字原生产业评价篇(第8—10章),对数字原生产业上市公司的数字化创新进行评价。具体来看,第8章是数字原生产业上市公司数字化创新区域评价,第9章是数字原生产业上市公司数字化创新省份评价,第10章是数字原生产业上市公司数字化创新产权评价。第五部分为结论篇(第11章),旨在对评价报告的结论进行总结并提出上市公司数字化创新对策建议与政策启示。报告的整体架构如图1-4所示。

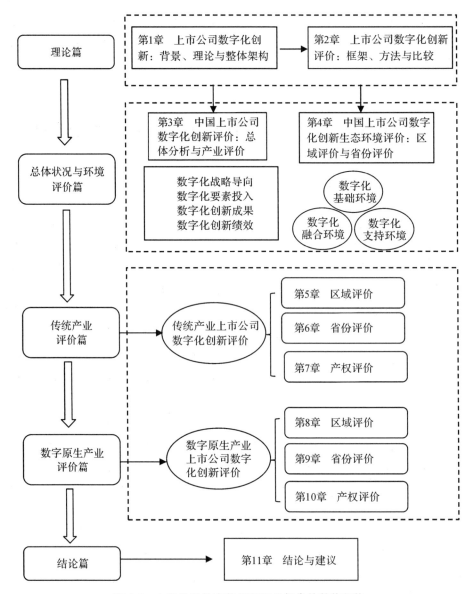

图 1-4 上市公司数字化创新评价报告的整体架构

资料来源：浙江工商大学数字创新与管理研究院和首都经济贸易大学资产评估研究院整理。

1.3.2 上市公司数字化创新评价报告的主要特色

概括而言，本报告的特色主要表现在以下 5 个方面。

1.3.2.1 基于传统产业和数字原生产业的视角全面分析上市公司数字化创新表现

本报告在探索上市公司数字化创新表现时，创新性地将上市公司划分为传统产业和数字原生产业两大类别,以此对上市公司的数字化创新进行更为全面的考察,突出在不同产业类别下上市公司数字化创新存在的差异,为不同产业类型的上市公司加强数字化创新提供建议。

1.3.2.2　基于"内外融汇"的视角搭建上市公司数字化创新评价体系

本报告不仅从上市公司本体层面构建数字化创新评价体系,多维度透视上市公司数字化创新表现,而且从宏观环境层面,构建了包括数字化基础环境、数字化融合环境和数字化支持环境在内的上市公司数字化创新生态环境评价体系,对上市公司数字化创新的影响因素及其经济运行结果进行全方位、全链条的充分阐释。

1.3.2.3　创建"四位一体"的上市公司数字化创新评价体系

本报告从数字化战略导向、数字化要素投入、数字化创新成果和数字化创新绩效4个关键维度展开,对上市公司数字化创新进行相对完整的分析与阐释。具体分析时,借助大数据分析等技术,运用层次分析法,通过4个一级指标、16个二级指标全面综合评价上市公司的数字化创新情况,为研究如何量化上市公司数字化创新提供理论参考。

1.3.2.4　立足于"三维视角"全面揭示上市公司不同区域、省份和产权的数字化创新特征

本报告不仅从区域、省份和产权3个关键维度对上市公司的数字化创新整体特征进行评价,而且进一步分区域、省份、产权对上市公司的数字化战略导向、数字化要素投入、数字化创新成果和数字化创新绩效进行分类评价,有助于进一步挖掘上市公司数字化创新的优势与差异,为上市公司提升数字化创新能力、优化数字化创新管理提供诊断和决策依据。

1.3.2.5　基于"三维互补"的视角全面构造上市公司数字化创新生态环境评价体系

本报告立足于宏观环境,从整体到局部,层层推进,从数字化基础环境、数字化融合环境和数字化支持环境3个关键维度对上市公司数字化创新生态环境进行全面的评价。具体分析时,本报告通过3个一级指标、11个二级指标、35个三级指标,在综合评价各区域和各省份的数字化创新生态环境的基础上,进一步深入比较不同区域和省份的数字化基础环境、数字化融合环境和数字化支持环境之间的优势与差异,为各区域和各省份优化数字化创新生态环境提供诊断依据,并为上市公司提升数字化创新能力提出针对性的对策建议。

2 上市公司数字化创新评价:框架、方法与比较

党的二十大报告提出,要"加快发展数字经济,促进数字经济和实体经济深度融合"。以大数据、人工智能、云计算和区块链为代表的数字技术的快速发展与更新迭代,以及与实体经济的融合,已成为推动我国现代化经济体系建设的重要引擎。对作为经济运行的微观基础的上市公司来说,数字化创新已成为其顺应数字经济时代发展的必然选择。无论是大企业还是中小企业,无论是传统产业上市公司还是数字原生产业上市公司,都试图将数字化创新作为其价值创造和赋能的基石,以在激烈的市场竞争中赢得先发优势。数字化创新实践的一个重要特点是其所处系统的复杂性,这意味着在分析上市公司数字化创新过程时,需要采用系统论观点,即上市公司的数字化创新和所处创新生态环境相融相生。一方面,数字化创新生态环境有利于数字基础设施的完善,能够为上市公司提供信息、数据等高端生产要素,从而实现从一般创新向数字化创新的转变;另一方面,数字化创新生态环境有利于数字技术的聚集和发展,以数字技术为基础的"云平台"等有利于创新产业集群的形成。因此,本报告选择从上市公司数字化创新和数字化创新生态环境2个角度展开评价。

2.1 上市公司数字化创新评价总体框架

本报告尝试构建中国上市公司数字化创新指数和数字化创新生态环境指数,并采用科学规范的方法对中国上市公司数字化创新指数和数字化创新生态环境指数进行评价。

2.1.1 中国上市公司数字化创新指数总体设计思路

中国上市公司数字化创新是外部环境要素和内部"投入—产出"要素共同作用的结果。具体而言,数字化基础环境、数字化融合环境和数字化支持环境是上市公司数字化创新的重要外部环境要素。这些外部环境要素首先影响上市公司的数字化战略导向,然后上市公司基于数字化战略导向开始增加在数字化创新方面的要素

投入,进而得到相应的数字化创新成果,最终提高公司的数字化创新绩效。鉴于此,本报告在尝试构建中国上市公司数字化创新评价体系的基础上,综合考虑了数字化基础环境、数字化融合环境和数字化支持环境 3 个外部环境要素对上市公司数字化创新的影响。基于此,本报告绘制了中国上市公司数字化创新评价的总体设计思路图,如图 2-1 所示。

图 2-1 中国上市公司数字化创新评价的总体设计思路

资料来源:浙江工商大学数字创新与管理研究院和首都经济贸易大学资产评估研究院整理。

2.1.2 中国上市公司数字化创新评价体系设计

如表 2-1 所示,中国上市公司数字化创新评价体系共分 4 个一级指标、16 个二级指标。

表 2-1 中国上市公司数字化创新评价体系一览表

一级指标	二级指标
数字化战略导向	数字化领导力
	数字化战略规划
	数字化广度
数字化要素投入	数字化技术要素投入
	数字化人才要素投入
	数字化基础要素投入
	数字化资产要素投入

续　表

一级指标	二级指标
数字化创新成果	数字经济发明专利
	数字化服务创新
	数字化产品创新
	数字化商业模式创新
	数字化流程创新
数字化创新绩效	数字化创新转化绩效
	数字化创新盈利绩效
	数字化创新效率绩效
	数字化创新影响绩效

资料来源:浙江工商大学数字创新与管理研究院和首都经济贸易大学资产评估研究院整理。

2.1.2.1　数字化战略导向

数字化战略导向是指企业采取数字化战略的倾向,在某种程度上反映了企业在战略、业务、组织架构与企业文化等方面进行全方位数字化重构与创新的开放态度。[①] 数字化战略导向反映了企业的数字化领导力、数字化战略规划和数字化广度等状况。首先,具有数字化领导力的上市公司可以感知、研判数字技术、新模式与新业态的发展趋势。其次,上市公司制定数字化战略规划,将数字战略与业务战略高阶耦合。最后,企业在技术应用、组织架构、业务流程和商业模式等方面全面扩大数字化广度。

2.1.2.2　数字化要素投入

数字经济发展正在重塑创新要素的配置和集聚机制。[②] 数字化技术要素的推广应用使得企业供应链长度缩短、供应链效率提升,从而为企业创新活动提供新的动力和资源。高素质和高技能劳动力利用他们在处理、解释和评估数字知识方面的相关经验,能够更好地识别数字化创新机会。数字化基础设施条件的改善能够显著降低生产要素输入与完工产品输出的运输成本,这有利于推动区域创新活动的发展。数字化资产对数字化创新发挥着源头供给的作用,有助于企业瞄准关键数字技术瓶颈集中突破,全面提升数字化创新水平。

[①]　QUINTON S,CANHOTO A,MOLINILLO S,et al. Conceptualising a digital orientation:antecedents of supporting SME performance in the digital economy[J]. Journal of strategic marketing,2018,26(5):427-439.

[②]　李治国,王杰.数字经济发展、数据要素配置与制造业生产率提升[J].经济学家,2021(10):41-50.

2.1.2.3　数字化创新成果

数字化创新是由云计算、大数据、人工智能等数字技术驱动带来的产品、服务、商业模式、流程的创新。[①] 数字技术的前瞻性和复杂性使得企业成功申请的数字经济发明专利十分稀缺，因此，大多数企业选择在服务、产品、商业模式及流程方面采用信息、计算、沟通和连接等数字化手段，以形成数字化创新成果。

2.1.2.4　数字化创新绩效

在数字经济时代，数字化创新带来的绩效增长对企业的生存和发展具有重要意义。上市公司在经过数字化战略导向、数字化要素投入、数字化创新成果等过程之后，取得了相应的数字化创新绩效。学术界在数字化创新绩效指标的选择上已开展了丰富的研究，从单一指标发展到多指标，数字化创新绩效应该同时考虑数字化创新转化绩效、数字化创新盈利绩效、数字化创新效率绩效和数字化创新影响绩效。

2.1.3　上市公司数字化创新生态环境评价体系设计

数字化创新生态环境评价体系共分 3 个一级指标、11 个二级指标、35 个三级指标（表中略），如表 2-2 所示。

表 2-2　数字化创新生态环境评价体系一览表

一级指标	二级指标
数字化基础环境	传统基础设施
	数字基础设施
数字化融合环境	数字化融合广度
	数字化融合深度
	农业数字化融合
	工业数字化融合
	服务业数字化融合
数字化支持环境	科技创新支持
	政府服务支持
	智力人才支持
	数字政策支持

资料来源：浙江工商大学数字创新与管理研究院和首都经济贸易大学资产评估研究院整理。

[①] VEGA A，CHIASSON M. A comprehensive framework to research digital innovation：The joint use of the systems of innovation and critical realism[J]. Journal of strategic information systems，2019，28(3)：242-256.

2.1.3.1 数字化基础环境

信息化发展奠定了数字经济发展的基础。数字经济的本质在于信息化,即以信息与通信技术为基础,实现交易、交流、合作的数字化,并借此推动经济社会的发展与进步。[1] 目前传统通信基础设施主要包含光缆光纤、微波、卫星、移动通信、IPv6、IPv4等。互联网、5G、大数据、人工智能、工业互联网等是数字经济发展的数字基础设施。通过数字基础设施建设,企业能够实现交易、交流、合作的数字化,从而推动数字经济发展。数字基础设施大大增加了人们日常接触的信息量,强化了数据的计算、存储传递、加速、展示等功能,一定程度上改变了人们的生活方式,其主要体现在工业互联网、物联网、云计算中心、数据存储列阵等设施的发展程度上。

2.1.3.2 数字化融合环境

数字技术向经济社会各领域深入渗透是数字经济发展的落脚点,具体分为数字化产业和产业数字化。[2] 数字化产业是指将传统产业通过信息技术和数字化手段进行升级和转型,以提高生产效率、优化管理模式、拓展创新能力和增强竞争力的产业形态。从数字化产业的种类,即数字化融合广度来看,目前比较成熟的数字化产业包括传感器、神经芯片、类脑智能、DNA存储、量子信息、网络通信、集成电路、工业软件、大数据、人工智能、区块链等。从数字化产业的规模,即数字化融合深度来看,数字化产业的规模主要包括数字产品制造业、数字产品服务业、数字技术应用业、数字要素驱动业等数字经济核心产业的规模。产业数字化主要是在第一、二、三产业上。相较于工业和服务业的数字化,农业数字化进程较为缓慢;工业数字化主要是在生产制造过程中;而服务业数字化的应用最为广泛,例如日常的消费、互联网服务、数字普惠金融等。

2.1.3.3 数字化支持环境

数字化支持环境是数字经济与传统产业融合的外部保障,有利于实现数字经济与传统产业的深度融合,也有利于进一步扩大数字经济应用范围,促使数字经济释放更大的效能,因此,强化数字经济的科技创新支持、政府服务支持、智力人才支持

---

[1] 刘军,杨渊鋆,张三峰.中国数字经济测度与驱动因素研究[J].上海经济研究,2020(6):81-96.

[2] 王军,朱杰,罗茜.中国数字经济发展水平及演变测度[J].数量经济技术经济研究,2021,38(7):26-42.

以及数字政策支持等外部环境显得尤为重要。^① 首先,开放的创新氛围和先进的科技水平可以帮助企业将数字知识和数字技术转化为数字化的产品和服务。其次,政府服务水平可以有效地引导和规范企业行为,影响数字经济发展的速度、质量、水平和空间。再次,在数字经济变革浪潮中,人才是发展的第一资源,数字经济的创新驱动实质是人才驱动。最后,驱动企业数字化创新,迫切需要一系列接地气、可操作的数字城市政策、数字政府政策、数字经济产业政策。

2.2　上市公司数字化创新评价方法

2.2.1　指数编制的基本原则

在梳理相关文献,厘清数字化创新特征和内涵的基础上,结合我国特色国情和数字经济发展实际,本报告期望构建多级的综合性评价指标体系,以评估上市公司数字化创新状况和区域数字化创新生态环境。为保证各经济指标使用的合理性,确保评价结果的客观性和科学性,在指标体系建立时遵循了以下原则。

2.2.1.1　全面性原则

对数字化创新所包含的领域应进行较为全面的概括,不仅仅局限在与数字化产业相关的领域,按照数字经济的核心产业分类,还应包括数字融合应用带来的传统行业的增加值部分。因此,对于数字化创新指标的设计应尽量全面地涵盖经济系统的多个领域。

2.2.1.2　科学性原则

在宏观维度,应保证多层结构设计有充分的理论支撑,充分考虑各一级指标与理论的对应契合度和科学性;在中观维度,应充分考虑指标体系的内部逻辑及结构特点;在微观维度,要使计算方法和数据格式保持一致,确保指标科学可比。

2.2.1.3　相关性原则

在构建多层综合指标体系时,应当确保能够反映不同子系统或各子系统的要素指标之间的层次性、指标之间的逻辑性。数字化创新指标体系作为一套系统,应当

---

① 裴秋亚,范黎波.什么样的制度环境更利于数字经济产业发展? 基于多元制度逻辑的组态分析[J].经济与管理研究,2022,43(10):38-52.

建立一定的内部关联性，能够对子系统进行拆解与合并，并不丧失评价的客观完整性，所选择的各项指标必须与数字化创新高度相关。

2.2.1.4 可获性原则

要保证所选取的指标数据可获得以及数据准确，既要保证现阶段数据容易获取，又要保证在可预见的未来一段时间内，数据能够持续获取。另外，要尽可能选用一手数据，从上市公司年报、官方渠道的统计网站、统计年鉴中获得数据，保证数据来源的可靠性。

2.2.2 数据来源及处理办法

上市公司数字化创新评价数据来源于证监会网站、巨潮资讯网、万得数据库、国泰安数据库、SDC Platinum 全球并购数据库、企查查、国家知识产权局以及上市公司官网等。数字化创新生态环境评价数据来源于国家统计局、中华人民共和国工业和信息化部、国家企业信用信息公示系统、裁判文书网、中国执行信息公开网、国家版权局、百度指数、地方政府网等。具体的数据来源及处理办法如表 2-3 所示。

表 2-3　数据来源及处理办法

上市公司数字化创新评价体系

评价指标	概念说明	具体来源	处理办法
数字化领导力	驱动上市公司数字化创新的组织、管理与领导力量	上市公司年报中有关首席信息官（CIO）等领导力量、数字化组织与平台力量、数字化管理与治理力量等方面的关键词提取	文本分析、手工核查异常值以及全市场标准化处理
数字化战略规划	上市公司有关数字化创新的规划与策略	上市公司年报中有关大数据类、区块链类、人工智能类、云计算类、移动通信类、物联网类的关键词提取	文本分析、手工核查异常值以及全市场标准化处理
数字化广度	上市公司数字化创新的领域和多样化程度	上市公司年报中有关数字化创新应用领域广度的关键词提取	文本分析、手工核查异常值以及全市场标准化处理
数字化技术要素投入	上市公司利用人工智能、移动通信、云计算、区块链、物联网等数字化技术的程度	上市公司年报中有关人工智能技术、移动通信技术、云计算、区块链、物联网等数字技术投入与应用的关键词提取	文本分析、手工核查异常值以及全市场标准化处理
数字化人才要素投入	上市公司在数字化技术研发与应用方面的人才要素投入	万得数据库—公司研究	二手数据分析、手工核查异常值以及全市场标准化处理

上市公司数字化创新评价体系

评价指标	概念说明	具体来源	处理办法
数字化基础要素投入	上市公司在数字基础设施建设和数字平台建设方面的资源要素投入	上市公司年报中与数字基础设施建设投入与数字平台建设投入相关的关键词提取	文本分析、手工核查异常值以及全市场标准化处理
数字化资产要素投入	上市公司通过并购等方式获取的数字化资源和数字化能力	SDC Platinum 全球并购数据库、企查查	上市公司近 3 年是否并购数字经济核心产业的企业,"是"赋值 1,"否"赋值 0
数字经济发明专利	上市公司与数字经济相关的专利申请数量	国家知识产权局	国家知识产权局专利文本分析、手工核查异常值以及全市场标准化处理
数字化服务创新	上市公司利用数字化工具改善服务,提高其服务水平	上市公司年报中有关数字化服务、解决方案等相关的关键词提取	文本分析、手工核查异常值以及全市场标准化处理
数字化产品创新	上市公司利用数字化工具改善产品	上市公司年报中有关产品数字化程度的关键词提取	文本分析、手工核查异常值以及全市场标准化处理
数字化商业模式创新	上市公司利用数字化工具改变其价值创造的逻辑	上市公司年报中有关商业模式创新、互联网模式、DTC 等的关键词提取	文本分析、手工核查异常值以及全市场标准化处理
数字化流程创新	上市公司利用数字化工具优化流程,提升生产运营及管理效率	上市公司年报中有关数字化运营、流程优化的关键词提取	文本分析、手工核查异常值以及全市场标准化处理
数字化创新转化绩效	上市公司数字化创新带来的资产转化效益	上市公司数字化技术无形资产占无形资产总额的比例	二手数据分析、手工核查异常值以及全市场标准化处理
数字化创新盈利绩效	上市公司数字化创新带来的盈利能力提升	万得数据库—公司研究	二手数据分析、手工核查异常值以及全市场标准化处理
数字化创新效率绩效	上市公司数字化创新带来的资金周转效率提升	国泰安数据库—公司研究	二手数据分析、手工核查异常值以及全市场标准化处理
数字化创新影响绩效	上市公司数字化创新带来的社会影响力和认可度	国泰安数据库—公司研究	二手数据分析、手工核查异常值以及全市场标准化处理

续　表

数字化创新生态环境评价体系

评价指标	概念说明	具体来源	处理办法
传统基础设施	光缆光纤、微波、卫星、移动通信、IPv6、IPv4 等传统通信基础设施	国家统计局	二手数据分析、手工核查异常值以及极差标准化处理
数字基础设施	工业互联网、物联网、云计算中心、数据存储阵列、5G、6G 等数字基础设施	国家统计局	二手数据分析、手工核查异常值以及极差标准化处理
数字化融合广度	网络通信、集成电路、工业软件、大数据、人工智能、区块链等数字化产业种类	国家统计局、工信部	二手数据分析、手工核查异常值以及极差标准化处理
数字化融合深度	数字产品制造业、数字产品服务业等数字经济核心产业的规模	国家统计局、工信部	二手数据分析、手工核查异常值以及极差标准化处理
农业数字化融合	"三农"综合信息服务及农业生产、加工、销售、物流等各环节的数字化	国家统计局、农业农村部	二手数据分析、手工核查异常值以及极差标准化处理
工业数字化融合	智能制造、装备数字化、工业互联网	国家统计局、工信部	二手数据分析、手工核查异常值以及极差标准化处理
服务业数字化融合	电子商务、批发、零售、住宿、餐饮、租赁和商务服务等领域的数字化	国家统计局、商务部	二手数据分析、手工核查异常值以及极差标准化处理
科技创新支持	技术市场发展程度、地区发明专利数量以及工业企业的创新水平	国家统计局、国家知识产权局	二手数据分析、手工核查异常值以及极差标准化处理
政府服务支持	"互联网＋"政务服务、智慧政府、城市大脑、电子政务水平等	地方政府网、电子政务网	二手数据分析、手工核查异常值以及极差标准化处理
智力人才支持	数字知识型人才、软件研发人员、高等教育学校和教师等	国家统计局	二手数据分析、手工核查异常值以及极差标准化处理
数字政策支持	政府部门为鼓励地区企业数字化而发布的支持政策	百度指数、地方政府网	二手数据分析、手工核查异常值以及极差标准化处理

资料来源:浙江工商大学数字创新与管理研究院和首都经济贸易大学资产评估研究院整理。

2.2.3 运用层次分析法为上市公司数字化创新指数赋权

基于上市公司数字化创新评价体系,建立层次结构模型,专家团队[①]根据各指标的重要程度,采用 1—9 标度法打分,并构造各层次各因素间的判断矩阵,具体如下所示:

$$A = (\alpha_{ab})_{n \times n} \tag{1}$$

其中,α_{ab} 为指标 a 相对于指标 b 的重要程度,且 $\alpha_{ab} = 1/\alpha_{ba}$。

然后,进行层次单排序和一致性检验,计算判断矩阵的一致性比率 CR,通过一致性比率确定其是否通过一致性检验。具体公式如下所示:

$$CR = CI/RI \tag{2}$$

$$CI = (\lambda_{\max} - n)/(n-1) \tag{3}$$

$$\lambda_{\max} = \sum_{i=1}^{n} [A\omega_i]/n\omega_i \tag{4}$$

其中,$\lambda_{\max}$ 为判断矩阵的最大特征值,ω_i 和 n 分别为判断矩阵的特征向量和阶数,RI 为随机一致性指标。一般而言,$CR \leqslant 0.1$,表明判断矩阵通过了一致性检验;反之,则未通过。

最后,进行层次总排序和一致性检验。若通过,则可按总排序权重 W_{si} 进行决策。

上市公司数字化创新指数的指标大部分为数值型指标,少量为"是/否"指标。对于数值型指标,本报告采用全市场标准化处理方法,具体公式为:Index=(Rank/Rank-max)×100。其中,Rank 是指公司某个三级指标原始值在全市场中的排序分值,数值排名越靠前,排序分值越高,取值范围为 0 至 Rank-max。Rank-max 是市场中该指标 Rank 的最大值,Rank-max=N-1,其中 N 为行业中公司数量。数值型三级指标在一定程度上反映了特定公司的该项指标在全市场中所处的排序水平,而非传统意义上的分数。对于"是/否"类型的三级指标,则依据指标原始值"是"或"否",直接将三级指标赋值"1"或"0"。

本报告进一步合理设计指标的最低分值。针对数值型指标和"是/否"指标,在进行分值测算时设定了指标的最低分值,大部分指标的最低分值设计为 40 分,即所有上市公司各三级指标的分值均处于 40—100 分。具体的计算方法如下:

$$Y = \text{Index}100 \times 60 + 40 \tag{5}$$

最后,本报告为全市场标准化处理后的指标赋权,从而得到上市公司数字化创新指数。具体公式如下所示:

$$Y_{\text{final}} = Y \times W_{si} \tag{6}$$

[①] 在选取专家团队时,本报告充分考虑了专家的专业性、多元性、独立性和实践性,邀请"双一流"高校相关领域的知名教授以及相关行业上市公司的高管共计 9 名领域专家和行业专家对指标进行赋权。

2.2.4　运用熵权法为数字化创新生态环境指数赋权

由于本报告的数据来源于不同方面,其指标值的量纲与数量级均存在显著的差异。因此,只有先将这些不同指标进行正规化处理,才能保证其具有横向的可比性和实用性,才能保证最终估出指数的精准性。使用极差标准化的方法将所有数据处理成均是正值的标准化指标。由于所选指标皆为正向指标,选用以下公式即可:

$$x_{ij} = \frac{x_{ij} - \min\{x_i\}}{\max\{x_i\} - \min\{x_j\}} \tag{7}$$

其中,$\max\{x_j\}$ 为指标的最大值,$\min\{x_j\}$ 为指标的最小值,x_{ij} 为无量纲化的结果。在对指标进行正规化处理之后,使用熵权法求出每个指标的客观权重。

计算第 i 年 j 项指标所占比重,用 ω_{ij} 表示:

$$\omega_{ij} = \frac{x_{ij}}{\sum\limits_{i=1}^{m} x_{ij}} \tag{8}$$

计算指标的信息熵 e_j,则:

$$e_j = -\frac{1}{\ln(m)} \sum_{i=1}^{m} \omega_{ij} \times \ln(\omega_{ij}) \tag{9}$$

计算信息熵冗余度 d_j:

$$d_j = 1 - e_j \tag{10}$$

其中,m 为评价年度。

根据信息熵冗余度计算指标权重 φ_j:

$$\varphi_j = \frac{d_j}{\sum\limits_{j=1}^{m} d_j} \tag{11}$$

基于标准化的指标 x_{ij} 及测算的指标权重 φ_j,运用多重线性函数的加权求出数字化创新生态环境评价指数 X。计算公式如下:

$$X = \sum_{j=1}^{m} \varphi_j \times \omega_{ij} \tag{12}$$

通过上述公式计算出数字经济发展综合指数,其中 X 表示数字化创新生态环境评价指数,在 0—1 之间,X 越大,则表示数字化创新生态环境越好。为了将指标的评分转化为百分制,本报告在进行分值测算时设定指标的最低分值为 40 分,即所有三级指标的分值均处于 40—100 分。具体的计算方法如下:

$$X_{\text{final}} = X \times 60 + 40 \tag{13}$$

其中,X_{final} 为数字化创新生态环境评价指数的最终结果。值得注意的是,运用上述方法所计算的三级指标分值在一定程度上反映了该地区与其他地区在数字化创新生态环境方面的差异和排序水平,而非传统意义上的分数。因此,X_{final} 分值中的 60 分并非传统意义上的 60 分"及格线",低于 60 分不能代表某地区处于"不及格"的水平。

2.3　上市公司数字化创新评价评述与优势分析

近年来,数字经济发展水平和效率的提升成为拉动经济发展的强驱动力,同时也成为倒逼产业数字化和企业数字化创新的外生性压力。数字经济在我国的行业渗透率和经济贡献度持续提升。指标分析法是目前衡量数字经济发展水平的可行方法,通过不同的维度设置分领域具体指标,并赋以权重对不同国家或区域之间的数字经济发展情况进行量化比较,进而得到数字经济或一些具体领域发展的相对情况。基于此,围绕数字经济发展与数字化创新相关问题,国内外有不少研究采用指数评价方法,构造了一系列与数字化相关的评价指数。

2.3.1　上市公司数字化创新评价的相关评述

本报告在确定一套自己的数字化创新指数之前,率先对国内外现有数字化创新相关指数研究进行了系统的梳理,如表2-4所示。可以发现,基于调查和大数据分析等手段,官方和业界智库利用各自数据优势从不同角度构建了一系列反映数字经济发展水平的指数。概括而言,目前国内对数字化创新相关指数的研究大致分为2类:一类是以区域或者国家为研究对象的宏观指数,如全球数字经济竞争力指数、全球数字经济发展指数、中国数字经济指数、中国数字经济发展指数、中国(苏州)数字经济指数等;另一类是以企业为研究对象的微观指数,如中国数字经济核心产业创新创业指数、中小企业数字化指数报告等。

表 2-4　国内外现有数字化创新相关指数一览表

序号	指数	发布单位	对象	维度	指标
1	中国数字经济核心产业创新创业指数	北京大学企业大数据研究中心	企业	6个维度:新建企业数量、吸引外来投资、吸引风险投资、专利授权数量、商标注册数量和软件著作权登记数量	8个指标:区域每年数字产业新增的企业注册数量、外来投资的笔数、风险投资数量、发明专利授权数量、实用新型专利公开数量、外观设计专利公开数量、各地区数字产业新增商标注册数量和软件著作权登记数
2	中小企业数字化指数报告	APEC中小企业信息化促进中心、钉钉	企业	3个维度:组织数字化、业务数字化、产业链数字化	8个指标:组织管理数字化、数字化能力、设计开发数字化、采购管理数字化、生产运作数字化、产业链信息交互、产业链业务协同、产业链信用管理

序号	指数	发布单位	对象	维度	指标
3	中国数字经济发展指数（德阳指数）	德阳市政府、赛迪顾问	区域	4个维度：数字基础、数字产业、数字融合、数字治理	28个指标：移动电话普及率、光纤接入情况、电信业务总量、电信新兴业务收入、网络化协同企业比率、数字政务服务办件率、数字政务服务用户数等
4	中国（苏州）数字经济指数	苏州大学	区域	3个维度：发展环境、信息产业、数字化融合发展	8个指标：信息基础设施、知识产权、核心政策推动、ICT硬件产品制造业、ICT软件和信息服务业、电子政务、数字消费、社交媒体
5	城市数字化发展指数	新华三集团数字经济研究院	区域	5个维度：数字基础设施、数字社会、数字政府、数字经济、数字生态	15个指标：信息技术设施、平台基础设施、智慧城市与数字乡村、数据开放共享、服务效能、数字技术创新、数字产业化、产业数字化、数据要素市场、网络安全保护等
6	"互联网＋"数字经济指数	腾讯研究院	区域	4个维度：数字产业、数字文化、数字政务、数字生活	数字产业包含旅游、文娱、金融、交通等多个行业；数字文化汇集长视频、短视频、新闻、动漫等九大板块；数字政务包含项目价值、质量星级、月服务活跃度、月留存率、重点行业丰富度、故障率6个指标
7	数字化转型指数报告	腾讯研究院	区域	3个维度：基础设施层、平台层、应用层	8个指标：云计算、人工智能、支付、电商、影视娱乐、数字化采购、数字化研发、数字化协作
8	数字经济指数	中国信息通信院①	区域	4个维度：数字产业化、产业数字化、数字化治理、数据价值化	14个指标：基础电信，电子信息制造，数字技术在农业、工业、服务业中的边际贡献，数字技术和治理，数字公共服务，数据确权，数据定价等
9	中国数字经济发展指数报告	工业和信息化部电子第五研究所、零壹智库	区域	5个维度：数字产业化、产业数字化、数字基础设施、数字技术、数字人才	11个指标：信息产业、通信产业、数字化广度、数字化深度、新基建、数据要素、辅助企业、数字科技企业、数字科技创新、传统数字人才、新兴数字人才
10	中国数字经济指数	财新智库、数联铭品	区域	4个维度：数字经济产业指数、数字经济溢出指数、数字经济融合指数和数字经济基础设施指数	14个指标：大数据产业、人工智能产业、工业互联网、智慧供应链、共享经济、制造商对数字经济的利用率、制造业占比、互联网基础设施、数字化生活应用普及程度等
11	全球联接指数	华为	区域	2个维度：经济要素、使能技术	通过四大经济要素和五大使能技术，共40个指标，对所研究的经济体进行评估、分析、预测

---

① 简称"中国信通院"。

序号	指数	发布单位	对象	维度	指标
12	全球数字经济发展指数	阿里研究院	区域	5个维度:数字基础设施、数字消费者、数字商业生态、数字公共服务、数字教育科研	设施数量、质量和价格、网络和移动终端普及率、数字技术对消费者的渗透程度、移动支付普及率、产业数字化程度、产业新技术应用水平、独角兽数量、电子政务服务普及率、ICT相关科研的数量和质量等
13	中国数字经济发展指数	赛迪顾问	区域	4个维度:基础、产业、融合、环境	包含传统基础数字设施、产业规模、农业数字化等10个核心指标,4G用户数、4G平均下载速率等41个细分指标
14	全球数字经济竞争力指数	上海社会科学院	区域	4个维度:数字基础设施竞争力、数字产业竞争力、数字创新竞争力、数字治理竞争力	一级指标之下各有2—3个二级指标,共包含12个细分指标
15	电子政务发展指数	联合国	区域	3个维度:电信基础设施、人力资本、在线服务	电信基础设施包含每100位居民中的互联网用户数、固定电话用户数等5个指标;人力资本包含成人识字率、平均受教育年限等4个指标;在线服务包含在线服务供应、电子参与关注度等指标
16	数字经济与社会指数	欧盟	区域	5个维度:宽带接入、人力资本、互联网应用、数字技术应用、公共服务数字化程度	12个指标:固定宽带、移动宽带、高级技能及发展、内容、交流、交易、企业数字化、电子商务、电子政务等
17	数字经济发展指数	经济合作与发展组织	区域	4个维度:投资智能化基础设施、创新能力、赋权社会、ICT促进经济增长与增加就业岗位	38个指标:宽带普及率、互联网发展、ICT与研发、电子商务、互联网用户、用户复杂性、ICT投资、ICT商业动态等
18	网络就绪指数	世界经济论坛	区域	3个维度:环境、就绪程度、使用情况	9个指标:市场环境、政治环境、基础设施、个人就绪、商务就绪、政务就绪、个人使用、商业使用、政府使用
19	ICT发展指数	联合国国际电信联盟(ITU)	区域	3个维度:ICT接入、ICT使用、ICT技能	11个指标:固定电话覆盖率、移动电话覆盖率、互联网用户率、固定宽带使用率、移动宽带使用率、入学年限中位数、初中入学率和高等教育入学率等

资料来源:浙江工商大学数字创新与管理研究院和首都经济贸易大学资产评估研究院整理。

从数字化创新相关指数研究看,尽管已有研究利用数据从多角度构建了一系列反映数字经济发展水平的指数,但是对现有数字化创新指数的研究仍存在一定的不足:

第一,从我国现有数字化创新相关指数来看,相关研究已经较为丰富,但对数字经济的测度多从其发展的某些侧面进行讨论,尚不能较为完整地涵盖快速发展的广义数字经济的范畴。比如,赛迪顾问发布的中国数字经济发展指数是从信息化指数向数字经济的过渡,侧重于工业领域数字化融合水平。中国信通院发布的数字经济指数侧重于选择一些表征因子构建数字经济景气指数。新华三集团提出的城市数字化发展指数侧重于发展环境。腾讯和其他互联网企业(或大数据企业)则主要侧重于"互联网十"的某些领域,反映互联网产业的活跃程度、发展状态。因此,如何全面且完整地对数字化创新指数进行构建和测算还需进一步思考。

第二,现有数字化创新指数大都基于区域层面来测度数字经济发展水平,针对具体数字经济指标构建以及数字经济指数测度还缺乏相应的深入探究。一些研究只是构建了数字经济指数指标而未进行具体测度,进行测度的指标体系理论框架不够严密,部分指标的数据难以获取,如数据的开放性、编纂完善程度等指标,难以从现有统计报表调查制度和权威研究机构(智库)获得准确的测度,且对其数字化所带来的增加值,难以准确计算。

第三,以企业为研究对象的微观数字化创新指数相对较少,聚焦企业层面的数字化创新指数有待深入和优化。以区域或国家为研究对象的宏观数字化创新指数,通常只适用于探究区域层面或产业层面的相关数字化创新问题,难以对微观企业的数字化创新状况进行评价。因此,有待从中国企业现实出发,评估与数字经济发展相关的各个要素,考虑数字经济发展带来的社会变化,并积极借鉴各个指标体系的构建方法、指标选取情况、数据采集与处理方式,聚焦企业构建一个相对完整和科学的测算体系。

第四,现有企业层面的数字化创新指数仅从企业内部层面进行测度,缺乏对数字经济发展的外部生态环境因素的考量,难以全面且准确地反映企业数字经济发展的影响因素和特征。

第五,现有数字化创新指数在衡量企业数字化创新成果时侧重于要素的投入而非产出。要素投入往往存在时间滞后性,短期内无法实现相对应的产出增长,导致指数结果具有测量误差。

2.3.2 上市公司数字化创新评价的优势

在借鉴和参考现有的以企业为研究对象的微观数字化创新指数的基础之上,浙江工商大学和首都经济贸易大学研究团队对上市公司数字化创新指数进行了进一步优化和完善。具体来看,本报告基于数字经济发展的理论逻辑,构建了可以合理反映上市公司数字化创新状况的综合评价模型,对上市公司数字化创新环境和数字化创新能力进行量化评价,为上市公司实现高质量发展提供客观可靠的评价依据和数据支持。具体而言,本报告所构建的评价体系的优势和特色主要表现为3点。

2.3.2.1 创新性地基于"战略导向—创新投入—创新产出—创新效益"的全过程视角,全面合理构建上市公司数字化创新评价体系

本报告综合考虑上市公司的数字化领导力、数字化战略规划、数字化广度,以及上市公司数字化技术应用、数字化人才储备、数字化资产投入和数字基础要素投入,同时考虑上市公司所取得的数字经济发明专利数量和商业模式创新等创新成果,以及所获得的数字化创新转化绩效、盈利绩效、效率绩效、影响绩效等,构建了由4个一级指标、16个二级指标构成的数字化创新综合评价指标体系,以期能够全面、客观、合理地反映和揭示上市公司的数字化创新能力和发展潜力。

2.3.2.2 创新性地基于"基础环境—融合环境—支持环境"的多维视角,全面度量区域和省份数字化创新生态环境

本报告从数字化基础环境、数字化融合环境和数字化支持环境3个维度构建了更加完善的数字化创新生态环境综合测度指标体系,以便充分揭示七大区域和各省份在数字化基础环境、数字化融合环境和数字化支持环境方面存在的差异,期望有助于从宏观环境层面对上市公司数字化创新的区域和省份差异逻辑进行全面解析。

2.3.2.3 创新性地基于"传统产业和数字原生产业"的全产业视角,全面展现上市公司的数字化创新表现

数字化创新水平反映了企业利用数字化资源或工具改进产品、服务、流程以及创新商业模式的能力,传统产业和数字原生产业的数字化创新水平有着明显的差异。鉴于此,本报告创新性地从传统产业和数字原生产业"双面"展开,探索上市公司的数字化创新表现。本报告基于国际数据公司(International Data Corporation,IDC)和中国信通院对数字原生企业的界定与特征表述,从4,811家上市公司中选择1,117家数字原生产业上市公司,分别分析传统产业和数字原生产业在区域、省份、产权3个维度数字化创新的差异化表现,以突出上市公司在不同产业类别下数字化创新存在的差异,为处于不同产业类别企业的数字化创新提供参考。

总体状况与环境评价篇

3 中国上市公司数字化创新评价：总体分析与产业评价

从 2012 年到 2022 年,我国数字经济的发展取得了令人瞩目的成就,数字经济规模从 11 万亿元快速增长到 50.2 万亿元,多年总量稳居世界第二,占 GDP 比重由 21.6％提升至 41.5％。党的二十大报告中也强调,要加快发展数字经济,促进数字经济和实体经济深度融合,打造具有国际竞争力的数字产业集群。立足发展新阶段,数字化创新成为新一轮竞争的重点领域,中国上市公司的数字化创新状况对数字经济的健康持续增长和高质量发展具有重要意义。

3.1 中国上市公司总体分析

截至 2022 年末,A 股上市公司 4,811 家(剔除房地产、银行和非银金融行业),总市值 675,912.46 亿元,年成交总额 2,063,916.40 亿元,营业收入总额 587,444.16 亿元,净利润总额 32,117.17 亿元。

3.1.1 区域评价分析

从区域维度分析,4,811 家上市公司中,有 8 家注册地在境外,其余 4803 家分布在七大区域。其中,华南地区、华东地区共有上市公司 2,298 家,华南地区 856 家,华北地区 616 家,华中地区 368 家,西南地区 313 家,西北地区 187 家,东北地区 165 家。华东地区上市公司数量最多,占全部 A 股上市公司的 47.77％。不同区域上市公司的基本财务情况如表 3-1 所示。

表 3-1　2022 年 A 股上市公司基本财务情况——区域维度

区域	上市公司数量/家	市值/亿元	年成交额/亿元	营业收入/亿元	净利润/亿元
东北地区	165	15,292.63	56,678.25	15,194.25	217.88
华北地区	616	143,581.43	356,754.43	215,761.02	10,792.43
华东地区	2,298	263,057.54	860,406.73	200,627.83	8,862.80
华南地区	856	107,747.96	326,382.60	70,389.58	2,900.15

续 表

区域	上市公司数量/家	市值/亿元	年成交额/亿元	营业收入/亿元	净利润/亿元
华中地区	368	41,019.64	155,565.85	26,486.35	1,525.57
西北地区	187	26,655.11	101,342.37	18,501.75	1,919.25
西南地区	313	72,592.75	198,768.77	26,030.12	3,190.34

数据来源:浙江工商大学数字创新与管理研究院和首都经济贸易大学资产评估研究院整理。

3.1.2 省份评价分析

从省份维度分析,4811家上市公司中,有8家注册地在境外,其余4803家分布在31个省份。其中,广东省、浙江省、江苏省、北京市以及上海市5个省份的上市公司数量较多,占全部A股上市公司的58.80%。具体来看,广东省共有792家上市公司,浙江省共有631家上市公司,江苏省共有610家上市公司,北京市共有417家上市公司,上海市共有379家上市公司。广东省拥有的上市公司数量居各省份首位,占全部A股上市公司的16.46%;浙江省、江苏省、上海市均隶属于华东地区,凸显出华东地区的经济发展水平具有明显优势。另外,海南省、内蒙古自治区、西藏自治区、宁夏回族自治区、青海省的上市公司数量较少,5个省份上市公司数量合计仅占全部A股上市公司的2.02%。各省份上市公司基本财务情况如表3-2所示。

表3-2 2022年A股上市公司基本财务情况——省份维度

省份	上市公司数量/家	市值/亿元	年成交额/亿元	营业收入/亿元	净利润/亿元
安徽省	157	17,404.89	68,123.96	13,126.82	709.05
北京市	417	105,452.30	225,101.37	185,517.92	7,146.45
重庆市	60	8,234.42	30,576.09	5,601.17	296.55
福建省	161	27,859.81	74,870.40	33,736.16	1,059.06
甘肃省	34	2,730.48	14,626.43	2,234.04	61.10
广东省	792	101,739.87	304,206.92	65,354.00	3,089.08
广西壮族自治区	38	2,514.21	9,750.45	3,671.67	14.75
贵州省	33	25,872.91	32,096.35	2,784.94	751.65
海南省	26	3,493.88	12,425.23	1,363.92	−203.68
河北省	70	10,948.03	34,312.81	9,761.25	560.64
河南省	104	13,297.37	47,494.96	9,393.37	666.85
黑龙江省	36	2,590.99	8,859.66	1,818.90	55.27
湖北省	130	12,685.14	50,828.42	8,960.68	480.34

省份	上市公司数量/家	市值/亿元	年成交额/亿元	营业收入/亿元	净利润/亿元
湖南省	134	15,037.13	57,242.48	8,132.30	378.39
吉林省	46	3,801.77	16,340.91	1,914.85	56.27
江苏省	610	57,979.13	216,869.79	27,865.20	1,534.39
江西省	76	9,115.95	42,036.55	10,874.29	328.89
辽宁省	83	8,899.87	31,477.68	11,460.50	106.34
内蒙古自治区	25	7,036.61	27,160.62	4,289.89	433.79
宁夏回族自治区	15	1,619.19	6,973.88	570.92	74.36
青海省	11	2,263.68	10,539.19	1,124.73	289.02
山东省	284	34,120.68	109,772.30	27,073.71	1,632.89
山西省	39	9,050.33	30,145.02	6,341.12	854.07
陕西省	71	13,212.23	40,405.79	7,510.48	818.60
上海市	379	50,883.98	124,476.41	43,441.23	1,215.90
四川省	163	28,438.79	96,912.74	11,621.10	1,686.30
天津市	65	11,094.16	40,034.60	9,850.84	1,797.49
西藏自治区	20	1,780.65	9,679.65	552.38	81.01
新疆维吾尔自治区	56	6,829.53	28,797.09	7,061.58	676.18
云南省	37	8,265.97	29,503.94	5,470.53	374.83
浙江省	631	65,693.08	224,257.31	44,510.41	2,382.61

数据来源:浙江工商大学数字创新与管理研究院和首都经济贸易大学资产评估研究院整理。

3.1.3　产权评价分析

从产权维度分析,4811 家上市公司中,中央国有控股上市公司共有 416 家,地方国有控股上市公司共有 847 家,非国有控股上市公司共有 3,548 家。从产权分布看,非国有控股上市公司数量最多,占全部 A 股上市公司的 73.75%。中央国有控股、地方国有控股和非国有控股上市公司基本财务情况如表 3-3 所示。

表 3-3　2022 年 A 股上市公司基本财务情况——产权维度

产权性质	上市公司数量/家	市值/亿元	年成交额/亿元	营业收入/亿元	净利润/亿元
中央国有控股	416	132,836.57	268,988.34	244,473.72	12,789.64

产权性质	上市公司数量/家	市值/亿元	年成交额/亿元	营业收入/亿元	净利润/亿元
地方国有控股	847	146,915.38	414,488.88	149,137.89	7,629.36
非国有控股	3,548	396,160.51	1,380,439.18	193,832.54	11,698.17

数据来源:浙江工商大学数字创新与管理研究院和首都经济贸易大学资产评估研究院整理。

3.1.4　行业评价分析

鉴于企业数字化创新具有鲜明的数字化特征,对数字技术具有较强的依赖性,传统企业与数字原生企业(也叫先天数字化企业)在数字化创新表现方面有着较大差异,因此,本报告创新性地从传统产业和数字原生产业 2 个维度分析 2022 年上市公司数字化创新状况。IDC 指出,数字原生企业是指从一开始就围绕现代云原生技术建立的企业,从物流运营到商业模式再到客户参与等各个方面都利用了数据和人工智能等数字技术,企业的核心价值或创收过程也依赖数字技术。① 数字原生企业是高度依赖于将数据转化为知识的业务类型的企业。② 中国信通院认为数字原生企业是基于云原生技术实现的全面数字原生企业,这类企业的业务流程、交易交互等在很大程度上由数字技术支持,企业内外部运营竞争优势的获取也依赖于数字技术。③ 本报告参考了 IDC 和中国信通院对数字原生企业的概念界定,认为数字原生产业是指业务、生产流程、商业模式、交易等方面均依赖于数据要素和数字技术的产业,主要涉及 IT 服务、计算机设备、软件开发、通信服务、通信设备等行业。

在数字原生产业上市公司的筛选上,本报告以截至 2022 年末的 4,811 家 A 股上市公司为初始筛选样本。首先,基于上市公司所属申万行业 2021 行业类别 2 级筛选出属于 IT 服务、计算机设备、软件开发、通信服务、通信设备等行业的公司;其次,人工筛选所属数字经济核心产业的企业名单,根据巨潮资讯网的主营业务和经营范围,进一步判断其是否属于数字原生企业;最后,人工核查剩余企业名单,筛选出公司名称及简介中涉及数字原生企业概念、特征和类型等的相关公司,辅以公司年报或公司官网信息作为补充验证。最终得到传统产业上市公司 3,694 家,数字原生产业上市公司 1,117 家。从行业分布看,传统产业上市公司数量占全部 A 股上市公司的 76.78%。传统产业和数字原生产业上市公司基本财务情况如表 3-4 所示。

---

① IDC 咨询.数字原生企业:未来数字经济的命脉[EB/OL].(2023-02-27)[2023-11-03]. https://mp.weixin.qq.com/s/sSHOR8Q6gPR17lAjnooMjw.

② 江小涓,靳景.数字技术提升经济效率:服务分工、产业协同和数字孪生[J].管理世界, 2022,38(12):9-26.

③ 阿里研究院,中国信通院,阿里云.云原生:新生产力的飞跃[EB/OL].(2023-07-17)[2023-11-03].https://chuangke.aliyun.com/info/1061391.html.

表 3-4 2022 年 A 股上市公司基本财务情况——行业维度

行业	上市公司数量/家	市值/亿元	年成交额/亿元	营业收入/亿元	净利润/亿元
传统产业	3,694	546,883.74	1,616,163.13	515,111.89	28,395.38
数字原生产业	1,117	129,028.72	447,753.27	72,332.27	3,721.79

数据来源:浙江工商大学数字创新与管理研究院和首都经济贸易大学资产评估研究院整理。

3.2 传统产业中国上市公司数字化创新评价

本节将从传统产业上市公司数字化创新综合指数、数字化战略导向指数、数字化要素投入指数、数字化创新成果指数、数字化创新绩效指数 5 个方面分析 2022 年我国传统产业上市公司的数字化创新总体成效。

3.2.1 传统产业上市公司数字化创新综合指数分析

3.2.1.1 整体分析

本报告对 3,694 家传统产业上市公司 2022 年数字化创新综合指数进行了分析,结果显示:传统产业上市公司数字化创新综合指数平均水平为 58.96,高于平均水平的有 1741 家,占总量的 47.13%。从数字化创新综合指数区间分布上看,数字化创新综合指数位于 80 及以上的上市公司有 96 家,占比 2.60%,表明这些公司在行业内有着明显的数字化创新优势;数字化创新综合指数位于 70—80 的上市公司有 492 家,占比 13.32%,表明这些公司的数字化创新水平相对较高;数字化创新综合指数位于 60—70 的上市公司有 1,036 家,占比 28.05%;数字化创新综合指数低于 60 的上市公司数量最多,共有 2,070 家,占比 56.04%[①],表明在传统产业上,大多数上市公司的数字化创新水平有待提高。如图 3-1 所示。[②]

根据 3,694 家传统产业上市公司的数字化创新综合指数分布情况来看,排名前 100 的上市公司情况如表 3-5 所示。

---

① 文中区间数据百分比计算存在一定误差,加总后约等于 100%,全书同。

② 文中区间划分如 60—65,包括下限不包括上限,全书同。

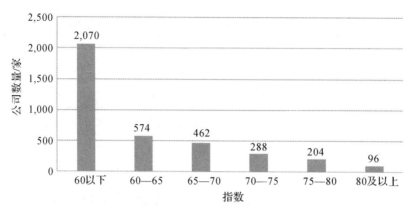

图 3-1　2022 年传统产业上市公司数字化创新综合指数分布

表 3-5　2022 年传统产业上市公司数字化创新综合指数排名前 100 情况

排名	公司代码	公司名称	数字化创新综合指数	省份	产权性质
1	300124.SZ	汇川技术	93.59	广东省	非国有控股
2	300760.SZ	迈瑞医疗	91.77	广东省	非国有控股
3	688187.SH	时代电气	91.14	湖南省	中央国有控股
4	688777.SH	中控技术	89.65	浙江省	非国有控股
5	300274.SZ	阳光电源	89.57	安徽省	非国有控股
6	000333.SZ	美的集团	88.68	广东省	非国有控股
7	688599.SH	天合光能	88.37	江苏省	非国有控股
8	600690.SH	海尔智家	88.18	山东省	非国有控股
9	000032.SZ	深桑达A	87.72	广东省	中央国有控股
10	600406.SH	国电南瑞	87.47	江苏省	中央国有控股
11	688271.SH	联影医疗	87.38	上海市	非国有控股
12	000810.SZ	创维数字	87.17	四川省	非国有控股
13	603259.SH	药明康德	86.80	江苏省	非国有控股
14	300014.SZ	亿纬锂能	86.59	广东省	非国有控股
15	688114.SH	华大智造	86.11	广东省	非国有控股
16	300759.SZ	康龙化成	85.95	北京市	非国有控股
17	000651.SZ	格力电器	85.95	广东省	非国有控股
18	688248.SH	南网科技	85.90	广东省	中央国有控股
19	002335.SZ	科华数据	85.64	福建省	非国有控股
20	002821.SZ	凯莱英	85.61	天津市	非国有控股
21	000039.SZ	中集集团	85.37	广东省	中央国有控股

排名	公司代码	公司名称	数字化创新综合指数	省份	产权性质
22	600153.SH	建发股份	84.99	福建省	地方国有控股
23	688009.SH	中国通号	84.98	北京市	中央国有控股
24	002352.SZ	顺丰控股	84.88	广东省	非国有控股
25	688001.SH	华兴源创	84.68	江苏省	非国有控股
26	300450.SZ	先导智能	84.34	江苏省	非国有控股
27	600031.SH	三一重工	84.30	北京市	非国有控股
28	601877.SH	正泰电器	84.24	浙江省	非国有控股
29	688363.SH	华熙生物	83.99	山东省	非国有控股
30	603392.SH	万泰生物	83.94	北京市	非国有控股
31	601808.SH	中海油服	83.86	天津市	中央国有控股
32	000538.SZ	云南白药	83.69	云南省	地方国有控股
33	002129.SZ	TCL 中环	83.57	天津市	非国有控股
34	688676.SH	金盘科技	83.56	海南省	非国有控股
35	000625.SZ	长安汽车	83.44	重庆市	中央国有控股
36	002120.SZ	韵达股份	83.32	浙江省	非国有控股
37	603456.SH	九洲药业	83.31	浙江省	非国有控股
38	601766.SH	中国中车	83.22	北京市	中央国有控股
39	300298.SZ	三诺生物	83.20	湖南省	非国有控股
40	000963.SZ	华东医药	83.05	浙江省	非国有控股
41	601607.SH	上海医药	82.89	上海市	地方国有控股
42	688499.SH	利元亨	82.88	广东省	非国有控股
43	600196.SH	复星医药	82.83	上海市	非国有控股
44	300957.SZ	贝泰妮	82.76	云南省	非国有控股
45	002594.SZ	比亚迪	82.75	广东省	非国有控股
46	601238.SH	广汽集团	82.65	广东省	地方国有控股
47	600887.SH	伊利股份	82.62	内蒙古自治区	非国有控股
48	300725.SZ	药石科技	82.54	江苏省	非国有控股
49	002747.SZ	埃斯顿	82.53	江苏省	非国有控股
50	002271.SZ	东方雨虹	82.49	北京市	非国有控股
51	300363.SZ	博腾股份	82.48	重庆市	非国有控股

排名	公司代码	公司名称	数字化创新综合指数	省份	产权性质
52	300244.SZ	迪安诊断	82.43	浙江省	非国有控股
53	688139.SH	海尔生物	82.32	山东省	非国有控股
54	000338.SZ	潍柴动力	82.15	山东省	地方国有控股
55	600998.SH	九州通	82.06	湖北省	非国有控股
56	300316.SZ	晶盛机电	82.05	浙江省	非国有控股
57	688349.SH	三一重能	82.05	北京市	非国有控股
58	000425.SZ	徐工机械	82.04	江苏省	地方国有控股
59	603195.SH	公牛集团	82.01	浙江省	非国有控股
60	300015.SZ	爱尔眼科	82.00	湖南省	非国有控股
61	300012.SZ	华测检测	81.93	广东省	非国有控股
62	001965.SZ	招商公路	81.87	天津市	中央国有控股
63	301221.SZ	光庭信息	81.87	湖北省	非国有控股
64	000901.SZ	航天科技	81.82	黑龙江省	中央国有控股
65	000785.SZ	居然之家	81.82	湖北省	非国有控股
66	002202.SZ	金风科技	81.62	新疆维吾尔自治区	地方国有控股
67	600276.SH	恒瑞医药	81.56	江苏省	非国有控股
68	600233.SH	圆通速递	81.52	辽宁省	非国有控股
69	002851.SZ	麦格米特	81.51	广东省	非国有控股
70	301029.SZ	怡合达	81.49	广东省	非国有控股
71	300376.SZ	易事特	81.44	广东省	非国有控股
72	000400.SZ	许继电气	81.43	河南省	中央国有控股
73	600143.SH	金发科技	81.28	广东省	非国有控股
74	688297.SH	中无人机	81.18	四川省	中央国有控股
75	000682.SZ	东方电子	81.10	山东省	地方国有控股
76	002611.SZ	东方精工	81.09	广东省	非国有控股
77	603338.SH	浙江鼎力	81.06	浙江省	非国有控股
78	301129.SZ	瑞纳智能	80.92	安徽省	非国有控股
79	000157.SZ	中联重科	80.90	湖南省	地方国有控股
80	300567.SZ	精测电子	80.77	湖北省	非国有控股
81	600521.SH	华海药业	80.74	浙江省	非国有控股

排名	公司代码	公司名称	数字化创新综合指数	省份	产权性质
82	002010.SZ	传化智联	80.69	浙江省	非国有控股
83	600018.SH	上港集团	80.69	上海市	地方国有控股
84	603025.SH	大豪科技	80.68	北京市	地方国有控股
85	300003.SZ	乐普医疗	80.67	北京市	非国有控股
86	001323.SZ	慕思股份	80.63	广东省	非国有控股
87	300482.SZ	万孚生物	80.42	广东省	非国有控股
88	300888.SZ	稳健医疗	80.35	广东省	非国有控股
89	600380.SH	健康元	80.33	广东省	非国有控股
90	601615.SH	明阳智能	80.29	广东省	非国有控股
91	300007.SZ	汉威科技	80.26	河南省	非国有控股
92	688425.SH	铁建重工	80.19	湖南省	中央国有控股
93	300633.SZ	开立医疗	80.13	广东省	非国有控股
94	688202.SH	美迪西	80.10	上海市	非国有控股
95	000513.SZ	丽珠集团	80.00	广东省	非国有控股
96	688337.SH	普源精电	80.00	江苏省	非国有控股
97	603882.SH	金域医学	79.99	广东省	非国有控股
98	600741.SH	华域汽车	79.96	上海市	地方国有控股
99	002030.SZ	达安基因	79.91	广东省	地方国有控股
100	600150.SH	中国船舶	79.85	上海市	中央国有控股

数据来源:浙江工商大学数字创新与管理研究院和首都经济贸易大学资产评估研究院整理。

　　从排名前500的传统产业上市公司所属区域来看,有2家注册地在境外,其余498家的区域分布情况为:华东地区210家、华南地区110家、华北地区86家,合计占数字化创新综合指数排名前500的传统产业上市公司总数的81.20%,凸显出华东、华南和华北地区传统产业数字化创新具有明显优势;除此之外,西南地区37家、华中地区31家、西北地区13家、东北地区11家。如图3-2所示。

　　从排名前500的传统产业上市公司所属省份来看,有2家注册地在境外,其余498家的省份分布情况为:广东省109家、浙江省62家、北京市59家、江苏省55家、上海市47家,合计占数字化创新综合指数排名前500的传统产业上市公司总数的66.40%;另外,四川省22家、山东省18家、天津市14家、福建省13家、湖南省12家、安徽省和湖北省各11家,其余省份均低于10家。如图3-3所示。

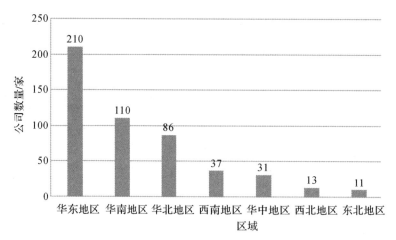

图 3-2　传统产业数字化创新综合指数排名前 500 上市公司区域分布

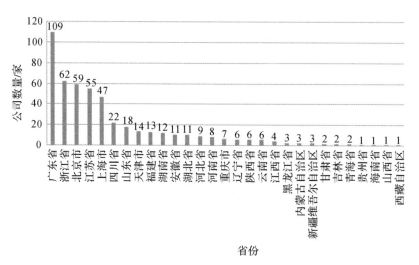

图 3-3　传统产业数字化创新综合指数排名前 500 上市公司省份分布

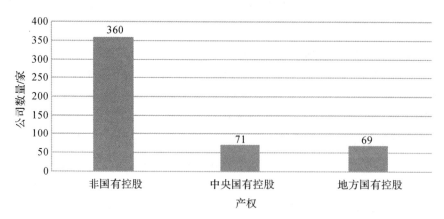

图 3-4　传统产业数字化创新综合指数排名前 500 上市公司产权分布

从排名前 500 的传统产业上市公司的产权性质来看,中央国有控股 71 家,地方国有控股 69 家,非国有控股 360 家。如图 3-4 所示。

3.2.1.2 区域评价分析

本报告分析的 3,694 家传统产业上市公司中,有 3 家注册地在境外,其余 3691 家分布于东北、华北、华东、华南、华中、西北和西南七大区域。从区域分布上看,2,831 家上市公司分布在华东地区、华南地区、华北地区,占七大区域传统产业上市公司总量的 76.70%。七大区域传统产业上市公司中,如表 3-6 和图 3-5 所示,华北地区上市公司数字化创新综合指数平均水平最高,为 61.56,其次是华南地区(61.53),再次是西南地区(58.86)。

表 3-6 2022 年传统产业上市公司数字化创新综合指数一览表——区域维度

区域	上市公司数量/家	均值	数字化创新公司代表
东北地区	140	55.35	航天科技(81.82)
华北地区	420	61.56	康龙化成(85.95)
华东地区	1,859	58.20	中控技术(89.65)
华南地区	552	61.53	汇川技术(93.59)
华中地区	297	58.67	时代电气(91.14)
西北地区	162	55.68	金风科技(81.62)
西南地区	261	58.86	创维数字(87.17)

数据来源:浙江工商大学数字创新与管理研究院和首都经济贸易大学资产评估研究院整理。

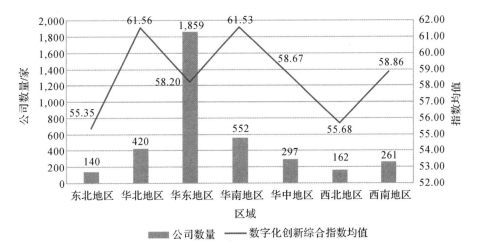

图 3-5 2022 年各区域传统产业上市公司数字化创新综合指数均值分布

3.2.1.3 省份评价分析

本报告分析的 3,694 家传统产业上市公司中,有 3 家注册地在境外,其余 3,691 家分别隶属于 31 个省份,且主要集中在浙江省、广东省、江苏省、山东省、上海市和北京市,这些地方上市公司数量占传统产业上市公司总量的 62.21%。传统产业上市公司中,如表 3-7 和图 3-6 所示,北京市上市公司数字化创新综合指数平均水平最高,为 63.40,其次是天津市(62.31),再次是广东省(62.10)。上市公司数量超过 300 家的省份,即浙江省、广东省和江苏省的上市公司整体表现良好,是地区经济高质量发展的典范。

表 3-7　2022 年传统产业上市公司数字化创新综合指数一览表——省份维度

省份	上市公司数量/家	均值	数字化创新公司代表
安徽省	131	58.17	阳光电源(89.57)
北京市	248	63.40	康龙化成(85.94)
重庆市	53	58.06	长安汽车(83.44)
福建省	112	57.95	科华数据(85.64)
甘肃省	32	53.86	大禹节水(77.18)
广东省	494	62.10	汇川技术(93.59)
广西壮族自治区	33	56.84	桂林三金(70.76)
贵州省	27	57.42	泰永长征(71.52)
海南省	25	56.45	金盘科技(83.56)
河北省	62	58.16	新奥股份(78.56)
河南省	89	58.21	许继电气(81.43)
黑龙江省	32	56.21	航天科技(81.82)
湖北省	95	58.86	九州通(82.06)
湖南省	113	58.88	时代电气(91.14)
吉林省	37	54.15	一汽解放(76.75)
江苏省	488	57.80	天合光能(88.37)
江西省	62	58.10	赣锋锂业(77.11)
辽宁省	71	55.59	圆通速递(81.52)
内蒙古自治区	24	61.19	伊利股份(82.62)
宁夏回族自治区	14	52.69	宁夏建材(65.80)
青海省	10	54.83	远东股份(75.45)

省份	上市公司数量/家	均值	数字化创新公司代表
山东省	254	57.05	海尔智家(88.18)
山西省	36	53.93	东杰智能(74.74)
陕西省	54	58.69	陕鼓动力(78.85)
上海市	279	60.30	联影医疗(87.38)
四川省	127	59.99	创维数字(87.17)
天津市	50	62.31	凯莱英(85.61)
西藏自治区	18	54.99	海思科(77.31)
新疆维吾尔自治区	52	54.64	金风科技(81.62)
云南省	36	59.02	云南白药(83.69)
浙江省	533	58.09	中控技术(89.65)

数据来源:浙江工商大学数字创新与管理研究院和首都经济贸易大学资产评估研究院整理。

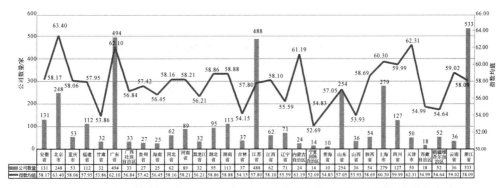

图 3-6　2022 年各省份传统产业上市公司数字化创新综合指数均值分布

3.2.1.4　产权评价分析

本报告分析的 3,694 家传统产业上市公司中,从产权方面看,包括 325 家中央国有控股上市公司、719 家地方国有控股上市公司以及 2,650 家非国有控股上市公司。如表 3-8 和图 3-7 所示,中央国有控股上市公司数字化创新综合指数平均水平最高,为 63.15,非国有控股与地方国有控股上市公司数字化创新综合指数的平均水平均低于全市场均值 58.96,其中,非国有控股为 58.84,地方国有控股略低于非国有控股,为 57.49。

表 3-8　2022 年传统产业上市公司数字化创新综合指数一览表——产权维度

产权	上市公司数量/家	均值	数字化创新公司代表
中央国有控股	325	63.15	时代电气(91.14)
地方国有控股	719	57.49	建发股份(84.99)
非国有控股	2,650	58.84	汇川技术(93.59)

数据来源:浙江工商大学数字创新与管理研究院和首都经济贸易大学资产评估研究院整理。

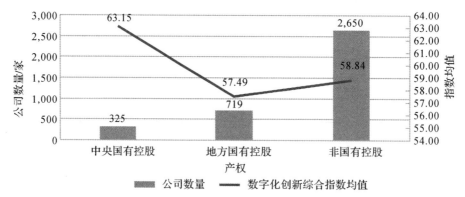

图 3-7　2022 年不同产权传统产业上市公司数字化创新综合指数均值分布

3.2.2　传统产业上市公司数字化战略导向指数分析

3.2.2.1　整体分析

本报告对 2022 年 3,694 家传统产业上市公司数字化战略导向指数进行了分析,结果显示:传统产业上市公司数字化战略导向指数平均水平为 60.97,高于平均水平的有 1,769 家,占总量的 47.89%。从数字化战略导向指数区间分布来看,数字化战略导向指数位于 80 及以上的上市公司有 562 家,占比 15.21%,表明这些公司在行业内甚至全市场中具有较强的数字化创新意识;数字化战略导向指数位于 70—80 的上市公司有 584 家,占比 15.81%;数字化战略导向指数位于 60—70 的上市公司有 683 家,占总量的 18.49%;数字化战略导向指数低于 60 的上市公司数量最多,共有 1,865 家,占比 50.49%,表明这些上市公司的数字化战略导向水平相对较低。如图 3-8 所示。

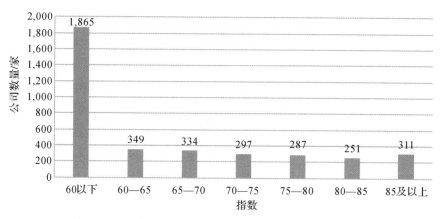

图 3-8　2022 年传统产业上市公司数字化战略导向指数分布

根据 3,694 家传统产业上市公司的数字化战略导向指数分布情况,排名前 100 的上市公司情况如表 3-9 所示。

表 3-9　2022 年传统产业上市公司数字化战略导向指数排名前 100 情况

排名	公司代码	公司名称	数字化战略导向指数	省份	产权性质
1	688777.SH	中控技术	99.28	浙江省	非国有控股
2	000333.SZ	美的集团	98.80	广东省	非国有控股
3	688363.SH	华熙生物	98.46	山东省	非国有控股
4	600998.SH	九州通	98.30	湖北省	非国有控股
5	300124.SZ	汇川技术	97.71	广东省	非国有控股
6	000785.SZ	居然之家	97.61	湖北省	非国有控股
7	000032.SZ	深桑达 A	97.36	广东省	中央国有控股
8	000039.SZ	中集集团	97.00	广东省	中央国有控股
9	002120.SZ	韵达股份	96.99	浙江省	非国有控股
10	688248.SH	南网科技	96.90	广东省	中央国有控股
11	603338.SH	浙江鼎力	96.55	浙江省	非国有控股
12	603259.SH	药明康德	96.52	江苏省	非国有控股
13	300760.SZ	迈瑞医疗	96.32	广东省	非国有控股
14	688202.SH	美迪西	96.27	上海市	非国有控股
15	688187.SH	时代电气	95.91	湖南省	中央国有控股
16	300298.SZ	三诺生物	95.90	湖南省	非国有控股
17	300957.SZ	贝泰妮	95.69	云南省	非国有控股
18	688349.SH	三一重能	95.10	北京市	非国有控股

排名	公司代码	公司名称	数字化战略导向指数	省份	产权性质
19	601808.SH	中海油服	95.07	天津市	中央国有控股
20	002352.SZ	顺丰控股	94.74	广东省	非国有控股
21	688271.SH	联影医疗	94.29	上海市	非国有控股
22	000513.SZ	丽珠集团	94.21	广东省	非国有控股
23	688133.SH	泰坦科技	94.09	上海市	非国有控股
24	000682.SZ	东方电子	94.02	山东省	地方国有控股
25	603456.SH	九洲药业	93.89	浙江省	非国有控股
26	000581.SZ	威孚高科	93.85	江苏省	地方国有控股
27	300759.SZ	康龙化成	93.81	北京市	非国有控股
28	688105.SH	诺唯赞	93.61	江苏省	非国有控股
29	002010.SZ	传化智联	93.60	浙江省	非国有控股
30	001965.SZ	招商公路	93.60	天津市	中央国有控股
31	300007.SZ	汉威科技	93.57	河南省	非国有控股
32	300015.SZ	爱尔眼科	93.51	湖南省	非国有控股
33	688131.SH	皓元医药	93.48	上海市	非国有控股
34	300662.SZ	科锐国际	93.38	北京市	非国有控股
35	002851.SZ	麦格米特	93.37	广东省	非国有控股
36	600057.SH	厦门象屿	93.11	福建省	地方国有控股
37	300482.SZ	万孚生物	93.09	广东省	非国有控股
38	300888.SZ	稳健医疗	92.92	广东省	非国有控股
39	688009.SH	中国通号	92.89	北京市	中央国有控股
40	000651.SZ	格力电器	92.87	广东省	非国有控股
41	600153.SH	建发股份	92.86	福建省	地方国有控股
42	600518.SH	ST康美	92.77	广东省	非国有控股
43	688139.SH	海尔生物	92.70	山东省	非国有控股
44	301091.SZ	深城交	92.57	广东省	地方国有控股
45	601877.SH	正泰电器	92.52	浙江省	非国有控股
46	600233.SH	圆通速递	92.49	辽宁省	非国有控股
47	002821.SZ	凯莱英	92.45	天津市	非国有控股
48	600143.SH	金发科技	92.43	广东省	非国有控股

排名	公司代码	公司名称	数字化战略导向指数	省份	产权性质
49	300244.SZ	迪安诊断	92.36	浙江省	非国有控股
50	688298.SH	东方生物	92.32	浙江省	非国有控股
51	300012.SZ	华测检测	92.27	广东省	非国有控股
52	000963.SZ	华东医药	92.20	浙江省	非国有控股
53	600276.SH	恒瑞医药	92.16	江苏省	非国有控股
54	688315.SH	诺禾致源	92.08	北京市	非国有控股
55	600690.SH	海尔智家	92.00	山东省	非国有控股
56	688235.SH	百济神州	91.98	—	非国有控股
57	600839.SH	四川长虹	91.91	四川省	地方国有控股
58	300003.SZ	乐普医疗	91.90	北京市	非国有控股
59	688114.SH	华大智造	91.84	广东省	非国有控股
60	600415.SH	小商品城	91.80	浙江省	地方国有控股
61	300825.SZ	阿尔特	91.74	北京市	非国有控股
62	002301.SZ	齐心集团	91.73	广东省	非国有控股
63	601872.SH	招商轮船	91.59	上海市	中央国有控股
64	000925.SZ	众合科技	91.59	浙江省	非国有控股
65	601598.SH	中国外运	91.57	北京市	中央国有控股
66	301177.SZ	迪阿股份	91.56	广东省	非国有控股
67	600380.SH	健康元	91.55	广东省	非国有控股
68	000538.SZ	云南白药	91.54	云南省	地方国有控股
69	688599.SH	天合光能	91.41	江苏省	非国有控股
70	603486.SH	科沃斯	91.36	江苏省	非国有控股
71	300024.SZ	机器人	91.35	辽宁省	中央国有控股
72	688676.SH	金盘科技	91.30	海南省	非国有控股
73	688658.SH	悦康药业	91.29	北京市	非国有控股
74	002653.SZ	海思科	91.24	西藏自治区	非国有控股
75	002030.SZ	达安基因	91.20	广东省	地方国有控股
76	002015.SZ	协鑫能科	91.19	江苏省	非国有控股
77	603025.SH	大豪科技	91.13	北京市	地方国有控股
78	301221.SZ	光庭信息	91.11	湖北省	非国有控股

排名	公司代码	公司名称	数字化战略导向指数	省份	产权性质
79	600535.SH	天士力	91.05	天津市	非国有控股
80	600066.SH	宇通客车	91.05	河南省	非国有控股
81	600662.SH	外服控股	90.95	上海市	地方国有控股
82	000810.SZ	创维数字	90.94	四川省	非国有控股
83	688180.SH	君实生物	90.92	上海市	非国有控股
84	600704.SH	物产中大	90.89	浙江省	地方国有控股
85	002294.SZ	信立泰	90.77	广东省	非国有控股
86	002044.SZ	美年健康	90.68	江苏省	非国有控股
87	000157.SZ	中联重科	90.68	湖南省	地方国有控股
88	688660.SH	电气风电	90.58	上海市	地方国有控股
89	301078.SZ	孩子王	90.53	江苏省	非国有控股
90	300119.SZ	瑞普生物	90.49	天津市	非国有控股
91	688137.SH	近岸蛋白	90.44	江苏省	非国有控股
92	600196.SH	复星医药	90.41	上海市	非国有控股
93	688520.SH	神州细胞	90.39	北京市	非国有控股
94	301039.SZ	中集车辆	90.38	广东省	中央国有控股
95	000564.SZ	ST大集	90.37	陕西省	非国有控股
96	601828.SH	美凯龙	90.35	上海市	非国有控股
97	600787.SH	中储股份	90.33	天津市	中央国有控股
98	688499.SH	利元亨	90.25	广东省	非国有控股
99	688337.SH	普源精电	90.23	江苏省	非国有控股
100	002611.SZ	东方精工	90.20	广东省	非国有控股

数据来源:浙江工商大学数字创新与管理研究院和首都经济贸易大学资产评估研究院整理。

3.2.2.2　区域评价分析

从区域分布来看,3,694家传统产业上市公司中,有3家注册地在境外,其余3,691家分布在七大区域。七大区域传统产业上市公司中,如表3-10和图3-9所示,华南地区传统产业上市公司数字化战略导向指数平均水平最高,为65.71,其次是华北地区(64.46),再次是华中地区(61.67)。

表 3-10　2022 年传统产业上市公司数字化战略导向指数一览表——区域维度

区域	上市公司数量/家	均值	数字化创新公司代表
东北地区	140	56.49	圆通速递(92.49)
华北地区	420	64.46	三一重能(95.10)
华东地区	1,859	59.35	中控技术(99.28)
华南地区	552	65.71	美的集团(98.80)
华中地区	297	61.67	九州通(98.30)
西北地区	162	55.84	ST 大集(90.37)
西南地区	261	60.89	贝泰妮(95.69)

数据来源:浙江工商大学数字创新与管理研究院和首都经济贸易大学资产评估研究院整理。

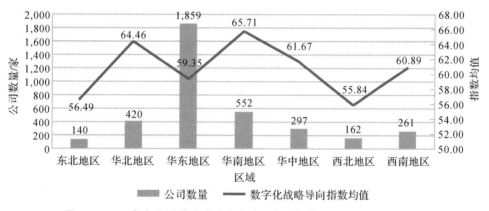

图 3-9　2022 年各区域传统产业上市公司数字化战略导向指数均值分布

3.2.2.3　省份评价分析

从省份分布来看,3,694 家传统产业上市公司中,有 3 家注册地在境外,其余 3,691家分布在 31 个省份。传统产业上市公司中,如表 3-11 和图 3-10 所示,北京市 传统产业上市公司数字化战略导向指数平均水平最高,为 67.13,其次是广东省 (66.27),再次是天津市(65.89)。上市公司数量超过 300 家的省份,即浙江省、广东 省和江苏省的上市公司数字化战略导向整体表现较好。

表 3-11　2022 年传统产业上市公司数字化战略导向指数一览表——省份维度

省份	上市公司数量/家	均值	数字化创新公司代表
安徽省	131	59.38	瑞纳智能(90.00)
北京市	248	67.13	三一重能(95.10)
重庆市	53	59.80	华森制药(88.34)

省份	上市公司数量/家	均值	数字化创新公司代表
福建省	112	60.62	厦门象屿(93.11)
甘肃省	32	55.53	大禹节水(84.88)
广东省	494	66.27	美的集团(98.80)
广西壮族自治区	33	61.66	黑芝麻(88.19)
贵州省	27	57.37	泰永长征(85.48)
海南省	25	59.99	金盘科技(91.30)
河北省	62	59.73	以岭药业(89.48)
河南省	89	60.93	汉威科技(93.57)
黑龙江省	32	56.95	航天科技(88.39)
湖北省	95	61.21	九州通(98.30)
湖南省	113	62.63	时代电气(95.91)
吉林省	37	55.14	百克生物(88.94)
江苏省	488	57.89	药明康德(96.52)
江西省	62	59.01	天音控股(89.82)
辽宁省	71	56.99	圆通速递(92.49)
内蒙古自治区	24	63.61	生物股份(88.55)
宁夏回族自治区	14	53.30	新华百货(73.62)
青海省	10	55.59	远东股份(77.64)
山东省	254	58.65	华熙生物(98.46)
山西省	36	52.78	东杰智能(87.07)
陕西省	54	57.99	ST 大集(90.37)
上海市	279	63.62	美迪西(96.27)
四川省	127	63.16	四川长虹(91.91)
天津市	50	65.89	中海油服(95.07)
西藏自治区	18	57.62	海思科(91.24)
新疆维吾尔自治区	52	54.55	金风科技(84.92)
云南省	36	62.28	贝泰妮(95.69)
浙江省	533	58.57	中控技术(99.28)

数据来源:浙江工商大学数字创新与管理研究院和首都经济贸易大学资产评估研究院整理。

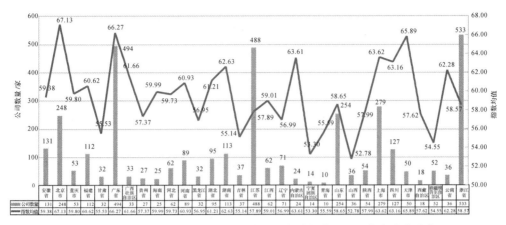

图 3-10　2022 年各省份传统产业上市公司数字化战略导向指数均值分布

3.2.2.4　产权评价分析

从产权分布来看,3,694 家传统产业上市公司中,如表 3-12 和图 3-11 所示,中央国有控股传统产业上市公司数字化战略导向指数平均水平最高,为 64.94。非国有控股与地方国有控股传统产业上市公司的平均水平均低于全市场均值 60.97,其中非国有控股为 60.77,地方国有控股略低于非国有控股,为 59.92。

表 3-12　2022 年传统产业上市公司数字化战略导向指数一览表——产权维度

产权	上市公司数量/家	均值	数字化创新公司代表
中央国有控股	325	64.94	深桑达 A(97.36)
地方国有控股	719	59.92	东方电子(94.02)
非国有控股	2,650	60.77	中控技术(99.28)

数据来源:浙江工商大学数字创新与管理研究院和首都经济贸易大学资产评估研究院整理。

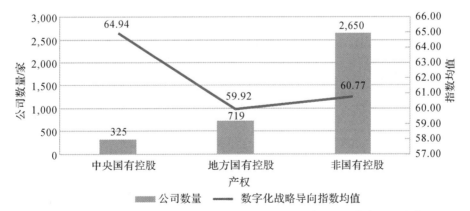

图 3-11　2022 年不同产权传统产业上市公司数字化战略导向指数均值分布

3.2.3 传统产业上市公司数字化要素投入指数分析

3.2.3.1 整体分析

本报告对 3,694 家传统产业上市公司 2022 年数字化要素投入指数进行了分析,结果显示:传统产业上市公司数字化要素投入指数平均水平为 57.30,高于平均水平的上市公司有 1,725 家,占总量的 46.70%。从数字化要素投入指数区间分布来看,数字化要素投入指数位于 80 及以上的上市公司有 99 家,占比 2.68%,这些公司在行业内甚至全市场中均属于数字化要素投入力度大的优势企业;数字化要素投入指数位于 70—80 的上市公司有 457 家,占比 12.37%,这些公司的数字化要素投入力度较大;数字化要素投入指数位于 60—70 的上市公司有 878 家,占比 23.77%;数字化要素投入指数低于 60 的上市公司数量最多,共有 2,260 家,占比 61.18%,这些上市公司的数字化要素投入水平相对较低。如图 3-12 所示。

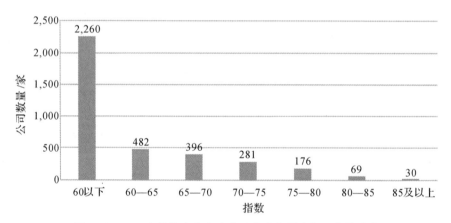

图 3-12　2022 年传统产业上市公司数字化要素投入指数分布

根据 3,694 家传统产业上市公司的数字化要素投入指数分布情况,排名前 100 的上市公司情况如表 3-13 所示。

表 3-13　2022 年传统产业上市公司数字化要素投入指数排名前 100 情况

排名	公司代码	公司名称	数字化要素投入指数	省份	产权性质
1	688777.SH	中控技术	99.08	浙江省	非国有控股
2	300376.SZ	易事特	94.90	广东省	非国有控股
3	300760.SZ	迈瑞医疗	94.04	广东省	非国有控股
4	000810.SZ	创维数字	93.16	四川省	非国有控股
5	300124.SZ	汇川技术	92.09	广东省	非国有控股
6	301221.SZ	光庭信息	91.36	湖北省	非国有控股

排名	公司代码	公司名称	数字化要素投入指数	省份	产权性质
7	000651.SZ	格力电器	90.16	广东省	非国有控股
8	600126.SH	杭钢股份	89.94	浙江省	地方国有控股
9	688001.SH	华兴源创	89.75	江苏省	非国有控股
10	000901.SZ	航天科技	89.56	黑龙江省	中央国有控股
11	000516.SZ	国际医学	89.38	陕西省	非国有控股
12	300259.SZ	新天科技	88.35	河南省	非国有控股
13	603956.SH	威派格	88.15	上海市	非国有控股
14	002747.SZ	埃斯顿	87.95	江苏省	非国有控股
15	002518.SZ	科士达	87.62	广东省	非国有控股
16	002819.SZ	东方中科	87.44	北京市	中央国有控股
17	600166.SH	福田汽车	87.30	北京市	地方国有控股
18	600730.SH	中国高科	87.25	北京市	非国有控股
19	002090.SZ	金智科技	87.23	江苏省	非国有控股
20	300567.SZ	精测电子	87.05	湖北省	非国有控股
21	000032.SZ	深桑达A	86.99	广东省	中央国有控股
22	600880.SH	博瑞传播	86.34	四川省	地方国有控股
23	601965.SH	中国汽研	86.25	重庆市	中央国有控股
24	002051.SZ	中工国际	85.96	北京市	中央国有控股
25	000400.SZ	许继电气	85.78	河南省	中央国有控股
26	600525.SH	长园集团	85.77	广东省	非国有控股
27	688271.SH	联影医疗	85.69	上海市	非国有控股
28	002766.SZ	索菱股份	85.67	广东省	非国有控股
29	688248.SH	南网科技	85.35	广东省	中央国有控股
30	688389.SH	普门科技	85.10	广东省	非国有控股
31	002335.SZ	科华数据	84.96	福建省	非国有控股
32	600770.SH	综艺股份	84.81	江苏省	非国有控股
33	688187.SH	时代电气	84.68	湖南省	中央国有控股
34	600196.SH	复星医药	84.60	上海市	非国有控股
35	688202.SH	美迪西	84.33	上海市	非国有控股
36	002849.SZ	威星智能	84.17	浙江省	非国有控股

排名	公司代码	公司名称	数字化要素投入指数	省份	产权性质
37	300356.SZ	光一退	84.07	江苏省	非国有控股
38	300014.SZ	亿纬锂能	84.00	广东省	非国有控股
39	000682.SZ	东方电子	83.92	山东省	地方国有控股
40	300137.SZ	先河环保	83.88	河北省	非国有控股
41	688009.SH	中国通号	83.71	北京市	中央国有控股
42	600330.SH	天通股份	83.63	浙江省	非国有控股
43	000801.SZ	四川九洲	83.44	四川省	地方国有控股
44	603882.SH	金域医学	83.19	广东省	非国有控股
45	300639.SZ	凯普生物	83.16	广东省	非国有控股
46	002653.SZ	海思科	83.03	西藏自治区	非国有控股
47	002799.SZ	环球印务	83.01	陕西省	地方国有控股
48	002527.SZ	新时达	82.89	上海市	非国有控股
49	603128.SH	华贸物流	82.84	上海市	中央国有控股
50	603100.SH	川仪股份	82.59	重庆市	地方国有控股
51	601567.SH	三星医疗	82.38	浙江省	非国有控股
52	600268.SH	国电南自	82.28	江苏省	中央国有控股
53	600406.SH	国电南瑞	82.16	江苏省	中央国有控股
54	688092.SH	爱科科技	82.13	浙江省	非国有控股
55	600970.SH	中材国际	82.13	江苏省	中央国有控股
56	688139.SH	海尔生物	82.10	山东省	非国有控股
57	688114.SH	华大智造	81.98	广东省	非国有控股
58	600380.SH	健康元	81.94	广东省	非国有控股
59	603618.SH	杭电股份	81.92	浙江省	非国有控股
60	300244.SZ	迪安诊断	81.88	浙江省	非国有控股
61	002044.SZ	美年健康	81.80	江苏省	非国有控股
62	603025.SH	大豪科技	81.71	北京市	地方国有控股
63	300024.SZ	机器人	81.67	辽宁省	中央国有控股
64	300882.SZ	万胜智能	81.64	浙江省	非国有控股
65	002056.SZ	横店东磁	81.55	浙江省	非国有控股
66	301129.SZ	瑞纳智能	81.47	安徽省	非国有控股

排名	公司代码	公司名称	数字化要素投入指数	省份	产权性质
67	688297.SH	中无人机	81.46	四川省	中央国有控股
68	688348.SH	昱能科技	81.43	浙江省	非国有控股
69	002821.SZ	凯莱英	81.42	天津市	非国有控股
70	300617.SZ	安靠智电	81.26	江苏省	非国有控股
71	300759.SZ	康龙化成	81.14	北京市	非国有控股
72	002348.SZ	高乐股份	81.08	广东省	非国有控股
73	002979.SZ	雷赛智能	81.02	广东省	非国有控股
74	002121.SZ	科陆电子	80.87	广东省	非国有控股
75	600415.SH	小商品城	80.85	浙江省	地方国有控股
76	688425.SH	铁建重工	80.84	湖南省	中央国有控股
77	688337.SH	普源精电	80.81	江苏省	非国有控股
78	000513.SZ	丽珠集团	80.80	广东省	非国有控股
79	002324.SZ	普利特	80.76	上海市	非国有控股
80	300003.SZ	乐普医疗	80.69	北京市	非国有控股
81	300007.SZ	汉威科技	80.69	河南省	非国有控股
82	688131.SH	皓元医药	80.69	上海市	非国有控股
83	300203.SZ	聚光科技	80.62	浙江省	非国有控股
84	300725.SZ	药石科技	80.61	江苏省	非国有控股
85	300490.SZ	华自科技	80.53	湖南省	非国有控股
86	000925.SZ	众合科技	80.46	浙江省	非国有控股
87	002594.SZ	比亚迪	80.43	广东省	非国有控股
88	000927.SZ	中国铁物	80.39	天津市	中央国有控股
89	002851.SZ	麦格米特	80.38	广东省	非国有控股
90	688015.SH	交控科技	80.27	北京市	非国有控股
91	001965.SZ	招商公路	80.26	天津市	中央国有控股
92	300825.SZ	阿尔特	80.24	北京市	非国有控股
93	600624.SH	复旦复华	80.16	上海市	地方国有控股
94	000928.SZ	中钢国际	80.15	吉林省	中央国有控股
95	688191.SH	智洋创新	80.12	山东省	非国有控股
96	600699.SH	均胜电子	80.11	浙江省	非国有控股
97	301091.SZ	深城交	80.10	广东省	地方国有控股

排名	公司代码	公司名称	数字化要素投入指数	省份	产权性质
98	603606.SH	东方电缆	80.05	浙江省	非国有控股
99	000680.SZ	山推股份	80.04	山东省	地方国有控股
100	688609.SH	九联科技	79.96	广东省	非国有控股

数据来源:浙江工商大学数字创新与管理研究院和首都经济贸易大学资产评估研究院整理。

3.2.3.2　区域评价分析

从区域分布来看,3,694家传统产业上市公司中,有3家注册地在境外,其余3,691家分布在七大区域。七大区域传统产业上市公司中,如表3-14和图3-13所示,华南地区传统产业上市公司数字化要素投入指数平均水平最高,为60.65,其次是华北地区(59.85),再次是西南地区(57.81)。

表3-14　2022年传统产业上市公司数字化要素投入指数一览表——区域维度

区域	上市公司数量/家	均值	数字化创新公司代表
东北地区	140	53.40	航天科技(89.56)
华北地区	420	59.85	东方中科(87.44)
华东地区	1,859	56.07	中控技术(99.08)
华南地区	552	60.65	易事特(94.90)
华中地区	297	57.63	光庭信息(91.36)
西北地区	162	55.00	国际医学(89.38)
西南地区	261	57.81	创维数字(93.16)

数据来源:浙江工商大学数字创新与管理研究院和首都经济贸易大学资产评估研究院整理。

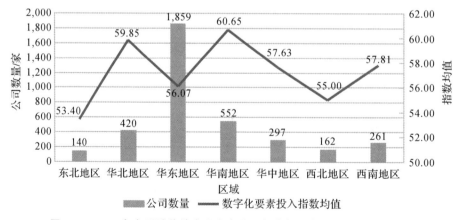

图3-13　2022年各区域传统产业上市公司数字化要素投入指数均值分布

3.2.3.3 省份评价分析

从省份分布来看,3694 家传统产业上市公司中,有 3 家注册地在境外,其余 3691
家分布在 31 个省份。传统产业上市公司中,如表 3-15 和图 3-14 所示,北京市传统
产业上市公司数字化要素投入指数平均水平最高,为 62.18;其次是广东省(61.23),
再次是天津市(60.44)。上市公司数量超过 300 家的省份,即浙江省、广东省和江苏
省的上市公司整体表现较好。

表 3-15 2022 年传统产业上市公司数字化要素投入指数一览表——省份维度

省份	上市公司数量/家	均值	数字化创新公司代表
安徽省	131	57.46	瑞纳智能(81.47)
北京市	248	62.18	东方中科(87.44)
重庆市	53	57.13	中国汽研(86.25)
福建省	112	55.78	科华数据(84.96)
甘肃省	32	53.34	大禹节水(77.50)
广东省	494	61.23	易事特(94.90)
广西壮族自治区	33	56.40	博世科(76.54)
贵州省	27	55.23	信邦制药(79.72)
海南省	25	54.83	金盘科技(76.84)
河北省	62	55.26	先河环保(83.88)
河南省	89	56.12	新天科技(88.35)
黑龙江省	32	54.05	航天科技(89.56)
湖北省	95	58.21	光庭信息(91.36)
湖南省	113	58.32	时代电气(84.68)
吉林省	37	51.90	中钢国际(80.15)
江苏省	488	55.70	华兴源创(89.75)
江西省	62	55.58	三川智慧(74.08)
辽宁省	71	53.89	机器人(81.67)
内蒙古自治区	24	58.62	蒙草生态(76.03)
宁夏回族自治区	14	53.41	宁夏建材(75.64)
青海省	10	54.37	盐湖股份(78.36)
山东省	254	54.51	东方电子(83.92)
山西省	36	51.71	东杰智能(77.89)

续 表

省份	上市公司数量/家	均值	数字化创新公司代表
陕西省	54	57.35	国际医学(89.38)
上海市	279	58.46	威派格(88.15)
四川省	127	59.23	创维数字(93.16)
天津市	50	60.44	凯莱英(81.42)
西藏自治区	18	54.17	海思科(83.03)
新疆维吾尔自治区	52	54.12	雪峰科技(79.95)
云南省	36	57.51	云南白药(76.55)
浙江省	533	55.69	中控技术(99.08)

数据来源:浙江工商大学数字创新与管理研究院和首都经济贸易大学资产评估研究院整理。

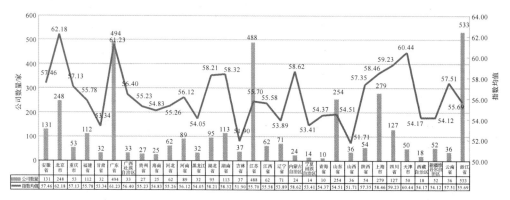

图 3-14 2022 年各省份传统产业上市公司数字化要素投入指数均值分布

3.2.3.4 产权评价分析

从产权分布来看,3694 家传统产业上市公司中,如表 3-16 和图 3-15 所示,中央国有控股传统产业上市公司数字化要素投入指数平均水平最高,为 60.16。非国有控股与地方国有控股传统产业上市公司的平均水平均低于全市场均值(57.30),其中非国有控股平均水平为 57.12,地方国有控股平均水平略低于非国有控股,为 56.67。

表 3-16 2022 年传统产业上市公司数字化要素投入指数一览表——产权维度

产权	上市公司数量/家	均值	数字化创新公司代表
中央国有控股	325	60.16	航天科技(89.56)
地方国有控股	719	56.67	杭钢股份(89.94)
非国有控股	2,650	57.12	中控技术(99.08)

数据来源:浙江工商大学数字创新与管理研究院和首都经济贸易大学资产评估研究院整理。

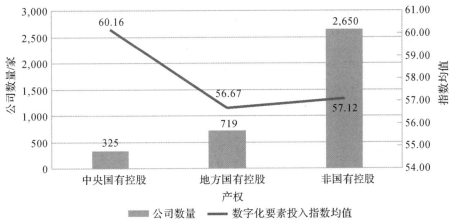

图 3-15 2022 年不同产权传统产业上市公司数字化要素投入指数均值分布

3.2.4 传统产业上市公司数字化创新成果指数分析

3.2.4.1 整体分析

本报告对 2022 年 3,694 家传统产业上市公司数字化创新成果指数进行了分析，结果显示：传统产业上市公司数字化创新成果指数平均水平为 61.62，高于平均水平的有 1,731 家，占总量的 46.86％。如图 3-16 所示，从数字化创新成果指数区间分布来看，数字化创新成果指数位于 80 及以上的上市公司有 312 家，占比 8.45％，这些公司在行业内甚至全市场中数字化创新成果突出；数字化创新成果指数位于 70—80 的上市公司有 644 家，占比 17.43％，这些公司的数字化创新成果较好；数字化创新成果指数位于 60—70 的上市公司有 966 家，占比 26.15％；数字化创新成果指数低于 60 的上市公司数量最多，共有 1,772 家，占比 47.97％，这些上市公司的数字化创新成果相对较差。

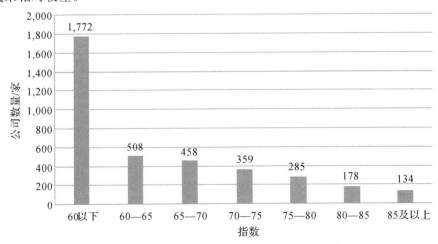

图 3-16 2022 年传统产业上市公司数字化创新成果指数分布

根据 3,694 家传统产业上市公司的数字化创新成果指数分布情况，排名前 100 的上市公司情况如表 3-17 所示。

表 3-17　2022 年传统产业上市公司数字化创新成果指数排名前 100 情况

排名	公司代码	公司名称	数字化创新成果指数	省份	产权性质
1	000333.SZ	美的集团	99.06	广东省	非国有控股
2	000032.SZ	深桑达 A	96.68	广东省	中央国有控股
3	688114.SH	华大智造	96.61	广东省	非国有控股
4	000039.SZ	中集集团	95.03	广东省	中央国有控股
5	002831.SZ	裕同科技	93.96	广东省	非国有控股
6	688248.SH	南网科技	93.82	广东省	中央国有控股
7	002008.SZ	大族激光	93.81	广东省	非国有控股
8	688271.SH	联影医疗	92.55	上海市	非国有控股
9	300124.SZ	汇川技术	92.43	广东省	非国有控股
10	300760.SZ	迈瑞医疗	92.34	广东省	非国有控股
11	688777.SH	中控技术	92.18	浙江省	非国有控股
12	688131.SH	皓元医药	92.05	上海市	非国有控股
13	001323.SZ	慕思股份	92.03	广东省	非国有控股
14	688363.SH	华熙生物	91.42	山东省	非国有控股
15	300007.SZ	汉威科技	91.38	河南省	非国有控股
16	300840.SZ	酷特智能	91.31	山东省	非国有控股
17	300616.SZ	尚品宅配	91.18	广东省	非国有控股
18	688139.SH	海尔生物	90.88	山东省	非国有控股
19	600233.SH	圆通速递	90.80	辽宁省	非国有控股
20	688128.SH	中国电研	90.77	广东省	中央国有控股
21	688306.SH	均普智能	90.76	浙江省	非国有控股
22	603456.SH	九洲药业	90.69	浙江省	非国有控股
23	300450.SZ	先导智能	90.63	江苏省	非国有控股
24	688211.SH	中科微至	90.55	江苏省	非国有控股
25	300759.SZ	康龙化成	90.40	北京市	非国有控股
26	300203.SZ	聚光科技	90.31	浙江省	非国有控股
27	001322.SZ	箭牌家居	90.27	广东省	非国有控股
28	688125.SH	安达智能	90.20	广东省	非国有控股

排名	公司代码	公司名称	数字化创新成果指数	省份	产权性质
29	600143.SH	金发科技	90.18	广东省	非国有控股
30	000538.SZ	云南白药	90.02	云南省	地方国有控股
31	688155.SH	先惠技术	89.93	上海市	非国有控股
32	000810.SZ	创维数字	89.87	四川省	非国有控股
33	002335.SZ	科华数据	89.76	福建省	非国有控股
34	688215.SH	瑞晟智能	89.62	浙江省	非国有控股
35	600998.SH	九州通	89.60	湖北省	非国有控股
36	688137.SH	近岸蛋白	89.60	江苏省	非国有控股
37	688115.SH	思林杰	89.57	广东省	非国有控股
38	688349.SH	三一重能	89.51	北京市	非国有控股
39	300207.SZ	欣旺达	89.45	广东省	非国有控股
40	688160.SH	步科股份	89.41	上海市	非国有控股
41	688222.SH	成都先导	89.40	四川省	非国有控股
42	688187.SH	时代电气	89.29	湖南省	中央国有控股
43	688425.SH	铁建重工	89.27	湖南省	中央国有控股
44	301221.SZ	光庭信息	89.27	湖北省	非国有控股
45	688337.SH	普源精电	89.26	江苏省	非国有控股
46	300724.SZ	捷佳伟创	89.23	广东省	非国有控股
47	688599.SH	天合光能	89.14	江苏省	非国有控股
48	688162.SH	巨一科技	89.12	安徽省	非国有控股
49	688499.SH	利元亨	89.10	广东省	非国有控股
50	688202.SH	美迪西	89.10	上海市	非国有控股
51	002611.SZ	东方精工	89.03	广东省	非国有控股
52	002184.SZ	海得控制	89.02	上海市	非国有控股
53	300240.SZ	飞力达	88.99	江苏省	非国有控股
54	600528.SH	中铁工业	88.93	北京市	中央国有控股
55	300274.SZ	阳光电源	88.63	安徽省	非国有控股
56	688218.SH	江苏北人	88.56	江苏省	非国有控股
57	601877.SH	正泰电器	88.46	浙江省	非国有控股
58	601369.SH	陕鼓动力	88.40	陕西省	地方国有控股

排名	公司代码	公司名称	数字化创新成果指数	省份	产权性质
59	688676.SH	金盘科技	88.24	海南省	非国有控股
60	688165.SH	埃夫特	88.18	安徽省	地方国有控股
61	603833.SH	欧派家居	88.11	广东省	非国有控股
62	000157.SZ	中联重科	88.06	湖南省	地方国有控股
63	688305.SH	科德数控	88.04	辽宁省	非国有控股
64	300024.SZ	机器人	87.99	辽宁省	中央国有控股
65	688133.SH	泰坦科技	87.52	上海市	非国有控股
66	002747.SZ	埃斯顿	87.47	江苏省	非国有控股
67	688455.SH	科捷智能	87.41	山东省	非国有控股
68	601727.SH	上海电气	87.38	上海市	地方国有控股
69	300376.SZ	易事特	87.36	广东省	非国有控股
70	601598.SH	中国外运	87.34	北京市	中央国有控股
71	002821.SZ	凯莱英	87.27	天津市	非国有控股
72	300430.SZ	诚益通	87.12	北京市	非国有控股
73	000651.SZ	格力电器	87.10	广东省	非国有控股
74	300276.SZ	三丰智能	87.09	湖北省	非国有控股
75	688320.SH	禾川科技	87.03	浙江省	非国有控股
76	300725.SZ	药石科技	86.99	江苏省	非国有控股
77	688383.SH	新益昌	86.96	广东省	非国有控股
78	600153.SH	建发股份	86.86	福建省	地方国有控股
79	603066.SH	音飞储存	86.86	江苏省	地方国有控股
80	002010.SZ	传化智联	86.84	浙江省	非国有控股
81	688238.SH	和元生物	86.78	上海市	非国有控股
82	688001.SH	华兴源创	86.78	江苏省	非国有控股
83	300272.SZ	开能健康	86.77	上海市	非国有控股
84	600398.SH	海澜之家	86.75	江苏省	非国有控股
85	000425.SZ	徐工机械	86.74	江苏省	地方国有控股
86	688559.SH	海目星	86.74	广东省	非国有控股
87	688293.SH	奥浦迈	86.70	上海市	非国有控股
88	688297.SH	中无人机	86.69	四川省	中央国有控股

排名	公司代码	公司名称	数字化创新成果指数	省份	产权性质
89	603338.SH	浙江鼎力	86.68	浙江省	非国有控股
90	688191.SH	智洋创新	86.58	山东省	非国有控股
91	300298.SZ	三诺生物	86.56	湖南省	非国有控股
92	300363.SZ	博腾股份	86.55	重庆市	非国有控股
93	002271.SZ	东方雨虹	86.55	北京市	非国有控股
94	300729.SZ	乐歌股份	86.47	浙江省	非国有控股
95	688022.SH	瀚川智能	86.46	江苏省	非国有控股
96	002932.SZ	明德生物	86.46	湖北省	非国有控股
97	603801.SH	志邦家居	86.44	安徽省	非国有控股
98	300171.SZ	东富龙	86.43	上海市	非国有控股
99	688360.SH	德马科技	86.37	浙江省	非国有控股
100	000901.SZ	航天科技	86.34	黑龙江省	中央国有控股

数据来源:浙江工商大学数字创新与管理研究院和首都经济贸易大学资产评估研究院整理。

3.2.4.2　区域评价分析

从区域分布来看,3694 家传统产业上市公司中,有 3 家注册地在境外,其余 3691 家分布在七大区域。七大区域传统产业上市公司中,如表 3-18 和图 3-17 所示,华南地区传统产业上市公司数字化创新成果指数平均水平最高,为 65.39;其次是华北地区(63.27),再次是华中地区(61.09)。

表 3-18　2022 年传统产业上市公司数字化创新成果指数一览表——区域维度

区域	上市公司数量/家	均值	数字化创新公司代表
东北地区	140	57.88	圆通速递(90.80)
华北地区	420	63.27	康龙化成(90.40)
华东地区	1,859	61.05	联影医疗(92.55)
华南地区	552	65.39	美的集团(99.06)
华中地区	297	61.09	汉威科技(91.38)
西北地区	162	56.77	陕鼓动力(88.40)
西南地区	261	60.48	云南白药(90.02)

数据来源:浙江工商大学数字创新与管理研究院和首都经济贸易大学资产评估研究院整理。

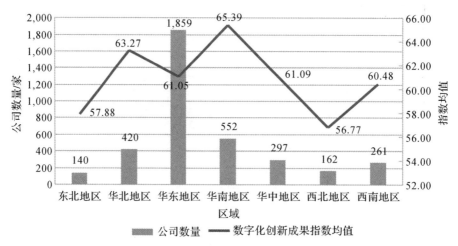

图 3-17　2022 年各区域传统产业上市公司数字化创新成果指数均值分布

3.2.4.3　省份评价分析

从省份分布来看,3694 家传统产业上市公司中,有 3 家注册地在境外,其余 3691 家分布在 31 个省份。传统产业上市公司中,如表 3-19 和图 3-18 所示,广东省传统产业上市公司数字化创新成果指数平均水平最高,为 66.23,其次是北京市(65.54),再次是天津市(65.13)。上市公司数量超过 300 家的省份,即浙江省、广东省和江苏省的上市公司整体表现较好,是地区高质量发展的典范。

表 3-19　2022 年传统产业上市公司数字化创新成果指数一览表——省份维度

省份	上市公司数量/家	均值	数字化创新公司代表
安徽省	131	61.03	巨一科技(89.12)
北京市	248	65.54	康龙化成(90.40)
重庆市	53	60.59	博腾股份(86.55)
福建省	112	59.51	科华数据(89.76)
甘肃省	32	55.00	大禹节水(86.02)
广东省	494	66.23	美的集团(99.06)
广西壮族自治区	33	59.33	柳药集团(76.71)
贵州省	27	58.31	航宇科技(79.16)
海南省	25	56.80	金盘科技(88.24)
河北省	62	59.52	青鸟消防(81.76)
河南省	89	59.55	汉威科技(91.38)
黑龙江省	32	57.65	航天科技(86.34)

省份	上市公司数量/家	均值	数字化创新公司代表
湖北省	95	62.17	九州通(89.60)
湖南省	113	61.40	时代电气(89.29)
吉林省	37	57.48	金冠股份(80.51)
江苏省	488	61.35	先导智能(90.63)
江西省	62	60.43	新余国科(81.29)
辽宁省	71	58.19	圆通速递(90.80)
内蒙古自治区	24	60.00	伊利股份(83.58)
宁夏回族自治区	14	51.76	宝丰能源(61.05)
青海省	10	56.06	远东股份(81.62)
山东省	254	59.44	华熙生物(91.42)
山西省	36	53.65	东杰智能(85.16)
陕西省	54	60.38	陕鼓动力(88.40)
上海市	279	63.18	联影医疗(92.55)
四川省	127	62.04	创维数字(89.87)
天津市	50	65.13	凯莱英(87.27)
西藏自治区	18	54.01	奇正藏药(78.19)
新疆维吾尔自治区	52	55.62	金风科技(83.53)
云南省	36	59.66	云南白药(90.02)
浙江省	533	60.85	中控技术(92.18)

数据来源:浙江工商大学数字创新与管理研究院和首都经济贸易大学资产评估研究院整理。

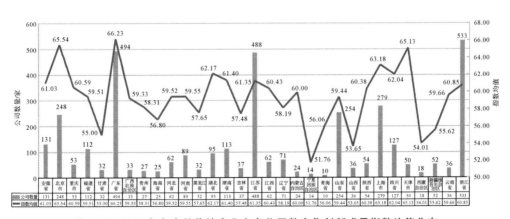

图 3-18　2022 年各省份传统产业上市公司数字化创新成果指数均值分布

3.2.4.4 产权评价分析

从产权分布来看,如表 3-20 和图 3-19 所示,中央国有控股传统产业上市公司数字化创新成果指数平均水平最高,为 62.98;非国有控股上市公司平均水平为 62.30;地方国有控股上市公司的平均水平低于全市场均值(61.62),为 58.49。

表 3-20　2022 年传统产业上市公司数字化创新成果指数一览表——产权维度

产权	上市公司数量/家	均值	数字化创新公司代表
中央国有控股	325	62.98	深桑达 A(96.68)
地方国有控股	719	58.49	云南白药(90.02)
非国有控股	2,650	62.30	美的集团(99.06)

数据来源:浙江工商大学数字创新与管理研究院和首都经济贸易大学资产评估研究院整理。

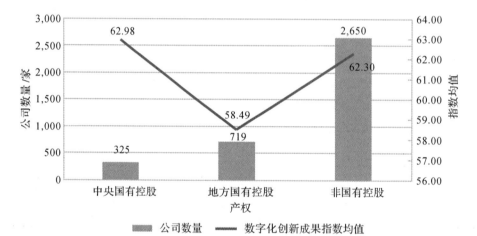

图 3-19　2022 年不同产权传统产业上市公司数字化创新成果指数均值分布

3.2.5　传统产业上市公司数字化创新绩效指数分析

3.2.5.1 整体分析

本报告对 2022 年 3,694 家传统产业上市公司的数字化创新绩效指数进行了分析,结果显示:传统产业上市公司数字化创新绩效指数平均水平为 55.86,高于平均水平的有 1,806 家,占比 48.89%。如图 3-20 所示,从数字化创新绩效指数区间分布来看,数字化创新绩效指数位于 80 及以上的上市公司有 152 家,占比 4.11%,这些公司在行业内甚至全市场中数字化创新优势明显;数字化创新绩效指数位于 70—80 的上市公司有 355 家,占比 9.61%,这些公司的数字化创新绩效水平较高;数字化创新绩效指数位于 60—70 的上市公司有 838 家,占比 22.69%;数字化创新绩效指数低于 60 的上市公司数量最多,共有 2,349 家,占比 63.59%,这些上市公司的数字化创新绩效相对较差。

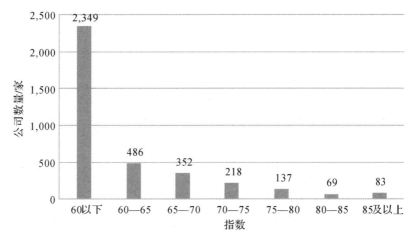

图 3-20　2022 年传统产业上市公司数字化创新绩效指数分布

根据 3,694 家传统产业上市公司的数字化创新绩效指数分布情况,排名前 100 的上市公司情况如表 3-21 所示。

表 3-21　2022 年传统产业上市公司数字化创新绩效指数排名前 100 情况

排名	公司代码	公司名称	数字化创新绩效指数	省份	产权性质
1	600104.SH	上汽集团	99.66	上海市	地方国有控股
2	600406.SH	国电南瑞	99.17	江苏省	中央国有控股
3	601012.SH	隆基绿能	98.94	陕西省	非国有控股
4	002129.SZ	TCL 中环	98.60	天津市	非国有控股
5	300274.SZ	阳光电源	98.30	安徽省	非国有控股
6	600690.SH	海尔智家	96.59	山东省	非国有控股
7	002459.SZ	晶澳科技	96.19	河北省	非国有控股
8	601808.SH	中海油服	95.54	天津市	中央国有控股
9	601633.SH	长城汽车	95.42	河北省	非国有控股
10	003816.SZ	中国广核	95.08	广东省	中央国有控股
11	688187.SH	时代电气	94.93	湖南省	中央国有控股
12	000858.SZ	五粮液	94.74	四川省	地方国有控股
13	600875.SH	东方电气	94.53	四川省	中央国有控股
14	688223.SH	晶科能源	94.48	江西省	非国有控股
15	600019.SH	宝钢股份	94.22	上海市	中央国有控股

排名	公司代码	公司名称	数字化创新绩效指数	省份	产权性质
16	300896.SZ	爱美客	94.17	北京市	非国有控股
17	688599.SH	天合光能	94.14	江苏省	非国有控股
18	600031.SH	三一重工	93.95	北京市	非国有控股
19	300750.SZ	宁德时代	93.90	福建省	非国有控股
20	300124.SZ	汇川技术	93.44	广东省	非国有控股
21	600438.SH	通威股份	92.98	四川省	非国有控股
22	300316.SZ	晶盛机电	92.06	浙江省	非国有控股
23	300763.SZ	锦浪科技	91.98	浙江省	非国有控股
24	002493.SZ	荣盛石化	91.87	浙江省	非国有控股
25	300014.SZ	亿纬锂能	91.53	广东省	非国有控股
26	601766.SH	中国中车	91.39	北京市	中央国有控股
27	002812.SZ	恩捷股份	91.13	云南省	非国有控股
28	000625.SZ	长安汽车	90.97	重庆市	中央国有控股
29	601238.SH	广汽集团	90.93	广东省	地方国有控股
30	002304.SZ	洋河股份	90.20	江苏省	地方国有控股
31	601668.SH	中国建筑	90.11	北京市	中央国有控股
32	603392.SH	万泰生物	90.01	北京市	非国有控股
33	600732.SH	爱旭股份	89.82	上海市	非国有控股
34	600276.SH	恒瑞医药	89.74	江苏省	非国有控股
35	002352.SZ	顺丰控股	89.73	广东省	非国有控股
36	300957.SZ	贝泰妮	89.69	云南省	非国有控股
37	600760.SH	中航沈飞	89.54	山东省	中央国有控股
38	688063.SH	派能科技	89.48	上海市	非国有控股
39	600150.SH	中国船舶	88.77	上海市	中央国有控股
40	600893.SH	航发动力	88.77	陕西省	中央国有控股
41	600089.SH	特变电工	88.75	新疆维吾尔自治区	非国有控股
42	603195.SH	公牛集团	88.65	浙江省	非国有控股
43	600025.SH	华能水电	88.65	云南省	中央国有控股
44	002252.SZ	上海莱士	88.56	上海市	非国有控股
45	601607.SH	上海医药	88.38	上海市	地方国有控股

排名	公司代码	公司名称	数字化创新绩效指数	省份	产权性质
46	600111.SH	北方稀土	88.37	内蒙古自治区	地方国有控股
47	600741.SH	华域汽车	88.26	上海市	地方国有控股
48	002594.SZ	比亚迪	88.22	广东省	非国有控股
49	002311.SZ	海大集团	88.18	广东省	非国有控股
50	600309.SH	万华化学	88.00	山东省	地方国有控股
51	603259.SH	药明康德	87.86	江苏省	非国有控股
52	601800.SH	中国交建	87.81	北京市	中央国有控股
53	600018.SH	上港集团	87.80	上海市	地方国有控股
54	600886.SH	国投电力	87.78	北京市	中央国有控股
55	600026.SH	中远海能	87.77	上海市	中央国有控股
56	601618.SH	中国中冶	87.74	北京市	中央国有控股
57	600938.SH	中国海油	87.73	——	中央国有控股
58	601919.SH	中远海控	87.66	天津市	中央国有控股
59	600887.SH	伊利股份	87.42	内蒙古自治区	非国有控股
60	603806.SH	福斯特	87.39	浙江省	非国有控股
61	000708.SZ	中信特钢	87.38	湖北省	中央国有控股
62	000596.SZ	古井贡酒	87.28	安徽省	地方国有控股
63	601669.SH	中国电建	86.87	北京市	中央国有控股
64	603288.SH	海天味业	86.77	广东省	非国有控股
65	300760.SZ	迈瑞医疗	86.66	广东省	非国有控股
66	600600.SH	青岛啤酒	86.57	山东省	地方国有控股
67	601100.SH	恒立液压	86.42	江苏省	非国有控股
68	600803.SH	新奥股份	86.34	河北省	非国有控股
69	600765.SH	中航重机	86.30	贵州省	中央国有控股
70	002460.SZ	赣锋锂业	86.14	江西省	非国有控股
71	600132.SH	重庆啤酒	85.99	重庆市	非国有控股
72	300122.SZ	智飞生物	85.90	重庆市	非国有控股
73	002648.SZ	卫星化学	85.83	浙江省	非国有控股
74	603659.SH	璞泰来	85.63	上海市	非国有控股
75	000963.SZ	华东医药	85.56	浙江省	非国有控股
76	600521.SH	华海药业	85.51	浙江省	非国有控股

排名	公司代码	公司名称	数字化创新绩效指数	省份	产权性质
77	600660.SH	福耀玻璃	85.51	福建省	非国有控股
78	603596.SH	伯特利	85.49	安徽省	非国有控股
79	600779.SH	水井坊	85.45	四川省	非国有控股
80	603786.SH	科博达	85.31	上海市	非国有控股
81	000338.SZ	潍柴动力	85.02	山东省	地方国有控股
82	000408.SZ	藏格矿业	85.02	青海省	非国有控股
83	600795.SH	国电电力	85.01	辽宁省	中央国有控股
84	600809.SH	山西汾酒	84.81	山西省	地方国有控股
85	601888.SH	中国中免	84.75	北京市	中央国有控股
86	600236.SH	桂冠电力	84.69	广西壮族自治区	中央国有控股
87	000568.SZ	泸州老窖	84.53	四川省	地方国有控股
88	300450.SZ	先导智能	84.51	江苏省	非国有控股
89	600299.SH	安迪苏	84.45	北京市	中央国有控股
90	601390.SH	中国中铁	84.39	北京市	中央国有控股
91	603369.SH	今世缘	84.35	江苏省	地方国有控股
92	600519.SH	贵州茅台	84.34	贵州省	地方国有控股
93	601117.SH	中国化学	84.33	北京市	中央国有控股
94	002202.SZ	金风科技	84.31	新疆维吾尔自治区	地方国有控股
95	601689.SH	拓普集团	84.07	浙江省	非国有控股
96	002317.SZ	众生药业	84.07	广东省	非国有控股
97	002050.SZ	三花智控	83.97	浙江省	非国有控股
98	601898.SH	中煤能源	83.92	北京市	中央国有控股
99	600188.SH	兖矿能源	83.85	山东省	地方国有控股
100	601186.SH	中国铁建	83.79	北京市	中央国有控股

数据来源:浙江工商大学数字创新与管理研究院和首都经济贸易大学资产评估研究院整理。

3.2.5.2 区域评价分析

从区域分布来看,3694家传统产业上市公司中,有3家注册地在境外,其余3691家分布在七大区域。七大区域传统产业上市公司中,如表3-22和图3-21所示,华北地区传统产业上市公司数字化创新绩效指数平均水平最高,为59.05,其次是西南地区(56.20),再次是华东地区(55.75)。

表 3-22　2022 年传统产业上市公司数字化创新绩效指数一览表——区域维度

区域	上市公司数量/家	均值	数字化创新公司代表
东北地区	140	53.17	国电电力（85.01）
华北地区	420	59.05	TCL 中环（98.60）
华东地区	1,859	55.75	上汽集团（99.66）
华南地区	552	55.17	中国广核（95.08）
华中地区	297	54.80	时代电气（94.93）
西北地区	162	54.81	隆基绿能（98.94）
西南地区	261	56.20	五粮液（94.74）

数据来源：浙江工商大学数字创新与管理研究院和首都经济贸易大学资产评估研究院整理。

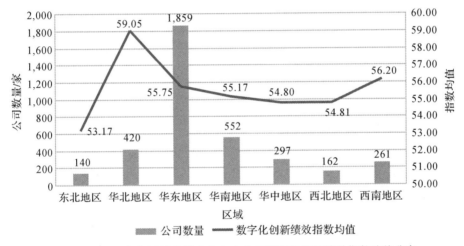

图 3-21　2022 年各区域传统产业上市公司数字化创新绩效指数均值分布

3.2.5.3　省份评价分析

从省份分布来看，3694 家传统产业上市公司中，有 3 家注册地在境外，其余 3691 家分布在 31 个省份。传统产业上市公司中，如表 3-23 和图 3-22 所示，内蒙古自治区传统产业上市公司数字化创新绩效指数平均水平最高，为 62.91，其次是北京市（59.54），再次是天津市（58.22）。上市公司数量超过 300 家的省份，即浙江省、广东省和江苏省的上市公司整体表现较好，是地区高质量发展的典范。

表 3-23　2022 年传统产业上市公司数字化创新绩效指数一览表——省份维度

省份	上市公司数量/家	均值	数字化创新公司代表
安徽省	131	54.65	阳光电源（98.30）

续　表

省份	上市公司数量/家	均值	数字化创新公司代表
北京市	248	59.54	爱美客(94.17)
重庆市	53	54.75	长安汽车(90.97)
福建省	112	56.09	宁德时代(93.90)
甘肃省	32	51.90	兰石重装(69.70)
广东省	494	55.44	中国广核(95.08)
广西壮族自治区	33	51.34	桂冠电力(84.69)
贵州省	27	58.02	中航重机(86.30)
海南省	25	55.01	普利制药(78.49)
河北省	62	57.72	晶澳科技(96.19)
河南省	89	56.48	牧原股份(83.31)
黑龙江省	32	55.67	安通控股(71.72)
湖北省	95	54.09	中信特钢(87.38)
湖南省	113	54.09	时代电气(94.93)
吉林省	37	51.36	长春高新(77.52)
江苏省	488	55.19	国电南瑞(99.17)
江西省	62	56.68	晶科能源(94.48)
辽宁省	71	52.98	国电电力(85.01)
内蒙古自治区	24	62.91	北方稀土(88.37)
宁夏回族自治区	14	52.84	宝丰能源(83.49)
青海省	10	53.29	藏格矿业(85.02)
山东省	254	55.15	海尔智家(96.59)
山西省	36	56.56	山西汾酒(84.81)
陕西省	54	58.16	隆基绿能(98.94)
上海市	279	56.27	上汽集团(99.66)
四川省	127	56.25	五粮液(94.74)
天津市	50	58.22	TCL 中环(98.60)
西藏自治区	18	55.08	卫信康(75.46)
新疆维吾尔自治区	52	53.96	特变电工(88.75)
云南省	36	57.34	恩捷股份(91.13)
浙江省	533	56.36	晶盛机电(92.06)

数据来源:浙江工商大学数字创新与管理研究院和首都经济贸易大学资产评估研究院整理。

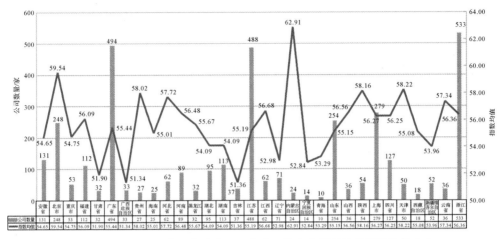

图 3-22　2022 年各省份传统产业上市公司数字化创新绩效指数均值分布

3.2.5.4　产权评价分析

从产权分布来看,如表 3-24 和图 3-23 所示,中央国有控股传统产业上市公司数字化创新绩效指数平均水平最高,为 64.38;非国有控股与地方国有控股传统产业上市公司的平均水平均低于全市场均值(55.86),其中地方国有控股平均水平为 55.43,而非国有控股平均水平(54.93)略低于地方国有控股。

表 3-24　2022 年传统产业上市公司数字化创新绩效指数一览表——产权维度

产权	上市公司数量/家	均值	数字化创新公司代表
中央国有控股	325	64.38	国电南瑞(99.17)
地方国有控股	719	55.43	上汽集团(99.66)
非国有控股	2,650	54.93	隆基绿能(98.94)

数据来源:浙江工商大学数字创新与管理研究院和首都经济贸易大学资产评估研究院整理。

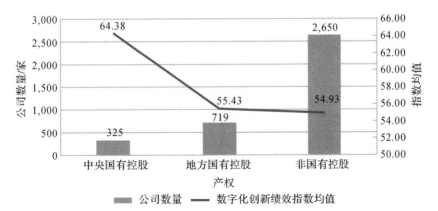

图 3-23　2022 年不同产权传统产业上市公司数字化创新绩效指数均值分布

3.3 数字原生产业中国上市公司数字化创新评价

3.3.1 数字原生产业上市公司数字化创新综合指数分析

3.3.1.1 整体分析

本报告对 2022 年 1,117 家数字原生产业上市公司的数字化创新综合指数进行了分析,结果显示:数字原生产业上市公司的数字化创新综合指数平均水平为 69.28,高于平均水平的有 588 家,占比 52.64%。从数字化创新综合指数区间分布来看,数字化创新综合指数位于 80 及以上的上市公司有 163 家,占比 14.59%,表明这些公司在行业内甚至全市场中数字化创新能力较强;数字化创新综合指数位于 70—80 的上市公司数量最多,共有 396 家,占比 35.45%;数字化创新综合指数位于 60—70 的上市公司有 321 家,占比 28.74%;数字化创新综合指数低于 60 的上市公司有 237 家,占比 21.22%,表明这些上市公司的数字化创新绩效相对较差,如图 3-24 所示。

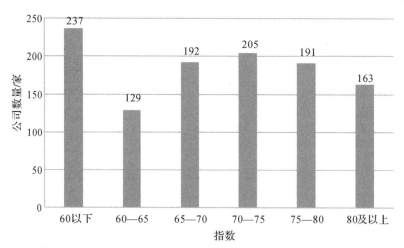

图 3-24 2022 年数字原生产业上市公司数字化创新综合指数分布

根据 1,117 家数字原生产业上市公司的数字化创新综合指数分布情况,排名前 100 的上市公司情况如表 3-25 所示。

表 3-25 2022 年数字原生产业上市公司数字化创新综合指数排名前 100 情况

排名	公司代码	公司名称	数字化创新综合指数	省份	产权性质
1	688111.SH	金山办公	98.99	北京市	非国有控股
2	002415.SZ	海康威视	96.13	浙江省	中央国有控股
3	002410.SZ	广联达	95.46	北京市	非国有控股

排名	公司代码	公司名称	数字化创新综合指数	省份	产权性质
4	600570.SH	恒生电子	94.12	浙江省	非国有控股
5	000938.SZ	紫光股份	93.00	北京市	非国有控股
6	002230.SZ	科大讯飞	92.24	安徽省	非国有控股
7	601138.SH	工业富联	92.12	广东省	非国有控股
8	002439.SZ	启明星辰	92.05	北京市	非国有控股
9	601728.SH	中国电信	91.42	北京市	中央国有控股
10	002268.SZ	电科网安	91.37	四川省	中央国有控股
11	000063.SZ	中兴通讯	90.74	广东省	非国有控股
12	600941.SH	中国移动	90.49	—	中央国有控股
13	300454.SZ	深信服	90.47	广东省	非国有控股
14	300676.SZ	华大基因	90.41	广东省	非国有控股
15	002236.SZ	大华股份	90.20	浙江省	非国有控股
16	300496.SZ	中科创达	90.17	北京市	非国有控股
17	600131.SH	国网信通	89.62	四川省	中央国有控股
18	600845.SH	宝信软件	89.43	上海市	中央国有控股
19	002368.SZ	太极股份	89.14	北京市	中央国有控股
20	002841.SZ	视源股份	88.88	广东省	非国有控股
21	300682.SZ	朗新科技	88.66	江苏省	非国有控股
22	600588.SH	用友网络	88.41	北京市	非国有控股
23	002063.SZ	远光软件	88.25	广东省	中央国有控股
24	300525.SZ	博思软件	88.22	福建省	非国有控股
25	600536.SH	中国软件	88.07	北京市	中央国有控股
26	002152.SZ	广电运通	87.95	广东省	地方国有控股
27	300628.SZ	亿联网络	87.89	福建省	非国有控股
28	301236.SZ	软通动力	87.87	北京市	非国有控股
29	000555.SZ	神州信息	87.87	广东省	非国有控股
30	002153.SZ	石基信息	87.68	北京市	非国有控股
31	300782.SZ	卓胜微	87.46	江苏省	非国有控股
32	600225.SH	卓朗科技	87.34	天津市	地方国有控股
33	300212.SZ	易华录	87.09	北京市	中央国有控股

排名	公司代码	公司名称	数字化创新综合指数	省份	产权性质
34	688008.SH	澜起科技	86.98	上海市	非国有控股
35	300017.SZ	网宿科技	86.80	上海市	非国有控股
36	688561.SH	奇安信	86.75	北京市	非国有控股
37	300451.SZ	创业慧康	86.72	浙江省	非国有控股
38	002920.SZ	德赛西威	86.71	广东省	地方国有控股
39	603444.SH	吉比特	86.66	福建省	非国有控股
40	002558.SZ	巨人网络	86.65	重庆市	非国有控股
41	002421.SZ	达实智能	86.58	广东省	非国有控股
42	300188.SZ	美亚柏科	86.50	福建省	中央国有控股
43	600850.SH	电科数字	86.47	上海市	中央国有控股
44	002212.SZ	天融信	86.29	广东省	非国有控股
45	300413.SZ	芒果超媒	86.17	湖南省	地方国有控股
46	688066.SH	航天宏图	86.07	北京市	非国有控股
47	300687.SZ	赛意信息	85.93	广东省	非国有控股
48	002938.SZ	鹏鼎控股	85.86	广东省	非国有控股
49	600050.SH	中国联通	85.80	北京市	中央国有控股
50	300229.SZ	拓尔思	85.64	北京市	非国有控股
51	688521.SH	芯原股份	85.50	上海市	非国有控股
52	600602.SH	云赛智联	85.48	上海市	地方国有控股
53	688036.SH	传音控股	85.47	广东省	非国有控股
54	600637.SH	东方明珠	85.47	上海市	地方国有控股
55	000066.SZ	中国长城	85.38	广东省	中央国有控股
56	002232.SZ	启明信息	85.32	吉林省	中央国有控股
57	002180.SZ	纳思达	85.29	广东省	非国有控股
58	002065.SZ	东华软件	85.27	北京市	非国有控股
59	601360.SH	三六零	85.10	天津市	非国有控股
60	000851.SZ	高鸿股份	85.09	贵州省	中央国有控股
61	300634.SZ	彩讯股份	85.05	广东省	非国有控股
62	000725.SZ	京东方 A	85.01	北京市	地方国有控股
63	600562.SH	国睿科技	84.97	江苏省	中央国有控股

排名	公司代码	公司名称	数字化创新综合指数	省份	产权性质
64	300170.SZ	汉得信息	84.83	上海市	非国有控股
65	603927.SH	中科软	84.72	北京市	中央国有控股
66	688169.SH	石头科技	84.64	北京市	非国有控股
67	300339.SZ	润和软件	84.61	江苏省	非国有控股
68	300627.SZ	华测导航	84.54	上海市	非国有控股
69	600556.SH	天下秀	84.46	广西壮族自治区	非国有控股
70	300377.SZ	赢时胜	84.37	广东省	非国有控股
71	000681.SZ	视觉中国	84.26	江苏省	非国有控股
72	300248.SZ	新开普	84.10	河南省	非国有控股
73	300379.SZ	东方通	84.05	北京市	非国有控股
74	300253.SZ	卫宁健康	84.00	上海市	非国有控股
75	300442.SZ	润泽科技	83.88	上海市	非国有控股
76	300033.SZ	同花顺	83.81	浙江省	非国有控股
77	300638.SZ	广和通	83.77	广东省	非国有控股
78	601698.SH	中国卫通	83.76	北京市	中央国有控股
79	603613.SH	国联股份	83.72	北京市	非国有控股
80	600118.SH	中国卫星	83.63	北京市	中央国有控股
81	002555.SZ	三七互娱	83.60	安徽省	非国有控股
82	000948.SZ	南天信息	83.55	云南省	地方国有控股
83	688536.SH	思瑞浦	83.35	江苏省	非国有控股
84	300674.SZ	宇信科技	83.31	北京市	非国有控股
85	000547.SZ	航天发展	83.27	福建省	中央国有控股
86	603039.SH	泛微网络	83.19	上海市	非国有控股
87	002396.SZ	星网锐捷	83.19	福建省	地方国有控股
88	002279.SZ	久其软件	83.16	北京市	非国有控股
89	300872.SZ	天阳科技	83.13	西藏自治区	非国有控股
90	300183.SZ	东软载波	83.12	山东省	地方国有控股
91	688396.SH	华润微	83.05	—	中央国有控股
92	601231.SH	环旭电子	82.93	上海市	非国有控股
93	301117.SZ	佳缘科技	82.84	四川省	非国有控股
94	002401.SZ	中远海科	82.75	上海市	中央国有控股
95	688981.SH	中芯国际	82.71	—	非国有控股

续　表

排名	公司代码	公司名称	数字化创新综合指数	省份	产权性质
96	300075.SZ	数字政通	82.70	北京市	非国有控股
97	002402.SZ	和而泰	82.62	广东省	非国有控股
98	688208.SH	道通科技	82.59	广东省	非国有控股
99	300523.SZ	辰安科技	82.58	北京市	中央国有控股
100	688002.SH	睿创微纳	82.47	山东省	非国有控股

数据来源:浙江工商大学数字创新与管理研究院和首都经济贸易大学资产评估研究院整理。

在本报告分析的 1,117 家数字原生产业上市公司中,排名前 500 的上市公司在区域、省份和产权方面的分布情况如图 3-25 至图 3-27 所示。

从排名前 500 的数字原生产业上市公司所属区域来看,华东地区 180 家、华北地区 127 家、华南地区 121 家,合计占数字原生产业数字化创新综合指数排名前 500 上市公司总数的 85.60%,凸显出华东、华北和华南地区是数字原生产业数字化创新的主力区域;除此之外,华中地区 28 家、西南地区 26 家、东北地区 9 家、西北地区 5 家、其他地区 4 家。

从排名前 500 的数字原生产业上市公司所属省份来看,北京市 118 家、广东省 118 家、上海市 50 家、江苏省 41 家、浙江省 40 家,合计占数字化创新综合指数排名前 500 的数字原生产业上市公司总数的 73.40%,是数字化创新发展的主力大省份;除此之外,福建省 23 家、山东省 16 家、四川省 14 家、湖南省 11 家、湖北省 10 家,其他省份均低于 10 家。

从排名前 500 的数字原生产业上市公司的产权性质来看,中央国有控股上市公司 60 家,地方国有控股上市公司 57 家,非国有控股上市公司 383 家。

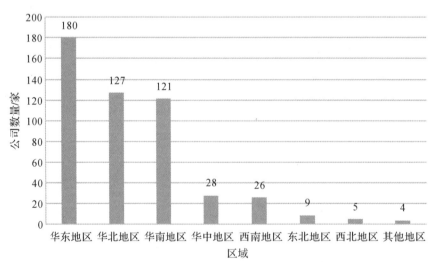

图 3-25　2022 年数字原生产业数字化创新综合指数排名前 500 上市公司区域分布

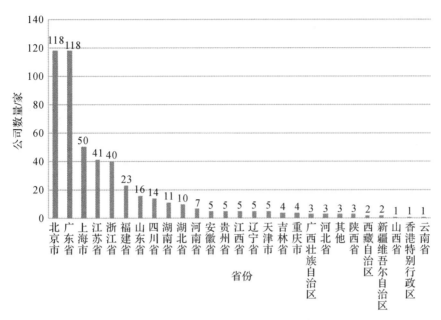

图 3-26 2022 年数字原生产业数字化创新综合指数排名前 500 上市公司省份分布

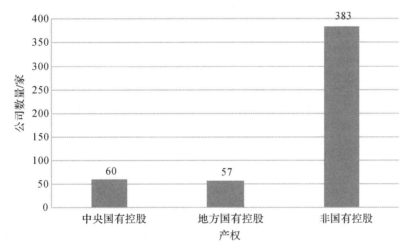

图 3-27 2022 年数字原生产业数字化创新综合指数排名前 500 上市公司产权分布

3.3.1.2 区域评价分析

本报告分析的 1,117 家数字原生产业上市公司除 5 家公司注册地在境外外,其余 1,112 家分布在东北、华北、华东、华南、华中、西北和西南七大区域。939 家数字原生产业上市公司分布在华东、华南、华北地区,占分析总量的 84.44%。从区域分布来看,如表 3-26 和图 3-28 所示,华北地区上市公司数字化创新综合指数平均水平最高,为 73.66,其次是西南地区(70.20),再次是华中地区(68.53)。

表 3-26　2022 年数字原生产业上市公司数字化创新综合指数一览表——区域维度

区域	上市公司数量/家	均值	数字化创新公司代表
东北地区	25	63.67	启明信息(85.32)
华北地区	196	73.66	金山办公(98.99)
华东地区	439	68.50	海康威视(96.13)
华南地区	304	68.44	工业富联(92.12)
华中地区	71	68.53	芒果超媒(86.17)
西北地区	25	62.18	熙菱信息(76.42)
西南地区	52	70.20	电科网安(91.37)

数据来源:浙江工商大学数字创新与管理研究院和首都经济贸易大学资产评估研究院整理。

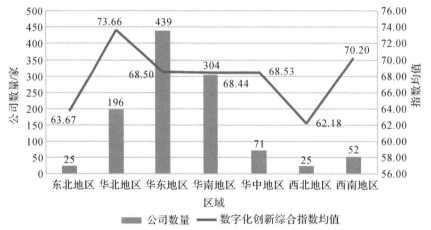

图 3-28　2022 年各区域数字原生产业上市公司数字化创新综合指数均值分布

3.3.1.3　省份评价分析

本报告分析的 1,117 家数字原生产业上市公司除 5 家公司注册地在境外外,其余 1,112 家均是在 31 个省份注册的公司。787 家上市公司分布在广东省、北京市、江苏省、上海市和浙江省,占分析总量的 70.77%。从省份分布来看,上市公司数量 15 家及以上的省份如表 3-27 和图 3-29 所示。此外,江西省 14 家、辽宁省 12 家、吉林省 9 家、河北省 8 家、重庆市 7 家、贵州省 6 家、广西壮族自治区 5 家、黑龙江省和新疆维吾尔自治区各 4 家、山西省 3 家、甘肃省和西藏自治区各 2 家,而海南省、内蒙古自治区、宁夏回族自治区、青海省和云南省各 1 家。由表 3-27 和图 3-29 可知,北京市上市公司数字化创新综合指数平均水平最高,为 74.86,其次是湖南省(72.30),再次是山东省(71.68)。在上市公司数量超过 50 家的省份中,北京市、上海市和浙江省上市公司整体表现较好,进一步展现出这些地区在数字化创新领域的引领性与示范性。

表 3-27　2022 年数字原生产业上市公司数字化创新综合指数一览表——省份维度

省份	上市公司数量/家	均值	数字化创新公司代表
安徽省	26	64.64	科大讯飞(92.24)
北京市	169	74.86	金山办公(98.99)
福建省	49	70.19	博思软件(88.22)
广东省	298	68.40	工业富联(92.12)
河南省	15	66.58	新开普(84.10)
湖北省	35	67.10	盛天网络(80.66)
湖南省	21	72.30	芒果超媒(86.17)
江苏省	122	66.20	朗新科技(88.66)
山东省	30	71.68	东软载波(83.12)
陕西省	17	60.72	易点天下(75.81)
上海市	100	71.12	宝信软件(89.43)
四川省	36	68.52	电科网安(91.37)
天津市	15	65.00	卓朗科技(87.34)
浙江省	98	68.41	海康威视(96.13)

注:本表只披露上市公司数量在 15 家及以上的省份。

数据来源:浙江工商大学数字创新与管理研究院和首都经济贸易大学资产评估研究院整理。

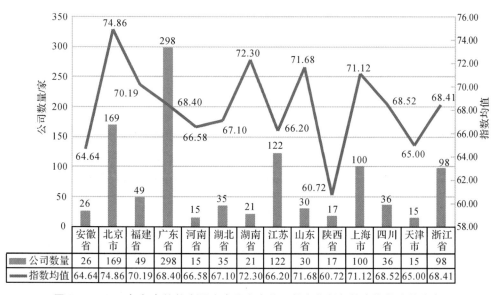

图 3-29　2022 年各省份数字原生产业上市公司数字化创新综合指数均值分布

3.3.1.4 产权评价分析

本报告分析的 1,117 家数字原生产业上市公司中,从产权方面看,包括 91 家中央控股上市公司、128 家地方国有控股上市公司及 898 家非国有控股。如表 3-28 和图 3-30 所示,中央国有控股上市公司数字化创新综合指数平均水平最高,为 75.29。非国有控股与地方国有控股上市公司的平均水平均低于全市场均值 69.28,其中地方国有控股上市公司平均水平为 68.88,非国有控股平均水平略低于地方国有控股上市公司平均水平,为 68.72。

表 3-28　2022 年数字原生产业上市公司数字化创新综合指数一览表——产权维度

产权	上市公司数量/家	均值	数字化创新公司代表
中央国有控股	91	75.29	海康威视(96.13)
地方国有控股	128	68.88	广电运通(87.95)
非国有控股	898	68.72	金山办公(98.99)

数据来源:浙江工商大学数字创新与管理研究院和首都经济贸易大学资产评估研究院整理。

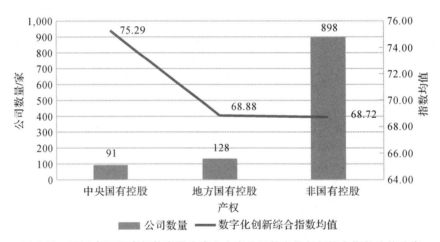

图 3-30　2022 年不同产权数字原生产业上市公司数字化创新综合指数均值分布

3.3.2 数字原生产业上市公司数字化战略导向指数分析

3.3.2.1 整体分析

本报告对 1,117 家数字原生产业上市公司 2022 年数字化战略导向指数进行了分析,结果显示:数字化战略导向指数平均水平为 74.24,高于平均水平的有 624 家,占总量的 55.86%。如图 3-31 所示,从数字化战略导向指数区间分布上看,数字化战略导向指数位于 85 及以上的上市公司数量最多,共有 414 家,占比 37.06%,这些公司在行业内甚至全市场中均属于具有强烈数字化战略意识的优势企业;数字化战略导向指数位于 75—85 的上市公司有 201 家,占比 17.99%,这些公司的数字化战略导向水平较高;数字化战略导向指数位于 60—75 的上市公司有 244 家,占总量的 21.84%;数字化战略导向指数低于 60 的上市公司有 258 家,占比 23.10%,这些上市公司的数字化战略导向水平相对较低。

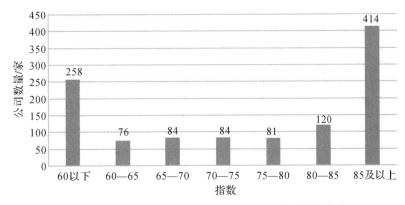

图 3-31　2022 年数字原生产业上市公司数字化战略导向指数分布

根据 1,117 家数字原生产业上市公司的数字化战略导向指数分布情况来看,排名前 100 的上市公司情况如表 3-29 所示。

表 3-29　2022 年数字原生产业上市公司数字化战略导向指数前排名 100 情况

排名	公司代码	公司名称	数字化战略导向指数	省份	产权性质
1	688561.SH	奇安信	99.68	北京市	非国有控股
2	002236.SZ	大华股份	99.46	浙江省	非国有控股
3	002153.SZ	石基信息	99.44	北京市	非国有控股
4	002415.SZ	海康威视	99.39	浙江省	中央国有控股
5	002230.SZ	科大讯飞	99.32	安徽省	非国有控股
6	688111.SH	金山办公	99.00	北京市	非国有控股
7	688521.SH	芯原股份	98.83	上海市	非国有控股
8	002439.SZ	启明星辰	98.49	北京市	非国有控股
9	301236.SZ	软通动力	98.48	北京市	非国有控股
10	002152.SZ	广电运通	98.34	广东省	地方国有控股
11	300496.SZ	中科创达	98.18	北京市	非国有控股
12	600637.SH	东方明珠	98.15	上海市	地方国有控股
13	002410.SZ	广联达	97.85	北京市	非国有控股
14	688232.SH	新点软件	97.55	江苏省	非国有控股

排名	公司代码	公司名称	数字化战略导向指数	省份	产权性质
15	688023.SH	安恒信息	97.53	浙江省	非国有控股
16	300676.SZ	华大基因	97.51	广东省	非国有控股
17	000938.SZ	紫光股份	97.51	北京市	非国有控股
18	300413.SZ	芒果超媒	97.35	湖南省	地方国有控股
19	300454.SZ	深信服	97.34	广东省	非国有控股
20	600588.SH	用友网络	97.28	北京市	非国有控股
21	002368.SZ	太极股份	97.14	北京市	中央国有控股
22	002405.SZ	四维图新	96.92	北京市	非国有控股
23	002268.SZ	电科网安	96.89	四川省	中央国有控股
24	688036.SH	传音控股	96.73	广东省	非国有控股
25	688083.SH	中望软件	96.73	广东省	非国有控股
26	688256.SH	寒武纪	96.65	北京市	非国有控股
27	300682.SZ	朗新科技	96.64	江苏省	非国有控股
28	688066.SH	航天宏图	96.43	北京市	非国有控股
29	002212.SZ	天融信	96.39	广东省	非国有控股
30	688327.SH	云从科技	96.26	广东省	非国有控股
31	300168.SZ	万达信息	96.20	上海市	非国有控股
32	300451.SZ	创业慧康	96.15	浙江省	非国有控股
33	601728.SH	中国电信	96.06	北京市	中央国有控股
34	300188.SZ	美亚柏科	95.94	福建省	中央国有控股
35	002528.SZ	英飞拓	95.87	广东省	地方国有控股
36	688475.SH	萤石网络	95.83	浙江省	中央国有控股
37	688031.SH	星环科技	95.78	上海市	非国有控股
38	603613.SH	国联股份	95.75	北京市	非国有控股
39	688169.SH	石头科技	95.73	北京市	非国有控股
40	688568.SH	中科星图	95.69	北京市	中央国有控股
41	688008.SH	澜起科技	95.52	上海市	非国有控股
42	601360.SH	三六零	95.51	天津市	非国有控股
43	688326.SH	经纬恒润	95.49	北京市	非国有控股
44	002063.SZ	远光软件	95.32	广东省	中央国有控股

排名	公司代码	公司名称	数字化战略导向指数	省份	产权性质
45	002373.SZ	千方科技	95.30	北京市	非国有控股
46	600718.SH	东软集团	95.26	辽宁省	非国有控股
47	300339.SZ	润和软件	95.16	江苏省	非国有控股
48	300525.SZ	博思软件	95.00	福建省	非国有控股
49	300166.SZ	东方国信	94.99	北京市	非国有控股
50	600556.SH	天下秀	94.87	广西壮族自治区	非国有控股
51	300379.SZ	东方通	94.87	北京市	非国有控股
52	000555.SZ	神州信息	94.82	广东省	非国有控股
53	603927.SH	中科软	94.64	北京市	中央国有控股
54	603636.SH	南威软件	94.63	福建省	非国有控股
55	300229.SZ	拓尔思	94.62	北京市	非国有控股
56	300212.SZ	易华录	94.57	北京市	中央国有控股
57	000158.SZ	常山北明	94.55	河北省	地方国有控股
58	300017.SZ	网宿科技	94.49	上海市	非国有控股
59	603444.SH	吉比特	94.39	福建省	非国有控股
60	002127.SZ	南极电商	93.90	江苏省	非国有控股
61	300383.SZ	光环新网	93.90	北京市	非国有控股
62	601138.SH	工业富联	93.84	广东省	非国有控股
63	000948.SZ	南天信息	93.83	云南省	地方国有控股
64	000062.SZ	深圳华强	93.82	广东省	非国有控股
65	600570.SH	恒生电子	93.81	浙江省	非国有控股
66	002841.SZ	视源股份	93.77	广东省	非国有控股
67	688100.SH	威胜信息	93.75	湖南省	非国有控股
68	002929.SZ	润建股份	93.66	广西壮族自治区	非国有控股
69	688172.SH	燕东微	93.63	北京市	地方国有控股
70	300352.SZ	北信源	93.62	北京市	非国有控股
71	688396.SH	华润微	93.52	—	中央国有控股
72	300663.SZ	科蓝软件	93.20	北京市	非国有控股
73	000851.SZ	高鸿股份	93.19	贵州省	中央国有控股
74	300271.SZ	华宇软件	93.19	北京市	非国有控股
75	300002.SZ	神州泰岳	93.15	北京市	非国有控股

续　表

排名	公司代码	公司名称	数字化战略导向指数	省份	产权性质
76	002421.SZ	达实智能	93.15	广东省	非国有控股
77	000034.SZ	神州数码	93.12	广东省	非国有控股
78	300634.SZ	彩讯股份	93.02	广东省	非国有控股
79	688981.SH	中芯国际	92.97	—	非国有控股
80	688369.SH	致远互联	92.96	北京市	非国有控股
81	300031.SZ	宝通科技	92.94	江苏省	非国有控股
82	300628.SZ	亿联网络	92.92	福建省	非国有控股
83	300674.SZ	宇信科技	92.87	北京市	非国有控股
84	600845.SH	宝信软件	92.86	上海市	中央国有控股
85	300248.SZ	新开普	92.86	河南省	非国有控股
86	601698.SH	中国卫通	92.85	北京市	中央国有控股
87	300348.SZ	长亮科技	92.82	广东省	非国有控股
88	688047.SH	龙芯中科	92.79	北京市	非国有控股
89	002777.SZ	久远银海	92.76	四川省	中央国有控股
90	300520.SZ	科大国创	92.70	安徽省	非国有控股
91	300678.SZ	中科信息	92.65	四川省	中央国有控股
92	600131.SH	国网信通	92.64	四川省	中央国有控股
93	000547.SZ	航天发展	92.63	福建省	中央国有控股
94	688579.SH	山大地纬	92.62	山东省	中央国有控股
95	002298.SZ	中电兴发	92.61	安徽省	非国有控股
96	300036.SZ	超图软件	92.58	北京市	非国有控股
97	002065.SZ	东华软件	92.56	北京市	非国有控股
98	300078.SZ	思创医惠	92.56	浙江省	非国有控股
99	300098.SZ	高新兴	92.55	广东省	非国有控股
100	000156.SZ	华数传媒	92.51	浙江省	地方国有控股

数据来源:浙江工商大学数字创新与管理研究院和首都经济贸易大学资产评估研究院整理。

3.3.2.2　区域评价分析

从区域分布来看,1,117家数字原生产业上市公司中,有5家注册地在境外,其余1,112家分布在七大区域。七大区域数字原生产上市公司中,如表3-30和图3-32所示,华北地区数字原生产业上市公司数字化战略导向指数平均水平最高,为82.54,其次是西南地区(73.85),再次是华中地区(72.98)。

表 3-30　2022 年数字原生产业上市公司数字化战略导向指数一览表——区域维度

区域	上市公司数量/家	均值	数字化创新公司代表
东北地区	25	69.45	东软集团(95.26)
华北地区	196	82.54	奇安信(99.68)
华东地区	439	72.68	大华股份(99.46)
华南地区	304	72.56	广电运通(98.34)
华中地区	71	72.98	芒果超媒(97.35)
西北地区	25	63.78	熙菱信息(90.42)
西南地区	52	73.85	电科网安(96.89)

数据来源:浙江工商大学数字创新与管理研究院和首都经济贸易大学资产评估研究院整理。

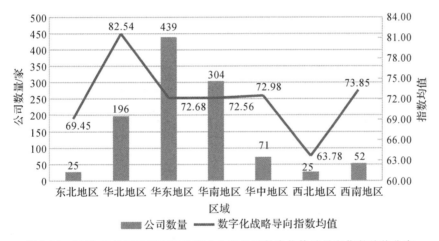

图 3-32　2022 年各区域数字原生产业上市公司数字化战略导向指数均值分布

3.3.2.3　省份评价分析

从省份分布来看,1,117 家数字原生产业上市公司中,有 5 家注册地在境外,其余1,112 家分布在 31 个省份。各省份数字原生产上市公司中,由表 3-31 和图 3-33 可知,北京市数字原生产业上市公司数字化战略导向指数平均水平最高,为 84.62,其次是湖南省(78.96),再次是山东省(78.87)。在上市公司数量超过 50 家的省份中,北京市、上海市和浙江省的上市公司整体表现较好。

表 3-31　2022 年数字原生产业上市公司数字化战略导向指数一览表——省份维度

省份	上市公司数量/家	均值	数字化创新公司代表
安徽省	26	68.57	科大讯飞(99.32)

续　表

省份	上市公司数量/家	均值	数字化创新公司代表
北京市	169	84.62	奇安信(99.68)
福建省	49	74.84	美亚柏科(95.94)
广东省	298	72.49	广电运通(98.34)
河南省	15	71.92	新开普(92.86)
湖北省	35	69.84	盛天网络(90.69)
湖南省	21	78.96	芒果超媒(97.35)
江苏省	122	67.74	新点软件(97.55)
山东省	30	78.87	山大地纬(92.62)
陕西省	17	60.37	天润科技(88.27)
上海市	100	77.10	芯原股份(98.83)
四川省	36	71.33	电科网安(96.89)
天津市	15	63.74	三六零(95.51)
浙江省	98	73.34	大华股份(99.46)

注:本表只披露上市公司数量在 15 家及以上的省份。

数据来源:浙江工商大学数字创新与管理研究院和首都经济贸易大学资产评估研究院整理。

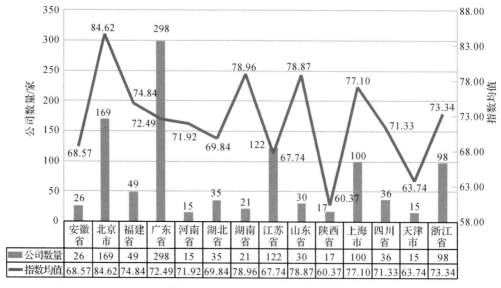

图 3-33　2022 年各省份数字原生产业上市公司数字化战略导向指数均值分布

3.3.2.4 产权评价分析

从产权分布来看,如表 3-32 和图 3-34 所示,中央国有控股数字原生产业上市公司数字化战略导向指数平均水平最高,为 80.11。地方国有控股数字原生产业上市公司平均水平为 74.97,而非国有控股数字原生产业上市公司的平均水平低于全市场均值 74.24,为 73.54。

表 3-32　2022 年数字原生产业上市公司数字化战略导向指数一览表——产权维度

产权	上市公司数量/家	均值	数字化创新公司代表
中央国有控股	91	80.11	海康威视(99.39)
地方国有控股	128	74.97	广电运通(98.34)
非国有控股	898	73.54	奇安信(99.68)

数据来源:浙江工商大学数字创新与管理研究院和首都经济贸易大学资产评估研究院整理。

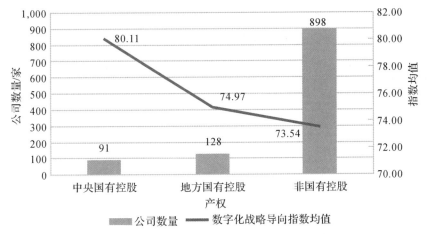

图 3-34　2022 年不同产权数字原生产业上市公司数字化战略导向指数均值分布

3.3.3　数字原生产业上市公司数字化要素投入指数分析

3.3.3.1 整体分析

本报告对 1,117 家数字原生产业上市公司 2022 年数字化要素投入指数进行了分析,结果显示:数字化要素投入指数平均水平为 73.93,高于平均水平的有 634 家,占总量 56.76%。如图 3-35 所示,从数字化要素投入指数区间分布上看,数字化要素投入指数位于 85 及以上的上市公司有 212 家,占比 18.98%,这些公司在行业内甚至全市场中属于数字化要素投入较多的优势企业;数字化要素投入指数位于 75—85 的上市公司数量最多,共有 380 家,占比 34.02%,这些公司的数字化要素投入水平较高；数字化要素投入指数位于 60—75 的上市公司有 341 家，占比 30.53％；数字化要素投入指数低于 60 的上市公司有 184 家，占比 16.47％，这些上市公司的数字化要素投入情况相对较差。

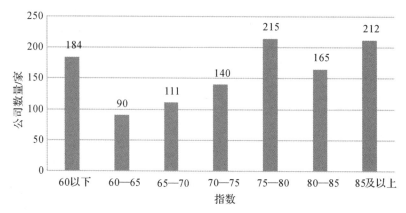

图 3-35　2022 年数字原生产业上市公司数字化要素投入指数分布

根据 1,117 家数字原生产业上市公司的数字化要素投入指数分布情况来看，排名前 100 的上市公司情况如表 3-33 所示。

表 3-33　2022 年数字原生产业上市公司数字化要素投入指数排名前 100 情况

排名	公司代码	公司名称	数字化要素投入指数	省份	产权性质
1	002236.SZ	大华股份	99.45	浙江省	非国有控股
2	000938.SZ	紫光股份	99.15	北京市	非国有控股
3	300442.SZ	润泽科技	98.98	上海市	非国有控股
4	688111.SH	金山办公	98.81	北京市	非国有控股
5	002415.SZ	海康威视	98.74	浙江省	中央国有控股
6	300454.SZ	深信服	98.73	广东省	非国有控股
7	002439.SZ	启明星辰	98.41	北京市	非国有控股
8	002153.SZ	石基信息	98.32	北京市	非国有控股
9	002268.SZ	电科网安	98.01	四川省	中央国有控股
10	002368.SZ	太极股份	97.84	北京市	中央国有控股
11	688023.SH	安恒信息	97.05	浙江省	非国有控股
12	601138.SH	工业富联	96.94	广东省	非国有控股
13	600845.SH	宝信软件	96.90	上海市	中央国有控股
14	300168.SZ	万达信息	96.77	上海市	非国有控股
15	600588.SH	用友网络	96.50	北京市	非国有控股
16	002410.SZ	广联达	96.43	北京市	非国有控股

排名	公司代码	公司名称	数字化要素投入指数	省份	产权性质
17	002602.SZ	世纪华通	96.31	浙江省	非国有控股
18	300188.SZ	美亚柏科	96.27	福建省	中央国有控股
19	002063.SZ	远光软件	96.08	广东省	中央国有控股
20	300229.SZ	拓尔思	95.68	北京市	非国有控股
21	000555.SZ	神州信息	95.43	广东省	非国有控股
22	300525.SZ	博思软件	95.31	福建省	非国有控股
23	600131.SH	国网信通	95.30	四川省	中央国有控股
24	603636.SH	南威软件	95.21	福建省	非国有控股
25	600570.SH	恒生电子	95.07	浙江省	非国有控股
26	002373.SZ	千方科技	94.90	北京市	非国有控股
27	300017.SZ	网宿科技	94.85	上海市	非国有控股
28	603444.SH	吉比特	94.79	福建省	非国有控股
29	300782.SZ	卓胜微	94.44	江苏省	非国有控股
30	600637.SH	东方明珠	94.39	上海市	地方国有控股
31	688083.SH	中望软件	94.37	广东省	非国有控股
32	300212.SZ	易华录	94.33	北京市	中央国有控股
33	300451.SZ	创业慧康	94.28	浙江省	非国有控股
34	000948.SZ	南天信息	94.27	云南省	地方国有控股
35	002528.SZ	英飞拓	94.10	广东省	地方国有控股
36	300634.SZ	彩讯股份	94.09	广东省	非国有控股
37	600602.SH	云赛智联	93.91	上海市	地方国有控股
38	300687.SZ	赛意信息	93.84	广东省	非国有控股
39	300366.SZ	创意信息	93.75	四川省	非国有控股
40	002421.SZ	达实智能	93.73	广东省	非国有控股
41	300676.SZ	华大基因	93.71	广东省	非国有控股
42	300271.SZ	华宇软件	93.59	北京市	非国有控股
43	002197.SZ	证通电子	93.53	广东省	非国有控股
44	300310.SZ	宜通世纪	93.39	广东省	非国有控股
45	300663.SZ	科蓝软件	93.27	北京市	非国有控股
46	600100.SH	同方股份	93.07	北京市	中央国有控股

排名	公司代码	公司名称	数字化要素投入指数	省份	产权性质
47	300638.SZ	广和通	93.04	广东省	非国有控股
48	002396.SZ	星网锐捷	92.95	福建省	地方国有控股
49	002261.SZ	拓维信息	92.92	湖南省	非国有控股
50	600797.SH	浙大网新	92.84	浙江省	中央国有控股
51	300248.SZ	新开普	92.81	河南省	非国有控股
52	300078.SZ	思创医惠	92.75	浙江省	非国有控股
53	002555.SZ	三七互娱	92.61	安徽省	非国有控股
54	600850.SH	电科数字	92.53	上海市	中央国有控股
55	002558.SZ	巨人网络	92.53	重庆市	非国有控股
56	300311.SZ	任子行	92.50	广东省	非国有控股
57	000409.SZ	云鼎科技	92.47	山东省	地方国有控股
58	300369.SZ	绿盟科技	92.46	北京市	非国有控股
59	300052.SZ	中青宝	92.46	广东省	非国有控股
60	300075.SZ	数字政通	92.44	北京市	非国有控股
61	300738.SZ	奥飞数据	92.40	广东省	非国有控股
62	300872.SZ	天阳科技	92.36	西藏自治区	非国有控股
63	688039.SH	当虹科技	92.22	浙江省	非国有控股
64	300560.SZ	中富通	92.22	福建省	非国有控股
65	600536.SH	中国软件	92.16	北京市	中央国有控股
66	300846.SZ	首都在线	92.12	北京市	非国有控股
67	300542.SZ	新晨科技	92.11	北京市	非国有控股
68	000851.SZ	高鸿股份	92.10	贵州省	中央国有控股
69	002990.SZ	盛视科技	92.10	广东省	非国有控股
70	000503.SZ	国新健康	92.09	山东省	中央国有控股
71	002151.SZ	北斗星通	92.08	北京市	非国有控股
72	600410.SH	华胜天成	92.02	北京市	非国有控股
73	300183.SZ	东软载波	92.01	山东省	地方国有控股
74	300113.SZ	顺网科技	92.00	浙江省	非国有控股
75	000725.SZ	京东方A	91.92	北京市	地方国有控股
76	600633.SH	浙数文化	91.90	浙江省	地方国有控股

排名	公司代码	公司名称	数字化要素投入指数	省份	产权性质
77	300448.SZ	浩云科技	91.88	广东省	非国有控股
78	600756.SH	浪潮软件	91.87	山东省	地方国有控股
79	300101.SZ	振芯科技	91.87	四川省	非国有控股
80	300469.SZ	信息发展	91.82	上海市	中央国有控股
81	300603.SZ	立昂技术	91.76	新疆维吾尔自治区	非国有控股
82	603039.SH	泛微网络	91.76	上海市	非国有控股
83	688208.SH	道通科技	91.73	广东省	非国有控股
84	300096.SZ	易联众	91.68	福建省	非国有控股
85	002178.SZ	延华智能	91.67	上海市	非国有控股
86	002232.SZ	启明信息	91.63	吉林省	中央国有控股
87	300308.SZ	中际旭创	91.62	山东省	非国有控股
88	603893.SH	瑞芯微	91.60	福建省	非国有控股
89	002279.SZ	久其软件	91.52	北京市	非国有控股
90	300523.SZ	辰安科技	91.49	北京市	中央国有控股
91	300645.SZ	正元智慧	91.43	浙江省	非国有控股
92	002152.SZ	广电运通	91.40	广东省	地方国有控股
93	300377.SZ	赢时胜	91.33	广东省	非国有控股
94	300479.SZ	神思电子	91.26	山东省	地方国有控股
95	300659.SZ	中孚信息	91.26	山东省	非国有控股
96	300588.SZ	熙菱信息	91.13	新疆维吾尔自治区	非国有控股
97	601519.SH	大智慧	91.10	上海市	非国有控股
98	688418.SH	震有科技	90.70	广东省	非国有控股
99	003031.SZ	中瓷电子	90.68	河北省	中央国有控股
100	300609.SZ	汇纳科技	90.68	上海市	非国有控股

数据来源:浙江工商大学数字创新与管理研究院和首都经济贸易大学资产评估研究院整理。

3.3.3.2 区域评价分析

从区域分布来看,1,117家数字原生产业上市公司中,有5家注册地在境外,其余1,112家分布在七大区域。七大区域数字原生产上市公司中,如表3-34和图3-36所示,华北地区数字原生产业上市公司数字化要素投入指数平均水平最高,为78.46,其次是西南地区(76.51),再次是华中地区(73.72)。

表 3-34　2022 年数字原生产业上市公司数字化要素投入指数一览表——区域维度

区域	上市公司数量/家	均值	数字化创新公司代表
东北地区	25	69.59	启明信息(91.63)
华北地区	196	78.46	紫光股份(99.15)
华东地区	439	73.09	大华股份(99.45)
华南地区	304	72.84	深信服(98.73)
华中地区	71	73.72	拓维信息(92.92)
西北地区	25	65.24	立昂技术(91.76)
西南地区	52	76.51	电科网安(98.01)

数据来源:浙江工商大学数字创新与管理研究院和首都经济贸易大学资产评估研究院整理。

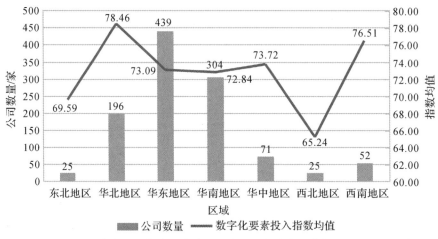

图 3-36　2022 年各区域数字原生产业上市公司数字化要素投入指数均值分布

3.3.3.3　省份评价分析

由表 3-35 和图 3-37 可知,1,117 家数字原生产业上市公司中,有 5 家注册地在境外,其余 1,112 家分布在 31 个省份。各省份数字原生产上市公司中,北京市数字原生产业上市公司数字化要素投入指数平均水平最高,为 79.81,其次是上海市(76.81),再次是福建省(76.46)。在上市公司数量超过 50 家的省份中,北京市、上海市和浙江省上市公司整体表现较好。

表 3-35　2022 年数字原生产业上市公司数字化要素投入指数一览表——省份维度

省份	上市公司数量/家	均值	数字化创新公司代表
安徽省	26	68.89	三七互娱(92.61)
北京市	169	79.81	紫光股份(99.15)

省份	上市公司数量/家	均值	数字化创新公司代表
福建省	49	76.46	美亚柏科(96.27)
广东省	298	72.85	深信服(98.73)
河南省	15	70.26	新开普(92.81)
湖北省	35	73.90	长飞光纤(90.20)
湖南省	21	75.91	拓维信息(92.92)
江苏省	122	68.91	卓胜微(94.44)
山东省	30	76.31	云鼎科技(92.47)
陕西省	17	63.24	天和防务(88.49)
上海市	100	76.81	润泽科技(98.98)
四川省	36	75.58	电科网安(98.01)
天津市	15	68.50	三六零(86.46)
浙江省	98	73.89	大华股份(99.45)

注:本表只披露上市公司数量在15家及以上的省份。

数据来源:浙江工商大学数字创新与管理研究院和首都经济贸易大学资产评估研究院整理。

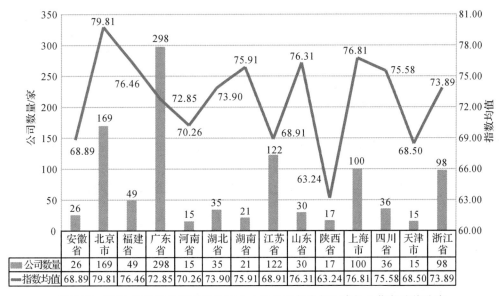

图3-37　2022年各省份数字原生产业上市公司数字化要素投入指数均值分布

3.3.3.4 产权评价分析

从产权分布来看,如表 3-36 和图 3-38 所示,中央国有控股数字原生产业上市公司数字化要素投入指数平均水平最高,为 79.05。非国有控股与地方国有控股的平均水平均低于全市场均值 73.93,其中地方国有控股的平均水平为 73.84,非国有控股略低于地方国有控股,为 73.43。

表 3-36　2022 年数字原生产业上市公司数字化要素投入指数一览表——产权维度

产权	上市公司数量/家	均值	数字化创新公司代表
中央国有控股	91	79.05	海康威视(98.74)
地方国有控股	128	73.84	东方明珠(94.39)
非国有控股	898	73.43	大华股份(99.45)

数据来源:浙江工商大学数字创新与管理研究院和首都经济贸易大学资产评估研究院整理。

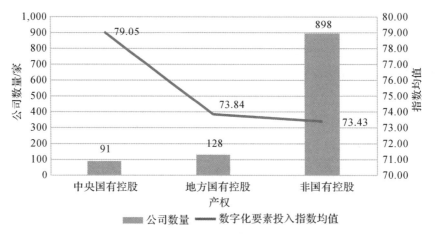

图 3-38　2022 年不同产权数字原生产业上市公司数字化要素投入指数均值分布

3.3.4　数字原生产业上市公司数字化创新成果指数分析

3.3.4.1　整体分析

本报告对 1,117 家数字原生产业上市公司 2022 年数字化创新成果指数进行了分析,结果显示:数字化创新成果指数平均水平为 73.39,高于平均水平的有 600 家,占总量 53.72%。从数字化创新成果指数区间分布来看,数字化创新成果指数位于 85 以上的上市公司有 197 家,占比 17.64%,这些公司在行业内甚至全市场中属于数字化创新成果较好的优势企业;数字化创新成果指数位于 75—85 的上市公司有 347 家,占比 31.07%,这些公司的数字化创新成果较好;数字化创新成果指数位于 60—

75 的上市公司数量最多,共有 401 家,占比 35.90%;数字化创新成果指数低于 60 的上市公司有 172 家,占比 15.40%,这些上市公司的数字化创新表现相对较差。如图 3-39 所示。

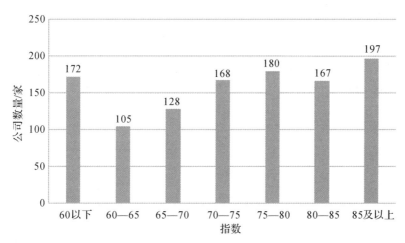

图 3-39　2022 年数字原生产业上市公司数字化创新成果指数分布

根据 1,117 家数字原生产业上市公司的数字化创新成果指数分布情况,排名前 100 的上市公司情况如表 3-37 所示。

表 3-37　2022 年数字原生产业上市公司数字化创新成果指数排名前 100 情况

排名	公司代码	公司名称	数字化创新成果指数	省份	产权性质
1	688111.SH	金山办公	98.24	北京市	非国有控股
2	601360.SH	三六零	97.18	天津市	非国有控股
3	002415.SZ	海康威视	96.56	浙江省	中央国有控股
4	300676.SZ	华大基因	95.79	广东省	非国有控股
5	002153.SZ	石基信息	95.29	北京市	非国有控股
6	002439.SZ	启明星辰	95.06	北京市	非国有控股
7	301236.SZ	软通动力	94.72	北京市	非国有控股
8	688232.SH	新点软件	94.66	江苏省	非国有控股
9	300682.SZ	朗新科技	94.44	江苏省	非国有控股
10	688521.SH	芯原股份	94.21	上海市	非国有控股
11	002152.SZ	广电运通	93.99	广东省	地方国有控股
12	600588.SH	用友网络	93.96	北京市	非国有控股
13	688561.SH	奇安信	93.85	北京市	非国有控股
14	000938.SZ	紫光股份	93.54	北京市	非国有控股
15	600718.SH	东软集团	93.48	辽宁省	非国有控股

排名	公司代码	公司名称	数字化创新成果指数	省份	产权性质
16	688206.SH	概伦电子	93.40	上海市	非国有控股
17	688326.SH	经纬恒润	93.38	北京市	非国有控股
18	688169.SH	石头科技	93.20	北京市	非国有控股
19	600100.SH	同方股份	93.13	北京市	中央国有控股
20	603039.SH	泛微网络	93.13	上海市	非国有控股
21	300352.SZ	北信源	93.12	北京市	非国有控股
22	688327.SH	云从科技	92.94	广东省	非国有控股
23	002268.SZ	电科网安	92.85	四川省	中央国有控股
24	002410.SZ	广联达	92.77	北京市	非国有控股
25	600845.SH	宝信软件	92.57	上海市	中央国有控股
26	002230.SZ	科大讯飞	92.50	安徽省	非国有控股
27	688220.SH	翱捷科技	92.48	上海市	非国有控股
28	600225.SH	卓朗科技	92.29	天津市	地方国有控股
29	600570.SH	恒生电子	92.28	浙江省	非国有控股
30	601728.SH	中国电信	92.26	北京市	中央国有控股
31	300628.SZ	亿联网络	92.25	福建省	非国有控股
32	002528.SZ	英飞拓	92.24	广东省	地方国有控股
33	600536.SH	中国软件	92.23	北京市	中央国有控股
34	688152.SH	麒麟信安	92.08	湖南省	非国有控股
35	002421.SZ	达实智能	92.07	广东省	非国有控股
36	000997.SZ	新大陆	91.98	福建省	非国有控股
37	300674.SZ	宇信科技	91.96	北京市	非国有控股
38	002402.SZ	和而泰	91.81	广东省	非国有控股
39	300525.SZ	博思软件	91.43	福建省	非国有控股
40	300271.SZ	华宇软件	91.38	北京市	非国有控股
41	002368.SZ	太极股份	91.16	北京市	中央国有控股
42	300170.SZ	汉得信息	91.11	上海市	非国有控股
43	600556.SH	天下秀	91.09	广西壮族自治区	非国有控股
44	300353.SZ	东土科技	90.99	北京市	非国有控股
45	000681.SZ	视觉中国	90.98	江苏省	非国有控股

排名	公司代码	公司名称	数字化创新成果指数	省份	产权性质
46	300454.SZ	深信服	90.93	广东省	非国有控股
47	300212.SZ	易华录	90.92	北京市	中央国有控股
48	688158.SH	优刻得	90.81	上海市	非国有控股
49	688023.SH	安恒信息	90.80	浙江省	非国有控股
50	002841.SZ	视源股份	90.79	广东省	非国有控股
51	000063.SZ	中兴通讯	90.77	广东省	非国有控股
52	000555.SZ	神州信息	90.73	广东省	非国有控股
53	300451.SZ	创业慧康	90.60	浙江省	非国有控股
54	000725.SZ	京东方A	90.49	北京市	地方国有控股
55	002151.SZ	北斗星通	90.45	北京市	非国有控股
56	688262.SH	国芯科技	90.45	江苏省	非国有控股
57	000851.SZ	高鸿股份	90.39	贵州省	中央国有控股
58	600850.SH	电科数字	90.35	上海市	中央国有控股
59	300366.SZ	创意信息	90.34	四川省	非国有控股
60	300559.SZ	佳发教育	90.32	四川省	非国有控股
61	000158.SZ	常山北明	90.28	河北省	地方国有控股
62	300496.SZ	中科创达	90.24	北京市	非国有控股
63	300031.SZ	宝通科技	90.15	江苏省	非国有控股
64	600562.SH	国睿科技	90.11	江苏省	中央国有控股
65	000066.SZ	中国长城	90.07	广东省	中央国有控股
66	300560.SZ	中富通	90.05	福建省	非国有控股
67	600131.SH	国网信通	89.99	四川省	中央国有控股
68	002065.SZ	东华软件	89.97	北京市	非国有控股
69	688256.SH	寒武纪	89.96	北京市	非国有控股
70	300365.SZ	恒华科技	89.74	北京市	非国有控股
71	688475.SH	萤石网络	89.73	浙江省	中央国有控股
72	688118.SH	普元信息	89.72	上海市	非国有控股
73	688228.SH	开普云	89.68	广东省	非国有控股
74	002236.SZ	大华股份	89.67	浙江省	非国有控股
75	688369.SH	致远互联	89.63	北京市	非国有控股
76	002024.SZ	ST易购	89.63	江苏省	非国有控股

排名	公司代码	公司名称	数字化创新成果指数	省份	产权性质
77	688036.SH	传音控股	89.62	广东省	非国有控股
78	000062.SZ	深圳华强	89.61	广东省	非国有控股
79	002401.SZ	中远海科	89.59	上海市	中央国有控股
80	688246.SH	嘉和美康	89.59	北京市	非国有控股
81	601519.SH	大智慧	89.52	上海市	非国有控股
82	300687.SZ	赛意信息	89.47	广东省	非国有控股
83	300379.SZ	东方通	89.41	北京市	非国有控股
84	300678.SZ	中科信息	89.39	四川省	中央国有控股
85	002232.SZ	启明信息	89.37	吉林省	中央国有控股
86	300047.SZ	天源迪科	89.22	广东省	非国有控股
87	000547.SZ	航天发展	89.19	福建省	中央国有控股
88	300469.SZ	信息发展	89.16	上海市	中央国有控股
89	688365.SH	光云科技	89.14	浙江省	非国有控股
90	002212.SZ	天融信	89.09	广东省	非国有控股
91	300033.SZ	同花顺	88.94	浙江省	非国有控股
92	300634.SZ	彩讯股份	88.91	广东省	非国有控股
93	300846.SZ	首都在线	88.86	北京市	非国有控股
94	002063.SZ	远光软件	88.82	广东省	中央国有控股
95	000948.SZ	南天信息	88.79	云南省	地方国有控股
96	300248.SZ	新开普	88.72	河南省	非国有控股
97	301380.SZ	挖金客	88.57	北京市	非国有控股
98	688568.SH	中科星图	88.57	北京市	中央国有控股
99	600363.SH	联创光电	88.42	江西省	非国有控股
100	300078.SZ	思创医惠	88.41	浙江省	非国有控股

数据来源:浙江工商大学数字创新与管理研究院和首都经济贸易大学资产评估研究院整理。

3.3.4.2 区域评价分析

从区域分布来看,1,117家数字原生产业上市公司中,有5家注册地在境外,其余1,112家分布在七大区域。七大区域数字原生产业上市公司中,如表3-38和图3-40所示,华北地区数字原生产业上市公司数字化创新成果指数平均水平最高,为78.33,其次是西南地区(73.21),再次是华南地区(72.96)。

表 3-38   2022 年数字原生产业上市公司数字化创新成果指数一览表——区域维度

区域	上市公司数量/家	均值	数字化创新公司代表
东北地区	25	68.83	东软集团(93.48)
华北地区	196	78.33	金山办公(98.24)
华东地区	439	72.53	海康威视(96.56)
华南地区	304	72.96	华大基因(95.79)
华中地区	71	71.34	麒麟信安(92.08)
西北地区	25	64.50	天润科技(85.69)
西南地区	52	73.21	电科网安(92.85)

数据来源:浙江工商大学数字创新与管理研究院和首都经济贸易大学资产评估研究院整理。

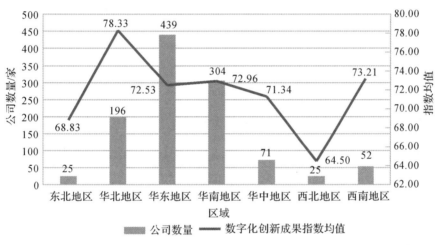

图 3-40   2022 年各区域数字原生产业上市公司数字化创新成果指数均值分布

3.3.4.3   省份评价分析

从省份分布来看,1,117 家数字原生产业上市公司中,有 5 家注册地在境外,其余 1,112 家分布在 31 个省份。数字原生产业上市公司中,由表 3-39 和图 3-41 可知,北京市数字原生产业上市公司数字化创新成果指数平均水平最高,为 79.83,其次是山东省(75.74),再次是湖南省(75.28)。在上市公司数量超过 50 家的省份中,北京市、上海市和广东省上市公司整体表现较好,是地区高质量发展的典范。

表 3-39   2022 年数字原生产业上市公司数字化创新成果指数一览表——省份维度

省份	上市公司数量/家	均值	数字化创新公司代表
安徽省	26	70.34	科大讯飞(92.50)
北京市	169	79.83	奇安信(98.24)

续　表

省份	上市公司数量/家	均值	数字化创新公司代表
福建省	49	74.32	亿联网络(92.25)
广东省	298	72.89	华大基因(95.79)
河南省	15	69.84	新开普(88.72)
湖北省	35	69.63	长盈通(85.69)
湖南省	21	75.28	麒麟信安(92.08)
江苏省	122	70.79	新点软件(94.66)
山东省	30	75.74	山大地纬(86.92)
陕西省	17	63.33	天润科技(85.69)
上海市	100	74.84	芯原股份(94.21)
四川省	36	72.72	电科网安(92.85)
天津市	15	66.94	三六零(97.18)
浙江省	98	71.41	海康威视(96.56)

注:本表只披露上市公司数量在 15 家及以上的省份。

数据来源:浙江工商大学数字创新与管理研究院和首都经济贸易大学资产评估研究院整理。

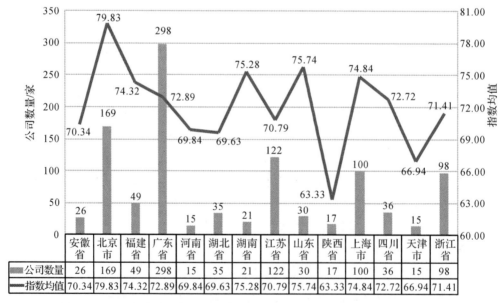

图 3-41　2022 年各省份数字原生产业上市公司数字化创新成果指数均值分布

3.3.4.4 产权评价分析

从产权分布来看,如表 3-40 和图 3-42 所示,中央国有控股数字原生产业上市公司数字化创新成果指数平均水平最高,为 76.83。非国有控股与地方国有控股数字原生产业上市公司的平均水平均低于全市场均值 73.39,其中非国有控股数字原生产业上市公司的平均水平为 73.32,地方国有控股数字原生产业上市公司的平均水平略低于非国有控股数字原生产业上市公司的平均水平,为 71.41。

表 3-40 2022 年数字原生产业上市公司数字化创新成果指数一览表——产权维度

产权	上市公司数量/家	均值	数字化创新公司代表
中央国有控股	91	76.83	海康威视(96.56)
地方国有控股	128	71.41	广电运通(93.99)
非国有控股	898	73.32	金山办公(98.24)

数据来源:浙江工商大学数字创新与管理研究院和首都经济贸易大学资产评估研究院整理。

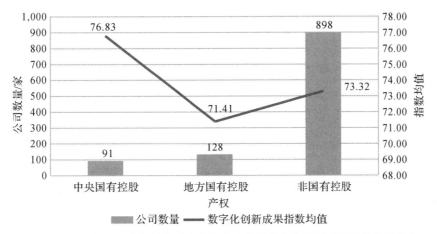

图 3-42 2022 年不同产权数字原生产业上市公司数字化创新成果指数均值分布

3.3.5 数字原生产业上市公司数字化创新绩效指数分析

3.3.5.1 整体分析

本报告对 1,117 家数字原生产业上市公司 2022 年数字化创新绩效指数进行了分析,结果显示:数字化创新绩效指数平均水平为 58.16,高于平均水平的有 557 家,占总量 49.87%。从数字化创新绩效指数区间分布来看,数字化创新绩效指数位于 85 及以上的上市公司有 34 家,占比 3.04%,这些公司在行业内甚至全市场中都是数字化创新绩效水平良好的优势企业;数字化创新绩效指数位于 75—85 的上市公司有

84家,占比7.52%,这些公司的数字化创新绩效水平较高;数字化创新绩效指数位于60—75的上市公司有390家,占比34.91%;数字化创新绩效指数低于60的上市公司数量最多,共有609家,占比54.52%,这些上市公司的数字化创新表现相对较差。如图3-43所示。

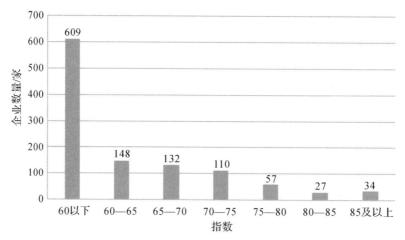

图3-43　2022年数字原生产业上市公司数字化创新绩效指数分布

根据1,117家数字原生产业上市公司的数字化创新绩效指数分布情况,排名前100的上市公司情况如表3-41所示。

表3-41　2022年数字原生产业上市公司数字化创新绩效指数排名前100情况

排名	公司代码	公司名称	数字化创新绩效指数	省份	产权性质
1	688111.SH	金山办公	99.96	北京市	非国有控股
2	600941.SH	中国移动	98.08	—	中央国有控股
3	300661.SZ	圣邦股份	97.84	北京市	非国有控股
4	002410.SZ	广联达	96.38	北京市	非国有控股
5	688981.SH	中芯国际	96.28	—	非国有控股
6	002371.SZ	北方华创	95.84	北京市	地方国有控股
7	600570.SH	恒生电子	95.73	浙江省	非国有控股
8	601138.SH	工业富联	95.33	广东省	非国有控股
9	000063.SZ	中兴通讯	95.29	广东省	非国有控股
10	688536.SH	思瑞浦	94.79	江苏省	非国有控股
11	002920.SZ	德赛西威	94.53	广东省	地方国有控股
12	002179.SZ	中航光电	92.72	河南省	中央国有控股
13	300782.SZ	卓胜微	92.46	江苏省	非国有控股
14	600050.SH	中国联通	92.42	北京市	中央国有控股

排名	公司代码	公司名称	数字化创新绩效指数	省份	产权性质
15	601728.SH	中国电信	91.98	北京市	中央国有控股
16	002415.SZ	海康威视	91.75	浙江省	中央国有控股
17	000977.SZ	浪潮信息	91.69	山东省	地方国有控股
18	002049.SZ	紫光国微	89.89	河北省	非国有控股
19	002230.SZ	科大讯飞	89.89	安徽省	非国有控股
20	002475.SZ	立讯精密	89.31	广东省	非国有控股
21	003031.SZ	中瓷电子	89.15	河北省	中央国有控股
22	000733.SZ	振华科技	88.45	贵州省	中央国有控股
23	300866.SZ	安克创新	88.44	湖南省	非国有控股
24	603501.SH	韦尔股份	88.34	上海市	非国有控股
25	002624.SZ	完美世界	87.36	浙江省	非国有控股
26	301269.SZ	华大九天	87.27	北京市	非国有控股
27	002938.SZ	鹏鼎控股	87.14	广东省	非国有控股
28	002841.SZ	视源股份	86.59	广东省	非国有控股
29	601231.SH	环旭电子	86.45	上海市	非国有控股
30	603712.SH	七一二	86.20	天津市	地方国有控股
31	300496.SZ	中科创达	85.83	北京市	非国有控股
32	600584.SH	长电科技	85.34	江苏省	非国有控股
33	300474.SZ	景嘉微	85.25	湖南省	非国有控股
34	000938.SZ	紫光股份	85.19	北京市	非国有控股
35	002558.SZ	巨人网络	84.95	重庆市	非国有控股
36	600460.SH	士兰微	84.93	浙江省	非国有控股
37	002384.SZ	东山精密	84.67	江苏省	非国有控股
38	688041.SH	海光信息	84.65	天津市	非国有控股
39	600745.SH	闻泰科技	83.63	湖北省	非国有控股
40	300327.SZ	中颖电子	83.51	上海市	非国有控股
41	601698.SH	中国卫通	83.50	北京市	中央国有控股
42	002180.SZ	纳思达	83.39	广东省	非国有控股
43	301095.SZ	广立微	83.28	浙江省	非国有控股
44	600118.SH	中国卫星	83.27	北京市	中央国有控股

排名	公司代码	公司名称	数字化创新绩效指数	省份	产权性质
45	600131.SH	国网信通	83.26	四川省	中央国有控股
46	600563.SH	法拉电子	83.15	福建省	非国有控股
47	600703.SH	三安光电	83.14	湖北省	非国有控股
48	300628.SZ	亿联网络	82.84	福建省	非国有控股
49	600225.SH	卓朗科技	82.72	天津市	地方国有控股
50	002027.SZ	分众传媒	82.43	广东省	非国有控股
51	688126.SH	沪硅产业	82.42	上海市	地方国有控股
52	600522.SH	中天科技	81.87	江苏省	非国有控股
53	002517.SZ	恺英网络	81.74	福建省	非国有控股
54	002268.SZ	电科网安	81.50	四川省	中央国有控股
55	002025.SZ	航天电器	81.47	贵州省	中央国有控股
56	600487.SH	亨通光电	81.33	江苏省	非国有控股
57	688008.SH	澜起科技	80.94	上海市	非国有控股
58	600536.SH	中国软件	80.84	北京市	中央国有控股
59	600562.SH	国睿科技	80.60	江苏省	中央国有控股
60	300672.SZ	国科微	80.20	湖南省	非国有控股
61	002439.SZ	启明星辰	80.06	北京市	非国有控股
62	688012.SH	中微公司	79.98	上海市	地方国有控股
63	300454.SZ	深信服	79.75	广东省	非国有控股
64	300017.SZ	网宿科技	79.57	上海市	非国有控股
65	000681.SZ	视觉中国	79.55	江苏省	非国有控股
66	301153.SZ	中科江南	79.49	北京市	地方国有控股
67	300223.SZ	北京君正	79.04	北京市	非国有控股
68	300413.SZ	芒果超媒	79.00	湖南省	地方国有控股
69	002916.SZ	深南电路	78.95	广东省	中央国有控股
70	688002.SH	睿创微纳	78.66	山东省	非国有控股
71	600183.SH	生益科技	78.62	广东省	非国有控股
72	002555.SZ	三七互娱	78.55	安徽省	非国有控股
73	002236.SZ	大华股份	78.44	浙江省	非国有控股
74	300682.SZ	朗新科技	78.41	江苏省	非国有控股
75	600845.SH	宝信软件	78.37	上海市	中央国有控股

排名	公司代码	公司名称	数字化创新绩效指数	省份	产权性质
76	301165.SZ	锐捷网络	78.22	福建省	地方国有控股
77	300458.SZ	全志科技	78.21	广东省	非国有控股
78	300627.SZ	华测导航	78.15	上海市	非国有控股
79	300308.SZ	中际旭创	78.04	山东省	非国有控股
80	300253.SZ	卫宁健康	77.96	上海市	非国有控股
81	301313.SZ	凡拓数创	77.92	广东省	非国有控股
82	600850.SH	电科数字	77.90	上海市	中央国有控股
83	603444.SH	吉比特	77.68	福建省	非国有控股
84	002063.SZ	远光软件	77.63	广东省	中央国有控股
85	300676.SZ	华大基因	77.48	广东省	非国有控股
86	002195.SZ	二三四五	77.45	上海市	非国有控股
87	603613.SH	国联股份	77.34	北京市	非国有控股
88	002600.SZ	领益智造	77.20	广东省	非国有控股
89	002212.SZ	天融信	77.05	广东省	非国有控股
90	603005.SH	晶方科技	77.01	江苏省	非国有控股
91	000738.SZ	航发控制	77.00	江苏省	中央国有控股
92	688066.SH	航天宏图	76.87	北京市	非国有控股
93	002079.SZ	苏州固锝	76.79	江苏省	非国有控股
94	002281.SZ	光迅科技	76.78	湖北省	中央国有控股
95	600877.SH	电科芯片	76.60	重庆市	中央国有控股
96	001270.SZ	铖昌科技	76.43	浙江省	非国有控股
97	603881.SH	数据港	76.35	上海市	地方国有控股
98	300373.SZ	扬杰科技	76.28	江苏省	非国有控股
99	603986.SH	兆易创新	76.27	北京市	非国有控股
100	301308.SZ	江波龙	76.18	广东省	非国有控股

数据来源:浙江工商大学数字创新与管理研究院和首都经济贸易大学资产评估研究院整理。

3.3.5.2 区域评价分析

从区域分布来看,1,117家数字原生产业上市公司中,有5家注册地在境外,其余1,112家分布在七大区域。七大区域数字原生产业上市公司中,如表3-42和图3-44所示,西南地区数字原生产业上市公司数字化创新绩效指数平均水平最高,为59.96,其次是华北地区(59.39),再次是华中地区(58.82)。

表 3-42　2022 年数字原生产业上市公司数字化创新绩效指数一览表——区域维度

区域	上市公司数量/家	均值	数字化创新公司代表
东北地区	25	49.94	启明信息(72.25)
华北地区	196	59.39	金山办公(99.96)
华东地区	439	58.01	恒生电子(95.73)
华南地区	304	57.58	工业富联(95.33)
华中地区	71	58.82	中航光电(92.72)
西北地区	25	56.32	中熔电气(75.33)
西南地区	52	59.96	振华科技(88.45)

数据来源:浙江工商大学数字创新与管理研究院和首都经济贸易大学资产评估研究院整理。

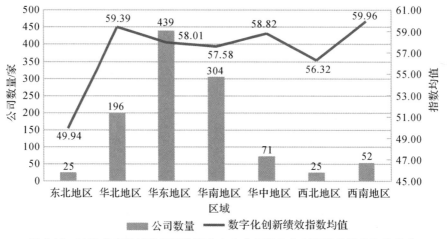

图 3-44　2022 年各区域数字原生产业上市公司数字化创新绩效指数均值分布

3.3.5.3　省份评价分析

由表 3-43 和图 3-45 可知,1,117 家数字原生产业上市公司中,有 5 家注册地在境外,其余 1,112 家分布在 31 个省份。数字原生产业上市公司中,湖南省数字原生产业上市公司数字化创新绩效指数平均水平最高,为 62.20,其次是天津市(61.04),再次是北京市(59.57)。在上市公司数量超过 50 家的省份中,北京市、上海市和江苏省的上市公司整体表现较好。

表 3-43　2022 年数字原生产业上市公司数字化创新绩效指数一览表——省份维度

省份	上市公司数量/家	均值	数字化创新公司代表
安徽省	26	52.62	科大讯飞(89.89)
北京市	169	59.57	金山办公(99.96)

续　表

省份	上市公司数量/家	均值	数字化创新公司代表
福建省	49	58.09	法拉电子(83.15)
广东省	298	57.53	工业富联(95.33)
河南省	15	56.91	中航光电(92.72)
湖北省	35	57.62	闻泰科技(83.63)
湖南省	21	62.20	安克创新(88.44)
江苏省	122	58.06	思瑞浦(94.79)
山东省	30	59.27	浪潮信息(91.69)
陕西省	17	56.15	中熔电气(75.33)
上海市	100	59.07	韦尔股份(88.34)
四川省	36	56.90	国网信通(83.26)
天津市	15	61.04	三六零(86.20)
浙江省	98	58.01	恒生电子(95.73)

注:本表只披露上市公司数量在 15 家及以上的省份。

数据来源:浙江工商大学数字创新与管理研究院和首都经济贸易大学资产评估研究院整理。

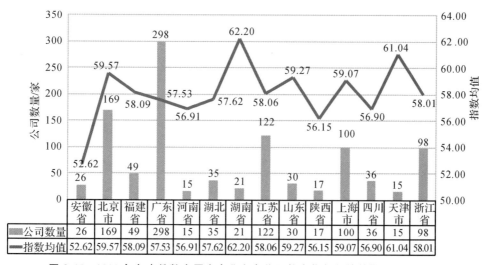

图 3-45　2022 年各省份数字原生产业上市公司数字化创新绩效指数均值分布

3.3.5.4　产权评价分析

从产权分布来看,如表 3-44 和图 3-46 所示,中央国有控股数字原生产业上市公司数字化创新绩效指数平均水平最高,为 67.85,其次是地方国有控股的平均水平,为 58.68,而非国有控股低于全市场均值(58.16),为 57.11。

表 3-44　2022 年数字原生产业上市公司数字化创新绩效指数一览表——产权维度

产权	上市公司数量/家	均值	数字化创新公司代表
中央国有控股	91	67.85	中国移动(98.08)
地方国有控股	128	58.68	北方华创(95.84)
非国有控股	898	57.11	金山办公(99.96)

数据来源:浙江工商大学数字创新与管理研究院和首都经济贸易大学资产评估研究院整理。

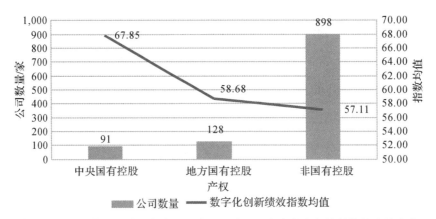

图 3-46　2022 年不同产权数字原生产业上市公司数字化创新绩效指数均值分布

4 中国上市公司数字化创新生态环境评价：区域评价与省份评价

党的二十大报告中明确指出，"加快发展数字经济,促进数字经济和实体经济深度融合",建设"数字中国"。数字化创新是企业立足数字经济发展新时代,实现高质量发展的重要驱动力。在立足新发展阶段、贯彻新发展理念、构建新发展格局、全面建设社会主义现代化国家的新征程中,各地政府从数字化基础环境、数字化融合环境、数字化支持环境等方面积极为上市公司数字化创新构建良好的生态环境。

4.1 七大区域数字化创新生态环境评价

本报告分析了东北、华北、华东、华南、华中、西北、西南七大地理区域的数字化创新生态环境。如图 4-1 所示,东北、华北、华东、华南、华中、西北、西南七大地理区域的数字化创新生态环境综合指数依次为 44.33、52.46、56.72、55.80、48.83、43.09、45.49。其中,数字化创新生态环境综合指数平均水平最高的是华东地区,其次是华南地区,最低的是西北地区,凸显出华东地区数字化创新生态环境具有明显的优越性。

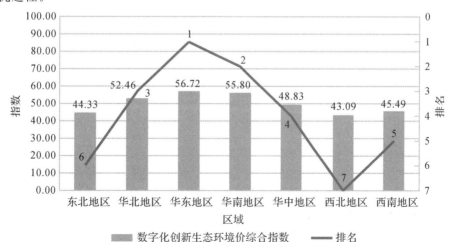

图 4-1　2022 年七大区域数字化创新生态环境综合指数——区域维度

从各地区数字化创新生态环境的具体维度来看,如表 4-1 所示,数字化基础环境指数中,华北地区最高,其次为华东地区,均高于全市场平均水平,华南、华中、西南、东北、西北地区均低于全市场平均水平,这表明各区域数字化基础环境发展不均衡。数字化融合环境指数中,华中、西南、东北、西北地区均低于全市场平均水平,华南、华东和华北地区均高于全市场平均水平。数字化支持环境指数中,华东地区领先,华南、华中、华北地区也高于全市场平均水平,西南、东北、西北地区均低于全市场平均水平。综合七大区域数字化创新生态环境二级维度来看,华东地区表现最好,华南地区紧紧跟随,华北地区表现较好,西北地区较为落后,总体上呈现出东部和南部领先、西部较为落后,区域发展不均衡的特点。

表 4-1　2022 年七大区域数字化创新生态环境综合指数一览表——区域维度

区域	数字化创新生态环境综合指数		数字化基础环境指数		数字化融合环境指数		数字化支持环境指数	
	分值	排名	分值	排名	分值	排名	分值	排名
东北地区	44.33	6	41.90	6	43.40	6	50.38	6
华北地区	52.46	3	52.66	1	51.16	3	55.73	4
华东地区	56.72	1	48.17	2	59.25	2	62.12	1
华南地区	55.80	2	43.91	3	60.02	1	61.40	2
华中地区	48.83	4	42.74	4	48.55	4	58.33	3
西北地区	43.09	7	40.96	7	42.80	7	46.91	7
西南地区	45.49	5	42.03	5	45.48	5	50.46	5
全市场均值	49.97	—	45.20	—	50.58	—	55.18	—

数据来源:浙江工商大学数字创新与管理研究院和首都经济贸易大学资产评估研究院整理。

4.1.1　东北地区数字化创新生态环境综合指数

2022 年东北地区数字化创新生态环境综合指数为 44.33,处于全市场平均水平(49.97)之下,体现出该地区数字化创新生态环境建设相对偏弱。其中,东北地区数字化基础环境、数字化融合环境、数字化支持环境指数分别为 41.90、43.40、50.38,均低于全市场平均水平。如图 4-2 所示。

从数字化基础环境的总体表现来看,2022 年东北地区数字化基础环境指数为41.90,处于全市场平均水平(45.20)之下,体现出该地区数字化基础环境发展水平较低,同时也体现出该地区数字化基础设施建设较为落后;从数字化融合环境的总体表现来看,2022 年东北地区数字化融合环境指数为 43.40,处于全市场平均水平(50.58)之下,体现出该地区数字化融合环境发展水平较低;从数字化支持环境的总

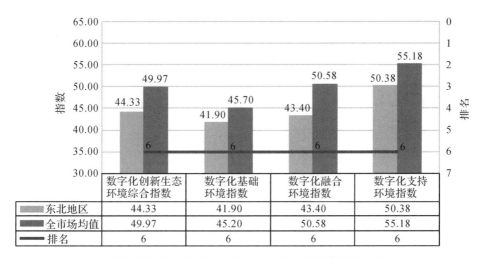

图 4-2　东北地区数字化创新生态环境综合指数维度分析

体表现来看,2022 年东北地区数字化支持环境指数为 50.38,处于全市场平均水平
(55.18)之下,体现出该地区数字化支持环境发展水平有待提升。

4.1.2　华北地区数字化创新生态环境综合指数

2022 年华北地区数字化创新生态环境综合指数为 52.46,处于全市场平均水平
(49.97)之上,体现出该地区数字化创新生态环境相对较好。其中,华北地区数字化
基础环境、数字化融合环境、数字化支持环境指数分别为 52.66、51.16、55.73,均高
于全市场平均水平。如图 4-3 所示。

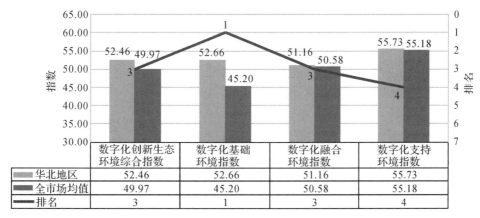

图 4-3　华北地区数字化创新生态环境综合指数维度分析

从数字化基础环境的总体表现来看,2022 年华北地区数字化基础环境指数为
52.66,处于全市场平均水平(45.20)之上,体现出该地区数字化基础环境发展水平
较高,同时也体现出该地区数字化基础设施建设较为健全;从数字化融合环境的总
体表现来看,2022 年华北地区数字化融合环境指数为 51.16,处于全市场平均水平

(50.58)之上,体现出该地区数字化融合环境发展水平较高;从数字化支持环境的总体表现来看,2022 年华北地区数字化支持环境指数为 55.73,处于全市场平均水平(55.18)之上,体现出华北地区数字化支持环境较好。

4.1.3 华东地区数字化创新生态环境综合指数

2022 年华东地区数字化创新生态环境综合指数为 56.72,处于全市场平均水平(49.97)之上,体现出该地区数字化创新生态环境相对较好。其中,华东地区数字化基础环境、数字化融合环境、数字化支持环境指数分别为 48.17、59.25、62.12,均高于全市场平均水平。如图 4-4 所示。

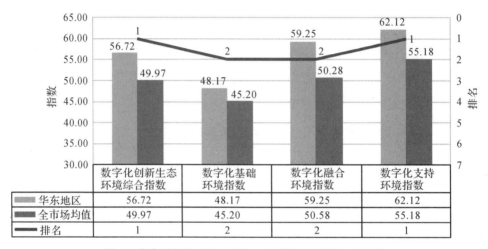

	数字化创新生态环境综合指数	数字化基础环境指数	数字化融合环境指数	数字化支持环境指数
华东地区	56.72	48.17	59.25	62.12
全市场均值	49.97	45.20	50.58	55.18
排名	1	2	2	1

图 4-4 华东地区数字化创新生态环境综合指数维度分析

从数字化基础环境的总体表现来看,2022 年华东地区数字化基础环境指数为 48.17,处于全市场平均水平(45.20)之上,体现出该地区数字化基础环境发展水平较高,同时也体现出该地区数字化基础设施建设较为完善;从数字化融合环境的总体表现来看,2022 年华东地区数字化融合环境指数 59.25,处于全市场平均水平(50.58)之上,体现出该地区数字化融合环境发展水平较高;从数字化支持环境的总体表现来看,2022 年华东地区数字化支持环境指数为 62.12,处于全市场平均水平(55.18)之上,体现出该地区数字化支持环境发展较好。

4.1.4 华南地区数字化创新生态环境综合指数

2022 年华南地区数字化创新生态环境综合指数为 55.80,处于全市场平均水平(49.97)之上,体现出该地区数字化创新生态环境相对较好。其中,华南地区数字化基础环境、数字化融合环境、数字化支持环境指数分别为 43.91、60.02、61.40,数字化基础环境指数低于全市场平均水平,其他指数高于全市场平均水平。如图 4-5所示。

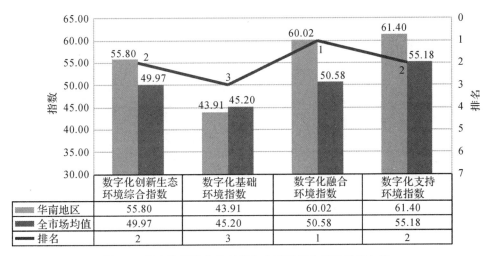

	数字化创新生态 环境综合指数	数字化基础 环境指数	数字化融合 环境指数	数字化支持 环境指数
▨ 华南地区	55.80	43.91	60.02	61.40
▪ 全市场均值	49.97	45.20	50.58	55.18
▬ 排名	2	3	1	2

图 4-5 华南地区数字化创新生态环境综合指数维度分析

从数字化基础环境的总体表现来看,2022 年华南地区数字化基础环境指数为43.91,略低于全市场平均水平(45.20),体现出该地区数字化基础环境发展相对薄弱,同时也体现出该地区数字化基础设施建设亟待提升;从数字化融合环境的总体表现来看,2022 年华南地区数字化融合环境指数为 60.02,处于全市场平均水平(50.58)之上,体现出该地区数字化融合环境发展水平较高;从数字化支持环境的总体表现来看,2022 年华南地区数字化支持环境指数为 61.40,处于全市场平均水平(55.18)之上,体现出该地区数字化支持环境较好。

4.1.5 华中地区数字化创新生态环境综合指数

2022 年华中地区数字化创新生态环境综合指数为 48.83,处于全市场平均水平(49.97)之下,体现出该地区数字化创新生态环境相对偏弱。其中,华中地区数字化基础环境、数字化融合环境、数字化支持环境指数分别为 42.74、48.55、58.33,数字化支持环境指数高于全市场平均水平,其他指数低于全市场平均水平。如图 4-6所示。

从数字化基础环境的总体表现来看,2022 年华中地区数字化基础环境指数为42.74,处于全市场平均水平(45.20)之下,体现出该地区数字化基础环境发展水平较低,同时也体现出该地区数字化基础设施建设相对薄弱;从数字化融合环境的总体表现来看,2022 年华中地区数字化融合环境指数为 48.55,处于全市场平均水平(50.58)之下,体现出该地区数字化融合环境发展水平较低;从数字化支持环境的总体表现来看,2022 年华中地区数字化支持环境指数为 58.33,处于全市场平均水平(55.18)之上,体现出该地区数字化支持环境发展较好。

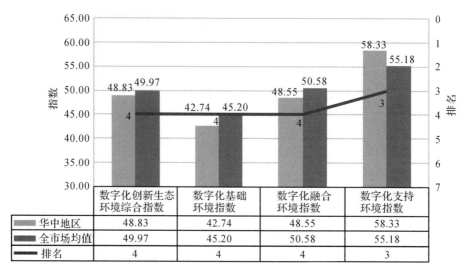

图 4-6　华中地区数字化创新生态环境综合指数维度分析

4.1.6　西北地区数字化创新生态环境综合指数

2022 年西北地区数字化创新生态环境综合指数为 43.09,处于全市场平均水平 (49.97)之下,体现出该地区数字化创新生态环境相对偏差。其中,西北地区数字化基础环境、数字化融合环境、数字化支持环境指数分别为 40.96、42.80、46.91,均低于全市场平均水平。如图 4-7 所示。

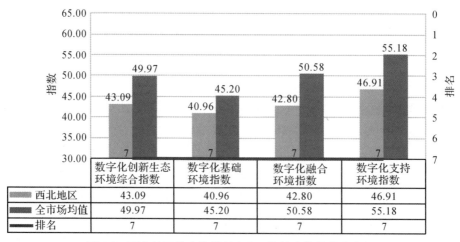

图 4-7　西北地区数字化创新生态环境综合指数维度分析

从数字化基础环境的总体表现来看,2022 年西北地区数字化基础环境指数为 40.96,处于全市场平均水平(45.20)之下,体现出该地区数字化基础环境发展水平较低,同时也体现出该地区数字化基础设施建设较为薄弱;从数字化融合环境的总体表现来看,2022 年西北地区数字化融合环境指数为 42.80,处于全市场平均水平 (50.58)之下,体现出该地区数字化融合环境发展较弱;从数字化支持环境的总体表

现来看,2022 年西北地区数字化支持环境指数为 46.91,处于全市场平均水平
(55.18)之下,体现出该地区数字化支持环境发展水平较低。

4.1.7　西南地区数字化创新生态环境综合指数

2022 年西南地区数字化创新生态环境综合指数为 45.49,处于全市场平均水平
(49.97)之下,体现出该地区数字化创新生态环境相对偏差。其中,西南地区数字化
基础环境、数字化融合环境、数字化支持环境指数分别为 42.03、45.48、50.46,均低
于全市场平均水平。如图 4-8 所示。

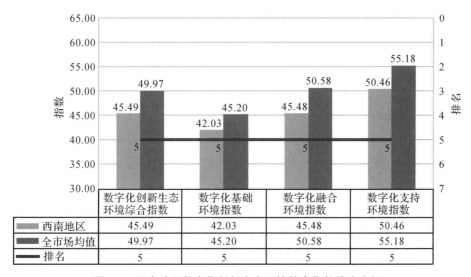

	数字化创新生态 环境综合指数	数字化基础 环境指数	数字化融合 环境指数	数字化支持 环境指数
西南地区	45.49	42.03	45.48	50.46
全市场均值	49.97	45.20	50.58	55.18
排名	5	5	5	5

图 4-8　西南地区数字化创新生态环境综合指数维度分析

从数字化基础环境的总体表现来看,2022 年西南地区数字化基础环境指数为
42.03,处于全市场平均水平(45.20)之下,体现出该地区数字化基础环境发展水平
相对较低,同时也体现出该地区数字化基础设施建设相对薄弱;从数字化融合环境
的总体表现来看,2022 年西南地区数字化融合环境指数为 45.48,处于全市场平均水
平(50.58)之下,体现出该地区数字化融合环境发展水平较低;从数字化支持环境的
总体表现来看,2022 年西南地区数字化支持环境指数为 50.46,处于全市场平均水平
(55.18)之下,体现出该地区数字化支持环境发展较弱。

4.2　省份数字化创新生态环境评价

从 31 个省份的数字化创新生态环境综合指数来看,如图 4-9 所示,北京市的数
字化创新生态环境综合指数为 80.27,位居全市场第一;西藏自治区的数字化创新生

态环境综合指数为 40.96,居末位。北京市、广东省、上海市等 7 个省份的数字化创新生态环境综合指数均高于全市场平均水平(49.97)。

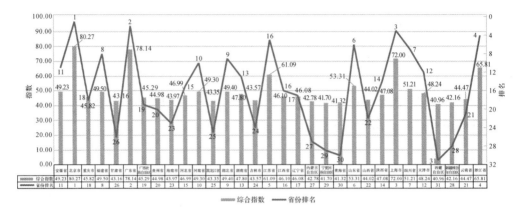

图 4-9　2022 年各省份数字化创新生态环境综合指数

从数字化创新生态环境的具体维度看,在 31 个省份中,如表 4-2 所示,数字化基础环境指数排名前五的是北京市、上海市、天津市、浙江省、福建省;数字化融合环境指数排名前五的是广东省、上海市、北京市、浙江省、江苏省;数字化支持环境指数排名前五的是广东省、北京市、江苏省、浙江省、山东省。这表明北京市、上海市、广东省、浙江省等省份具备良好的数字化创新生态环境。

表 4-2　2022 年各省份数字化创新生态环境综合指数排名分析

省份	数字化创新生态环境综合指数		数字化基础环境指数		数字化融合环境指数		数字化支持环境指数	
	分值	排名	分值	排名	分值	排名	分值	排名
安徽省	49.23	11	43.25	11	48.77	10	59.06	9
北京市	80.27	1	88.24	1	76.72	3	78.51	2
重庆市	45.82	18	42.72	15	45.40	16	51.40	17
福建省	49.50	8	47.14	5	49.84	8	51.95	16
甘肃省	43.16	26	40.64	27	42.47	27	48.68	24
广东省	78.14	2	46.80	6	90.92	1	88.35	1
广西壮族自治区	45.29	19	41.95	22	44.89	19	51.19	18
贵州省	44.98	20	43.50	10	43.97	22	49.84	20
海南省	43.97	23	42.98	12	44.24	21	44.65	27
河北省	46.99	15	42.97	13	46.88	13	53.06	15
河南省	49.30	10	43.51	9	48.53	11	59.70	8
黑龙江省	43.35	25	41.17	26	42.83	24	47.88	25

省份	数字化创新生态环境综合指数		数字化基础环境指数		数字化融合环境指数		数字化支持环境指数	
	分值	排名	分值	排名	分值	排名	分值	排名
湖北省	49.40	9	42.42	16	49.76	9	58.45	10
湖南省	47.80	13	42.30	19	47.37	12	56.86	11
吉林省	43.57	24	41.75	23	42.39	28	49.42	21
江苏省	61.09	5	46.56	7	64.78	5	71.93	3
江西省	46.10	16	42.26	20	45.23	17	53.96	13
辽宁省	46.08	17	42.77	14	44.98	18	53.83	14
内蒙古自治区	42.78	27	40.49	28	42.49	26	46.87	26
宁夏回族自治区	41.70	29	41.37	24	41.47	29	42.82	29
青海省	41.32	30	40.33	29	41.36	30	42.63	30
山东省	53.31	6	43.89	8	53.50	6	66.30	5
山西省	44.02	22	42.34	18	43.06	23	49.07	22
陕西省	47.08	14	42.26	21	46.18	15	56.49	12
上海市	72.00	3	66.53	2	79.19	2	60.30	7
四川省	51.21	7	42.35	17	52.46	7	60.55	6
天津市	48.24	12	49.25	3	46.65	14	51.13	19
西藏自治区	40.96	31	40.30	30	41.11	31	41.49	31
新疆维吾尔自治区	42.16	28	40.22	31	42.54	25	43.94	28
云南省	44.47	21	41.29	25	44.47	20	49.02	23
浙江省	65.81	4	47.55	4	73.41	4	71.33	4
均值	49.97	—	45.20	—	50.58	—	55.18	—

数据来源:浙江工商大学数字创新与管理研究院和首都经济贸易大学资产评估研究院整理。

4.2.1　安徽省数字化创新生态环境综合指数

2022 年安徽省数字化创新生态环境综合指数为 49.23,略低于全市场平均水平(49.97),体现出安徽省的数字化创新生态环境相对较差。具体而言,如图 4-10 所示。

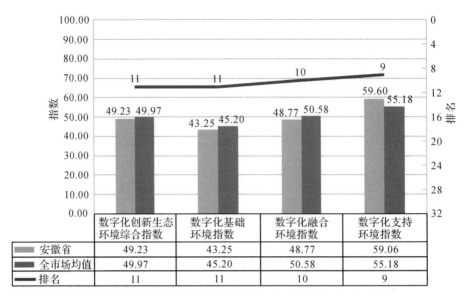

	数字化创新生态环境综合指数	数字化基础环境指数	数字化融合环境指数	数字化支持环境指数
安徽省	49.23	43.25	48.77	59.06
全市场均值	49.97	45.20	50.58	55.18
排名	11	11	10	9

图 4-10 2022 年安徽省数字化创新生态环境综合指数维度分析

从数字化基础环境的总体表现来看,2022 年安徽省数字化基础环境指数为 43.25,处于全市场平均水平(45.20)之下,体现出安徽省数字化基础环境发展水平较低;从数字化融合环境的总体表现来看,2022 年安徽省数字化融合环境指数为 48.77,处于全市场平均水平(50.58)之下,体现出安徽省数字化融合环境发展水平较低;从数字化支持环境的总体表现来看,2022 年安徽省数字化支持环境指数为 59.06,处于全市场平均水平(55.18)之上,体现出安徽省数字化支持环境发展水平较高,同时也体现出安徽省对上市公司的数字化创新支持力度较大。

4.2.2 北京市数字化创新生态环境综合指数

2022 年北京市数字化创新生态环境综合指数为 80.27,处于全市场平均水平(49.97)之上,体现出北京市的数字化创新生态环境较好。具体而言,如图 4-11 所示。

从数字化基础环境的总体表现来看,2022 年北京市数字化基础环境指数为 88.24,处于全市场平均水平(45.20)之上,体现出北京市数字化基础环境发展水平较高;从数字化融合环境的总体表现来看,2022 年北京市数字化融合环境指数为 76.72,处于全市场平均水平(50.58)之上,体现出北京市数字化融合环境发展水平较高;从数字化支持环境的总体表现来看,2022 年北京市数字化支持环境指数为 78.51,处于全市场平均水平(55.18)之上,体现出北京市数字化支持环境发展水平较高,同时也体现出北京市对上市公司的数字化创新支持力度较大。

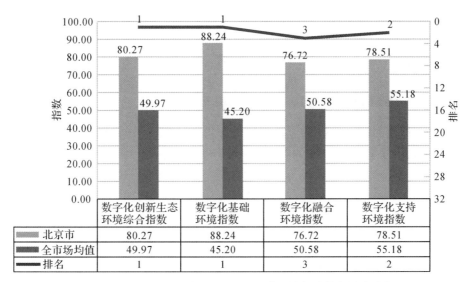

图 4-11 2022 年北京市数字化创新生态环境综合指数维度分析

4.2.3 重庆市数字化创新生态环境综合指数

2022 年重庆市数字化创新生态环境综合指数为 45.82,处于全市场平均水平(49.97)之下,体现出重庆市的数字化创新生态环境相对较差。具体而言,如图 4-12 所示。

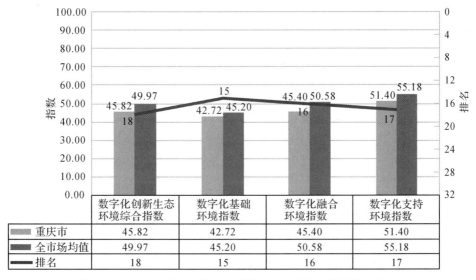

图 4-12 2022 年重庆市数字化创新生态环境综合指数维度分析

从数字化基础环境的总体表现来看,2022 年重庆市数字化基础环境指数为42.72,处于全市场平均水平(45.20)之下,体现出重庆市数字化基础环境发展水平较低;从数字化融合环境的总体表现来看,2022 年重庆市数字化融合环境指数为45.40,处于全市场平均水平(50.58)之下,体现出重庆市数字化融合环境发展水平较低;从数字化支持环境的总体表现来看,2022年重庆市数字化支持环境指数为51.40,处于全市场平均水平(55.18)之下,体现出重庆市数字化支持环境发展水平较低,同时也体现出重庆市对上市公司的数字化创新支持力度较小。

4.2.4 福建省数字化创新生态环境综合指数

2022年福建省数字化创新生态环境综合指数为49.50,略低于全市场平均水平(49.97)之下,体现出福建省的数字化创新生态环境相对较差。具体而言,如图4-13所示。

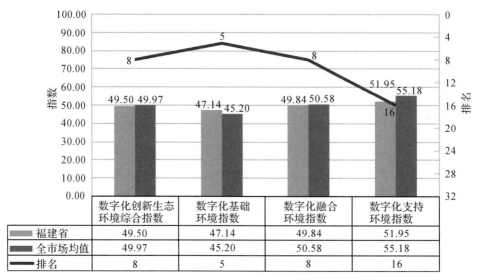

	数字化创新生态环境综合指数	数字化基础环境指数	数字化融合环境指数	数字化支持环境指数
福建省	49.50	47.14	49.84	51.95
全市场均值	49.97	45.20	50.58	55.18
排名	8	5	8	16

图4-13 2022年福建省数字化创新生态环境指数维度分析

从数字化基础环境的总体表现来看,2022年福建省数字化基础环境指数为47.14,处于全市场平均水平(45.20)之上,体现出福建省数字化基础环境发展水平较高;从数字化融合环境的总体表现来看,2022年福建省数字化融合环境指数为49.84,略低于全市场平均水平(50.58),体现出福建省数字化融合环境发展水平相对较低;从数字化支持环境的总体表现来看,2022年福建省数字化支持环境指数为51.95,处于全市场平均水平(55.18)之下,体现出福建省数字化支持环境发展水平较低,同时也体现出福建省对上市公司的数字化创新支持力度较小。

4.2.5 甘肃省数字化创新生态环境综合指数

2022年甘肃省数字化创新生态环境综合指数为43.16,处于全市场平均水平(49.97)之下,体现出甘肃省的数字化创新生态环境相对较差。具体而言,如图4-14所示。

从数字化基础环境的总体表现来看,2022年甘肃省数字化基础环境指数为40.64,处于全市场平均水平(45.20)之下,体现出甘肃省数字化基础环境发展水平

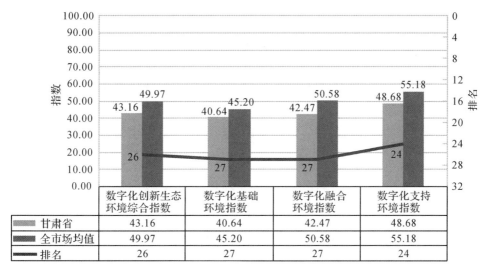

图 4-14　2022 年甘肃省数字化创新生态环境综合指数维度分析

较低;从数字化融合环境的总体表现来看,2022 年甘肃省数字化融合环境指数为
42.47,处于全市场平均水平(50.58)之下,体现出甘肃省数字化融合环境发展水平
较低;从数字化支持环境的总体表现来看,2022 年甘肃省数字化支持环境指数为
48.68,处于全市场平均水平(55.18)之下,体现出甘肃省数字化支持环境发展水平
较低,同时也体现出甘肃省对上市公司的数字化创新支持力度较小。

4.2.6　广东省数字化创新生态环境综合指数

2022 年广东省数字化创新生态环境综合指数为 78.14,远高于全市场平均水平
(49.97),体现出广东省拥有较好的数字化创新生态环境。具体而言,如图 4-15 所示。

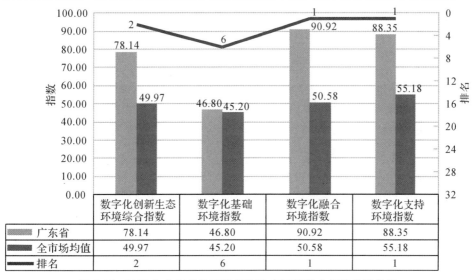

图 4-15　2022 年广东省数字化创新生态环境综合指数维度分析

从数字化基础环境的总体表现来看,2022 年广东省数字化基础环境指数为46.80,处于全市场平均水平(45.20)之上,体现出广东省数字化基础环境发展水平较高;从数字化融合环境的总体表现来看,2022 年广东省数字化融合环境指数为90.92,远高于全市场平均水平(50.58),体现出广东省数字化融合环境发展水平较高;从数字化支持环境的总体表现来看,2022 年广东省数字化支持环境指数为88.35,远高于全市场平均水平(55.18),体现出广东省数字化支持环境发展水平较高,同时也体现出广东省对上市公司的数字化创新支持力度大。

4.2.7 广西壮族自治区数字化创新生态环境综合指数

2022 年广西壮族自治区数字化创新生态环境综合指数为 45.29,处于全市场平均水平(49.97)之下,体现出广西壮族自治区的数字化创新生态环境相对较差。具体而言,如图 4-16 所示。

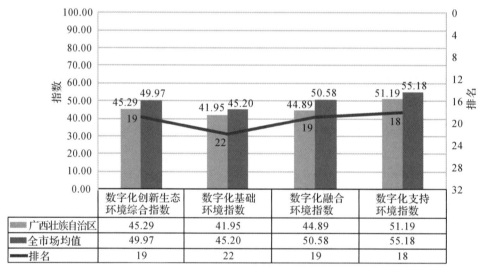

	数字化创新生态 环境综合指数	数字化基础 环境指数	数字化融合 环境指数	数字化支持 环境指数
广西壮族自治区	45.29	41.95	44.89	51.19
全市场均值	49.97	45.20	50.58	55.18
排名	19	22	19	18

图 4-16　2022 年广西壮族自治区数字化创新生态环境综合指数维度分析

从数字化基础环境的总体表现来看,2022 年广西壮族自治区数字化基础环境指数为 41.95,处于全市场平均水平(45.20)之下,体现出广西壮族自治区数字化基础环境发展水平较低;从数字化融合环境的总体表现来看,2022 年广西壮族自治区数字化融合环境指数为 44.89,处于全市场平均水平(50.58)之下,体现出广西壮族自治区数字化融合环境发展水平较低;从数字化支持环境的总体表现来看,2022 年广西壮族自治区数字化支持环境指数为 51.19,处于全市场平均水平(55.18)之下,体现出广西壮族自治区数字化支持环境发展水平较低,同时也体现出广西壮族自治区对上市公司的数字化创新支持力度较小。

4.2.8　贵州省数字化创新生态环境综合指数

2022 年贵州省数字化创新生态环境综合指数为 44.98,处于全市场平均水平(49.97)之下,体现出贵州省的数字化创新生态环境相对较差。具体而言,如图 4-17 所示。

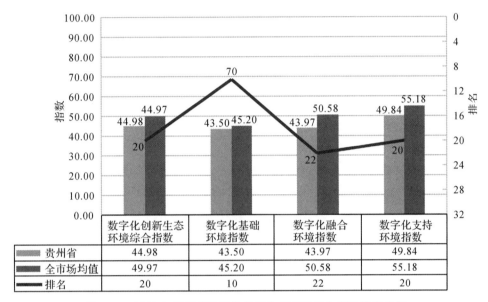

	数字化创新生态 环境综合指数	数字化基础 环境指数	数字化融合 环境指数	数字化支持 环境指数
贵州省	44.98	43.50	43.97	49.84
全市场均值	49.97	45.20	50.58	55.18
排名	20	10	22	20

图 4-17　2022 年贵州省数字化创新生态环境综合指数维度分析

从数字化基础环境的总体表现来看,2022 年贵州省数字化基础环境指数为 43.50,处于全市场平均水平(45.20)之下,体现出贵州省数字化基础环境发展水平较低;从数字化融合环境的总体表现来看,2022 年贵州省数字化融合环境指数为 43.97,处于全市场平均水平(50.58)之下,体现出贵州省数字化融合环境发展水平较低;从数字化支持环境的总体表现来看,2022 年贵州省数字化支持环境指数为 49.84,处于全市场平均水平(55.18)之下,体现出贵州省数字化支持环境发展水平较低,同时也体现出贵州省对上市公司的数字化创新的支持力度较小。

4.2.9　海南省数字化创新生态环境综合指数

2022 年海南省数字化创新生态环境综合指数为 43.97,处于全市场平均水平(49.97)之下,体现出海南省的数字化创新生态环境相对较差。具体而言,如图 4-18 所示。

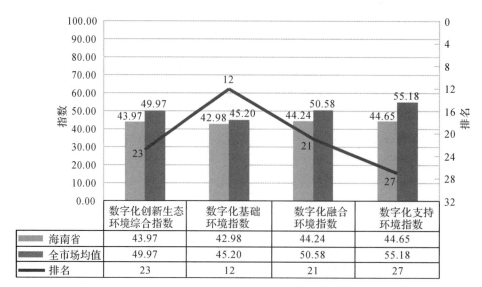

图 4-18　2022 年海南省数字化创新生态环境综合指数维度分析

	数字化创新生态 环境综合指数	数字化基础 环境指数	数字化融合 环境指数	数字化支持 环境指数
海南省	43.97	42.98	44.24	44.65
全市场均值	49.97	45.20	50.58	55.18
排名	23	12	21	27

从数字化基础环境的总体表现来看,2022 年海南省数字化基础环境指数为
42.98,处于全市场平均水平(45.20)之下,体现出海南省数字化基础环境发展水平
较低;从数字化融合环境的总体表现来看,2022 年海南省数字化融合环境指数为
44.24,处于全市场平均水平(50.58)之下,体现出海南省数字化融合环境发展水平
较低;从数字化支持环境的总体表现来看,2022 年海南省数字化支持环境指数为
44.65,处于全市场平均水平(55.18)之下,体现出海南省数字化支持环境发展水平
较低,同时也体现出海南省对上市公司的数字化创新支持力度较小。

4.2.10　河北省数字化创新生态环境综合指数

2022 年河北省数字化创新生态环境综合指数为 46.99,处于全市场平均水平
(49.97)之下,体现出河北省的数字化创新生态环境相对较差。具体而言,如图 4-19
所示。

从数字化基础环境的总体表现来看,2022 年河北省数字化基础环境指数为
42.97,处于全市场平均水平(45.20)之下,体现出河北省数字化基础环境发展水平
较低;从数字化融合环境的总体表现来看,2022 年河北省数字化融合环境指数为
46.88,处于全市场平均水平(50.58)之下,体现出河北省数字化融合环境发展水平
较低;从数字化支持环境的总体表现来看,2022 年河北省数字化支持环境指数为
53.06,处于全市场平均水平(55.18)之下,体现出河北省数字化支持环境发展水平
较低,同时也体现出河北省对上市公司的数字化创新支持力度较小。

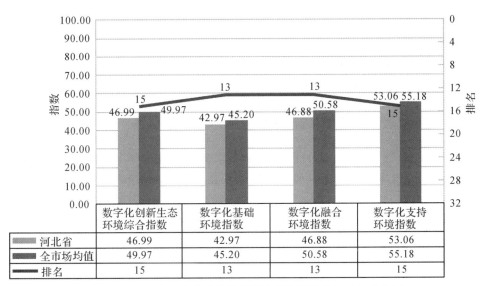

图 4-19　2022 年河北省数字化创新生态环境综合指数维度分析

4.2.11 河南省数字化创新生态环境综合指数

2022 年河南省数字化创新生态环境综合指数为 49.30,略低于全市场平均水平(49.97),体现出河南省的数字化创新生态环境发展相对较差。具体而言,如图 4-20 所示。

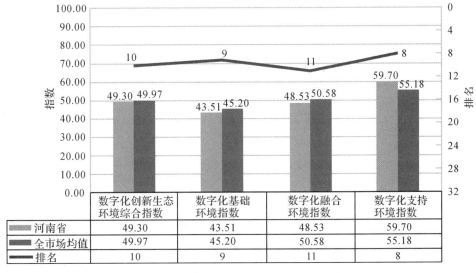

图 4-20　2022 年河南省数字化创新生态环境综合指数维度分析

从数字化基础环境的总体表现来看,2022 年河南省数字化基础环境指数为 43.51,处于全市场平均水平(45.20)之下,体现出河南省数字化基础环境发展水平较低;从数字化融合环境的总体表现来看,2022 年河南省数字化融合环境指数为

48.53,处于全市场平均水平(50.58)之下,体现出河南省数字化融合环境发展水平较低;从数字化支持环境的总体表现来看,2022 年河南省数字化支持环境指数为59.70,处于全市场平均水平(55.18)之上,体现出河南省数字化支持环境发展水平较高,同时也体现出河南省对上市公司的数字化创新支持力度较大。

4.2.12 黑龙江省数字化创新生态环境综合指数

2022 年黑龙江省数字化创新生态环境综合指数为 43.35,处于全市场平均水平(49.97)之下,体现出黑龙江省的数字化创新生态环境相对较差。具体而言,如图4-21所示。

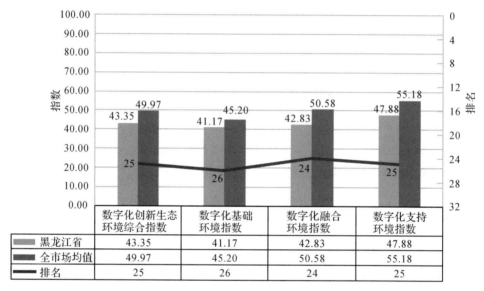

	数字化创新生态环境综合指数	数字化基础环境指数	数字化融合环境指数	数字化支持环境指数
黑龙江省	43.35	41.17	42.83	47.88
全市场均值	49.97	45.20	50.58	55.18
排名	25	26	24	25

图 4-21 2022 年黑龙江省数字化创新生态环境综合指数维度分析

从数字化基础环境的总体表现来看,2022 年黑龙江省数字化基础环境指数为41.17,处于全市场平均水平(45.20)之下,体现出黑龙江省数字化基础环境发展水平较低;从数字化融合环境的总体表现来看,2022 年黑龙江省数字化融合环境指数为42.83,处于全市场平均水平(50.58)之下,体现出黑龙江省数字化融合环境发展水平较低;从数字化支持环境的总体表现来看,2022 年黑龙江省数字化支持环境指数为47.88,处于全市场平均水平(55.18)之下,体现出黑龙江省数字化支持环境发展较差,同时也体现出黑龙江省对上市公司的数字化创新支持力度较小。

4.2.13 湖北省数字化创新生态环境综合指数

2022 年湖北省数字化创新生态环境综合指数为 49.40,略低于全市场平均水平(49.97),体现出湖北省的数字化创新生态环境相对较差。具体而言,如图 4-22所示。

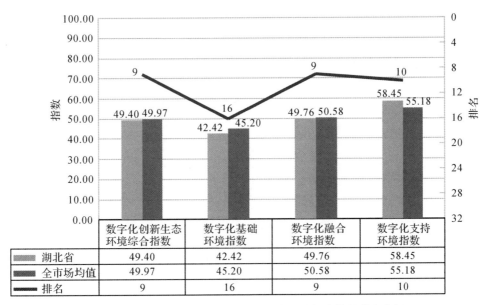

图 4-22　2022 年湖北省数字化创新生态环境综合指数维度分析

从数字化基础环境的总体表现来看,2022 年湖北省数字化基础环境指数为 42.42,处于全市场平均水平(45.20)之下,体现出湖北省数字化基础环境发展水平较低;从数字化融合环境的总体表现来看,2022 年湖北省数字化融合环境指数为 49.76,略低于全市场平均水平(50.58),体现出湖北省数字化融合环境发展水平较低;从数字化支持环境的总体表现来看,2022 年湖北省数字化支持环境指数为 58.45,处于全市场平均水平(55.18)之上,体现出湖北省数字化支持环境发展水平较高,同时也体现出湖北省对上市公司的数字化创新支持力度较大。

4.2.14　湖南省数字化创新生态环境综合指数

2022 年湖南省数字化创新生态环境综合指数为 47.80,处于全市场平均水平(49.97)之下,体现出湖南省的数字化创新生态环境相对较差。具体而言,如图 4-23 所示。

从数字化基础环境的总体表现来看,2022 年湖南省数字化基础环境指数为 42.30,处于全市场平均水平(45.20)之下,体现出湖南省数字化基础环境发展水平较低;从数字化融合环境的总体表现来看,2022 年湖南省数字化融合环境指数为 47.37,处于全市场平均水平(50.58)之下,体现出湖南省数字化融合环境发展水平较低;从数字化支持环境的总体表现来看,2022 年湖南省数字化支持环境指数为 56.86,处于全市场平均水平(55.18)之上,体现出湖南省数字化支持环境发展水平较高,同时也体现出湖南省对上市公司的数字化创新支持力度相对较大。

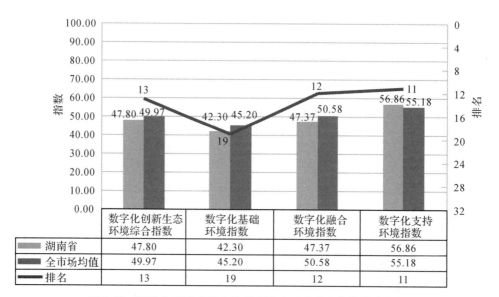

	数字化创新生态 环境综合指数	数字化基础 环境指数	数字化融合 环境指数	数字化支持 环境指数
湖南省	47.80	42.30	47.37	56.86
全市场均值	49.97	45.20	50.58	55.18
排名	13	19	12	11

图 4-23 2022 年湖南省数字化创新生态环境综合指数维度分析

4.2.15 吉林省数字化创新生态环境综合指数

2022 年吉林省数字化创新生态环境综合指数为 43.57,处于全市场平均水平 (49.97)之下,体现出吉林省的数字化创新生态环境相对较差。具体而言,如图 4-24 所示。

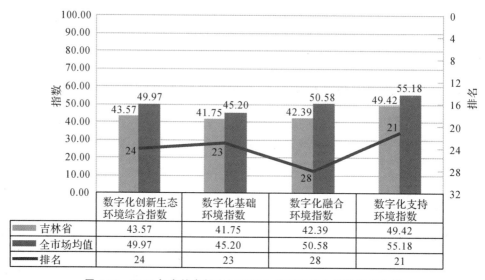

	数字化创新生态 环境综合指数	数字化基础 环境指数	数字化融合 环境指数	数字化支持 环境指数
吉林省	43.57	41.75	42.39	49.42
全市场均值	49.97	45.20	50.58	55.18
排名	24	23	28	21

图 4-24 2022 年吉林省数字化创新生态环境综合指数维度分析

从数字化基础环境的总体表现来看,2022 年吉林省数字化基础环境指数为 41.75,处于全市场平均水平(45.20)之下,体现出吉林省数字化基础环境发展水平 较低;从数字化融合环境的总体表现来看,2022 年吉林省数字化融合环境指数为

42.39,处于全市场平均水平(50.58)之下,体现出吉林省数字化融合环境发展水平较低;从数字化支持环境的总体表现来看,2022年吉林省数字化支持环境指数为49.42,处于全市场平均水平(55.18)之下,体现出吉林省数字化支持环境发展水平较低,同时也体现出吉林省对上市公司的数字化创新支持力度较小。

4.2.16 江苏省数字化创新生态环境综合指数

2022年江苏省数字化创新生态环境综合指数为61.09,处于全市场平均水平(49.97)之上,体现出江苏省的数字化创新生态环境相对较好。具体而言,如图4-25所示。

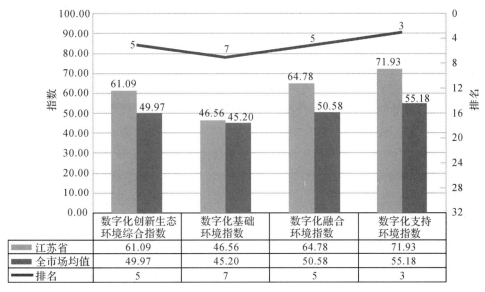

	数字化创新生态环境综合指数	数字化基础环境指数	数字化融合环境指数	数字化支持环境指数
江苏省	61.09	46.56	64.78	71.93
全市场均值	49.97	45.20	50.58	55.18
排名	5	7	5	3

图 4-25　2022 年江苏省数字化创新生态环境综合指数维度分析

从数字化基础环境的总体表现来看,2022年江苏省数字化基础环境指数为46.56,处于全市场平均水平(45.20)之上,体现出江苏省数字化基础环境发展水平较高;从数字化融合环境的总体表现来看,2022年江苏省数字化融合环境指数为64.78,处于全市场平均水平(50.58)之上,体现出江苏省数字化融合环境发展水平较高;从数字化支持环境的总体表现来看,2022年江苏省数字化支持环境指数为71.93,处于全市场平均水平(55.18)之上,体现出江苏省数字化支持环境发展水平较高,同时也体现出江苏省对上市公司的数字化创新支持力度较大。

4.2.17 江西省数字化创新生态环境综合指数

2022年江西省数字化创新生态环境综合指数为46.10,处于全市场平均水平(49.97)之下,体现出江西省的数字化创新生态环境相对较差。具体而言,如图4-26所示。

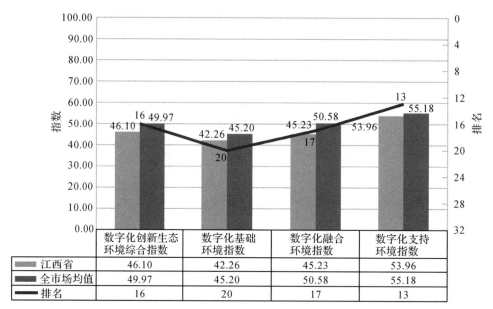

图 4-26　2022 年江西省数字化创新生态环境综合指数维度分析

从数字化基础环境的总体表现来看,2022 年江西省数字化基础环境指数为42.26,处于全市场平均水平(45.20)之下,体现出江西省数字化基础环境发展水平较低;从数字化融合环境的总体表现来看,2022 年江西省数字化融合环境指数为45.23,处于全市场平均水平(50.58)之下,体现出江西省数字化融合环境发展水平较低;从数字化支持环境的总体表现来看,2022 年江西省数字化支持环境指数为53.96,处于全市场平均水平(55.18)之下,体现出江西省数字化支持环境发展水平较低,同时也体现出江西省对上市公司的数字化创新支持力度较小。

4.2.18　辽宁省数字化创新生态环境指数

2022 年辽宁数字化创新生态环境综合指数为 46.08,处于全市场平均水平(49.97)之下,体现出辽宁省的数字化创新生态环境相对较差。具体而言,如图 4-27 所示。

从数字化基础环境的总体表现来看,2022 年辽宁省数字化基础环境指数为42.77,处于全市场平均水平(45.20)之下,体现出辽宁省数字化基础环境发展水平较低;从数字化融合环境的总体表现来看,2022 年辽宁省数字化融合环境指数为44.98,处于全市场平均水平(50.58)之下,体现出辽宁省数字化融合环境发展水平较低;从数字化支持环境的总体表现来看,2022 年辽宁省数字化支持环境指数为53.83,处于全市场平均水平(55.18)之下,体现出辽宁省对上市公司的数字化创新支持力度较小。

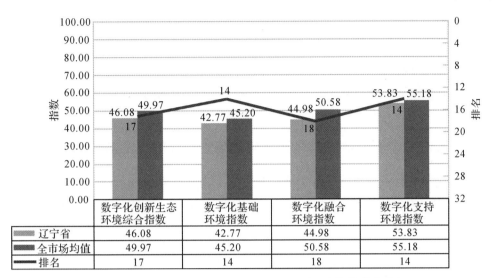

	数字化创新生态环境综合指数	数字化基础环境指数	数字化融合环境指数	数字化支持环境指数
辽宁省	46.08	42.77	44.98	53.83
全市场均值	49.97	45.20	50.58	55.18
排名	17	14	18	14

图 4-27 2022 年辽宁省数字化创新生态环境综合指数维度分析

4.2.19 内蒙古自治区数字化创新生态环境综合指数

2022 年内蒙古自治区数字化创新生态环境综合指数为 42.78,处于全市场平均水平(49.97)之下,体现出内蒙古自治区的数字化创新生态环境较差。具体而言,如图 4-28 所示。

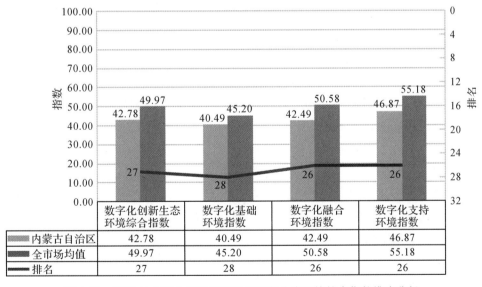

	数字化创新生态环境综合指数	数字化基础环境指数	数字化融合环境指数	数字化支持环境指数
内蒙古自治区	42.78	40.49	42.49	46.87
全市场均值	49.97	45.20	50.58	55.18
排名	27	28	26	26

图 4-28 2022 年内蒙古自治区数字化创新生态环境综合指数维度分析

从数字化基础环境的总体表现来看,2022 年内蒙古自治区数字化基础环境指数为 40.49,处于全市场平均水平(45.20)之下,体现出内蒙古自治区数字化基础环境发展水平较低;从数字化融合环境的总体表现来看,2022 年内蒙古自治区数字化融

合环境指数为 42.49,处于全市场平均水平(50.58)之下,体现出内蒙古自治区数字
化融合环境发展水平较低;从数字化支持环境的总体表现来看,2022 年内蒙古自治
区数字化支持环境指数为 46.87,处于全市场平均水平(55.18)之下,体现出内蒙古
自治区数字化支持环境发展水平较低,同时也体现出内蒙古自治区对上市公司的数
字化创新支持力度较小。

4.2.20 宁夏回族自治区数字化创新生态环境综合指数

2022 年宁夏回族自治区数字化创新生态环境综合指数为 41.70,处于全市场平
均水平(49.97)之下,体现出宁夏回族自治区的数字化创新生态环境相对较差。具
体而言,如图 4-29 所示。

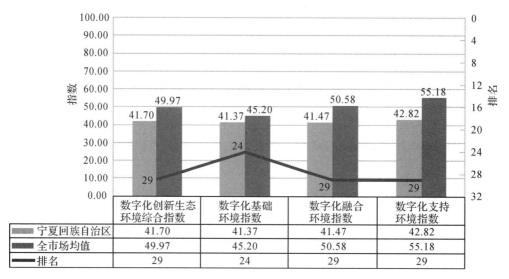

	数字化创新生态环境综合指数	数字化基础环境指数	数字化融合环境指数	数字化支持环境指数
宁夏回族自治区	41.70	41.37	41.47	42.82
全市场均值	49.97	45.20	50.58	55.18
排名	29	24	29	29

图 4-29 2022 年宁夏回族自治区数字化创新生态环境综合指数维度分析

从数字化基础环境的总体表现来看,2022 年宁夏回族自治区数字化基础环境指
数为 41.37,处于全市场平均水平(45.20)之下,体现出宁夏回族自治区数字化基础
环境发展水平较低;从数字化融合环境的总体表现来看,2022 年宁夏回族自治区数
字化融合环境指数为 41.47,处于全市场平均水平(50.58)之下,体现出宁夏回族自
治区数字化融合环境发展水平较低;从数字化支持环境的总体表现来看,2022 年宁
夏回族自治区数字化支持环境指数为 42.82,处于全市场平均水平(55.18)之下,体
现出宁夏回族自治区数字化支持环境发展水平较低,同时也体现出宁夏回族自治区
对上市公司的数字化创新支持力度小。

4.2.21 青海省数字化创新生态环境综合指数

2022 年青海省数字化创新生态环境综合指数为 41.32,处于全市场平均水平(49.97)
之下,体现出青海省的数字化创新生态环境相对较差。具体而言,如图 4-30 所示。

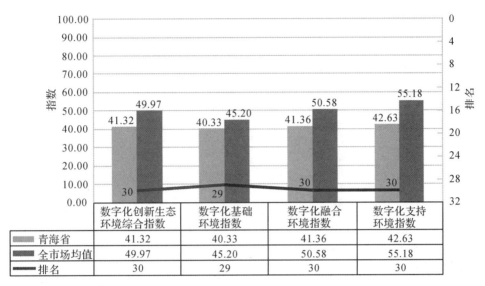

图 4-30　2022 年青海省数字化创新生态环境综合指数维度分析

	数字化创新生态环境综合指数	数字化基础环境指数	数字化融合环境指数	数字化支持环境指数
青海省	41.32	40.33	41.36	42.63
全市场均值	49.97	45.20	50.58	55.18
排名	30	29	30	30

从数字化基础环境的总体表现来看,2022 年青海省数字化基础环境指数为40.33,处于全市场平均水平(45.20)之下,体现出青海省数字化基础环境发展水平较低;从数字化融合环境的总体表现来看,2022 年青海省数字化融合环境指数为41.36,处于全市场平均水平(50.58)之下,体现出青海省数字化融合环境发展水平较低;从数字化支持环境的总体表现来看,2022 年青海省数字化支持环境指数为42.63,处于全市场平均水平(55.18)之下,体现出青海省数字化支持环境发展水平较低,同时也体现出青海省对上市公司的数字化创新支持力度小。

4.2.22　山东省数字化创新生态环境综合指数

2022 年山东省数字化创新生态环境综合指数为 53.31,处于全市场平均水平(49.97)之上,体现出山东省的数字化创新生态环境相对较好。具体而言,如图 4-31所示。

从数字化基础环境的总体表现来看,2022 年山东省数字化基础环境指数为43.89,处于全市场平均水平(45.20)之下,体现出山东省数字化基础环境发展水平较低;从数字化融合环境的总体表现来看,2022 年山东省数字化融合环境指数为53.50,处于全市场平均水平(50.58)之上,体现出山东省数字化融合环境发展水平较高;从数字化支持环境的总体表现来看,2022 年山东省数字化支持环境指数为66.30,处于全市场平均水平(55.18)之上,体现出山东省数字化支持环境发展水平较高,同时也体现出山东省对上市公司的数字化创新支持力度较大。

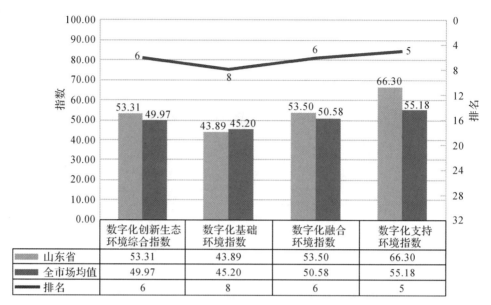

	数字化创新生态环境综合指数	数字化基础环境指数	数字化融合环境指数	数字化支持环境指数
山东省	53.31	43.89	53.50	66.30
全市场均值	49.97	45.20	50.58	55.18
排名	6	8	6	5

图 4-31 2022 年山东省数字化创新生态环境综合指数维度分析

4.2.23 山西省数字化创新生态环境综合指数

2022 年山西省数字化创新生态环境综合指数为 44.02,处于全市场平均水平(49.97)之下,体现出山西省的数字化创新生态环境相对较差。具体而言,如图 4-32所示。

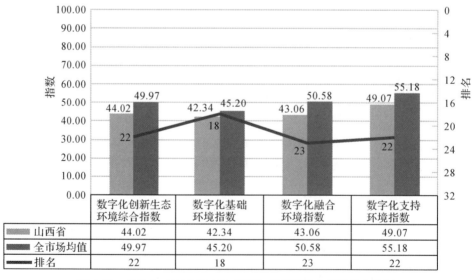

	数字化创新生态环境综合指数	数字化基础环境指数	数字化融合环境指数	数字化支持环境指数
山西省	44.02	42.34	43.06	49.07
全市场均值	49.97	45.20	50.58	55.18
排名	22	18	23	22

图 4-32 2022 年山西省数字化创新生态环境综合指数维度分析

从数字化基础环境的总体表现来看,2022 年山西省数字化基础环境指数为42.34,处于全市场平均水平(45.20)之下,体现出山西省数字化基础环境发展水平

较低；从数字化融合环境的总体表现来看，2022 年山西省数字化融合环境指数为
43.06，处于全市场平均水平（50.58）之下，体现出山西省数字化融合环境发展水平
较低；从数字化支持环境的总体表现来看，2022 年山西省数字化支持环境指数为
49.07，处于全市场平均水平（55.18）之下，体现出山西省数字化支持环境发展水平
较低，同时也体现出山西省对上市公司的数字化创新支持力度较小。

4.2.24 陕西省数字化创新生态环境综合指数

2022 年陕西省数字化创新生态环境综合指数为 47.08，处于全市场平均水平
（49.97）之下，体现出陕西省的数字化创新生态环境相对较差。具体而言，如图 4-33
所示。

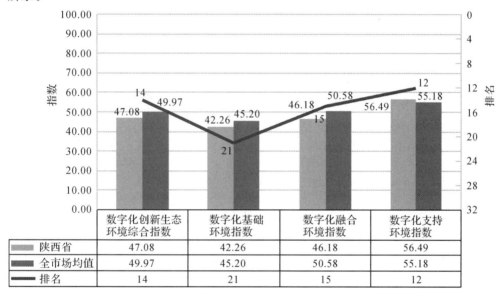

图 4-33　2022 年陕西省数字化创新生态环境综合指数维度分析

从数字化基础环境的总体表现来看，2022 年陕西省数字化基础环境指数为
42.26，处于全市场平均水平（45.20）之下，体现出陕西省数字化基础环境发展水平
较低；从数字化融合环境的总体表现来看，2022 年陕西省数字化融合环境指数为
46.18，处于全市场平均水平（50.58）之下，体现出陕西省数字化融合环境发展水平
较低；从数字化支持环境的总体表现来看，2022 年陕西省数字化支持环境指数为
56.49，处于全市场平均水平（55.18）之上，体现出陕西省数字化支持环境发展水平
相对较高，同时也体现出陕西省对上市公司的数字化创新支持力度较大。

4.2.25 上海市数字化创新生态环境综合指数

2022 年上海市数字化创新生态环境综合指数为 72.00，处于全市场平均水平（49.97）
之上，体现出上海市的数字化创新生态环境相对较好。具体而言，如图 4-34 所示。

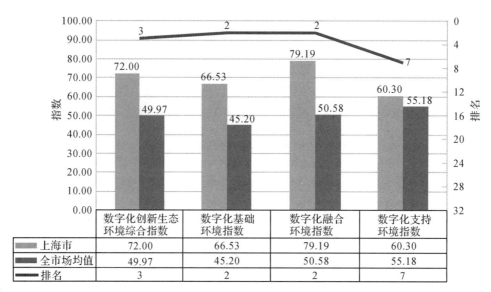

	数字化创新生态环境综合指数	数字化基础环境指数	数字化融合环境指数	数字化支持环境指数
上海市	72.00	66.53	79.19	60.30
全市场均值	49.97	45.20	50.58	55.18
排名	3	2	2	7

图4-34　2022年上海市数字化创新生态环境综合指数维度分析

从数字化基础环境的总体表现来看,2022年上海市数字化基础环境指数为66.53,处于全市场平均水平(45.20)之上,体现出上海市数字化基础环境发展水平较高;从数字化融合环境的总体表现来看,2022年上海市数字化融合环境指数为79.19,远高于全市场平均水平(50.58),体现出上海市数字化融合环境发展较好;从数字化支持环境的总体表现来看,2022年上海市数字化支持环境指数为60.30,处于全市场平均水平(55.18)之上,体现出上海市数字化支持环境发展水平较高,同时也体现出上海市对上市公司的数字化创新支持力度较大。

4.2.26　四川省数字化创新生态环境综合指数

2022年四川省数字化创新生态环境综合指数为51.21,处于全市场平均水平(49.97)之上,体现出四川省的数字化创新生态环境相对较好。具体而言,如图4-35所示。

从数字化基础环境的总体表现来看,2022年四川省数字化基础环境指数为42.35,处于全市场平均水平(45.20)之下,体现出四川省数字化基础环境发展水平较低;从数字化融合环境的总体表现来看,2022年四川省数字化融合环境指数为52.46,处于全市场平均水平(50.58)之上,体现出四川省数字化融合环境发展较好;从数字化支持环境的总体表现来看,2022年四川省数字化支持环境指数为60.55,处于全市场平均水平(55.18)之上,体现出四川省数字化支持环境发展水平较高,同时也体现出四川省对上市公司的数字化创新支持力度较大。

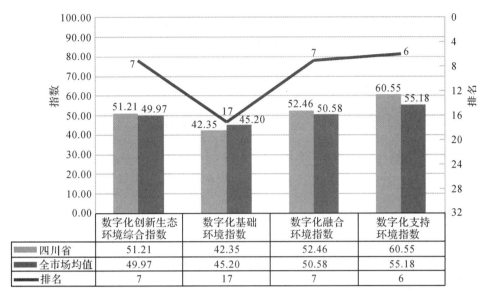

	数字化创新生态环境综合指数	数字化基础环境指数	数字化融合环境指数	数字化支持环境指数
四川省	51.21	42.35	52.46	60.55
全市场均值	49.97	45.20	50.58	55.18
排名	7	17	7	6

图 4-35　2022 年四川省数字化创新生态环境综合指数维度分析

4.2.27　天津市数字化创新生态环境综合指数

2022 年天津市数字化创新生态环境综合指数为 48.24,处于全市场平均水平(49.97)之下,体现出天津市的数字化创新生态环境相对较差。具体而言,如图 4-36 所示。

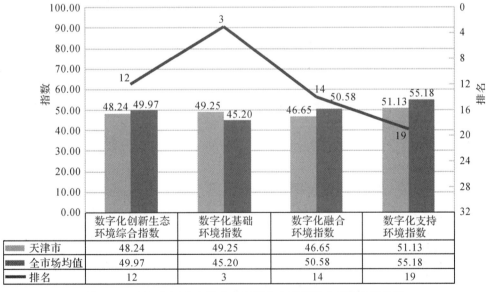

	数字化创新生态环境综合指数	数字化基础环境指数	数字化融合环境指数	数字化支持环境指数
天津市	48.24	49.25	46.65	51.13
全市场均值	49.97	45.20	50.58	55.18
排名	12	3	14	19

图 4-36　2022 年天津市数字化创新生态环境综合指数维度分析

从数字化基础环境的总体表现来看,2022 年天津市数字化基础环境指数为 49.25,处于全市场平均水平(45.20)之上,体现出天津市数字化基础环境发展水平较高;从数字化融合环境的总体表现来看,2022 年天津市数字化融合环境指数为

46.65,处于全市场平均水平(50.58)之下,体现出天津市数字化融合环境发展水平较低;从数字化支持环境的总体表现来看,2022年天津市数字化支持环境指数为51.13,处于全市场平均水平(55.18)之下,体现出天津市数字化支持环境发展水平较低,同时也体现出天津市对上市公司的数字化创新支持力度较小。

4.2.28 西藏自治区数字化创新生态环境综合指数

2022年西藏自治区数字化创新生态环境综合指数为40.96,处于全市场平均水平(49.97)之下,体现出西藏自治区的数字化创新生态环境相对较差。具体而言,如图4-37所示。

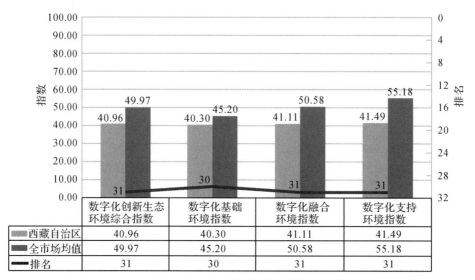

	数字化创新生态 环境综合指数	数字化基础 环境指数	数字化融合 环境指数	数字化支持 环境指数
西藏自治区	40.96	40.30	41.11	41.49
全市场均值	49.97	45.20	50.58	55.18
排名	31	30	31	31

图4-37 2022年西藏自治区数字化创新生态环境综合指数维度分析

从数字化基础环境的总体表现来看,2022年西藏自治区数字化基础环境指数为40.30,处于全市场平均水平(45.20)之下,体现出西藏自治区数字化基础环境发展水平较低;从数字化融合环境的总体表现来看,2022年西藏自治区数字化融合环境指数为41.11,处于全市场平均水平(50.58)之下,体现出西藏自治区数字化融合环境发展水平较低;从数字化支持环境的总体表现来看,2022年西藏自治区数字化支持环境指数为41.49,处于全市场平均水平(55.18)之下,体现出西藏自治区数字化支持环境发展水平较低,同时也体现出西藏自治区对上市公司的数字化创新支持力度较小。

4.2.29 新疆维吾尔自治区数字化创新生态环境综合指数

2022年新疆维吾尔自治区数字化创新生态环境综合指数为42.16,处于全市场平均水平(49.97)之下,体现出新疆维吾尔自治区的数字化创新生态环境相对较差。具体而言,如图4-38所示。

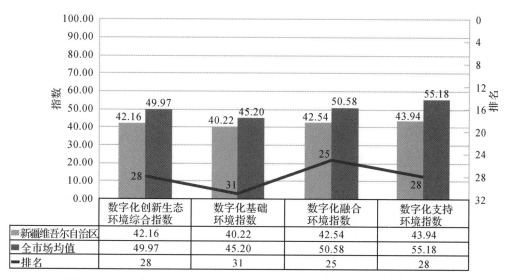

图 4-38　2022 年新疆维吾尔自治区数字化创新生态环境综合指数维度分析

从数字化基础环境的总体表现来看,2022 年新疆维吾尔自治区数字化基础环境指数为 40.22,处于全市场平均水平(45.20)之下,体现出新疆维吾尔自治区数字化基础环境发展水平较低;从数字化融合环境的总体表现来看,2022 年新疆维吾尔自治区数字化融合环境指数为 42.54,处于全市场平均水平(50.58)之下,体现出新疆维吾尔自治区数字化融合环境发展水平较低;从数字化支持环境的总体表现来看,2022 年新疆维吾尔自治区数字化支持环境指数为 43.94,处于全市场平均水平(55.18)之下,体现出新疆维吾尔自治区数字化支持环境发展水平较低,同时也体现出新疆维吾尔自治区对上市公司的数字化创新支持力度小。

4.2.30　云南省数字化创新生态环境综合指数

2022 年云南省数字化创新生态环境综合指数为 44.47,处于全市场平均水平(49.97)之下,体现出云南省的数字化创新生态环境相对较差。具体而言,如图 4-39 所示。

从数字化基础环境的总体表现来看,2022 年云南省数字化基础环境指数为 41.29,处于全市场平均水平(45.20)之下,体现出云南省数字化基础环境发展水平较低;从数字化融合环境的总体表现来看,2022 年云南省数字化融合环境指数为 44.47,处于全市场平均水平(50.58)之下,体现出云南省数字化融合环境发展水平较低;从数字化支持环境的总体表现来看,2022 年云南省数字化支持环境指数为 49.02,处于全市场平均水平(55.18)之下,体现出云南省数字化支持环境发展水平较低,同时也体现出云南省对上市公司的数字化创新支持力度较小。

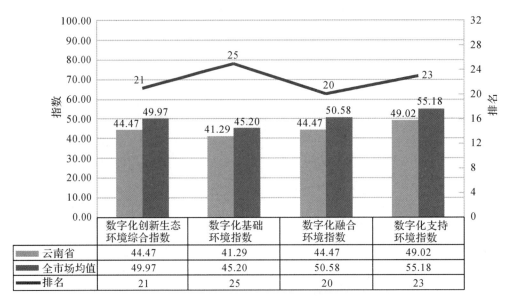

图 4-39　2022 年云南省数字化创新生态环境综合指数维度分析

4.2.31　浙江省数字化创新生态环境综合指数

2022 年浙江省数字化创新生态环境综合指数为 65.81,处于全市场平均水平(49.97)之上,体现出浙江省的数字化创新生态环境相对较好。具体而言,如图 4-40所示。

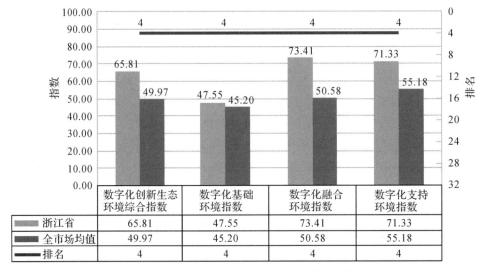

图 4-40　2022 年浙江省数字化创新生态环境综合指数维度分析

从数字化基础环境的总体表现来看,2022 年浙江省数字化基础环境指数为47.55,处于全市场平均水平(45.20)之上,体现出浙江省数字化基础环境发展水平较高;从数字化融合环境的总体表现来看,2022 年浙江省数字化融合环境指数为

73.41,处于全市场平均水平(50.58)之上,体现出浙江省数字化融合环境发展水平较高;从数字化支持环境的总体表现来看,2022 年浙江省数字化支持环境指数为 71.33,处于全市场平均水平(55.18)之上,体现出浙江省数字化支持环境发展水平较高,同时也体现出浙江省对上市公司的数字化创新支持力度较大。

传统产业评价篇

5 传统产业上市公司数字化创新评价:区域评价

产业数字化是我国数字经济发展的重要组成部分,传统产业的数字化创新对实现我国数字经济高质量可持续发展具有重要的促进作用。本章从区域维度,对东北地区、华北地区、华东地区、华南地区等七大区域的传统产业上市公司的数字化创新综合指数、数字化战略导向指数、数字化要素投入指数、数字化创新成果指数和数字化创新绩效指数进行评价,以期有助于广大市场参与者对不同区域内传统产业上市公司的数字化创新表现进行分析和判断。

5.1 东北地区传统产业上市公司数字化创新评价

截至 2022 年底,A 股市场东北地区共有传统产业上市公司 140 家,总市值 13,656.33 亿元,营业总收入 14,825.99 亿元,平均市值 97.55 亿元/家,平均营业收入 105.90 亿元/家。2022 年,东北地区传统产业上市公司研发投入合计 262.71 亿元,占营业总收入的比例为 1.77%;无形资产账面价值合计 965.73 亿元,占总资产的比例为 4.30%。根据本报告分析口径,本部分对东北地区 140 家传统产业上市公司进行数字化创新指数评价,具体情况如下:

5.1.1 数字化创新综合指数

根据本报告评价,2022 年东北地区传统产业上市公司的数字化创新综合指数平均水平为 55.35,低于全市场平均水平(58.96),其中最高的是航天科技,数字化创新综合指数为 81.82。从本区域内省份分布来看,东北地区 140 家传统产业上市公司分布在 3 个省份,数字化创新综合指数平均水平最高的省份是黑龙江省(56.21),最低的是吉林省(54.15),如图 5-1 所示。从指数分布来看,高于均值的有 62 家,占区域总数的 44.29%。其中,数字化创新综合指数在 60 以下的有 97 家,占比 69.29%;60—70 的有 31 家,占比 22.14%;70—80 的有 10 家,占比 7.14%;80 及以上的有 2 家,占比 1.43%。

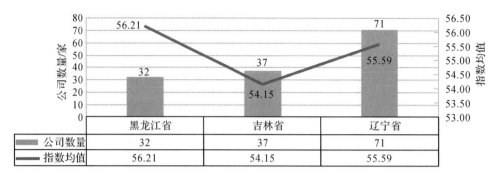

图 5-1　2022 年东北地区传统产业上市公司数字化创新综合指数均值分布

东北地区中,数字化创新综合指数排名前 10% 的传统产业上市公司情况如表 5-1 所示。

表 5-1　2022 年东北地区传统产业上市公司数字化创新综合指数排名前 10% 情况

排名	公司代码	公司名称	数字化创新综合指数	省份	产权性质
1	000901.SZ	航天科技	81.82	黑龙江省	中央国有控股
2	600233.SH	圆通速递	81.52	辽宁省	非国有控股
3	600346.SH	恒力石化	78.84	辽宁省	非国有控股
4	300024.SZ	机器人	77.99	辽宁省	中央国有控股
5	000800.SZ	一汽解放	76.75	吉林省	中央国有控股
6	300510.SZ	金冠股份	74.20	吉林省	地方国有控股
7	002698.SZ	博实股份	74.11	黑龙江省	非国有控股
8	688305.SH	科德数控	73.47	辽宁省	非国有控股
9	603567.SH	珍宝岛	73.36	黑龙江省	非国有控股
10	603396.SH	金辰股份	72.92	辽宁省	非国有控股
11	002204.SZ	大连重工	72.56	辽宁省	地方国有控股
12	688276.SH	百克生物	70.64	吉林省	地方国有控股
13	688529.SH	豪森股份	69.21	辽宁省	非国有控股
14	301103.SZ	何氏眼科	68.68	辽宁省	非国有控股

数据来源:浙江工商大学数字创新与管理研究院和首都经济贸易大学资产评估研究院整理。

5.1.2　数字化战略导向指数

2022 年东北地区 140 家传统产业上市公司的数字化战略导向指数平均水平为 56.49,低于全市场均值(60.97),其中最高的是圆通速递,数字化战略导向指数为 92.49。从本区域内省份分布来看,数字化战略导向指数平均水平最高的省份是辽宁省(56.99),最低的是吉林省(55.14),如图 5-2 所示。从指数分布来看,高于均值的有 58 家,占区域总数的 41.43%。其中,数字化战略导向指数在 60 以下的有 89 家,占比 63.57%;60—70 的有 24 家,占比 17.14%;70—80 的有 15 家,占比 10.71%;80 及以上的有 12 家,占比 8.57%。

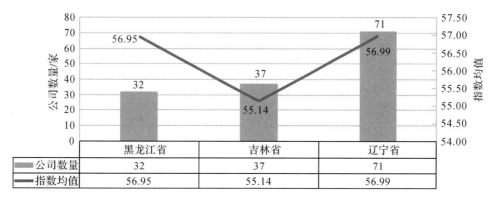

图 5-2　2022 年东北地区传统产业上市公司数字化战略导向指数均值分布

东北地区中,数字化战略导向指数排名前 10% 的传统产业上市公司情况如表 5-2 所示。

表 5-2　2022 年东北地区传统产业上市公司数字化战略导向指数排名前 10% 情况

排名	公司代码	公司名称	数字化战略导向指数	省份	产权性质
1	600233.SH	圆通速递	92.49	辽宁省	非国有控股
2	300024.SZ	机器人	91.35	辽宁省	中央国有控股
3	688739.SH	成大生物	90.08	辽宁省	地方国有控股
4	688276.SH	百克生物	88.94	吉林省	地方国有控股
5	000901.SZ	航天科技	88.39	黑龙江省	中央国有控股
6	603567.SH	珍宝岛	87.99	黑龙江省	非国有控股
7	688305.SH	科德数控	84.31	辽宁省	非国有控股
8	600664.SH	哈药股份	82.67	黑龙江省	地方国有控股
9	000030.SZ	富奥股份	82.51	吉林省	地方国有控股
10	600346.SH	恒力石化	81.65	辽宁省	非国有控股
11	600829.SH	人民同泰	81.22	黑龙江省	地方国有控股
12	300510.SZ	金冠股份	81.12	吉林省	地方国有控股
13	688529.SH	豪森股份	79.32	辽宁省	非国有控股
14	301103.SZ	何氏眼科	78.35	辽宁省	非国有控股

数据来源:浙江工商大学数字创新与管理研究院和首都经济贸易大学资产评估研究院整理。

5.1.3 数字化要素投入指数

2022 年东北地区 140 家传统产业上市公司的数字化要素投入指数平均水平为 53.40,低于全市场均值(57.30),其中最高的是航天科技,数字化要素投入指数为 89.56。从本区域内省份分布来看,数字化要素投入指数平均水平最高的省份是黑龙江省(54.05),最低的是吉林省(51.90),如图 5-3 所示。从指数分布来看,高于均值的有 57 家,占区域总数的 40.71%。其中,数字化要素投入指数在 60 以下的有 104 家,占比 74.29%;60—70 的有 23 家,占比 16.43%;70—80 的有 10 家,占比 7.14%;80 及以上的有 3 家,占比 2.14%。

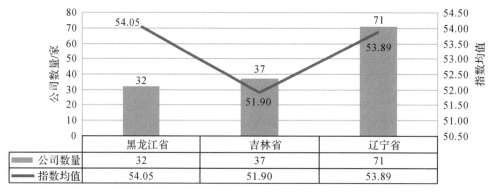

	黑龙江省	吉林省	辽宁省
公司数量	32	37	71
指数均值	54.05	51.90	53.89

图 5-3 2022 年东北地区传统产业上市公司数字化要素投入指数均值分布

东北地区中,数字化要素投入指数排名前 10% 的传统产业上市公司情况如表 5-3 所示。

表 5-3 2022 年东北地区传统产业上市公司数字化要素投入指数排名前 10% 情况

排名	公司代码	公司名称	数字化要素投入指数	省份	产权性质
1	000901.SZ	航天科技	89.56	黑龙江省	中央国有控股
2	300024.SZ	机器人	81.67	辽宁省	中央国有控股
3	000928.SZ	中钢国际	80.15	吉林省	中央国有控股
4	002204.SZ	大连重工	77.40	辽宁省	地方国有控股
5	301103.SZ	何氏眼科	73.89	辽宁省	非国有控股
6	000800.SZ	一汽解放	73.88	吉林省	中央国有控股
7	688459.SH	哈铁科技	73.29	黑龙江省	中央国有控股
8	600233.SH	圆通速递	73.13	辽宁省	非国有控股
9	002698.SZ	博实股份	72.38	黑龙江省	非国有控股
10	688529.SH	豪森股份	71.23	辽宁省	非国有控股

排名	公司代码	公司名称	数字化要素投入指数	省份	产权性质
11	600346.SH	恒力石化	71.22	辽宁省	非国有控股
12	600795.SH	国电电力	70.46	辽宁省	中央国有控股
13	000881.SZ	中广核技	70.38	辽宁省	中央国有控股
14	300510.SZ	金冠股份	69.23	吉林省	地方国有控股

数据来源:浙江工商大学数字创新与管理研究院和首都经济贸易大学资产评估研究院整理。

5.1.4　数字化创新成果指数

2022 年东北地区 140 家传统产业上市公司的数字化创新成果指数平均水平为 57.88,低于全市场均值(61.62),其中最高的是圆通速递,数字化创新成果指数为 90.80。从本区域内省份分布来看,数字化创新成果指数平均水平最高的省份是辽宁省(58.19),最低的是吉林省(57.48),如图 5-4 所示。从指数分布来看,高于均值的有 60 家,占区域总数的 42.86%。其中,数字化创新成果指数在 60 以下的有 88 家,占比 62.86%;60—70 的有 32 家,占比 22.86%;70—80 的有 11 家,占比 7.86%;80 及以上的有 9 家,占比 6.43%。

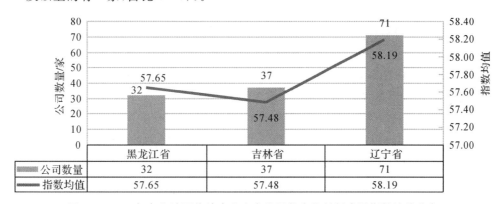

图 5-4　2022 年东北地区传统产业上市公司数字化创新成果指数均值分布

东北地区中,数字化创新成果指数排名前 10% 的传统产业上市公司情况如表 5-4 所示。

表 5-4　2022 年东北地区传统产业上市公司数字化创新成果指数排名前 10% 情况

排名	公司代码	公司名称	数字化创新成果指数	省份	产权性质
1	600233.SH	圆通速递	90.80	辽宁省	非国有控股
2	688305.SH	科德数控	88.04	辽宁省	非国有控股
3	300024.SZ	机器人	87.99	辽宁省	中央国有控股

排名	公司代码	公司名称	数字化创新成果指数	省份	产权性质
4	000901.SZ	航天科技	86.34	黑龙江省	中央国有控股
5	688529.SH	豪森股份	85.40	辽宁省	非国有控股
6	002698.SZ	博实股份	83.65	黑龙江省	非国有控股
7	603396.SH	金辰股份	81.49	辽宁省	非国有控股
8	600346.SH	恒力石化	80.99	辽宁省	非国有控股
9	300510.SZ	金冠股份	80.51	吉林省	地方国有控股
10	300293.SZ	蓝英装备	79.87	辽宁省	非国有控股
11	000800.SZ	一汽解放	79.23	吉林省	中央国有控股
12	600215.SH	派斯林	78.49	吉林省	非国有控股
13	300396.SZ	迪瑞医疗	77.40	吉林省	中央国有控股
14	300097.SZ	智云股份	76.92	辽宁省	非国有控股

数据来源:浙江工商大学数字创新与管理研究院和首都经济贸易大学资产评估研究院整理。

5.1.5　数字化创新绩效指数

2022 年东北地区 140 家传统产业上市公司的数字化创新绩效指数平均水平为 53.17,低于全市场均值(55.86),其中最高的是国电电力,数字化创新绩效指数为 85.01。从本区域内省份分布来看,数字化创新绩效指数平均水平最高的省份是黑龙江省(55.67),最低的是吉林省(51.36),如图 5-5 所示。从指数分布来看,高于均值的有 70 家,占区域总数的 50.00%。其中,数字化创新绩效指数在 60 以下的有 92 家,占比 65.71%;60—70 的有 35 家,占比 25.00%;70—80 的有 11 家,占比 7.86%;80 及以上的有 2 家,占比 1.43%。

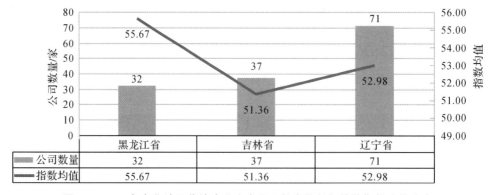

图 5-5　2022 年东北地区传统产业上市公司数字化创新绩效指数均值分布

东北地区中,数字化创新绩效指数排名前 10% 的传统产业上市公司情况如表 5-5 所示。

表 5-5　2022 年东北地区传统产业上市公司数字化创新绩效指数排名前 10% 情况

排名	公司代码	公司名称	数字化创新绩效指数	省份	产权性质
1	600795.SH	国电电力	85.01	辽宁省	中央国有控股
2	600346.SH	恒力石化	80.12	辽宁省	非国有控股
3	000661.SZ	长春高新	77.52	吉林省	地方国有控股
4	000800.SZ	一汽解放	75.79	吉林省	中央国有控股
5	300573.SZ	兴齐眼药	74.36	辽宁省	非国有控股
6	000928.SZ	中钢国际	73.69	吉林省	中央国有控股
7	600179.SH	安通控股	71.72	黑龙江省	非国有控股
8	835368.BJ	连城数控	71.71	辽宁省	非国有控股
9	600038.SH	中直股份	71.56	黑龙江省	中央国有控股
10	601880.SH	辽港股份	71.41	辽宁省	中央国有控股
11	300396.SZ	迪瑞医疗	70.58	吉林省	中央国有控股
12	002667.SZ	威领股份	70.49	辽宁省	非国有控股
13	600233.SH	圆通速递	70.13	辽宁省	非国有控股
14	603396.SH	金辰股份	69.35	辽宁省	非国有控股

数据来源:浙江工商大学数字创新与管理研究院和首都经济贸易大学资产评估研究院整理。

5.2　华北地区传统产业上市公司数字化创新评价

截至 2022 年底,A 股市场华北地区共有传统产业上市公司 420 家,总市值 111,438.56 亿元,营业总收入 198,998.85 亿元,平均市值 265.33 亿元/家,平均营业收入 473.81 亿元/家。2022 年,华北地区传统产业上市公司研发投入合计 3,984.28 亿元,占营业总收入的比例为 2.00%;无形资产账面价值合计 18,922.20 亿元,占总资产的比例为 7.08%。根据本报告分析口径,本部分对华北地区 420 家传统产业上市公司进行数字化创新指数评价,具体情况如下:

5.2.1　数字化创新综合指数

根据本报告评价,2022 年华北地区传统产业上市公司的数字化创新综合指数平均水平为 61.56,高于全市场平均水平(58.96),其中最高的是康龙化成,数字化创新

综合指数为 85.95。从本区域内省份分布来看,华北地区 420 家传统产业上市公司
分布在 5 个省份,数字化创新综合指数平均水平最高的省份是北京市(63.40),最低
的是山西省(53.93),如图 5-6 所示。从指数分布来看,高于均值的有 203 家,占区域
总数的 48.33%。其中,数字化创新综合指数在 60 以下的有 189 家,占比 45.00%;
60—70 的有 136 家,占比 32.38%;70—80 的有 81 家,占比 19.29%;80 及以上的有
14 家,占比 3.33%。

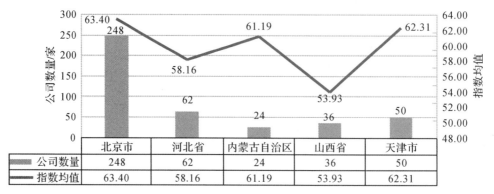

	北京市	河北省	内蒙古自治区	山西省	天津市
公司数量	248	62	24	36	50
指数均值	63.40	58.16	61.19	53.93	62.31

图 5-6　2022 年华北地区传统产业上市公司数字化创新综合指数均值分布

华北地区中,数字化创新综合指数排名前 10% 的传统产业上市公司情况如表
5-6 所示。

表 5-6　2022 年华北地区传统产业上市公司数字化创新综合指数排名前 10% 情况

排名	公司代码	公司名称	数字化创新综合指数	省份	产权性质
1	300759.SZ	康龙化成	85.95	北京市	非国有控股
2	002821.SZ	凯莱英	85.61	天津市	非国有控股
3	688009.SH	中国通号	84.98	北京市	中央国有控股
4	600031.SH	三一重工	84.30	北京市	非国有控股
5	603392.SH	万泰生物	83.94	北京市	非国有控股
6	601808.SH	中海油服	83.86	天津市	中央国有控股
7	002129.SZ	TCL 中环	83.57	天津市	非国有控股
8	601766.SH	中国中车	83.22	北京市	中央国有控股
9	600887.SH	伊利股份	82.62	内蒙古自治区	非国有控股
10	002271.SZ	东方雨虹	82.49	北京市	非国有控股
11	688349.SH	三一重能	82.05	北京市	非国有控股
12	001965.SZ	招商公路	81.87	天津市	中央国有控股
13	603025.SH	大豪科技	80.68	北京市	地方国有控股

排名	公司代码	公司名称	数字化创新综合指数	省份	产权性质
14	300003.SZ	乐普医疗	80.67	北京市	非国有控股
15	600764.SH	中国海防	79.83	北京市	中央国有控股
16	002819.SZ	东方中科	79.82	北京市	中央国有控股
17	603529.SH	爱玛科技	79.80	天津市	非国有控股
18	600528.SH	中铁工业	79.65	北京市	中央国有控股
19	601668.SH	中国建筑	79.49	北京市	中央国有控股
20	600166.SH	福田汽车	79.38	北京市	地方国有控股
21	601186.SH	中国铁建	79.34	北京市	中央国有控股
22	600583.SH	海油工程	78.89	天津市	中央国有控股
23	600803.SH	新奥股份	78.56	河北省	非国有控股
24	601868.SH	中国能建	78.50	北京市	中央国有控股
25	300662.SZ	科锐国际	78.45	北京市	非国有控股
26	002960.SZ	青鸟消防	78.34	河北省	非国有控股
27	300825.SZ	阿尔特	78.12	北京市	非国有控股
28	300810.SZ	中科海讯	78.07	北京市	非国有控股
29	601598.SH	中国外运	77.94	北京市	中央国有控股
30	000927.SZ	中国铁物	77.77	天津市	中央国有控股
31	300073.SZ	当升科技	77.22	北京市	中央国有控股
32	002603.SZ	以岭药业	77.01	河北省	非国有控股
33	002612.SZ	朗姿股份	76.98	北京市	非国有控股
34	601800.SH	中国交建	76.88	北京市	中央国有控股
35	600582.SH	天地科技	76.79	北京市	中央国有控股
36	002051.SZ	中工国际	76.74	北京市	中央国有控股
37	301047.SZ	义翘神州	76.72	北京市	非国有控股
38	601226.SH	华电重工	76.53	北京市	中央国有控股
39	300667.SZ	必创科技	76.51	北京市	非国有控股
40	601669.SH	中国电建	76.40	北京市	中央国有控股
41	601919.SH	中远海控	76.37	天津市	中央国有控股
42	600968.SH	海油发展	76.25	北京市	中央国有控股

数据来源:浙江工商大学数字创新与管理研究院和首都经济贸易大学资产评估研究院整理。

5.2.2　数字化战略导向指数

2022 年华北地区 420 家传统产业上市公司的数字化战略导向指数平均水平为 64.46,高于全市场均值(60.97),其中最高的是三一重能,数字化战略导向指数为 95.10。从本区域内省份分布来看,数字化战略导向指数平均水平最高的省份是北京市(67.13),最低的是山西省(52.78),如图 5-7 所示。从指数分布来看,高于均值的有 206 家,占区域总数的 49.05%。其中,数字化战略导向指数在 60 以下的有 169 家,占比 40.24%;60—70 有 86 家,占比 20.48%;70—80 的有 78 家,占比 18.57%;80 及以上的有 87 家,占比 20.71%。

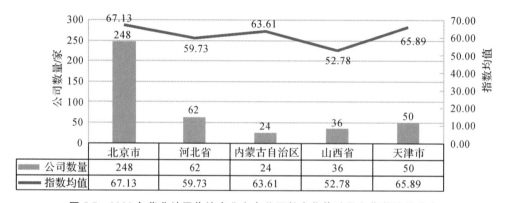

	北京市	河北省	内蒙古自治区	山西省	天津市
公司数量	248	62	24	36	50
指数均值	67.13	59.73	63.61	52.78	65.89

图 5-7　2022 年华北地区传统产业上市公司数字化战略导向指数均值分布

华北地区中,数字化战略导向指数排名前 10% 的传统产业上市公司情况如表 5-7 所示。

表 5-7　2022 年华北地区传统产业上市公司数字化战略导向指数排名前 10% 情况

排名	公司代码	公司名称	数字化战略导向指数	省份	产权性质
1	688349.SH	三一重能	95.10	北京市	非国有控股
2	601808.SH	中海油服	95.07	天津市	中央国有控股
3	300759.SZ	康龙化成	93.81	北京市	非国有控股
4	001965.SZ	招商公路	93.60	天津市	中央国有控股
5	300662.SZ	科锐国际	93.38	北京市	非国有控股
6	688009.SH	中国通号	92.89	北京市	中央国有控股
7	002821.SZ	凯莱英	92.45	天津市	非国有控股
8	688315.SH	诺禾致源	92.08	北京市	非国有控股
9	300003.SZ	乐普医疗	91.90	北京市	非国有控股
10	300825.SZ	阿尔特	91.74	北京市	非国有控股

排名	公司代码	公司名称	数字化战略导向指数	省份	产权性质
11	601598.SH	中国外运	91.57	北京市	中央国有控股
12	688658.SH	悦康药业	91.29	北京市	非国有控股
13	603025.SH	大豪科技	91.13	北京市	地方国有控股
14	600535.SH	天士力	91.05	天津市	非国有控股
15	300119.SZ	瑞普生物	90.49	天津市	非国有控股
16	688520.SH	神州细胞	90.39	北京市	非国有控股
17	600787.SH	中储股份	90.33	天津市	中央国有控股
18	688015.SH	交控科技	90.11	北京市	非国有控股
19	600166.SH	福田汽车	90.03	北京市	地方国有控股
20	002603.SZ	以岭药业	89.48	河北省	非国有控股
21	603529.SH	爱玛科技	88.80	天津市	非国有控股
22	002960.SZ	青鸟消防	88.67	河北省	非国有控股
23	600201.SH	生物股份	88.55	内蒙古自治区	非国有控股
24	002271.SZ	东方雨虹	88.33	北京市	非国有控股
25	688597.SH	煜邦电力	88.29	北京市	非国有控股
26	600764.SH	中国海防	87.96	北京市	中央国有控股
27	688466.SH	金科环境	87.89	北京市	非国有控股
28	301080.SZ	百普赛斯	87.79	北京市	非国有控股
29	301197.SZ	工大科雅	87.73	河北省	非国有控股
30	301276.SZ	嘉曼服饰	87.67	北京市	非国有控股
31	601766.SH	中国中车	87.66	北京市	中央国有控股
32	300810.SZ	中科海讯	87.55	北京市	非国有控股
33	600008.SH	首创环保	87.48	北京市	地方国有控股
34	300667.SZ	必创科技	87.25	北京市	非国有控股
35	688185.SH	康希诺	87.09	天津市	非国有控股
36	300486.SZ	东杰智能	87.07	山西省	地方国有控股
37	300005.SZ	探路者	86.90	北京市	非国有控股
38	300026.SZ	红日药业	86.78	天津市	地方国有控股
39	600583.SH	海油工程	86.59	天津市	中央国有控股
40	688253.SH	英诺特	86.27	北京市	非国有控股

续 表

排名	公司代码	公司名称	数字化战略导向指数	省份	产权性质
41	603392.SH	万泰生物	86.17	北京市	非国有控股
42	600405.SH	动力源	86.14	北京市	非国有控股

数据来源:浙江工商大学数字创新与管理研究院和首都经济贸易大学资产评估研究院整理。

5.2.3 数字化要素投入指数

2022 年华北地区 420 家传统产业上市公司的数字化要素投入指数平均水平为 59.85,高于全市场均值(57.30),其中最高的是东方中科,数字化要素投入指数为 87.44。从本区域内省份分布来看,数字化要素投入指数平均水平最高的省份是北京市(62.18),最低的是山西省(51.71),如图 5-8 所示。从指数分布来看,高于均值的有 198 家,占区域总数的 47.14%。其中,数字化要素投入指数在 60 以下的有 225 家,占比 53.57%;60—70 的有 111 家,占比 26.43%;70—80 的有 70 家,占比 16.67%;80 及以上的有 14 家,占比 3.33%。

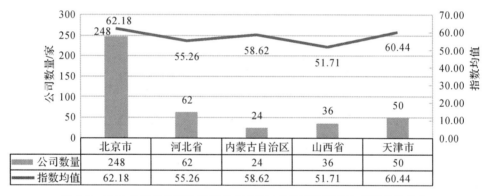

	北京市	河北省	内蒙古自治区	山西省	天津市
公司数量	248	62	24	36	50
指数均值	62.18	55.26	58.62	51.71	60.44

图 5-8 2022 年华北地区传统产业上市公司数字化要素投入指数均值分布

华北地区中,数字化要素投入指数排名前 10% 的传统产业上市公司情况如表 5-8 所示。

表 5-8 2022 年华北地区传统产业上市公司数字化要素投入指数排名前 10% 情况

排名	公司代码	公司名称	数字化要素投入指数	省份	产权性质
1	002819.SZ	东方中科	87.44	北京市	中央国有控股
2	600166.SH	福田汽车	87.30	北京市	地方国有控股
3	600730.SH	中国高科	87.25	北京市	非国有控股
4	002051.SZ	中工国际	85.96	北京市	中央国有控股
5	300137.SZ	先河环保	83.88	河北省	非国有控股

排名	公司代码	公司名称	数字化要素投入指数	省份	产权性质
6	688009.SH	中国通号	83.71	北京市	中央国有控股
7	603025.SH	大豪科技	81.71	北京市	地方国有控股
8	002821.SZ	凯莱英	81.42	天津市	非国有控股
9	300759.SZ	康龙化成	81.14	北京市	非国有控股
10	300003.SZ	乐普医疗	80.69	北京市	非国有控股
11	000927.SZ	中国铁物	80.39	天津市	中央国有控股
12	688015.SH	交控科技	80.27	北京市	非国有控股
13	001965.SZ	招商公路	80.26	天津市	中央国有控股
14	300825.SZ	阿尔特	80.24	北京市	非国有控股
15	300065.SZ	海兰信	79.35	北京市	非国有控股
16	002129.SZ	TCL中环	78.87	天津市	非国有控股
17	601668.SH	中国建筑	78.57	北京市	中央国有控股
18	688520.SH	神州细胞	78.44	北京市	非国有控股
19	002658.SZ	雪迪龙	78.36	北京市	非国有控股
20	300810.SZ	中科海讯	77.94	北京市	非国有控股
21	688597.SH	煜邦电力	77.90	北京市	非国有控股
22	300486.SZ	东杰智能	77.89	山西省	地方国有控股
23	002960.SZ	青鸟消防	77.61	河北省	非国有控股
24	300593.SZ	新雷能	77.47	北京市	非国有控股
25	600764.SH	中国海防	77.07	北京市	中央国有控股
26	688349.SH	三一重能	76.95	北京市	非国有控股
27	688420.SH	美腾科技	76.91	天津市	非国有控股
28	600405.SH	动力源	76.82	北京市	非国有控股
29	300667.SZ	必创科技	76.69	北京市	非国有控股
30	600031.SH	三一重工	76.64	北京市	非国有控股
31	301197.SZ	工大科雅	76.47	河北省	非国有控股
32	300355.SZ	蒙草生态	76.03	内蒙古自治区	非国有控股
33	603392.SH	万泰生物	75.92	北京市	非国有控股
34	000600.SZ	建投能源	75.89	河北省	地方国有控股
35	603060.SH	国检集团	75.62	北京市	中央国有控股

排名	公司代码	公司名称	数字化要素投入指数	省份	产权性质
36	002385.SZ	大北农	75.55	北京市	非国有控股
37	300010.SZ	˚ST 豆神	75.49	北京市	非国有控股
38	600582.SH	天地科技	75.43	北京市	中央国有控股
39	300869.SZ	康泰医学	75.23	河北省	非国有控股
40	601186.SH	中国铁建	75.16	北京市	中央国有控股
41	002337.SZ	赛象科技	75.08	天津市	非国有控股
42	300011.SZ	鼎汉技术	75.00	北京市	地方国有控股

数据来源:浙江工商大学数字创新与管理研究院和首都经济贸易大学资产评估研究院整理。

5.2.4　数字化创新成果指数

2022 年华北地区 420 家传统产业上市公司的数字化创新成果指数平均水平为 63.27,高于全市场均值(61.62),其中最高的是康龙化成,数字化创新成果指数为 90.40。从本区域内省份分布来看,数字化创新成果指数平均水平最高的省份是北京市(65.54),最低的是山西省(53.65),如图 5-9 所示。从指数分布来看,高于均值的有 206 家,占区域总数的 49.05%。其中,数字化创新成果指数在 60 以下的有 179 家,占比 42.62%;60—70 的有 115 家,占比 27.38%;70—80 的有 82 家,占比 19.52%;80 及以上的有 44 家,占比 10.48%。

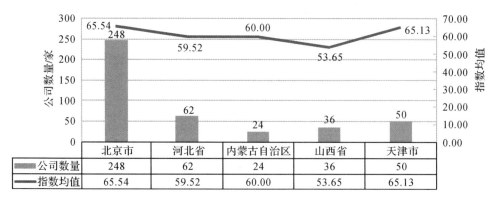

	北京市	河北省	内蒙古自治区	山西省	天津市
公司数量	248	62	24	36	50
指数均值	65.54	59.52	60.00	53.65	65.13

图 5-9　2022 年华北地区传统产业上市公司数字化创新成果指数均值分布

华北地区中,数字化创新成果指数排名前 10% 的传统产业上市公司情况如表 5-9 所示。

表 5-9 2022 年华北地区传统产业上市公司数字化创新成果指数排名前 10％情况

排名	公司代码	公司名称	数字化创新成果指数	省份	产权性质
1	300759.SZ	康龙化成	90.40	北京市	非国有控股
2	688349.SH	三一重能	89.51	北京市	非国有控股
3	600528.SH	中铁工业	88.93	北京市	中央国有控股
4	601598.SH	中国外运	87.34	北京市	中央国有控股
5	002821.SZ	凯莱英	87.27	天津市	非国有控股
6	300430.SZ	诚益通	87.12	北京市	非国有控股
7	002271.SZ	东方雨虹	86.55	北京市	非国有控股
8	601226.SH	华电重工	86.33	北京市	中央国有控股
9	300667.SZ	必创科技	86.21	北京市	非国有控股
10	603529.SH	爱玛科技	86.04	天津市	非国有控股
11	600535.SH	天士力	85.72	天津市	非国有控股
12	688236.SH	春立医疗	85.61	北京市	非国有控股
13	688315.SH	诺禾致源	85.32	北京市	非国有控股
14	688009.SH	中国通号	85.29	北京市	中央国有控股
15	300486.SZ	东杰智能	85.16	山西省	地方国有控股
16	600405.SH	动力源	85.09	北京市	非国有控股
17	300688.SZ	创业黑马	84.94	北京市	非国有控股
18	300003.SZ	乐普医疗	84.79	北京市	非国有控股
19	300810.SZ	中科海讯	84.60	北京市	非国有控股
20	300445.SZ	康斯特	84.27	北京市	非国有控股
21	600764.SH	中国海防	84.27	北京市	中央国有控股
22	001965.SZ	招商公路	83.91	天津市	中央国有控股
23	688015.SH	交控科技	83.62	北京市	非国有控股
24	600008.SH	首创环保	83.61	北京市	地方国有控股
25	300662.SZ	科锐国际	83.60	北京市	非国有控股
26	600887.SH	伊利股份	83.58	内蒙古自治区	非国有控股
27	002612.SZ	朗姿股份	83.16	北京市	非国有控股
28	000927.SZ	中国铁物	82.93	天津市	中央国有控股
29	603025.SH	大豪科技	82.89	北京市	地方国有控股
30	300005.SZ	探路者	82.53	北京市	非国有控股

排名	公司代码	公司名称	数字化创新成果指数	省份	产权性质
31	300010.SZ	*ST豆神	82.53	北京市	非国有控股
32	603392.SH	万泰生物	82.46	北京市	非国有控股
33	300073.SZ	当升科技	82.24	北京市	中央国有控股
34	688420.SH	美腾科技	82.08	天津市	非国有控股
35	688597.SH	煜邦电力	81.95	北京市	非国有控股
36	002960.SZ	青鸟消防	81.76	河北省	非国有控股
37	301047.SZ	义翘神州	81.75	北京市	非国有控股
38	300371.SZ	汇中股份	81.53	河北省	非国有控股
39	300011.SZ	鼎汉技术	81.28	北京市	地方国有控股
40	601808.SH	中海油服	81.00	天津市	中央国有控股
41	300825.SZ	阿尔特	80.57	北京市	非国有控股
42	688621.SH	阳光诺和	80.48	北京市	非国有控股

数据来源:浙江工商大学数字创新与管理研究院和首都经济贸易大学资产评估研究院整理。

5.2.5　数字化创新绩效指数

　　2022年华北地区420家传统产业上市公司的数字化创新绩效指数平均水平为59.05,高于全市场均值(55.86),其中最高的是 TCL 中环,数字化创新绩效指数为98.60。从本区域内省份分布来看,数字化创新绩效指数平均水平最高的省份是内蒙古自治区(62.91),最低的是山西省(56.56),如图 5-10 所示。从指数分布来看,高于均值的有 208 家,占区域总数的 49.52%。其中,数字化创新绩效指数在 60 以下的有 222 家,占比 52.86%;60—70 的有 115 家,占比 27.38%;70—80 的有 51 家,占比 12.14%;80 及以上的有 32 家,占比 7.62%。

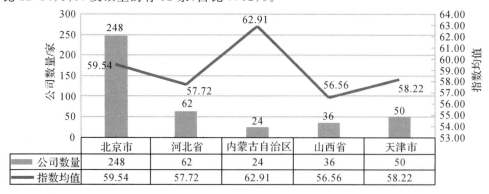

图 5-10　2022 年华北地区传统产业上市公司数字化创新绩效指数均值分布

华北地区中,数字化创新绩效指数排名前 10％的传统产业上市公司情况如表 5-10 所示。

表 5-10 2022 年华北地区传统产业上市公司数字化创新绩效指数排名前 10％情况

排名	公司代码	公司名称	数字化创新绩效指数	省份	产权性质
1	002129.SZ	TCL 中环	98.60	天津市	非国有控股
2	002459.SZ	晶澳科技	96.19	河北省	非国有控股
3	601808.SH	中海油服	95.54	天津市	中央国有控股
4	601633.SH	长城汽车	95.42	河北省	非国有控股
5	300896.SZ	爱美客	94.17	北京市	非国有控股
6	600031.SH	三一重工	93.95	北京市	非国有控股
7	601766.SH	中国中车	91.39	北京市	中央国有控股
8	601668.SH	中国建筑	90.11	北京市	中央国有控股
9	603392.SH	万泰生物	90.01	北京市	非国有控股
10	600111.SH	北方稀土	88.37	内蒙古自治区	地方国有控股
11	601800.SH	中国交建	87.81	北京市	中央国有控股
12	600886.SH	国投电力	87.78	北京市	中央国有控股
13	601618.SH	中国中冶	87.74	北京市	中央国有控股
14	601919.SH	中远海控	87.66	天津市	中央国有控股
15	600887.SH	伊利股份	87.42	内蒙古自治区	非国有控股
16	601669.SH	中国电建	86.87	北京市	中央国有控股
17	600803.SH	新奥股份	86.34	河北省	非国有控股
18	600809.SH	山西汾酒	84.81	山西省	地方国有控股
19	601888.SH	中国中免	84.75	北京市	中央国有控股
20	600299.SH	安迪苏	84.45	北京市	中央国有控股
21	601390.SH	中国中铁	84.39	北京市	中央国有控股
22	601117.SH	中国化学	84.33	北京市	中央国有控股
23	601898.SH	中煤能源	83.92	北京市	中央国有控股
24	601186.SH	中国铁建	83.79	北京市	中央国有控股
25	600900.SH	长江电力	83.72	北京市	中央国有控股
26	002271.SZ	东方雨虹	83.27	北京市	非国有控股
27	601868.SH	中国能建	83.14	北京市	中央国有控股
28	300073.SZ	当升科技	82.97	北京市	中央国有控股
29	002821.SZ	凯莱英	82.49	天津市	非国有控股

续　表

排名	公司代码	公司名称	数字化创新绩效指数	省份	产权性质
30	002432.SZ	九安医疗	81.53	天津市	非国有控股
31	688009.SH	中国通号	80.67	北京市	中央国有控股
32	600085.SH	同仁堂	80.18	北京市	地方国有控股
33	601126.SH	四方股份	79.95	北京市	非国有控股
34	600905.SH	三峡能源	79.79	北京市	中央国有控股
35	601857.SH	中国石油	79.69	北京市	中央国有控股
36	300759.SZ	康龙化成	79.45	北京市	非国有控股
37	600028.SH	中国石化	79.40	北京市	中央国有控股
38	601216.SH	君正集团	79.20	内蒙古自治区	非国有控股
39	601985.SH	中国核电	79.13	北京市	中央国有控股
40	600511.SH	国药股份	78.56	北京市	中央国有控股
41	600968.SH	海油发展	78.31	北京市	中央国有控股
42	002603.SZ	以岭药业	77.78	河北省	非国有控股

数据来源:浙江工商大学数字创新与管理研究院和首都经济贸易大学资产评估研究院整理。

5.3　华东地区传统产业上市公司数字化创新评价

截至2022年底,A股市场华东地区共有传统产业上市公司1,859家,总市值215,310.65亿元,营业总收入182,103.64亿元,平均市值115.82亿元/家,平均营业收入97.96亿元/家。2022年,华东地区传统产业上市公司研发投入合计4,449.56亿元,占营业总收入的比例为2.44%;无形资产账面价值合计11,577.69亿元,占总资产的比例为4.93%。根据本报告分析口径,本部分对华东地区1,859家传统产业上市公司进行数字化创新指数评价,具体情况如下:

5.3.1　数字化创新综合指数

根据本报告评价,2022年华东地区传统产业上市公司的数字化创新综合指数平均水平为58.20,略低于全市场平均水平(58.96),其中最高的是中控技术,数字化创新综合指数为89.65。从本区域内省份分布来看,华东地区1,859家传统产业上市公司分布在7个省份,数字化创新综合指数平均水平最高的省份是上海市(60.30),

最低的是山东省(57.05),如图 5-11 所示。从指数分布来看,高于均值的有 865 家,占区域总数的 46.53%。其中,数字化创新综合指数在 60 以下的有 1,113 家,占比 59.87%;60—70 的有 491 家,占比 26.41%;70—80 的有 220 家,占比 11.83%;80 及以上的有 35 家,占比 1.88%。

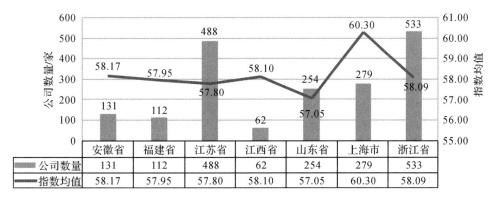

图 5-11　2022 年华东地区传统产业上市公司数字化创新综合指数均值分布

华东地区中,数字化创新综合指数排名前 50 的传统产业上市公司情况如表 5-11 所示。

表 5-11　2022 年华东地区传统产业上市公司数字化创新综合指数排名前 50 情况

排名	公司代码	公司名称	数字化创新综合指数	省份	产权性质
1	688777.SH	中控技术	89.65	浙江省	非国有控股
2	300274.SZ	阳光电源	89.57	安徽省	非国有控股
3	688599.SH	天合光能	88.37	江苏省	非国有控股
4	600690.SH	海尔智家	88.18	山东省	非国有控股
5	600406.SH	国电南瑞	87.47	江苏省	中央国有控股
6	688271.SH	联影医疗	87.38	上海市	非国有控股
7	603259.SH	药明康德	86.80	江苏省	非国有控股
8	002335.SZ	科华数据	85.64	福建省	非国有控股
9	600153.SH	建发股份	84.99	福建省	地方国有控股
10	688001.SH	华兴源创	84.68	江苏省	非国有控股
11	300450.SZ	先导智能	84.34	江苏省	非国有控股
12	601877.SH	正泰电器	84.24	浙江省	非国有控股
13	688363.SH	华熙生物	83.99	山东省	非国有控股
14	002120.SZ	韵达股份	83.32	浙江省	非国有控股
15	603456.SH	九洲药业	83.31	浙江省	非国有控股

排名	公司代码	公司名称	数字化创新综合指数	省份	产权性质
16	000963.SZ	华东医药	83.05	浙江省	非国有控股
17	601607.SH	上海医药	82.89	上海市	地方国有控股
18	600196.SH	复星医药	82.83	上海市	非国有控股
19	300725.SZ	药石科技	82.54	江苏省	非国有控股
20	002747.SZ	埃斯顿	82.53	江苏省	非国有控股
21	300244.SZ	迪安诊断	82.43	浙江省	非国有控股
22	688139.SH	海尔生物	82.32	山东省	非国有控股
23	000338.SZ	潍柴动力	82.15	山东省	地方国有控股
24	300316.SZ	晶盛机电	82.05	浙江省	非国有控股
25	000425.SZ	徐工机械	82.04	江苏省	地方国有控股
26	603195.SH	公牛集团	82.01	浙江省	非国有控股
27	600276.SH	恒瑞医药	81.56	江苏省	非国有控股
28	000682.SZ	东方电子	81.10	山东省	地方国有控股
29	603338.SH	浙江鼎力	81.06	浙江省	非国有控股
30	301129.SZ	瑞纳智能	80.92	安徽省	非国有控股
31	600521.SH	华海药业	80.74	浙江省	非国有控股
32	002010.SZ	传化智联	80.69	浙江省	非国有控股
33	600018.SH	上港集团	80.69	上海市	地方国有控股
34	688202.SH	美迪西	80.10	上海市	非国有控股
35	688337.SH	普源精电	80.00	江苏省	非国有控股
36	600741.SH	华域汽车	79.96	上海市	地方国有控股
37	600150.SH	中国船舶	79.85	上海市	中央国有控股
38	300751.SZ	迈为股份	79.82	江苏省	非国有控股
39	605365.SH	立达信	79.73	福建省	非国有控股
40	600415.SH	小商品城	79.64	浙江省	地方国有控股
41	002044.SZ	美年健康	79.63	江苏省	非国有控股
42	000581.SZ	威孚高科	79.51	江苏省	地方国有控股
43	603899.SH	晨光股份	79.38	上海市	非国有控股
44	300763.SZ	锦浪科技	79.34	浙江省	非国有控股
45	603108.SH	润达医疗	79.34	上海市	地方国有控股

排名	公司代码	公司名称	数字化创新综合指数	省份	产权性质
46	600282.SH	南钢股份	79.31	江苏省	非国有控股
47	300354.SZ	东华测试	79.27	江苏省	非国有控股
48	688131.SH	皓元医药	79.20	上海市	非国有控股
49	600970.SH	中材国际	79.18	江苏省	中央国有控股
50	688348.SH	昱能科技	79.13	浙江省	非国有控股

数据来源:浙江工商大学数字创新与管理研究院和首都经济贸易大学资产评估研究院整理。

5.3.2 数字化战略导向指数

2022 年华东地区 1,859 家传统产业上市公司的数字化战略导向指数平均水平为 59.35,低于全市场均值(60.97),其中最高的是中控技术,数字化战略导向指数为 99.28。从本区域内省份分布来看,数字化战略导向指数平均水平最高的省份是上海市(63.62),最低的是江苏省(57.89),如图 5-12 所示。从指数分布来看,高于均值的有 865 家,占区域总数的 46.53%。其中,数字化战略导向指数在 60 以下的有 1,024 家,占比 55.08%;60—70 的有 312 家,占比 16.78%;70—80 的有 275 家,占比 14.79%;80 及以上的有 248 家,占比 13.34%。

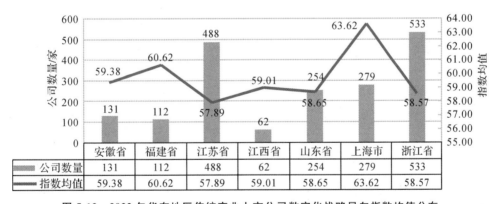

图 5-12　2022 年华东地区传统产业上市公司数字化战略导向指数均值分布

华东地区中,数字化战略导向指数排名前 50 的传统产业上市公司情况如表 5-12 所示。

表 5-12　2022 年华东地区传统产业上市公司数字化战略导向指数排名前 50 情况

排名	公司代码	公司名称	数字化战略导向指数	省份	产权性质
1	688777.SH	中控技术	99.28	浙江省	非国有控股
2	688363.SH	华熙生物	98.46	山东省	非国有控股

排名	公司代码	公司名称	数字化战略导向指数	省份	产权性质
3	002120.SZ	韵达股份	96.99	浙江省	非国有控股
4	603338.SH	浙江鼎力	96.55	浙江省	非国有控股
5	603259.SH	药明康德	96.52	江苏省	非国有控股
6	688202.SH	美迪西	96.27	上海市	非国有控股
7	688271.SH	联影医疗	94.29	上海市	非国有控股
8	688133.SH	泰坦科技	94.09	上海市	非国有控股
9	000682.SZ	东方电子	94.02	山东省	地方国有控股
10	603456.SH	九洲药业	93.89	浙江省	非国有控股
11	000581.SZ	威孚高科	93.85	江苏省	地方国有控股
12	688105.SH	诺唯赞	93.61	江苏省	非国有控股
13	002010.SZ	传化智联	93.60	浙江省	非国有控股
14	688131.SH	皓元医药	93.48	上海市	非国有控股
15	600057.SH	厦门象屿	93.11	福建省	地方国有控股
16	600153.SH	建发股份	92.86	福建省	地方国有控股
17	688139.SH	海尔生物	92.70	山东省	非国有控股
18	601877.SH	正泰电器	92.52	浙江省	非国有控股
19	300244.SZ	迪安诊断	92.36	浙江省	非国有控股
20	688298.SH	东方生物	92.32	浙江省	非国有控股
21	000963.SZ	华东医药	92.20	浙江省	非国有控股
22	600276.SH	恒瑞医药	92.16	江苏省	非国有控股
23	600690.SH	海尔智家	92.00	山东省	非国有控股
24	600415.SH	小商品城	91.80	浙江省	地方国有控股
25	601872.SH	招商轮船	91.59	上海市	中央国有控股
26	000925.SZ	众合科技	91.59	浙江省	非国有控股
27	688599.SH	天合光能	91.41	江苏省	非国有控股
28	603486.SH	科沃斯	91.36	江苏省	非国有控股
29	002015.SZ	协鑫能科	91.19	江苏省	非国有控股
30	600662.SH	外服控股	90.95	上海市	地方国有控股
31	688180.SH	君实生物	90.92	上海市	非国有控股
32	600704.SH	物产中大	90.89	浙江省	地方国有控股

排名	公司代码	公司名称	数字化战略导向指数	省份	产权性质
33	002044.SZ	美年健康	90.68	江苏省	非国有控股
34	688660.SH	电气风电	90.58	上海市	地方国有控股
35	301078.SZ	孩子王	90.53	江苏省	非国有控股
36	688137.SH	近岸蛋白	90.44	江苏省	非国有控股
37	600196.SH	复星医药	90.41	上海市	非国有控股
38	601828.SH	美凯龙	90.35	上海市	非国有控股
39	688337.SH	普源精电	90.23	江苏省	非国有控股
40	688022.SH	瀚川智能	90.15	江苏省	非国有控股
41	002262.SZ	恩华药业	90.11	江苏省	非国有控股
42	301129.SZ	瑞纳智能	90.00	安徽省	非国有控股
43	603018.SH	华设集团	89.97	江苏省	非国有控股
44	002131.SZ	利欧股份	89.93	浙江省	非国有控股
45	000829.SZ	天音控股	89.82	江西省	地方国有控股
46	603956.SH	威派格	89.79	上海市	非国有控股
47	000570.SZ	苏常柴A	89.60	江苏省	地方国有控股
48	605365.SH	立达信	89.59	福建省	非国有控股
49	600699.SH	均胜电子	89.56	浙江省	非国有控股
50	688097.SH	博众精工	89.42	江苏省	非国有控股

数据来源：浙江工商大学数字创新与管理研究院和首都经济贸易大学资产评估研究院整理。

5.3.3　数字化要素投入指数

2022 年华东地区 1,859 家传统产业上市公司的数字化要素投入指数平均水平为 56.07,低于全市场均值(57.30),其中最高的是中控技术,数字化要素投入指数为 99.08。从本区域内省份分布来看,数字化要素投入指数平均水平最高的省份是上海市(58.46),最低的是山东省(54.51),如图 5-13 所示。从指数分布来看,高于均值的有 852 家,占区域总数的 45.83%。其中,数字化要素投入指数在 60 以下的有 1,222 家,占比 65.73%;60—70 的有 402 家,占比 21.62%;70—80 的有 192 家,占比 10.33%;80 及以上的有 43 家,占比 2.31%。

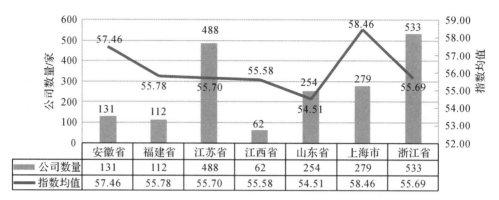

图 5-13　2022 年华东地区传统产业上市公司数字化要素投入指数均值分布

华东地区中,数字化要素投入指数排名前 50 的传统产业上市公司情况如表 5-13 所示。

表 5-13　2022 年华东地区传统产业上市公司数字化要素投入指数排名前 50 情况

排名	公司代码	公司名称	数字化要素投入指数	省份	产权性质
1	688777.SH	中控技术	99.08	浙江省	非国有控股
2	600126.SH	杭钢股份	89.94	浙江省	地方国有控股
3	688001.SH	华兴源创	89.75	江苏省	非国有控股
4	603956.SH	威派格	88.15	上海市	非国有控股
5	002747.SZ	埃斯顿	87.95	江苏省	非国有控股
6	002090.SZ	金智科技	87.23	江苏省	非国有控股
7	688271.SH	联影医疗	85.69	上海市	非国有控股
8	002335.SZ	科华数据	84.96	福建省	非国有控股
9	600770.SH	综艺股份	84.81	江苏省	非国有控股
10	600196.SH	复星医药	84.60	上海市	非国有控股
11	688202.SH	美迪西	84.33	上海市	非国有控股
12	002849.SZ	威星智能	84.17	浙江省	非国有控股
13	300356.SZ	光一退	84.07	江苏省	非国有控股
14	000682.SZ	东方电子	83.92	山东省	地方国有控股
15	600330.SH	天通股份	83.63	浙江省	非国有控股
16	002527.SZ	新时达	82.89	上海市	非国有控股
17	603128.SH	华贸物流	82.84	上海市	中央国有控股
18	601567.SH	三星医疗	82.38	浙江省	非国有控股
19	600268.SH	国电南自	82.28	江苏省	中央国有控股
20	600406.SH	国电南瑞	82.16	江苏省	中央国有控股

排名	公司代码	公司名称	数字化要素投入指数	省份	产权性质
21	688092.SH	爱科科技	82.13	浙江省	非国有控股
22	600970.SH	中材国际	82.13	江苏省	中央国有控股
23	688139.SH	海尔生物	82.10	山东省	非国有控股
24	603618.SH	杭电股份	81.92	浙江省	非国有控股
25	300244.SZ	迪安诊断	81.88	浙江省	非国有控股
26	002044.SZ	美年健康	81.80	江苏省	非国有控股
27	300882.SZ	万胜智能	81.64	浙江省	非国有控股
28	002056.SZ	横店东磁	81.55	浙江省	非国有控股
29	301129.SZ	瑞纳智能	81.47	安徽省	非国有控股
30	688348.SH	昱能科技	81.43	浙江省	非国有控股
31	300617.SZ	安靠智电	81.26	江苏省	非国有控股
32	600415.SH	小商品城	80.85	浙江省	地方国有控股
33	688337.SH	普源精电	80.81	江苏省	非国有控股
34	002324.SZ	普利特	80.76	上海市	非国有控股
35	688131.SH	皓元医药	80.69	上海市	非国有控股
36	300203.SZ	聚光科技	80.62	浙江省	非国有控股
37	300725.SZ	药石科技	80.61	江苏省	非国有控股
38	000925.SZ	众合科技	80.46	浙江省	非国有控股
39	600624.SH	复旦复华	80.16	上海市	地方国有控股
40	688191.SH	智洋创新	80.12	山东省	非国有控股
41	600699.SH	均胜电子	80.11	浙江省	非国有控股
42	603606.SH	东方电缆	80.05	浙江省	非国有控股
43	000680.SZ	山推股份	80.04	山东省	地方国有控股
44	603259.SH	药明康德	79.93	江苏省	非国有控股
45	300274.SZ	阳光电源	79.93	安徽省	非国有控股
46	688408.SH	中信博	79.85	江苏省	非国有控股
47	688003.SH	天准科技	79.74	江苏省	非国有控股
48	300982.SZ	苏文电能	79.70	江苏省	非国有控股
49	600629.SH	华建集团	79.46	上海市	地方国有控股
50	831961.BJ	创远信科	79.40	上海市	非国有控股

数据来源:浙江工商大学数字创新与管理研究院和首都经济贸易大学资产评估研究院整理。

5.3.4 数字化创新成果指数

2022年华东地区1,859家传统产业上市公司的数字化创新成果指数平均水平为61.05,略低于全市场均值(61.62),其中最高的是联影医疗,数字化创新成果指数为92.55。从本区域内省份分布来看,数字化创新成果指数平均水平最高的省份是上海市(63.18),最低的是山东省(59.44),如图5-14所示。从指数分布来看,高于均值的有863家,占区域总数的46.42%。其中,数字化创新成果指数在60以下的有926家,占比49.81%;60—70的有494家,占比26.57%;70—80的有302家,占比16.25%;80及以上的有137家,占比7.37%。

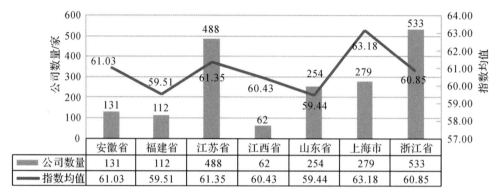

	安徽省	福建省	江苏省	江西省	山东省	上海市	浙江省
公司数量	131	112	488	62	254	279	533
指数均值	61.03	59.51	61.35	60.43	59.44	63.18	60.85

图 5-14 2022 年华东地区传统产业上市公司数字化创新成果指数均值分布

华东地区中,数字化创新成果指数排名前50的传统产业上市公司情况如表5-14所示。

表 5-14 2022 年华东地区传统产业上市公司数字化创新成果指数排名前 50 情况

排名	公司代码	公司名称	数字化创新成果指数	省份	产权性质
1	688271.SH	联影医疗	92.55	上海市	非国有控股
2	688777.SH	中控技术	92.18	浙江省	非国有控股
3	688131.SH	皓元医药	92.05	上海市	非国有控股
4	688363.SH	华熙生物	91.42	山东省	非国有控股
5	300840.SZ	酷特智能	91.31	山东省	非国有控股
6	688139.SH	海尔生物	90.88	山东省	非国有控股
7	688306.SH	均普智能	90.76	浙江省	非国有控股
8	603456.SH	九洲药业	90.69	浙江省	非国有控股
9	300450.SZ	先导智能	90.63	江苏省	非国有控股
10	688211.SH	中科微至	90.55	江苏省	非国有控股

排名	公司代码	公司名称	数字化创新成果指数	省份	产权性质
11	300203.SZ	聚光科技	90.31	浙江省	非国有控股
12	688155.SH	先惠技术	89.93	上海市	非国有控股
13	002335.SZ	科华数据	89.76	福建省	非国有控股
14	688215.SH	瑞晟智能	89.62	浙江省	非国有控股
15	688137.SH	近岸蛋白	89.60	江苏省	非国有控股
16	688160.SH	步科股份	89.41	上海市	非国有控股
17	688337.SH	普源精电	89.26	江苏省	非国有控股
18	688599.SH	天合光能	89.14	江苏省	非国有控股
19	688162.SH	巨一科技	89.12	安徽省	非国有控股
20	688202.SH	美迪西	89.10	上海市	非国有控股
21	002184.SZ	海得控制	89.02	上海市	非国有控股
22	300240.SZ	飞力达	88.99	江苏省	非国有控股
23	300274.SZ	阳光电源	88.63	安徽省	非国有控股
24	688218.SH	江苏北人	88.56	江苏省	非国有控股
25	601877.SH	正泰电器	88.46	浙江省	非国有控股
26	688165.SH	埃夫特	88.18	安徽省	地方国有控股
27	688133.SH	泰坦科技	87.52	上海市	非国有控股
28	002747.SZ	埃斯顿	87.47	江苏省	非国有控股
29	688455.SH	科捷智能	87.41	山东省	非国有控股
30	601727.SH	上海电气	87.38	上海市	地方国有控股
31	688320.SH	禾川科技	87.03	浙江省	非国有控股
32	300725.SZ	药石科技	86.99	江苏省	非国有控股
33	600153.SH	建发股份	86.86	福建省	地方国有控股
34	603066.SH	音飞储存	86.86	江苏省	地方国有控股
35	002010.SZ	传化智联	86.84	浙江省	非国有控股
36	688238.SH	和元生物	86.78	上海市	非国有控股
37	688001.SH	华兴源创	86.78	江苏省	非国有控股
38	300272.SZ	开能健康	86.77	上海市	非国有控股
39	600398.SH	海澜之家	86.75	江苏省	非国有控股
40	000425.SZ	徐工机械	86.74	江苏省	地方国有控股

续　表

排名	公司代码	公司名称	数字化创新成果指数	省份	产权性质
41	688293.SH	奥浦迈	86.70	上海市	非国有控股
42	603338.SH	浙江鼎力	86.68	浙江省	非国有控股
43	688191.SH	智洋创新	86.58	山东省	非国有控股
44	300729.SZ	乐歌股份	86.47	浙江省	非国有控股
45	688022.SH	瀚川智能	86.46	江苏省	非国有控股
46	603801.SH	志邦家居	86.44	安徽省	非国有控股
47	300171.SZ	东富龙	86.43	上海市	非国有控股
48	688360.SH	德马科技	86.37	浙江省	非国有控股
49	300751.SZ	迈为股份	86.14	江苏省	非国有控股
50	603326.SH	我乐家居	86.08	江苏省	非国有控股

数据来源:浙江工商大学数字创新与管理研究院和首都经济贸易大学资产评估研究院整理。

5.3.5　数字化创新绩效指数

2022 年华东地区 1,859 家传统产业上市公司的数字化创新绩效指数平均水平为 55.75,略低于全市场均值(55.86),其中最高的是上汽集团,数字化创新绩效指数为 99.66。从本区域内省份分布来看,数字化创新绩效指数平均水平最高的省份是江西省(56.68),最低的是安徽省(54.65),如图 5-15 所示。从指数分布来看,高于均值的有 905 家,占区域总数的 48.68%。其中,数字化创新绩效指数在 60 以下的有 1,218 家,占比 65.52%;60—70 的有 415 家,占比 22.32%;70—80 的有 158 家,占比 8.50%;80 及以上的有 68 家,占比 3.66%。

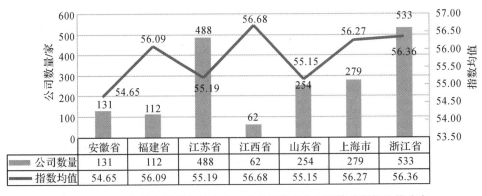

	安徽省	福建省	江苏省	江西省	山东省	上海市	浙江省
公司数量	131	112	488	62	254	279	533
指数均值	54.65	56.09	55.19	56.68	55.15	56.27	56.36

图 5-15　2022 年华东地区传统产业上市公司数字化创新绩效指数均值分布

华东地区中,数字化创新绩效指数排名前 50 的传统产业上市公司情况如表 5-15 所示。

表 5-15   2022 年华东地区传统产业上市公司数字化创新绩效指数排名前 50 情况

排名	公司代码	公司名称	数字化创新绩效指数	省份	产权性质
1	600104.SH	上汽集团	99.66	上海市	地方国有控股
2	600406.SH	国电南瑞	99.17	江苏省	中央国有控股
3	300274.SZ	阳光电源	98.30	安徽省	非国有控股
4	600690.SH	海尔智家	96.59	山东省	非国有控股
5	688223.SH	晶科能源	94.48	江西省	非国有控股
6	600019.SH	宝钢股份	94.22	上海市	中央国有控股
7	688599.SH	天合光能	94.14	江苏省	非国有控股
8	300750.SZ	宁德时代	93.90	福建省	非国有控股
9	300316.SZ	晶盛机电	92.06	浙江省	非国有控股
10	300763.SZ	锦浪科技	91.98	浙江省	非国有控股
11	002493.SZ	荣盛石化	91.87	浙江省	非国有控股
12	002304.SZ	洋河股份	90.20	江苏省	地方国有控股
13	600732.SH	爱旭股份	89.82	上海市	非国有控股
14	600276.SH	恒瑞医药	89.74	江苏省	非国有控股
15	600760.SH	中航沈飞	89.54	山东省	中央国有控股
16	688063.SH	派能科技	89.48	上海市	非国有控股
17	600150.SH	中国船舶	88.77	上海市	中央国有控股
18	603195.SH	公牛集团	88.65	浙江省	非国有控股
19	002252.SZ	上海莱士	88.56	上海市	非国有控股
20	601607.SH	上海医药	88.38	上海市	地方国有控股
21	600741.SH	华域汽车	88.26	上海市	地方国有控股
22	600309.SH	万华化学	88.00	山东省	地方国有控股
23	603259.SH	药明康德	87.86	江苏省	非国有控股
24	600018.SH	上港集团	87.80	上海市	地方国有控股
25	600026.SH	中远海能	87.77	上海市	中央国有控股
26	603806.SH	福斯特	87.39	浙江省	非国有控股
27	000596.SZ	古井贡酒	87.28	安徽省	地方国有控股
28	600600.SH	青岛啤酒	86.57	山东省	地方国有控股
29	601100.SH	恒立液压	86.42	江苏省	非国有控股
30	002460.SZ	赣锋锂业	86.14	江西省	非国有控股

排名	公司代码	公司名称	数字化创新绩效指数	省份	产权性质
31	002648.SZ	卫星化学	85.83	浙江省	非国有控股
32	603659.SH	璞泰来	85.63	上海市	非国有控股
33	000963.SZ	华东医药	85.56	浙江省	非国有控股
34	600521.SH	华海药业	85.51	浙江省	非国有控股
35	600660.SH	福耀玻璃	85.51	福建省	非国有控股
36	603596.SH	伯特利	85.49	安徽省	非国有控股
37	603786.SH	科博达	85.31	上海市	非国有控股
38	000338.SZ	潍柴动力	85.02	山东省	地方国有控股
39	300450.SZ	先导智能	84.51	江苏省	非国有控股
40	603369.SH	今世缘	84.35	江苏省	地方国有控股
41	601689.SH	拓普集团	84.07	浙江省	非国有控股
42	002050.SZ	三花智控	83.97	浙江省	非国有控股
43	600188.SH	兖矿能源	83.85	山东省	地方国有控股
44	603688.SH	石英股份	83.61	江苏省	非国有控股
45	600176.SH	中国巨石	83.48	浙江省	中央国有控股
46	603606.SH	东方电缆	83.33	浙江省	非国有控股
47	000301.SZ	东方盛虹	83.10	江苏省	非国有控股
48	600486.SH	扬农化工	82.47	江苏省	中央国有控股
49	603185.SH	弘元绿能	82.23	江苏省	非国有控股
50	600153.SH	建发股份	82.20	福建省	地方国有控股

数据来源:浙江工商大学数字创新与管理研究院和首都经济贸易大学资产评估研究院整理。

5.4　华南地区传统产业上市公司数字化创新评价

　　截至2022年底,A股市场华南地区共有传统产业上市公司552家(不含注册地在香港的1家。本节内下同),总市值78,929.24亿元,营业总收入49,231.88亿元,平均市值142.99亿元/家,平均营业收入89.19亿元/家。2022年,华南地区传统产业上市公司研发投入合计1,537.05亿元,占营业总收入的比例为3.12%;无形资产账面价值合计3,934.78亿元,占总资产的比例为4.99%。根据本报告分析口径,本部分对华南地区552家传统产业上市公司进行数字化创新指数评价,具体情况如下:

5.4.1 数字化创新综合指数

根据本报告评价,2022 年华南地区传统产业上市公司的数字化创新综合指数平均水平为 61.53,高于全市场平均水平(58.96),其中最高的是汇川技术,数字化创新综合指数为 93.59。从本区域内省份分布来看,华南地区 552 家传统产业上市公司分布在 3 个省份,数字化创新综合指数平均水平最高的省份是广东省(62.10),最低的是海南省(56.45),如图 5-16 所示。从指数分布来看,高于均值的有 275 家,占区域总数的 49.82%。其中,数字化创新综合指数在 60 以下的有 253 家,占比 45.83%;60—70 的有 172 家,占比 31.16%;70—80 的有 100 家,占比 18.12%;80 及以上的有 27 家,占比 4.89%。

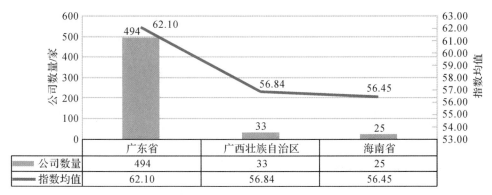

	广东省	广西壮族自治区	海南省
公司数量	494	33	25
指数均值	62.10	56.84	56.45

图 5-16　2022 年华南地区传统产业上市公司数字化创新综合指数均值分布

华南地区中,数字化创新综合指数排名前 50 的传统产业上市公司情况如表 5-16 所示。

表 5-16　2022 年华南地区传统产业上市公司数字化创新综合指数排名前 50 情况

排名	公司代码	公司名称	数字化创新综合指数	省份	产权性质
1	300124.SZ	汇川技术	93.59	广东省	非国有控股
2	300760.SZ	迈瑞医疗	91.77	广东省	非国有控股
3	000333.SZ	美的集团	88.68	广东省	非国有控股
4	000032.SZ	深桑达 A	87.72	广东省	中央国有控股
5	300014.SZ	亿纬锂能	86.59	广东省	非国有控股
6	688114.SH	华大智造	86.11	广东省	非国有控股
7	000651.SZ	格力电器	85.95	广东省	非国有控股
8	688248.SH	南网科技	85.90	广东省	中央国有控股
9	000039.SZ	中集集团	85.37	广东省	中央国有控股
10	002352.SZ	顺丰控股	84.88	广东省	非国有控股

排名	公司代码	公司名称	数字化创新综合指数	省份	产权性质
11	688676.SH	金盘科技	83.56	海南省	非国有控股
12	688499.SH	利元亨	82.88	广东省	非国有控股
13	002594.SZ	比亚迪	82.75	广东省	非国有控股
14	601238.SH	广汽集团	82.65	广东省	地方国有控股
15	300012.SZ	华测检测	81.93	广东省	非国有控股
16	002851.SZ	麦格米特	81.51	广东省	非国有控股
17	301029.SZ	怡合达	81.49	广东省	非国有控股
18	300376.SZ	易事特	81.44	广东省	非国有控股
19	600143.SH	金发科技	81.28	广东省	非国有控股
20	002611.SZ	东方精工	81.09	广东省	非国有控股
21	001323.SZ	慕思股份	80.63	广东省	非国有控股
22	300482.SZ	万孚生物	80.42	广东省	非国有控股
23	300888.SZ	稳健医疗	80.35	广东省	非国有控股
24	600380.SH	健康元	80.33	广东省	非国有控股
25	601615.SH	明阳智能	80.29	广东省	非国有控股
26	300633.SZ	开立医疗	80.13	广东省	非国有控股
27	000513.SZ	丽珠集团	80.00	广东省	非国有控股
28	603882.SH	金域医学	79.99	广东省	非国有控股
29	002030.SZ	达安基因	79.91	广东省	地方国有控股
30	002008.SZ	大族激光	79.69	广东省	非国有控股
31	600525.SH	长园集团	79.39	广东省	非国有控股
32	002831.SZ	裕同科技	79.37	广东省	非国有控股
33	300206.SZ	理邦仪器	79.32	广东省	非国有控股
34	002518.SZ	科士达	79.16	广东省	非国有控股
35	002317.SZ	众生药业	79.11	广东省	非国有控股
36	603833.SH	欧派家居	79.05	广东省	非国有控股
37	002979.SZ	雷赛智能	79.01	广东省	非国有控股
38	002906.SZ	华阳集团	78.95	广东省	非国有控股
39	300207.SZ	欣旺达	78.93	广东省	非国有控股
40	300639.SZ	凯普生物	78.75	广东省	非国有控股

排名	公司代码	公司名称	数字化创新综合指数	省份	产权性质
41	688389.SH	普门科技	78.56	广东省	非国有控股
42	603063.SH	禾望电气	78.47	广东省	非国有控股
43	300146.SZ	汤臣倍健	78.39	广东省	非国有控股
44	301177.SZ	迪阿股份	78.12	广东省	非国有控股
45	002301.SZ	齐心集团	78.12	广东省	非国有控股
46	001322.SZ	箭牌家居	78.12	广东省	非国有控股
47	001872.SZ	招商港口	78.11	广东省	中央国有控股
48	002416.SZ	爱施德	77.71	广东省	非国有控股
49	300037.SZ	新宙邦	77.57	广东省	非国有控股
50	002183.SZ	怡亚通	77.51	广东省	地方国有控股

数据来源:浙江工商大学数字创新与管理研究院和首都经济贸易大学资产评估研究院整理。

5.4.2 数字化战略导向指数

2022 年华南地区 552 家传统产业上市公司的数字化战略导向指数平均水平为 65.71,高于全市场均值(60.97),其中最高的是美的集团,数字化战略导向指数为 98.80。从本区域内省份分布来看,数字化战略导向指数平均水平最高的省份是广东省(66.27),最低的是海南省(59.99),如图 5-17 所示。从指数分布来看,高于均值的有 291 家,占区域总数的 52.72%。其中,数字化战略导向指数在 60 以下的有 207 家,占比 37.50%;60—70 的有 117 家,占比 21.20%;70—80 的有 100 家,占比 18.12%;80 及以上的有 128 家,占比 23.19%。

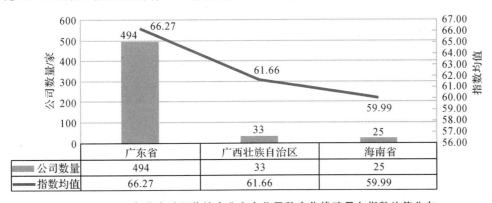

	广东省	广西壮族自治区	海南省
公司数量	494	33	25
指数均值	66.27	61.66	59.99

图 5-17　2022 年华南地区传统产业上市公司数字化战略导向指数均值分布

华南地区中,数字化战略导向指数排名前 50 的传统产业上市公司情况如表 5-17 所示。

表 5-17　2022 年华南地区传统产业上市公司数字化战略导向指数排名前 50 情况

排名	公司代码	公司名称	数字化战略导向指数	省份	产权性质
1	000333.SZ	美的集团	98.80	广东省	非国有控股
2	300124.SZ	汇川技术	97.71	广东省	非国有控股
3	000032.SZ	深桑达 A	97.36	广东省	中央国有控股
4	000039.SZ	中集集团	97.00	广东省	中央国有控股
5	688248.SH	南网科技	96.90	广东省	中央国有控股
6	300760.SZ	迈瑞医疗	96.32	广东省	非国有控股
7	002352.SZ	顺丰控股	94.74	广东省	非国有控股
8	000513.SZ	丽珠集团	94.21	广东省	非国有控股
9	002851.SZ	麦格米特	93.37	广东省	非国有控股
10	300482.SZ	万孚生物	93.09	广东省	非国有控股
11	300888.SZ	稳健医疗	92.92	广东省	非国有控股
12	000651.SZ	格力电器	92.87	广东省	非国有控股
13	600518.SH	ST 康美	92.77	广东省	非国有控股
14	301091.SZ	深城交	92.57	广东省	地方国有控股
15	600143.SH	金发科技	92.43	广东省	非国有控股
16	300012.SZ	华测检测	92.27	广东省	非国有控股
17	688114.SH	华大智造	91.84	广东省	非国有控股
18	002301.SZ	齐心集团	91.73	广东省	非国有控股
19	301177.SZ	迪阿股份	91.56	广东省	非国有控股
20	600380.SH	健康元	91.55	广东省	非国有控股
21	688676.SH	金盘科技	91.30	海南省	非国有控股
22	002030.SZ	达安基因	91.20	广东省	地方国有控股
23	002294.SZ	信立泰	90.77	广东省	非国有控股
24	301039.SZ	中集车辆	90.38	广东省	中央国有控股
25	688499.SH	利元亨	90.25	广东省	非国有控股
26	002611.SZ	东方精工	90.20	广东省	非国有控股
27	002183.SZ	怡亚通	89.81	广东省	地方国有控股
28	688128.SH	中国电研	89.81	广东省	中央国有控股
29	688389.SH	普门科技	89.67	广东省	非国有控股
30	300359.SZ	全通教育	89.66	广东省	非国有控股

排名	公司代码	公司名称	数字化战略导向指数	省份	产权性质
31	688609.SH	九联科技	89.65	广东省	非国有控股
32	001872.SZ	招商港口	89.59	广东省	中央国有控股
33	301029.SZ	怡合达	89.55	广东省	非国有控股
34	001323.SZ	慕思股份	89.50	广东省	非国有控股
35	300723.SZ	一品红	89.47	广东省	非国有控股
36	600548.SH	深高速	89.03	广东省	地方国有控股
37	300146.SZ	汤臣倍健	88.99	广东省	非国有控股
38	001322.SZ	箭牌家居	88.82	广东省	非国有控股
39	300616.SZ	尚品宅配	88.77	广东省	非国有控股
40	603608.SH	天创时尚	88.50	广东省	非国有控股
41	300639.SZ	凯普生物	88.44	广东省	非国有控股
42	603882.SH	金域医学	88.43	广东省	非国有控股
43	300376.SZ	易事特	88.34	广东省	非国有控股
44	688125.SH	安达智能	88.33	广东省	非国有控股
45	002169.SZ	智光电气	88.31	广东省	非国有控股
46	000716.SZ	黑芝麻	88.19	广西壮族自治区	非国有控股
47	301327.SZ	华宝新能	88.14	广东省	非国有控股
48	300989.SZ	蕾奥规划	87.99	广东省	非国有控股
49	002949.SZ	华阳国际	87.96	广东省	非国有控股
50	002791.SZ	坚朗五金	87.95	广东省	非国有控股

数据来源:浙江工商大学数字创新与管理研究院和首都经济贸易大学资产评估研究院整理。

5.4.3　数字化要素投入指数

2022 年华南地区 552 家传统产业上市公司的数字化要素投入指数平均水平为 60.65,高于全市场均值(57.30),其中最高的是易事特,数字化要素投入指数为 94.90。从本区域内省份分布来看,数字化要素投入指数平均水平最高的省份是广东省(61.23),最低的是海南省(54.83),如图 5-18 所示。从指数分布来看,高于均值的有 273 家,占区域总数的 49.46%。其中,数字化要素投入指数在 60 以下的有 263 家,占比 47.64%;60—70 的有 166 家,占比 30.07%;70—80 的有 101 家,占比 18.30%;80 及以上的有 22 家,占比 3.99%。

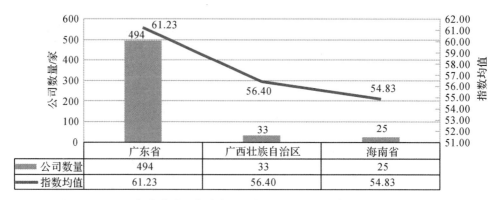

图 5-18　2022 年华南地区传统产业上市公司数字化要素投入指数均值分布

华南地区中，数字化要素投入指数排名前 50 的传统产业上市公司情况如表 5-18 所示。

表 5-18　2022 年华南地区传统产业上市公司数字化要素投入指数排名前 50 情况

排名	公司代码	公司名称	数字化要素投入指数	省份	产权性质
1	300376.SZ	易事特	94.90	广东省	非国有控股
2	300760.SZ	迈瑞医疗	94.04	广东省	非国有控股
3	300124.SZ	汇川技术	92.09	广东省	非国有控股
4	000651.SZ	格力电器	90.16	广东省	非国有控股
5	002518.SZ	科士达	87.62	广东省	非国有控股
6	000032.SZ	深桑达 A	86.99	广东省	中央国有控股
7	600525.SH	长园集团	85.77	广东省	非国有控股
8	002766.SZ	索菱股份	85.67	广东省	非国有控股
9	688248.SH	南网科技	85.35	广东省	中央国有控股
10	688389.SH	普门科技	85.10	广东省	非国有控股
11	300014.SZ	亿纬锂能	84.00	广东省	非国有控股
12	603882.SH	金域医学	83.19	广东省	非国有控股
13	300639.SZ	凯普生物	83.16	广东省	非国有控股
14	688114.SH	华大智造	81.98	广东省	非国有控股
15	600380.SH	健康元	81.94	广东省	非国有控股
16	002348.SZ	高乐股份	81.08	广东省	非国有控股
17	002979.SZ	雷赛智能	81.02	广东省	非国有控股
18	002121.SZ	科陆电子	80.87	广东省	非国有控股
19	000513.SZ	丽珠集团	80.80	广东省	非国有控股
20	002594.SZ	比亚迪	80.43	广东省	非国有控股

排名	公司代码	公司名称	数字化要素投入指数	省份	产权性质
21	002851.SZ	麦格米特	80.38	广东省	非国有控股
22	301091.SZ	深城交	80.10	广东省	地方国有控股
23	688609.SH	九联科技	79.96	广东省	非国有控股
24	688112.SH	鼎阳科技	79.69	广东省	非国有控股
25	002429.SZ	兆驰股份	79.45	广东省	地方国有控股
26	688686.SH	奥普特	79.38	广东省	非国有控股
27	300989.SZ	蕾奥规划	79.00	广东省	非国有控股
28	000333.SZ	美的集团	79.00	广东省	非国有控股
29	003035.SZ	南网能源	78.76	广东省	中央国有控股
30	300424.SZ	航新科技	78.67	广东省	非国有控股
31	001872.SZ	招商港口	78.65	广东省	中央国有控股
32	300012.SZ	华测检测	78.53	广东省	非国有控股
33	002837.SZ	英维克	78.33	广东省	非国有控股
34	300949.SZ	奥雅股份	78.12	广东省	非国有控股
35	300681.SZ	英搏尔	77.96	广东省	非国有控股
36	688125.SH	安达智能	77.95	广东省	非国有控股
37	002183.SZ	怡亚通	77.94	广东省	地方国有控股
38	688115.SH	思林杰	77.80	广东省	非国有控股
39	688090.SH	瑞松科技	77.73	广东省	非国有控股
40	688499.SH	利元亨	77.60	广东省	非国有控股
41	000009.SZ	中国宝安	77.48	广东省	非国有控股
42	002949.SZ	华阳国际	77.35	广东省	非国有控股
43	600518.SH	ST康美	77.12	广东省	非国有控股
44	002168.SZ	惠程科技	76.94	广东省	地方国有控股
45	688676.SH	金盘科技	76.84	海南省	非国有控股
46	300977.SZ	深圳瑞捷	76.74	广东省	非国有控股
47	300737.SZ	科顺股份	76.66	广东省	非国有控股
48	301029.SZ	怡合达	76.62	广东省	非国有控股
49	301018.SZ	申菱环境	76.60	广东省	非国有控股
50	300422.SZ	博世科	76.54	广西壮族自治区	地方国有控股

数据来源:浙江工商大学数字创新与管理研究院和首都经济贸易大学资产评估研究院整理。

5.4.4 数字化创新成果指数

2022年华南地区552家传统产业上市公司的数字化创新成果指数平均水平为65.39,高于全市场均值(61.62),其中最高的是美的集团,数字化创新成果指数为99.06。从本区域内省份分布来看,数字化创新成果指数平均水平最高的省份是广东省(66.23),最低的是海南省(56.80),如图5-19所示。从指数分布来看,高于均值的有274家,占区域总数的49.64%。其中,数字化创新成果指数在60以下的有207家,占比37.50%;60—70的有125家,占比22.64%;70—80的有142家,占比25.72%;80及以上的有78家,占比14.13%。

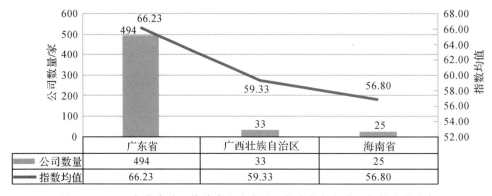

	广东省	广西壮族自治区	海南省
公司数量	494	33	25
指数均值	66.23	59.33	56.80

图5-19 2022年华南地区传统产业上市公司数字化创新成果指数均值分布

华南地区中,数字化创新成果指数排名前50的传统产业上市公司情况如表5-19所示。

表5-19 2022年华南地区传统产业上市公司数字化创新成果指数排名前50情况

排名	公司代码	公司名称	数字化创新成果指数	省份	产权性质
1	000333.SZ	美的集团	99.06	广东省	非国有控股
2	000032.SZ	深桑达A	96.68	广东省	中央国有控股
3	688114.SH	华大智造	96.61	广东省	非国有控股
4	000039.SZ	中集集团	95.03	广东省	中央国有控股
5	002831.SZ	裕同科技	93.96	广东省	非国有控股
6	688248.SH	南网科技	93.82	广东省	中央国有控股
7	002008.SZ	大族激光	93.81	广东省	非国有控股
8	300124.SZ	汇川技术	92.43	广东省	非国有控股
9	300760.SZ	迈瑞医疗	92.34	广东省	非国有控股
10	001323.SZ	慕思股份	92.03	广东省	非国有控股
11	300616.SZ	尚品宅配	91.18	广东省	非国有控股

排名	公司代码	公司名称	数字化创新成果指数	省份	产权性质
12	688128.SH	中国电研	90.77	广东省	中央国有控股
13	001322.SZ	箭牌家居	90.27	广东省	非国有控股
14	688125.SH	安达智能	90.20	广东省	非国有控股
15	600143.SH	金发科技	90.18	广东省	非国有控股
16	688115.SH	思林杰	89.57	广东省	非国有控股
17	300207.SZ	欣旺达	89.45	广东省	非国有控股
18	300724.SZ	捷佳伟创	89.23	广东省	非国有控股
19	688499.SH	利元亨	89.10	广东省	非国有控股
20	002611.SZ	东方精工	89.03	广东省	非国有控股
21	688676.SH	金盘科技	88.24	海南省	非国有控股
22	603833.SH	欧派家居	88.11	广东省	非国有控股
23	300376.SZ	易事特	87.36	广东省	非国有控股
24	000651.SZ	格力电器	87.10	广东省	非国有控股
25	688383.SH	新益昌	86.96	广东省	非国有控股
26	688559.SH	海目星	86.74	广东省	非国有控股
27	688312.SH	燕麦科技	86.29	广东省	非国有控股
28	688389.SH	普门科技	86.20	广东省	非国有控股
29	688609.SH	九联科技	84.98	广东省	非国有控股
30	300562.SZ	乐心医疗	84.91	广东省	非国有控股
31	300206.SZ	理邦仪器	84.89	广东省	非国有控股
32	688112.SH	鼎阳科技	84.69	广东省	非国有控股
33	002084.SZ	海鸥住工	84.68	广东省	非国有控股
34	300359.SZ	全通教育	84.62	广东省	非国有控股
35	300014.SZ	亿纬锂能	84.56	广东省	非国有控股
36	300030.SZ	阳普医疗	84.52	广东省	地方国有控股
37	002030.SZ	达安基因	84.47	广东省	地方国有控股
38	000976.SZ	ST华铁	84.41	广东省	非国有控股
39	002853.SZ	皮阿诺	84.09	广东省	非国有控股
40	301039.SZ	中集车辆	84.08	广东省	中央国有控股
41	300633.SZ	开立医疗	83.79	广东省	非国有控股

排名	公司代码	公司名称	数字化创新成果指数	省份	产权性质
42	300037.SZ	新宙邦	83.76	广东省	非国有控股
43	301029.SZ	怡合达	83.75	广东省	非国有控股
44	002352.SZ	顺丰控股	83.68	广东省	非国有控股
45	603063.SH	禾望电气	83.54	广东省	非国有控股
46	002833.SZ	弘亚数控	83.31	广东省	非国有控股
47	300749.SZ	顶固集创	83.26	广东省	非国有控股
48	002906.SZ	华阳集团	83.24	广东省	非国有控股
49	301177.SZ	迪阿股份	83.19	广东省	非国有控股
50	301112.SZ	信邦智能	83.06	广东省	非国有控股

数据来源:浙江工商大学数字创新与管理研究院和首都经济贸易大学资产评估研究院整理。

5.4.5　数字化创新绩效指数

2022 年华南地区 552 家传统产业上市公司的数字化创新绩效指数平均水平为 55.17,低于全市场均值(55.86),其中最高的是中国广核,数字化创新绩效指数为 95.08。从本区域内省份分布来看,数字化创新绩效指数平均水平最高的省份是广东省(55.44),最低的是广西壮族自治区(51.34),如图 5-20 所示。从指数分布来看,高于均值的有 264 家,占区域总数的 47.83%。其中,数字化创新绩效指数在 60 以下的有 351 家,占比 63.59%;60—70 的有 116 家,占比 21.01%;70—80 的有 68 家,占比 12.32%;80 及以上的有 17 家,占比 3.08%。

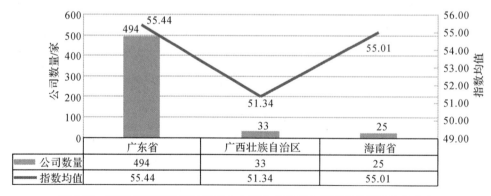

	广东省	广西壮族自治区	海南省
公司数量	494	33	25
指数均值	55.44	51.34	55.01

图 5-20　2022 年华南地区传统产业上市公司数字化创新绩效指数均值分布

华南地区中,数字化创新绩效指数排名前 50 的传统产业上市公司情况如表 5-20 所示。

表 5-20　2022 年华南地区传统产业上市公司数字化创新绩效指数排名前 50 情况

排名	公司代码	公司名称	数字化创新绩效指数	省份	产权性质
1	003816.SZ	中国广核	95.08	广东省	中央国有控股
2	300124.SZ	汇川技术	93.44	广东省	非国有控股
3	300014.SZ	亿纬锂能	91.53	广东省	非国有控股
4	601238.SH	广汽集团	90.93	广东省	地方国有控股
5	002352.SZ	顺丰控股	89.73	广东省	非国有控股
6	002594.SZ	比亚迪	88.22	广东省	非国有控股
7	002311.SZ	海大集团	88.18	广东省	非国有控股
8	603288.SH	海天味业	86.77	广东省	非国有控股
9	300760.SZ	迈瑞医疗	86.66	广东省	非国有控股
10	600236.SH	桂冠电力	84.69	广西壮族自治区	中央国有控股
11	002317.SZ	众生药业	84.07	广东省	非国有控股
12	601615.SH	明阳智能	83.14	广东省	非国有控股
13	835185.BJ	贝特瑞	82.81	广东省	非国有控股
14	000999.SZ	华润三九	82.44	广东省	中央国有控股
15	002518.SZ	科士达	81.33	广东省	非国有控股
16	000009.SZ	中国宝安	81.04	广东省	非国有控股
17	300498.SZ	温氏股份	80.68	广东省	非国有控股
18	300482.SZ	万孚生物	79.92	广东省	非国有控股
19	600332.SH	白云山	79.06	广东省	地方国有控股
20	300630.SZ	普利制药	78.49	海南省	非国有控股
21	603833.SH	欧派家居	78.37	广东省	非国有控股
22	688676.SH	金盘科技	78.22	海南省	非国有控股
23	301327.SZ	华宝新能	78.11	广东省	非国有控股
24	300832.SZ	新产业	78.07	广东省	非国有控股
25	603882.SH	金域医学	78.01	广东省	非国有控股
26	000039.SZ	中集集团	78.01	广东省	中央国有控股
27	600515.SH	海南机场	77.87	海南省	地方国有控股
28	300769.SZ	德方纳米	77.82	广东省	非国有控股
29	000513.SZ	丽珠集团	77.72	广东省	非国有控股
30	002625.SZ	光启技术	77.58	广东省	非国有控股

续　表

排名	公司代码	公司名称	数字化创新绩效指数	省份	产权性质
31	000333.SZ	美的集团	77.50	广东省	非国有控股
32	301029.SZ	怡合达	77.42	广东省	非国有控股
33	300146.SZ	汤臣倍健	77.36	广东省	非国有控股
34	000651.SZ	格力电器	77.34	广东省	非国有控股
35	600221.SH	海航控股	77.18	海南省	非国有控股
36	300207.SZ	欣旺达	76.85	广东省	非国有控股
37	600685.SH	中船防务	76.84	广东省	中央国有控股
38	002340.SZ	格林美	76.83	广东省	非国有控股
39	300633.SZ	开立医疗	76.80	广东省	非国有控股
40	300888.SZ	稳健医疗	76.76	广东省	非国有控股
41	300012.SZ	华测检测	76.76	广东省	非国有控股
42	002709.SZ	天赐材料	76.70	广东省	非国有控股
43	003035.SZ	南网能源	76.69	广东省	中央国有控股
44	002030.SZ	达安基因	76.65	广东省	地方国有控股
45	300979.SZ	华利集团	76.61	广东省	非国有控股
46	002906.SZ	华阳集团	76.55	广东省	非国有控股
47	603063.SH	禾望电气	75.88	广东省	非国有控股
48	600029.SH	南方航空	75.87	广东省	中央国有控股
49	600380.SH	健康元	75.75	广东省	非国有控股
50	002294.SZ	信立泰	75.71	广东省	非国有控股

数据来源:浙江工商大学数字创新与管理研究院和首都经济贸易大学资产评估研究院整理。

5.5　华中地区传统产业上市公司数字化创新评价

截至 2022 年底,A 股市场华中地区共有传统产业上市公司 297 家,总市值 32,645.60 亿元,营业总收入 22,878.04 亿元,平均市值 109.92 亿元/家,平均营业收入 77.03 亿元/家。2022 年,华中地区传统产业上市公司研发投入合计 625.89 亿元,占营业总收入的比例为 2.74%;无形资产账面价值合计 2,859.49 亿元,占总资产的比例为 8.31%。根据本报告分析口径,本部分对华中地区 297 家传统产业上市公司进行数字化创新指数评价,具体情况如下:

5.5.1　数字化创新综合指数

根据本报告评价,2022 年华中地区传统产业上市公司的数字化创新综合指数平均水平为 58.67,低于全市场平均水平(58.96),其中最高的是时代电气,数字化创新综合指数为 91.14。从本区域内省份分布来看,华中地区 297 家传统产业上市公司分布在 3 个省份,数字化创新综合指数平均水平最高的省份是湖南省(58.88),最低的是河南省(58.21),如图 5-21 所示。从指数分布来看,高于均值的有 143 家,占区域总数的 48.15%。其中,数字化创新综合指数在 60 以下的有 166 家,占比 55.89%;60—70 的有 93 家,占比 31.31%;70—80 的有 27 家,占比 9.09%;80 及以上的有 11 家,占比 3.70%。

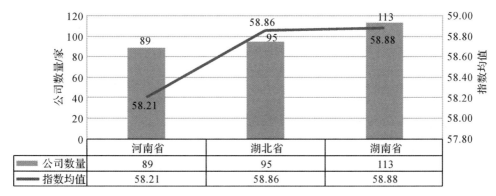

	河南省	湖北省	湖南省
公司数量	89	95	113
指数均值	58.21	58.86	58.88

图 5-21　2022 年华中地区传统产业上市公司数字化创新综合指数均值分布

华中地区中,数字化创新综合指数排名前 10% 的传统产业上市公司情况如表 5-21 所示。

表 5-21　2022 年华中地区传统产业上市公司数字化创新综合指数排名前 10%情况

排名	公司代码	公司名称	数字化创新综合指数	省份	产权性质
1	688187.SH	时代电气	91.14	湖南省	中央国有控股
2	300298.SZ	三诺生物	83.20	湖南省	非国有控股
3	600998.SH	九州通	82.06	湖北省	非国有控股
4	300015.SZ	爱尔眼科	82.00	湖南省	非国有控股
5	301221.SZ	光庭信息	81.87	湖北省	非国有控股
6	000785.SZ	居然之家	81.82	湖北省	非国有控股
7	000400.SZ	许继电气	81.43	河南省	中央国有控股
8	000157.SZ	中联重科	80.90	湖南省	地方国有控股
9	300567.SZ	精测电子	80.77	湖北省	非国有控股
10	300007.SZ	汉威科技	80.26	河南省	非国有控股

排名	公司代码	公司名称	数字化创新综合指数	省份	产权性质
11	688425.SH	铁建重工	80.19	湖南省	中央国有控股
12	600066.SH	宇通客车	77.62	河南省	非国有控股
13	000708.SZ	中信特钢	76.75	湖北省	中央国有控股
14	300358.SZ	楚天科技	76.09	湖南省	非国有控股
15	300109.SZ	新开源	76.01	河南省	非国有控股
16	688289.SH	圣湘生物	75.35	湖南省	非国有控股
17	603719.SH	良品铺子	75.19	湖北省	非国有控股
18	002932.SZ	明德生物	74.72	湖北省	非国有控股
19	300557.SZ	理工光科	74.60	湖北省	中央国有控股
20	300259.SZ	新天科技	74.39	河南省	非国有控股
21	300480.SZ	光力科技	73.97	河南省	非国有控股
22	600885.SH	宏发股份	73.81	湖北省	非国有控股
23	688157.SH	松井股份	73.45	湖南省	非国有控股
24	000932.SZ	华菱钢铁	73.35	湖南省	地方国有控股
25	603959.SH	百利科技	72.92	湖南省	非国有控股
26	300705.SZ	九典制药	72.53	湖南省	非国有控股
27	603658.SH	安图生物	72.21	河南省	非国有控股
28	601608.SH	中信重工	72.11	河南省	中央国有控股
29	300747.SZ	锐科激光	71.90	湖北省	中央国有控股

数据来源:浙江工商大学数字创新与管理研究院和首都经济贸易大学资产评估研究院整理。

5.5.2　数字化战略导向指数

2022 年华中地区 297 家传统产业上市公司的数字化战略导向指数平均水平为61.67,高于全市场均值(60.97),其中最高的是九州通,数字化战略导向指数为98.30。从本区域内省份分布来看,数字化战略导向指数平均水平最高的省份是湖南省(62.63),最低的是河南省(60.93),如图 5-22 所示。从指数分布来看,高于均值的有 147 家,占区域总数的 49.49%。其中,数字化战略导向指数在 60 以下的有 139家,占比 46.80%;60—70 的有 67 家,占比 22.56%;70—80 的有 53 家,占比 17.85%;80 及以上的有 38 家,占比 12.79%。

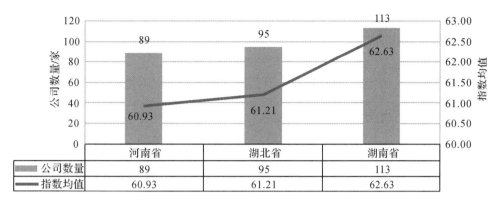

图 5-22　2022 年华中地区传统产业上市公司数字化战略导向指数均值分布

华中地区中,数字化战略导向指数排名前 10％ 的传统产业上市公司情况如表 5-22 所示。

表 5-22　2022 年华中地区传统产业上市公司数字化战略导向指数排名前 10％ 情况

排名	公司代码	公司名称	数字化战略导向指数	省份	产权性质
1	600998.SH	九州通	98.30	湖北省	非国有控股
2	000785.SZ	居然之家	97.61	湖北省	非国有控股
3	688187.SH	时代电气	95.91	湖南省	中央国有控股
4	300298.SZ	三诺生物	95.90	湖南省	非国有控股
5	300007.SZ	汉威科技	93.57	河南省	非国有控股
6	300015.SZ	爱尔眼科	93.51	湖南省	非国有控股
7	301221.SZ	光庭信息	91.11	湖北省	非国有控股
8	600066.SH	宇通客车	91.05	河南省	非国有控股
9	000157.SZ	中联重科	90.68	湖南省	地方国有控股
10	603719.SH	良品铺子	89.82	湖北省	非国有控股
11	688425.SH	铁建重工	89.60	湖南省	中央国有控股
12	300161.SZ	华中数控	88.23	湖北省	非国有控股
13	603883.SH	老百姓	88.10	湖南省	非国有控股
14	688667.SH	菱电电控	87.18	湖北省	非国有控股
15	002932.SZ	明德生物	87.11	湖北省	非国有控股
16	688626.SH	翔宇医疗	87.03	河南省	非国有控股
17	300740.SZ	水羊股份	86.89	湖南省	非国有控股
18	688289.SH	圣湘生物	86.72	湖南省	非国有控股
19	000998.SZ	隆平高科	86.65	湖南省	中央国有控股

续　表

排名	公司代码	公司名称	数字化战略导向指数	省份	产权性质
20	688526.SH	科前生物	86.58	湖北省	非国有控股
21	300259.SZ	新天科技	85.37	河南省	非国有控股
22	300109.SZ	新开源	85.33	河南省	非国有控股
23	601311.SH	骆驼股份	85.28	湖北省	非国有控股
24	300018.SZ	中元股份	83.98	湖北省	非国有控股
25	003008.SZ	开普检测	83.34	河南省	非国有控股
26	300557.SZ	理工光科	83.30	湖北省	中央国有控股
27	688665.SH	四方光电	82.22	湖北省	非国有控股
28	300490.SZ	华自科技	82.11	湖南省	非国有控股
29	301087.SZ	可孚医疗	82.06	湖南省	非国有控股

数据来源:浙江工商大学数字创新与管理研究院和首都经济贸易大学资产评估研究院整理。

5.5.3　数字化要素投入指数

2022年华中地区297家传统产业上市公司的数字化要素投入指数平均水平为57.63,高于全市场均值(57.30),其中最高的是光庭信息,数字化要素投入指数为91.36。从本区域内省份分布来看,数字化要素投入指数平均水平最高的省份是湖南省(58.32),最低的是河南省(56.12),如图5-23所示。从指数分布来看,高于均值的有136家,占区域总数的45.79%。其中,数字化要素投入指数在60以下的有176家,占比59.26%;60—70的有82家,占比27.61%;70—80的有31家,占比10.44%;80及以上的有8家,占比2.69%。

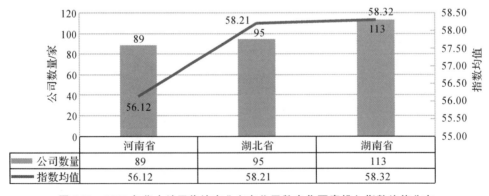

图5-23　2022年华中地区传统产业上市公司数字化要素投入指数均值分布

华中地区中,数字化要素投入指数排名前10%的传统产业上市公司情况如表5-23所示。

表 5-23　2022 年华中地区传统产业上市公司数字化要素投入指数排名前 10％情况

排名	公司代码	公司名称	数字化要素投入指数	省份	产权性质
1	301221.SZ	光庭信息	91.36	湖北省	非国有控股
2	300259.SZ	新天科技	88.35	河南省	非国有控股
3	300567.SZ	精测电子	87.05	湖北省	非国有控股
4	000400.SZ	许继电气	85.78	河南省	中央国有控股
5	688187.SH	时代电气	84.68	湖南省	中央国有控股
6	688425.SH	铁建重工	80.84	湖南省	中央国有控股
7	300007.SZ	汉威科技	80.69	河南省	非国有控股
8	300490.SZ	华自科技	80.53	湖南省	非国有控股
9	000157.SZ	中联重科	79.74	湖南省	地方国有控股
10	300298.SZ	三诺生物	79.62	湖南省	非国有控股
11	002857.SZ	三晖电气	79.60	河南省	非国有控股
12	600744.SH	华银电力	79.38	湖南省	中央国有控股
13	300747.SZ	锐科激光	78.40	湖北省	中央国有控股
14	002533.SZ	金杯电工	78.12	湖南省	非国有控股
15	300161.SZ	华中数控	77.25	湖北省	非国有控股
16	688667.SH	菱电电控	77.24	湖北省	非国有控股
17	688157.SH	松井股份	76.95	湖南省	非国有控股
18	002848.SZ	高斯贝尔	76.66	湖南省	地方国有控股
19	300557.SZ	理工光科	76.52	湖北省	中央国有控股
20	688626.SH	翔宇医疗	75.43	河南省	非国有控股
21	300705.SZ	九典制药	74.92	湖南省	非国有控股
22	300018.SZ	中元股份	74.76	湖北省	非国有控股
23	300800.SZ	力合科技	74.73	湖南省	非国有控股
24	600066.SH	宇通客车	74.61	河南省	非国有控股
25	300480.SZ	光力科技	74.05	河南省	非国有控股
26	603716.SH	塞力医疗	73.57	湖北省	非国有控股
27	002046.SZ	国机精工	73.48	河南省	中央国有控股
28	603959.SH	百利科技	73.07	湖南省	非国有控股
29	601608.SH	中信重工	72.93	河南省	中央国有控股

数据来源:浙江工商大学数字创新与管理研究院和首都经济贸易大学资产评估研究院整理。

5.5.4 数字化创新成果指数

2022 年华中地区 297 家传统产业上市公司的数字化创新成果指数平均水平为 61.09,低于全市场均值(61.62),其中最高的是汉威科技,数字化创新成果指数为 91.38。从本区域内省份分布来看,数字化创新成果指数平均水平最高的省份是湖北省(62.17),最低的是河南省(59.55),如图 5-24 所示。从指数分布来看,高于均值的有 138 家,占区域总数的 46.46%。其中,数字化创新成果指数在 60 以下的有 142 家,占比 47.81%;60—70 的有 88 家,占比 29.63%;70—80 的有 46 家,占比 15.49%;80 及以上的有 21 家,占比 7.07%。

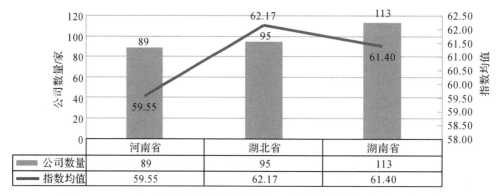

	河南省	湖北省	湖南省
公司数量	89	95	113
指数均值	59.55	62.17	61.40

图 5-24　2022 年华中地区传统产业上市公司数字化创新成果指数均值分布

华中地区中,数字化创新成果指数排名前 10%的传统产业上市公司情况如表 5-24 所示。

表 5-24　2022 年华中地区传统产业上市公司数字化创新成果指数排名前 10%情况

排名	公司代码	公司名称	数字化创新成果指数	省份	产权性质
1	300007.SZ	汉威科技	91.38	河南省	非国有控股
2	600998.SH	九州通	89.60	湖北省	非国有控股
3	688187.SH	时代电气	89.29	湖南省	中央国有控股
4	688425.SH	铁建重工	89.27	湖南省	中央国有控股
5	301221.SZ	光庭信息	89.27	湖北省	非国有控股
6	000157.SZ	中联重科	88.06	湖南省	地方国有控股
7	300276.SZ	三丰智能	87.09	湖北省	非国有控股
8	300298.SZ	三诺生物	86.56	湖南省	非国有控股
9	002932.SZ	明德生物	86.46	湖北省	非国有控股
10	603719.SH	良品铺子	86.22	湖北省	非国有控股
11	688289.SH	圣湘生物	86.08	湖南省	非国有控股

排名	公司代码	公司名称	数字化创新成果指数	省份	产权性质
12	300358.SZ	楚天科技	85.96	湖南省	非国有控股
13	688157.SH	松井股份	85.30	湖南省	非国有控股
14	300567.SZ	精测电子	83.93	湖北省	非国有控股
15	000785.SZ	居然之家	83.91	湖北省	非国有控股
16	000400.SZ	许继电气	82.01	河南省	中央国有控股
17	300015.SZ	爱尔眼科	81.57	湖南省	非国有控股
18	300480.SZ	光力科技	81.40	河南省	非国有控股
19	300161.SZ	华中数控	81.39	湖北省	非国有控股
20	300557.SZ	理工光科	81.05	湖北省	中央国有控股
21	300776.SZ	帝尔激光	80.04	湖北省	非国有控股
22	601608.SH	中信重工	79.66	河南省	中央国有控股
23	603883.SH	老百姓	79.48	湖南省	非国有控股
24	300490.SZ	华自科技	78.98	湖南省	非国有控股
25	688626.SH	翔宇医疗	78.87	河南省	非国有控股
26	002582.SZ	好想你	78.55	河南省	非国有控股
27	300109.SZ	新开源	78.54	河南省	非国有控股
28	300013.SZ	新宁物流	78.11	河南省	非国有控股
29	300740.SZ	水羊股份	77.93	湖南省	非国有控股

数据来源:浙江工商大学数字创新与管理研究院和首都经济贸易大学资产评估研究院整理。

5.5.5　数字化创新绩效指数

2022 年华中地区 297 家传统产业上市公司的数字化创新绩效指数平均水平为54.80,低于全市场均值(55.86),其中最高的是时代电气,数字化创新绩效指数为94.93。从本区域内省份分布来看,数字化创新绩效指数平均水平最高的省份是河南省(56.48),其次是湖北省(54.09)和湖南省(54.09),如图 5-25 所示。从指数分布来看,高于均值的有 155 家,占区域总数的 52.19%。其中,数字化创新绩效指数在60 以下的有 200 家,占比 67.34%;60—70 的有 59 家,占比 19.87%;70—80 的有 33家,占比 11.11%;80 及以上的有 5 家,占比 1.68%。

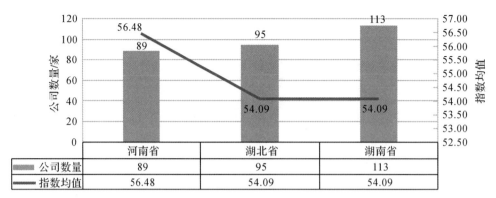

图 5-25　2022 年华中地区传统产业上市公司数字化创新绩效指数均值分布

华中地区中,数字化创新绩效指数排名前 10％的传统产业上市公司情况如表 5-25 所示。

表 5-25　2022 年华中地区传统产业上市公司数字化创新绩效指数排名前 10％情况

排名	公司代码	公司名称	数字化创新绩效指数	省份	产权性质
1	688187.SH	时代电气	94.93	湖南省	中央国有控股
2	000708.SZ	中信特钢	87.38	湖北省	中央国有控股
3	002714.SZ	牧原股份	83.31	河南省	非国有控股
4	000799.SZ	酒鬼酒	82.96	湖南省	中央国有控股
5	300015.SZ	爱尔眼科	82.73	湖南省	非国有控股
6	000400.SZ	许继电气	79.87	河南省	中央国有控股
7	000785.SZ	居然之家	78.52	湖北省	非国有控股
8	603939.SH	益丰药房	78.37	湖南省	非国有控股
9	000895.SZ	双汇发展	78.03	河南省	非国有控股
10	000553.SZ	安道麦 A	77.28	湖北省	中央国有控股
11	000932.SZ	华菱钢铁	77.15	湖南省	地方国有控股
12	002007.SZ	华兰生物	77.12	河南省	非国有控股
13	600141.SH	兴发集团	76.78	湖北省	地方国有控股
14	688779.SH	长远锂科	76.68	湖南省	中央国有控股
15	002407.SZ	多氟多	76.17	河南省	非国有控股
16	600885.SH	宏发股份	75.96	湖北省	非国有控股
17	300776.SZ	帝尔激光	74.84	湖北省	非国有控股
18	300567.SZ	精测电子	74.77	湖北省	非国有控股
19	002601.SZ	龙佰集团	74.18	河南省	非国有控股

排名	公司代码	公司名称	数字化创新绩效指数	省份	产权性质
20	300298.SZ	三诺生物	74.08	湖南省	非国有控股
21	600298.SH	安琪酵母	73.59	湖北省	地方国有控股
22	300910.SZ	瑞丰新材	73.53	河南省	非国有控股
23	300395.SZ	菲利华	72.54	湖北省	非国有控股
24	600416.SH	湘电股份	72.46	湖南省	地方国有控股
25	603993.SH	洛阳钼业	72.34	河南省	非国有控股
26	000519.SZ	中兵红箭	72.03	湖南省	中央国有控股
27	600066.SH	宇通客车	71.82	河南省	非国有控股
28	300080.SZ	易成新能	71.41	河南省	地方国有控股
29	600006.SH	东风汽车	71.37	湖北省	中央国有控股

数据来源：浙江工商大学数字创新与管理研究院和首都经济贸易大学资产评估研究院整理。

5.6　西北地区传统产业上市公司数字化创新评价

截至 2022 年底，A 股市场西北地区共有传统产业上市公司 162 家，总市值 24,989.60 亿元，营业总收入 18,030.06 亿元，平均市值 154.26 亿元/家，平均营业收入 111.30 亿元/家。2022 年，西北地区传统产业上市公司研发投入合计为 407.42 亿元，占营业总收入的比例为 2.26%；无形资产账面价值合计 1,894.98 亿元，占总资产的比例为 6.24%。根据本报告分析口径，本部分对西北地区 162 家传统产业上市公司进行数字化创新指数评价，具体情况如下：

5.6.1　数字化创新综合指数

根据本报告评价，2022 年西北地区传统产业上市公司的数字化创新综合指数平均水平为 55.68，低于全市场平均水平（58.96），其中最高的是金风科技，数字化创新综合指数为 81.62。从本区域内省份分布来看，西北地区 162 家传统产业上市公司分布在 5 个省份，数字化创新综合指数平均水平最高的省份是陕西省（58.69），最低的是宁夏回族自治区（52.69），如图 5-26 所示。从指数分布来看，高于均值的有 75 家，占区域总数的 46.30%。其中，数字化创新综合指数在 60 以下的有 109 家，占比 67.28%；60—70 的有 37 家，占比 22.84%；70—80 的有 15 家，占比 9.26%；80 及以上的有 1 家，占比 0.62%。

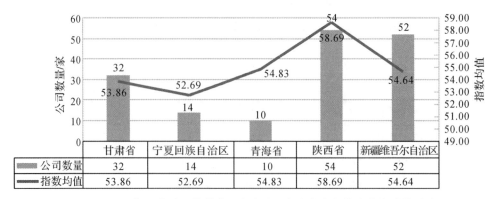

图 5-26　2022 年西北地区传统产业上市公司数字化创新综合指数均值分布

西北地区中,数字化创新综合指数排名前 10％的传统产业上市公司情况如表 5-26 所示。

表 5-26　2022 年西北地区传统产业上市公司数字化创新综合指数排名前 10％情况

排名	公司代码	公司名称	数字化创新综合指数	省份	产权性质
1	002202.SZ	金风科技	81.62	新疆维吾尔自治区	地方国有控股
2	600089.SH	特变电工	79.80	新疆维吾尔自治区	非国有控股
3	601369.SH	陕鼓动力	78.85	陕西省	地方国有控股
4	300021.SZ	大禹节水	77.18	甘肃省	非国有控股
5	601012.SH	隆基绿能	76.49	陕西省	非国有控股
6	601225.SH	陕西煤业	75.58	陕西省	地方国有控股
7	600869.SH	远东股份	75.45	青海省	非国有控股
8	000792.SZ	盐湖股份	74.52	青海省	地方国有控股
9	000877.SZ	天山股份	74.32	新疆维吾尔自治区	中央国有控股
10	603169.SH	兰石重装	73.97	甘肃省	地方国有控股
11	688333.SH	铂力特	73.70	陕西省	非国有控股
12	002799.SZ	环球印务	73.49	陕西省	地方国有控股
13	600893.SH	航发动力	72.14	陕西省	中央国有控股
14	000564.SZ	ST 大集	70.79	陕西省	非国有控股
15	000516.SZ	国际医学	70.72	陕西省	非国有控股
16	688122.SH	西部超导	70.54	陕西省	地方国有控股

数据来源:浙江工商大学数字创新与管理研究院和首都经济贸易大学资产评估研究院整理。

5.6.2 数字化战略导向指数

2022 年西北地区 162 家传统产业上市公司的数字化战略导向指数平均水平为 55.84,低于全市场均值(60.97),其中最高的是 ST 大集,数字化战略导向指数为 90.37。从本区域内省份分布来看,数字化战略导向指数平均水平最高的省份是陕西省(57.99),最低的是宁夏回族自治区(53.30),如图 5-27 所示。从指数分布来看,高于均值的有 72 家,占区域总数的 44.44%。其中,数字化战略导向指数均值在 60 以下的有 110 家,占比 67.90%;60—70 的有 22 家,占比 13.58%;70—80 的有 23 家,占比 14.20%;80 及以上的有 7 家,占比 4.32%。

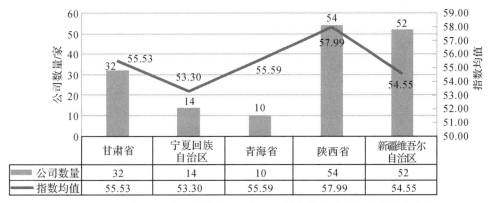

	甘肃省	宁夏回族自治区	青海省	陕西省	新疆维吾尔自治区
公司数量	32	14	10	54	52
指数均值	55.53	53.30	55.59	57.99	54.55

图 5-27 2022 年西北地区传统产业上市公司数字化战略导向指数均值分布

西北地区中,数字化战略导向指数排名前 10% 的传统产业上市公司情况如表 5-27 所示。

表 5-27 2022 年西北地区传统产业上市公司数字化战略导向指数排名前 10% 情况

排名	公司代码	公司名称	数字化战略导向指数	省份	产权性质
1	000564.SZ	ST 大集	90.37	陕西省	非国有控股
2	002202.SZ	金风科技	84.92	新疆维吾尔自治区	地方国有控股
3	300021.SZ	大禹节水	84.88	甘肃省	非国有控股
4	600089.SH	特变电工	84.63	新疆维吾尔自治区	非国有控股
5	002302.SZ	西部建设	83.61	新疆维吾尔自治区	中央国有控股
6	603227.SH	雪峰科技	81.45	新疆维吾尔自治区	地方国有控股
7	301301.SZ	川宁生物	80.01	新疆维吾尔自治区	非国有控股
8	603169.SH	兰石重装	79.42	甘肃省	地方国有控股
9	002799.SZ	环球印务	78.95	陕西省	地方国有控股
10	300581.SZ	晨曦航空	78.76	陕西省	非国有控股
11	601225.SH	陕西煤业	77.93	陕西省	地方国有控股

排名	公司代码	公司名称	数字化战略导向指数	省份	产权性质
12	600869.SH	远东股份	77.64	青海省	非国有控股
13	601179.SH	中国西电	77.32	陕西省	中央国有控股
14	000792.SZ	盐湖股份	76.87	青海省	地方国有控股
15	003009.SZ	中天火箭	76.72	陕西省	中央国有控股
16	000877.SZ	天山股份	76.37	新疆维吾尔自治区	中央国有控股

数据来源:浙江工商大学数字创新与管理研究院和首都经济贸易大学资产评估研究院整理。

5.6.3 数字化要素投入指数

2022 年西北地区 162 家传统产业上市公司的数字化要素投入指数平均水平为 55.00,低于全市场均值 57.30,其中最高的是国际医学,数字化要素投入指数为 89.38。从本区域内省份分布来看,数字化要素投入指数平均水平最高的省份是陕西省(57.35),最低的是甘肃省(53.34),如图 5-28 所示。从指数分布来看,高于均值的有 76 家,占区域总数的 46.91%。其中,数字化要素投入指数在 60 以下的有 113 家,占比 69.75%;60—70 的有 33 家,占比 20.37%;70—80 的有 14 家,占比 8.64%;80 及以上的有 2 家,占比 1.23%。

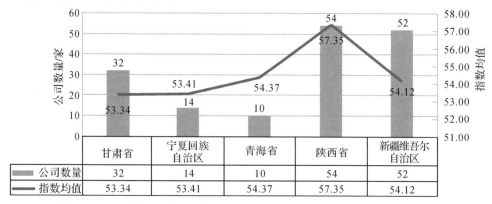

	甘肃省	宁夏回族自治区	青海省	陕西省	新疆维吾尔自治区
公司数量	32	14	10	54	52
指数均值	53.34	53.41	54.37	57.35	54.12

图 5-28 2022 年西北地区传统产业上市公司数字化要素投入指数均值分布

西北地区中,数字化要素投入指数排名前 10% 的传统产业上市公司情况如表 5-28 所示。

表 5-28 2022 年西北地区传统产业上市公司数字化要素投入指数排名前 10% 情况

排名	公司代码	公司名称	数字化要素投入指数	省份	产权性质
1	000516.SZ	国际医学	89.38	陕西省	非国有控股
2	002799.SZ	环球印务	83.01	陕西省	地方国有控股
3	603227.SH	雪峰科技	79.95	新疆维吾尔自治区	地方国有控股

排名	公司代码	公司名称	数字化要素投入指数	省份	产权性质
4	000792.SZ	盐湖股份	78.36	青海省	地方国有控股
5	688333.SH	铂力特	77.80	陕西省	非国有控股
6	300021.SZ	大禹节水	77.50	甘肃省	非国有控股
7	600721.SH	百花医药	77.04	新疆维吾尔自治区	非国有控股
8	300140.SZ	中环装备	75.70	陕西省	中央国有控股
9	600449.SH	宁夏建材	75.64	宁夏回族自治区	中央国有控股
10	600869.SH	远东股份	75.64	青海省	非国有控股
11	601369.SH	陕鼓动力	73.01	陕西省	地方国有控股
12	002202.SZ	金风科技	72.00	新疆维吾尔自治区	地方国有控股
13	601012.SH	隆基绿能	71.88	陕西省	非国有控股
14	600248.SH	陕建股份	70.91	陕西省	地方国有控股
15	000877.SZ	天山股份	70.87	新疆维吾尔自治区	中央国有控股
16	000981.SZ	山子股份	70.48	甘肃省	非国有控股

数据来源:浙江工商大学数字创新与管理研究院和首都经济贸易大学资产评估研究院整理。

5.6.4　数字化创新成果指数

2022 年西北地区 162 家传统产业上市公司的数字化创新成果指数平均水平为 56.77,低于全市场均值(61.62),其中最高的是陕鼓动力,数字化创新成果指数为 88.40。从本区域内省份分布来看,数字化创新成果指数平均水平最高的省份是陕西省(60.38),最低的是宁夏回族自治区(51.76),如图 5-29 所示。从指数分布来看,高于均值的有 74 家,占区域总数的 45.68%。其中,数字化创新成果指数在 60 以下的有 98 家,占比 60.49%;60—70 的有 45 家,占比 27.78%;70—80 的有 14 家,占比 8.64%;80 及以上的有 5 家,占比 3.09%。

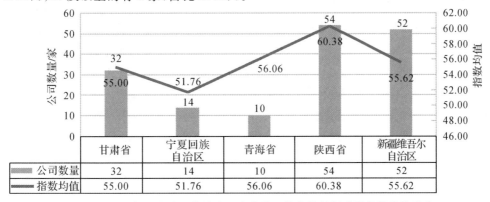

图 5-29　2022 年西北地区传统产业上市公司数字化创新成果指数均值分布

西北地区中,数字化创新成果指数排名前10%的传统产业上市公司情况如表5-29所示。

表 5-29   2022 年西北地区传统产业上市公司数字化创新成果指数排名前 10%情况

排名	公司代码	公司名称	数字化创新成果指数	省份	产权性质
1	601369.SH	陕鼓动力	88.40	陕西省	地方国有控股
2	300021.SZ	大禹节水	86.02	甘肃省	非国有控股
3	688333.SH	铂力特	85.41	陕西省	非国有控股
4	002202.SZ	金风科技	83.53	新疆维吾尔自治区	地方国有控股
5	600869.SH	远东股份	81.62	青海省	非国有控股
6	002799.SZ	环球印务	78.44	陕西省	地方国有控股
7	600545.SH	卓郎智能	78.29	新疆维吾尔自治区	非国有控股
8	603169.SH	兰石重装	78.14	甘肃省	地方国有控股
9	600089.SH	特变电工	75.86	新疆维吾尔自治区	非国有控股
10	000877.SZ	天山股份	74.80	新疆维吾尔自治区	中央国有控股
11	601225.SH	陕西煤业	74.19	陕西省	地方国有控股
12	300103.SZ	达刚控股	73.27	陕西省	非国有控股
13	688281.SH	华秦科技	72.60	陕西省	非国有控股
14	688269.SH	凯立新材	72.31	陕西省	地方国有控股
15	300581.SZ	晨曦航空	72.09	陕西省	非国有控股
16	300487.SZ	蓝晓科技	71.71	陕西省	非国有控股

数据来源:浙江工商大学数字创新与管理研究院和首都经济贸易大学资产评估研究院整理。

5.6.5   数字化创新绩效指数

2022 年西北地区 162 家传统产业上市公司的数字化创新绩效指数平均水平为54.81,低于全市场均值(55.86),其中最高的是隆基绿能,数字化创新绩效指数为98.94。从本区域内省份分布来看,数字化创新绩效指数平均水平最高的省份是陕西省(58.16),最低的是甘肃省(51.90),如图 5-30 所示。从指数分布来看,高于均值的有 81 家,占区域总数的 50.00%。其中,数字化创新绩效指数在 60 以下的有 108家,占比 66.67%;60—70 的有 36 家,占比 22.22%;70—80 的有 9 家,占比 5.56%;80 及以上的有 9 家,占比 5.56%。

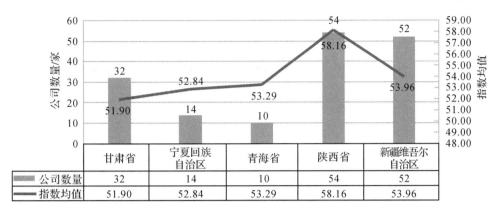

图 5-30   2022 年西北地区传统产业上市公司数字化创新绩效指数均值分布

西北地区中,数字化创新绩效指数排名前 10％的传统产业上市公司情况如表 5-30 所示。

表 5-30   2022 年西北地区传统产业上市公司数字化创新绩效指数排名前 10％情况

排名	公司代码	公司名称	数字化创新绩效指数	省份	产权性质
1	601012.SH	隆基绿能	98.94	陕西省	非国有控股
2	600893.SH	航发动力	88.77	陕西省	中央国有控股
3	600089.SH	特变电工	88.75	新疆维吾尔自治区	非国有控股
4	000408.SZ	藏格矿业	85.02	青海省	非国有控股
5	002202.SZ	金风科技	84.31	新疆维吾尔自治区	地方国有控股
6	600989.SH	宝丰能源	83.49	宁夏回族自治区	非国有控股
7	601225.SH	陕西煤业	83.12	陕西省	地方国有控股
8	000768.SZ	中航西飞	82.78	陕西省	中央国有控股
9	688122.SH	西部超导	82.66	陕西省	地方国有控股
10	600256.SH	广汇能源	77.91	新疆维吾尔自治区	非国有控股
11	300861.SZ	美畅股份	77.62	陕西省	非国有控股
12	000792.SZ	盐湖股份	77.28	青海省	地方国有控股
13	688303.SH	大全能源	76.54	新疆维吾尔自治区	非国有控股
14	000877.SZ	天山股份	74.99	新疆维吾尔自治区	中央国有控股
15	601369.SH	陕鼓动力	74.30	陕西省	地方国有控股
16	600339.SH	中油工程	73.66	新疆维吾尔自治区	中央国有控股

数据来源:浙江工商大学数字创新与管理研究院和首都经济贸易大学资产评估研究院整理。

5.7　西南地区传统产业上市公司数字化创新评价

截至 2022 年底,A 股市场西南地区共有传统产业上市公司 261 家,总市值 67,604.69 亿元,营业总收入 24,719.20 亿元,平均市值 259.02 亿元/家,平均营业收入 94.71 亿元/家。2022 年,西南地区传统产业上市公司研发投入合计 594.00 亿元,占营业总收入的比例为 2.40%;无形资产账面价值合计为 2,557.50 亿元,占总资产的比例为 6.75%。根据本报告分析口径,本部分对西南地区 261 家传统产业上市公司进行数字化创新指数评价,具体情况如下:

5.7.1　数字化创新综合指数

根据本报告评价,2022 年西南地区传统产业上市公司的数字化创新综合指数平均水平为 58.86,低于全市场平均水平(58.96),其中最高的是创维数字,数字化创新综合指数为 87.17。从本区域内省份分布来看,西南地区 261 家传统产业上市公司分布在 5 个省份,数字化创新综合指数平均水平最高的省份是四川省(59.99),最低的是西藏自治区(54.99),如图 5-31 所示。从指数分布来看,高于均值的有 123 家,占区域总数的 47.13%。其中,数字化创新综合指数在 60 以下的有 143 家,占比 54.79%;60—70 的有 75 家,占比 28.74%;70—80 的有 37 家,占比 14.18%;80 及以上的有 6 家,占比 2.30%。

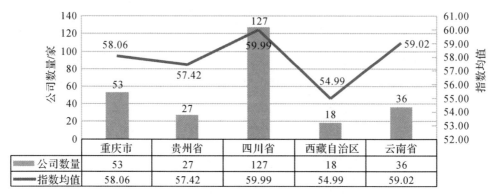

	重庆市	贵州省	四川省	西藏自治区	云南省
公司数量	53	27	127	18	36
指数均值	58.06	57.42	59.99	54.99	59.02

图 5-31　2022 年西南地区传统产业上市公司数字化创新综合指数均值分布

西南地区中,数字化创新综合指数排名前 10% 的传统产业上市公司情况如表 5-31 所示。

表 5-31　2022 年西南地区传统产业上市公司数字化创新综合指数排名前 10％情况

排名	公司代码	公司名称	数字化创新综合指数	省份	产权性质
1	000810.SZ	创维数字	87.17	四川省	非国有控股
2	000538.SZ	云南白药	83.69	云南省	地方国有控股
3	000625.SZ	长安汽车	83.44	重庆市	中央国有控股
4	300957.SZ	贝泰妮	82.76	云南省	非国有控股
5	300363.SZ	博腾股份	82.48	重庆市	非国有控股
6	688297.SH	中无人机	81.18	四川省	中央国有控股
7	600378.SH	昊华科技	79.75	四川省	中央国有控股
8	002466.SZ	天齐锂业	79.11	四川省	非国有控股
9	600880.SH	博瑞传播	77.87	四川省	地方国有控股
10	300142.SZ	沃森生物	77.68	云南省	非国有控股
11	600839.SH	四川长虹	77.57	四川省	地方国有控股
12	688222.SH	成都先导	77.49	四川省	非国有控股
13	002653.SZ	海思科	77.31	西藏自治区	非国有控股
14	000568.SZ	泸州老窖	77.20	四川省	地方国有控股
15	600875.SH	东方电气	76.97	四川省	中央国有控股
16	601965.SH	中国汽研	76.86	重庆市	中央国有控股
17	000801.SZ	四川九洲	76.55	四川省	地方国有控股
18	002422.SZ	科伦药业	75.99	四川省	非国有控股
19	300463.SZ	迈克生物	75.79	四川省	非国有控股
20	600459.SH	贵研铂业	75.69	云南省	地方国有控股
21	600096.SH	云天化	75.47	云南省	地方国有控股
22	603100.SH	川仪股份	75.40	重庆市	地方国有控股
23	002812.SZ	恩捷股份	74.67	云南省	非国有控股
24	300122.SZ	智飞生物	74.50	重庆市	非国有控股
25	603317.SH	天味食品	74.02	四川省	非国有控股
26	300432.SZ	富临精工	73.74	四川省	非国有控股

数据来源:浙江工商大学数字创新与管理研究院和首都经济贸易大学资产评估研究院整理。

5.7.2　数字化战略导向指数

2022 年西南地区 261 家传统产业上市公司的数字化战略导向指数平均水平为 61.37,高于全市场均值(60.97),其中最高的是贝泰妮,数字化战略导向指数为

95.69。从本区域内省份分布来看,数字化战略导向指数平均水平最高的省份是四川省(63.16),最低的是贵州省(57.37),如图5-32所示。从指数分布来看,高于均值的有127家,占区域总数的48.66%。其中,数字化战略导向指数在60以下的有127家,占比48.66%;60—70有55家,占比21.07%;70—80的有40家,占比15.33%;80及以上的有39家,占比14.94%。

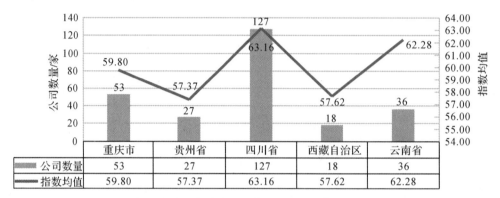

图5-32 2022年西南地区传统产业上市公司数字化战略导向指数均值分布

西南地区中,数字化战略导向指数排名前10%的传统产业上市公司情况如表5-32所示。

表5-32 2022年西南地区传统产业上市公司数字化战略导向指数排名前10%情况

排名	公司代码	公司名称	数字化战略导向指数	省份	产权性质
1	300957.SZ	贝泰妮	95.69	云南省	非国有控股
2	600839.SH	四川长虹	91.91	四川省	地方国有控股
3	000538.SZ	云南白药	91.54	云南省	地方国有控股
4	002653.SZ	海思科	91.24	西藏自治区	非国有控股
5	000810.SZ	创维数字	90.94	四川省	非国有控股
6	300463.SZ	迈克生物	90.10	四川省	非国有控股
7	688222.SH	成都先导	90.10	四川省	非国有控股
8	600096.SH	云天化	89.83	云南省	地方国有控股
9	000876.SZ	新希望	89.49	四川省	非国有控股
10	688070.SH	纵横股份	89.26	四川省	非国有控股
11	300937.SZ	药易购	88.66	四川省	非国有控股
12	002907.SZ	华森制药	88.34	重庆市	非国有控股
13	000625.SZ	长安汽车	88.24	重庆市	中央国有控股
14	601965.SH	中国汽研	88.22	重庆市	中央国有控股

排名	公司代码	公司名称	数字化战略导向指数	省份	产权性质
15	688297.SH	中无人机	87.98	四川省	中央国有控股
16	688528.SH	秦川物联	87.39	四川省	非国有控股
17	300780.SZ	德恩精工	86.98	四川省	非国有控股
18	300142.SZ	沃森生物	86.88	云南省	非国有控股
19	688302.SH	海创药业	86.87	四川省	非国有控股
20	600459.SH	贵研铂业	86.65	云南省	地方国有控股
21	300432.SZ	富临精工	86.55	四川省	非国有控股
22	300363.SZ	博腾股份	86.39	重庆市	非国有控股
23	688553.SH	汇宇制药	86.36	四川省	非国有控股
24	301336.SZ	趣睡科技	86.31	四川省	非国有控股
25	002927.SZ	泰永长征	85.48	贵州省	非国有控股
26	605266.SH	健之佳	85.02	云南省	非国有控股

数据来源:浙江工商大学数字创新与管理研究院和首都经济贸易大学资产评估研究院整理。

5.7.3　数字化要素投入指数

2022 年西南地区 261 家传统产业上市公司的数字化要素投入指数平均水平为 57.81,高于全市场均值(57.30),其中最高的是创维数字,数字化要素投入指数为 93.16。从本区域内省份分布来看,数字化要素投入指数平均水平最高的省份是四川省(59.23),最低的是西藏自治区(54.17),如图 5-33 所示。从指数分布来看,高于均值的有 121 家,占区域总数的 46.36%。其中,数字化要素投入指数在 60 以下的有 157 家,占比 60.15%;60—70 的有 60 家,占比 22.99%;70—80 的有 37 家,占比 14.18%;80 及以上的有 7 家,占比 2.68%。

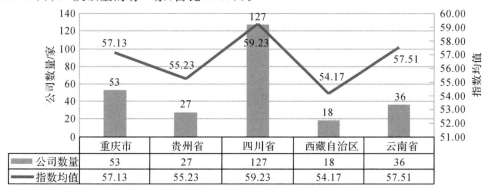

	重庆市	贵州省	四川省	西藏自治区	云南省
公司数量	53	27	127	18	36
指数均值	57.13	55.23	59.23	54.17	57.51

图 5-33　2022 年西南地区传统产业上市公司数字化要素投入指数均值分布

西南地区中,数字化要素投入指数排名前10%的传统产业上市公司情况如表5-33所示。

表5-33　2022年西南地区传统产业上市公司数字化要素投入指数排名前10%情况

排名	公司代码	公司名称	数字化要素投入指数	省份	产权性质
1	000810.SZ	创维数字	93.16	四川省	非国有控股
2	600880.SH	博瑞传播	86.34	四川省	地方国有控股
3	601965.SH	中国汽研	86.25	重庆市	中央国有控股
4	000801.SZ	四川九洲	83.44	四川省	地方国有控股
5	002653.SZ	海思科	83.03	西藏自治区	非国有控股
6	603100.SH	川仪股份	82.59	重庆市	地方国有控股
7	688297.SH	中无人机	81.46	四川省	中央国有控股
8	002390.SZ	信邦制药	79.72	贵州省	非国有控股
9	688222.SH	成都先导	79.18	四川省	非国有控股
10	600378.SH	昊华科技	77.74	四川省	中央国有控股
11	300564.SZ	筑博设计	76.69	西藏自治区	非国有控股
12	300370.SZ	安控科技	76.58	四川省	地方国有控股
13	000538.SZ	云南白药	76.55	云南省	地方国有控股
14	002023.SZ	海特高新	76.33	四川省	非国有控股
15	688070.SH	纵横股份	76.07	四川省	非国有控股
16	833873.BJ	中设咨询	75.76	重庆市	非国有控股
17	601208.SH	东材科技	75.72	四川省	非国有控股
18	002272.SZ	川润股份	75.58	四川省	非国有控股
19	688528.SH	秦川物联	75.46	四川省	非国有控股
20	000625.SZ	长安汽车	75.12	重庆市	中央国有控股
21	600459.SH	贵研铂业	74.93	云南省	地方国有控股
22	600497.SH	驰宏锌锗	74.79	云南省	中央国有控股
23	002466.SZ	天齐锂业	74.74	四川省	非国有控股
24	300471.SZ	厚普股份	74.53	四川省	非国有控股
25	600678.SH	四川金顶	74.30	四川省	地方国有控股
26	002422.SZ	科伦药业	74.28	四川省	非国有控股

数据来源:浙江工商大学数字创新与管理研究院和首都经济贸易大学资产评估研究院整理。

5.7.4 数字化创新成果指数

2022 年西南地区 261 家传统产业上市公司的数字化创新成果指数平均水平为 60.48,低于全市场均值(61.62),其中最高的是云南白药,数字化创新成果指数为 90.02。从本区域内省份分布来看,数字化创新成果指数平均水平最高的省份是四川省(62.04),最低的是西藏自治区(54.01),如图 5-34 所示。从指数分布来看,高于均值的有 127 家,占区域总数的 48.66%。其中,数字化创新成果指数在 60 以下的有 132 家,占比 50.57%;60—70 的有 66 家,占比 25.29%;70—80 的有 46 家,占比 17.62%;80 及以上的有 17 家,占比 6.51%。

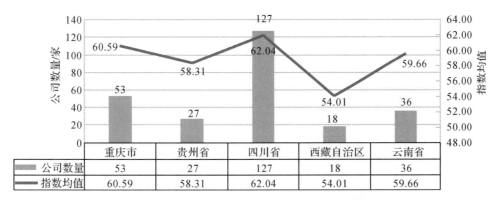

	重庆市	贵州省	四川省	西藏自治区	云南省
公司数量	53	27	127	18	36
指数均值	60.59	58.31	62.04	54.01	59.66

图 5-34　2022 年西南地区传统产业上市公司数字化创新成果指数均值分布

西南地区中,数字化创新成果指数排名前 10% 的传统产业上市公司情况如表 5-34 所示。

表 5-34　2022 年西南地区传统产业上市公司数字化创新成果指数排名前 10% 情况

排名	公司代码	公司名称	数字化创新成果指数	省份	产权性质
1	000538.SZ	云南白药	90.02	云南省	地方国有控股
2	000810.SZ	创维数字	89.87	四川省	非国有控股
3	688222.SH	成都先导	89.40	四川省	非国有控股
4	688297.SH	中无人机	86.69	四川省	中央国有控股
5	300363.SZ	博腾股份	86.55	重庆市	非国有控股
6	600378.SH	昊华科技	85.31	四川省	中央国有控股
7	603100.SH	川仪股份	84.20	重庆市	地方国有控股
8	688117.SH	圣诺生物	84.10	四川省	非国有控股
9	603317.SH	天味食品	84.07	四川省	非国有控股
10	600880.SH	博瑞传播	82.37	四川省	地方国有控股
11	600839.SH	四川长虹	82.36	四川省	地方国有控股

续　表

排名	公司代码	公司名称	数字化创新成果指数	省份	产权性质
12	301311.SZ	昆船智能	81.73	云南省	中央国有控股
13	300370.SZ	安控科技	81.53	四川省	地方国有控股
14	300470.SZ	中密控股	80.94	四川省	地方国有控股
15	688070.SH	纵横股份	80.91	四川省	非国有控股
16	688528.SH	秦川物联	80.52	四川省	非国有控股
17	002466.SZ	天齐锂业	80.35	四川省	非国有控股
18	000876.SZ	新希望	79.77	四川省	非国有控股
19	000625.SZ	长安汽车	79.48	重庆市	中央国有控股
20	300780.SZ	德恩精工	79.29	四川省	非国有控股
21	688239.SH	航宇科技	79.16	贵州省	非国有控股
22	300463.SZ	迈克生物	79.01	四川省	非国有控股
23	000801.SZ	四川九洲	78.28	四川省	地方国有控股
24	002287.SZ	奇正藏药	78.19	西藏自治区	非国有控股
25	002927.SZ	泰永长征	78.04	贵州省	非国有控股
26	605266.SH	健之佳	77.42	云南省	非国有控股

数据来源:浙江工商大学数字创新与管理研究院和首都经济贸易大学资产评估研究院整理。

5.7.5　数字化创新绩效指数

2022 年西南地区 261 家传统产业上市公司的数字化创新绩效指数平均水平为56.20,高于全市场均值(55.86),其中最高的是五粮液,数字化创新绩效指数为94.74。从本区域内省份分布来看,数字化创新绩效指数平均水平最高的省份是贵州省(58.02),最低的是重庆市(54.75),如图 5-35 所示。从指数分布来看,高于均值的有 131 家,占区域总数的 50.19%。其中,数字化创新绩效指数在 60 以下的有 157家,占比 60.15%;60—70 的有 61 家,占比 23.37%;70—80 的有 25 家,占比 9.58%;80 及以上的有 18 家,占比 6.90%。

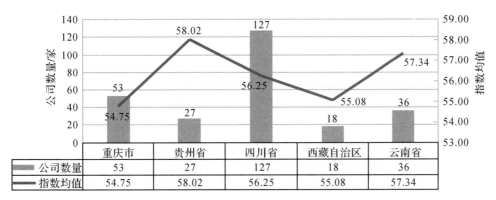

图 5-35　2022 年西南地区传统产业上市公司数字化创新绩效指数均值分布

西南地区中,数字化创新绩效指数排名前 10％的传统产业上市公司情况如表 5-35 所示。

表 5-35　2022 年西南地区传统产业上市公司数字化创新绩效指数排名前 10％情况

排名	公司代码	公司名称	数字化创新绩效指数	省份	产权性质
1	000858.SZ	五粮液	94.74	四川省	地方国有控股
2	600875.SH	东方电气	94.53	四川省	中央国有控股
3	600438.SH	通威股份	92.98	四川省	非国有控股
4	002812.SZ	恩捷股份	91.13	云南省	非国有控股
5	000625.SZ	长安汽车	90.97	重庆市	中央国有控股
6	300957.SZ	贝泰妮	89.69	云南省	非国有控股
7	600025.SH	华能水电	88.65	云南省	中央国有控股
8	600765.SH	中航重机	86.30	贵州省	中央国有控股
9	600132.SH	重庆啤酒	85.99	重庆市	非国有控股
10	300122.SZ	智飞生物	85.90	重庆市	非国有控股
11	600779.SH	水井坊	85.45	四川省	非国有控股
12	000568.SZ	泸州老窖	84.53	四川省	地方国有控股
13	600519.SH	贵州茅台	84.34	贵州省	地方国有控股
14	300142.SZ	沃森生物	82.51	云南省	非国有控股
15	300363.SZ	博腾股份	82.18	重庆市	非国有控股
16	600039.SH	四川路桥	81.51	四川省	地方国有控股
17	002466.SZ	天齐锂业	80.55	四川省	非国有控股
18	600995.SH	南网储能	80.51	云南省	中央国有控股
19	300841.SZ	康华生物	78.21	四川省	非国有控股

续　表

排名	公司代码	公司名称	数字化创新绩效指数	省份	产权性质
20	000810.SZ	创维数字	77.46	四川省	非国有控股
21	600674.SH	川投能源	77.37	四川省	地方国有控股
22	600378.SH	昊华科技	77.22	四川省	中央国有控股
23	600096.SH	云天化	77.12	云南省	地方国有控股
24	000538.SZ	云南白药	76.73	云南省	地方国有控股
25	603317.SH	天味食品	76.55	四川省	非国有控股
26	600702.SH	舍得酒业	76.55	四川省	非国有控股

数据来源:浙江工商大学数字创新与管理研究院和首都经济贸易大学资产评估研究院整理。

6 传统产业上市公司数字化创新评价：省份评价

近年来,各省份采取多种举措,助力传统产业上市公司数字化创新,但各省份数字化创新生态环境存在一定差异,导致各省份传统产业上市公司的数字化创新投入和产出也有所差异。本章从省份维度,对北京市、广东省、浙江省、江苏省、上海市、山东省、河南省等 31 个省份的传统产业上市公司数字化创新综合指数、数字化战略导向指数、数字化要素投入指数、数字化创新成果指数和数字化创新绩效指数进行评价,以期有助于广大市场参与者对不同省份传统产业上市公司的数字化创新程度和绩效表现进行分析和判断。

6.1 安徽省传统产业上市公司数字化创新评价

截至 2022 年底,A 股市场安徽省共有传统产业上市公司 131 家,总市值 15,013.95 亿元,营业总收入 12,045.49 亿元,平均市值 114.61 亿元/家,平均营业收入 91.95 亿元/家。2022 年,安徽省传统产业上市公司研发投入合计 352.93 亿元,占营业总收入的比例为 2.93％;无形资产账面价值合计 1,192.73 亿元,占总资产的比例为 7.13％。根据本报告分析口径,本部分对安徽省 131 家传统产业上市公司进行数字化创新指数评价,具体情况如下:

6.1.1 数字化创新综合指数

根据本报告评价,2022 年安徽省传统产业上市公司的数字化创新综合指数平均水平为 58.17,低于全市场平均水平(58.96)。如图 6-1 所示,从省内城市分布来看,安徽省 131 家传统产业上市公司分布在 15 个省内城市,合肥市上市公司数量最多(59 家),数字化创新综合指数平均水平为 60.92。从指数分布来看,高于均值的有 62 家,占全省总数的 47.33％。其中最高的是阳光电源,数字化创新综合指数为 89.57。具体来看,数字化创新综合指数在 60 以下的有 77 家,占比 58.78％;60—70 的有 40 家,占比 30.53％;70—80 的有 12 家,占比 9.16％;80 及以上的有 2 家,占比 1.53％。

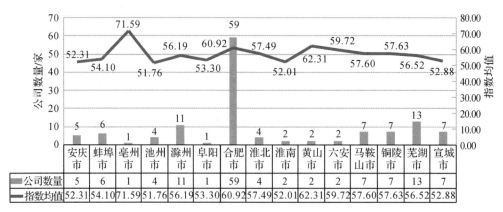

图6-1　2022年安徽省传统产业上市公司数字化创新综合指数均值分布

安徽省数字化创新综合指数排名前10%的传统产业上市公司情况如表6-1所示。

表6-1　2022年安徽省传统产业上市公司数字化创新综合指数排名前10%情况

排名	公司代码	公司名称	数字化创新综合指数	所在城市
1	300274.SZ	阳光电源	89.57	合肥市
2	301129.SZ	瑞纳智能	80.92	合肥市
3	603801.SH	志邦家居	77.64	合肥市
4	002690.SZ	美亚光电	76.59	合肥市
5	688162.SH	巨一科技	76.43	合肥市
6	603031.SH	安孚科技	75.14	合肥市
7	688768.SH	容知日新	73.84	合肥市
8	688551.SH	科威尔	72.42	合肥市
9	300595.SZ	欧普康视	71.93	合肥市
10	002074.SZ	国轩高科	71.75	合肥市
11	000596.SZ	古井贡酒	71.59	亳州市
12	603011.SH	合锻智能	70.24	合肥市
13	002171.SZ	楚江新材	70.08	芜湖市

数据来源:浙江工商大学数字创新与管理研究院和首都经济贸易大学资产评估研究院整理。

6.1.2　数字化战略导向指数

2022年安徽省131家传统产业上市公司的数字化战略导向指数平均水平为59.38,低于全市场平均水平(60.97)。如图6-2所示,从省内城市分布来看,合肥市数字化战略导向指数平均水平为62.67,均值最低的是宣城市(50.02)。从指数分布来看,高于均值的有 65 家,占全省总数的 49.62%。其中,数字化战略导向指数在 60 以下的有 69 家,占比 52.67%;60—70 的有 23 家,占比 17.56%;70—80 的有 26 家,占比 19.85%;80 及以上的有 13 家,占比 9.92%。

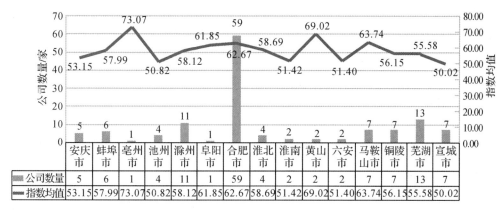

图 6-2　2022 年安徽省传统产业上市公司数字化战略导向指数均值分布

安徽省数字化战略导向指数排名前 10% 的传统产业上市公司情况如表 6-2 所示。

表 6-2　2022 年安徽省传统产业上市公司数字化战略导向指数排名前 10% 情况

排名	公司代码	公司名称	数字化战略导向指数	所在城市
1	301129.SZ	瑞纳智能	90.00	合肥市
2	688165.SH	埃夫特	88.96	芜湖市
3	688162.SH	巨一科技	88.81	合肥市
4	300274.SZ	阳光电源	88.39	合肥市
5	688551.SH	科威尔	87.26	合肥市
6	688768.SH	容知日新	86.50	合肥市
7	603801.SH	志邦家居	84.45	合肥市
8	688367.SH	工大高科	83.06	合肥市
9	600808.SH	马钢股份	81.16	马鞍山市
10	603031.SH	安孚科技	80.99	合肥市
11	002557.SZ	洽洽食品	80.97	合肥市
12	002690.SZ	美亚光电	80.85	合肥市
13	600054.SH	黄山旅游	80.10	黄山市

数据来源:浙江工商大学数字创新与管理研究院和首都经济贸易大学资产评估研究院整理。

6.1.3 数字化要素投入指数

2022 年安徽省 131 家传统产业上市公司的数字化要素投入指数平均水平为 57.46,高于全市场平均水平(57.30)。如图 6-3 所示,从省内城市分布来看,数字化要素投入指数平均水平最高的是合肥市(60.71),最低的是蚌埠市(49.04)。从指数分布来看,高于均值的有 63 家,占全省总数的 48.09%。其中,数字化要素投入指数在 60 以下的有 83 家,占比 63.36%;60—70 的有 35 家,占比 26.72%;70—80 的有 12 家,占比 9.16%;80 及以上的有 1 家,占比 0.76%。

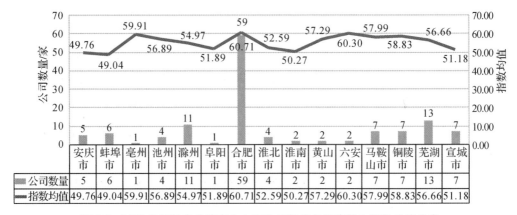

	安庆市	蚌埠市	亳州市	池州市	滁州市	阜阳市	合肥市	淮北市	淮南市	黄山市	六安市	马鞍山市	铜陵市	芜湖市	宣城市
公司数量	5	6	1	4	11	1	59	4	2	2	2	7	7	13	7
指数均值	49.76	49.04	59.91	56.89	54.97	51.89	60.71	52.59	50.27	57.29	60.30	57.99	58.83	56.66	51.18

图 6-3　2022 年安徽省传统产业上市公司数字化要素投入指数均值分布

安徽省数字化要素投入指数排名前 10% 的传统产业上市公司情况如表 6-3 所示。

表 6-3　2022 年安徽省传统产业上市公司数字化要素投入指数排名前 10% 情况

排名	公司代码	公司名称	数字化要素投入指数	所在城市
1	301129.SZ	瑞纳智能	81.47	合肥市
2	300274.SZ	阳光电源	79.93	合肥市
3	688162.SH	巨一科技	77.96	合肥市
4	688768.SH	容知日新	77.85	合肥市
5	688367.SH	工大高科	77.79	合肥市
6	688165.SH	埃夫特	77.10	芜湖市
7	002690.SZ	美亚光电	76.73	合肥市
8	603031.SH	安孚科技	76.71	合肥市
9	603656.SH	泰禾智能	76.45	合肥市
10	688551.SH	科威尔	75.34	合肥市
11	600577.SH	精达股份	72.28	铜陵市

排名	公司代码	公司名称	数字化要素投入指数	所在城市
12	688600.SH	皖仪科技	71.12	合肥市
13	603815.SH	交建股份	70.88	合肥市

数据来源:浙江工商大学数字创新与管理研究院和首都经济贸易大学资产评估研究院整理。

6.1.4　数字化创新成果指数

2022 年安徽省 131 家传统产业上市公司的数字化创新成果指数平均水平为 61.03,略低于全市场平均水平(61.62)。如图 6-4 所示,从省内城市分布来看,合肥市数字化创新成果指数平均水平为 63.81,芜湖市数字化创新成果指数平均水平为 59.31。从指数分布来看,高于均值的有 60 家,占全省总数的 45.80%。其中,数字化创新成果指数在 60 以下的有 68 家,占比 51.91%;60—70 的有 37 家,占比 28.24%;70—80 的有 20 家,占比 15.27%;80 及以上的有 6 家,占比 4.58%。

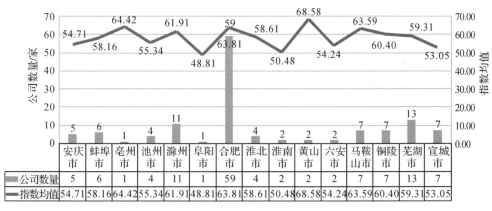

图 6-4　2022 年安徽省传统产业上市公司数字化创新成果指数均值分布

安徽省数字化创新成果指数排名前 10% 的传统产业上市公司情况如表 6-4 所示。

表 6-4　2022 年安徽省传统产业上市公司数字化创新成果指数排名前 10% 情况

排名	公司代码	公司名称	数字化创新成果指数	所在城市
1	688162.SH	巨一科技	89.12	合肥市
2	300274.SZ	阳光电源	88.63	合肥市
3	688165.SH	埃夫特	88.18	芜湖市
4	603801.SH	志邦家居	86.44	合肥市
5	301129.SZ	瑞纳智能	86.02	合肥市

续　表

排名	公司代码	公司名称	数字化创新成果指数	所在城市
6	688367.SH	工大高科	80.34	合肥市
7	603031.SH	安孚科技	79.94	合肥市
8	688768.SH	容知日新	79.61	合肥市
9	000521.SZ	长虹美菱	79.12	合肥市
10	688551.SH	科威尔	79.03	合肥市
11	002171.SZ	楚江新材	78.64	芜湖市
12	603011.SH	合锻智能	77.00	合肥市
13	600761.SH	安徽合力	76.90	合肥市

数据来源:浙江工商大学数字创新与管理研究院和首都经济贸易大学资产评估研究院整理。

6.1.5　数字化创新绩效指数

2022 年安徽省 131 家传统产业上市公司的数字化创新绩效指数平均水平为 54.65,低于全市场平均水平(55.86)。如图 6-5 所示,从省内城市分布来看,合肥市数字化创新绩效指数平均水平为 56.68,平均水平最低的是池州市(44.58)。从指数分布来看,高于均值的有 66 家,占全省总数的 50.38%。其中,数字化创新绩效指数在 60 以下的有 90 家,占比 68.70%;60—70 的有 29 家,占比 22.14%;70—80 的有 8 家,占比 6.11%;80 及以上的有 4 家,占比 3.05%。

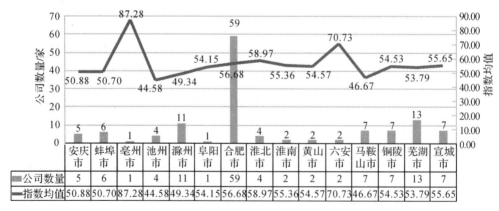

图 6-5　2022 年安徽省传统产业上市公司数字化创新绩效指数均值分布

安徽省数字化创新绩效指数排名前 10% 的传统产业上市公司情况如表 6-5 所示。

表 6-5　2022 年安徽省传统产业上市公司数字化创新绩效指数排名前 10% 情况

排名	公司代码	公司名称	数字化创新绩效指数	所在城市
1	300274.SZ	阳光电源	98.30	合肥市
2	000596.SZ	古井贡酒	87.28	亳州市
3	603596.SH	伯特利	85.49	芜湖市
4	002074.SZ	国轩高科	80.26	合肥市
5	002690.SZ	美亚光电	79.40	合肥市
6	603198.SH	迎驾贡酒	79.30	六安市
7	600063.SH	皖维高新	76.15	合肥市
8	300595.SZ	欧普康视	73.99	合肥市
9	600585.SH	海螺水泥	73.89	芜湖市
10	000887.SZ	中鼎股份	71.86	宣城市
11	603589.SH	口子窖	71.41	淮北市
12	002557.SZ	洽洽食品	70.78	合肥市
13	301129.SZ	瑞纳智能	69.09	合肥市

数据来源:浙江工商大学数字创新与管理研究院和首都经济贸易大学资产评估研究院整理。

6.2　北京市传统产业上市公司数字化创新评价

截至 2022 年底,A 股市场北京市共有传统产业上市公司 248 家,总市值 77,918.03 亿元,营业总收入 169,554.16 亿元,平均市值 314.19 亿元/家,平均营业收入 683.69 亿元/家。2022 年,北京市传统产业上市公司研发投入合计 3,315.28 亿元,占营业总收入的比例为 1.96%;无形资产账面价值合计为 15,395.26 亿元,占总资产的比例为 6.93%。根据本报告分析口径,本部分对北京市 248 家传统产业上市公司进行数字化创新指数评价,具体情况如下:

6.2.1　数字化创新综合指数

根据本报告评价,2022 年北京市传统产业上市公司的数字化创新综合指数平均水平为 63.40,高于全市场平均水平(58.96)。如图 6-6 所示,从市内各区分布来看,北京市 248 家传统产业上市公司分布在 14 个市内行政区,海淀区上市公司数量最多,数字化创新综合指数平均水平为 63.04,数字化创新综合指数平均水平最高的是昌平区(67.74),最低的是密云区(52.38)。从指数分布来看,高于均值的有122家,占市内总数的49.19%。其中最高的是康龙化成,数字化创新综合指数为85.95。具体来看,数字化创新综合指数在60以下的有91家,占比36.69%;60—70的有90家,占比36.29%;70—80的有58家,占比23.39%;80及以上的有9家,占比3.63%。

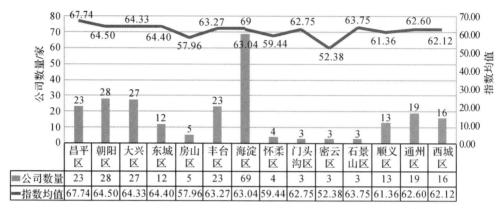

图 6-6　2022 年北京市传统产业上市公司数字化创新综合指数均值分布

北京市数字化创新综合指数排名前 10% 的传统产业上市公司情况如表 6-6 所示。

表 6-6　2022 年北京市传统产业上市公司数字化创新综合指数排名前 10% 情况

排名	公司代码	公司名称	数字化创新综合指数	所在辖区
1	300759.SZ	康龙化成	85.95	大兴区
2	688009.SH	中国通号	84.98	丰台区
3	600031.SH	三一重工	84.30	昌平区
4	603392.SH	万泰生物	83.94	昌平区
5	601766.SH	中国中车	83.22	海淀区
6	002271.SZ	东方雨虹	82.49	顺义区
7	688349.SH	三一重能	82.05	昌平区
8	603025.SH	大豪科技	80.68	朝阳区
9	300003.SZ	乐普医疗	80.67	昌平区
10	600764.SH	中国海防	79.83	海淀区
11	002819.SZ	东方中科	79.82	海淀区
12	600528.SH	中铁工业	79.65	丰台区
13	601668.SH	中国建筑	79.49	海淀区
14	600166.SH	福田汽车	79.38	昌平区

排名	公司代码	公司名称	数字化创新综合指数	所在辖区
15	601186.SH	中国铁建	79.34	海淀区
16	601868.SH	中国能建	78.50	朝阳区
17	300662.SZ	科锐国际	78.45	朝阳区
18	300825.SZ	阿尔特	78.12	大兴区
19	300810.SZ	中科海讯	78.07	海淀区
20	601598.SH	中国外运	77.94	海淀区
21	300073.SZ	当升科技	77.22	丰台区
22	002612.SZ	朗姿股份	76.98	顺义区
23	601800.SH	中国交建	76.88	西城区
24	600582.SH	天地科技	76.79	朝阳区

数据来源:浙江工商大学数字创新与管理研究院和首都经济贸易大学资产评估研究院整理。

6.2.2　数字化战略导向指数

2022 年北京市 248 家传统产业上市公司的数字化战略导向指数平均水平为 67.13,高于全市场平均水平(60.97)。如图 6-7 所示,从市内各区分布来看,数字化战略导向指数平均水平最高的是昌平区(73.30),最低的是西城区(68.16)。从指数分布来看,高于均值的有 125 家,占市内总数的 50.40%。其中,数字化战略导向指数在 60 以下的有 79 家,占比 31.85%;60—70 的有 56 家,占比 22.58%;70—80 的有 51 家,占比 20.56%;80 及以上的有 62 家,占比 25.00%。

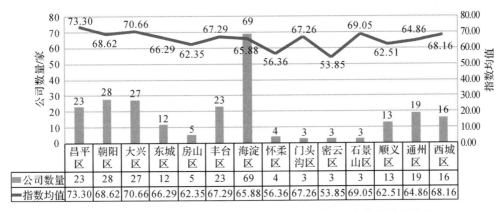

图 6-7　2022 年北京市传统产业上市公司数字化战略导向指数均值分布

北京市数字化战略导向指数排名前 10% 的传统产业上市公司情况如表 6-7 所示。

表 6-7　2022 年北京市传统产业上市公司数字化战略导向指数排名前 10%情况

排名	公司代码	公司名称	数字化战略导向指数	所在辖区
1	688349.SH	三一重能	95.10	昌平区
2	300759.SZ	康龙化成	93.81	大兴区
3	300662.SZ	科锐国际	93.38	朝阳区
4	688009.SH	中国通号	92.89	丰台区
5	688315.SH	诺禾致源	92.08	昌平区
6	300003.SZ	乐普医疗	91.90	昌平区
7	300825.SZ	阿尔特	91.74	大兴区
8	601598.SH	中国外运	91.57	海淀区
9	688658.SH	悦康药业	91.29	大兴区
10	603025.SH	大豪科技	91.13	朝阳区
11	688520.SH	神州细胞	90.39	通州区
12	688015.SH	交控科技	90.11	丰台区
13	600166.SH	福田汽车	90.03	昌平区
14	002271.SZ	东方雨虹	88.33	顺义区
15	688597.SH	煜邦电力	88.29	昌平区
16	600764.SH	中国海防	87.96	海淀区
17	688466.SH	金科环境	87.89	朝阳区
18	301080.SZ	百普赛斯	87.79	大兴区
19	301276.SZ	嘉曼服饰	87.67	石景山区
20	601766.SH	中国中车	87.66	海淀区
21	300810.SZ	中科海讯	87.55	海淀区
22	600008.SH	首创环保	87.48	西城区
23	300667.SZ	必创科技	87.25	海淀区
24	300005.SZ	探路者	86.90	通州区

数据来源:浙江工商大学数字创新与管理研究院和首都经济贸易大学资产评估研究院整理。

6.2.3　数字化要素投入指数

2022 年北京市 248 家传统产业上市公司的数字化要素投入指数平均水平为 62.18,高于全市场平均水平(57.30)。如图 6-8 所示,从市内各区分布来看,数字化要素投入指数平均水平最高的是门头沟区(68.12),最低的是密云区(50.16)。从指数分布来看,高于均值的有 124 家,占市内总数的 50.00%。其中,数字化要素投入指数在 60 以下的有 114 家,占比 45.97%;60—70 的有 70 家,占比 28.23%;70—80 的有 54 家,占比 21.77%;80 及以上的有 10 家,占比 4.03%。

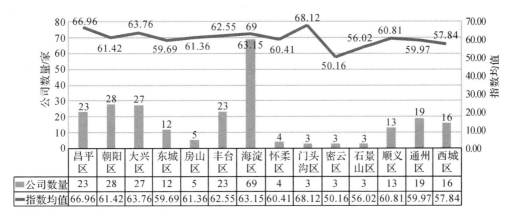

图 6-8　2022 年北京市传统产业上市公司数字化要素投入指数均值分布

北京市数字化要素投入指数排名前 10% 的传统产业上市公司情况如表 6-8 所示。

表 6-8　2022 年北京市传统产业上市公司数字化要素投入指数排名前 10%情况

排名	公司代码	公司名称	数字化要素投入指数	所在辖区
1	002819.SZ	东方中科	87.44	海淀区
2	600166.SH	福田汽车	87.30	昌平区
3	600730.SH	中国高科	87.25	顺义区
4	002051.SZ	中工国际	85.96	海淀区
5	688009.SH	中国通号	83.71	丰台区
6	603025.SH	大豪科技	81.71	朝阳区
7	300759.SZ	康龙化成	81.14	大兴区
8	300003.SZ	乐普医疗	80.69	昌平区
9	688015.SH	交控科技	80.27	丰台区
10	300825.SZ	阿尔特	80.24	大兴区
11	300065.SZ	海兰信	79.35	海淀区
12	601668.SH	中国建筑	78.57	海淀区
13	688520.SH	神州细胞	78.44	通州区
14	002658.SZ	雪迪龙	78.36	昌平区
15	300810.SZ	中科海讯	77.94	海淀区

排名	公司代码	公司名称	数字化要素投入指数	所在辖区
16	688597.SH	煜邦电力	77.90	昌平区
17	300593.SZ	新雷能	77.47	昌平区
18	600764.SH	中国海防	77.07	海淀区
19	688349.SH	三一重能	76.95	昌平区
20	600405.SH	动力源	76.82	丰台区
21	300667.SZ	必创科技	76.69	海淀区
22	600031.SH	三一重工	76.64	昌平区
23	603392.SH	万泰生物	75.92	昌平区
24	603060.SH	国检集团	75.62	朝阳区

数据来源:浙江工商大学数字创新与管理研究院和首都经济贸易大学资产评估研究院整理。

6.2.4　数字化创新成果指数

2022年北京市248家传统产业上市公司的数字化创新成果指数平均水平为65.54,高于全市场平均水平(61.62)。如图6-9所示,从市内各区分布来看,数字化创新成果指数平均水平最高的是昌平区(70.04),最低的是密云区(49.10)。从指数分布来看,高于均值的有130家,占市内总数的52.42%。其中,数字化创新成果指数在60以下的有85家,占比34.27%;60—70的有79家,占比31.85%;70—80的有51家,占比20.56%;80及以上的有33家,占比13.31%。

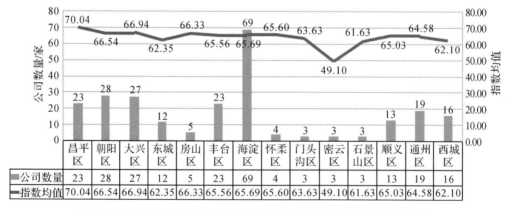

	昌平区	朝阳区	大兴区	东城区	房山区	丰台区	海淀区	怀柔区	门头沟区	密云区	石景山区	顺义区	通州区	西城区
公司数量	23	28	27	12	5	23	69	4	3	3	3	13	19	16
指数均值	70.04	66.54	66.94	62.35	66.33	65.56	65.69	65.60	63.63	49.10	61.63	65.03	64.58	62.10

图6-9　2022年北京市传统产业上市公司数字化创新成果指数均值分布

北京市数字化创新成果指数排名前10%的传统产业上市公司情况如表6-9所示。

表 6-9　2022 年北京市传统产业上市公司数字化创新成果指数排名前 10%情况

排名	公司代码	公司名称	数字化创新成果指数	所在辖区
1	300759.SZ	康龙化成	90.40	大兴区
2	688349.SH	三一重能	89.51	昌平区
3	600528.SH	中铁工业	88.93	丰台区
4	601598.SH	中国外运	87.34	海淀区
5	300430.SZ	诚益通	87.12	大兴区
6	002271.SZ	东方雨虹	86.55	顺义区
7	601226.SH	华电重工	86.33	丰台区
8	300667.SZ	必创科技	86.21	海淀区
9	688236.SH	春立医疗	85.61	通州区
10	688315.SH	诺禾致源	85.32	昌平区
11	688009.SH	中国通号	85.29	丰台区
12	600405.SH	动力源	85.09	丰台区
13	300688.SZ	创业黑马	84.94	朝阳区
14	300003.SZ	乐普医疗	84.79	昌平区
15	300810.SZ	中科海讯	84.60	海淀区
16	300445.SZ	康斯特	84.27	海淀区
17	600764.SH	中国海防	84.27	海淀区
18	688015.SH	交控科技	83.62	丰台区
19	600008.SH	首创环保	83.61	西城区
20	300662.SZ	科锐国际	83.60	朝阳区
21	002612.SZ	朗姿股份	83.16	顺义区
22	603025.SH	大豪科技	82.89	朝阳区
23	300005.SZ	探路者	82.53	通州区
24	300010.SZ	*ST 豆神	82.53	门头沟区

数据来源:浙江工商大学数字创新与管理研究院和首都经济贸易大学资产评估研究院整理。

6.2.5　数字化创新绩效指数

2022 年北京市 248 家传统产业上市公司的数字化创新绩效指数平均水平为 59.54,高于全市场平均水平(55.86)。如图 6-10 所示,从市内各区分布来看,数字化创新绩效指数平均水平最高的是东城区(68.96),最低的是房山区(43.22)。从指数分布来看,高于均值的有 124 家,占市内总数的 50.00%。其中,数字化创新绩效指数在 60 以下的有 128 家,占比 51.61%;60—70 的有 61 家,占比 24.60%;70—80 的有 38 家,占比 15.32%;80 及以上的有 21 家,占比 8.47%。

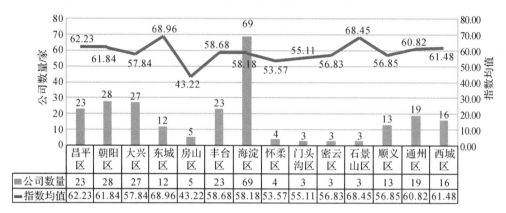

图 6-10　2022 年北京市传统产业上市公司数字化创新绩效指数均值分布

北京市数字化创新绩效指数排名前 10% 的传统产业上市公司情况如表 6-10 所示。

表 6-10　2022 年北京市传统产业上市公司数字化创新绩效指数排名前 10% 情况

排名	公司代码	公司名称	数字化创新绩效指数	所在辖区
1	300896.SZ	爱美客	94.17	昌平区
2	600031.SH	三一重工	93.95	昌平区
3	601766.SH	中国中车	91.39	海淀区
4	601668.SH	中国建筑	90.11	海淀区
5	603392.SH	万泰生物	90.01	昌平区
6	601800.SH	中国交建	87.81	西城区
7	600886.SH	国投电力	87.78	西城区
8	601618.SH	中国中冶	87.74	朝阳区
9	601669.SH	中国电建	86.87	海淀区
10	601888.SH	中国中免	84.75	东城区
11	600299.SH	安迪苏	84.45	海淀区
12	601390.SH	中国中铁	84.39	丰台区
13	601117.SH	中国化学	84.33	东城区
14	601898.SH	中煤能源	83.92	朝阳区
15	601186.SH	中国铁建	83.79	海淀区
16	600900.SH	长江电力	83.72	海淀区

排名	公司代码	公司名称	数字化创新绩效指数	所在辖区
17	002271.SZ	东方雨虹	83.27	顺义区
18	601868.SH	中国能建	83.14	朝阳区
19	300073.SZ	当升科技	82.97	丰台区
20	688009.SH	中国通号	80.67	丰台区
21	600085.SH	同仁堂	80.18	大兴区
22	601126.SH	四方股份	79.95	海淀区
23	600905.SH	三峡能源	79.79	通州区
24	601857.SH	中国石油	79.69	东城区

数据来源:浙江工商大学数字创新与管理研究院和首都经济贸易大学资产评估研究院整理。

6.3　重庆市传统产业上市公司数字化创新评价

　　截至 2022 年底,A 股市场重庆市共有传统产业上市公司 53 家,总市值 7,189.18 亿元,营业总收入 5,181.37 亿元,平均市值 135.64 亿元/家,平均营业收入 97.76 亿元/家。2022 年,重庆市传统产业上市公司研发投入合计 137.29 亿元,占营业总收入的比例为 2.65%;无形资产账面价值合计 515.95 亿元,占总资产的比例为 6.80%。根据本报告分析口径,本部分对重庆市 53 家传统产业上市公司进行数字化创新指数评价,具体情况如下:

6.3.1　数字化创新综合指数

　　根据本报告评价,2022 年重庆市传统产业上市公司的数字化创新综合指数平均水平为 58.06,略低于全市场平均水平(58.96)。如图 6-11 所示,从市内各区分布来看,重庆市 53 家传统产业上市公司分布在 16 个市内行政区,渝北区上市公司数量最多,数字化创新综合指数平均水平为 61.35。从指数分布来看,高于均值的有 27 家,占市内总数的 50.94%。其中最高的是长安汽车,数字化创新综合指数为 83.44。具体来看,数字化创新综合指数在 60 以下的有 29 家,占比 54.72%;60—70 的有 16 家,占比 30.19%;70—80 的有 6 家,占比 11.32%;80 及以上的有 2 家,占比 3.77%。

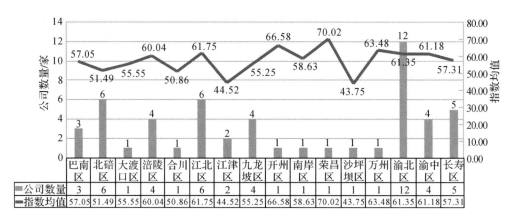

图 6-11　2022 年重庆市传统产业上市公司数字化创新综合均值分布

重庆市数字化创新综合指数排名前 10 的传统产业上市公司情况如表 6-11 所示。

表 6-11　2022 年重庆市传统产业上市公司数字化创新综合指数排名前 10 情况

排名	公司代码	公司名称	数字化创新综合指数	所在辖区
1	000625.SZ	长安汽车	83.44	江北区
2	300363.SZ	博腾股份	82.48	长寿区
3	601965.SH	中国汽研	76.86	渝北区
4	603100.SH	川仪股份	75.40	北碚区
5	300122.SZ	智飞生物	74.50	江北区
6	000591.SZ	太阳能	73.22	渝中区
7	600129.SH	太极集团	72.59	涪陵区
8	002907.SZ	华森制药	70.02	荣昌区
9	600132.SH	重庆啤酒	69.37	渝北区
10	002004.SZ	华邦健康	69.12	渝北区

数据来源:浙江工商大学数字创新与管理研究院和首都经济贸易大学资产评估研究院整理。

6.3.2　数字化战略导向指数

2022 年重庆市 53 家传统产业上市公司的数字化战略导向指数平均水平为 59.80,低于全市场平均水平(60.97)。如图 6-12 所示,从市内各区分布来看,渝北区数字化战略导向指数平均水平为 66.71。从指数分布来看,高于均值的有 27 家,占市内总数的 50.94%。其中,数字化战略导向指数在 60 以下的有 27 家,占比 50.94%;60—70 的有 10 家,占比 18.87%;70—80 的有 8 家,占比 15.09%;80 及以上的有 8 家,占比 15.09%。

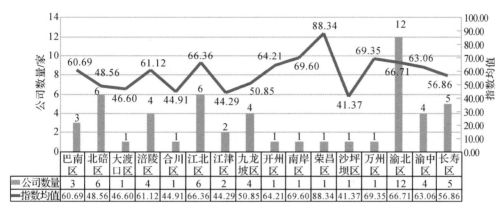

图 6-12　2022 年重庆市传统产业上市公司数字化战略导向指数均值分布

重庆市数字化战略导向指数排名前 10 的传统产业上市公司情况如表 6-12 所示。

表 6-12　2022 年重庆市传统产业上市公司数字化战略导向指数排名前 10 情况

排名	公司代码	公司名称	数字化战略导向指数	所在辖区
1	002907.SZ	华森制药	88.34	荣昌区
2	000625.SZ	长安汽车	88.24	江北区
3	601965.SH	中国汽研	88.22	渝北区
4	300363.SZ	博腾股份	86.39	长寿区
5	300122.SZ	智飞生物	84.65	江北区
6	600129.SH	太极集团	83.38	涪陵区
7	002004.SZ	华邦健康	82.82	渝北区
8	000591.SZ	太阳能	81.18	渝中区
9	603100.SH	川仪股份	78.52	北碚区
10	603191.SH	望变电气	77.96	长寿区

数据来源:浙江工商大学数字创新与管理研究院和首都经济贸易大学资产评估研究院整理。

6.3.3　数字化要素投入指数

2022 年重庆市 53 家传统产业上市公司的数字化要素投入指数平均水平为 57.13,低于全市场平均水平(57.30)。如图 6-13 所示,从市内各区分布来看,渝北区数字化要素投入指数平均水平为 60.17。从指数分布来看,高于均值的有 27 家,占市内总数的 50.94%。其中,数字化要素投入指数在 60 以下的有 31 家,占比 58.49%;60—70 的有 14 家,占比 26.42%;70—80 的有 6 家,占比 11.32%;80 及以上的有 2 家,占比 3.77%。

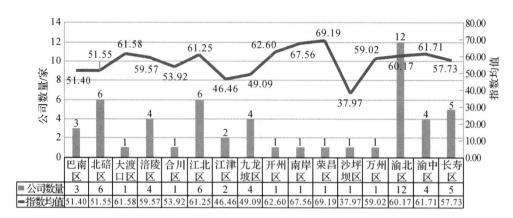

图 6-13　2022 年重庆市传统产业上市公司数字化要素投入指数均值分布

重庆市数字化要素投入指数排名前 10 的传统产业上市公司情况如表 6-13 所示。

表 6-13　2022 年重庆市传统产业上市公司数字化要素投入指数排名前 10 情况

排名	公司代码	公司名称	数字化要素投入指数	所在辖区
1	601965.SH	中国汽研	86.25	渝北区
2	603100.SH	川仪股份	82.59	北碚区
3	833873.BJ	中设咨询	75.76	江北区
4	000625.SZ	长安汽车	75.12	江北区
5	300363.SZ	博腾股份	73.05	长寿区
6	600939.SH	重庆建工	71.70	渝北区
7	600129.SH	太极集团	71.23	涪陵区
8	000591.SZ	太阳能	70.91	渝中区
9	002907.SZ	华森制药	69.19	荣昌区
10	831370.BJ	新安洁	69.02	渝北区

数据来源:浙江工商大学数字创新与管理研究院和首都经济贸易大学资产评估研究院整理。

6.3.4　数字化创新成果指数

2022 年重庆市 53 家传统产业上市公司的数字化创新成果指数平均水平为 60.59,低于全市场平均水平(61.62)。如图 6-14 所示,从市内各区分布来看,渝北区数字化创新成果指数平均水平为 63.65。从指数分布来看,高于均值的有 25 家,占市内总数的 47.17%。其中,数字化创新成果指数在 60 以下的有 28 家,占比 52.83%;60—70 的有 10 家,占比 18.87%;70—80 的有 13 家,占比 24.53%;80 及以上的有 2 家,占比 3.77%。

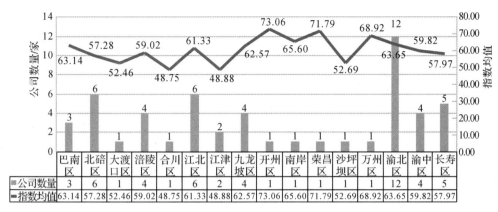

图 6-14　2022 年重庆市传统产业上市公司数字化创新成果指数均值分布

重庆市数字化创新成果指数排名前 10 的传统产业上市公司情况如表 6-14 所示。

表 6-14　2022 年重庆市传统产业上市公司数字化创新成果指数排名前 10 情况

排名	公司代码	公司名称	数字化创新成果指数	所在辖区
1	300363.SZ	博腾股份	86.55	长寿区
2	603100.SH	川仪股份	84.20	北碚区
3	000625.SZ	长安汽车	79.48	江北区
4	603191.SH	望变电气	73.91	长寿区
5	000591.SZ	太阳能	73.78	渝中区
6	002004.SZ	华邦健康	73.75	渝北区
7	603766.SH	隆鑫通用	73.22	九龙坡区
8	301121.SZ	紫建电子	73.06	开州区
9	600129.SH	太极集团	72.87	涪陵区
10	603601.SH	再升科技	72.76	渝北区

数据来源:浙江工商大学数字创新与管理研究院和首都经济贸易大学资产评估研究院整理。

6.3.5　数字化创新绩效指数

2022 年重庆市 53 家传统产业上市公司的数字化创新绩效指数平均水平为 54.75,低于全市场平均水平(55.86)。如图 6-15 所示,从市内各区分布来看,渝北区数字化创新绩效指数平均水平为 56.26。从指数分布来看,高于均值的有 27 家,占市内总数的 50.94%。其中,数字化创新绩效指数在 60 以下的有 34 家,占比 64.15%; 60—70 的有 14 家,占比 26.42%;70—80 的有 1 家,占比 1.89%;80 及以上的有 4 家,占比 7.55%。

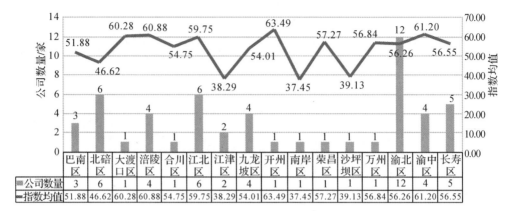

图 6-15　2022 年重庆市传统产业上市公司数字化创新绩效指数均值分布

重庆市数字化创新绩效指数排名前 10 的传统产业上市公司情况如表 6-15
所示。

表 6-15　2022 年重庆市传统产业上市公司数字化创新绩效指数排名前 10 情况

排名	公司代码	公司名称	数字化创新绩效指数	所在辖区
1	000625.SZ	长安汽车	90.97	江北区
2	600132.SH	重庆啤酒	85.99	渝北区
3	300122.SZ	智飞生物	85.90	江北区
4	300363.SZ	博腾股份	82.18	长寿区
5	601965.SH	中国汽研	70.68	渝北区
6	601777.SH	力帆科技	69.74	渝北区
7	000591.SZ	太阳能	69.31	渝中区
8	601158.SH	重庆水务	68.36	渝中区
9	600917.SH	重庆燃气	66.85	江北区
10	600129.SH	太极集团	66.57	涪陵区

数据来源:浙江工商大学数字创新与管理研究院和首都经济贸易大学资产评估研究院整理。

6.4　福建省传统产业上市公司数字化创新评价

截至 2022 年底,A 股市场福建省共有传统产业上市公司 112 家,总市值 23,557.91 亿元,营业总收入 31,415.10 亿元,平均市值 210.34 亿元/家,平均营业收入 280.49 亿元/家。2022 年,福建省传统产业上市公司研发投入合计 314.95 亿元,占营业总收入的比例为 1.00%；无形资产账面价值合计 1,180.16 亿元,占总资产的比例为 4.51%。根据本报告分析口径,本部分对福建省 112 家传统产业上市公司进行数字化创新指数评价,具体情况如下:

6.4.1 数字化创新综合指数

根据本报告评价,2022 年福建省传统产业上市公司的数字化创新综合指数平均水平为 57.95,低于全市场平均水平(58.96)。如图 6-16 所示,从省内城市分布来看,福建省 112 家传统产业上市公司分布在 9 个省内城市,厦门市上市公司数量最多,数字化创新综合指数平均水平为 62.01。从指数分布来看,高于均值的有 48 家,占全省总数的 42.86%。其中最高的是科华数据,数字化创新综合指数为 85.64。具体来看,数字化创新综合指数在 60 以下的有 67 家,占比 59.82%;60—70 的有 27 家,占比 24.11%;70—80 的有 16 家,占比 14.29%;80 及以上的有 2 家,占比 1.79%。

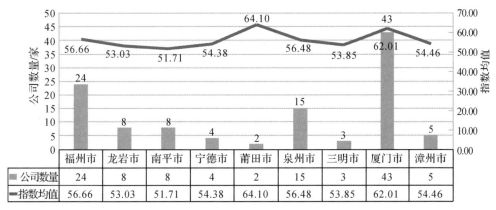

	福州市	龙岩市	南平市	宁德市	莆田市	泉州市	三明市	厦门市	漳州市
公司数量	24	8	8	4	2	15	3	43	5
指数均值	56.66	53.03	51.71	54.38	64.10	56.48	53.85	62.01	54.46

图 6-16 2022 年福建省传统产业上市公司数字化创新综合指数均值分布

福建省数字化创新综合指数排名前 10% 的传统产业上市公司情况如表 6-16 所示。

表 6-16 2022 年福建省传统产业上市公司数字化创新综合指数排名前 10% 情况

排名	公司代码	公司名称	数字化创新综合指数	所在城市
1	002335.SZ	科华数据	85.64	厦门市
2	600153.SH	建发股份	84.99	厦门市
3	605365.SH	立达信	79.73	厦门市
4	600057.SH	厦门象屿	78.32	厦门市
5	603737.SH	三棵树	77.00	莆田市
6	600755.SH	厦门国贸	76.95	厦门市
7	300712.SZ	永福股份	74.78	福州市

续　表

排名	公司代码	公司名称	数字化创新综合指数	所在城市
8	301267.SZ	华厦眼科	73.89	厦门市
9	603345.SH	安井食品	73.51	厦门市
10	603180.SH	金牌厨柜	73.45	厦门市
11	300750.SZ	宁德时代	73.07	宁德市

数据来源:浙江工商大学数字创新与管理研究院和首都经济贸易大学资产评估研究院整理。

6.4.2　数字化战略导向指数

2022 年福建省 112 家传统产业上市公司的数字化战略导向指数平均水平为 60.62,低于全市场均值(60.97)。如图 6-17 所示,从省内城市分布来看,数字化战略导向指数平均水平最高的是厦门市(65.37),最低的是龙岩市(52.54)。从指数分布来看,高于均值的有 52 家,占全省总数的 46.43%。其中,数字化战略导向指数在 60 以下的有 60 家,占比 53.57%;60—70 的有 14 家,占比 12.50%;70—80 的有 20 家,占比 17.86%;80 及以上的有 18 家,占比 16.07%。

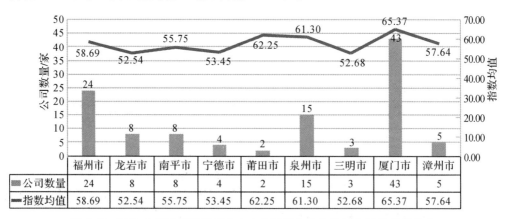

	福州市	龙岩市	南平市	宁德市	莆田市	泉州市	三明市	厦门市	漳州市
公司数量	24	8	8	4	2	15	3	43	5
指数均值	58.69	52.54	55.75	53.45	62.25	61.30	52.68	65.37	57.64

图 6-17　2022 年福建省传统产业上市公司数字化战略导向指数均值分布

福建省数字化战略导向指数排名前 10% 的传统产业上市公司情况如表 6-17 所示。

表 6-17　2022 年福建省传统产业上市公司数字化战略导向指数排名前 10% 情况

排名	公司代码	公司名称	数字化战略导向指数	所在城市
1	600057.SH	厦门象屿	93.11	厦门市
2	600153.SH	建发股份	92.86	厦门市
3	605365.SH	立达信	89.59	厦门市

排名	公司代码	公司名称	数字化战略导向指数	所在城市
4	000905.SZ	厦门港务	88.68	厦门市
5	300640.SZ	德艺文创	88.09	福州市
6	300712.SZ	永福股份	87.89	福州市
7	601933.SH	永辉超市	87.00	福州市
8	002335.SZ	科华数据	86.86	厦门市
9	600755.SH	厦门国贸	86.28	厦门市
10	603668.SH	天马科技	84.67	福州市
11	002029.SZ	七匹狼	84.35	泉州市

数据来源:浙江工商大学数字创新与管理研究院和首都经济贸易大学资产评估研究院整理。

6.4.3　数字化要素投入指数

2022 年福建省 112 家传统产业上市公司的数字化要素投入指数平均水平为 55.78,低于全市场均值(57.30)。如图 6-18 所示,从省内城市分布来看,数字化要素投入指数平均水平最高的是厦门市(59.39),最低的是南平市(49.89)。从指数分布来看,高于均值的有 50 家,占全省总数的 44.64%。其中,数字化要素投入指数在 60 以下的有 71 家,占比 63.39%;60—70 的有 32 家,占比 28.57%;70—80 的有 8 家,占比 7.14%;80 及以上的有 1 家,占比 0.89%。

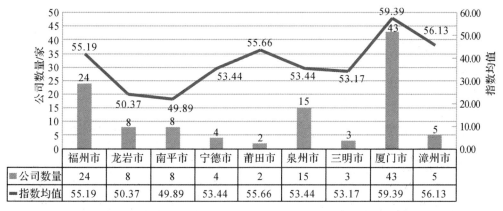

	福州市	龙岩市	南平市	宁德市	莆田市	泉州市	三明市	厦门市	漳州市
公司数量	24	8	8	4	2	15	3	43	5
指数均值	55.19	50.37	49.89	53.44	55.66	53.44	53.17	59.39	56.13

图 6-18　2022 年福建省传统产业上市公司数字化要素投入指数均值分布

福建省数字化要素投入指数排名前 10% 的传统产业上市公司情况如表 6-18 所示。

表 6-18　2022 年福建省传统产业上市公司数字化要素投入指数排名前 10％情况

排名	公司代码	公司名称	数字化要素投入指数	所在城市
1	002335.SZ	科华数据	84.96	厦门市
2	600153.SH	建发股份	79.09	厦门市
3	605365.SH	立达信	78.08	厦门市
4	300640.SZ	德艺文创	75.85	福州市
5	603345.SH	安井食品	74.91	厦门市
6	601933.SH	永辉超市	72.65	福州市
7	002398.SZ	垒知集团	70.37	厦门市
8	600057.SH	厦门象屿	69.46	厦门市
9	000753.SZ	漳州发展	69.45	漳州市
10	002752.SZ	昇兴股份	69.04	福州市
11	603280.SH	南方路机	68.72	泉州市

数据来源：浙江工商大学数字创新与管理研究院和首都经济贸易大学资产评估研究院整理。

6.4.4　数字化创新成果指数

2022 年福建省 112 家传统产业上市公司的数字化创新成果指数平均水平为 59.51，低于全市场均值(61.62)。如图 6-19 所示，从省内城市分布来看，厦门市数字化创新成果指数平均水平为 64.52。从指数分布来看，高于均值的有 52 家，占全省总数的 46.43％。其中，数字化创新成果指数在 60 以下的有 61 家，占比 54.46％；60—70 的有 23 家，占比 20.54％；70—80 的有 21 家，占比 18.75％；80 及以上的有 7 家，占比 6.25％。

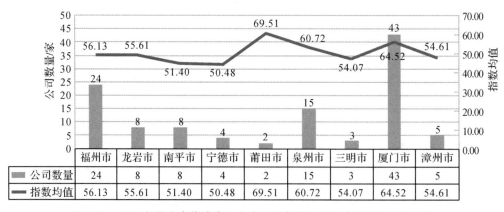

	福州市	龙岩市	南平市	宁德市	莆田市	泉州市	三明市	厦门市	漳州市
公司数量	24	8	8	4	2	15	3	43	5
指数均值	56.13	55.61	51.40	50.48	69.51	60.72	54.07	64.52	54.61

图 6-19　2022 年福建省传统产业上市公司数字化创新成果指数均值分布

福建省数字化创新成果指数排名前 10％的传统产业上市公司情况如表 6-19 所示。

表 6-19　2022 年福建省传统产业上市公司数字化创新成果指数排名前 10％情况

排名	公司代码	公司名称	数字化创新成果指数	所在城市
1	002335.SZ	科华数据	89.76	厦门市
2	600153.SH	建发股份	86.86	厦门市
3	605365.SH	立达信	86.00	厦门市
4	603180.SH	金牌厨柜	82.99	厦门市
5	603737.SH	三棵树	81.78	莆田市
6	600755.SH	厦门国贸	80.08	厦门市
7	300640.SZ	德艺文创	80.01	福州市
8	600057.SH	厦门象屿	79.65	厦门市
9	603408.SH	建霖家居	77.89	厦门市
10	300712.SZ	永福股份	76.51	福州市
11	603345.SH	安井食品	76.36	厦门市

数据来源：浙江工商大学数字创新与管理研究院和首都经济贸易大学资产评估研究院整理。

6.4.5　数字化创新绩效指数

2022 年福建省 112 家传统产业上市公司的数字化创新绩效指数平均水平为56.09，高于全市场均值(55.86)。如图 6-20 所示，从省内城市分布来看，厦门市数字化创新绩效指数平均水平为 58.93，指数最低的是泉州市(50.84)。从指数分布来看，高于均值的有 50 家，占全省总数的 44.64％。其中，数字化创新绩效指数在 60 以下的有 76 家，占比 67.86％；60—70 的有 20 家，占比 17.86％；70—80 的有 12 家，占比 10.71％；80 及以上的有 4 家，占比 3.57％。

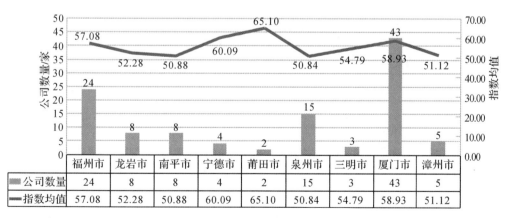

	福州市	龙岩市	南平市	宁德市	莆田市	泉州市	三明市	厦门市	漳州市
公司数量	24	8	8	4	2	15	3	43	5
指数均值	57.08	52.28	50.88	60.09	65.10	50.84	54.79	58.93	51.12

图 6-20　2022 年福建省传统产业上市公司数字化创新绩效指数均值分布

福建省数字化创新绩效指数排名前 10％的传统产业上市公司情况如表 6-20 所示。

表 6-20 **2022 年福建省传统产业上市公司数字化创新绩效指数排名前 10％情况**

排名	公司代码	公司名称	数字化创新绩效指数	所在城市
1	300750.SZ	宁德时代	93.90	宁德市
2	600660.SH	福耀玻璃	85.51	福州市
3	600153.SH	建发股份	82.20	厦门市
4	002335.SZ	科华数据	80.64	厦门市
5	301267.SZ	华厦眼科	78.18	厦门市
6	300685.SZ	艾德生物	77.25	厦门市
7	603737.SH	三棵树	77.07	莆田市
8	600436.SH	片仔癀	76.15	漳州市
9	600755.SH	厦门国贸	75.45	厦门市
10	600549.SH	厦门钨业	74.44	厦门市
11	601899.SH	紫金矿业	74.28	龙岩市

数据来源:浙江工商大学数字创新与管理研究院和首都经济贸易大学资产评估研究院整理。

6.5 甘肃省传统产业上市公司数字化创新评价

截至 2022 年底,A 股市场甘肃省共有传统产业上市公司 32 家,总市值 2,430.96 亿元,营业总收入 2,102.07 亿元,平均市值 75.97 亿元/家,平均营业收入 65.69 亿元/家。2022 年,甘肃省传统产业上市公司研发投入合计 42.23 亿元,占营业总收入的比例为 2.01％;无形资产账面价值合计 272.78 亿元,占总资产的比例为 8.95％。根据本报告分析口径,本部分对甘肃省 32 家传统产业上市公司进行数字化创新指数评价,具体情况如下:

6.5.1 数字化创新综合指数

根据本报告评价,2022 年甘肃省传统产业上市公司的数字化创新综合指数平均水平为 53.86,低于全市场平均水平(58.96)。如图 6-21 所示,从省内城市分布来看,兰州市传统产业上市公司数量最多,数字化创新综合指数平均水平为 53.72。从指数分布来看,高于均值的有 12 家,占全省总数的 37.50％。其中最高的是大禹节水,数字化创新综合指数为 77.18。具体来看,数字化创新综合指数在 60 以下的有 24 家,占比 75.00％;60—70 的有 6 家,占比 18.75％;70—80 的有 2 家,占比 6.25％。

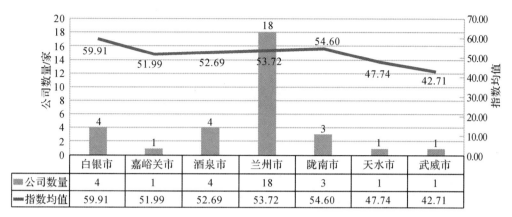

图 6-21　2022 年甘肃省传统产业上市公司数字化创新综合指数均值分布

甘肃省数字化创新综合指数排名前 10 的传统产业上市公司情况如表 6-21 所示。

表 6-21　2022 年甘肃省传统产业上市公司数字化创新综合指数排名前 10 情况

排名	公司代码	公司名称	数字化创新综合指数	所在城市
1	300021.SZ	大禹节水	77.18	酒泉市
2	603169.SH	兰石重装	73.97	兰州市
3	601212.SH	白银有色	66.65	白银市
4	000672.SZ	上峰水泥	64.73	白银市
5	600738.SH	丽尚国潮	63.82	兰州市
6	603919.SH	金徽酒	63.41	陇南市
7	000981.SZ	山子股份	61.97	兰州市
8	601086.SH	国芳集团	61.32	兰州市
9	300084.SZ	海默科技	59.75	兰州市
10	002644.SZ	佛慈制药	55.61	兰州市

数据来源:浙江工商大学数字创新与管理研究院和首都经济贸易大学资产评估研究院整理。

6.5.2　数字化战略导向指数

2022 年甘肃省 32 家传统产业上市公司的数字化战略导向指数平均水平为 55.53,低于全市场均值(60.97)。如图 6-22 所示,从省内城市分布来看,数字化战略导向指数平均水平最高的是白银市(62.47),最低的是酒泉市(48.74)。从指数分布来看,高于均值的有 13 家,占全省总数的 40.63%。其中,数字化战略导向指数在 60 以下的有 20 家,占比 62.50%;60—70 的有 5 家,占比 15.63%;70—80 的有 6 家,占比 18.75%;80 及以上的有 1 家,占比 3.13%。

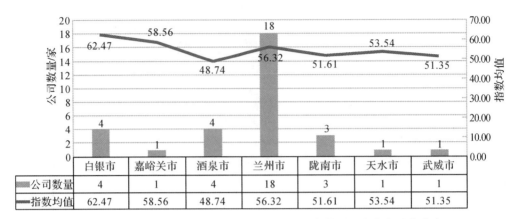

图 6-22　2022 年甘肃省传统产业上市公司数字化战略导向指数均值分布

甘肃省数字化战略导向指数排名前 10 的传统产业上市公司情况如表 6-22 所示。

表 6-22　2022 年甘肃省传统产业上市公司数字化战略导向指数排名前 10 情况

排名	公司代码	公司名称	数字化战略导向指数	所在城市
1	300021.SZ	大禹节水	84.88	酒泉市
2	603169.SH	兰石重装	79.42	兰州市
3	601086.SH	国芳集团	75.98	兰州市
4	600738.SH	丽尚国潮	73.22	兰州市
5	603919.SH	金徽酒	72.89	陇南市
6	601212.SH	白银有色	72.41	白银市
7	000672.SZ	上峰水泥	71.65	白银市
8	002644.SZ	佛慈制药	69.08	兰州市
9	300534.SZ	陇神戎发	65.47	兰州市
10	000552.SZ	甘肃能化	64.03	白银市

数据来源:浙江工商大学数字创新与管理研究院和首都经济贸易大学资产评估研究院整理。

6.5.3　数字化要素投入指数

2022 年甘肃省 32 家传统产业上市公司的数字化要素投入指数平均水平为 53.34,低于全市场均值(57.30)。如图 6-23 所示,从省内城市分布来看,数字化要素投入指数平均水平最高的是白银市(54.96)。从指数分布来看,高于均值的有 14 家,占全省总数的 43.75%。其中,数字化要素投入指数在 60 以下的有 24 家,占比 75.00%;60—70 的有 6 家,占比 18.75%;70—80 的有 2 家,占比 6.25%。

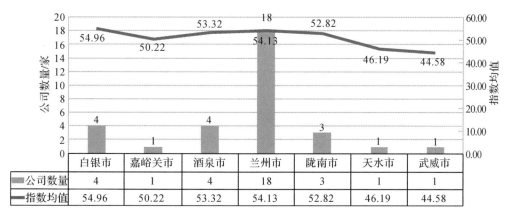

图 6-23　2022 年甘肃省传统产业上市公司数字化要素投入指数均值分布

甘肃省数字化要素投入指数排名前 10 的传统产业上市公司情况如表 6-23 所示。

表 6-23　2022 年甘肃省传统产业上市公司数字化要素投入指数排名前 10 情况

排名	公司代码	公司名称	数字化要素投入指数	所在城市
1	300021.SZ	大禹节水	77.50	酒泉市
2	000981.SZ	山子股份	70.48	兰州市
3	603169.SH	兰石重装	68.56	兰州市
4	000672.SZ	上峰水泥	68.31	白银市
5	000779.SZ	甘咨询	66.31	兰州市
6	600738.SH	丽尚国潮	64.75	兰州市
7	601212.SH	白银有色	63.16	白银市
8	300084.SZ	海默科技	62.92	兰州市
9	603919.SH	金徽酒	59.13	陇南市
10	002644.SZ	佛慈制药	58.80	兰州市

数据来源:浙江工商大学数字创新与管理研究院和首都经济贸易大学资产评估研究院整理。

6.5.4　数字化创新成果指数

2022 年甘肃省 32 家传统产业上市公司的数字化创新成果指数平均水平为 55.00,低于全市场均值(61.62)。如图 6-24 所示,从省内城市分布来看,数字化创新成果指数平均水平最高的是白银市(61.26)。从指数分布来看,高于均值的有 12 家,占全省总数的 37.50%。其中,数字化创新成果指数在 60 以下的有 22 家,占比 68.75%;60—70 的有 8 家,占比 25.00%;70—80 的有 1 家,占比 3.13%;80 及以上的有 1 家,占比 3.13%。

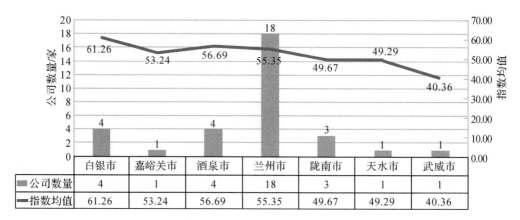

图 6-24　2022 年甘肃省传统产业上市公司数字化创新成果指数均值分布

	白银市	嘉峪关市	酒泉市	兰州市	陇南市	天水市	武威市
公司数量	4	1	4	18	3	1	1
指数均值	61.26	53.24	56.69	55.35	49.67	49.29	40.36

甘肃省数字化创新成果指数排名前 10 的传统产业上市公司情况如表 6-24 所示。

表 6-24　2022 年甘肃省传统产业上市公司数字化创新成果指数排名前 10 情况

排名	公司代码	公司名称	数字化创新成果指数	所在城市
1	300021.SZ	大禹节水	86.02	酒泉市
2	603169.SH	兰石重装	78.14	兰州市
3	000981.SZ	山子股份	69.20	兰州市
4	601212.SH	白银有色	68.92	白银市
5	600738.SH	丽尚国潮	64.13	兰州市
6	601086.SH	国芳集团	63.93	兰州市
7	300084.SZ	海默科技	63.81	兰州市
8	000672.SZ	上峰水泥	62.82	白银市
9	601798.SH	蓝科高新	60.21	兰州市
10	002145.SZ	中核钛白	60.15	白银市

数据来源:浙江工商大学数字创新与管理研究院和首都经济贸易大学资产评估研究院整理。

6.5.5　数字化创新绩效指数

2022 年甘肃省 32 家传统产业上市公司的数字化创新绩效指数平均水平为 51.90,低于全市场均值(55.86)。如图 6-25 所示,从省内城市分布来看,数字化创新绩效指数平均水平最高的是陇南市(63.38)。从指数分布来看,高于均值的有 17 家,占全省总数的 53.13%。其中,数字化创新绩效指数在 60 以下的有 24 家,占比 75.00%;60—70 的有 8 家,占比 25.00%。

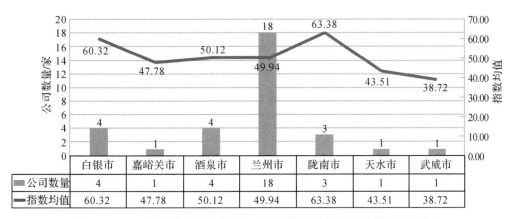

图 6-25　2022 年甘肃省传统产业上市公司数字化创新绩效指数均值分布

甘肃省数字化创新绩效指数排名前 10 的传统产业上市公司情况如表 6-25 所示。

表 6-25　2022 年甘肃省传统产业上市公司数字化创新绩效指数排名前 10 情况

排名	公司代码	公司名称	数字化创新绩效指数	所在城市
1	603169.SH	兰石重装	69.70	兰州市
2	603919.SH	金徽酒	67.59	陇南市
3	601212.SH	白银有色	62.98	白银市
4	300021.SZ	大禹节水	62.09	酒泉市
5	603132.SH	金徽股份	61.70	陇南市
6	600516.SH	方大炭素	61.54	兰州市
7	002219.SZ	新里程	60.84	陇南市
8	000672.SZ	上峰水泥	60.08	白银市
9	002145.SZ	中核钛白	59.73	白银市
10	000552.SZ	甘肃能化	58.49	白银市

数据来源:浙江工商大学数字创新与管理研究院和首都经济贸易大学资产评估研究院整理。

6.6　广东省传统产业上市公司数字化创新评价

截至 2022 年底,A 股市场广东省共有传统产业上市公司 494 家,总市值73,314.22 亿元,营业总收入 44,365.54 亿元,平均市值 148.41 亿元/家,平均营业收入 89.81 亿元/家。2022 年,广东省传统产业上市公司研发投入合计1,475.11 亿元,占营业总收入的比例为 3.32%;无形资产账面价值合计为 3,640.18 亿元,占总资产的比例为 5.14%。根据本报告分析口径,本部分对广东省 494 家传统产业上市公司进行数字化创新指数评价,具体情况如下:

6.6.1 数字化创新综合指数

根据本报告评价,2022 年广东省传统产业上市公司的数字化创新综合指数平均水平为 62.10,高于全市场平均水平(58.96)。如图 6-26 所示,从省内城市分布来看,广东省 494 家传统产业上市公司分布在 20 个省内城市,深圳市上市公司数量最多(202 家),数字化创新综合指数平均水平为 63.59;其次是广州市(95 家),数字化创新综合指数平均水平为 64.12。从指数分布来看,高于均值的有 241 家,占全省总数的 48.79%。其中最高的是汇川技术,数字化创新综合指数为 93.59。具体来看,数字化创新综合指数在 60 以下的有 220 家,占比 44.53%;60—70 的有 149 家,占比 30.16%;70—80 的有 99 家,占比 20.04%;80 及以上的有 26 家,占比 5.26%。

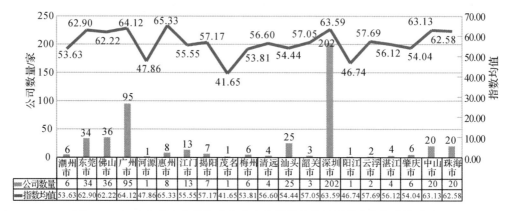

	潮州市	东莞市	佛山市	广州市	河源市	惠州市	江门市	揭阳市	茂名市	梅州市	清远市	汕头市	韶关市	深圳市	阳江市	云浮市	湛江市	肇庆市	中山市	珠海市
公司数量	6	34	36	95	1	8	13	7	1	6	4	25	3	202	1	2	4	6	20	20
指数均值	53.63	62.90	62.22	64.12	47.86	65.33	55.55	57.17	41.65	53.81	56.60	54.44	57.05	63.59	46.74	57.69	56.12	54.04	63.13	62.58

图 6-26　2022 年广东省传统产业上市公司数字化创新综合指数均值分布

广东省数字化创新综合指数排名前 10% 的传统产业上市公司情况如表 6-26 所示。

表 6-26　2022 年广东省传统产业上市公司数字化创新综合指数排名前 10% 情况

排名	公司代码	公司名称	数字化创新综合指数	所在城市
1	300124.SZ	汇川技术	93.59	深圳市
2	300760.SZ	迈瑞医疗	91.77	深圳市
3	000333.SZ	美的集团	88.68	佛山市
4	000032.SZ	深桑达 A	87.72	深圳市
5	300014.SZ	亿纬锂能	86.59	惠州市
6	688114.SH	华大智造	86.11	深圳市
7	000651.SZ	格力电器	85.95	珠海市

排名	公司代码	公司名称	数字化创新综合指数	所在城市
8	688248.SH	南网科技	85.90	广州市
9	000039.SZ	中集集团	85.37	深圳市
10	002352.SZ	顺丰控股	84.88	深圳市
11	688499.SH	利元亨	82.88	惠州市
12	002594.SZ	比亚迪	82.75	深圳市
13	601238.SH	广汽集团	82.65	广州市
14	300012.SZ	华测检测	81.93	深圳市
15	002851.SZ	麦格米特	81.51	深圳市
16	301029.SZ	怡合达	81.49	东莞市
17	300376.SZ	易事特	81.44	东莞市
18	600143.SH	金发科技	81.28	广州市
19	002611.SZ	东方精工	81.09	佛山市
20	001323.SZ	慕思股份	80.63	东莞市
21	300482.SZ	万孚生物	80.42	广州市
22	300888.SZ	稳健医疗	80.35	深圳市
23	600380.SH	健康元	80.33	深圳市
24	601615.SH	明阳智能	80.29	中山市
25	300633.SZ	开立医疗	80.13	深圳市
26	000513.SZ	丽珠集团	80.00	珠海市
27	603882.SH	金域医学	79.99	广州市
28	002030.SZ	达安基因	79.91	广州市
29	002008.SZ	大族激光	79.69	深圳市
30	600525.SH	长园集团	79.39	深圳市
31	002831.SZ	裕同科技	79.37	深圳市
32	300206.SZ	理邦仪器	79.32	深圳市
33	002518.SZ	科士达	79.16	深圳市
34	002317.SZ	众生药业	79.11	东莞市
35	603833.SH	欧派家居	79.05	广州市
36	002979.SZ	雷赛智能	79.01	深圳市
37	002906.SZ	华阳集团	78.95	惠州市
38	300207.SZ	欣旺达	78.93	深圳市

续 表

排名	公司代码	公司名称	数字化创新综合指数	所在城市
39	300639.SZ	凯普生物	78.75	潮州市
40	688389.SH	普门科技	78.56	深圳市
41	603063.SH	禾望电气	78.47	深圳市
42	300146.SZ	汤臣倍健	78.39	珠海市
43	301177.SZ	迪阿股份	78.12	深圳市
44	002301.SZ	齐心集团	78.12	深圳市
45	001322.SZ	箭牌家居	78.12	佛山市
46	001872.SZ	招商港口	78.11	深圳市
47	002416.SZ	爱施德	77.71	深圳市
48	300037.SZ	新宙邦	77.57	深圳市
49	002183.SZ	怡亚通	77.51	深圳市

数据来源:浙江工商大学数字创新与管理研究院和首都经济贸易大学资产评估研究院整理。

6.6.2 数字化战略导向指数

2022 年广东省 494 家传统产业上市公司的数字化战略导向指数平均水平为 66.27,高于全市场均值(60.97)。如图 6-27 所示,从省内城市分布来看,数字化战略导向指数平均水平最高的是广州市(69.98)。从指数分布来看,高于均值的有 259 家,占全省总数的 52.43%。其中,数字化战略导向指数在 60 以下的有 179 家,占比 36.23%;60—70 的有 101 家,占比 20.45%;70—80 的有 93 家,占比 18.83%;80 及以上的有 121 家,占比 24.49%。

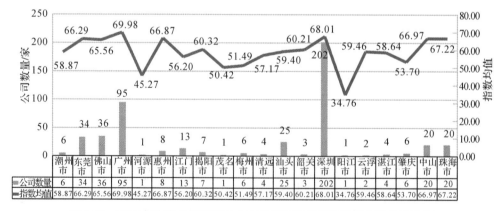

	潮州市	东莞市	佛山市	广州市	河源市	惠州市	江门市	揭阳市	茂名市	梅州市	清远市	汕头市	韶关市	深圳市	阳江市	云浮市	湛江市	肇庆市	中山市	珠海市
公司数量	6	34	36	95	1	8	13	7	1	6	4	25	3	202	1	2	4	6	20	20
指数均值	58.87	66.29	65.56	69.98	45.27	66.87	56.20	60.32	50.42	51.49	57.17	59.40	60.21	68.01	34.76	59.46	58.64	53.70	66.97	67.22

图 6-27 2022 年广东省传统产业上市公司数字化战略导向指数均值分布

广东省数字化战略导向指数排名前 10％的传统产业上市公司情况如表 6-27 所示。

表 6-27　2022 年广东省传统产业上市公司数字化战略导向指数排名前 10％情况

排名	公司代码	公司名称	数字化战略导向指数	所在城市
1	000333.SZ	美的集团	98.80	佛山市
2	300124.SZ	汇川技术	97.71	深圳市
3	000032.SZ	深桑达 A	97.36	深圳市
4	000039.SZ	中集集团	97.00	深圳市
5	688248.SH	南网科技	96.90	广州市
6	300760.SZ	迈瑞医疗	96.32	深圳市
7	002352.SZ	顺丰控股	94.74	深圳市
8	000513.SZ	丽珠集团	94.21	珠海市
9	002851.SZ	麦格米特	93.37	深圳市
10	300482.SZ	万孚生物	93.09	广州市
11	300888.SZ	稳健医疗	92.92	深圳市
12	000651.SZ	格力电器	92.87	珠海市
13	600518.SH	ST 康美	92.77	揭阳市
14	301091.SZ	深城交	92.57	深圳市
15	600143.SH	金发科技	92.43	广州市
16	300012.SZ	华测检测	92.27	深圳市
17	688114.SH	华大智造	91.84	深圳市
18	002301.SZ	齐心集团	91.73	深圳市
19	301177.SZ	迪阿股份	91.56	深圳市
20	600380.SH	健康元	91.55	深圳市
21	002030.SZ	达安基因	91.20	广州市
22	002294.SZ	信立泰	90.77	深圳市
23	301039.SZ	中集车辆	90.38	深圳市
24	688499.SH	利元亨	90.25	惠州市
25	002611.SZ	东方精工	90.20	佛山市
26	002183.SZ	怡亚通	89.81	深圳市
27	688128.SH	中国电研	89.81	广州市
28	688389.SH	普门科技	89.67	深圳市

排名	公司代码	公司名称	数字化战略导向指数	所在城市
29	300359.SZ	全通教育	89.66	中山市
30	688609.SH	九联科技	89.65	惠州市
31	001872.SZ	招商港口	89.59	深圳市
32	301029.SZ	怡合达	89.55	东莞市
33	001323.SZ	慕思股份	89.50	东莞市
34	300723.SZ	一品红	89.47	广州市
35	600548.SH	深高速	89.03	深圳市
36	300146.SZ	汤臣倍健	88.99	珠海市
37	001322.SZ	箭牌家居	88.82	佛山市
38	300616.SZ	尚品宅配	88.77	广州市
39	603608.SH	天创时尚	88.50	广州市
40	300639.SZ	凯普生物	88.44	潮州市
41	603882.SH	金域医学	88.43	广州市
42	300376.SZ	易事特	88.34	东莞市
43	688125.SH	安达智能	88.33	东莞市
44	002169.SZ	智光电气	88.31	广州市
45	301327.SZ	华宝新能	88.14	深圳市
46	300989.SZ	蕾奥规划	87.99	深圳市
47	002949.SZ	华阳国际	87.96	深圳市
48	002791.SZ	坚朗五金	87.95	东莞市
49	300562.SZ	乐心医疗	87.92	中山市

数据来源:浙江工商大学数字创新与管理研究院和首都经济贸易大学资产评估研究院整理。

6.6.3 数字化要素投入指数

2022 年广东省 494 家传统产业上市公司的数字化要素投入指数平均水平为 61.23,高于全市场均值(57.30)。如图 6-28 所示,从省内城市分布来看,数字化要素投入指数平均水平最高的是惠州市(65.37)。从指数分布来看,高于均值的有 242 家,占全省总数的 48.99%。其中,数字化要素投入指数在 60 以下的有 223 家,占比 45.14%;60—70 的有 153 家,占比 30.97%;70—80 的有 96 家,占比 19.43%;80 及以上的有 22 家,占比 4.45%。

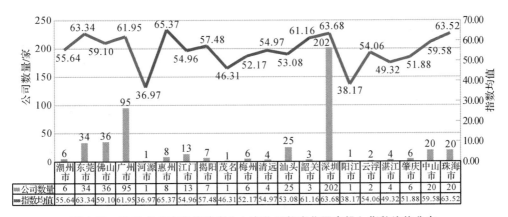

图 6-28 2022 年广东省传统产业上市公司数字化要素投入指数均值分布

广东省数字化要素投入指数排名前 10％的传统产业上市公司情况如表 6-28 所示。

表 6-28 2022 年广东省传统产业上市公司数字化要素投入指数排名前 10％情况

排名	公司代码	公司名称	数字化要素投入指数	所在城市
1	300376.SZ	易事特	94.90	东莞市
2	300760.SZ	迈瑞医疗	94.04	深圳市
3	300124.SZ	汇川技术	92.09	深圳市
4	000651.SZ	格力电器	90.16	珠海市
5	002518.SZ	科士达	87.62	深圳市
6	000032.SZ	深桑达 A	86.99	深圳市
7	600525.SH	长园集团	85.77	深圳市
8	002766.SZ	索菱股份	85.67	深圳市
9	688248.SH	南网科技	85.35	广州市
10	688389.SH	普门科技	85.10	深圳市
11	300014.SZ	亿纬锂能	84.00	惠州市
12	603882.SH	金域医学	83.19	广州市
13	300639.SZ	凯普生物	83.16	潮州市
14	688114.SH	华大智造	81.98	深圳市
15	600380.SH	健康元	81.94	深圳市
16	002348.SZ	高乐股份	81.08	揭阳市
17	002979.SZ	雷赛智能	81.02	深圳市
18	002121.SZ	科陆电子	80.87	深圳市
19	000513.SZ	丽珠集团	80.80	珠海市

排名	公司代码	公司名称	数字化要素投入指数	所在城市
20	002594.SZ	比亚迪	80.43	深圳市
21	002851.SZ	麦格米特	80.38	深圳市
22	301091.SZ	深城交	80.10	深圳市
23	688609.SH	九联科技	79.96	惠州市
24	688112.SH	鼎阳科技	79.69	深圳市
25	002429.SZ	兆驰股份	79.45	深圳市
26	688686.SH	奥普特	79.38	东莞市
27	300989.SZ	蕾奥规划	79.00	深圳市
28	000333.SZ	美的集团	79.00	佛山市
29	003035.SZ	南网能源	78.76	广州市
30	300424.SZ	航新科技	78.67	广州市
31	001872.SZ	招商港口	78.65	深圳市
32	300012.SZ	华测检测	78.53	深圳市
33	002837.SZ	英维克	78.33	深圳市
34	300949.SZ	奥雅股份	78.12	深圳市
35	300681.SZ	英搏尔	77.96	珠海市
36	688125.SH	安达智能	77.95	东莞市
37	002183.SZ	怡亚通	77.94	深圳市
38	688115.SH	思林杰	77.80	广州市
39	688090.SH	瑞松科技	77.73	广州市
40	688499.SH	利元亨	77.60	惠州市
41	000009.SZ	中国宝安	77.48	深圳市
42	002949.SZ	华阳国际	77.35	深圳市
43	600518.SH	ST康美	77.12	揭阳市
44	002168.SZ	惠程科技	76.94	深圳市
45	300977.SZ	深圳瑞捷	76.74	深圳市
46	300737.SZ	科顺股份	76.66	佛山市
47	301029.SZ	怡合达	76.62	东莞市
48	301018.SZ	申菱环境	76.60	佛山市
49	002733.SZ	雄韬股份	76.43	深圳市

数据来源:浙江工商大学数字创新与管理研究院和首都经济贸易大学资产评估研究院整理。

6.6.4 数字化创新成果指数

2022 年广东省 494 家传统产业上市公司的数字化创新成果指数平均水平为 66.23,高于全市场均值 61.62。如图 6-29 所示,从省内城市分布来看,数字化创新成果指数平均水平最高的是惠州市(69.02)。从指数分布来看,高于均值的有 245 家,占全省总数的 49.60%。其中,数字化创新成果指数在 60 以下的有 172 家,占比 34.82%;60—70 的有 112 家,占比 22.67%;70—80 的有 133 家,占比 26.92%;80 及以上的有 77 家,占比 15.59%。

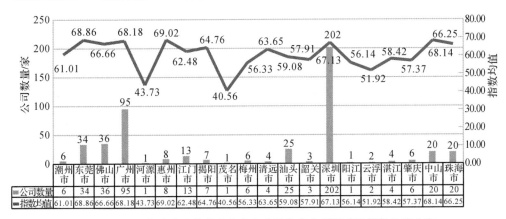

图 6-29 2022 年广东省传统产业上市公司数字化创新成果指数均值分布

广东省数字化创新成果指数排名前 10% 的传统产业上市公司情况如表 6-29 所示。

表 6-29 2022 年广东省传统产业上市公司数字化创新成果指数排名前 10% 情况

排名	公司代码	公司名称	数字化创新成果指数	所在城市
1	000333.SZ	美的集团	99.06	佛山市
2	000032.SZ	深桑达 A	96.68	深圳市
3	688114.SH	华大智造	96.61	深圳市
4	000039.SZ	中集集团	95.03	深圳市
5	002831.SZ	裕同科技	93.96	深圳市
6	688248.SH	南网科技	93.82	广州市
7	002008.SZ	大族激光	93.81	深圳市
8	300124.SZ	汇川技术	92.43	深圳市
9	300760.SZ	迈瑞医疗	92.34	深圳市
10	001323.SZ	慕思股份	92.03	东莞市
11	300616.SZ	尚品宅配	91.18	广州市

排名	公司代码	公司名称	数字化创新成果指数	所在城市
12	688128.SH	中国电研	90.77	广州市
13	001322.SZ	箭牌家居	90.27	佛山市
14	688125.SH	安达智能	90.20	东莞市
15	600143.SH	金发科技	90.18	广州市
16	688115.SH	思林杰	89.57	广州市
17	300207.SZ	欣旺达	89.45	深圳市
18	300724.SZ	捷佳伟创	89.23	深圳市
19	688499.SH	利元亨	89.10	惠州市
20	002611.SZ	东方精工	89.03	佛山市
21	603833.SH	欧派家居	88.11	广州市
22	300376.SZ	易事特	87.36	东莞市
23	000651.SZ	格力电器	87.10	珠海市
24	688383.SH	新益昌	86.96	深圳市
25	688559.SH	海目星	86.74	深圳市
26	688312.SH	燕麦科技	86.29	深圳市
27	688389.SH	普门科技	86.20	深圳市
28	688609.SH	九联科技	84.98	惠州市
29	300562.SZ	乐心医疗	84.91	中山市
30	300206.SZ	理邦仪器	84.89	深圳市
31	688112.SH	鼎阳科技	84.69	深圳市
32	002084.SZ	海鸥住工	84.68	广州市
33	300359.SZ	全通教育	84.62	中山市
34	300014.SZ	亿纬锂能	84.56	惠州市
35	300030.SZ	阳普医疗	84.52	珠海市
36	002030.SZ	达安基因	84.47	广州市
37	000976.SZ	ST 华铁	84.41	江门市
38	002853.SZ	皮阿诺	84.09	中山市
39	301039.SZ	中集车辆	84.08	深圳市
40	300633.SZ	开立医疗	83.79	深圳市
41	300037.SZ	新宙邦	83.76	深圳市

排名	公司代码	公司名称	数字化创新成果指数	所在城市
42	301029.SZ	怡合达	83.75	东莞市
43	002352.SZ	顺丰控股	83.68	深圳市
44	603063.SH	禾望电气	83.54	深圳市
45	002833.SZ	弘亚数控	83.31	广州市
46	300749.SZ	顶固集创	83.26	中山市
47	002906.SZ	华阳集团	83.24	惠州市
48	301177.SZ	迪阿股份	83.19	深圳市
49	301112.SZ	信邦智能	83.06	广州市

数据来源:浙江工商大学数字创新与管理研究院和首都经济贸易大学资产评估研究院整理。

6.6.5　数字化创新绩效指数

2022年广东省494家传统产业上市公司的数字化创新绩效指数平均水平为55.44,低于全市场均值(55.86)。如图6-30所示,从省内城市分布来看,深圳市数字化创新绩效指数平均水平为56.75。从指数分布来看,高于均值的有237家,占全省总数的47.98%。其中,数字化创新绩效指数在60以下的有311家,占比62.96%;60—70的有106家,占比21.46%;70—80的有61家,占比12.35%;80及以上的有16家,占比3.24%。

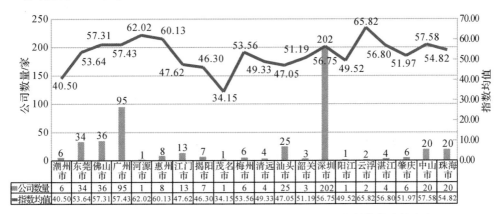

图6-30　2022年广东省传统产业上市公司数字化创新绩效指数均值分布

广东省数字化创新绩效指数排名前10%的传统产业上市公司情况如表6-30所示。

表 6-30　2022 年广东省传统产业上市公司数字化创新绩效指数排名前 10%情况

排名	公司代码	公司名称	数字化创新绩效指数	所在城市
1	003816.SZ	中国广核	95.08	深圳市
2	300124.SZ	汇川技术	93.44	深圳市
3	300014.SZ	亿纬锂能	91.53	惠州市
4	601238.SH	广汽集团	90.93	广州市
5	002352.SZ	顺丰控股	89.73	深圳市
6	002594.SZ	比亚迪	88.22	深圳市
7	002311.SZ	海大集团	88.18	广州市
8	603288.SH	海天味业	86.77	佛山市
9	300760.SZ	迈瑞医疗	86.66	深圳市
10	002317.SZ	众生药业	84.07	东莞市
11	601615.SH	明阳智能	83.14	中山市
12	835185.BJ	贝特瑞	82.81	深圳市
13	000999.SZ	华润三九	82.44	深圳市
14	002518.SZ	科士达	81.33	深圳市
15	000009.SZ	中国宝安	81.04	深圳市
16	300498.SZ	温氏股份	80.68	云浮市
17	300482.SZ	万孚生物	79.92	广州市
18	600332.SH	白云山	79.06	广州市
19	603833.SH	欧派家居	78.37	广州市
20	301327.SZ	华宝新能	78.11	深圳市
21	300832.SZ	新产业	78.07	深圳市
22	603882.SH	金域医学	78.01	广州市
23	000039.SZ	中集集团	78.01	深圳市
24	300769.SZ	德方纳米	77.82	深圳市
25	000513.SZ	丽珠集团	77.72	珠海市
26	002625.SZ	光启技术	77.58	深圳市
27	000333.SZ	美的集团	77.50	佛山市
28	301029.SZ	怡合达	77.42	东莞市
29	300146.SZ	汤臣倍健	77.36	珠海市
30	000651.SZ	格力电器	77.34	珠海市

排名	公司代码	公司名称	数字化创新绩效指数	所在城市
31	300207.SZ	欣旺达	76.85	深圳市
32	600685.SH	中船防务	76.84	广州市
33	002340.SZ	格林美	76.83	深圳市
34	300633.SZ	开立医疗	76.80	深圳市
35	300888.SZ	稳健医疗	76.76	深圳市
36	300012.SZ	华测检测	76.76	深圳市
37	002709.SZ	天赐材料	76.70	广州市
38	003035.SZ	南网能源	76.69	广州市
39	002030.SZ	达安基因	76.65	广州市
40	300979.SZ	华利集团	76.61	中山市
41	002906.SZ	华阳集团	76.55	惠州市
42	603063.SH	禾望电气	75.88	深圳市
43	600029.SH	南方航空	75.87	广州市
44	600380.SH	健康元	75.75	深圳市
45	002294.SZ	信立泰	75.71	深圳市
46	600428.SH	中远海特	75.60	广州市
47	002831.SZ	裕同科技	75.42	深圳市
48	300724.SZ	捷佳伟创	75.03	深圳市
49	002979.SZ	雷赛智能	75.03	深圳市

数据来源:浙江工商大学数字创新与管理研究院和首都经济贸易大学资产评估研究院整理。

6.7　广西壮族自治区传统产业上市公司数字化创新评价

截至 2022 年底,A 股市场广西壮族自治区共有传统产业上市公司 33 家,总市值 2,172.47 亿元,营业总收入 3,510.02 亿元,平均市值 65.83 亿元/家,平均营业收入 106.36 亿元/家。2022 年,广西壮族自治区传统产业上市公司研发投入合计 38.56 亿元,占营业总收入的比例为 1.10%;无形资产账面价值合计为 189.42 亿元,占总资产的比例为 4.21%。根据本报告分析口径,本部分对广西壮族自治区 33 家传统产业上市公司进行数字化创新指数评价,具体情况如下:

6.7.1 数字化创新综合指数

根据本报告评价,2022年广西壮族自治区传统产业上市公司的数字化创新综合指数平均水平为56.84,低于全市场平均水平(58.96)。如图6-31所示,从自治区内城市分布来看,广西壮族自治区33家传统产业上市公司分布在10个自治区内城市,南宁市上市公司数量最多,数字化创新综合指数平均水平为57.22。从指数分布来看,高于均值的有17家,占自治区内总数的51.52%。其中最高的是桂林三金,数字化创新综合指数为70.76。具体来看,数字化创新综合指数在60以下的有19家,占比57.58%;60—70的有13家,占比39.39%;70—80的有1家,占比3.03%。

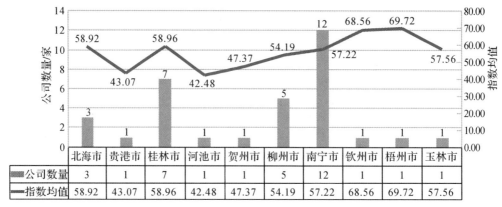

图 6-31　2022 年广西壮族自治区传统产业上市公司数字化创新综合指数均值分布

广西壮族自治区数字化创新综合指数排名前10的传统产业上市公司情况如表6-31所示。

表 6-31　2022 年广西壮族自治区传统产业上市公司数字化创新综合指数排名前 10 情况

排名	公司代码	公司名称	数字化创新综合指数	所在城市
1	002275.SZ	桂林三金	70.76	桂林市
2	301027.SZ	华蓝集团	69.75	南宁市
3	600252.SH	中恒集团	69.72	梧州市
4	000528.SZ	柳工	69.69	柳州市
5	000703.SZ	恒逸石化	68.56	钦州市
6	603368.SH	柳药集团	67.12	柳州市
7	002329.SZ	皇氏集团	64.49	南宁市
8	600236.SH	桂冠电力	63.84	南宁市
9	002166.SZ	莱茵生物	63.08	桂林市
10	600368.SH	五洲交通	62.90	南宁市

数据来源:浙江工商大学数字创新与管理研究院和首都经济贸易大学资产评估研究院整理。

6.7.2 数字化战略导向指数

2022 年广西壮族自治区 33 家传统产业上市公司的数字化战略导向指数平均水平为 61.66,高于全市场平均水平(60.97)。如图 6-32 所示,从自治区内城市分布来看,南宁市数字化战略导向指数平均水平为 60.12。从指数分布来看,高于均值的有 17 家,占自治区内总数的 51.52%。其中,数字化战略导向指数在 60 以下的有 15 家,占比 45.45%;60—70 的有 9 家,占比 27.27%;70—80 的有 3 家,占比 9.09%;80 及以上的有 6 家,占比 18.18%。

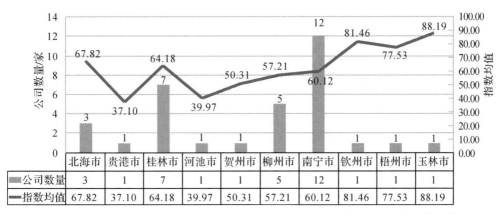

	北海市	贵港市	桂林市	河池市	贺州市	柳州市	南宁市	钦州市	梧州市	玉林市
公司数量	3	1	7	1	1	5	12	1	1	1
指数均值	67.82	37.10	64.18	39.97	50.31	57.21	60.12	81.46	77.53	88.19

图 6-32　2022 年广西壮族自治区传统产业上市公司数字化战略导向指数均值分布

广西壮族自治区数字化战略导向指数排名前 10 的传统产业上市公司情况如表 6-32 所示。

表 6-32　2022 年广西壮族自治区传统产业上市公司数字化战略导向指数排名前 10 情况

排名	公司代码	公司名称	数字化战略导向指数	所在城市
1	000716.SZ	黑芝麻	88.19	玉林市
2	301027.SZ	华蓝集团	85.70	南宁市
3	002275.SZ	桂林三金	83.52	桂林市
4	603368.SH	柳药集团	83.16	柳州市
5	300422.SZ	博世科	81.72	南宁市
6	000703.SZ	恒逸石化	81.46	钦州市
7	600252.SH	中恒集团	77.53	梧州市
8	002956.SZ	西麦食品	75.73	桂林市
9	000582.SZ	北部湾港	73.46	北海市
10	600538.SH	国发股份	69.05	北海市

数据来源:浙江工商大学数字创新与管理研究院和首都经济贸易大学资产评估研究院整理。

6.7.3 数字化要素投入指数

2022 年广西壮族自治区 33 家传统产业上市公司的数字化要素投入指数平均水平为 56.40,低于全市场平均水平(57.30)。如图 6-33 所示,从自治区内城市分布来看,南宁市数字化要素投入指数平均水平为 60.00。从指数分布来看,高于均值的有 16 家,占自治区内总数的 48.48%。其中,数字化要素投入指数在 60 以下的有 21 家,占比 63.64%;60—70 的有 8 家,占比 24.24%;70—80 的有 4 家,占比 12.12%。

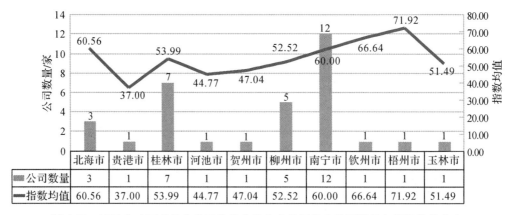

图 6-33 2022 年广西壮族自治区传统产业上市公司数字化要素投入指数均值分布

广西壮族自治区数字化要素投入指数排名前 10 的传统产业上市公司情况如表 6-33 所示。

表 6-33 2022 年广西壮族自治区传统产业上市公司数字化要素投入指数排名前 10 情况

排名	公司代码	公司名称	数字化要素投入指数	所在城市
1	300422.SZ	博世科	76.54	南宁市
2	301027.SZ	华蓝集团	75.32	南宁市
3	600368.SH	五洲交通	74.47	南宁市
4	600252.SH	中恒集团	71.92	梧州市
5	600301.SH	华锡有色	69.35	南宁市
6	002175.SZ	东方智造	67.41	桂林市
7	000703.SZ	恒逸石化	66.64	钦州市
8	600538.SH	国发股份	66.15	北海市
9	603368.SH	柳药集团	63.73	柳州市
10	601996.SH	丰林集团	62.60	南宁市

数据来源:浙江工商大学数字创新与管理研究院和首都经济贸易大学资产评估研究院整理。

6.7.4　数字化创新成果指数

2022年广西壮族自治区33家传统产业上市公司的数字化创新成果指数平均水平为59.33,低于全市场平均水平(61.62)。如图6-34所示,从自治区内城市分布来看,南宁市数字化创新成果指数平均水平为56.53。从指数分布来看,高于均值的有16家,占自治区内总数的48.48%。其中,数字化创新成果指数在60以下的有18家,占比54.55%;60—70的有9家,占比27.27%;70—80的有6家,占比18.18%。

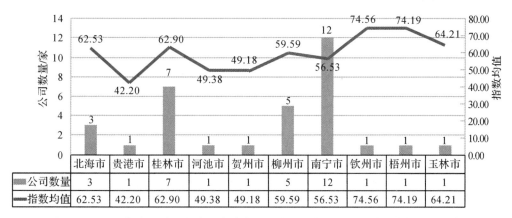

图6-34　2022年广西壮族自治区传统产业上市公司数字化创新成果指数均值分布

广西壮族自治区数字化创新成果指数排名前10的传统产业上市公司情况如表6-34所示。

表6-34　2022年广西壮族自治区传统产业上市公司数字化创新成果指数排名前10情况

排名	公司代码	公司名称	数字化创新成果指数	所在城市
1	603368.SH	柳药集团	76.71	柳州市
2	000528.SZ	柳工	76.15	柳州市
3	000703.SZ	恒逸石化	74.56	钦州市
4	600252.SH	中恒集团	74.19	梧州市
5	301027.SZ	华蓝集团	71.58	南宁市
6	002166.SZ	莱茵生物	70.04	桂林市
7	002275.SZ	桂林三金	68.96	桂林市
8	600538.SH	国发股份	68.69	北海市
9	601996.SH	丰林集团	67.03	南宁市
10	002175.SZ	东方智造	66.93	桂林市

数据来源:浙江工商大学数字创新与管理研究院和首都经济贸易大学资产评估研究院整理。

6.7.5 数字化创新绩效指数

2022年广西壮族自治区33家传统产业上市公司的数字化创新绩效指数平均水平为51.34,低于全市场平均水平(55.86)。如图6-35所示,从自治区内城市分布来看,南宁市数字化创新绩效指数平均水平为54.23。从指数分布来看,高于均值的有16家,占自治区内总数的48.48%。其中,数字化创新绩效指数在60以下的有26家,占比78.79%;60—70的有4家,占比12.12%;70—80的有2家,占比6.06%;80及以上的有1家,占比3.03%。

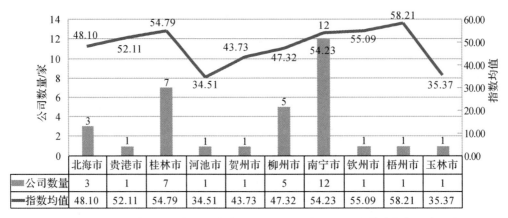

	北海市	贵港市	桂林市	河池市	贺州市	柳州市	南宁市	钦州市	梧州市	玉林市
公司数量	3	1	7	1	1	5	12	1	1	1
指数均值	48.10	52.11	54.79	34.51	43.73	47.32	54.23	55.09	58.21	35.37

图 6-35 2022 年广西壮族自治区传统产业上市公司数字化创新绩效指数均值分布

广西壮族自治区数字化创新绩效指数排名前10的传统产业上市公司情况如表6-35所示。

表 6-35 2022 年广西壮族自治区传统产业上市公司数字化创新绩效指数排名前 10 情况

排名	公司代码	公司名称	数字化创新绩效指数	所在城市
1	600236.SH	桂冠电力	84.69	南宁市
2	002329.SZ	皇氏集团	72.04	南宁市
3	002275.SZ	桂林三金	71.27	桂林市
4	000528.SZ	柳工	68.05	柳州市
5	600368.SH	五洲交通	66.91	南宁市
6	000582.SZ	北部湾港	63.69	北海市
7	002166.SZ	莱茵生物	63.49	桂林市
8	600252.SH	中恒集团	58.21	梧州市
9	002592.SZ	ST 八菱	57.30	南宁市
10	603166.SH	福达股份	55.58	桂林市

数据来源:浙江工商大学数字创新与管理研究院和首都经济贸易大学资产评估研究院整理。

6.8 贵州省传统产业上市公司数字化创新评价

截至 2022 年底,A 股市场贵州省共有传统产业上市公司 27 家,总市值 24,467.76 亿元,营业总收入 2,534.11 亿元,平均市值 906.21 亿元/家,平均营业收入 93.86 亿元/家。2022 年,贵州省传统产业上市公司研发投入合计 39.16 亿元,占营业总收入的比例为 1.55%;无形资产账面价值合计 188.85 亿元,占总资产的比例为 3.66%。根据本报告分析口径,本部分对贵州省 27 家传统产业上市公司进行数字化创新指数评价,具体情况如下:

6.8.1 数字化创新综合指数

根据本报告评价,2022 年贵州省传统产业上市公司的数字化创新综合指数平均水平为 57.42,低于全市场平均水平(58.96)。如图 6-36 所示,从省内城市分布来看,贵州省 27 家传统产业上市公司分布在 6 个省内城市,贵阳市上市公司数量最多,数字化创新综合指数平均水平为 56.75。从指数分布来看,高于均值的有 12 家,占全省总数的 44.44%。其中最高的是泰永长征,数字化创新综合指数为 71.52。具体来看,数字化创新综合指数在 60 以下的有 18 家,占比 66.67%;60—70 的有 8 家,占比 29.63%;70—80 的有 1 家,占比 3.70%。

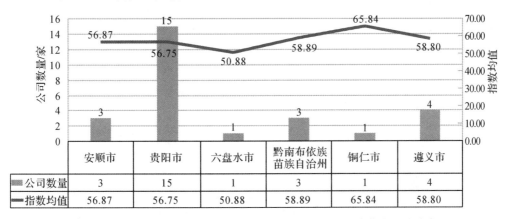

图 6-36 2022 年贵州省传统产业上市公司数字化创新综合指数均值分布

贵州省数字化创新综合指数排名前 10 的传统产业上市公司情况如表 6-36 所示。

表 6-36　**2022 年贵州省传统产业上市公司数字化创新综合指数排名前 10 情况**

排名	公司代码	公司名称	数字化创新综合指数	所在城市
1	002927.SZ	泰永长征	71.52	遵义市
2	002390.SZ	信邦制药	68.15	黔南布依族苗族自治州
3	688239.SH	航宇科技	67.34	贵阳市
4	300919.SZ	中伟股份	65.84	铜仁市
5	600519.SH	贵州茅台	65.56	遵义市
6	002873.SZ	新天药业	63.67	贵阳市
7	002424.SZ	贵州百灵	63.30	安顺市
8	000589.SZ	贵州轮胎	63.03	贵阳市
9	600765.SH	中航重机	62.94	贵阳市
10	000920.SZ	沃顿科技	58.64	贵阳市

数据来源:浙江工商大学数字创新与管理研究院和首都经济贸易大学资产评估研究院整理。

6.8.2　数字化战略导向指数

2022 年贵州省 27 家传统产业上市公司的数字化战略导向指数平均水平为 57.37,低于全市场平均水平(60.97)。如图 6-37 所示,从省内城市分布来看,贵阳市数字化战略导向指数平均水平为 55.58。从指数分布来看,高于均值的有 11 家,占全省总数的 40.74%。其中,数字化战略导向指数在 60 以下的有 18 家,占比 66.67%;60—70 的有 6 家,占比 22.22%;70—80 的有 2 家,占比 7.41%;80 及以上的有 1 家,占比 3.70%。

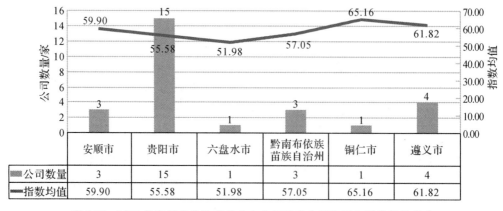

图 6-37　**2022 年贵州省传统产业上市公司数字化战略导向指数均值分布**

贵州省数字化战略导向指数排名前 10 的传统产业上市公司情况如表 6-37 所示。

表 6-37　2022 年贵州省传统产业上市公司数字化战略导向指数排名前 10 情况

排名	公司代码	公司名称	数字化战略导向指数	所在城市
1	002927.SZ	泰永长征	85.48	遵义市
2	002873.SZ	新天药业	79.81	贵阳市
3	002424.SZ	贵州百灵	78.17	安顺市
4	600594.SH	益佰制药	68.87	贵阳市
5	002390.SZ	信邦制药	68.36	黔南布依族苗族自治州
6	300919.SZ	中伟股份	65.16	铜仁市
7	600519.SH	贵州茅台	63.24	遵义市
8	688239.SH	航宇科技	62.50	贵阳市
9	000589.SZ	贵州轮胎	61.33	贵阳市
10	600992.SH	贵绳股份	59.17	遵义市

数据来源:浙江工商大学数字创新与管理研究院和首都经济贸易大学资产评估研究院整理。

6.8.3　数字化要素投入指数

2022 年贵州省 27 家传统产业上市公司的数字化要素投入指数平均水平为 55.23,低于全市场平均水平(57.30)。如图 6-38 所示,从省内城市分布来看,数字化要素投入指数平均水平最高的是黔南布依族苗族自治州(61.03),最低的是安顺市(49.93)。从指数分布来看,高于均值的有 11 家,占全省总数的 40.74%。其中,数字化要素投入指数在 60 以下的有 20 家,占比 74.07%;60—70 的有 5 家,占比 18.52%;70—80 的有 2 家,占比 7.41%。

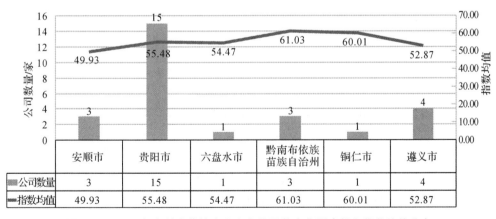

	安顺市	贵阳市	六盘水市	黔南布依族苗族自治州	铜仁市	遵义市
公司数量	3	15	1	3	1	4
指数均值	49.93	55.48	54.47	61.03	60.01	52.87

图 6-38　2022 年贵州省传统产业上市公司数字化要素投入指数均值分布

贵州省数字化要素投入指数排名前 10 的传统产业上市公司情况如表 6-38 所示。

表 6-38 2022 年贵州省传统产业上市公司数字化要素投入指数排名前 10 情况

排名	公司代码	公司名称	数字化要素投入指数	所在城市
1	002390.SZ	信邦制药	79.72	黔南布依族苗族自治州
2	002927.SZ	泰永长征	71.12	遵义市
3	603458.SH	勘设股份	66.66	贵阳市
4	600594.SH	益佰制药	63.41	贵阳市
5	002873.SZ	新天药业	61.81	贵阳市
6	688239.SH	航宇科技	60.95	贵阳市
7	300919.SZ	中伟股份	60.01	铜仁市
8	600227.SH	赤天化	58.77	贵阳市
9	600765.SH	中航重机	57.76	贵阳市
10	000589.SZ	贵州轮胎	57.47	贵阳市

数据来源:浙江工商大学数字创新与管理研究院和首都经济贸易大学资产评估研究院整理。

6.8.4 数字化创新成果指数

2022 年贵州省 27 家传统产业上市公司的数字化创新成果指数平均水平为 58.31,低于全市场平均水平(61.62)。如图 6-39 所示,从省内城市分布来看,贵阳市数字化创新成果指数平均水平为 56.99。从指数分布来看,高于均值的有 13 家,占全省总数的 48.15%。其中,数字化创新成果指数在 60 以下的有 15 家,占比 55.56%;60—70 的有 10 家,占比 37.04%;70—80 的有 2 家,占比 7.41%。

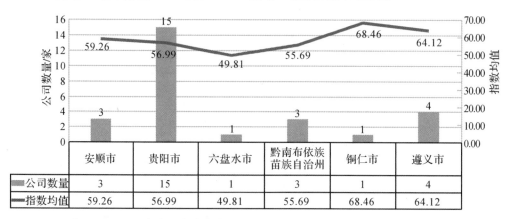

	安顺市	贵阳市	六盘水市	黔南布依族苗族自治州	铜仁市	遵义市
公司数量	3	15	1	3	1	4
指数均值	59.26	56.99	49.81	55.69	68.46	64.12

图 6-39 2022 年贵州省传统产业上市公司数字化创新成果指数均值分布

贵州省数字化创新成果指数排名前 10 的传统产业上市公司情况如表 6-39 所示。

表 6-39　2022 年贵州省传统产业上市公司数字化创新成果指数排名前 10 情况

排名	公司代码	公司名称	数字化创新成果指数	所在城市
1	688239.SH	航宇科技	79.16	贵阳市
2	002927.SZ	泰永长征	78.04	遵义市
3	300919.SZ	中伟股份	68.46	铜仁市
4	002390.SZ	信邦制药	68.21	黔南布依族苗族自治州
5	000589.SZ	贵州轮胎	65.14	贵阳市
6	002424.SZ	贵州百灵	64.86	安顺市
7	000920.SZ	沃顿科技	64.62	贵阳市
8	002037.SZ	保利联合	63.88	贵阳市
9	688707.SH	振华新材	61.88	贵阳市
10	600519.SH	贵州茅台	61.37	遵义市

数据来源:浙江工商大学数字创新与管理研究院和首都经济贸易大学资产评估研究院整理。

6.8.5　数字化创新绩效指数

2022 年贵州省 27 家传统产业上市公司的数字化创新绩效指数平均水平为 58.02,高于全市场平均水平(55.86)。如图 6-40 所示,从省内城市分布来看,贵阳市数字化创新绩效指数平均水平为 58.11。从指数分布来看,高于均值的有 16 家,占全省总数的 59.26%。其中,数字化创新绩效指数在 60 以下的有 15 家,占比 55.56%;60—70 的有 9 家,占比 33.33%;70—80 的有 1 家,占比 3.70%;80 及以上的有 2 家,占比 7.41%。

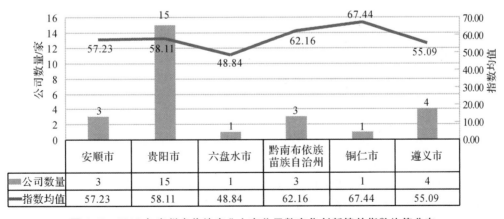

图 6-40　2022 年贵州省传统产业上市公司数字化创新绩效指数均值分布

贵州省数字化创新绩效指数排名前 10 的传统产业上市公司情况如表 6-40 所示。

表 6-40　2022 年贵州省传统产业上市公司数字化创新绩效指数排名前 10 情况

排名	公司代码	公司名称	数字化创新绩效指数	所在城市
1	600765.SH	中航重机	86.30	贵阳市
2	600519.SH	贵州茅台	84.34	遵义市
3	002039.SZ	黔源电力	70.83	贵阳市
4	300919.SZ	中伟股份	67.44	铜仁市
5	600523.SH	贵航股份	66.25	贵阳市
6	000589.SZ	贵州轮胎	65.65	贵阳市
7	600610.SH	中毅达	63.74	黔南布依族苗族自治州
8	002895.SZ	川恒股份	63.08	黔南布依族苗族自治州
9	688707.SH	振华新材	61.72	贵阳市
10	688239.SH	航宇科技	61.38	贵阳市

数据来源:浙江工商大学数字创新与管理研究院和首都经济贸易大学资产评估研究院整理。

6.9　海南省传统产业上市公司数字化创新评价

截至 2022 年底,A 股市场海南省共有传统产业上市公司 25 家,总市值 3,442.55 亿元,营业总收入 1,356.33 亿元,平均市值 137.70 亿元/家,平均营业收入 54.25 亿元/家。2022 年,海南省传统产业上市公司研发投入合计 23.38 亿元,占营业总收入的比例为 1.72%;无形资产账面价值合计 105.18 亿元,占总资产的比例为 3.05%。根据本报告分析口径,本部分对海南省 25 家传统产业上市公司进行数字化创新指数评价,具体情况如下:

6.9.1　数字化创新综合指数

根据本报告评价,2022 年海南省传统产业上市公司的数字化创新综合指数平均水平为 56.45,低于全市场平均水平(58.96)。如图 6-41 所示,从省内城市分布来看,海南省 25 家传统产业上市公司分布在 3 个省内城市①,海口市上市公司数量最多,数字化创新综合指数平均水平最高的是海口市(57.78),最低的是三亚市(47.85)。从指数分布来看,高于均值的有 13 家,占全省总数的 52.00%。其中最高的是金盘

---

① 省直辖县级行政区划包括省直辖县级市和省辖县,本报告将公司属地位于省直辖县级行政区划内的上市公司归为一类并进行相应的数据分析,以下同。

科技,数字化创新综合指数为 83.56。具体来看,数字化创新综合指数在 60 以下的有 14 家,占比 56.00%;60—70 的有 10 家,占比 40.00%;80 及以上的有 1 家,占比 4.00%。

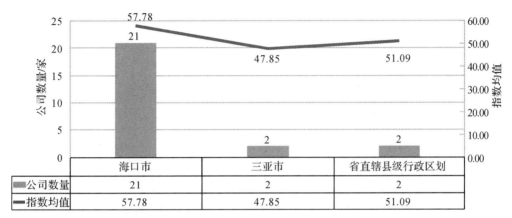

图 6-41　2022 年海南省传统产业上市公司数字化创新综合指数均值分布

海南省数字化创新综合指数排名前 10 的传统产业上市公司情况如表 6-41 所示。

表 6-41　2022 年海南省传统产业上市公司数字化创新综合指数排名前 10 情况

排名	公司代码	公司名称	数字化创新综合指数	所在城市
1	688676.SH	金盘科技	83.56	海口市
2	000657.SZ	中钨高新	69.14	海口市
3	300630.SZ	普利制药	68.63	海口市
4	002320.SZ	海峡股份	64.52	海口市
5	600515.SH	海南机场	63.42	海口市
6	000566.SZ	海南海药	62.68	海口市
7	605199.SH	葫芦娃	62.12	海口市
8	600221.SH	海航控股	61.58	海口市
9	603069.SH	海汽集团	60.99	海口市
10	600259.SH	广晟有色	60.69	海口市

数据来源:浙江工商大学数字创新与管理研究院和首都经济贸易大学资产评估研究院整理。

6.9.2　数字化战略导向指数

2022 年海南省 25 家传统产业上市公司的数字化战略导向指数平均水平为 59.99,低于全市场平均水平(60.97)。如图 6-42 所示,从省内城市分布来看,数字化战略导向指数平均水平最高的是海口市(61.34),最低的是三亚市(51.30)。从指数分布来看,高于均值的有 12 家,占全省总数的 48.00%。其中,数字化战略导向指数在 60 以下的有 13 家,占比 52.00%;60—70 的有 7 家,占比 28.00%;70—80 的有 4 家,占比 16.00%;80 及以上的有 1 家,占比 4%。

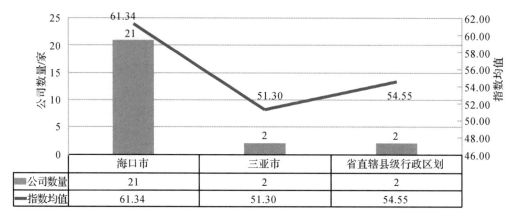

图 6-42　2022 年海南省传统产业上市公司数字化战略导向指数均值分布

海南省数字化战略导向指数排名前 10 的传统产业上市公司情况如表 6-42 所示。

表 6-42　2022 年海南省传统产业上市公司数字化战略导向指数排名前 10 情况

排名	公司代码	公司名称	数字化战略导向指数	所在城市
1	688676.SH	金盘科技	91.30	海口市
2	000657.SZ	中钨高新	77.22	海口市
3	002320.SZ	海峡股份	74.48	海口市
4	000566.SZ	海南海药	73.57	海口市
5	601118.SH	海南橡胶	70.52	海口市
6	300630.SZ	普利制药	69.30	海口市
7	600238.SH	海南椰岛	68.29	海口市
8	603069.SH	海汽集团	68.10	海口市
9	300086.SZ	康芝药业	66.58	海口市
10	600259.SH	广晟有色	66.02	海口市

数据来源:浙江工商大学数字创新与管理研究院和首都经济贸易大学资产评估研究院整理。

6.9.3　数字化要素投入指数

2022 年海南省 25 家传统产业上市公司的数字化要素投入指数平均水平为 54.83,低于全市场平均水平(57.30)。如图 6-43 所示,从省内城市分布来看,数字化要素投入指数平均水平最高的是海口市(56.38),最低的是三亚市(43.42)。从指数分布来看,高于均值的有 11 家,占海南省总数的 44.00%。其中,数字化要素投入指数在 60 以下的有 19 家,占比 76%;60—70 的有 5 家,占比 20.00%;70—80 的有 1 家,占比 4.00%。

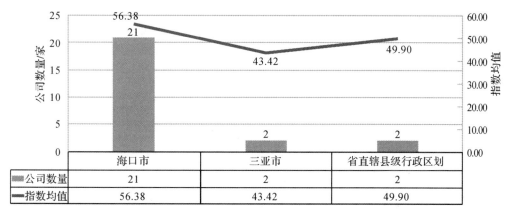

图 6-43　2022 年海南省传统产业上市公司数字化要素投入指数均值分布

海南省数字化要素投入指数排名前 10 的传统产业上市公司情况如表 6-43 所示。

表 6-43　2022 年海南省传统产业上市公司数字化要素投入指数排名前 10 情况

排名	公司代码	公司名称	数字化要素投入指数	所在城市
1	688676.SH	金盘科技	76.84	海口市
2	002865.SZ	钧达股份	67.97	海口市
3	300630.SZ	普利制药	63.21	海口市
4	000566.SZ	海南海药	62.68	海口市
5	600515.SH	海南机场	61.23	海口市
6	600221.SH	海航控股	60.72	海口市
7	000657.SZ	中钨高新	59.93	海口市
8	002320.SZ	海峡股份	58.08	海口市
9	000572.SZ	海马汽车	57.80	海口市
10	600238.SH	海南椰岛	57.64	海口市

数据来源:浙江工商大学数字创新与管理研究院和首都经济贸易大学资产评估研究院整理。

6.9.4　数字化创新成果指数

2022 年海南省 25 家传统产业上市公司的数字化创新成果指数平均水平为 56.80,低于全市场平均水平(61.62)。如图 6-44 所示,从省内城市分布来看,数字化

创新成果指数平均水平最高的是海口市(57.52)。从指数分布来看,高于均值的有
11 家,占全省总数的 44.00%。其中,数字化创新成果指数在 60 以下的有 17 家,
占比 68.00%;60—70 的有 4 家,占比 16.00%;70—80 的有 3 家,占比 12.00%;
80 及以上的有 1 家,占比 4.00%。

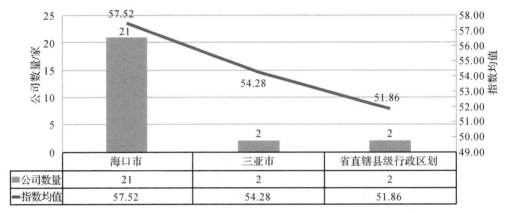

图 6-44　2022 年海南省传统产业上市公司数字化创新成果指数均值分布

海南省数字化创新成果指数排名前 10 的传统产业上市公司情况如表 6-44 所示。

表 6-44　2022 年海南省传统产业上市公司数字化创新成果指数排名前 10 情况

排名	公司代码	公司名称	数字化创新成果指数	所在城市
1	688676.SH	金盘科技	88.24	海口市
2	603069.SH	海汽集团	74.01	海口市
3	600238.SH	海南椰岛	71.09	海口市
4	000657.SZ	中钨高新	70.67	海口市
5	605199.SH	葫芦娃	68.76	海口市
6	300630.SZ	普利制药	63.05	海口市
7	002320.SZ	海峡股份	61.82	海口市
8	600259.SH	广晟有色	61.23	海口市
9	000566.SZ	海南海药	58.76	海口市
10	000796.SZ	*ST 凯撒	57.96	三亚市

数据来源:浙江工商大学数字创新与管理研究院和首都经济贸易大学资产评估研究院整理。

6.9.5　数字化创新绩效指数

2022 年海南省 25 家传统产业上市公司的数字化创新绩效指数平均水平为
55.01,低于全市场平均水平(55.86)。如图 6-45 所示,从省内城市分布来看,数字化

创新绩效指数平均水平最高的是海口市(56.87),最低的是三亚市(41.53)。从指数分布来看,高于均值的有 11 家,占全省总数的 44.00%。其中,数字化创新绩效指数在 60 以下的有 14 家,占比 56.00%;60—70 的有 6 家,占比 24.00%;70—80 的有 5 家,占比 20.00%。

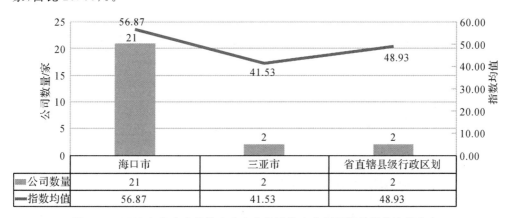

图 6-45　2022 年海南省传统产业上市公司数字化创新绩效指数均值分布

海南省数字化创新绩效指数排名前 10 的传统产业上市公司情况如表 6-45 所示。

表 6-45　2022 年海南省传统产业上市公司数字化创新绩效指数排名前 10 情况

排名	公司代码	公司名称	数字化创新绩效指数	所在城市
1	300630.SZ	普利制药	78.49	海口市
2	688676.SH	金盘科技	78.22	海口市
3	600515.SH	海南机场	77.87	海口市
4	600221.SH	海航控股	77.18	海口市
5	002865.SZ	钧达股份	73.84	海口市
6	000657.SZ	中钨高新	69.03	海口市
7	002320.SZ	海峡股份	66.07	海口市
8	601969.SH	海南矿业	64.73	省直辖县级行政区划
9	600259.SH	广晟有色	63.87	海口市
10	605199.SH	葫芦娃	60.67	海口市

数据来源:浙江工商大学数字创新与管理研究院和首都经济贸易大学资产评估研究院整理。

6.10 河北省传统产业上市公司数字化创新评价

截至 2022 年底,A 股市场河北省共有传统产业上市公司 62 家,总市值9,366.75亿元,营业总收入 9,496.42 亿元,平均市值 151.08 亿元/家,平均营业收入 153.17亿元/家。2022 年,河北省传统产业上市公司研发投入合计 342.45 亿元,占营业总收入的比例为 3.61%;无形资产账面价值合计 696.35 亿元,占总资产的比例为4.99%。根据本报告分析口径,本部分对河北省 62 家传统产业上市公司进行数字化创新指数评价,具体情况如下:

6.10.1 数字化创新综合指数

根据本报告评价,2022 年河北省传统产业上市公司的数字化创新综合指数平均水平为 58.16,低于全市场平均水平(58.96)。如图 6-46 所示,从省内城市分布来看,河北省 62 家传统产业上市公司分布在 11 个省内城市,石家庄市上市公司数量最多,数字化创新综合指数平均水平为 60.91。从指数分布来看,高于均值的有 27 家,占全省总数的 43.55%。其中最高的是新奥股份,数字化创新综合指数为 78.56。具体来看,数字化创新综合指数在 60 以下的有 37 家,占比 59.68%;60—70 的有 15 家,占比 24.19%;70—80 的有 10 家,占比 16.13%。

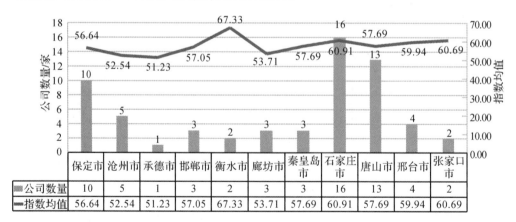

图 6-46 2022 年河北省传统产业上市公司数字化创新综合指数均值分布

河北省数字化创新综合指数排名前 10 的传统产业上市公司情况如表 6-46 所示。

表 6-46　2022 年河北省传统产业上市公司数字化创新综合指数排名前 10 情况

排名	公司代码	公司名称	数字化创新综合指数	所在城市
1	600803.SH	新奥股份	78.56	石家庄市
2	002960.SZ	青鸟消防	78.34	张家口市
3	002603.SZ	以岭药业	77.01	石家庄市
4	601633.SH	长城汽车	75.18	保定市
5	002459.SZ	晶澳科技	74.49	邢台市
6	301197.SZ	工大科雅	74.09	石家庄市
7	300371.SZ	汇中股份	72.82	唐山市
8	300869.SZ	康泰医学	72.71	秦皇岛市
9	300428.SZ	立中集团	72.36	保定市
10	000600.SZ	建投能源	70.25	石家庄市

数据来源:浙江工商大学数字创新与管理研究院和首都经济贸易大学资产评估研究院整理。

6.10.2　数字化战略导向指数

2022 年河北省 62 家传统产业上市公司的数字化战略导向指数平均水平为 59.73,低于全市场平均水平(60.97)。如图 6-47 所示,从省内城市分布来看,数字化战略导向指数平均水平最高的是衡水市(75.96)。从指数分布来看,高于均值的有 28 家,占全省总数的 45.16%。其中,数字化战略导向指数在 60 以下的有 35 家,占比 56.45%;60—70 的有 9 家,占比 14.52%;70—80 的有 11 家,占比 17.74%;80 及以上的有 7 家,占比 11.29%。

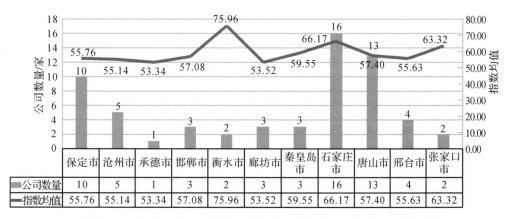

图 6-47　2022 年河北省传统产业上市公司数字化战略导向指数均值分布

河北省数字化战略导向指数排名前 10 的传统产业上市公司情况如表 6-47 所示。

表 6-47　**2022 年河北省传统产业上市公司数字化战略导向指数排名前 10 情况**

排名	公司代码	公司名称	数字化战略导向指数	所在城市
1	002603.SZ	以岭药业	89.48	石家庄市
2	002960.SZ	青鸟消防	88.67	张家口市
3	301197.SZ	工大科雅	87.73	石家庄市
4	300869.SZ	康泰医学	85.64	秦皇岛市
5	600803.SH	新奥股份	83.66	石家庄市
6	300371.SZ	汇中股份	82.49	唐山市
7	300428.SZ	立中集团	81.55	保定市
8	603156.SH	养元饮品	79.56	衡水市
9	000600.SZ	建投能源	78.84	石家庄市
10	600956.SH	新天绿能	78.17	石家庄市

数据来源:浙江工商大学数字创新与管理研究院和首都经济贸易大学资产评估研究院整理。

6.10.3　数字化要素投入指数

2022 年河北省 62 家传统产业上市公司的数字化要素投入指数平均水平为 55.26,低于全市场平均水平(57.30)。如图 6-48 所示,从省内城市分布来看,数字化要素投入指数平均水平最高的是石家庄市(61.17)。从指数分布来看,高于均值的有 27 家,占全省总数的 43.55％。其中,数字化要素投入指数在 60 以下的有 41 家,占比 66.13％;60—70 的有 15 家,占比 24.19％;70—80 的有 5 家,占比 8.06％;80 及以上的有 1 家,占比 1.61％。

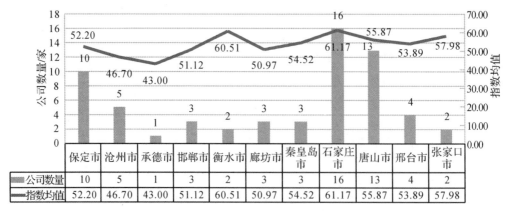

	保定市	沧州市	承德市	邯郸市	衡水市	廊坊市	秦皇岛市	石家庄市	唐山市	邢台市	张家口市
公司数量	10	5	1	3	2	3	3	16	13	4	2
指数均值	52.20	46.70	43.00	51.12	60.51	50.97	54.52	61.17	55.87	53.89	57.98

图 6-48　**2022 年河北省传统产业上市公司数字化要素投入指数均值分布**

河北省数字化要素投入指数排名前 10 的传统产业上市公司情况如表 6-48 所示。

表 6-48 **2022 年河北省传统产业上市公司数字化要素投入指数排名前 10 情况**

排名	公司代码	公司名称	数字化要素投入指数	所在城市
1	300137.SZ	先河环保	83.88	石家庄市
2	002960.SZ	青鸟消防	77.61	张家口市
3	301197.SZ	工大科雅	76.47	石家庄市
4	000600.SZ	建投能源	75.89	石家庄市
5	300869.SZ	康泰医学	75.23	秦皇岛市
6	300371.SZ	汇中股份	72.28	唐山市
7	600803.SH	新奥股份	69.85	石家庄市
8	000401.SZ	冀东水泥	67.66	唐山市
9	830964.BJ	润农节水	67.18	唐山市
10	600482.SH	中国动力	66.99	保定市

数据来源:浙江工商大学数字创新与管理研究院和首都经济贸易大学资产评估研究院整理。

6.10.4 数字化创新成果指数

2022 年河北省 62 家传统产业上市公司的数字化创新成果指数平均水平为 59.52,低于全市场平均水平(61.62)。如图 6-49 所示,从省内城市分布来看,石家庄市数字化创新成果指数平均水平为 60.14。从指数分布来看,高于均值的有 26 家,占全省总数的 41.94%。其中,数字化创新成果指数在 60 以下的有 37 家,占比 59.68%;60—70 的有 10 家,占比 16.13%;70—80 的有 13 家,占比 20.97%;80 及以上的有 2 家,占比 3.23%。

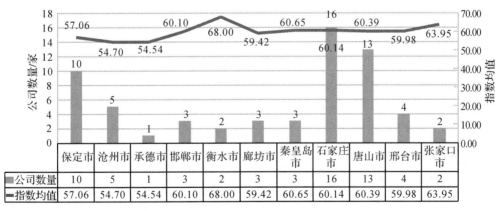

	保定市	沧州市	承德市	邯郸市	衡水市	廊坊市	秦皇岛市	石家庄市	唐山市	邢台市	张家口市
公司数量	10	5	1	3	2	3	3	16	13	4	2
指数均值	57.06	54.70	54.54	60.10	68.00	59.42	60.65	60.14	60.39	59.98	63.95

图 6-49 **2022 年河北省传统产业上市公司数字化创新成果指数均值分布**

河北省数字化创新成果指数排名前 10 的传统产业上市公司情况如表 6-49 所示。

表 6-49　2022 年河北省传统产业上市公司数字化创新成果指数排名前 10 情况

排名	公司代码	公司名称	数字化创新成果指数	所在城市
1	002960.SZ	青鸟消防	81.76	张家口市
2	300371.SZ	汇中股份	81.53	唐山市
3	300428.SZ	立中集团	78.38	保定市
4	300869.SZ	康泰医学	77.05	秦皇岛市
5	603385.SH	惠达卫浴	76.70	唐山市
6	002603.SZ	以岭药业	76.58	石家庄市
7	301197.SZ	工大科雅	75.55	石家庄市
8	600803.SH	新奥股份	74.47	石家庄市
9	300138.SZ	晨光生物	74.18	邯郸市
10	300990.SZ	同飞股份	74.13	廊坊市

数据来源:浙江工商大学数字创新与管理研究院和首都经济贸易大学资产评估研究院整理。

6.10.5　数字化创新绩效指数

2022 年河北省 62 家传统产业上市公司的数字化创新绩效指数平均水平为 57.72,高于全市场平均水平(55.86)。如图 6-50 所示,从省内城市分布来看,数字化创新绩效指数平均水平最高的是邢台市(66.90),最低的是廊坊市(49.27)。从指数分布来看,高于均值的有 28 家,占全省总数的 45.16%。其中,数字化创新绩效指数在 60 以下的有 36 家,占比 58.06%;60—70 的有 19 家,占比 30.65%;70—80 的有 4 家,占比 6.45%;80 及以上的有 3 家,占比 4.84%。

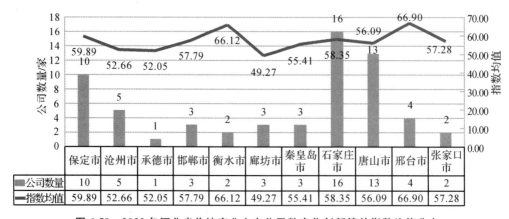

	保定市	沧州市	承德市	邯郸市	衡水市	廊坊市	秦皇岛市	石家庄市	唐山市	邢台市	张家口市
公司数量	10	5	1	3	2	3	3	16	13	4	2
指数均值	59.89	52.66	52.05	57.79	66.12	49.27	55.41	58.35	56.09	66.90	57.28

图 6-50　2022 年河北省传统产业上市公司数字化创新绩效指数均值分布

河北省数字化创新绩效指数排名前 10 的传统产业上市公司情况如表 6-50 所示。

表 6-50　2022 年河北省传统产业上市公司数字化创新绩效指数排名前 10 情况

表 6-50　2022 年河北省传统产业上市公司数字化创新绩效指数排名前 10 情况

排名	公司代码	公司名称	数字化创新绩效指数	所在城市
1	002459.SZ	晶澳科技	96.19	邢台市
2	601633.SH	长城汽车	95.42	保定市
3	600803.SH	新奥股份	86.34	石家庄市
4	002603.SZ	以岭药业	77.78	石家庄市
5	600482.SH	中国动力	72.29	保定市
6	600956.SH	新天绿能	71.51	石家庄市
7	603156.SH	养元饮品	70.46	衡水市
8	600480.SH	凌云股份	68.84	保定市
9	002960.SZ	青鸟消防	68.55	张家口市
10	603938.SH	三孚股份	68.26	唐山市

数据来源:浙江工商大学数字创新与管理研究院和首都经济贸易大学资产评估研究院整理。

6.11　河南省传统产业上市公司数字化创新评价

截至 2022 年底,A 股市场河南省共有传统产业上市公司 89 家,总市值11,850.79亿元,营业总收入 9,024.02 亿元,平均市值 133.15 亿元/家,平均营业收入 101.39亿元/家。2022 年,河南省传统产业上市公司研发投入合计 204.18 亿元,占营业总收入的比例为 2.26%;无形资产账面价值合计 1,159.50 亿元,占总资产的比例为8.52%。根据本报告分析口径,本部分对河南省 89 家传统产业上市公司进行数字化创新指数评价,具体情况如下:

6.11.1　数字化创新综合指数

根据本报告评价,2022 年河南省传统产业上市公司的数字化创新综合指数平均水平为58.21,低于全市场平均水平(58.96)。如图 6-51 所示,从省内城市分布来看,河南省 89 家传统产业上市公司分布在 17 个省内城市,郑州市上市公司数量最多,数字化创新综合指数平均水平为 60.48。从指数分布来看,高于均值的有 41 家,占全省总数的 46.07%。其中最高的是许继电气,数字化创新综合指数为 81.43。具体来看,数字化创新综合指数在 60 以下的有 52 家,占比 58.43%;60—70 的有 26 家,占比 29.21%;70—80 的有 9 家,占比 10.11%;80 及以上的有 2 家,占比 2.25%。

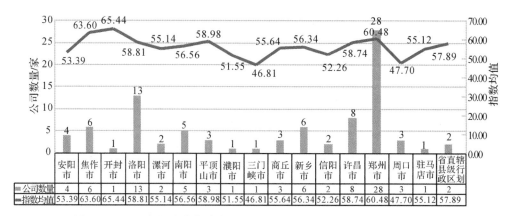

图 6-51　2022 年河南省传统产业上市公司数字化创新综合指数均值分布

河南省数字化创新综合指数排名前 10 的传统产业上市公司情况如表 6-51 所示。

表 6-51　2022 年河南省传统产业上市公司数字化创新综合指数排名前 10 情况

排名	公司代码	公司名称	数字化创新综合指数	所在城市
1	000400.SZ	许继电气	81.43	许昌市
2	300007.SZ	汉威科技	80.26	郑州市
3	600066.SH	宇通客车	77.62	郑州市
4	300109.SZ	新开源	76.01	焦作市
5	300259.SZ	新天科技	74.39	郑州市
6	300480.SZ	光力科技	73.97	郑州市
7	603658.SH	安图生物	72.21	郑州市
8	601608.SH	中信重工	72.11	洛阳市
9	688626.SH	翔宇医疗	70.70	安阳市
10	002046.SZ	国机精工	70.33	洛阳市

数据来源:浙江工商大学数字创新与管理研究院和首都经济贸易大学资产评估研究院整理。

6.11.2　数字化战略导向指数

2022 年河南省 89 家传统产业上市公司的数字化战略导向指数平均水平为 60.93,低于全市场平均水平(60.97)。如图 6-52 所示,从省内城市分布来看,数字化战略导向指数平均水平最高的是焦作市(68.85)。从指数分布来看,高于均值的有 44 家,占全省总数的 49.44%。其中,数字化战略导向指数在 60 以下的有 45 家,占比 50.56%;60—70 的有 18 家,占比 20.22%;70—80 的有 18 家,占比 20.22%;80 及以上的有 8 家,占比 8.99%。

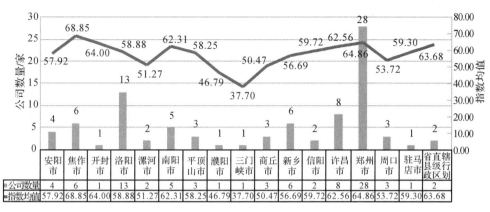

图 6-52　2022 年河南省传统产业上市公司数字化战略导向指数均值分布

河南省数字化战略导向指数排名前 10 的传统产业上市公司情况如表 6-52
所示。

表 6-52　2022 年河南省传统产业上市公司数字化战略导向指数排名前 10 情况

排名	公司代码	公司名称	数字化战略导向指数	所在城市
1	300007.SZ	汉威科技	93.57	郑州市
2	600066.SH	宇通客车	91.05	郑州市
3	688626.SH	翔宇医疗	87.03	安阳市
4	300259.SZ	新天科技	85.37	郑州市
5	300109.SZ	新开源	85.33	焦作市
6	003008.SZ	开普检测	83.34	许昌市
7	002216.SZ	三全食品	81.83	郑州市
8	601608.SH	中信重工	80.06	洛阳市
9	002601.SZ	龙佰集团	79.41	焦作市
10	300437.SZ	清水源	78.72	省直辖县级行政区划

数据来源:浙江工商大学数字创新与管理研究院和首都经济贸易大学资产评估研究院整理。

6.11.3　数字化要素投入指数

2022 年河南省 89 家传统产业上市公司的数字化要素投入指数平均水平为
56.12,低于全市场平均水平(57.30)。如图 6-53 所示,从省内城市分布来看,郑州市
数字化要素投入指数平均水平为 59.55。从指数分布来看,高于均值的有 37 家,占
全省总数的 41.57%。其中,数字化要素投入指数在 60 以下的有 57 家,占比 64.04%;
60—70 的有 20 家,占比 22.47%;70—80 的有 9 家,占比 10.11%;80 及以上的有 3
家,占比 3.37%。

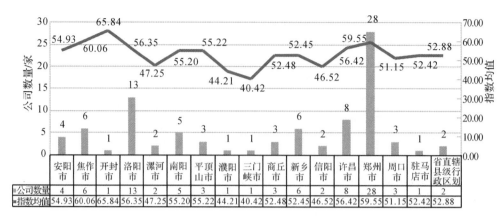

图 6-53   2022 年河南省传统产业上市公司数字化要素投入指数均值分布

河南省数字化要素投入指数排名前 10 的传统产业上市公司情况如表 6-53 所示。

表 6-53   2022 年河南省传统产业上市公司数字化要素投入指数排名前 10 情况

排名	公司代码	公司名称	数字化要素投入指数	所在城市
1	300259.SZ	新天科技	88.35	郑州市
2	000400.SZ	许继电气	85.78	许昌市
3	300007.SZ	汉威科技	80.69	郑州市
4	002857.SZ	三晖电气	79.60	郑州市
5	688626.SH	翔宇医疗	75.43	安阳市
6	600066.SH	宇通客车	74.61	郑州市
7	300480.SZ	光力科技	74.05	郑州市
8	002046.SZ	国机精工	73.48	洛阳市
9	601608.SH	中信重工	72.93	洛阳市
10	603658.SH	安图生物	72.81	郑州市

数据来源:浙江工商大学数字创新与管理研究院和首都经济贸易大学资产评估研究院整理。

6.11.4   数字化创新成果指数

2022 年河南省 89 家传统产业上市公司的数字化创新成果指数平均水平为 59.55,低于全市场平均水平(61.62)。如图 6-54 所示,从省内城市分布来看,郑州市数字化创新成果指数平均水平为 63.07。从指数分布来看,高于均值的有 43 家,占全省总数的 48.31%。其中,数字化创新成果指数在 60 以下的有 50 家,占比 56.18%;60—70 的有 22 家,占比 24.72%;70—80 的有 14 家,占比 15.73%;80 及以上的有 3 家,占比 3.37%。

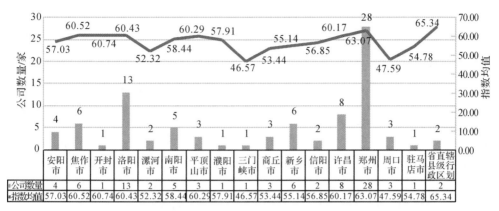

图 6-54　2022 年河南省传统产业上市公司数字化创新成果指数均值分布

河南省数字化创新成果指数排名前 10 的传统产业上市公司情况如表 6-54 所示。

表 6-54　2022 年河南省传统产业上市公司数字化创新成果指数排名前 10 情况

排名	公司代码	公司名称	数字化创新成果指数	所在城市
1	300007.SZ	汉威科技	91.38	郑州市
2	000400.SZ	许继电气	82.01	许昌市
3	300480.SZ	光力科技	81.40	郑州市
4	601608.SH	中信重工	79.66	洛阳市
5	688626.SH	翔宇医疗	78.87	安阳市
6	002582.SZ	好想你	78.55	郑州市
7	300109.SZ	新开源	78.54	焦作市
8	300013.SZ	新宁物流	78.11	郑州市
9	600066.SH	宇通客车	77.33	郑州市
10	300259.SZ	新天科技	76.19	郑州市

数据来源:浙江工商大学数字创新与管理研究院和首都经济贸易大学资产评估研究院整理。

6.11.5　数字化创新绩效指数

2022 年河南省 89 家传统产业上市公司的数字化创新绩效指数平均水平为 56.48,高于全市场平均水平(55.86)。如图 6-55 所示,从省内城市分布来看,郑州市数字化创新绩效指数平均水平为 55.49。从指数分布来看,高于均值的有 43 家,占全省总数的 48.31%。其中,数字化创新绩效指数在 60 以下的有 60 家,占比 67.42%;60—70 的有 16 家,占比 17.98%;70—80 的有 12 家,占比 13.48%;80 及以上的有 1 家,占比 1.12%。

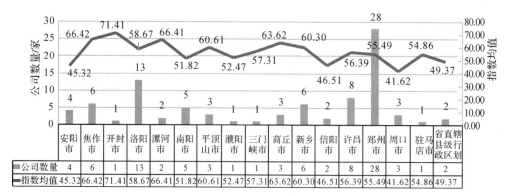

图6-55　2022年河南省传统产业上市公司数字化创新绩效指数均值分布

河南省数字化创新绩效指数排名前10的传统产业上市公司情况如表6-55所示。

表6-55　2022年河南省传统产业上市公司数字化创新绩效指数排名前10情况

排名	公司代码	公司名称	数字化创新绩效指数	所在城市
1	002714.SZ	牧原股份	83.31	南阳市
2	000400.SZ	许继电气	79.87	许昌市
3	000895.SZ	双汇发展	78.03	漯河市
4	002007.SZ	华兰生物	77.12	新乡市
5	002407.SZ	多氟多	76.17	焦作市
6	002601.SZ	龙佰集团	74.18	焦作市
7	300910.SZ	瑞丰新材	73.53	新乡市
8	603993.SH	洛阳钼业	72.34	洛阳市
9	600066.SH	宇通客车	71.82	郑州市
10	300080.SZ	易成新能	71.41	开封市

数据来源：浙江工商大学数字创新与管理研究院和首都经济贸易大学资产评估研究院整理。

6.12　黑龙江省传统产业上市公司数字化创新评价

截至2022年底,A股市场黑龙江省共有传统产业上市公司32家,总市值2,478.31亿元,营业总收入1,791.42亿元,平均市值77.45亿元/家,平均营业收入55.98亿元/家。2022年,黑龙江省传统产业上市公司研发投入合计42.20亿元,占营业总收入的比例为2.36%;无形资产账面价值合计165.59亿元,占总资产的比例为4.95%。

根据本报告分析口径,本部分对黑龙江省 32 家传统产业上市公司进行数字化创新指数评价,具体情况如下:

6.12.1 数字化创新综合指数

根据本报告评价,2022 年黑龙江省传统产业上市公司的数字化创新综合指数平均水平为 56.21,低于全市场平均水平(58.96)。如图 6-56 所示,从省内城市分布来看,黑龙江省 32 家传统产业上市公司分布在 7 个省内城市,哈尔滨市上市公司数量最多,数字化创新综合指数平均水平为 56.50。从指数分布来看,高于均值的有 13 家,占全省总数的 40.63%。其中最高的是航天科技,数字化创新综合指数为 81.82。具体来看,数字化创新综合指数在 60 以下的有 22 家,占比 68.75%;60—70 的有 7 家,占比 21.88%;70—80 的有 2 家,占比 6.25%;80 及以上的有 1 家,占比 3.13%。

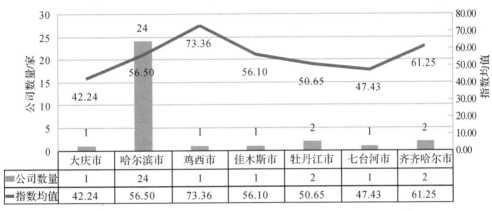

	大庆市	哈尔滨市	鸡西市	佳木斯市	牡丹江市	七台河市	齐齐哈尔市
公司数量	1	24	1	1	2	1	2
指数均值	42.24	56.50	73.36	56.10	50.65	47.43	61.25

图 6-56　2022 年黑龙江省传统产业上市公司数字化创新综合指数均值分布

黑龙江省数字化创新综合指数排名前 10 的传统产业上市公司情况如表 6-56 所示。

表 6-56　2022 年黑龙江省传统产业上市公司数字化创新综合指数排名前 10 情况

排名	公司代码	公司名称	数字化创新综合指数	所在城市
1	000901.SZ	航天科技	81.82	哈尔滨市
2	002698.SZ	博实股份	74.11	哈尔滨市
3	603567.SH	珍宝岛	73.36	鸡西市
4	688459.SH	哈铁科技	65.06	哈尔滨市
5	600038.SH	中直股份	64.40	哈尔滨市
6	600664.SH	哈药股份	63.43	哈尔滨市
7	600179.SH	安通控股	62.26	齐齐哈尔市
8	300900.SZ	广联航空	61.87	哈尔滨市

排名	公司代码	公司名称	数字化创新综合指数	所在城市
9	600829.SH	人民同泰	60.72	哈尔滨市
10	601106.SH	中国一重	60.25	齐齐哈尔市

数据来源:浙江工商大学数字创新与管理研究院和首都经济贸易大学资产评估研究院整理。

6.12.2　数字化战略导向指数

2022 年黑龙江省 32 家传统产业上市公司的数字化战略导向指数平均水平为 56.95,低于全市场平均水平(60.97)。如图 6-57 所示,从省内城市分布来看,哈尔滨市数字化战略导向指数平均水平为 58.51。从指数分布来看,高于均值的有 15 家,占全省总数的 46.88%。其中,数字化战略导向指数在 60 以下的有 20 家,占比 62.50%;60—70 的有 5 家,占比 15.63%;70—80 的有 3 家,占比 9.38%;80 及以上的有 4 家,占比 12.50%。

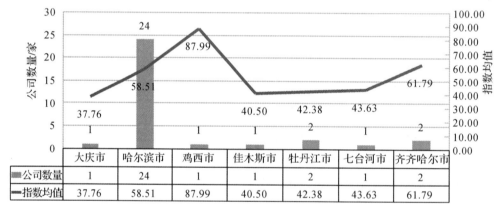

	大庆市	哈尔滨市	鸡西市	佳木斯市	牡丹江市	七台河市	齐齐哈尔市
公司数量	1	24	1	1	2	1	2
指数均值	37.76	58.51	87.99	40.50	42.38	43.63	61.79

图 6-57　2022 年黑龙江省传统产业上市公司数字化战略导向指数均值分布

黑龙江省数字化战略导向指数排名前 10 的传统产业上市公司情况如表 6-57 所示。

表 6-57　2022 年黑龙江省传统产业上市公司数字化战略导向指数排名前 10 情况

排名	公司代码	公司名称	数字化战略导向指数	所在城市
1	000901.SZ	航天科技	88.39	哈尔滨市
2	603567.SH	珍宝岛	87.99	鸡西市
3	600664.SH	哈药股份	82.67	哈尔滨市
4	600829.SH	人民同泰	81.22	哈尔滨市
5	002698.SZ	博实股份	76.12	哈尔滨市

排名	公司代码	公司名称	数字化战略导向指数	所在城市
6	688459.SH	哈铁科技	73.85	哈尔滨市
7	002437.SZ	誉衡药业	73.29	哈尔滨市
8	002737.SZ	葵花药业	65.70	哈尔滨市
9	600811.SH	东方集团	63.78	哈尔滨市
10	601106.SH	中国一重	62.42	齐齐哈尔市

数据来源:浙江工商大学数字创新与管理研究院和首都经济贸易大学资产评估研究院整理。

6.12.3　数字化要素投入指数

2022 年黑龙江省 32 家传统产业上市公司的数字化要素投入指数平均水平为 54.05,低于全市场平均水平(57.30)。如图 6-58 所示,从省内城市分布来看,哈尔滨市数字化要素投入指数平均水平为 54.58。从指数分布来看,高于均值的有 12 家,占全省总数的 37.50%。其中,数字化要素投入指数在 60 以下的有 24 家,占比 75.00%;60—70 的有 5 家,占比 15.63%;70—80 的有 2 家,占比 6.25%;80 及以上的有 1 家,占比 3.13%。

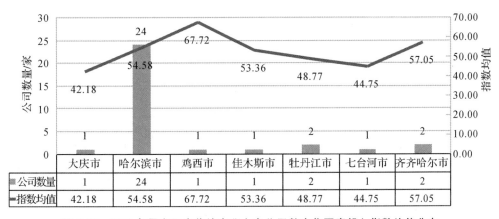

	大庆市	哈尔滨市	鸡西市	佳木斯市	牡丹江市	七台河市	齐齐哈尔市
公司数量	1	24	1	1	2	1	2
指数均值	42.18	54.58	67.72	53.36	48.77	44.75	57.05

图 6-58　2022 年黑龙江省传统产业上市公司数字化要素投入指数均值分布

黑龙江省数字化要素投入指数排名前 10 的传统产业上市公司情况如表 6-58 所示。

表 6-58　2022 年黑龙江省传统产业上市公司数字化要素投入指数排名前 10 情况

排名	公司代码	公司名称	数字化要素投入指数	所在城市
1	000901.SZ	航天科技	89.56	哈尔滨市
2	688459.SH	哈铁科技	73.29	哈尔滨市
3	002698.SZ	博实股份	72.38	哈尔滨市

续　表

排名	公司代码	公司名称	数字化要素投入指数	所在城市
4	603567.SH	珍宝岛	67.72	鸡西市
5	600853.SH	龙建股份	64.98	哈尔滨市
6	600038.SH	中直股份	63.66	哈尔滨市
7	000711.SZ	*ST京蓝	60.96	哈尔滨市
8	300489.SZ	光智科技	60.56	哈尔滨市
9	603023.SH	威帝股份	59.21	哈尔滨市
10	601106.SH	中国一重	58.76	齐齐哈尔市

数据来源:浙江工商大学数字创新与管理研究院和首都经济贸易大学资产评估研究院整理。

6.12.4　数字化创新成果指数

2022年黑龙江省32家传统产业上市公司的数字化创新成果指数平均水平为57.65,低于全市场平均水平(61.62)。如图6-59所示,从省内城市分布来看,哈尔滨市数字化创新成果指数平均水平为58.40。从指数分布来看,高于均值的有12家,占全省总数的37.50%。其中,数字化创新成果指数在60以下的有22家,占比68.75%;60—70的有6家,占比18.75%;70—80的有2家,占比6.25%;80及以上的有2家,占比6.25%。

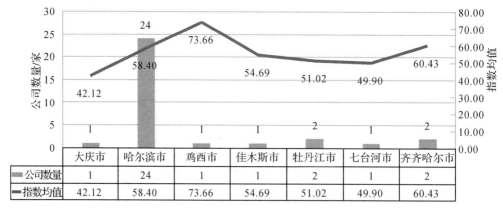

	大庆市	哈尔滨市	鸡西市	佳木斯市	牡丹江市	七台河市	齐齐哈尔市
公司数量	1	24	1	1	2	1	2
指数均值	42.12	58.40	73.66	54.69	51.02	49.90	60.43

图6-59　2022年黑龙江省传统产业上市公司数字化创新成果指数均值分布

黑龙江省数字化创新成果指数排名前10的传统产业上市公司情况如表6-59所示。

表 6-59 2022 年黑龙江省传统产业上市公司数字化创新成果指数排名前 10 情况

排名	公司代码	公司名称	数字化创新成果指数	所在城市
1	000901.SZ	航天科技	86.34	哈尔滨市
2	002698.SZ	博实股份	83.65	哈尔滨市
3	603567.SH	珍宝岛	73.66	鸡西市
4	688459.SH	哈铁科技	70.74	哈尔滨市
5	301227.SZ	森鹰窗业	69.82	哈尔滨市
6	300040.SZ	九洲集团	69.16	哈尔滨市
7	300900.SZ	广联航空	68.23	哈尔滨市
8	601106.SH	中国一重	61.94	齐齐哈尔市
9	600038.SH	中直股份	61.14	哈尔滨市
10	600664.SH	哈药股份	61.00	哈尔滨市

数据来源:浙江工商大学数字创新与管理研究院和首都经济贸易大学资产评估研究院整理。

6.12.5 数字化创新绩效指数

2022 年黑龙江省 32 家传统产业上市公司的数字化创新绩效指数平均水平为 55.67,低于全市场平均水平(55.86)。如图 6-60 所示,从省内城市分布来看,哈尔滨市数字化创新绩效指数平均水平为 54.45。从指数分布来看,高于均值的有 19 家,占全省总数的 59.38%。其中,数字化创新绩效指数在 60 以下的有 19 家,占比 59.38%;60—70 的有 11 家,占比 34.38%;70—80 的有 2 家,占比 6.25%。

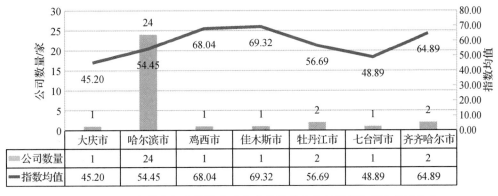

	大庆市	哈尔滨市	鸡西市	佳木斯市	牡丹江市	七台河市	齐齐哈尔市
公司数量	1	24	1	1	2	1	2
指数均值	45.20	54.45	68.04	69.32	56.69	48.89	64.89

图 6-60 2022 年黑龙江省传统产业上市公司数字化创新绩效指数均值分布

黑龙江省数字化创新绩效指数排名前 10 的传统产业上市公司情况如表 6-60 所示。

表 6-60　2022 年黑龙江省传统产业上市公司数字化创新绩效指数排名前 10 情况

排名	公司代码	公司名称	数字化创新绩效指数	所在城市
1	600179.SH	安通控股	71.72	齐齐哈尔市
2	600038.SH	中直股份	71.56	哈尔滨市
3	000922.SZ	佳电股份	69.32	佳木斯市
4	603567.SH	珍宝岛	68.04	鸡西市
5	000901.SZ	航天科技	67.04	哈尔滨市
6	300900.SZ	广联航空	66.47	哈尔滨市
7	002737.SZ	葵花药业	63.31	哈尔滨市
8	002698.SZ	博实股份	63.19	哈尔滨市
9	600664.SH	哈药股份	62.84	哈尔滨市
10	600598.SH	北大荒	62.00	哈尔滨市

数据来源:浙江工商大学数字创新与管理研究院和首都经济贸易大学资产评估研究院整理。

6.13　湖北省传统产业上市公司数字化创新评价

截至 2022 年底,A 股市场湖北省共有传统产业上市公司 95 家,总市值 8,677.02 亿元,营业总收入 6,916.47 亿元,平均市值 91.34 亿元/家,平均营业收入 72.80 亿元/家。2022 年,湖北省传统产业上市公司研发投入合计 178.29 亿元,占营业总收入的比例为 2.58%;无形资产账面价值合计 847.53 亿元,占总资产的比例为 8.01%。根据本报告分析口径,本部分对湖北省 95 家传统产业上市公司进行数字化创新指数评价,具体情况如下:

6.13.1　数字化创新综合指数

根据本报告评价,2022 年湖北省传统产业上市公司的数字化创新综合指数平均水平为 58.86,略低于全市场平均水平(58.96)。如图 6-61 所示,从省内城市分布来看,湖北省 95 家传统产业上市公司分布在 11 个省内城市,其中武汉市上市公司数量最多,其数字化创新综合指数平均水平最高(62.00)。从指数分布来看,高于均值的有 50 家,占全省总数的 52.63%。其中最高的是九州通,其数字化创新综合指数为 82.06。具体来看,数字化创新综合指数在 60 以下的有 48 家,占比 50.53%;60—70 的有 34 家,占比 35.79%;70—80 的有 9 家,占比 9.47%;80 及以上的有 4 家,占比 4.21%。

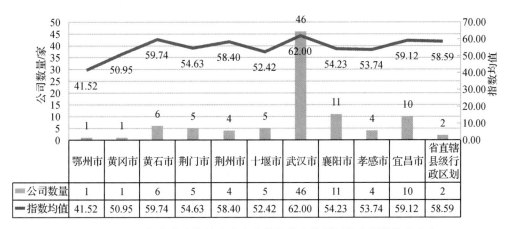

图6-61　2022年湖北省传统产业上市公司数字化创新综合指数均值分布

湖北省数字化创新综合指数排名前10的传统产业上市公司情况如表6-61所示。

表6-61　2022年湖北省传统产业上市公司数字化创新综合指数排名前10情况

排名	公司代码	公司名称	数字化创新综合指数	所在城市
1	600998.SH	九州通	82.06	武汉市
2	301221.SZ	光庭信息	81.87	武汉市
3	000785.SZ	居然之家	81.82	武汉市
4	300567.SZ	精测电子	80.77	武汉市
5	000708.SZ	中信特钢	76.75	黄石市
6	603719.SH	良品铺子	75.19	武汉市
7	002932.SZ	明德生物	74.72	武汉市
8	300557.SZ	理工光科	74.60	武汉市
9	600885.SH	宏发股份	73.81	武汉市
10	300747.SZ	锐科激光	71.90	武汉市

数据来源:浙江工商大学数字创新与管理研究院和首都经济贸易大学资产评估研究院整理。

6.13.2　数字化战略导向指数

2022年湖北省95家传统产业上市公司的数字化战略导向指数平均水平为61.21,高于全市场平均水平(60.97)。如图6-62所示,从省内城市分布来看,数字化战略导向指数平均水平最高的是武汉市(66.91)。从指数分布来看,高于均值的有46家,占省总数的48.42%。其中,数字化战略导向指数在60以下的有44家,占比46.32%;60—70的有21家,占比22.11%;70—80的有16家,占比16.84%;80及以上的有14家,占比14.74%。

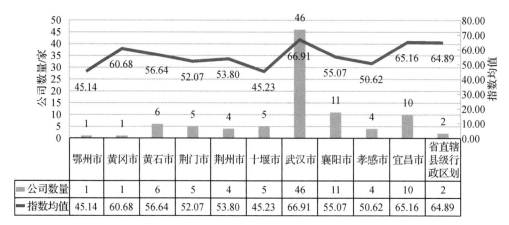

图 6-62　2022 年湖北省传统产业上市公司数字化战略导向指数均值分布

湖北省数字化战略导向指数排名前 10 的传统产业上市公司情况如表 6-62 所示。

表 6-62　2022 年湖北省传统产业上市公司数字化战略导向指数排名前 10 情况

排名	公司代码	公司名称	数字化战略导向指数	所在城市
1	600998.SH	九州通	98.30	武汉市
2	000785.SZ	居然之家	97.61	武汉市
3	301221.SZ	光庭信息	91.11	武汉市
4	603719.SH	良品铺子	89.82	武汉市
5	300161.SZ	华中数控	88.23	武汉市
6	688667.SH	菱电电控	87.18	武汉市
7	002932.SZ	明德生物	87.11	武汉市
8	688526.SH	科前生物	86.58	武汉市
9	601311.SH	骆驼股份	85.28	襄阳市
10	300018.SZ	中元股份	83.98	武汉市

数据来源:浙江工商大学数字创新与管理研究院和首都经济贸易大学资产评估研究院整理。

6.13.3　数字化要素投入指数

2022 年湖北省 95 家传统产业上市公司的数字化要素投入指数平均水平为 58.21,高于全市场平均水平(57.30)。如图 6-63 所示,从省内城市分布来看,数字化要素投入指数平均水平最高的是武汉市(62.10),最低的是十堰市(49.79)。从指数分布来看,高于均值的有 44 家,占全省总数的 46.32%。其中,数字化要素投入指数在 60 以下的有 53 家,占比 55.79%;60—70 的有 30 家,占比 31.58%;70—80 的有 10 家,占比 10.53%;80 及以上的有 2 家,占比 2.11%。

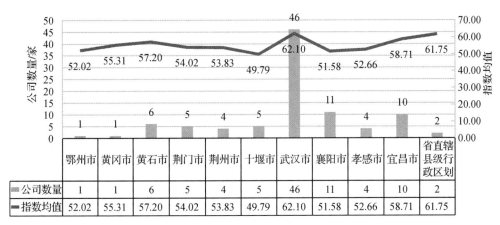

图 6-63　2022 年湖北省传统产业上市公司数字化要素投入指数均值分布

湖北省数字化要素投入指数排名前 10 的传统产业上市公司情况如表 6-63 所示。

表 6-63　2022 年湖北省传统产业上市公司数字化要素投入指数排名前 10 情况

排名	公司代码	公司名称	数字化要素投入指数	所在城市
1	301221. SZ	光庭信息	91.36	武汉市
2	300567. SZ	精测电子	87.05	武汉市
3	300747. SZ	锐科激光	78.40	武汉市
4	300161. SZ	华中数控	77.25	武汉市
5	688667. SH	菱电电控	77.24	武汉市
6	300557. SZ	理工光科	76.52	武汉市
7	300018. SZ	中元股份	74.76	武汉市
8	603716. SH	塞力医疗	73.57	武汉市
9	688665. SH	四方光电	72.87	武汉市
10	300387. SZ	富邦股份	72.54	孝感市

数据来源:浙江工商大学数字创新与管理研究院和首都经济贸易大学资产评估研究院整理。

6.13.4　数字化创新成果指数

2022 年湖北省 95 家传统产业上市公司的数字化创新成果指数平均水平为 62.17,高于全市场平均水平(61.62)。如图 6-64 所示,从省内城市分布来看,数字化创新成果指数平均水平最高的是武汉市(65.40)。从指数分布来看,高于均值的有 46 家,占全省总数的 48.42%。其中,数字化创新成果指数在 60 以下的有 41 家,占比 43.16%;60—70 的有 29 家,占比 30.53%;70—80 的有 15 家,占比 15.79%;80 及以上的有 10 家,占比 10.53%。

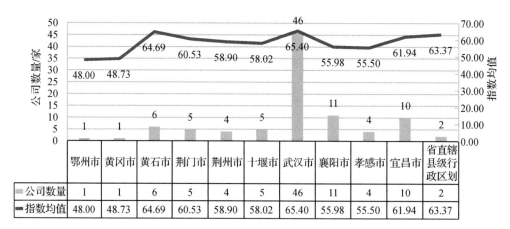

图 6-64　2022 年湖北省传统产业上市公司数字化创新成果指数均值分布

湖北省数字化创新成果指数排名前 10 的传统产业上市公司情况如表 6-64 所示。

表 6-64　2022 年湖北省传统产业上市公司数字化创新成果指数排名前 10 情况

排名	公司代码	公司名称	数字化创新成果指数	所在城市
1	600998.SH	九州通	89.60	武汉市
2	301221.SZ	光庭信息	89.27	武汉市
3	300276.SZ	三丰智能	87.09	黄石市
4	002932.SZ	明德生物	86.46	武汉市
5	603719.SH	良品铺子	86.22	武汉市
6	300567.SZ	精测电子	83.93	武汉市
7	000785.SZ	居然之家	83.91	武汉市
8	300161.SZ	华中数控	81.39	武汉市
9	300557.SZ	理工光科	81.05	武汉市
10	300776.SZ	帝尔激光	80.04	武汉市

数据来源:浙江工商大学数字创新与管理研究院和首都经济贸易大学资产评估研究院整理。

6.13.5　数字化创新绩效指数

2022 年湖北省 95 家传统产业上市公司的数字化创新绩效指数平均水平为 54.09,低于全市场平均水平(55.86)。如图 6-65 所示,从省内城市分布来看,数字化创新绩效指数平均水平最高的是荆州市(63.96)。从指数分布来看,高于均值的有 49 家,占全省总数的 51.58%。其中,数字化创新绩效指数在 60 以下的有 62 家,占比 65.26%;60—70 的有 21 家,占比 22.11%;70—80 的有 11 家,占比 11.58%;80 及以上的有 1 家,占比 1.05%。

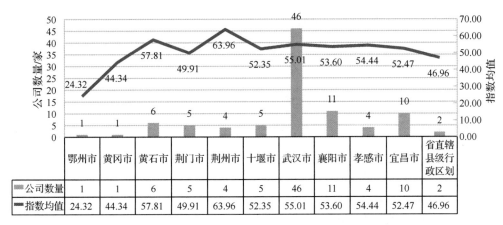

	鄂州市	黄冈市	黄石市	荆门市	荆州市	十堰市	武汉市	襄阳市	孝感市	宜昌市	省直辖县级行政区划
公司数量	1	1	6	5	4	5	46	11	4	10	2
指数均值	24.32	44.34	57.81	49.91	63.96	52.35	55.01	53.60	54.44	52.47	46.96

图 6-65　2022 年湖北省传统产业上市公司数字化创新绩效指数均值分布

湖北省数字化创新绩效指数排名前 10 的传统产业上市公司情况如表 6-65 所示。

表 6-65　2022 年湖北省传统产业上市公司数字化创新绩效指数排名前 10 情况

排名	公司代码	公司名称	数字化创新绩效指数	所在城市
1	000708.SZ	中信特钢	87.38	黄石市
2	000785.SZ	居然之家	78.52	武汉市
3	000553.SZ	安道麦 A	77.28	荆州市
4	600141.SH	兴发集团	76.78	宜昌市
5	600885.SH	宏发股份	75.96	武汉市
6	300776.SZ	帝尔激光	74.84	武汉市
7	300567.SZ	精测电子	74.77	武汉市
8	600298.SH	安琪酵母	73.59	宜昌市
9	300395.SZ	菲利华	72.54	荆州市
10	600006.SH	东风汽车	71.37	襄阳市

数据来源:浙江工商大学数字创新与管理研究院和首都经济贸易大学资产评估研究院整理。

6.14　湖南省传统产业上市公司数字化创新评价

截至 2022 年底,A 股市场湖南省共有传统产业上市公司 113 家,总市值 12,117.79 亿元,营业总收入 6,937.56 亿元,平均市值 107.24 亿元/家,平均营业收入 61.39 亿元/家。2022 年,湖南省传统产业上市公司研发投入合计 243.43 亿元,占营业总收入的比例为 3.51％;无形资产账面价值合计 852.46 亿元,占总资产的比例为 8.35％。根据本报告分析口径,本部分对湖南省 113 家传统产业上市公司进行数字化创新指数评价,具体情况如下:

6.14.1 数字化创新综合指数

根据本报告评价,2022 年湖南省传统产业上市公司的数字化创新综合指数平均水平为 58.88,略低于全市场平均水平(58.96)。如图 6-66 所示,从省内城市分布来看,湖南省 113 家传统产业上市公司分布在 13 个省内城市,其中长沙市上市公司数量最多,其数字化创新综合指数平均水平为 60.73,数字化创新综合指数平均水平最高的是株洲市(61.31)。从指数分布来看,高于均值的有 51 家,占全省总数的45.13％。其中最高的是时代电气,其数字化创新综合指数为 91.14。具体来看,数字化创新综合指数在 60 以下的有 66 家,占比 58.41％;60—70 的有 33 家,占比29.20％;70—80 的有 9 家,占比 7.96％;80 及以上的有 5 家,占比 4.42％。

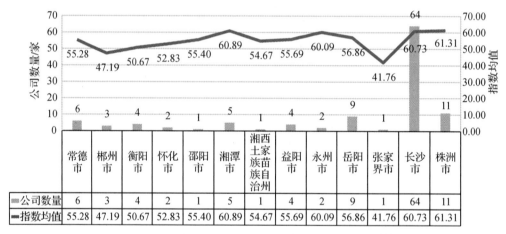

图 6-66　2022 年湖南省传统产业上市公司数字化创新综合指数均值分布

湖南省数字化创新综合指数排名前 10％的传统产业上市公司情况如表 6-66 所示。

表 6-66　2022 年湖南省传统产业上市公司数字化创新综合指数排名前 10％情况

排名	公司代码	公司名称	数字化创新综合指数	所在城市
1	688187.SH	时代电气	91.14	株洲市
2	300298.SZ	三诺生物	83.20	长沙市
3	300015.SZ	爱尔眼科	82.00	长沙市
4	000157.SZ	中联重科	80.90	长沙市
5	688425.SH	铁建重工	80.19	长沙市
6	300358.SZ	楚天科技	76.09	长沙市

排名	公司代码	公司名称	数字化创新综合指数	所在城市
7	688289.SH	圣湘生物	75.35	长沙市
8	688157.SH	松井股份	73.45	长沙市
9	000932.SZ	华菱钢铁	73.35	长沙市
10	603959.SH	百利科技	72.92	岳阳市
11	300705.SZ	九典制药	72.53	长沙市

数据来源:浙江工商大学数字创新与管理研究院和首都经济贸易大学资产评估研究院整理。

6.14.2 数字化战略导向指数

2022 年湖南省 113 家传统产业上市公司的数字化战略导向指数平均水平为 62.63,高于全市场平均水平(60.97)。如图 6-67 所示,从省内城市分布来看,长沙市数字化战略导向指数平均水平为 65.82。从指数分布来看,高于均值的有 57 家,占全省总数的 50.44%。其中,数字化战略导向指数在 60 以下的有 50 家,占比 44.25%;60—70 的有 28 家,占比 24.78%;70—80 的有 19 家,占比 16.81%;80 及以上的有 16 家,占比 14.16%。

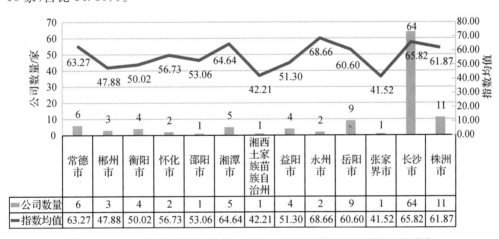

	常德市	郴州市	衡阳市	怀化市	邵阳市	湘潭市	湘西土家族苗族自治州	益阳市	永州市	岳阳市	张家界市	长沙市	株洲市
公司数量	6	3	4	2	1	5	1	4	2	9	1	64	11
指数均值	63.27	47.88	50.02	56.73	53.06	64.64	42.21	51.30	68.66	60.60	41.52	65.82	61.87

图 6-67 2022 年湖南省传统产业上市公司数字化战略导向指数均值分布

湖南省数字化战略导向指数排名前 10% 的传统产业上市公司情况如表 6-67 所示。

表 6-67 2022 年湖南省传统产业上市公司数字化战略导向指数排名前 10% 情况

排名	公司代码	公司名称	数字化战略导向指数	所在城市
1	688187.SH	时代电气	95.91	株洲市
2	300298.SZ	三诺生物	95.90	长沙市

排名	公司代码	公司名称	数字化战略导向指数	所在城市
3	300015.SZ	爱尔眼科	93.51	长沙市
4	000157.SZ	中联重科	90.68	长沙市
5	688425.SH	铁建重工	89.60	长沙市
6	603883.SH	老百姓	88.10	长沙市
7	300740.SZ	水羊股份	86.89	长沙市
8	688289.SH	圣湘生物	86.72	长沙市
9	000998.SZ	隆平高科	86.65	长沙市
10	300490.SZ	华自科技	82.11	长沙市
11	301087.SZ	可孚医疗	82.06	长沙市

数据来源:浙江工商大学数字创新与管理研究院和首都经济贸易大学资产评估研究院整理。

6.14.3　数字化要素投入指数

2022 年湖南省 113 家传统产业上市公司的数字化要素投入指数平均水平为 58.32,高于全市场平均水平(57.30)。如图 6-68 所示,从省内城市分布来看,长沙市数字化要素投入指数平均水平为 60.37。从指数分布来看,高于均值的有 55 家,占全省总数的 48.67％。其中,数字化要素投入指数在 60 以下的有 66 家,占比 58.41％;60—70 的有 32 家,占比 28.32％;70—80 的有 12 家,占比 10.62％;80 及以上的有 3 家,占比 2.65％。

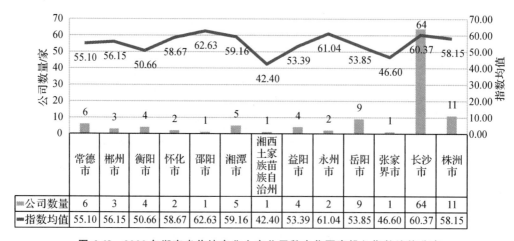

	常德市	郴州市	衡阳市	怀化市	邵阳市	湘潭市	湘西土家族苗族自治州	益阳市	永州市	岳阳市	张家界市	长沙市	株洲市
公司数量	6	3	4	2	1	5	1	4	2	9	1	64	11
指数均值	55.10	56.15	50.66	58.67	62.63	59.16	42.40	53.39	61.04	53.85	46.60	60.37	58.15

图 6-68　2022 年湖南省传统产业上市公司数字化要素投入指数均值分布

湖南省数字化要素投入指数排名前 10％的传统产业上市公司情况如表 6-68 所示。

表 6-68　2022 年湖南省传统产业上市公司数字化要素投入指数排名前 10％情况

排名	公司代码	公司名称	数字化要素投入指数	所在城市
1	688187.SH	时代电气	84.68	株洲市
2	688425.SH	铁建重工	80.84	长沙市
3	300490.SZ	华自科技	80.53	长沙市
4	000157.SZ	中联重科	79.74	长沙市
5	300298.SZ	三诺生物	79.62	长沙市
6	600744.SH	华银电力	79.38	长沙市
7	002533.SZ	金杯电工	78.12	长沙市
8	688157.SH	松井股份	76.95	长沙市
9	002848.SZ	高斯贝尔	76.66	郴州市
10	300705.SZ	九典制药	74.92	长沙市
11	300800.SZ	力合科技	74.73	长沙市

数据来源：浙江工商大学数字创新与管理研究院和首都经济贸易大学资产评估研究院整理。

6.14.4　数字化创新成果指数

2022 年湖南省 113 家传统产业上市公司的数字化创新成果指数平均水平为 61.40，略低于全市场平均水平（61.62）。如图 6-69 所示，从省内城市分布来看，长沙市数字化创新成果指数平均水平为 63.70。从指数分布来看，高于均值的有 55 家，占全省总数的 48.67％。其中，数字化创新成果指数在 60 以下的有 51 家，占比 45.13％；60—70 的有 37 家，占比 32.74％；70—80 的有 17 家，占比 15.04％；80 及以上的有 8 家，占比 7.08％。

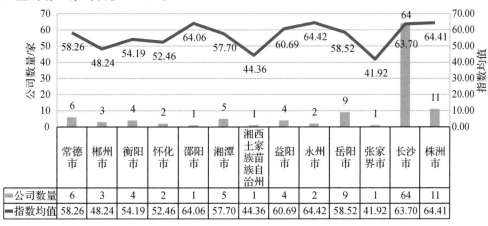

图 6-69　2022 年湖南省传统产业上市公司数字化创新成果指数均值分布

湖南省数字化创新成果指数排名前 10％的传统产业上市公司情况如表 6-69 所示。

表 6-69　2022 年湖南省传统产业上市公司数字化创新成果指数排名前 10％情况

排名	公司代码	公司名称	数字化创新成果指数	所在城市
1	688187.SH	时代电气	89.29	株洲市
2	688425.SH	铁建重工	89.27	长沙市
3	000157.SZ	中联重科	88.06	长沙市
4	300298.SZ	三诺生物	86.56	长沙市
5	688289.SH	圣湘生物	86.08	长沙市
6	300358.SZ	楚天科技	85.96	长沙市
7	688157.SH	松井股份	85.30	长沙市
8	300015.SZ	爱尔眼科	81.57	长沙市
9	603883.SH	老百姓	79.48	长沙市
10	300490.SZ	华自科技	78.98	长沙市
11	300740.SZ	水羊股份	77.93	长沙市

数据来源:浙江工商大学数字创新与管理研究院和首都经济贸易大学资产评估研究院整理。

6.14.5　数字化创新绩效指数

2022 年湖南省 113 家传统产业上市公司的数字化创新绩效指数平均水平为 54.09,低于全市场平均水平(55.86)。如图 6-70 所示,从省内城市分布来看,长沙市数字化创新绩效指数平均水平为 54.45。从指数分布来看,高于均值的有 60 家,占全省总数的 53.10％。其中,数字化创新绩效指数在 60 以下的有 78 家,占比 69.03％;60—70 的有 22 家,占比 19.47％;70—80 的有 10 家,占比 8.85％;80 及以上的有 3 家,占比 2.65％。

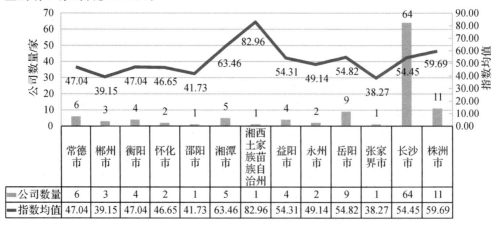

	常德市	郴州市	衡阳市	怀化市	邵阳市	湘潭市	湘西土家族苗族自治州	益阳市	永州市	岳阳市	张家界市	长沙市	株洲市
公司数量	6	3	4	2	1	5	1	4	2	9	1	64	11
指数均值	47.04	39.15	47.04	46.65	41.73	63.46	82.96	54.31	49.14	54.82	38.27	54.45	59.69

图 6-70　2022 年湖南省传统产业上市公司数字化创新绩效指数均值分布

湖南省数字化创新绩效指数排名前 10％的传统产业上市公司情况如表 6-70 所示。

表 6-70　2022 年湖南省传统产业上市公司数字化创新绩效指数排名前 10％情况

排名	公司代码	公司名称	数字化创新绩效指数	所在城市
1	688187.SH	时代电气	94.93	株洲市
2	000799.SZ	酒鬼酒	82.96	湘西土家族苗族自治州
3	300015.SZ	爱尔眼科	82.73	长沙市
4	603939.SH	益丰药房	78.37	常德市
5	000932.SZ	华菱钢铁	77.15	长沙市
6	688779.SH	长远锂科	76.68	长沙市
7	300298.SZ	三诺生物	74.08	长沙市
8	600416.SH	湘电股份	72.46	湘潭市
9	000519.SZ	中兵红箭	72.03	湘潭市
10	603959.SH	百利科技	70.77	岳阳市
11	300705.SZ	九典制药	70.74	长沙市

数据来源:浙江工商大学数字创新与管理研究院和首都经济贸易大学资产评估研究院整理。

6.15　吉林省传统产业上市公司数字化创新评价

截至 2022 年底,A 股市场吉林省共有传统产业上市公司 37 家,总市值3,428.13 亿元,营业总收入 1,831.39 亿元,平均市值 92.65 亿元/家,平均营业收入 49.50 亿元/家。2022 年,吉林省传统产业上市公司研发投入合计 79.79 亿元,占营业总收入的比例为 4.36％;无形资产账面价值合计 160.87 亿元,占总资产的比例为 3.63％。根据本报告分析口径,本部分对吉林省 37 家传统产业上市公司进行数字化创新指数评价,具体情况如下:

6.15.1　数字化创新综合指数

根据本报告评价,2022 年吉林省传统产业上市公司的数字化创新综合指数平均水平为 54.15,低于全市场平均水平(58.96)。如图 6-71 所示,从省内城市分布来看,吉林省 37 家传统产业上市公司分布在 5 个省内城市,其中长春市上市公司数量最多,其数字化创新综合指数平均水平最高(56.88)。从指数分布来看,高于均值的有

15 家,占全省总数的 40.54%。其中最高的是一汽解放,其数字化创新综合指数为 76.75。具体来看,数字化创新综合指数在 60 以下的有 24 家,占比 64.86%;60—70 的有 10 家,占比 27.03%;70—80 的有 3 家,占比 8.11%。

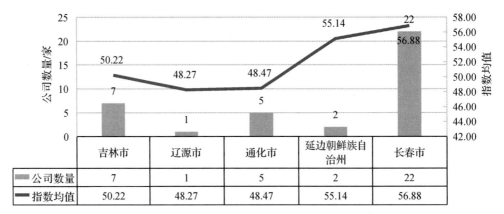

图 6-71　2022 年吉林省传统产业上市公司数字化创新综合指数均值分布

吉林省数字化创新综合指数排名前 10 的传统产业上市公司情况如表 6-71 所示。

表 6-71　2022 年吉林省传统产业上市公司数字化创新综合指数排名前 10 情况

排名	公司代码	公司名称	数字化创新综合指数	所在城市
1	000800.SZ	一汽解放	76.75	长春市
2	300510.SZ	金冠股份	74.20	长春市
3	688276.SH	百克生物	70.64	长春市
4	000928.SZ	中钢国际	68.51	吉林市
5	300923.SZ	研奥股份	66.37	长春市
6	600867.SH	通化东宝	65.66	通化市
7	000030.SZ	富奥股份	65.24	长春市
8	000623.SZ	吉林敖东	64.91	延边朝鲜族自治州
9	300396.SZ	迪瑞医疗	63.53	长春市
10	600110.SH	诺德股份	63.29	长春市

数据来源:浙江工商大学数字创新与管理研究院和首都经济贸易大学资产评估研究院整理。

6.15.2　数字化战略导向指数

2022 年吉林省 37 家传统产业上市公司的数字化战略导向指数平均水平为 55.14,低于全市场平均水平(60.97)。如图 6-72 所示,从省内城市分布来看,数字化战略导向指数平均水平最高的是延边朝鲜族自治州(58.54)。从指数分布来看,高于均值的有 14 家,占全省总数的 37.84％。其中,数字化战略导向指数在 60 以下的有 26 家,占比 70.27％;60—70 的有 4 家,占比 10.81％;70—80 的有 4 家,占比 10.81％;80 及以上的有 3 家,占比 8.11％。

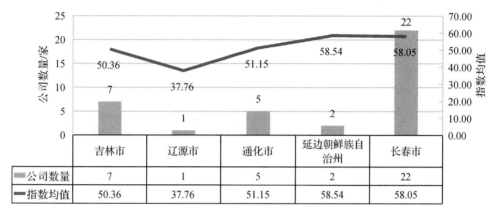

图 6-72　2022 年吉林省传统产业上市公司数字化战略导向指数均值分布

吉林省数字化战略导向指数排名前 10 的传统产业上市公司情况如表 6-72 所示。

表 6-72　2022 年吉林省传统产业上市公司数字化战略导向指数排名前 10 情况

排名	公司代码	公司名称	数字化战略导向指数	所在城市
1	688276.SH	百克生物	88.94	长春市
2	000030.SZ	富奥股份	82.51	长春市
3	300510.SZ	金冠股份	81.12	长春市
4	000800.SZ	一汽解放	77.04	长春市
5	300923.SZ	研奥股份	75.86	长春市
6	000623.SZ	吉林敖东	73.13	延边朝鲜族自治州
7	000875.SZ	吉电股份	70.87	长春市
8	600867.SH	通化东宝	69.90	通化市
9	000928.SZ	中钢国际	66.77	吉林市
10	600881.SH	亚泰集团	61.63	长春市

数据来源:浙江工商大学数字创新与管理研究院和首都经济贸易大学资产评估研究院整理。

6.15.3　数字化要素投入指数

2022 年吉林省 37 家传统产业上市公司的数字化要素投入指数平均水平为 51.90,低于全市场平均水平(57.30)。如图 6-73 所示,从省内城市分布来看,数字化要素投入指数平均水平最高的是长春市(53.93)。从指数分布来看,高于均值的有 14 家,占全省总数的 37.84％。其中,数字化要素投入指数在 60 以下的有 29 家,占比 78.38%;60—70 的有 6 家,占比 16.22%;70—80 的有 1 家,占比 2.70%;80 及以上的有 1 家,占比 2.70%。

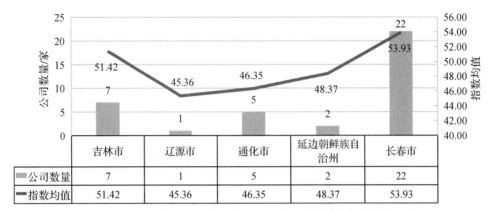

图 6-73　2022 年吉林省传统产业上市公司数字化要素投入指数均值分布

吉林省数字化要素投入指数排名前 10 的传统产业上市公司情况如表 6-73 所示。

表 6-73　2022 年吉林省传统产业上市公司数字化要素投入指数排名前 10 情况

排名	公司代码	公司名称	数字化要素投入指数	所在城市
1	000928.SZ	中钢国际	80.15	吉林市
2	000800.SZ	一汽解放	73.88	长春市
3	300510.SZ	金冠股份	69.23	长春市
4	688276.SH	百克生物	66.03	长春市
5	600881.SH	亚泰集团	65.44	长春市
6	000030.SZ	富奥股份	64.41	长春市
7	300923.SZ	研奥股份	62.15	长春市
8	600215.SH	派斯林	60.76	长春市
9	600867.SH	通化东宝	56.71	通化市
10	688378.SH	奥来德	56.64	长春市

数据来源:浙江工商大学数字创新与管理研究院和首都经济贸易大学资产评估研究院整理。

6.15.4　数字化创新成果指数

2022 年吉林省 37 家传统产业上市公司的数字化创新成果指数平均水平为57.48,低于全市场平均水平(61.62)。如图 6-74 所示,从省内城市分布来看,数字化创新成果指数平均水平最高的是长春市(60.94)。从指数分布来看,高于均值的有15 家,占全省总数的 40.54%。其中,数字化创新成果指数在 60 以下的有 26 家,占比 70.27%;60—70 的有 5 家,占比 13.51%;70—80 的有 5 家,占比 13.51%;80 及以上的有 1 家,占比 2.70%。

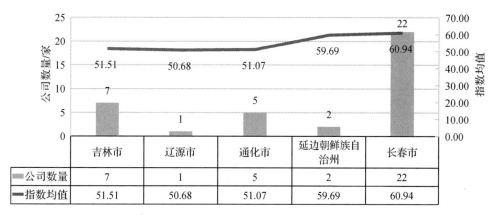

图 6-74　2022 年吉林省传统产业上市公司数字化创新成果指数均值分布

吉林省数字化创新成果指数排名前 10 的传统产业上市公司情况如表 6-74 所示。

表 6-74　2022 年吉林省传统产业上市公司数字化创新成果指数排名前 10 情况

排名	公司代码	公司名称	数字化创新成果指数	所在城市
1	300510.SZ	金冠股份	80.51	长春市
2	000800.SZ	一汽解放	79.23	长春市
3	600215.SH	派斯林	78.49	长春市
4	300396.SZ	迪瑞医疗	77.40	长春市
5	300923.SZ	研奥股份	75.99	长春市
6	688276.SH	百克生物	72.66	长春市
7	600867.SH	通化东宝	69.77	通化市
8	000030.SZ	富奥股份	67.36	长春市
9	600110.SH	诺德股份	67.04	长春市
10	600742.SH	一汽富维	64.91	长春市

数据来源：浙江工商大学数字创新与管理研究院和首都经济贸易大学资产评估研究院整理。

6.15.5　数字化创新绩效指数

2022 年吉林省 37 家传统产业上市公司的数字化创新绩效指数平均水平为 51.36,低于全市场平均水平(55.86)。如图 6-75 所示,从省内城市分布来看,长春市数字化创新绩效指数平均水平为 53.61。从指数分布来看,高于均值的有 18 家,占全省总数的 48.65%。其中,数字化创新绩效指数在 60 以下的有 23 家,占比 62.16%;60—70 的有 10 家,占比 27.03%;70—80 的有 4 家,占比 10.81%。

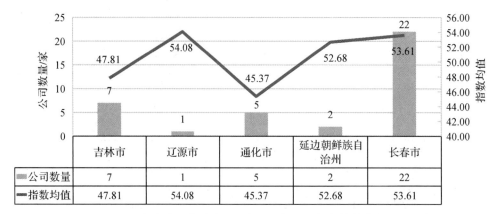

图 6-75　2022 年吉林省传统产业上市公司数字化创新绩效指数均值分布

吉林省数字化创新绩效指数排名前 10 的传统产业上市公司情况如表 6-75 所示。

表 6-75　2022 年吉林省传统产业上市公司数字化创新绩效指数排名前 10 情况

排名	公司代码	公司名称	数字化创新绩效指数	所在城市
1	000661.SZ	长春高新	77.52	长春市
2	000800.SZ	一汽解放	75.79	长春市
3	000928.SZ	中钢国际	73.69	吉林市
4	300396.SZ	迪瑞医疗	70.58	长春市
5	000875.SZ	吉电股份	68.88	长春市
6	601279.SH	英利汽车	68.45	长春市
7	000623.SZ	吉林敖东	68.41	延边朝鲜族自治州
8	600110.SH	诺德股份	67.30	长春市
9	300510.SZ	金冠股份	66.26	长春市
10	600867.SH	通化东宝	64.77	通化市

数据来源:浙江工商大学数字创新与管理研究院和首都经济贸易大学资产评估研究院整理。

6.16　江苏省传统产业上市公司数字化创新评价

截至 2022 年底,A 股市场江苏省共有传统产业上市公司 488 家,总市值 46,017.30 亿元,营业总收入 22,645.29 亿元,平均市值 94.30 亿元/家,平均营业收入 46.40 亿元/家。2022 年,江苏省传统产业上市公司研发投入合计 801.61 亿元,占营业总收入的比例为 3.54％；无形资产账面价值合计 1,582.87 亿元，占总资产的比例为 4.65％。根据本报告分析口径，本部分对江苏省 488 家传统产业上市公司进行数字化创新指数评价，具体情况如下：

6.16.1 数字化创新综合指数

根据本报告评价，2022 年江苏省传统产业上市公司的数字化创新综合指数平均水平为 57.80，低于全市场平均水平(58.96)。如图 6-76 所示，从省内城市分布来看，江苏省 488 家传统产业上市公司分布在 13 个省内城市，数字化创新综合指数平均水平最高的是连云港市(62.86)，最低的是盐城市(49.23)。从指数分布来看，高于均值的有 227 家，占全省总数的 46.52％。其中最高的是天合光能，其数字化创新综合指数为 88.37。具体来看，数字化创新综合指数在 60 以下的有 300 家，占比 61.48％；60—70 的有 125 家，占比 25.61％；70—80 的有 53 家，占比 10.86％；80 及以上的有 10 家，占比 2.05％。

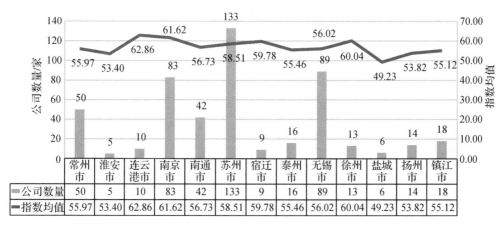

图 6-76　2022 年江苏省传统产业上市公司数字化创新综合指数均值分布

江苏省数字化创新综合指数排名前 10％的传统产业上市公司情况如表 6-76 所示。

表 6-76　2022 年江苏省传统产业上市公司数字化创新综合指数排名前 10％情况

排名	公司代码	公司名称	数字化创新综合指数	所在城市
1	688599.SH	天合光能	88.37	常州市
2	600406.SH	国电南瑞	87.47	南京市
3	603259.SH	药明康德	86.80	无锡市
4	688001.SH	华兴源创	84.68	苏州市
5	300450.SZ	先导智能	84.34	无锡市
6	300725.SZ	药石科技	82.54	南京市

排名	公司代码	公司名称	数字化创新综合指数	所在城市
7	002747.SZ	埃斯顿	82.53	南京市
8	000425.SZ	徐工机械	82.04	徐州市
9	600276.SH	恒瑞医药	81.56	连云港市
10	688337.SH	普源精电	80.00	苏州市
11	300751.SZ	迈为股份	79.82	苏州市
12	002044.SZ	美年健康	79.63	南通市
13	000581.SZ	威孚高科	79.51	无锡市
14	600282.SH	南钢股份	79.31	南京市
15	300354.SZ	东华测试	79.27	泰州市
16	600970.SH	中材国际	79.18	南京市
17	603486.SH	科沃斯	78.63	苏州市
18	688105.SH	诺唯赞	78.26	南京市
19	603387.SH	基蛋生物	78.09	南京市
20	601222.SH	林洋能源	78.01	南通市
21	600268.SH	国电南自	76.66	南京市
22	603203.SH	快克智能	76.47	常州市
23	002090.SZ	金智科技	76.40	南京市
24	000301.SZ	东方盛虹	76.36	苏州市
25	600398.SH	海澜之家	76.17	无锡市
26	688097.SH	博众精工	75.88	苏州市
27	300982.SZ	苏文电能	75.86	常州市
28	688390.SH	固德威	75.81	苏州市
29	688022.SH	瀚川智能	75.74	苏州市
30	002080.SZ	中材科技	75.62	南京市
31	002262.SZ	恩华药业	75.51	徐州市
32	688003.SH	天准科技	75.33	苏州市
33	002223.SZ	鱼跃医疗	75.15	镇江市
34	300873.SZ	海晨股份	75.11	苏州市
35	603018.SH	华设集团	75.10	南京市
36	002015.SZ	协鑫能科	75.07	无锡市

排名	公司代码	公司名称	数字化创新综合指数	所在城市
37	301078.SZ	孩子王	75.00	南京市
38	688137.SH	近岸蛋白	74.17	苏州市
39	002546.SZ	新联电子	74.14	南京市
40	688690.SH	纳微科技	74.08	苏州市
41	300382.SZ	斯莱克	73.81	苏州市
42	300466.SZ	赛摩智能	73.43	徐州市
43	300240.SZ	飞力达	73.36	苏州市
44	603707.SH	健友股份	73.30	南京市
45	300757.SZ	罗博特科	73.25	苏州市
46	603212.SH	赛伍技术	73.07	苏州市
47	603906.SH	龙蟠科技	72.92	南京市
48	603369.SH	今世缘	72.47	淮安市

数据来源:浙江工商大学数字创新与管理研究院和首都经济贸易大学资产评估研究院整理。

6.16.2　数字化战略导向指数

2022 年江苏省 488 家传统产业上市公司的数字化战略导向指数平均水平为 57.89,低于全市场平均水平(60.97)。如图 6-77 所示,从省内城市分布来看,数字化战略导向指数平均水平最高的是南京市(64.93),最低的是淮安市(48.04)。从指数分布来看,高于均值的有 208 家,占全省总数的 42.62%。其中,数字化战略导向指数在 60 以下的有 296 家,占比 60.66%;60—70 的有 70 家,占比 14.34%;70—80 的有 56 家,占比 11.48%;80 及以上的有 66 家,占比 13.52%。

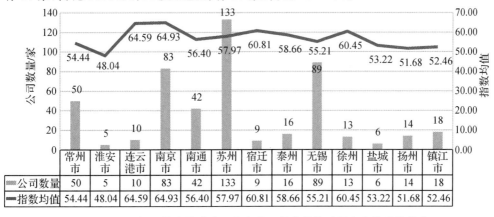

图 6-77　2022 年江苏省传统产业上市公司数字化战略导向指数均值分布

江苏省数字化战略导向指数排名前 10％的传统产业上市公司情况如表 6-77 所示。

表 6-77 2022 年江苏省传统产业上市公司数字化战略导向指数排名前 10％情况

排名	公司代码	公司名称	数字化战略导向指数	所在城市
1	603259.SH	药明康德	96.52	无锡市
2	000581.SZ	威孚高科	93.85	无锡市
3	688105.SH	诺唯赞	93.61	南京市
4	600276.SH	恒瑞医药	92.16	连云港市
5	688599.SH	天合光能	91.41	常州市
6	603486.SH	科沃斯	91.36	苏州市
7	002015.SZ	协鑫能科	91.19	无锡市
8	002044.SZ	美年健康	90.68	南通市
9	301078.SZ	孩子王	90.53	南京市
10	688137.SH	近岸蛋白	90.44	苏州市
11	688337.SH	普源精电	90.23	苏州市
12	688022.SH	瀚川智能	90.15	苏州市
13	002262.SZ	恩华药业	90.11	徐州市
14	603018.SH	华设集团	89.97	南京市
15	000570.SZ	苏常柴 A	89.60	常州市
16	688097.SH	博众精工	89.42	苏州市
17	300725.SZ	药石科技	89.02	南京市
18	688046.SH	药康生物	88.78	南京市
19	002747.SZ	埃斯顿	88.35	南京市
20	688266.SH	泽璟制药	88.35	苏州市
21	300873.SZ	海晨股份	87.88	苏州市
22	688003.SH	天准科技	87.61	苏州市
23	300240.SZ	飞力达	87.32	苏州市
24	300172.SZ	中电环保	87.15	南京市
25	600406.SH	国电南瑞	86.72	南京市
26	688001.SH	华兴源创	86.71	苏州市
27	688192.SH	迪哲医药	86.71	无锡市
28	600282.SH	南钢股份	86.57	南京市
29	301088.SZ	戎美股份	86.44	苏州市

排名	公司代码	公司名称	数字化战略导向指数	所在城市
30	300982.SZ	苏文电能	86.13	常州市
31	603707.SH	健友股份	86.10	南京市
32	300354.SZ	东华测试	85.75	泰州市
33	603387.SH	基蛋生物	84.03	南京市
34	300826.SZ	测绘股份	84.00	南京市
35	000425.SZ	徐工机械	83.73	徐州市
36	688166.SH	博瑞医药	83.70	苏州市
37	300356.SZ	*ST 光一	83.44	南京市
38	688426.SH	康为世纪	83.40	泰州市
39	300450.SZ	先导智能	83.37	无锡市
40	600713.SH	南京医药	83.28	南京市
41	000301.SZ	东方盛虹	83.18	苏州市
42	688211.SH	中科微至	83.17	无锡市
43	688690.SH	纳微科技	83.09	苏州市
44	300466.SZ	赛摩智能	83.05	徐州市
45	301179.SZ	泽宇智能	82.85	南通市
46	600970.SH	中材国际	82.63	南京市
47	002546.SZ	新联电子	82.32	南京市
48	688580.SH	伟思医疗	82.32	南京市

数据来源:浙江工商大学数字创新与管理研究院和首都经济贸易大学资产评估研究院整理。

6.16.3　数字化要素投入指数

2022 年江苏省 488 家传统产业上市公司的数字化要素投入指数平均水平为 55.70,低于全市场平均水平(57.30)。如图 6-78 所示,从省内城市分布来看,数字化要素投入指数平均水平最高的是南京市(60.44),最低的是淮安市(45.41)。从指数分布来看,高于均值的有 223 家,占全省总数的 45.70%。其中,数字化要素投入指数在 60 以下的有 326 家,占比 66.80%;60—70 的有 96 家,占比 19.67%;70—80 的有 54 家,占比 11.07%;80 及以上的有 12 家,占比 2.46%。

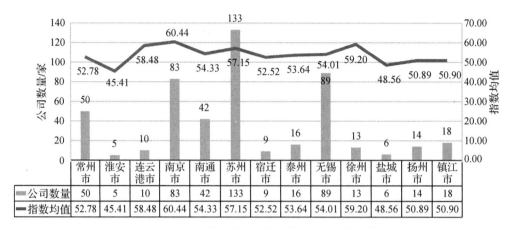

图 6-78　2022 年江苏省传统产业上市公司数字化要素投入指数均值分布

江苏省数字化要素投入指数排名前 10％的传统产业上市公司情况如表 6-78 所示。

表 6-78　2022 年江苏省传统产业上市公司数字化要素投入指数排名前 10％情况

排名	公司代码	公司名称	数字化要素投入指数	所在城市
1	688001.SH	华兴源创	89.75	苏州市
2	002747.SZ	埃斯顿	87.95	南京市
3	002090.SZ	金智科技	87.23	南京市
4	600770.SH	综艺股份	84.81	南通市
5	300356.SZ	*ST 光一	84.07	南京市
6	600268.SH	国电南自	82.28	南京市
7	600406.SH	国电南瑞	82.16	南京市
8	600970.SH	中材国际	82.13	南京市
9	002044.SZ	美年健康	81.80	南通市
10	300617.SZ	安靠智电	81.26	常州市
11	688337.SH	普源精电	80.81	苏州市
12	300725.SZ	药石科技	80.61	南京市
13	603259.SH	药明康德	79.93	无锡市
14	688408.SH	中信博	79.85	苏州市
15	688003.SH	天准科技	79.74	苏州市
16	300982.SZ	苏文电能	79.70	常州市
17	688097.SH	博众精工	78.70	苏州市
18	600276.SH	恒瑞医药	78.03	连云港市
19	688022.SH	瀚川智能	77.77	苏州市

排名	公司代码	公司名称	数字化要素投入指数	所在城市
20	603486.SH	科沃斯	77.70	苏州市
21	600282.SH	南钢股份	77.38	南京市
22	300354.SZ	东华测试	76.71	泰州市
23	688599.SH	天合光能	76.51	常州市
24	002333.SZ	罗普斯金	76.44	苏州市
25	603203.SH	快克智能	76.33	常州市
26	002546.SZ	新联电子	76.20	南京市
27	000584.SZ	ST工智	75.85	无锡市
28	688211.SH	中科微至	75.72	无锡市
29	000425.SZ	徐工机械	75.60	徐州市
30	002080.SZ	中材科技	75.44	南京市
31	688390.SH	固德威	75.39	苏州市
32	603912.SH	佳力图	75.03	南京市
33	000581.SZ	威孚高科	74.99	无锡市
34	300450.SZ	先导智能	74.92	无锡市
35	002015.SZ	协鑫能科	74.87	无锡市
36	002262.SZ	恩华药业	74.25	徐州市
37	300172.SZ	中电环保	74.08	南京市
38	300751.SZ	迈为股份	73.95	苏州市
39	603666.SH	亿嘉和	73.95	南京市
40	300466.SZ	赛摩智能	73.88	徐州市
41	300265.SZ	通光线缆	73.84	南通市
42	300342.SZ	天银机电	73.74	苏州市
43	002239.SZ	奥特佳	73.57	南通市
44	300873.SZ	海晨股份	73.55	苏州市
45	601222.SH	林洋能源	73.51	南通市
46	600501.SH	航天晨光	73.39	南京市
47	603017.SH	中衡设计	73.25	苏州市
48	688580.SH	伟思医疗	72.93	南京市

数据来源：浙江工商大学数字创新与管理研究院和首都经济贸易大学资产评估研究院整理。

6.16.4 数字化创新成果指数

2022 年江苏省 488 家传统产业上市公司的数字化创新成果指数平均水平为 61.35,低于全市场平均水平(61.62)。如图 6-79 所示,从省内城市分布来看,数字化创新成果指数平均水平最高的是南京市(65.16),最低的是盐城市(53.15)。从指数分布来看,高于均值的有 218 家,占全省总数的 44.67%。其中,数字化创新成果指数在 60 以下的有 252 家,占比 51.64%;60—70 的有 106 家,占比 21.72%;70—80 的有 82 家,占比 16.80%;80 及以上的有 48 家,占比 9.84%。

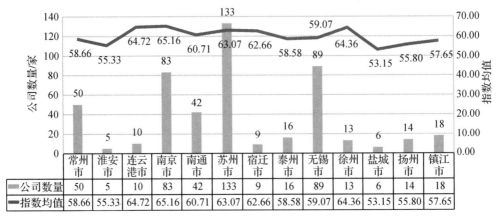

图 6-79　2022 年江苏省传统产业上市公司数字化创新成果指数均值分布

江苏省数字化创新成果指数排名前 10% 的传统产业上市公司情况如表 6-79 所示。

表 6-79　2022 年江苏省传统产业上市公司数字化创新成果指数排名前 10% 情况

排名	公司代码	公司名称	数字化创新成果指数	所在城市
1	300450.SZ	先导智能	90.63	无锡市
2	688211.SH	中科微至	90.55	无锡市
3	688137.SH	近岸蛋白	89.60	苏州市
4	688337.SH	普源精电	89.26	苏州市
5	688599.SH	天合光能	89.14	常州市
6	300240.SZ	飞力达	88.99	苏州市
7	688218.SH	江苏北人	88.56	苏州市
8	002747.SZ	埃斯顿	87.47	南京市
9	300725.SZ	药石科技	86.99	南京市
10	603066.SH	音飞储存	86.86	南京市
11	688001.SH	华兴源创	86.78	苏州市

排名	公司代码	公司名称	数字化创新成果指数	所在城市
12	600398.SH	海澜之家	86.75	无锡市
13	000425.SZ	徐工机械	86.74	徐州市
14	688022.SH	瀚川智能	86.46	苏州市
15	300751.SZ	迈为股份	86.14	苏州市
16	603326.SH	我乐家居	86.08	南京市
17	688105.SH	诺唯赞	85.80	南京市
18	601222.SH	林洋能源	85.77	南通市
19	300757.SZ	罗博特科	84.98	苏州市
20	603259.SH	药明康德	84.93	无锡市
21	002223.SZ	鱼跃医疗	84.75	镇江市
22	300354.SZ	东华测试	84.68	泰州市
23	688097.SH	博众精工	84.47	苏州市
24	600282.SH	南钢股份	84.39	南京市
25	688046.SH	药康生物	84.09	南京市
26	002044.SZ	美年健康	83.72	南通市
27	688329.SH	艾隆科技	83.60	苏州市
28	688147.SH	微导纳米	82.98	无锡市
29	603387.SH	基蛋生物	82.95	南京市
30	002080.SZ	中材科技	82.71	南京市
31	002631.SZ	德尔未来	82.50	苏州市
32	300466.SZ	赛摩智能	82.38	徐州市
33	300382.SZ	斯莱克	82.33	苏州市
34	000581.SZ	威孚高科	82.25	无锡市
35	688558.SH	国盛智科	82.16	南通市
36	688003.SH	天准科技	82.11	苏州市
37	603486.SH	科沃斯	81.82	苏州市
38	688690.SH	纳微科技	81.20	苏州市
39	002559.SZ	亚威股份	81.07	扬州市
40	600406.SH	国电南瑞	80.98	南京市
41	300982.SZ	苏文电能	80.96	常州市

排名	公司代码	公司名称	数字化创新成果指数	所在城市
42	300873.SZ	海晨股份	80.79	苏州市
43	688170.SH	德龙激光	80.63	苏州市
44	688390.SH	固德威	80.49	苏州市
45	002333.SZ	罗普斯金	80.44	苏州市
46	600400.SH	红豆股份	80.15	无锡市
47	688273.SH	麦澜德	80.08	南京市
48	600970.SH	中材国际	80.08	南京市

数据来源:浙江工商大学数字创新与管理研究院和首都经济贸易大学资产评估研究院整理。

6.16.5　数字化创新绩效指数

2022 年江苏省 488 家传统产业上市公司的数字化创新绩效指数平均水平为 55.19,低于全市场平均水平(55.86)。如图 6-80 所示,从省内城市分布来看,数字化创新绩效指数平均水平最高的是连云港市(62.79),最低的是盐城市(42.77)。从指数分布来看,高于均值的有 244 家,占全省总数的 50.00%。其中,数字化创新绩效指数在 60 以下的有 325 家,占比 66.60%;60—70 的有 119 家,占比 24.39%;70—80 的有 29 家,占比 5.94%;80 及以上的有 15 家,占比 3.07%。

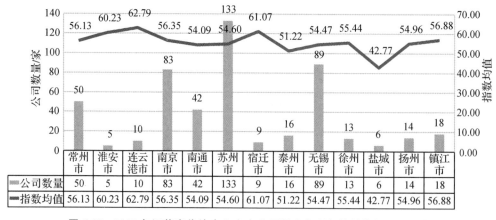

图 6-80　2022 年江苏省传统产业上市公司数字化创新绩效指数均值分布

江苏省数字化创新绩效指数排名前 10% 的传统产业上市公司情况如表 6-80 所示。

表 6-80　2022 年江苏省传统产业上市公司数字化创新绩效指数排名前 10% 情况

排名	公司代码	公司名称	数字化创新绩效指数	所在城市
1	600406.SH	国电南瑞	99.17	南京市

排名	公司代码	公司名称	数字化创新绩效指数	所在城市
2	688599.SH	天合光能	94.14	常州市
3	002304.SZ	洋河股份	90.20	宿迁市
4	600276.SH	恒瑞医药	89.74	连云港市
5	603259.SH	药明康德	87.86	无锡市
6	601100.SH	恒立液压	86.42	常州市
7	300450.SZ	先导智能	84.51	无锡市
8	603369.SH	今世缘	84.35	淮安市
9	603688.SH	石英股份	83.61	连云港市
10	000301.SZ	东方盛虹	83.10	苏州市
11	600486.SH	扬农化工	82.47	扬州市
12	603185.SH	弘元绿能	82.23	无锡市
13	300751.SZ	迈为股份	81.15	苏州市
14	600481.SH	双良节能	80.40	无锡市
15	000425.SZ	徐工机械	80.25	徐州市
16	601799.SH	星宇股份	79.31	常州市
17	300827.SZ	上能电气	78.85	无锡市
18	603906.SH	龙蟠科技	78.45	南京市
19	688001.SH	华兴源创	77.37	苏州市
20	600862.SH	中航高科	76.33	南通市
21	603876.SH	鼎胜新材	75.79	镇江市
22	600268.SH	国电南自	75.53	南京市
23	300725.SZ	药石科技	74.81	南京市
24	300390.SZ	天华新能	74.77	苏州市
25	603693.SH	江苏新能	74.04	南京市
26	600970.SH	中材国际	73.90	南京市
27	603212.SH	赛伍技术	73.73	苏州市
28	603387.SH	基蛋生物	73.24	南京市
29	300393.SZ	中来股份	73.19	苏州市
30	603203.SH	快克智能	73.18	常州市
31	300260.SZ	新莱应材	73.09	苏州市

排名	公司代码	公司名称	数字化创新绩效指数	所在城市
32	002080.SZ	中材科技	72.89	南京市
33	603489.SH	八方股份	72.39	苏州市
34	301030.SZ	仕净科技	72.34	苏州市
35	600305.SH	恒顺醋业	71.88	镇江市
36	603179.SH	新泉股份	71.20	镇江市
37	300354.SZ	东华测试	70.90	泰州市
38	002182.SZ	云海金属	70.86	南京市
39	601222.SH	林洋能源	70.80	南通市
40	000581.SZ	威孚高科	70.75	无锡市
41	603915.SH	国茂股份	70.64	常州市
42	600282.SH	南钢股份	70.40	南京市
43	600389.SH	江山股份	70.37	南通市
44	688390.SH	固德威	70.29	苏州市
45	003032.SZ	传智教育	69.95	宿迁市
46	002531.SZ	天顺风能	69.54	苏州市
47	002262.SZ	恩华药业	69.51	徐州市
48	002478.SZ	常宝股份	69.40	常州市

数据来源:浙江工商大学数字创新与管理研究院和首都经济贸易大学资产评估研究院整理。

6.17　江西省传统产业上市公司数字化创新评价

　　截至 2022 年底,A 股市场江西省共有传统产业上市公司 62 家,总市值8,291.15亿元,营业总收入 10,461.10 亿元,平均市值 133.73 亿元/家,平均营业收入为 168.73亿元/家。2022 年,江西省传统产业上市公司研发投入合计 218.97 亿元,占营业总收入的比例为 2.09%;无形资产账面价值合计 491.09 亿元,占总资产的比例为5.57%。根据本报告分析口径,本部分对江西省 62 家传统产业上市公司进行数字化创新指数评价,具体情况如下:

6.17.1 数字化创新综合指数

根据本报告评价,2022 年江西省传统产业上市公司的数字化创新综合指数平均水平为 58.10,略低于全市场平均水平(58.96)。如图 6-81 所示,从省内城市分布来看,江西省 62 家传统产业上市公司分布在 11 个省内城市,其中南昌市上市公司数量最多,其数字化创新综合指数平均水平为 56.26。从指数分布来看,高于均值的有 32 家,占全省总数的 51.61%。其中最高的是赣锋锂业,其数字化创新综合指数为 77.11。具体来看,数字化创新综合指数在 60 以下的有 37 家,占比 59.68%;60—70 的有 19 家,占比 30.65%;70—80 的有 6 家,占比 9.68%。

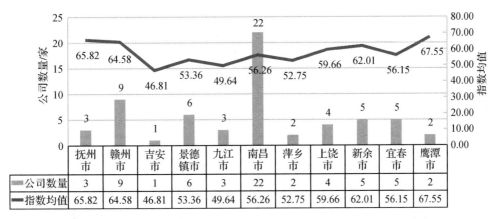

	抚州市	赣州市	吉安市	景德镇市	九江市	南昌市	萍乡市	上饶市	新余市	宜春市	鹰潭市
公司数量	3	9	1	6	3	22	2	4	5	5	2
指数均值	65.82	64.58	46.81	53.36	49.64	56.26	52.75	59.66	62.01	56.15	67.55

图 6-81　2022 年江西省传统产业上市公司数字化创新综合指数均值分布

江西省数字化创新综合指数排名前 10 的传统产业上市公司情况如表 6-81 所示。

表 6-81　2022 年江西省传统产业上市公司数字化创新综合指数排名前 10 情况

排名	公司代码	公司名称	数字化创新综合指数	所在城市
1	002460.SZ	赣锋锂业	77.11	新余市
2	300066.SZ	三川智慧	75.44	鹰潭市
3	000829.SZ	天音控股	72.72	赣州市
4	688223.SH	晶科能源	71.54	上饶市
5	300722.SZ	新余国科	71.25	新余市
6	300986.SZ	志特新材	70.26	抚州市
7	000899.SZ	赣能股份	69.18	南昌市
8	688567.SH	孚能科技	69.06	赣州市
9	002695.SZ	煌上煌	67.91	南昌市
10	600750.SH	江中药业	67.09	南昌市

数据来源:浙江工商大学数字创新与管理研究院和首都经济贸易大学资产评估研究院整理。

6.17.2　数字化战略导向指数

2022 年江西省 62 家传统产业上市公司的数字化战略导向指数平均水平为 59.01,低于全市场平均水平(60.97)。如图 6-82 所示,从省内城市分布来看,数字化战略导向指数平均水平最高的是抚州市(73.15),最低的是九江市(42.88)。从指数分布来看,高于均值的有 29 家,占全省总数的 46.77%。其中,数字化战略导向指数在 60 以下的有 36 家,占比 58.06%;60—70 的有 13 家,占比 20.97%;70—80 的有 6 家,占比 9.68%;80 及以上的有 7 家,占比 11.29%。

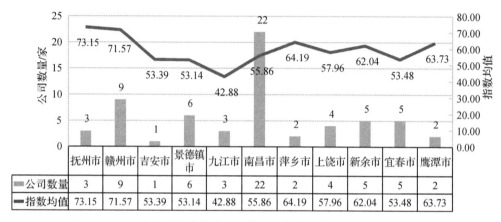

图 6-82　2022 年江西省传统产业上市公司数字化战略导向指数均值分布

江西省数字化战略导向指数排名前 10 的传统产业上市公司情况如表 6-82 所示。

表 6-82　2022 年江西省传统产业上市公司数字化战略导向指数排名前 10 情况

排名	公司代码	公司名称	数字化战略导向指数	所在城市
1	000829.SZ	天音控股	89.82	赣州市
2	300986.SZ	志特新材	88.02	抚州市
3	300066.SZ	三川智慧	86.46	鹰潭市
4	002695.SZ	煌上煌	85.31	南昌市
5	002460.SZ	赣锋锂业	82.41	新余市
6	002991.SZ	甘源食品	82.15	萍乡市
7	300722.SZ	新余国科	80.37	新余市
8	600750.SH	江中药业	79.78	南昌市
9	688567.SH	孚能科技	79.17	赣州市
10	600337.SH	美克家居	76.91	赣州市

数据来源:浙江工商大学数字创新与管理研究院和首都经济贸易大学资产评估研究院整理。

6.17.3 数字化要素投入指数

2022 年江西省 62 家传统产业上市公司的数字化要素投入指数平均水平为 55.58,低于全市场平均水平(57.30)。如图 6-83 所示,从省内城市分布来看,南昌市数字化要素投入指数平均水平为 56.89。从指数分布来看,高于均值的有 27 家,占全省总数的 43.55%。其中,数字化要素投入指数在 60 以下的有 47 家,占比 75.81%;60—70 的有 9 家,占比 14.52%;70—80 的有 6 家,占比 9.68%。

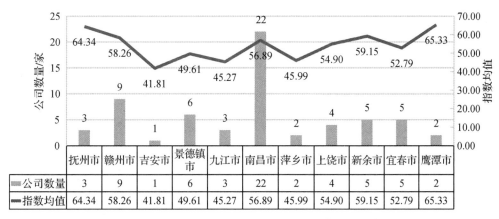

	抚州市	赣州市	吉安市	景德镇市	九江市	南昌市	萍乡市	上饶市	新余市	宜春市	鹰潭市
公司数量	3	9	1	6	3	22	2	4	5	5	2
指数均值	64.34	58.26	41.81	49.61	45.27	56.89	45.99	54.90	59.15	52.79	65.33

图 6-83　2022 年江西省传统产业上市公司数字化要素投入指数均值分布

江西省数字化要素投入指数排名前 10 的传统产业上市公司情况如表 6-83 所示。

表 6-83　2022 年江西省传统产业上市公司数字化要素投入指数排名前 10 情况

排名	公司代码	公司名称	数字化要素投入指数	所在城市
1	300066.SZ	三川智慧	74.08	鹰潭市
2	000899.SZ	赣能股份	72.96	南昌市
3	000829.SZ	天音控股	71.28	赣州市
4	688567.SH	孚能科技	71.17	赣州市
5	300472.SZ	新元科技	70.91	抚州市
6	300722.SZ	新余国科	70.34	新余市
7	002460.SZ	赣锋锂业	67.98	新余市
8	000789.SZ	万年青	66.74	上饶市
9	603977.SH	国泰集团	66.03	南昌市
10	300986.SZ	志特新材	65.55	抚州市

数据来源:浙江工商大学数字创新与管理研究院和首都经济贸易大学资产评估研究院整理。

6.17.4 数字化创新成果指数

2022 年江西省 62 家传统产业上市公司的数字化创新成果指数平均水平为 60.43,低于全市场平均水平(61.62)。如图 6-84 所示,从省内城市分布来看,数字化创新成果指数平均水平最高的是抚州市(74.73),最低的是九江市(51.16)。从指数分布来看,高于均值的有 32 家,占全省总数的 51.61%。其中,数字化创新成果指数在 60 以下的有 28 家,占比 45.16%;60—70 的有 23 家,占比 37.10%;70—80 的有 10 家,占比 16.13%;80 及以上的有 1 家,占比 1.61%。

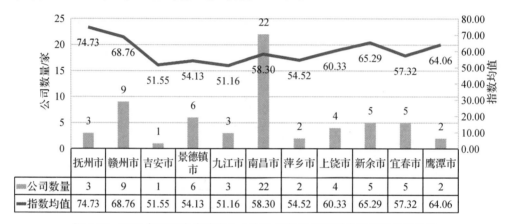

	抚州市	赣州市	吉安市	景德镇市	九江市	南昌市	萍乡市	上饶市	新余市	宜春市	鹰潭市
公司数量	3	9	1	6	3	22	2	4	5	5	2
指数均值	74.73	68.76	51.55	54.13	51.16	58.30	54.52	60.33	65.29	57.32	64.06

图 6-84 2022 年江西省传统产业上市公司数字化创新成果指数均值分布

江西省数字化创新成果指数排名前 10 的传统产业上市公司情况如表 6-84 所示。

表 6-84 2022 年江西省传统产业上市公司数字化创新成果指数排名前 10 情况

排名	公司代码	公司名称	数字化创新成果指数	所在城市
1	300722.SZ	新余国科	81.29	新余市
2	300986.SZ	志特新材	78.84	抚州市
3	688567.SH	孚能科技	78.19	赣州市
4	000829.SZ	天音控股	77.57	赣州市
5	300472.SZ	新元科技	76.37	抚州市
6	300066.SZ	三川智慧	75.77	鹰潭市
7	600337.SH	美克家居	74.88	赣州市
8	002460.SZ	赣锋锂业	72.09	新余市
9	002378.SZ	章源钨业	71.87	赣州市
10	688786.SH	悦安新材	71.87	赣州市

数据来源:浙江工商大学数字创新与管理研究院和首都经济贸易大学资产评估研究院整理。

6.17.5　数字化创新绩效指数

2022 年江西省 62 家传统产业上市公司的数字化创新绩效指数平均水平为 56.68,高于全市场平均水平(55.86)。如图 6-85 所示,从省内城市分布来看,南昌市数字化创新绩效指数平均水平为 53.72。从指数分布来看,高于均值的有 30 家,占全省总数的 48.39%。其中,数字化创新绩效指数在 60 以下的有 37 家,占比 59.68%;60—70 的有 17 家,占比 27.42%;70—80 的有 5 家,占比 8.06%;80 及以上的有 3 家,占比 4.84%。

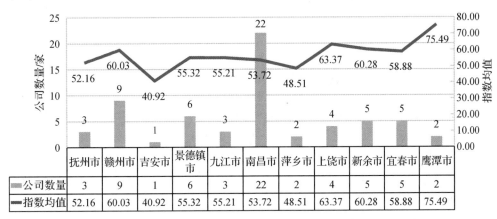

图 6-85　2022 年江西省传统产业上市公司数字化创新绩效指数均值分布

江西省数字化创新绩效指数排名前 10 的传统产业上市公司情况如表 6-85 所示。

表 6-85　2022 年江西省传统产业上市公司数字化创新绩效指数排名前 10 情况

排名	公司代码	公司名称	数字化创新绩效指数	所在城市
1	688223.SH	晶科能源	94.48	上饶市
2	002460.SZ	赣锋锂业	86.14	新余市
3	600362.SH	江西铜业	81.74	鹰潭市
4	000831.SZ	中国稀土	76.47	赣州市
5	000899.SZ	赣能股份	72.22	南昌市
6	301219.SZ	腾远钴业	70.92	赣州市
7	002176.SZ	江特电机	70.48	宜春市
8	600316.SH	洪都航空	70.19	南昌市
9	300066.SZ	三川智慧	69.25	鹰潭市
10	000550.SZ	江铃汽车	68.71	南昌市

数据来源:浙江工商大学数字创新与管理研究院和首都经济贸易大学资产评估研究院整理。

6.18 辽宁省传统产业上市公司数字化创新评价

截至 2022 年底,A 股市场辽宁省共有传统产业上市公司 71 家,总市值 7,749.88 亿元,营业总收入 11,203.19 亿元,平均市值 109.15 亿元/家,平均营业收入 157.79 亿元/家。2022 年,辽宁省传统产业上市公司研发投入合计 140.73 亿元,占营业总收入的比例为 1.26%;无形资产账面价值合计 639.27 亿元,占总资产的比例为 4.35%。根据本报告分析口径,本部分对辽宁省 71 家传统产业上市公司进行数字化创新指数评价,具体情况如下:

6.18.1 数字化创新综合指数

根据本报告评价,2022 年辽宁省传统产业上市公司的数字化创新综合指数平均水平为 55.59,低于全市场平均水平(58.96)。如图 6-86 所示,从省内城市分布来看,辽宁省 71 家传统产业上市公司分布在 13 个省内城市,其中大连市上市公司数量最多,其数字化创新综合指数平均水平最高(57.98)。从指数分布来看,高于均值的有 32 家,占全省总数的 45.07%。其中最高的是圆通速递,其数字化创新综合指数为 81.52。具体来看,数字化创新综合指数在 60 以下的有 51 家,占比 71.83%;60—70 的有 14 家,占比 19.72%;70—80 的有 5 家,占比 7.04%;80 及以上的有 1 家,占比 1.41%。

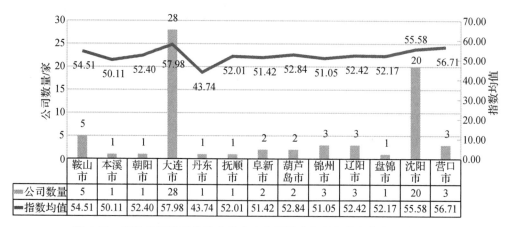

	鞍山市	本溪市	朝阳市	大连市	丹东市	抚顺市	阜新市	葫芦岛市	锦州市	辽阳市	盘锦市	沈阳市	营口市
公司数量	5	1	1	28	1	1	2	2	3	3	1	20	3
指数均值	54.51	50.11	52.40	57.98	43.74	52.01	51.42	52.84	51.05	52.42	52.17	55.58	56.71

图 6-86 2022 年辽宁省传统产业上市公司数字化创新综合指数均值分布

辽宁省数字化创新综合指数排名前 10 的传统产业上市公司情况如表 6-86 所示。

表 6-86　2022 年辽宁省传统产业上市公司数字化创新综合指数排名前 10 情况

排名	公司代码	公司名称	数字化创新综合指数	所在城市
1	600233.SH	圆通速递	81.52	大连市
2	600346.SH	恒力石化	78.84	大连市
3	300024.SZ	机器人	77.99	沈阳市
4	688305.SH	科德数控	73.47	大连市
5	603396.SH	金辰股份	72.92	营口市
6	002204.SZ	大连重工	72.56	大连市
7	688529.SH	豪森股份	69.21	大连市
8	301103.SZ	何氏眼科	68.68	沈阳市
9	688739.SH	成大生物	68.30	沈阳市
10	600795.SH	国电电力	68.14	大连市

数据来源:浙江工商大学数字创新与管理研究院和首都经济贸易大学资产评估研究院整理。

6.18.2　数字化战略导向指数

2022 年辽宁省 71 家传统产业上市公司的数字化战略导向指数平均水平为 56.99,低于全市场平均水平(60.97)。如图 6-87 所示,从省内城市分布来看,数字化战略导向指数平均水平最高的是大连市(60.32)。从指数分布来看,高于均值的有 29 家,占全省总数的 40.85％。其中,数字化战略导向指数在 60 以下的有 43 家,占比 60.56％;60—70 的有 15 家,占比 21.13％;70—80 的有 8 家,占比 11.27％;80 及以上的有 5 家,占比 7.04％。

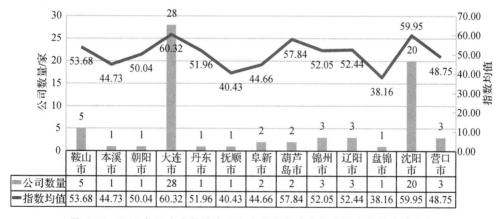

	鞍山市	本溪市	朝阳市	大连市	丹东市	抚顺市	阜新市	葫芦岛市	锦州市	辽阳市	盘锦市	沈阳市	营口市
公司数量	5	1	1	28	1	1	2	2	3	3	1	20	3
指数均值	53.68	44.73	50.04	60.32	51.96	40.43	44.66	57.84	52.05	52.44	38.16	59.95	48.75

图 6-87　2022 年辽宁省传统产业上市公司数字化战略导向指数均值分布

辽宁省数字化战略导向指数排名前 10 的传统产业上市公司情况如表 6-87 所示。

表 6-87　2022 年辽宁省传统产业上市公司数字化战略导向指数排名前 10 情况

排名	公司代码	公司名称	数字化战略导向指数	所在城市
1	600233.SH	圆通速递	92.49	大连市
2	300024.SZ	机器人	91.35	沈阳市
3	688739.SH	成大生物	90.08	沈阳市
4	688305.SH	科德数控	84.31	大连市
5	600346.SH	恒力石化	81.65	大连市
6	688529.SH	豪森股份	79.32	大连市
7	301103.SZ	何氏眼科	78.35	沈阳市
8	002621.SZ	美吉姆	77.81	大连市
9	301007.SZ	德迈仕	77.34	大连市
10	603396.SH	金辰股份	72.82	营口市

数据来源:浙江工商大学数字创新与管理研究院和首都经济贸易大学资产评估研究院整理。

6.18.3　数字化要素投入指数

2022 年辽宁省 71 家传统产业上市公司的数字化要素投入指数平均水平为 53.89,低于全市场平均水平(57.30)。如图 6-88 所示,从省内城市分布来看,数字化要素投入指数平均水平最高的是大连市(57.44)。从指数分布来看,高于均值的有 31 家,占全省总数的 43.66%。其中,数字化要素投入指数在 60 以下的有 51 家,占比 71.83%;60—70 的有 12 家,占比 16.90%;70—80 的有 7 家,占比 9.86%;80 及以上的有 1 家,占比 1.41%。

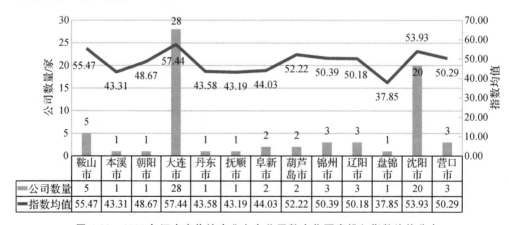

图 6-88　2022 年辽宁省传统产业上市公司数字化要素投入指数均值分布

辽宁省数字化要素投入指数排名前 10 的传统产业上市公司情况如表 6-88 所示。

表 6-88 2022 年辽宁省传统产业上市公司数字化要素投入指数排名前 10 情况

排名	公司代码	公司名称	数字化要素投入指数	所在城市
1	300024.SZ	机器人	81.67	沈阳市
2	002204.SZ	大连重工	77.40	大连市
3	301103.SZ	何氏眼科	73.89	沈阳市
4	600233.SH	圆通速递	73.13	大连市
5	688529.SH	豪森股份	71.23	大连市
6	600346.SH	恒力石化	71.22	大连市
7	600795.SH	国电电力	70.46	大连市
8	000881.SZ	中广核技	70.38	大连市
9	688305.SH	科德数控	69.21	大连市
10	601880.SH	辽港股份	68.24	大连市

数据来源:浙江工商大学数字创新与管理研究院和首都经济贸易大学资产评估研究院整理。

6.18.4 数字化创新成果指数

2022 年辽宁省 71 家传统产业上市公司的数字化创新成果指数平均水平为 58.19,低于全市场平均水平(61.62)。如图 6-89 所示,从省内城市分布来看,大连市数字化创新成果指数平均水平为 61.19。从指数分布来看,高于均值的有 33 家,占全省总数的 46.48%。其中,数字化创新成果指数在 60 以下的有 40 家,占比 56.34%;60—70 的有 21 家,占比 29.58%;70—80 的有 4 家,占比 5.63%;80 及以上的有 6 家,占比 8.45%。

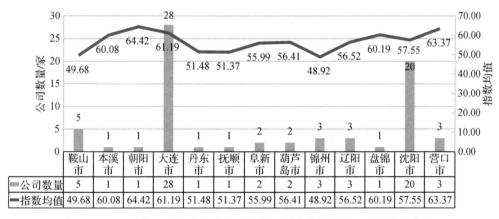

图 6-89 2022 年辽宁省传统产业上市公司数字化创新成果指数均值分布

辽宁省数字化创新成果指数排名前 10 的传统产业上市公司情况如表 6-89 所示。

表 6-89　　2022 年辽宁省传统产业上市公司数字化创新成果指数排名前 10 情况

排名	公司代码	公司名称	数字化创新成果指数	所在城市
1	600233.SH	圆通速递	90.80	大连市
2	688305.SH	科德数控	88.04	大连市
3	300024.SZ	机器人	87.99	沈阳市
4	688529.SH	豪森股份	85.40	大连市
5	603396.SH	金辰股份	81.49	营口市
6	600346.SH	恒力石化	80.99	大连市
7	300293.SZ	蓝英装备	79.87	沈阳市
8	300097.SZ	智云股份	76.92	大连市
9	002204.SZ	大连重工	76.85	大连市
10	301103.SZ	何氏眼科	76.30	沈阳市

数据来源:浙江工商大学数字创新与管理研究院和首都经济贸易大学资产评估研究院整理。

6.18.5　数字化创新绩效指数

2022 年辽宁省 71 家传统产业上市公司的数字化创新绩效指数平均水平为 52.98,低于全市场平均水平(55.86)。如图 6-90 所示,从省内城市分布来看,大连市数字化创新绩效指数平均水平为 53.24。从指数分布来看,高于均值的有 35 家,占全省总数的 49.30%。其中,数字化创新绩效指数在 60 以下的有 50 家,占比 70.42%;60—70 的有 14 家,占比 19.72%;70—80 的有 5 家,占比 7.04%;80 及以上的有 2 家,占比 2.82%。

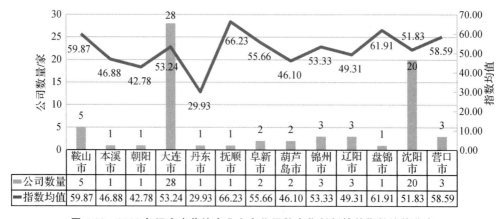

图 6-90　2022 年辽宁省传统产业上市公司数字化创新绩效指数均值分布

辽宁省数字化创新绩效指数排名前 10 的传统产业上市公司情况如表 6-90 所示。

表 6-90　2022 年辽宁省传统产业上市公司数字化创新绩效指数排名前 10 情况

排名	公司代码	公司名称	数字化创新绩效指数	所在城市
1	600795.SH	国电电力	85.01	大连市
2	600346.SH	恒力石化	80.12	大连市
3	300573.SZ	兴齐眼药	74.36	沈阳市
4	835368.BJ	连城数控	71.71	大连市
5	601880.SH	辽港股份	71.41	大连市
6	002667.SZ	威领股份	70.49	鞍山市
7	600233.SH	圆通速递	70.13	大连市
8	603396.SH	金辰股份	69.35	营口市
9	600609.SH	金杯汽车	69.12	沈阳市
10	002487.SZ	大金重工	68.18	阜新市

数据来源:浙江工商大学数字创新与管理研究院和首都经济贸易大学资产评估研究院整理。

6.19　内蒙古自治区传统产业上市公司数字化创新评价

截至 2022 年底,A 股市场内蒙古自治区共有传统产业上市公司 24 家,总市值 6,997.62 亿元,营业总收入 4,273.31 亿元,平均市值 291.57 亿元/家,平均营业收入 178.05 亿元/家。2022 年,内蒙古自治区传统产业上市公司研发投入合计 76.47 亿元,占营业总收入的比例为 1.79%;无形资产账面价值合计 452.68 亿元,占总资产的比例为 6.61%。根据本报告分析口径,本部分对内蒙古自治区 24 家传统产业上市公司进行数字化创新指数评价,具体情况如下:

6.19.1　数字化创新综合指数

根据本报告评价,2022 年内蒙古自治区传统产业上市公司的数字化创新综合指数平均水平为 61.19,高于全市场平均水平(58.96)。如图 6-91 所示,从自治区内城市(盟)分布来看,内蒙古自治区 24 家传统产业上市公司分布在 10 个自治区内城市(盟),其中呼和浩特市上市公司数量最多,其数字化创新综合指数平均水平为 61.56。从指数分布来看,高于均值的有 12 家,占自治区内总数的 50.00%。其中最高的是伊利股份,其数字化创新综合指数为 82.62。具体来看,数字化创新综合指数在 60 以下的有 10 家,占比 41.67%;60—70 的有 11 家,占比 45.83%;70—80 的有 2 家,占比 8.33%;80 及以上的有 1 家,占比 4.17%。

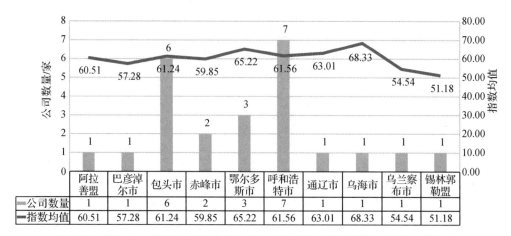

图 6-91　2022 年内蒙古自治区传统产业上市公司数字化创新综合指数均值分布

内蒙古自治区数字化创新综合指数排名前 10 的传统产业上市公司情况如表 6-91 所示。

表 6-91　2022 年内蒙古自治区传统产业上市公司数字化创新综合指数排名前 10 情况

排名	公司代码	公司名称	数字化创新综合指数	所在城市（盟）
1	600887.SH	伊利股份	82.62	呼和浩特市
2	600111.SH	北方稀土	75.10	包头市
3	600201.SH	生物股份	74.79	呼和浩特市
4	300355.SZ	蒙草生态	69.51	呼和浩特市
5	601216.SH	君正集团	68.33	乌海市
6	600295.SH	鄂尔多斯	67.58	鄂尔多斯市
7	300239.SZ	东宝生物	65.55	包头市
8	600262.SH	北方股份	65.25	包头市
9	600277.SH	亿利洁能	64.34	鄂尔多斯市
10	000683.SZ	远兴能源	63.75	鄂尔多斯市

数据来源:浙江工商大学数字创新与管理研究院和首都经济贸易大学资产评估研究院整理。

6.19.2　数字化战略导向指数

2022 年内蒙古自治区 24 家传统产业上市公司的数字化战略导向指数平均水平为 63.61,高于全市场平均水平(60.97)。如图 6-92 所示,从自治区内城市(盟)分布来看,数字化战略导向指数平均水平最高的是鄂尔多斯市(72.71)。从指数分布来看,高于均值的有 13 家,占自治区内总数的 54.17%。其中,数字化战略导向指数在

60 以下的有 10 家,占比 41.67%;60—70 的有 4 家,占比 16.67%;70—80 的有 8 家,占比 33.33%;80 及以上的有 2 家,占比 8.33%。

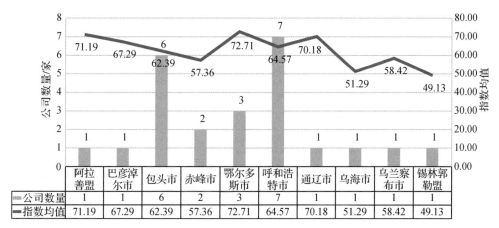

图 6-92　2022 年内蒙古自治区传统产业上市公司数字化战略导向指数均值分布

内蒙古自治区数字化战略导向指数排名前 10 的传统产业上市公司情况如表 6-92 所示。

表 6-92　2022 年内蒙古自治区传统产业上市公司数字化战略导向指数排名前 10 情况

排名	公司代码	公司名称	数字化战略导向指数	所在城市(盟)
1	600201.SH	生物股份	88.55	呼和浩特市
2	600887.SH	伊利股份	82.51	呼和浩特市
3	300355.SZ	蒙草生态	79.95	呼和浩特市
4	600111.SH	北方稀土	78.39	包头市
5	300239.SZ	东宝生物	77.85	包头市
6	600295.SH	鄂尔多斯	75.16	鄂尔多斯市
7	600010.SH	包钢股份	73.57	包头市
8	000683.SZ	远兴能源	73.14	鄂尔多斯市
9	600328.SH	中盐化工	71.19	阿拉善盟
10	002128.SZ	电投能源	70.18	通辽市

数据来源:浙江工商大学数字创新与管理研究院和首都经济贸易大学资产评估研究院整理。

6.19.3　数字化要素投入指数

2022 年内蒙古自治区 24 家传统产业上市公司的数字化要素投入指数平均水平为 58.62,高于全市场平均水平(57.30)。如图 6-93 所示,从自治区内城市(盟)分布来看,呼和浩特市数字化要素投入指数平均水平为 59.59。从指数分布来看,高于均

值的有 11 家,占自治区内总数的 45.83%。其中,数字化要素投入指数在 60 以下的有
15 家,占比 62.50%;60—70 的有 6 家,占比 25.00%;70—80 的有 3 家,占比 12.50%。

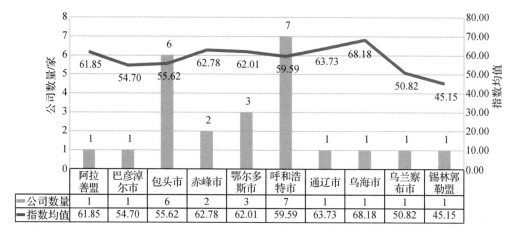

	阿拉善盟	巴彦淖尔市	包头市	赤峰市	鄂尔多斯市	呼和浩特市	通辽市	乌海市	乌兰察布市	锡林郭勒盟
公司数量	1	1	6	2	3	7	1	1	1	1
指数均值	61.85	54.70	55.62	62.78	62.01	59.59	63.73	68.18	50.82	45.15

图 6-93　2022 年内蒙古自治区传统产业上市公司数字化要素投入指数均值分布

内蒙古自治区数字化要素投入指数排名前 10 的传统产业上市公司情况如表
6-93 所示。

表 6-93　2022 年内蒙古自治区传统产业上市公司数字化要素投入指数排名前 10 情况

排名	公司代码	公司名称	数字化要素投入指数	所在城市(盟)
1	300355.SZ	蒙草生态	76.03	呼和浩特市
2	600887.SH	伊利股份	74.48	呼和浩特市
3	600201.SH	生物股份	74.15	呼和浩特市
4	600277.SH	亿利洁能	68.47	鄂尔多斯市
5	601216.SH	君正集团	68.18	乌海市
6	600988.SH	赤峰黄金	67.49	赤峰市
7	002128.SZ	电投能源	63.73	通辽市
8	600328.SH	中盐化工	61.85	阿拉善盟
9	600010.SH	包钢股份	61.74	包头市
10	000683.SZ	远兴能源	58.81	鄂尔多斯市

数据来源:浙江工商大学数字创新与管理研究院和首都经济贸易大学资产评估研究院整理。

6.19.4　数字化创新成果指数

2022 年内蒙古自治区 24 家传统产业上市公司的数字化创新成果指数平均水平
为 60.00,低于全市场平均水平(61.62)。如图 6-94 所示,从自治区内城市(盟)分布
来看,呼和浩特市数字化创新成果指数平均水平为 61.86。从指数分布来看,高于均

值的有 11 家,占自治区内总数的 45.83%。其中,数字化创新成果指数在 60 以下的有 13 家,占比 54.17%;60—70 的有 5 家,占比 20.83%;70—80 的有 5 家,占比 20.83%;80 及以上的有 1 家,占比 4.17%。

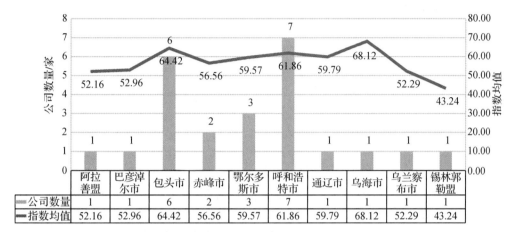

图 6-94　2022 年内蒙古自治区传统产业上市公司数字化创新成果指数均值分布

内蒙古自治区数字化创新成果指数排名前 10 的传统产业上市公司情况如表 6-94 所示。

表 6-94　2022 年内蒙古自治区传统产业上市公司数字化创新成果指数排名前 10 情况

排名	公司代码	公司名称	数字化创新成果指数	所在城市(盟)
1	600887.SH	伊利股份	83.58	呼和浩特市
2	300239.SZ	东宝生物	79.85	包头市
3	600111.SH	北方稀土	73.88	包头市
4	600262.SH	北方股份	73.21	包头市
5	600201.SH	生物股份	72.38	呼和浩特市
6	300355.SZ	蒙草生态	70.92	呼和浩特市
7	601216.SH	君正集团	68.12	乌海市
8	600010.SH	包钢股份	64.72	包头市
9	600295.SH	鄂尔多斯	62.44	鄂尔多斯市
10	000683.SZ	远兴能源	60.30	鄂尔多斯市

数据来源:浙江工商大学数字创新与管理研究院和首都经济贸易大学资产评估研究院整理。

6.19.5　数字化创新绩效指数

2022 年内蒙古自治区 24 家传统产业上市公司的数字化创新绩效指数平均水平为 62.91,高于全市场平均水平(55.86)。如图 6-95 所示,从自治区内城市(盟)分布来看,呼和浩特市数字化创新绩效指数平均水平为 60.78。从指数分布来看,高于均值的有 11 家,占自治区内总数的 45.83%。其中,数字化创新绩效指数分值在 60 以下的有 9 家,占比 37.50%;60—70 的有 11 家,占比 45.83%;70—80 的有 2 家,占比 8.33%;80 及以上的有 2 家,占比 8.33%。

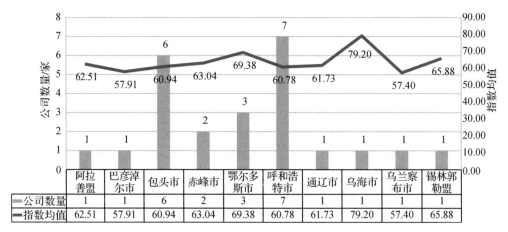

图 6-95　2022 年内蒙古自治区传统产业上市公司数字化创新绩效指数均值分布

内蒙古自治区数字化创新绩效指数排名前 10 的传统产业上市公司情况如表 6-95 所示。

表 6-95　2022 年内蒙古自治区传统产业上市公司数字化创新绩效指数排名前 10 情况

排名	公司代码	公司名称	数字化创新绩效指数	所在城市(盟)
1	600111.SH	北方稀土	88.37	包头市
2	600887.SH	伊利股份	87.42	呼和浩特市
3	601216.SH	君正集团	79.20	乌海市
4	600295.SH	鄂尔多斯	75.13	鄂尔多斯市
5	600201.SH	生物股份	69.50	呼和浩特市
6	600967.SH	内蒙一机	67.73	包头市
7	600277.SH	亿利洁能	67.56	鄂尔多斯市
8	600863.SH	内蒙华电	67.17	呼和浩特市
9	000975.SZ	银泰黄金	65.88	锡林郭勒盟
10	000683.SZ	远兴能源	65.46	鄂尔多斯市

数据来源:浙江工商大学数字创新与管理研究院和首都经济贸易大学资产评估研究院整理。

6.20　宁夏回族自治区传统产业上市公司数字化创新评价

截至 2022 年底,A 股市场宁夏回族自治区共有传统产业上市公司 14 家,总市值 1,524.77 亿元,营业总收入 559.91 亿元,平均市值 108.91 亿元/家,平均营业收入 39.99 亿元/家。2022 年,宁夏回族自治区传统产业上市公司研发投入合计 4.27 亿元,占营业总收入的比例为 0.76%;无形资产账面价值合计 85.51 亿元,占总资产的比例为 6.79%。根据本报告分析口径,本部分对宁夏回族自治区 14 家传统产业上市公司进行数字化创新指数评价,具体情况如下:

6.20.1　数字化创新综合指数

根据本报告评价,2022 年宁夏回族自治区传统产业上市的公司数字化创新综合指数平均水平为 52.69,低于全市场平均水平(58.96)。如图 6-96 所示,从自治区内城市分布来看,宁夏回族自治区 14 家传统产业上市公司分布在 3 个自治区内城市,数字化创新综合指数平均水平最高的是银川市(54.67),最低的是石嘴山市(46.35)。从指数分布来看,高于均值的有 7 家,占自治区内总数的 50.00%。其中最高的是宁夏建材,其数字化创新综合指数为 65.80。具体来看,数字化创新综合指数在 60 以下的有 11 家,占比 78.57%;60—70 的有 3 家,占比 21.43%。

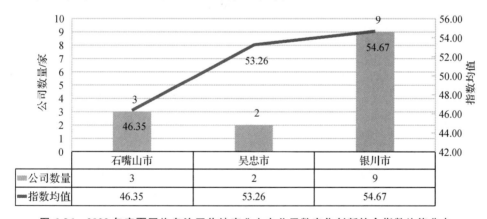

图 6-96　2022 年宁夏回族自治区传统产业上市公司数字化创新综合指数均值分布

宁夏回族自治区数字化创新综合指数排名前 10 的传统产业上市公司情况如表 6-96 所示。

表6-96　2022年宁夏回族自治区传统产业上市公司数字化创新综合指数排名前10情况

排名	公司代码	公司名称	数字化创新综合指数	所在城市
1	600449.SH	宁夏建材	65.80	银川市
2	600989.SH	宝丰能源	62.91	银川市
3	300967.SZ	晓鸣股份	60.53	银川市
4	000982.SZ	中银绒业	56.89	银川市
5	600785.SH	新华百货	56.03	银川市
6	601619.SH	嘉泽新能	53.82	吴忠市
7	002457.SZ	青龙管业	52.70	吴忠市
8	000962.SZ	东方钽业	51.63	石嘴山市
9	831010.BJ	凯添燃气	50.76	银川市
10	000862.SZ	银星能源	47.56	银川市

数据来源:浙江工商大学数字创新与管理研究院和首都经济贸易大学资产评估研究院整理。

6.20.2　数字化战略导向指数

2022年宁夏回族自治区14家传统产业上市公司的数字化战略导向指数平均水平为53.30,低于全市场平均水平(60.97)。如图6-97所示,从自治区内城市分布来看,数字化战略导向指数平均水平最高的是银川市(56.20),最低的是石嘴山市(46.18)。从指数分布来看,高于均值的有5家,占自治区内总数的35.71%。其中,数字化战略导向指数在60以下的有11家,占比78.57%;70—80的有3家,占比21.43%。

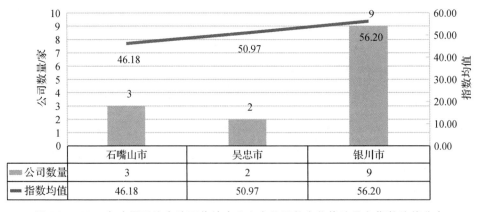

图6-97　2022年宁夏回族自治区传统产业上市公司数字化战略导向指数均值分布

宁夏回族自治区数字化战略导向指数排名前10的传统产业上市公司情况如表6-97所示。

表 6-97　2022 年宁夏回族自治区传统产业上市公司数字化战略导向指数排名前 10 情况

排名	公司代码	公司名称	数字化战略导向指数	所在城市
1	600785.SH	新华百货	73.62	银川市
2	300967.SZ	晓鸣股份	73.17	银川市
3	600449.SH	宁夏建材	70.13	银川市
4	000982.SZ	中银绒业	59.73	银川市
5	002457.SZ	青龙管业	54.85	吴忠市
6	000962.SZ	东方钽业	53.08	石嘴山市
7	831010.BJ	凯添燃气	52.51	银川市
8	000862.SZ	银星能源	48.73	银川市
9	601619.SH	嘉泽新能	47.09	吴忠市
10	600165.SH	宁科生物	46.22	石嘴山市

数据来源:浙江工商大学数字创新与管理研究院和首都经济贸易大学资产评估研究院整理。

6.20.3　数字化要素投入指数

2022 年宁夏回族自治区 14 家传统产业上市公司的数字化要素投入指数平均水平为 53.41,低于全市场平均水平(57.30)。如图 6-98 所示,从自治区内城市分布来看,数字化要素投入指数平均水平最高的是银川市(54.07),最低的是石嘴山市(51.08)。从指数分布来看,高于均值的有 7 家,占自治区内总数的 50.00%。其中,数字化要素投入指数在 60 以下的有 11 家,占比 78.57%;60—70 的有 2 家,占比 14.29%;70—80 的有 1 家,占比 7.14%。

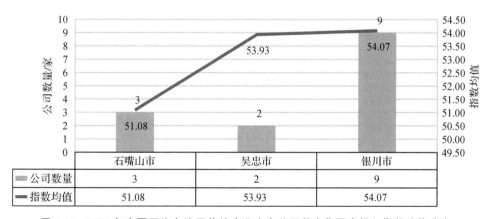

图 6-98　2022 年宁夏回族自治区传统产业上市公司数字化要素投入指数均值分布

宁夏回族自治区数字化要素投入指数排名前 10 的传统产业上市公司情况如表 6-98 所示。

表 6-98   2022 年宁夏回族自治区传统产业上市公司数字化要素投入指数排名前 10 情况

排名	公司代码	公司名称	数字化要素投入指数	所在城市
1	600449.SH	宁夏建材	75.64	银川市
2	300967.SZ	晓鸣股份	61.06	银川市
3	000962.SZ	东方钽业	60.94	石嘴山市
4	000982.SZ	中银绒业	57.56	银川市
5	600785.SH	新华百货	55.28	银川市
6	601619.SH	嘉泽新能	54.86	吴忠市
7	600989.SH	宝丰能源	54.81	银川市
8	831010.BJ	凯添燃气	53.20	银川市
9	002457.SZ	青龙管业	52.99	吴忠市
10	000635.SZ	英力特	46.76	石嘴山市

数据来源:浙江工商大学数字创新与管理研究院和首都经济贸易大学资产评估研究院整理。

6.20.4   数字化创新成果指数

2022 年宁夏回族自治区 14 家传统产业上市公司的数字化创新成果指数平均水平为 51.76,低于全市场平均水平(61.62)。如图 6-99 所示,从自治区内城市分布来看,数字化创新成果指数平均水平最高的是吴忠市(53.05),最低的是石嘴山市(49.46)。从指数分布来看,高于均值的有 8 家,占自治区内总数的 57.14%。其中,数字化创新成果指数在 60 以下的有 12 家,占比 85.71%;60—70 的有 2 家,占比 14.29%。

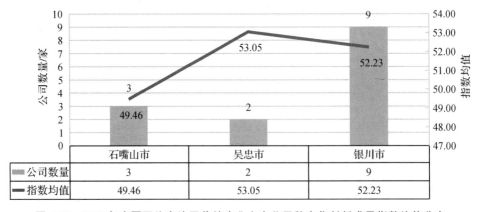

	石嘴山市	吴忠市	银川市
公司数量	3	2	9
指数均值	49.46	53.05	52.23

图 6-99   2022 年宁夏回族自治区传统产业上市公司数字化创新成果指数均值分布

宁夏回族自治区数字化创新成果指数排名前 10 的传统产业上市公司情况如表 6-99 所示。

表 6-99　**2022 年宁夏回族自治区传统产业上市公司数字化创新成果指数排名前 10 情况**

排名	公司代码	公司名称	数字化创新成果指数	所在城市
1	600989.SH	宝丰能源	61.05	银川市
2	600449.SH	宁夏建材	60.48	银川市
3	300967.SZ	晓鸣股份	58.03	银川市
4	000982.SZ	中银绒业	56.13	银川市
5	600785.SH	新华百货	55.54	银川市
6	600165.SH	宁科生物	54.16	石嘴山市
7	601619.SH	嘉泽新能	53.63	吴忠市
8	002457.SZ	青龙管业	52.47	吴忠市
9	000962.SZ	东方钽业	49.37	石嘴山市
10	000595.SZ	宝塔实业	45.42	银川市

数据来源:浙江工商大学数字创新与管理研究院和首都经济贸易大学资产评估研究院整理。

6.20.5　数字化创新绩效指数

2022 年宁夏回族自治区 14 家传统产业上市公司的数字化创新绩效指数平均水平为 52.84,低于全市场平均水平(55.86)。如图 6-100 所示,从自治区内城市分布来看,数字化创新绩效指数平均水平最高的是银川市(56.94),最低的是石嘴山市(39.49)。从指数分布来看,高于均值的有 7 家,占自治区内总数的 50.00%。其中,数字化创新绩效指数在 60 以下的有 12 家,占比 85.71%;60—70 的有 1 家,占比 7.14%;80 及以上的有 1 家,占比 7.14%。

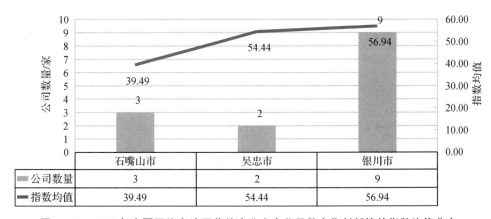

图 6-100　**2022 年宁夏回族自治区传统产业上市公司数字化创新绩效指数均值分布**

宁夏回族自治区数字化创新绩效指数排名前 10 的传统产业上市公司情况如表 6-100 所示。

表 6-100　2022 年宁夏回族自治区传统产业上市公司数字化创新绩效指数排名前 10 情况

排名	公司代码	公司名称	数字化创新绩效指数	所在城市
1	600989.SH	宝丰能源	83.49	银川市
2	600449.SH	宁夏建材	62.16	银川市
3	000557.SZ	西部创业	58.99	银川市
4	601619.SH	嘉泽新能	57.45	吴忠市
5	000982.SZ	中银绒业	55.51	银川市
6	300967.SZ	晓鸣股份	55.21	银川市
7	831010.BJ	凯添燃气	54.89	银川市
8	002457.SZ	青龙管业	51.42	吴忠市
9	000862.SZ	银星能源	51.11	银川市
10	000962.SZ	东方钽业	46.63	石嘴山市

数据来源:浙江工商大学数字创新与管理研究院和首都经济贸易大学资产评估研究院整理。

6.21　青海省传统产业上市公司数字化创新评价

　　截至 2022 年底,A 股市场青海省共有传统产业上市公司 10 家,总市值 2,248.44 亿元,营业总收入 1,124.11 亿元,平均市值 224.84 亿元/家,平均营业收入 112.41 亿元/家。2022 年,青海省传统产业上市公司研发投入合计 18.55 亿元,占营业总收入的比例为 1.65%;无形资产账面价值合计 95.33 亿元,占总资产的比例为 5.96%。根据本报告分析口径,本部分对青海省 10 家传统产业上市公司进行数字化创新指数评价,具体情况如下:

6.21.1　数字化创新综合指数

　　根据本报告评价,2022 年青海省传统产业上市公司的数字化创新综合指数平均水平为 54.83,低于全市场平均水平(58.96)。如图 6-101 所示,从省内城市分布来看,青海省 10 家传统产业上市公司分布在 3 个省内城市,其中西宁市上市公司数量最多,其数字化创新综合指数平均水平为 50.16。从指数分布来看,高于均值的有 5 家,占全省总数的 50.00%。其中最高的是远东股份,其数字化创新综合指数为 75.45。具体来看,数字化创新综合指数在 60 以下的有 7 家,占比 70.00%;60—70 的有 1 家,占比 10.00%;70—80 的有 2 家,占比 20.00%。

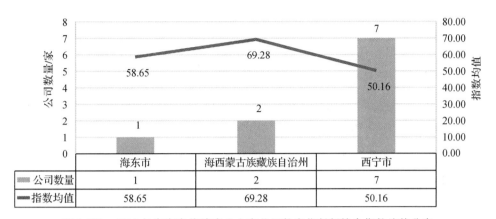

图 6-101 2022 年青海省传统产业上市公司数字化创新综合指数均值分布

青海省传统产业上市公司数字化创新综合指数排名情况如表 6-101 所示。

表 6-101 2022 年青海省传统产业上市公司数字化创新综合指数排名情况

排名	公司代码	公司名称	数字化创新综合指数	所在城市
1	600869.SH	远东股份	75.45	西宁市
2	000792.SZ	盐湖股份	74.52	海西蒙古族藏族自治州
3	000408.SZ	藏格矿业	64.04	海西蒙古族藏族自治州
4	601168.SH	西部矿业	59.39	西宁市
5	002646.SZ	天佑德酒	58.65	海东市
6	600714.SH	金瑞矿业	45.87	西宁市
7	600381.SH	青海春天	43.65	西宁市
8	600117.SH	*ST 西钢	42.88	西宁市
9	603843.SH	正平股份	42.04	西宁市
10	600243.SH	青海华鼎	41.81	西宁市

数据来源:浙江工商大学数字创新与管理研究院和首都经济贸易大学资产评估研究院整理。

6.21.2 数字化战略导向指数

2022 年青海省 10 家传统产业上市公司的数字化战略导向指数平均水平为 55.59,低于全市场平均水平(60.97)。如图 6-102 所示,从省内城市分布来看,西宁市数字化战略导向指数平均水平为 49.81。从指数分布来看,高于均值的有 5 家,占全省总数的 50.00%。其中,数字化战略导向指数在 60 以下的有 5 家,占比 50.00%;60—70 的有 3 家,占比 30.00%;70—80 的有 2 家,占比 20.00%。

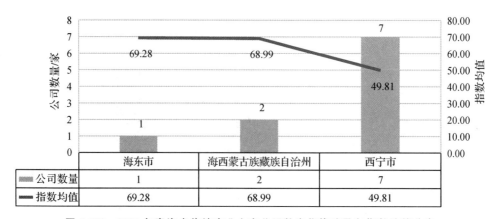

图 6-102　2022 年青海省传统产业上市公司数字化战略导向指数均值分布

青海省传统产业上市公司数字化战略导向指数排名情况如表 6-102 所示。

表 6-102　2022 年青海省传统产业上市公司数字化战略导向指数排名情况

排名	公司代码	公司名称	数字化战略导向指数	所在城市
1	600869.SH	远东股份	77.64	西宁市
2	000792.SZ	盐湖股份	76.87	海西蒙古族藏族自治州
3	002646.SZ	天佑德酒	69.28	海东市
4	000408.SZ	藏格矿业	61.12	海西蒙古族藏族自治州
5	601168.SH	西部矿业	60.03	西宁市
6	600117.SH	*ST 西钢	48.76	西宁市
7	603843.SH	正平股份	43.05	西宁市
8	600714.SH	金瑞矿业	40.95	西宁市
9	600243.SH	青海华鼎	39.18	西宁市
10	600381.SH	青海春天	39.06	西宁市

数据来源:浙江工商大学数字创新与管理研究院和首都经济贸易大学资产评估研究院整理。

6.21.3　数字化要素投入指数

2022 年青海省 10 家传统产业上市公司的数字化要素投入指数平均水平为 54.37,低于全市场平均水平(57.30)。如图 6-103 所示,从省内城市分布来看,西宁市数字化要素投入指数平均水平为 51.18。从指数分布来看,高于均值的有 4 家,占全省总数的 40.00%。其中,数字化要素投入指数在 60 以下的有 7 家,占比 70.00%;60—70 的有 1 家,占比 10.00%;70—80 的有 2 家,占比 20.00%。

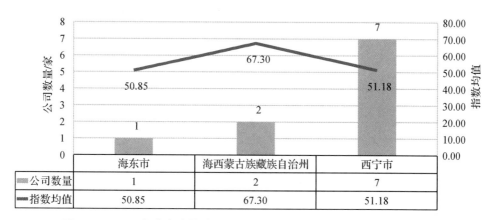

图 6-103　2022 年青海省传统产业上市公司数字化要素投入指数均值分布

青海省传统产业上市公司数字化要素投入指数排名情况如表 6-103 所示。

表 6-103　2022 年青海省传统产业上市公司数字化要素投入指数排名情况

排名	公司代码	公司名称	数字化要素投入指数	所在城市
1	000792.SZ	盐湖股份	78.36	海西蒙古族藏族自治州
2	600869.SH	远东股份	75.64	西宁市
3	601168.SH	西部矿业	60.78	西宁市
4	000408.SZ	藏格矿业	56.24	海西蒙古族藏族自治州
5	002646.SZ	天佑德酒	50.85	海东市
6	603843.SH	正平股份	50.79	西宁市
7	600243.SH	青海华鼎	47.36	西宁市
8	600714.SH	金瑞矿业	45.40	西宁市
9	600117.SH	*ST 西钢	41.30	西宁市
10	600381.SH	青海春天	36.98	西宁市

数据来源:浙江工商大学数字创新与管理研究院和首都经济贸易大学资产评估研究院整理。

6.21.4　数字化创新成果指数

2022 年青海省 10 家传统产业上市公司的数字化创新成果指数平均水平为 56.06,低于全市场平均水平(61.62)。如图 6-104 所示,从省内城市分布来看,西宁市数字化创新成果指数平均水平为 54.13。从指数分布来看,高于均值的有 3 家,占全省总数的 30.00%。其中,数字化创新成果指数在 60 以下的有 7 家,占比 70.00%;60—70 的有 2 家,占比 20.00%;80 及以上的有 1 家,占比 10.00%。

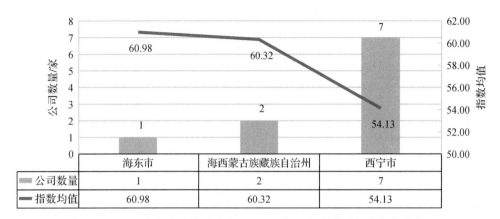

图 6-104　2022 年青海省传统产业上市公司数字化创新成果指数均值分布

青海省传统产业上市公司数字化创新成果指数排名情况如表 6-104 所示。

表 6-104　2022 年青海省传统产业上市公司数字化创新成果指数排名情况

排名	公司代码	公司名称	数字化创新成果指数	所在城市
1	600869.SH	远东股份	81.62	西宁市
2	000792.SZ	盐湖股份	68.45	海西蒙古族藏族自治州
3	002646.SZ	天佑德酒	60.98	海东市
4	601168.SH	西部矿业	55.16	西宁市
5	000408.SZ	藏格矿业	52.19	海西蒙古族藏族自治州
6	600117.SH	*ST 西钢	51.82	西宁市
7	600714.SH	金瑞矿业	49.21	西宁市
8	600243.SH	青海华鼎	48.59	西宁市
9	600381.SH	青海春天	46.68	西宁市
10	603843.SH	正平股份	45.84	西宁市

数据来源:浙江工商大学数字创新与管理研究院和首都经济贸易大学资产评估研究院整理。

6.21.5　数字化创新绩效指数

2022 年青海省 10 家传统产业上市公司的数字化创新绩效指数平均水平为 53.29,低于全市场平均水平(55.86)。如图 6-105 所示,从省内城市分布来看,数字化创新绩效指数平均水平最高的是海西蒙古族藏族自治州(81.15),最低的是西宁市(45.08)。从指数分布来看,高于均值的有 5 家,占全省总数的 50.00%。其中,数字化创新绩效指数在 60 以下的有 6 家,占比 60.00%;60—70 的有 2 家,占比 20.00%;70—80 的有 1 家,占比 10.00%;80 及以上的有 1 家,占比 10.00%。

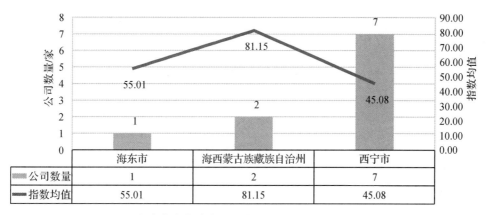

图 6-105　2022 年青海省传统产业上市公司数字化创新绩效指数均值分布

青海省传统产业上市公司数字化创新绩效指数排名情况如表 6-105 所示。

表 6-105　2022 年青海省传统产业上市公司数字化创新绩效指数排名情况

排名	公司代码	公司名称	数字化创新绩效指数	所在城市
1	000408.SZ	藏格矿业	85.02	海西蒙古族藏族自治州
2	000792.SZ	盐湖股份	77.28	海西蒙古族藏族自治州
3	600869.SH	远东股份	66.88	西宁市
4	601168.SH	西部矿业	62.85	西宁市
5	002646.SZ	天佑德酒	55.01	海东市
6	600381.SH	青海春天	47.80	西宁市
7	600714.SH	金瑞矿业	45.41	西宁市
8	600243.SH	青海华鼎	31.70	西宁市
9	603843.SH	正平股份	30.77	西宁市
10	600117.SH	*ST 西钢	30.16	西宁市

数据来源:浙江工商大学数字创新与管理研究院和首都经济贸易大学资产评估研究院整理。

6.22　山东省传统产业上市公司数字化创新评价

　　截至 2022 年底,A 股市场山东省共有传统产业上市公司 254 家,总市值 31,080.06 亿元,营业总收入 24,760.57 亿元,平均市值 122.36 亿元/家,平均营业收入 97.48 亿元/家。2022 年,山东省传统产业上市公司研发投入合计 694.25 亿元,占营业总收入的比例为 2.80%;无形资产账面价值合计 2,904.03 亿元,占总资产的比例为

8.01％。根据本报告分析口径,本部分对山东省254家传统产业上市公司进行数字化创新指数评价,具体情况如下:

6.22.1 数字化创新综合指数

根据本报告评价,2022年山东省传统产业上市公司的数字化创新综合指数平均水平为57.05,低于全市场平均水平(58.96)。如图6-106所示,从省内城市分布来看,山东省254家传统产业上市公司分布在16个省内城市,数字化创新综合指数平均水平最高的是青岛市(61.06),最低的是东营市(48.91)。从指数分布来看,高于均值的有122家,占全省总数的48.03％。其中最高的是海尔智家,其数字化创新综合指数为88.18。具体来看,数字化创新综合指数在60以下的有165家,占比64.96％;60—70的有63家,占比24.80％;70—80的有21家,占比8.27％;80及以上的有5家,占比1.97％。

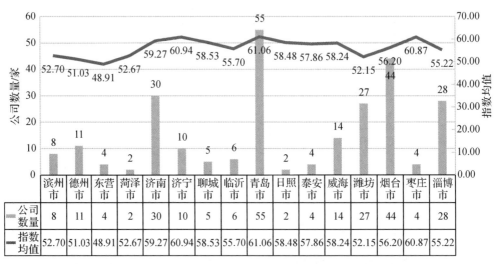

图 6-106　2022 年山东省传统产业上市公司数字化创新综合指数均值分布

山东省数字化创新综合指数排名前10％的传统产业上市公司情况如表6-106所示。

表 6-106　2022 年山东省传统产业上市公司数字化创新综合指数排名前 10％情况

排名	公司代码	公司名称	数字化创新综合指数	所在城市
1	600690.SH	海尔智家	88.18	青岛市
2	688363.SH	华熙生物	83.99	济南市
3	688139.SH	海尔生物	82.32	青岛市
4	000338.SZ	潍柴动力	82.15	潍坊市

排名	公司代码	公司名称	数字化创新综合指数	所在城市
5	000682.SZ	东方电子	81.10	烟台市
6	002537.SZ	海联金汇	77.18	青岛市
7	600060.SH	海信视像	76.45	青岛市
8	300001.SZ	特锐德	76.25	青岛市
9	002984.SZ	森麒麟	76.08	青岛市
10	300840.SZ	酷特智能	74.58	青岛市
11	601058.SH	赛轮轮胎	73.86	青岛市
12	300143.SZ	盈康生命	73.51	青岛市
13	600350.SH	山东高速	73.31	济南市
14	601966.SH	玲珑轮胎	73.01	烟台市
15	688455.SH	科捷智能	72.72	青岛市
16	688191.SH	智洋创新	72.56	淄博市
17	301015.SZ	百洋医药	72.53	青岛市
18	600547.SH	山东黄金	71.96	济南市
19	688556.SH	高测股份	71.16	青岛市
20	688557.SH	兰剑智能	71.08	济南市
21	600188.SH	兖矿能源	70.98	济宁市
22	688161.SH	威高骨科	70.66	威海市
23	002598.SZ	山东章鼓	70.42	济南市
24	000680.SZ	山推股份	70.29	济宁市
25	002242.SZ	九阳股份	70.21	济南市

数据来源:浙江工商大学数字创新与管理研究院和首都经济贸易大学资产评估研究院整理。

6.22.2 数字化战略导向指数

2022年山东省254家传统产业上市公司的数字化战略导向指数平均水平为58.65,低于全市场平均水平(60.97)。如图6-107所示,从省内城市分布来看,数字化战略导向指数平均水平最高的是泰安市(64.47),最低的是德州市(49.49)。从指数分布来看,高于均值的有123家,占全省总数的48.43%。其中,数字化战略导向指数在60以下的有138家,占比54.33%;60—70的有57家,占比22.44%;70—80的有35家,占比13.78%;80及以上的有24家,占比9.45%。

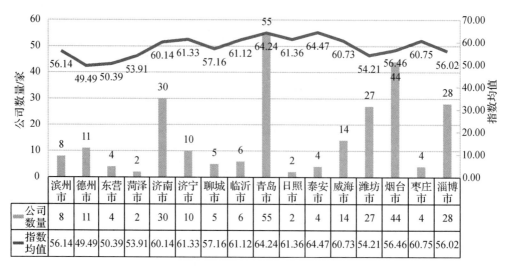

图 6-107　2022 年山东省传统产业上市公司数字化战略导向指数均值分布

山东省数字化战略导向指数排名前 10％的传统产业上市公司情况如表 6-107 所示。

表 6-107　2022 年山东省传统产业上市公司数字化战略导向指数排名前 10％情况

排名	公司代码	公司名称	数字化战略导向指数	所在城市
1	688363.SH	华熙生物	98.46	济南市
2	000682.SZ	东方电子	94.02	烟台市
3	688139.SH	海尔生物	92.70	青岛市
4	600690.SH	海尔智家	92.00	青岛市
5	300840.SZ	酷特智能	89.11	青岛市
6	688191.SH	智洋创新	88.82	淄博市
7	301015.SZ	百洋医药	88.24	青岛市
8	300143.SZ	盈康生命	87.60	青岛市
9	688331.SH	荣昌生物	87.27	烟台市
10	002537.SZ	海联金汇	86.62	青岛市
11	688455.SH	科捷智能	86.49	青岛市
12	000338.SZ	潍柴动力	86.04	潍坊市
13	600060.SH	海信视像	85.64	青岛市
14	300001.SZ	特锐德	84.69	青岛市
15	688136.SH	科兴制药	83.79	济南市
16	601058.SH	赛轮轮胎	83.13	青岛市
17	600180.SH	瑞茂通	82.88	烟台市

排名	公司代码	公司名称	数字化战略导向指数	所在城市
18	688557.SH	兰剑智能	82.85	济南市
19	002984.SZ	森麒麟	81.79	青岛市
20	002111.SZ	威海广泰	81.75	威海市
21	688677.SH	海泰新光	81.25	青岛市
22	301035.SZ	润丰股份	81.00	潍坊市
23	002086.SZ	*ST东洋	80.21	烟台市
24	002598.SZ	山东章鼓	80.10	济南市
25	835670.BJ	数字人	79.96	济南市

数据来源：浙江工商大学数字创新与管理研究院和首都经济贸易大学资产评估研究院整理。

6.22.3　数字化要素投入指数

2022年山东省254家传统产业上市公司的数字化要素投入指数平均水平为54.51,低于全市场平均水平(57.30)。如图6-108所示,从省内城市分布来看,数字化要素投入指数平均水平最高的是泰安市(60.44),最低的是德州市(45.14)。从指数分布来看,高于均值的有113家,占全省总数的44.49%。其中,数字化要素投入指数在60以下的有176家,占比69.29%;60—70的有55家,占比21.65%;70—80的有19家,占比7.48%;80及以上的有4家,占比1.57%。

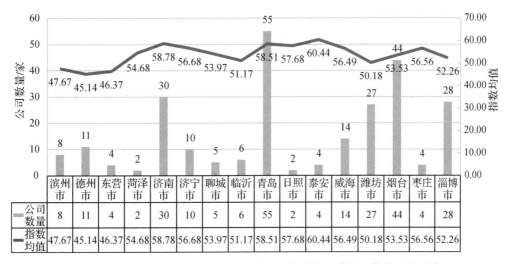

图6-108　2022年山东省传统产业上市公司数字化要素投入指数均值分布

山东省数字化要素投入指数排名前10%的传统产业上市公司情况如表6-108所示。

表 6-108　2022 年山东省传统产业上市公司数字化要素投入指数排名前 10％情况

排名	公司代码	公司名称	数字化要素投入指数	所在城市
1	000682.SZ	东方电子	83.92	烟台市
2	688139.SH	海尔生物	82.10	青岛市
3	688191.SH	智洋创新	80.12	淄博市
4	000680.SZ	山推股份	80.04	济宁市
5	600690.SH	海尔智家	79.38	青岛市
6	002339.SZ	积成电子	77.16	济南市
7	300001.SZ	特锐德	77.00	青岛市
8	688455.SH	科捷智能	75.82	青岛市
9	688557.SH	兰剑智能	75.31	济南市
10	300143.SZ	盈康生命	75.22	青岛市
11	600060.SH	海信视像	74.78	青岛市
12	835670.BJ	数字人	74.33	济南市
13	688363.SH	华熙生物	74.26	济南市
14	600350.SH	山东高速	73.98	济南市
15	002537.SZ	海联金汇	73.44	青岛市
16	688681.SH	科汇股份	72.21	淄博市
17	300099.SZ	精准信息	72.20	泰安市
18	002073.SZ	软控股份	71.80	青岛市
19	601058.SH	赛轮轮胎	71.09	青岛市
20	688677.SH	海泰新光	70.83	青岛市
21	300175.SZ	朗源股份	70.65	烟台市
22	000338.SZ	潍柴动力	70.61	潍坊市
23	002589.SZ	瑞康医药	70.50	烟台市
24	605287.SH	德才股份	69.88	青岛市
25	601966.SH	玲珑轮胎	69.34	烟台市

数据来源:浙江工商大学数字创新与管理研究院和首都经济贸易大学资产评估研究院整理。

6.22.4　数字化创新成果指数

2022 年山东省 254 家传统产业上市公司的数字化创新成果指数平均水平为 59.44,低于全市场平均水平(61.62)。如图 6-109 所示,从省内城市分布来看,数字化创新成果指数平均水平最高的是济宁市（65.24），最低的是东营市（45.35）。从指数分布来看，高于均值的有 121 家，占全省总数的 47.64%。其中，数字化创新成果指数在 60 以下的有 134 家，占比 52.76%；60—70 的有 73 家，占比 28.74%；70—80 的有 36 家，占比 14.17%；80 及以上的有 11 家，占比 4.33%。

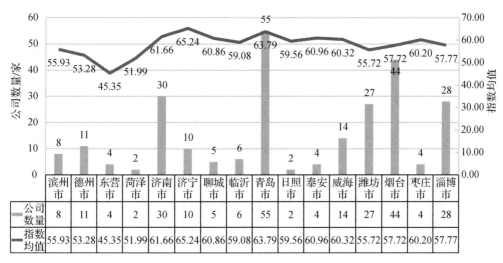

	滨州市	德州市	东营市	菏泽市	济南市	济宁市	聊城市	临沂市	青岛市	日照市	泰安市	威海市	潍坊市	烟台市	枣庄市	淄博市
公司数量	8	11	4	2	30	10	5	6	55	2	4	14	27	44	4	28
指数均值	55.93	53.28	45.35	51.99	61.66	65.24	60.86	59.08	63.79	59.56	60.96	60.32	55.72	57.72	60.20	57.77

图 6-109　2022 年山东省传统产业上市公司数字化创新成果指数均值分布

山东省数字化创新成果指数排名前 10% 的传统产业上市公司情况如表 6-109 所示。

表 6-109　2022 年山东省传统产业上市公司数字化创新成果指数排名前 10% 情况

排名	公司代码	公司名称	数字化创新成果指数	所在城市
1	688363.SH	华熙生物	91.42	济南市
2	300840.SZ	酷特智能	91.31	青岛市
3	688139.SH	海尔生物	90.88	青岛市
4	688455.SH	科捷智能	87.41	青岛市
5	688191.SH	智洋创新	86.58	淄博市
6	000338.SZ	潍柴动力	84.77	潍坊市
7	600690.SH	海尔智家	84.30	青岛市
8	688557.SH	兰剑智能	84.01	济南市
9	688161.SH	威高骨科	82.12	威海市
10	002537.SZ	海联金汇	81.38	青岛市
11	300143.SZ	盈康生命	81.25	青岛市
12	002984.SZ	森麒麟	79.84	青岛市
13	000682.SZ	东方电子	79.36	烟台市
14	300001.SZ	特锐德	78.80	青岛市

排名	公司代码	公司名称	数字化创新成果指数	所在城市
15	002598.SZ	山东章鼓	78.72	济南市
16	600350.SH	山东高速	78.07	济南市
17	002353.SZ	杰瑞股份	78.03	烟台市
18	300099.SZ	精准信息	77.70	泰安市
19	002768.SZ	国恩股份	77.62	青岛市
20	002193.SZ	如意集团	77.15	济宁市
21	002382.SZ	蓝帆医疗	77.07	淄博市
22	600060.SH	海信视像	77.03	青岛市
23	002838.SZ	道恩股份	76.70	烟台市
24	301199.SZ	迈赫股份	76.52	潍坊市
25	002026.SZ	山东威达	76.49	威海市

数据来源:浙江工商大学数字创新与管理研究院和首都经济贸易大学资产评估研究院整理。

6.22.5　数字化创新绩效指数

2022 年山东省 254 家传统产业上市公司的数字化创新绩效指数平均水平为 55.15,低于全市场平均水平(55.86)。如图 6-110 所示,从省内城市分布来看,数字化创新绩效指数平均水平最高的是枣庄市(64.81),最低的是潍坊市(48.19)。从指数分布来看,高于均值的有 122 家,占全省总数的 48.03%。其中,数字化创新绩效指数在 60 以下的有 169 家,占比 66.54%;60—70 的有 54 家,占比 21.26%;70—80 的有 23 家,占比 9.06%;80 及以上的有 8 家,占比 3.15%。

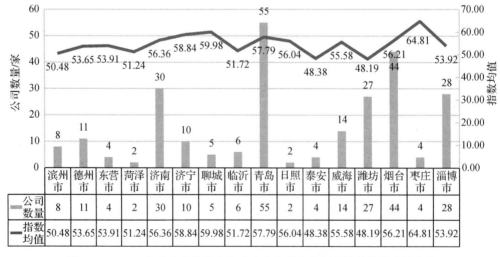

	滨州市	德州市	东营市	菏泽市	济南市	济宁市	聊城市	临沂市	青岛市	日照市	泰安市	威海市	潍坊市	烟台市	枣庄市	淄博市
公司数量	8	11	4	2	30	10	5	6	55	2	4	14	27	44	4	28
指数均值	50.48	53.65	53.91	51.24	56.36	58.84	59.98	51.72	57.79	56.04	48.38	55.58	48.19	56.21	64.81	53.92

图 6-110　2022 年山东省传统产业上市公司数字化创新绩效指数均值分布

山东省数字化创新绩效指数排名前 10％的传统产业上市公司情况如表 6-110 所示。

表 6-110　2022 年山东省传统产业上市公司数字化创新绩效指数排名前 10％情况

排名	公司代码	公司名称	数字化创新绩效指数	所在城市
1	600690.SH	海尔智家	96.59	青岛市
2	600760.SH	中航沈飞	89.54	威海市
3	600309.SH	万华化学	88.00	烟台市
4	600600.SH	青岛啤酒	86.57	青岛市
5	000338.SZ	潍柴动力	85.02	潍坊市
6	600188.SH	兖矿能源	83.85	济宁市
7	600547.SH	山东黄金	80.59	济南市
8	300224.SZ	正海磁材	80.14	烟台市
9	601058.SH	赛轮轮胎	79.45	青岛市
10	002242.SZ	九阳股份	79.44	济南市
11	600777.SH	新潮能源	78.91	烟台市
12	601298.SH	青岛港	78.19	青岛市
13	688556.SH	高测股份	77.91	青岛市
14	002984.SZ	森麒麟	77.60	青岛市
15	600180.SH	瑞茂通	75.40	烟台市
16	000830.SZ	鲁西化工	74.14	聊城市
17	601966.SH	玲珑轮胎	73.90	烟台市
18	688363.SH	华熙生物	73.52	济南市
19	003022.SZ	联泓新科	73.23	枣庄市
20	000682.SZ	东方电子	73.07	烟台市
21	000423.SZ	东阿阿胶	72.88	聊城市
22	002078.SZ	太阳纸业	71.87	济宁市
23	600426.SH	华鲁恒升	71.65	德州市
24	301015.SZ	百洋医药	71.58	青岛市
25	300699.SZ	光威复材	71.49	威海市

数据来源：浙江工商大学数字创新与管理研究院和首都经济贸易大学资产评估研究院整理。

6.23 山西省传统产业上市公司数字化创新评价

截至 2022 年底,A 股市场山西省共有传统产业上市公司 36 家,总市值8,943.93亿元,营业总收入 6,259.23 亿元,平均市值 248.44 亿元/家,平均营业收入 173.87亿元/家。2022 年,山西省传统产业上市公司研发投入合计 96.44 亿元,占营业总收入的比例为 1.54%;无形资产账面价值合计 1,396.55 亿元,占总资产的比例为12.71%。根据本报告分析口径,本部分对山西省 36 家传统产业上市公司进行数字化创新指数评价,具体情况如下:

6.23.1 数字化创新综合指数

根据本报告评价,2022 年山西省传统产业上市公司的数字化创新综合指数平均水平为 53.93,低于全市场平均水平(58.96)。如图 6-111 所示,从省内城市分布来看,山西省 36 家传统产业上市公司分布在 10 个省内城市,其中太原市上市公司数量最多,其数字化创新综合指数平均水平为 55.79。从指数分布来看,高于均值的有 18家,占全省总数的 50.00%。其中最高的是东杰智能,其数字化创新综合指数为 74.74。具体来看,数字化创新综合指数在 60 以下的有 26 家,占比 72.22%;60—70 的有 9家,占比 25.00%;70—80 的有 1 家,占比 2.78%。

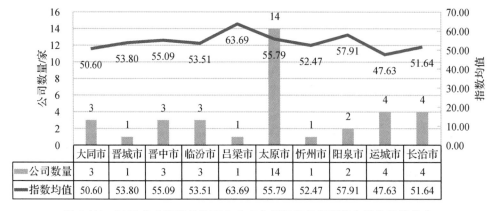

	大同市	晋城市	晋中市	临汾市	吕梁市	太原市	忻州市	阳泉市	运城市	长治市
公司数量	3	1	3	3	1	14	1	2	4	4
指数均值	50.60	53.80	55.09	53.51	63.69	55.79	52.47	57.91	47.63	51.64

图 6-111 2022 年山西省传统产业上市公司数字化创新综合指数均值分布

山西省数字化创新综合指数排名前 10 的传统产业上市公司情况如表 6-111所示。

表 6-111　2022 年山西省传统产业上市公司数字化创新综合指数排名前 10 情况

排名	公司代码	公司名称	数字化创新综合指数	所在城市
1	300486.SZ	东杰智能	74.74	太原市
2	000983.SZ	山西焦煤	67.51	太原市
3	601699.SH	潞安环能	67.51	长治市
4	000723.SZ	美锦能源	66.63	太原市
5	600771.SH	广誉远	65.66	晋中市
6	600809.SH	山西汾酒	63.69	吕梁市
7	600546.SH	山煤国际	61.53	太原市
8	000825.SZ	太钢不锈	61.35	太原市
9	600740.SH	山西焦化	60.79	临汾市
10	600348.SH	华阳股份	60.36	阳泉市

数据来源:浙江工商大学数字创新与管理研究院和首都经济贸易大学资产评估研究院整理。

6.23.2　数字化战略导向指数

2022 年山西省 36 家传统产业上市公司的数字化战略导向指数平均水平为 52.78,低于全市场平均水平(60.97)。如图 6-112 所示,从省内城市分布来看,太原市数字化战略导向指数平均水平为 54.89。从指数分布来看,高于均值的有 14 家,占全省总数的 38.89%。其中,数字化战略导向指数在 60 以下的有 24 家,占比 66.67%;60—70 的有 7 家,占比 19.44%;70—80 的有 3 家,占比 8.33%;80 及以上的有 2 家,占比 5.56%。

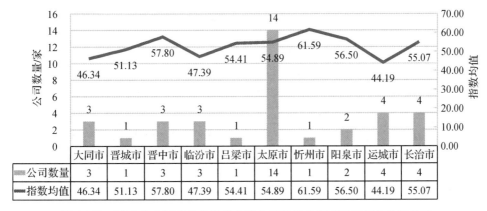

	大同市	晋城市	晋中市	临汾市	吕梁市	太原市	忻州市	阳泉市	运城市	长治市
公司数量	3	1	3	3	1	14	1	2	4	4
指数均值	46.34	51.13	57.80	47.39	54.41	54.89	61.59	56.50	44.19	55.07

图 6-112　2022 年山西省传统产业上市公司数字化战略导向指数均值分布

山西省数字化战略导向指数排名前 10 的传统产业上市公司情况如表 6-112 所示。

表 6-112　**2022 年山西省传统产业上市公司数字化战略导向指数排名前 10 情况**

排名	公司代码	公司名称	数字化战略导向指数	所在城市
1	300486.SZ	东杰智能	87.07	太原市
2	600771.SH	广誉远	82.48	晋中市
3	601699.SH	潞安环能	75.66	长治市
4	000983.SZ	山西焦煤	71.76	太原市
5	000723.SZ	美锦能源	70.64	太原市
6	000825.SZ	太钢不锈	69.20	太原市
7	600740.SH	山西焦化	64.31	临汾市
8	300158.SZ	振东制药	62.64	长治市
9	600351.SH	亚宝药业	62.45	运城市
10	002360.SZ	同德化工	61.59	忻州市

数据来源:浙江工商大学数字创新与管理研究院和首都经济贸易大学资产评估研究院整理。

6.23.3　数字化要素投入指数

2022 年山西省 36 家传统产业上市公司的数字化要素投入指数平均水平为 51.71,低于全市场平均水平(57.30)。如图 6-113 所示,从省内城市分布来看,太原市数字化要素投入指数平均水平为 55.31。从指数分布来看,高于均值的有 16 家,占全省总数的 44.44％。其中,数字化要素投入指数在 60 以下的有 29 家,占比 80.56％;60—70 的有 6 家,占比 16.67％;70—80 的有 1 家,占比 2.78％。

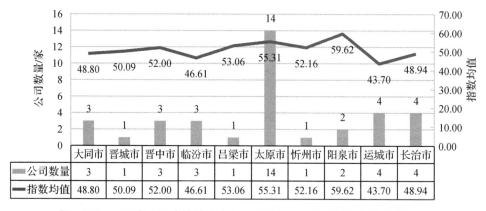

	大同市	晋城市	晋中市	临汾市	吕梁市	太原市	忻州市	阳泉市	运城市	长治市
公司数量	3	1	3	3	1	14	1	2	4	4
指数均值	48.80	50.09	52.00	46.61	53.06	55.31	52.16	59.62	43.70	48.94

图 6-113　**2022 年山西省传统产业上市公司数字化要素投入指数均值分布**

山西省数字化要素投入指数排名前 10 的传统产业上市公司情况如表 6-113 所示。

表 6-113　2022 年山西省传统产业上市公司数字化要素投入指数排名前 10 情况

排名	公司代码	公司名称	数字化要素投入指数	所在城市
1	300486.SZ	东杰智能	77.89	太原市
2	000767.SZ	晋控电力	67.46	太原市
3	000723.SZ	美锦能源	63.63	太原市
4	000983.SZ	山西焦煤	62.36	太原市
5	600348.SH	华阳股份	61.21	阳泉市
6	000403.SZ	派林生物	60.14	太原市
7	000825.SZ	太钢不锈	60.08	太原市
8	600771.SH	广誉远	58.97	晋中市
9	600691.SH	阳煤化工	58.03	阳泉市
10	600169.SH	太原重工	56.97	太原市

数据来源:浙江工商大学数字创新与管理研究院和首都经济贸易大学资产评估研究院整理。

6.23.4　数字化创新成果指数

2022 年山西省 36 家传统产业上市公司的数字化创新成果指数平均水平为 53.65,低于全市场平均水平(61.62)。如图 6-114 所示,从省内城市分布来看,太原市数字化创新成果指数平均水平为 54.78。从指数分布来看,高于均值的有 15 家,占全省总数的 41.67%。其中,数字化创新成果指数在 60 以下的有 25 家,占比 69.44%;60—70 的有 10 家,占比 27.78%;80 及以上的有 1 家,占比 2.78%。

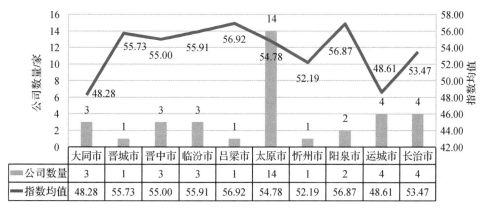

	大同市	晋城市	晋中市	临汾市	吕梁市	太原市	忻州市	阳泉市	运城市	长治市
公司数量	3	1	3	3	1	14	1	2	4	4
指数均值	48.28	55.73	55.00	55.91	56.92	54.78	52.19	56.87	48.61	53.47

图 6-114　2022 年山西省传统产业上市公司数字化创新成果指数均值分布

山西省数字化创新成果指数排名前 10 的传统产业上市公司情况如表 6-114 所示。

表 6-114　2022 年山西省传统产业上市公司数字化创新成果指数排名前 10 情况

排名	公司代码	公司名称	数字化创新成果指数	所在城市
1	300486.SZ	东杰智能	85.16	太原市
2	000723.SZ	美锦能源	69.54	太原市
3	601699.SH	潞安环能	65.55	长治市
4	600771.SH	广誉远	65.28	晋中市
5	000983.SZ	山西焦煤	63.52	太原市
6	600169.SH	太原重工	62.44	太原市
7	603112.SH	华翔股份	61.74	临汾市
8	600546.SH	山煤国际	61.38	太原市
9	600740.SH	山西焦化	61.30	临汾市
10	600348.SH	华阳股份	61.00	阳泉市

数据来源:浙江工商大学数字创新与管理研究院和首都经济贸易大学资产评估研究院整理。

6.23.5　数字化创新绩效指数

2022 年山西省 36 家传统产业上市公司的数字化创新绩效指数平均水平为 56.56,高于全市场平均水平(55.86)。如图 6-115 所示,从省内城市分布来看,太原市数字化创新绩效指数平均水平为 57.85。从指数分布来看,高于均值的有 19 家,占全省总数的 52.78%。其中,数字化创新绩效指数在 60 以下的有 21 家,占比 58.33%;60—70 的有 11 家,占比 30.56%;70—80 的有 3 家,占比 8.33%;80 及以上的有 1 家,占比 2.78%。

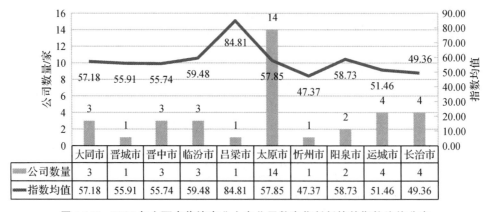

	大同市	晋城市	晋中市	临汾市	吕梁市	太原市	忻州市	阳泉市	运城市	长治市
公司数量	3	1	3	3	1	14	1	2	4	4
指数均值	57.18	55.91	55.74	59.48	84.81	57.85	47.37	58.73	51.46	49.36

图 6-115　2022 年山西省传统产业上市公司数字化创新绩效指数均值分布

山西省数字化创新绩效指数排名前 10 的传统产业上市公司情况如表 6-115 所示。

表 6-115　2022 年山西省传统产业上市公司数字化创新绩效指数排名前 10 情况

排名	公司代码	公司名称	数字化创新绩效指数	所在城市
1	600809.SH	山西汾酒	84.81	吕梁市
2	601006.SH	大秦铁路	76.20	大同市
3	601699.SH	潞安环能	73.43	长治市
4	000983.SZ	山西焦煤	73.16	太原市
5	000403.SZ	派林生物	67.64	太原市
6	000968.SZ	蓝焰控股	66.29	太原市
7	600546.SH	山煤国际	66.16	太原市
8	600740.SH	山西焦化	65.62	临汾市
9	600157.SH	永泰能源	65.32	晋中市
10	600348.SH	华阳股份	64.35	阳泉市

数据来源:浙江工商大学数字创新与管理研究院和首都经济贸易大学资产评估研究院整理。

6.24　陕西省传统产业上市公司数字化创新评价

截至 2022 年底,A 股市场陕西省共有传统产业上市公司 54 家,总市值12,202.68 亿元,营业总收入 7,232.97 亿元,平均市值 225.98 亿元/家,平均营业收入 133.94 亿元/家。2022 年,陕西省传统产业上市公司研发投入合计 151.13 亿元,占营业总收入的比例为 2.09%;无形资产账面价值合计 483.88 亿元,占总资产的比例为 4.07%。根据本报告分析口径,本部分对陕西省 54 家传统产业上市公司进行数字化创新指数评价,具体情况如下:

6.24.1　数字化创新综合指数

根据本报告评价,2022 年陕西省传统产业上市公司的数字化创新综合指数平均水平为 58.69,略低于全市场平均水平(58.96)。如图 6-116 所示,从省内城市分布来看,陕西省 54 家传统产业上市公司分布在 8 个省内城市,其中数字化创新综合指数平均水平最高的是西安市(60.52),最低的是渭南市(47.66)。从指数分布来看,高于均值的有 27 家,占全省总数的 50.00%。其中最高的是陕鼓动力,其数字化创新综合指数为 78.85。具体来看,数字化创新综合指数 60 以下的有 32 家,占比 59.26%;60—70 的有 13 家,占比 24.07%;70—80 的有 9 家,占比 16.67%。

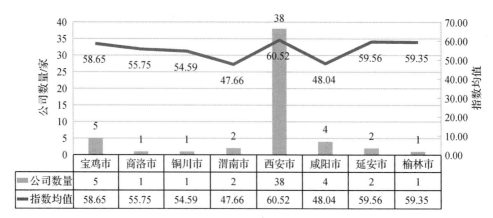

图 6-116　2022 年陕西省传统产业上市公司数字化创新综合指数均值分布

陕西省数字化创新综合指数排名前 10 的传统产业上市公司情况如表 6-116 所示。

表 6-116　2022 年陕西省传统产业上市公司数字化创新综合指数排名前 10 情况

排名	公司代码	公司名称	数字化创新综合指数	所在城市
1	601369.SH	陕鼓动力	78.85	西安市
2	601012.SH	隆基绿能	76.49	西安市
3	601225.SH	陕西煤业	75.58	西安市
4	688333.SH	铂力特	73.70	西安市
5	002799.SZ	环球印务	73.49	西安市
6	600893.SH	航发动力	72.14	西安市
7	000564.SZ	ST 大集	70.79	西安市
8	000516.SZ	国际医学	70.72	西安市
9	688122.SH	西部超导	70.54	西安市
10	300581.SZ	晨曦航空	67.97	西安市

数据来源:浙江工商大学数字创新与管理研究院和首都经济贸易大学资产评估研究院整理。

6.24.2　数字化战略导向指数

2022 年陕西省 54 家传统产业上市公司的数字化战略导向指数平均水平为 57.99,低于全市场平均水平(60.97)。如图 6-117 所示,从省内城市分布来看,西安市数字化战略导向指数平均水平为 59.27。从指数分布来看,高于均值的有 25 家,占全省总数的 46.30%。其中,数字化战略导向指数在 60 以下的有 35 家,占比 64.81%;60—70 的有 7 家,占比 12.96%;70—80 的有 11 家,占比 20.37%;80 及以上的有 1 家,占比 1.85%。

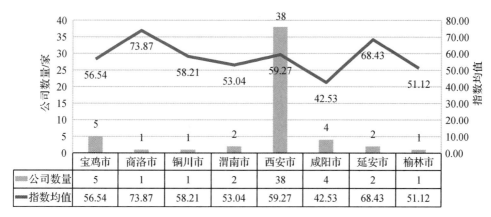

图 6-117　2022 年陕西省传统产业上市公司数字化战略导向指数均值分布

陕西省数字化战略导向指数排名前 10 的传统产业上市公司情况如表 6-117 所示。

表 6-117　2022 年陕西省传统产业上市公司数字化战略导向指数排名前 10 情况

排名	公司代码	公司名称	数字化战略导向指数	所在城市
1	000564.SZ	ST 大集	90.37	西安市
2	002799.SZ	环球印务	78.95	西安市
3	300581.SZ	晨曦航空	78.76	西安市
4	601225.SH	陕西煤业	77.93	西安市
5	601179.SH	中国西电	77.32	西安市
6	003009.SZ	中天火箭	76.72	西安市
7	002411.SZ	*ST 必康	75.51	延安市
8	601369.SH	陕鼓动力	75.31	西安市
9	688102.SH	斯瑞新材	74.97	西安市
10	000516.SZ	国际医学	73.88	西安市

数据来源:浙江工商大学数字创新与管理研究院和首都经济贸易大学资产评估研究院整理。

6.24.3　数字化要素投入指数

2022 年陕西省 54 家传统产业上市公司的数字化要素投入指数平均水平为 57.35,高于全市场平均水平(57.30)。如图 6-118 所示,从省内城市分布来看,数字化要素投入指数平均水平最高的是延安市(62.46),最低的是咸阳市(42.44)。从指数分布来看,高于均值的有 26 家,占全省总数的 48.15%。其中,数字化要素投入指数在 60 以下的有 34 家,占比 62.96%;60—70 的有 13 家,占比 24.07%;70—80 的有 5 家,占比 9.26%;80 及以上的有 2 家,占比 3.70%。

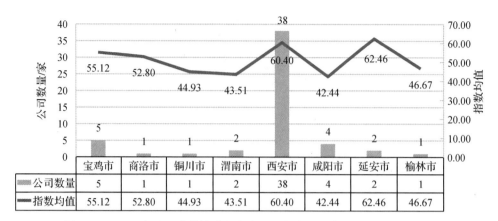

图 6-118　2022 年陕西省传统产业上市公司数字化要素投入指数均值分布

陕西省数字化要素投入指数排名前 10 的传统产业上市公司情况如表 6-118 所示。

表 6-118　2022 年陕西省传统产业上市公司数字化要素投入指数排名前 10 情况

排名	公司代码	公司名称	数字化要素投入指数	所在城市
1	000516.SZ	国际医学	89.38	西安市
2	002799.SZ	环球印务	83.01	西安市
3	688333.SH	铂力特	77.80	西安市
4	300140.SZ	中环装备	75.70	西安市
5	601369.SH	陕鼓动力	73.01	西安市
6	601012.SH	隆基绿能	71.88	西安市
7	600248.SH	陕建股份	70.91	西安市
8	000564.SZ	ST 大集	69.77	西安市
9	003009.SZ	中天火箭	69.30	西安市
10	600893.SH	航发动力	67.85	西安市

数据来源:浙江工商大学数字创新与管理研究院和首都经济贸易大学资产评估研究院整理。

6.24.4　数字化创新成果指数

2022 年陕西省 54 家传统产业上市公司的数字化创新成果指数平均水平为 60.38,低于全市场平均水平(61.62)。如图 6-119 所示,从省内城市分布来看,数字化创新成果指数平均水平最高的是延安市(65.43),最低的是咸阳市(48.36)。从指数分布来看,高于均值的有 30 家,占全省总数的 55.56%。其中,数字化创新成果指数在 60 以下的有 24 家,占比 44.44%;60—70 的有 18 家,占比 33.33%;70—80 的有 10 家,占比 18.52%;80 及以上的有 2 家,占比 3.70%。

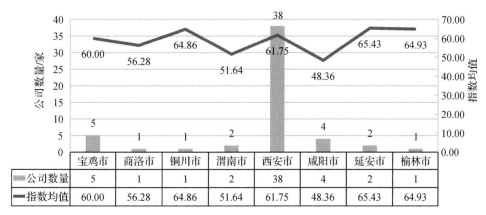

图 6-119　2022 年陕西省传统产业上市公司数字化创新成果指数均值分布

陕西省数字化创新成果指数排名前 10 的传统产业上市公司情况如表 6-119 所示。

表 6-119　2022 年陕西省传统产业上市公司数字化创新成果指数排名前 10 情况

排名	公司代码	公司名称	数字化创新成果指数	所在城市
1	601369.SH	陕鼓动力	88.40	西安市
2	688333.SH	铂力特	85.41	西安市
3	002799.SZ	环球印务	78.44	西安市
4	601225.SH	陕西煤业	74.19	西安市
5	300103.SZ	达刚控股	73.27	西安市
6	688281.SH	华秦科技	72.60	西安市
7	688269.SH	凯立新材	72.31	西安市
8	300581.SZ	晨曦航空	72.09	西安市
9	300487.SZ	蓝晓科技	71.71	西安市
10	600379.SH	宝光股份	70.55	宝鸡市

数据来源:浙江工商大学数字创新与管理研究院和首都经济贸易大学资产评估研究院整理。

6.24.5　数字化创新绩效指数

2022 年陕西省 54 家传统产业上市公司的数字化创新绩效指数平均水平为 58.16,高于全市场平均水平(55.86)。如图 6-120 所示,从省内城市分布来看,西安市数字化创新绩效指数平均水平为 59.97。从指数分布来看,高于均值的有 26 家,占全省总数的 48.15%。其中,数字化创新绩效指数在 60 以下的有 31 家,占比 57.41%;60—70 的有 16 家,占比 29.63%;70—80 的有 2 家,占比 3.70%;80 及以上的有 5 家,占比 9.26%。

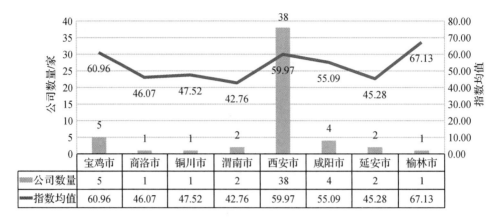

图 6-120　2022 年陕西省传统产业上市公司数字化创新绩效指数均值分布

陕西省数字化创新绩效指数排名前 10 的传统产业上市公司情况如表 6-120 所示。

表 6-120　2022 年陕西省传统产业上市公司数字化创新绩效指数排名前 10 情况

排名	公司代码	公司名称	数字化创新绩效指数	所在城市
1	601012.SH	隆基绿能	98.94	西安市
2	600893.SH	航发动力	88.77	西安市
3	601225.SH	陕西煤业	83.12	西安市
4	000768.SZ	中航西飞	82.78	西安市
5	688122.SH	西部超导	82.66	西安市
6	300861.SZ	美畅股份	77.62	咸阳市
7	601369.SH	陕鼓动力	74.30	西安市
8	300775.SZ	三角防务	69.77	西安市
9	600456.SH	宝钛股份	69.73	宝鸡市
10	601958.SH	金钼股份	69.38	西安市

数据来源:浙江工商大学数字创新与管理研究院和首都经济贸易大学资产评估研究院整理。

6.25　上海市传统产业上市公司数字化创新评价

截至 2022 年底,A 股市场上海市共有传统产业上市公司 279 家,总市值 38,253.22 亿元,营业总收入 39,670.85 亿元,平均市值 137.11 亿元/家,平均营业收入 142.19 亿元/家。2022 年,上海市传统产业上市公司研发投入合计 1,135.15 亿元,占营业总收入的比例为 2.86%;无形资产账面价值合计 2,235.86 亿元,占总资产的比例为 3.49%。根据本报告分析口径,本部分对上海市 279 家传统产业上市公司进行数字化创新指数评价,具体情况如下:

6.25.1 数字化创新综合指数

根据本报告评价,2022 年上海市传统产业上市公司的数字化创新综合指数平均水平为 60.30,高于全市场平均水平(58.96)。如图 6-121 所示,从市内各区分布来看,上海市 279 家传统产业上市公司分布在 15 个市内行政区,其中数字化创新综合指数数平均水平最高的是虹口区(73.03),最低的是金山区(54.77)。从指数分布来看,高于均值的有 132 家,占市内总数的 47.31%。其中最高的是联影医疗,其数字化创新综合指数为 87.38。具体来看,数字化创新综合指数在 60 以下的有 144 家,占比 51.61%;60—70 的有 80 家,占比 28.67%;70—80 的有 50 家,占比 17.92%;80 及以上的有 5 家,占比 1.79%。

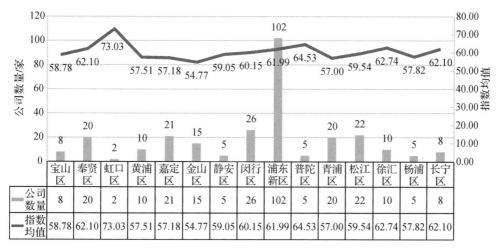

	宝山区	奉贤区	虹口区	黄浦区	嘉定区	金山区	静安区	闵行区	浦东新区	普陀区	青浦区	松江区	徐汇区	杨浦区	长宁区
公司数量	8	20	2	10	21	15	5	26	102	5	20	22	10	5	8
指数均值	58.78	62.10	73.03	57.51	57.18	54.77	59.05	60.15	61.99	64.53	57.00	59.54	62.74	57.82	62.10

图 6-121　2022 年上海市传统产业上市公司数字化创新综合指数均值分布

上海市数字化创新综合指数排名前 10% 的传统产业上市公司情况如表 6-121 所示。

表 6-121　2022 年上海市传统产业上市公司数字化创新综合指数排名前 10% 情况

排名	公司代码	公司名称	数字化创新综合指数	所在辖区
1	688271.SH	联影医疗	87.38	嘉定区
2	601607.SH	上海医药	82.89	浦东新区
3	600196.SH	复星医药	82.83	普陀区
4	600018.SH	上港集团	80.69	浦东新区
5	688202.SH	美迪西	80.10	浦东新区

排名	公司代码	公司名称	数字化创新综合指数	所在辖区
6	600741.SH	华域汽车	79.96	静安区
7	600150.SH	中国船舶	79.85	浦东新区
8	603899.SH	晨光股份	79.38	奉贤区
9	603108.SH	润达医疗	79.34	金山区
10	688131.SH	皓元医药	79.20	浦东新区
11	600662.SH	外服控股	78.72	浦东新区
12	600019.SH	宝钢股份	78.65	宝山区
13	300286.SZ	安科瑞	78.51	嘉定区
14	688301.SH	奕瑞科技	77.97	浦东新区
15	301060.SZ	兰卫医学	77.86	长宁区
16	688133.SH	泰坦科技	77.72	徐汇区
17	600104.SH	上汽集团	77.47	浦东新区
18	002184.SZ	海得控制	77.41	闵行区
19	601828.SH	美凯龙	77.02	浦东新区
20	601727.SH	上海电气	76.96	长宁区
21	603728.SH	鸣志电器	76.88	闵行区
22	002706.SZ	良信股份	76.63	浦东新区
23	600315.SH	上海家化	75.38	虹口区
24	688063.SH	派能科技	75.31	浦东新区
25	301230.SZ	泓博医药	75.25	浦东新区
26	601156.SH	东航物流	75.18	浦东新区
27	300171.SZ	东富龙	74.91	闵行区

数据来源:浙江工商大学数字创新与管理研究院和首都经济贸易大学资产评估研究院整理。

6.25.2　数字化战略导向指数

2022 年上海市 279 家传统产业上市公司的数字化战略导向指数平均水平为 63.62,高于全市场平均水平(60.97)。如图 6-122 所示,从市内各区分布来看,数字化战略导向指数平均水平最高的是虹口区(82.37),最低的是金山区(54.28)。从指数分布来看,高于均值的有 135 家,占市内总数的 48.39％。其中,数字化战略导向指数在 60 以下的有 123 家,占比 44.09％;60—70 的有 48 家,占比 17.20％;70—80 的有 53 家,占比 19.00％;80 及以上的有 55 家,占比 19.71％。

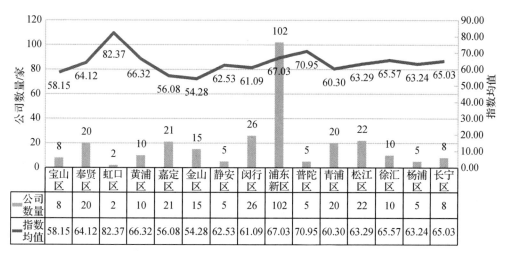

图 6-122　2022 年上海市传统产业上市公司数字化战略导向指数均值分布

上海市数字化战略导向指数排名前 10％的传统产业上市公司情况如表 6-122 所示。

表 6-122　2022 年上海市传统产业上市公司数字化战略导向指数排名前 10％情况

排名	公司代码	公司名称	数字化战略导向指数	所在辖区
1	688202.SH	美迪西	96.27	浦东新区
2	688271.SH	联影医疗	94.29	嘉定区
3	688133.SH	泰坦科技	94.09	徐汇区
4	688131.SH	皓元医药	93.48	浦东新区
5	601872.SH	招商轮船	91.59	浦东新区
6	600662.SH	外服控股	90.95	浦东新区
7	688180.SH	君实生物	90.92	浦东新区
8	688660.SH	电气风电	90.58	闵行区
9	600196.SH	复星医药	90.41	普陀区
10	601828.SH	美凯龙	90.35	浦东新区
11	603956.SH	威派格	89.79	嘉定区
12	002858.SZ	力盛体育	89.03	松江区
13	688238.SH	和元生物	88.88	浦东新区
14	603899.SH	晨光股份	88.84	奉贤区
15	603108.SH	润达医疗	88.83	金山区
16	688098.SH	申联生物	88.01	闵行区
17	603777.SH	来伊份	87.98	松江区

排名	公司代码	公司名称	数字化战略导向指数	所在辖区
18	301060.SZ	兰卫医学	87.89	长宁区
19	600315.SH	上海家化	87.76	虹口区
20	601607.SH	上海医药	87.53	浦东新区
21	688062.SH	迈威生物	87.33	浦东新区
22	301166.SZ	优宁维	86.57	杨浦区
23	600150.SH	中国船舶	86.45	浦东新区
24	300286.SZ	安科瑞	86.22	嘉定区
25	688247.SH	宣泰医药	86.03	浦东新区
26	002184.SZ	海得控制	85.83	闵行区
27	600018.SH	上港集团	85.82	浦东新区

数据来源:浙江工商大学数字创新与管理研究院和首都经济贸易大学资产评估研究院整理。

6.25.3　数字化要素投入指数

2022 年上海市 279 家传统产业上市公司的数字化要素投入指数平均水平为 58.46,高于全市场平均水平(57.30)。如图 6-123 所示,从市内各区分布来看,数字化要素投入指数平均水平最高的是虹口区(64.41),最低的是金山区(53.32)。从指数分布来看,高于均值的有 130 家,占市内总数的 46.59%。其中,数字化要素投入指数在 60 以下的有 160 家,占比 57.35%;60—70 的有 69 家,占比 24.73%;70—80 的有 41 家,占比 14.70%;80 及以上的有 9 家,占比 3.23%。

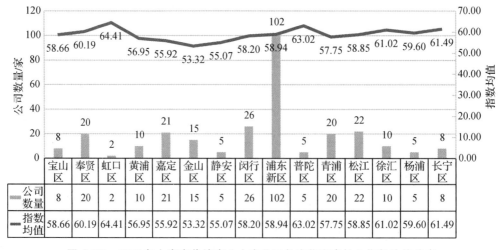

图 6-123　2022 年上海市传统产业上市公司数字化要素投入指数均值分布

上海市数字化要素投入指数排名前 10％的传统产业上市公司情况如表 6-123 所示。

表 6-123　2022 年上海市传统产业上市公司数字化要素投入指数排名前 10％情况

排名	公司代码	公司名称	数字化要素投入指数	所在辖区
1	603956.SH	威派格	88.15	嘉定区
2	688271.SH	联影医疗	85.69	嘉定区
3	600196.SH	复星医药	84.60	普陀区
4	688202.SH	美迪西	84.33	浦东新区
5	002527.SZ	新时达	82.89	嘉定区
6	603128.SH	华贸物流	82.84	浦东新区
7	002324.SZ	普利特	80.76	青浦区
8	688131.SH	皓元医药	80.69	浦东新区
9	600624.SH	复旦复华	80.16	奉贤区
10	600629.SH	华建集团	79.46	黄浦区
11	831961.BJ	创远信科	79.40	松江区
12	002669.SZ	康达新材	78.80	奉贤区
13	301060.SZ	兰卫医学	78.75	长宁区
14	688660.SH	电气风电	78.44	闵行区
15	600741.SH	华域汽车	78.34	静安区
16	300802.SZ	矩子科技	78.19	徐汇区
17	688133.SH	泰坦科技	77.93	徐汇区
18	688301.SH	奕瑞科技	77.44	浦东新区
19	600611.SH	大众交通	76.98	徐汇区
20	601727.SH	上海电气	76.93	长宁区
21	603108.SH	润达医疗	76.88	金山区
22	300286.SZ	安科瑞	76.86	嘉定区
23	600170.SH	上海建工	76.39	浦东新区
24	301230.SZ	泓博医药	75.99	浦东新区
25	688180.SH	君实生物	75.91	浦东新区
26	603579.SH	荣泰健康	75.37	青浦区
27	601611.SH	中国核建	74.74	青浦区

数据来源:浙江工商大学数字创新与管理研究院和首都经济贸易大学资产评估研究院整理。

6.25.4 数字化创新成果指数

2022年上海市279家传统产业上市公司的数字化创新成果指数平均水平为63.18,高于全市场平均水平(61.62)。如图6-124所示,从市内各区分布来看,数字化创新成果指数平均水平最高的是虹口区(79.36),最低的是黄浦区(54.27)。从指数分布来看,高于均值的有136家,占市内总数的48.75%。其中,数字化创新成果指数在60以下的有114家,占比40.86%;60—70的有87家,占比31.18%;70—80的有47家,占比16.85%;80及以上的有31家,占比11.11%。

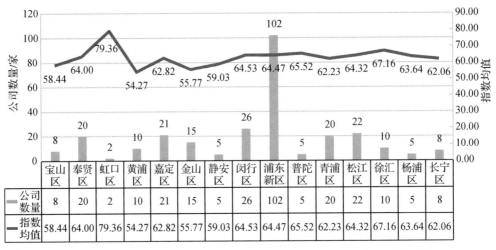

图 6-124　2022年上海市传统产业上市公司数字化创新成果指数均值分布

上海市数字化创新成果指数排名前10%的传统产业上市公司情况如表6-124所示。

表 6-124　2022年上海市传统产业上市公司数字化创新成果指数排名前10%情况

排名	公司代码	公司名称	数字化创新成果指数	所在辖区
1	688271.SH	联影医疗	92.55	嘉定区
2	688131.SH	皓元医药	92.05	浦东新区
3	688155.SH	先惠技术	89.93	松江区
4	688160.SH	步科股份	89.41	浦东新区
5	688202.SH	美迪西	89.10	浦东新区
6	002184.SZ	海得控制	89.02	闵行区
7	688133.SH	泰坦科技	87.52	徐汇区
8	601727.SH	上海电气	87.38	长宁区
9	688238.SH	和元生物	86.78	浦东新区

排名	公司代码	公司名称	数字化创新成果指数	所在辖区
10	300272.SZ	开能健康	86.77	浦东新区
11	688293.SH	奥浦迈	86.70	浦东新区
12	300171.SZ	东富龙	86.43	闵行区
13	688660.SH	电气风电	85.92	闵行区
14	688301.SH	奕瑞科技	85.78	浦东新区
15	603728.SH	鸣志电器	85.36	闵行区
16	688265.SH	南模生物	85.28	浦东新区
17	601828.SH	美凯龙	84.87	浦东新区
18	603108.SH	润达医疗	83.99	金山区
19	601607.SH	上海医药	83.96	浦东新区
20	603056.SH	德邦股份	83.87	青浦区
21	002669.SZ	康达新材	83.23	奉贤区
22	300222.SZ	科大智能	83.01	浦东新区
23	603899.SH	晨光股份	82.66	奉贤区
24	300286.SZ	安科瑞	82.60	嘉定区
25	603515.SH	欧普照明	82.13	浦东新区
26	600662.SH	外服控股	82.06	浦东新区
27	603956.SH	威派格	81.37	嘉定区

数据来源:浙江工商大学数字创新与管理研究院和首都经济贸易大学资产评估研究院整理。

6.25.5　数字化创新绩效指数

2022年上海市279家传统产业上市公司的数字化创新绩效指数平均水平为56.27,高于全市场平均水平(55.86)。如图6-125所示,从市内各区分布来看,数字化创新绩效指数平均水平最高的是虹口区(66.18),最低的是杨浦区(46.52)。从指数分布来看,高于均值的有136家,占市内总数的48.75%。其中,数字化创新绩效指数在60以下的有171家,占比61.29%;60—70的有71家,占比25.45%;70—80的有24家,占比8.60%;80及以上的有13家,占比4.66%。

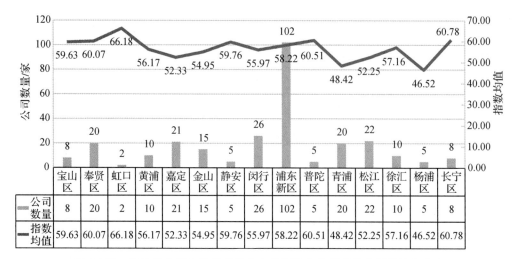

图 6-125　2022 年上海市传统产业上市公司数字化创新绩效指数均值分布

上海市数字化创新绩效指数排名前 10％的传统产业上市公司情况如表 6-125 所示。

表 6-125　2022 年上海市传统产业上市公司数字化创新绩效指数排名前 10％情况

排名	公司代码	公司名称	数字化创新绩效指数	所在辖区
1	600104.SH	上汽集团	99.66	浦东新区
2	600019.SH	宝钢股份	94.22	宝山区
3	600732.SH	爱旭股份	89.82	浦东新区
4	688063.SH	派能科技	89.48	浦东新区
5	600150.SH	中国船舶	88.77	浦东新区
6	002252.SZ	上海莱士	88.56	奉贤区
7	601607.SH	上海医药	88.38	浦东新区
8	600741.SH	华域汽车	88.26	静安区
9	600018.SH	上港集团	87.80	浦东新区
10	600026.SH	中远海能	87.77	浦东新区
11	603659.SH	璞泰来	85.63	浦东新区
12	603786.SH	科博达	85.31	浦东新区
13	600196.SH	复星医药	80.51	普陀区
14	600009.SH	上海机场	79.54	浦东新区
15	600021.SH	上海电力	79.33	黄浦区
16	603899.SH	晨光股份	79.06	奉贤区
17	688271.SH	联影医疗	78.41	嘉定区

排名	公司代码	公司名称	数字化创新绩效指数	所在辖区
18	002028.SZ	思源电气	77.19	闵行区
19	300999.SZ	金龙鱼	76.84	浦东新区
20	600662.SH	外服控股	75.90	浦东新区
21	301060.SZ	兰卫医学	75.50	长宁区
22	601866.SH	中远海发	75.14	浦东新区
23	601702.SH	华峰铝业	74.95	金山区
24	002706.SZ	良信股份	74.87	浦东新区
25	002506.SZ	协鑫集成	74.51	奉贤区
26	601156.SH	东航物流	72.68	浦东新区
27	002158.SZ	汉钟精机	72.37	金山区

数据来源:浙江工商大学数字创新与管理研究院和首都经济贸易大学资产评估研究院整理。

6.26　四川省传统产业上市公司数字化创新评价

截至 2022 年底,A 股市场四川省共有传统产业上市公司 127 家,总市值26,073.82亿元,营业总收入 11,098.04 亿元,平均市值 205.31 亿元/家,平均营业收入 87.39亿元/家。2022 年,四川省传统产业上市公司研发投入合计 286.76 亿元,占营业总收入的比例为 2.58%;无形资产账面价值合计 1,364.69 亿元,占总资产的比例为7.70%。根据本报告分析口径,本部分对四川省 127 家传统产业上市公司进行数字化创新指数评价,具体情况如下:

6.26.1　数字化创新综合指数

根据本报告评价,2022 年四川省传统产业上市公司的数字化创新综合指数平均水平为59.99,高于全市场平均水平(58.96)。如图 6-126 所示,从省内城市分布来看,四川省 127 家传统产业上市公司分布在 16 个省内城市,其中成都市上市公司数量最多,其数字化创新综合指数平均水平为 59.47。从指数分布来看,高于均值的有62 家,占全省总数的 48.82%。其中最高的是创维数字,其数字化创新综合指数为87.17。具体来看,数字化创新综合指数在 60 以下的有 65 家,占比 51.18%;60—70的有 37 家,占比 29.13%;70—80 的有 23 家,占比 18.11%;80 及以上的有 2 家,占比 1.57%。

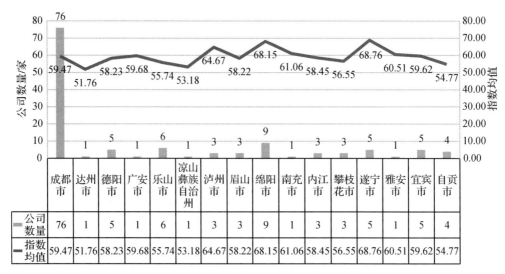

	成都市	达州市	德阳市	广安市	乐山市	凉山彝族自治州	泸州市	眉山市	绵阳市	南充市	内江市	攀枝花市	遂宁市	雅安市	宜宾市	自贡市
公司数量	76	1	5	1	6	1	3	3	9	1	3	3	5	1	5	4
指数均值	59.47	51.76	58.23	59.68	55.74	53.18	64.67	58.22	68.15	61.06	58.45	56.55	68.76	60.51	59.62	54.77

图 6-126　2022 年四川省传统产业上市公司数字化创新综合指数均值分布

四川省数字化创新综合指数排名前 10％的传统产业上市公司情况如表 6-126 所示。

表 6-126　2022 年四川省传统产业上市公司数字化创新综合指数排名前 10％情况

排名	公司代码	公司名称	数字化创新综合指数	所在城市
1	000810.SZ	创维数字	87.17	遂宁市
2	688297.SH	中无人机	81.18	成都市
3	600378.SH	昊华科技	79.75	成都市
4	002466.SZ	天齐锂业	79.11	遂宁市
5	600880.SH	博瑞传播	77.87	成都市
6	600839.SH	四川长虹	77.57	绵阳市
7	688222.SH	成都先导	77.49	成都市
8	000568.SZ	泸州老窖	77.20	泸州市
9	600875.SH	东方电气	76.97	成都市
10	000801.SZ	四川九洲	76.55	绵阳市
11	002422.SZ	科伦药业	75.99	成都市
12	300463.SZ	迈克生物	75.79	成都市

数据来源：浙江工商大学数字创新与管理研究院和首都经济贸易大学资产评估研究院整理。

6.26.2　数字化战略导向指数

2022 年四川省 127 家传统产业上市公司的数字化战略导向指数平均水平为 63.16，高于全市场平均水平（60.97）。如图 6-127 所示，从省内城市分布来看，数字化战略导向指数平均水平最高的是绵阳市(75.55),最低的是自贡市(51.21)。从指数分布来看,高于均值的有 64 家,占全省总数的 50.39%。其中,数字化战略导向指数在 60 以下的有 52 家,占比 40.94%;60—70 的有 31 家,占比 24.41%;70—80 的有 25 家,占比 19.69%;80 及以上的有 19 家,占比 14.96%。

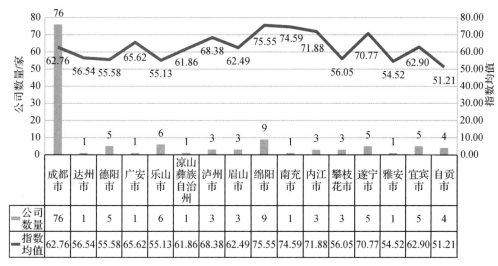

公司 数量	76	1	5	1	6	1	3	3	9	1	3	3	5	1	5	4
指数 均值	62.76	56.54	55.58	65.62	55.13	61.86	68.38	62.49	75.55	74.59	71.88	56.05	70.77	54.52	62.90	51.21

图 6-127　2022 年四川省传统产业上市公司数字化战略导向指数均值分布

四川省数字化战略导向指数排名前 10% 的传统产业上市公司情况如表 6-127 所示。

表 6-127　2022 年四川省传统产业上市公司数字化战略导向指数排名前 10% 情况

排名	公司代码	公司名称	数字化战略导向指数	所在城市
1	600839.SH	四川长虹	91.91	绵阳市
2	000810.SZ	创维数字	90.94	遂宁市
3	300463.SZ	迈克生物	90.10	成都市
4	688222.SH	成都先导	90.10	成都市
5	000876.SZ	新希望	89.49	绵阳市
6	688070.SH	纵横股份	89.26	成都市
7	300937.SZ	药易购	88.66	成都市
8	688297.SH	中无人机	87.98	成都市
9	688528.SH	秦川物联	87.39	成都市
10	300780.SZ	德恩精工	86.98	眉山市
11	688302.SH	海创药业	86.87	成都市
12	300432.SZ	富临精工	86.55	绵阳市

数据来源:浙江工商大学数字创新与管理研究院和首都经济贸易大学资产评估研究院整理。

6.26.3 数字化要素投入指数

2022 年四川省 127 家传统产业上市公司的数字化要素投入指数平均水平为 59.23,高于全市场平均水平(57.30)。如图 6-128 所示,从省内城市分布来看,数字化要素投入指数平均水平最高的是绵阳市(68.26),最低的是眉山市(52.75)。从指数分布来看,高于均值的有 60 家,占全省总数的 47.24％。其中,数字化要素投入指数在 60 以下的有 69 家,占比 54.33％;60—70 的有 32 家,占比 25.20％;70—80 的有 22 家,占比 17.32％;80 及以上的有 4 家,占比 3.15％。

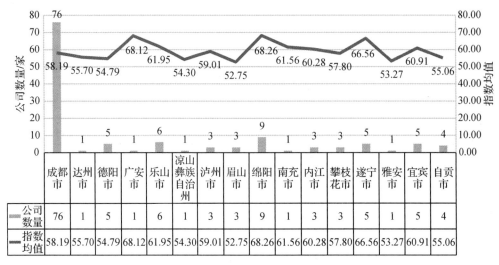

	成都市	达州市	德阳市	广安市	乐山市	凉山彝族自治州	泸州市	眉山市	绵阳市	南充市	内江市	攀枝花市	遂宁市	雅安市	宜宾市	自贡市
公司数量	76	1	5	1	6	1	3	3	9	1	3	3	5	1	5	4
指数均值	58.19	55.70	54.79	68.12	61.95	54.30	59.01	52.75	68.26	61.56	60.28	57.80	66.56	53.27	60.91	55.06

图 6-128 2022 年四川省传统产业上市公司数字化要素投入指数均值分布

四川省数字化要素投入指数排名前 10％的传统产业上市公司情况如表 6-128 所示。

表 6-128 2022 年四川省传统产业上市公司数字化要素投入指数排名前 10％情况

排名	公司代码	公司名称	数字化要素投入指数	所在城市
1	000810.SZ	创维数字	93.16	遂宁市
2	600880.SH	博瑞传播	86.34	成都市
3	000801.SZ	四川九洲	83.44	绵阳市
4	688297.SH	中无人机	81.46	成都市
5	688222.SH	成都先导	79.18	成都市
6	600378.SH	昊华科技	77.74	成都市
7	300370.SZ	安控科技	76.58	宜宾市
8	002023.SZ	海特高新	76.33	成都市
9	688070.SH	纵横股份	76.07	成都市

排名	公司代码	公司名称	数字化要素投入指数	所在城市
10	601208.SH	东材科技	75.72	绵阳市
11	002272.SZ	川润股份	75.58	自贡市
12	688528.SH	秦川物联	75.46	成都市

数据来源:浙江工商大学数字创新与管理研究院和首都经济贸易大学资产评估研究院整理。

6.26.4　数字化创新成果指数

2022 年四川省 127 家传统产业上市公司的数字化创新成果指数平均水平为 62.04,高于全市场平均水平(61.62)。如图 6-129 所示,从省内城市分布来看,数字化创新成果指数平均水平最高的是遂宁市(71.34),最低的是攀枝花市(52.55)。从指数分布来看,高于均值的有 60 家,占全省总数的 47.24%。其中,数字化创新成果指数在 60 以下的有 58 家,占比 45.67%;60—70 的有 35 家,占比 27.56%;70—80 的有 21 家,占比 16.54%;80 及以上的有 13 家,占比 10.24%。

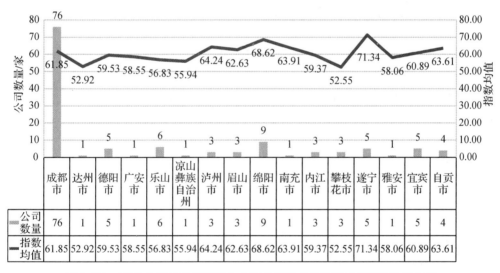

图 6-129　2022 年四川省传统产业上市公司数字化创新成果指数均值分布

四川省数字化创新成果指数排名前 10% 的传统产业上市公司情况如表 6-129 所示。

表 6-129　2022 年四川省传统产业上市公司数字化创新成果指数排名前 10% 情况

排名	公司代码	公司名称	数字化创新成果指数	所在城市
1	000810.SZ	创维数字	89.87	遂宁市
2	688222.SH	成都先导	89.40	成都市

续　表

排名	公司代码	公司名称	数字化创新成果指数	所在城市
3	688297.SH	中无人机	86.69	成都市
4	600378.SH	昊华科技	85.31	成都市
5	688117.SH	圣诺生物	84.10	成都市
6	603317.SH	天味食品	84.07	成都市
7	600880.SH	博瑞传播	82.37	成都市
8	600839.SH	四川长虹	82.36	绵阳市
9	300370.SZ	安控科技	81.53	宜宾市
10	300470.SZ	中密控股	80.94	成都市
11	688070.SH	纵横股份	80.91	成都市
12	688528.SH	秦川物联	80.52	成都市

数据来源:浙江工商大学数字创新与管理研究院和首都经济贸易大学资产评估研究院整理。

6.26.5　数字化创新绩效指数

2022 年四川省 127 家传统产业上市公司的数字化创新绩效指数平均水平为 56.25,高于全市场平均水平(55.86)。如图 6-130 所示,从省内城市分布来看,成都市数字化创新绩效指数平均水平为 55.61。从指数分布来看,高于均值的有 62 家,占全省总数的 48.82%。其中,数字化创新绩效指数在 60 以下的有 79 家,占比 62.20%;60—70 的有 25 家,占比 19.69%;70—80 的有 16 家,占比 12.60%;80 及以上的有 7 家,占比 5.51%。

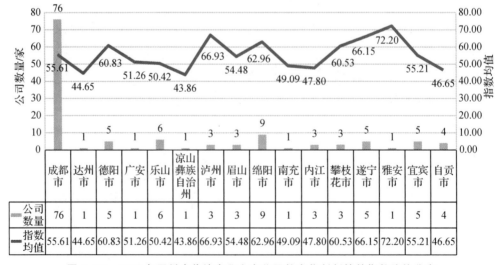

	成都市	达州市	德阳市	广安市	乐山市	凉山彝族自治州	泸州市	眉山市	绵阳市	南充市	内江市	攀枝花市	遂宁市	雅安市	宜宾市	自贡市
公司数量	76	1	5	1	6	1	3	3	9	1	3	3	5	1	5	4
指数均值	55.61	44.65	60.83	51.26	50.42	43.86	66.93	54.48	62.96	49.09	47.80	60.53	66.15	72.20	55.21	46.65

图 6-130　2022 年四川省传统产业上市公司数字化创新绩效指数均值分布

四川省数字化创新绩效指数排名前 10％的传统产业上市公司情况如表 6-130 所示。

表 6-130   2022 年四川省传统产业上市公司数字化创新绩效指数排名前 10％情况

排名	公司代码	公司名称	数字化创新绩效指数	所在城市
1	000858.SZ	五粮液	94.74	宜宾市
2	600875.SH	东方电气	94.53	成都市
3	600438.SH	通威股份	92.98	成都市
4	600779.SH	水井坊	85.45	成都市
5	000568.SZ	泸州老窖	84.53	泸州市
6	600039.SH	四川路桥	81.51	成都市
7	002466.SZ	天齐锂业	80.55	遂宁市
8	300841.SZ	康华生物	78.21	成都市
9	000810.SZ	创维数字	77.46	遂宁市
10	600674.SH	川投能源	77.37	成都市
11	600378.SH	昊华科技	77.22	成都市
12	603317.SH	天味食品	76.55	成都市

数据来源：浙江工商大学数字创新与管理研究院和首都经济贸易大学资产评估研究院整理。

6.27   天津市传统产业上市公司数字化创新评价

截至 2022 年底，A 股市场天津市共有传统产业上市公司 50 家，总市值 8,212.24 亿元，营业总收入 9,415.73 亿元，平均市值 164.24 亿元/家，平均营业收入 188.31 亿元/家。2022 年，天津市传统产业上市公司研发投入合计 153.64 亿元，占营业总收入的比例为 1.63％；无形资产账面价值合计 981.36 亿元，占总资产的比例为 7.35％。根据本报告分析口径，本部分对天津市 50 家传统产业上市公司进行数字化创新指数评价，具体情况如下：

6.27.1   数字化创新综合指数

根据本报告评价，2022 年天津市传统产业上市公司的数字化创新综合指数平均水平为 62.31，高于全市场平均水平（58.96）。如图 6-131 所示，从市内各区分布来看，天津市 50 家传统产业上市公司分布在 9 个市内行政区，其中滨海新区上市公司

数量最多,其数字化创新综合指数平均水平为 61.38,平均水平最高的是南开区
(69.62)。从指数分布来看,高于均值的有 24 家,占市内总数的 48.00%。其中最高
的是凯莱英,其数字化创新综合指数为 85.61。具体来看,数字化创新综合指数在 60
以下的有 25 家,占比 50.00%;60—70 的有 11 家,占比 22.00%;70—80 的有 10 家,
占比 20.00%;80 及以上的有 4 家,占比 8.00%。

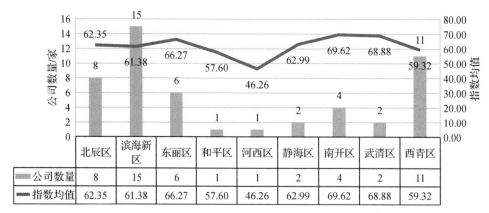

图 6-131 2022 年天津市传统产业上市公司数字化创新综合指数均值分布

天津市数字化创新综合指数排名前 10 的传统产业上市公司情况如表 6-131 所示。

表 6-131 2022 年天津市传统产业上市公司数字化创新综合指数排名前 10 情况

排名	公司代码	公司名称	数字化创新综合指数	所在辖区
1	002821.SZ	凯莱英	85.61	滨海新区
2	601808.SH	中海油服	83.86	滨海新区
3	002129.SZ	TCL 中环	83.57	西青区
4	001965.SZ	招商公路	81.87	滨海新区
5	603529.SH	爱玛科技	79.80	静海区
6	600583.SH	海油工程	78.89	东丽区
7	000927.SZ	中国铁物	77.77	南开区
8	601919.SH	中远海控	76.37	东丽区
9	600535.SH	天士力	75.59	北辰区
10	002432.SZ	九安医疗	75.18	南开区

数据来源:浙江工商大学数字创新与管理研究院和首都经济贸易大学资产评估研究院整理。

6.27.2 数字化战略导向指数

2022 年天津市 50 家传统产业上市公司的数字化战略导向指数平均水平为
65.89,高于全市场平均水平(60.97)。如图 6-132 所示,从市内各区分布来看,数字

化战略导向指数平均水平最高的是南开区(76.21)。从指数分布来看,高于均值的有 21 家,占市内总数的 42.00%。其中,数字化战略导向指数分值在 60 以下的有 21 家,占比 42.00%;60—70 的有 10 家,占比 20.00%;70—80 的有 5 家,占比 10.00%;80 及以上的有 14 家,占比 28.00%。

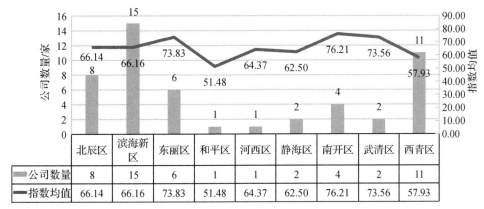

图 6-132　2022 年天津市传统产业上市公司数字化战略导向指数均值分布

天津市数字化战略导向指数排名前 10 的传统产业上市公司情况如表 6-132 所示。

表 6-132　2022 年天津市传统产业上市公司数字化战略导向指数排名前 10 情况

排名	公司代码	公司名称	数字化战略导向指数	所在辖区
1	601808.SH	中海油服	95.07	滨海新区
2	001965.SZ	招商公路	93.60	滨海新区
3	002821.SZ	凯莱英	92.45	滨海新区
4	600535.SH	天士力	91.05	北辰区
5	300119.SZ	瑞普生物	90.49	东丽区
6	600787.SH	中储股份	90.33	北辰区
7	603529.SH	爱玛科技	88.80	静海区
8	688185.SH	康希诺	87.09	东丽区
9	300026.SZ	红日药业	86.78	武清区
10	600583.SH	海油工程	86.59	东丽区

数据来源:浙江工商大学数字创新与管理研究院和首都经济贸易大学资产评估研究院整理。

6.27.3　数字化要素投入指数

2022 年天津市 50 家传统产业上市公司的数字化要素投入指数平均水平为 60.44,高于全市场平均水平(57.30)。如图 6-133 所示,从市内各区分布来看,数字化要素投入指数平均水平最高的是南开区(68.19)。从指数分布来看,高于均值的有 24 家,占市内总数的 48.00%。其中,数字化要素投入指数在 60 以下的有 26 家,占比 52.00%;60—70 的有 14 家,占比 28.00%;70—80 的有 7 家,占比 14.00%;80及以上的有 3 家,占比 6.00%。

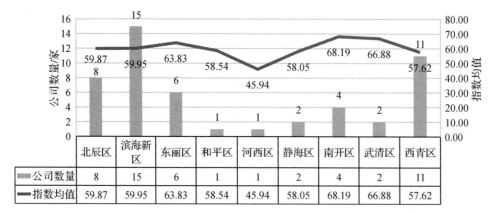

图 6-133　2022 年天津市传统产业上市公司数字化要素投入指数均值分布

天津市数字化要素投入指数排名前 10 的传统产业上市公司情况如表 6-133所示。

表 6-133　2022 年天津市传统产业上市公司数字化要素投入指数排名前 10 情况

排名	公司代码	公司名称	数字化要素投入指数	所在辖区
1	002821.SZ	凯莱英	81.42	滨海新区
2	000927.SZ	中国铁物	80.39	南开区
3	001965.SZ	招商公路	80.26	滨海新区
4	002129.SZ	TCL 中环	78.87	西青区
5	688420.SH	美腾科技	76.91	滨海新区
6	002337.SZ	赛象科技	75.08	西青区
7	600583.SH	海油工程	74.94	东丽区
8	002432.SZ	九安医疗	73.93	南开区
9	300119.SZ	瑞普生物	73.68	东丽区
10	600535.SH	天士力	72.36	北辰区

数据来源:浙江工商大学数字创新与管理研究院和首都经济贸易大学资产评估研究院整理。

6.27.4　数字化创新成果指数

2022 年天津市 50 家传统产业上市公司的数字化创新成果指数平均水平为65.13,高于全市场平均水平(61.62)。如图 6-134 所示,从市内各区分布来看,数字化创新成果指数平均水平最高的是北辰区(70.32)。从指数分布来看,高于均值的有 25 家,占市内总数的 50.00%。其中,数字化创新成果指数在 60 以下的有 19 家,占比 38.00%;60—70 的有 11 家,占比 22.00%;70—80 的有 13 家,占比 26.00%;80 及以上的有 7 家,占比 14.00%。

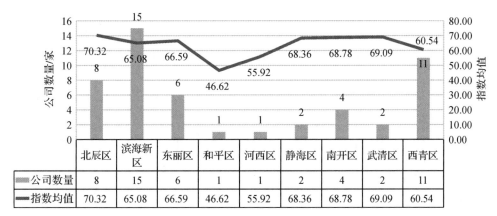

图 6-134　2022 年天津市传统产业上市公司数字化创新成果指数均值分布

天津市数字化创新成果指数排名前 10 的传统产业上市公司情况如表 6-134 所示。

表 6-134　2022 年天津市传统产业上市公司数字化创新成果指数排名前 10 情况

排名	公司代码	公司名称	数字化创新成果指数	所在辖区
1	002821.SZ	凯莱英	87.27	滨海新区
2	603529.SH	爱玛科技	86.04	静海区
3	600535.SH	天士力	85.72	北辰区
4	001965.SZ	招商公路	83.91	滨海新区
5	000927.SZ	中国铁物	82.93	南开区
6	688420.SH	美腾科技	82.08	滨海新区
7	601808.SH	中海油服	81.00	滨海新区
8	600583.SH	海油工程	78.95	东丽区
9	300026.SZ	红日药业	78.80	武清区
10	300823.SZ	建科机械	77.68	北辰区

数据来源:浙江工商大学数字创新与管理研究院和首都经济贸易大学资产评估研究院整理。

6.27.5　数字化创新绩效指数

2022 年天津市 50 家传统产业上市公司的数字化创新绩效指数平均水平为 58.22,高于全市场平均水平(55.86)。如图 6-135 所示,从市内各区分布来看,滨海新区数字化创新绩效指数平均水平为 55.21。从指数分布来看,高于均值的有 24 家,占市内总数的 48.00%。其中,数字化创新绩效指数在 60 以下的有 28 家,占比 56.00%;60—70 的有 13 家,占比 26.00%;70—80 的有 4 家,占比 8.00%;80 及以上的有 5 家,占比 10.00%。

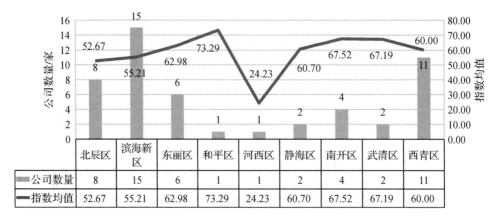

	北辰区	滨海新区	东丽区	和平区	河西区	静海区	南开区	武清区	西青区
公司数量	8	15	6	1	1	2	4	2	11
指数均值	52.67	55.21	62.98	73.29	24.23	60.70	67.52	67.19	60.00

图 6-135　2022 年天津市传统产业上市公司数字化创新绩效指数均值分布

天津市数字化创新绩效指数排名前 10 的传统产业上市公司情况如表 6-135 所示。

表 6-135　2022 年天津市传统产业上市公司数字化创新绩效指数排名前 10 情况

排名	公司代码	公司名称	数字化创新绩效指数	所在辖区
1	002129.SZ	TCL 中环	98.60	西青区
2	601808.SH	中海油服	95.54	滨海新区
3	601919.SH	中远海控	87.66	东丽区
4	002821.SZ	凯莱英	82.49	滨海新区
5	002432.SZ	九安医疗	81.53	南开区
6	600583.SH	海油工程	76.89	东丽区
7	603529.SH	爱玛科技	75.22	静海区
8	001965.SZ	招商公路	73.43	滨海新区
9	600821.SH	金开新能	73.29	和平区
10	300596.SZ	利安隆	69.87	滨海新区

数据来源:浙江工商大学数字创新与管理研究院和首都经济贸易大学资产评估研究院整理。

6.28 西藏自治区传统产业上市公司数字化创新评价

截至 2022 年底,A 股市场西藏自治区共有传统产业上市公司 18 家,总市值 1,690.22 亿元,营业总收入 520.82 亿元,平均市值 93.90 亿元/家,平均营业收入 28.93 亿元/家。2022 年,西藏自治区传统产业上市公司研发投入合计 24.10 亿元,占营业总收入的比例为 4.63%;无形资产账面价值合计 91.64 亿元,占总资产的比例为 9.68%。根据本报告分析口径,本部分对西藏自治区 18 家传统产业上市公司进行数字化创新指数评价,具体情况如下:

6.28.1 数字化创新综合指数

根据本报告评价,2022 年西藏自治区传统产业上市公司的数字化创新综合指数平均水平为 54.99,低于全市场平均水平(58.96)。如图 6-136 所示,从自治区内城市分布来看,西藏自治区 18 家传统产业上市公司分布在 4 个自治区内城市,其中拉萨市上市公司数量最多,其数字化创新综合指数平均水平为 54.44。从指数分布来看,高于均值的有 6 家,占自治区内总数的 33.33%。其中最高的是海思科,其数字化创新综合指数为 77.31。具体来看,数字化创新综合指数在 60 以下的有 12 家,占比 66.67%;60—70 的有 3 家,占比 16.67%;70—80 的有 3 家,占比 16.67%。

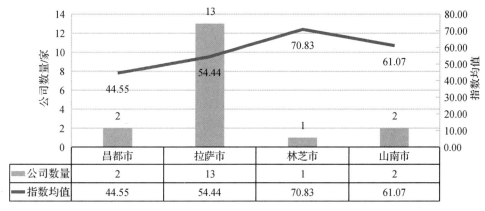

	昌都市	拉萨市	林芝市	山南市
公司数量	2	13	1	2
指数均值	44.55	54.44	70.83	61.07

图 6-136 2022 年西藏自治区传统产业上市公司数字化创新综合指数均值分布

西藏自治区数字化创新综合指数排名前 10 的传统产业上市公司情况如表 6-136 所示。

表 6-136　2022 年西藏自治区传统产业上市公司数字化创新综合指数排名前 10 情况

排名	公司代码	公司名称	数字化创新综合指数	所在城市
1	002653.SZ	海思科	77.31	山南市
2	002287.SZ	奇正藏药	70.83	林芝市
3	300564.SZ	筑博设计	70.59	拉萨市
4	300741.SZ	华宝股份	67.78	拉萨市
5	600873.SH	梅花生物	62.75	拉萨市
6	600749.SH	西藏旅游	60.32	拉萨市
7	603676.SH	卫信康	54.88	拉萨市
8	600326.SH	西藏天路	51.02	拉萨市
9	002826.SZ	易明医药	50.22	拉萨市
10	002827.SZ	高争民爆	50.19	拉萨市

数据来源:浙江工商大学数字创新与管理研究院和首都经济贸易大学资产评估研究院整理。

6.28.2　数字化战略导向指数

2022 年西藏自治区 18 家传统产业上市公司的数字化战略导向指数平均水平为 57.62,低于全市场均值(60.97)。如图 6-137 所示,从自治区内城市分布来看,拉萨市数字化战略导向指数平均水平为 55.79。从指数分布来看,高于均值的有 8 家,占自治区内总数的 44.44%。其中,数字化战略导向指数在 60 以下的有 12 家,占比 66.66%;60—70 的有 3 家,占比 16.67%;80 及以上的有 3 家,占比 16.67%。

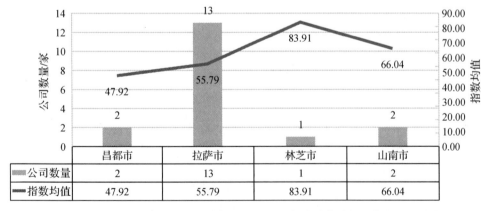

图 6-137　2022 年西藏自治区传统产业上市公司数字化战略导向指数均值分布

西藏自治区数字化战略导向指数排名前 10 的传统产业上市公司情况如表 6-137 所示。

表 6-137　2022 年西藏自治区传统产业上市公司数字化战略导向指数排名前 10 情况

排名	公司代码	公司名称	数字化战略导向指数	所在城市
1	002653.SZ	海思科	91.24	山南市
2	300564.SZ	筑博设计	84.14	拉萨市
3	002287.SZ	奇正藏药	83.91	林芝市
4	600749.SH	西藏旅游	69.75	拉萨市
5	002826.SZ	易明医药	61.93	拉萨市
6	300741.SZ	华宝股份	61.30	拉萨市
7	600873.SH	梅花生物	59.46	拉萨市
8	600326.SH	西藏天路	58.14	拉萨市
9	601020.SH	华钰矿业	52.23	拉萨市
10	301331.SZ	恩威医药	51.46	昌都市

数据来源:浙江工商大学数字创新与管理研究院和首都经济贸易大学资产评估研究院整理。

6.28.3　数字化要素投入指数

2022 年西藏自治区 18 家传统产业上市公司的数字化要素投入指数平均水平为 54.17,低于全市场均值(57.30)。如图 6-138 所示,从自治区内城市分布来看,拉萨市数字化要素投入指数平均水平为 53.08。从指数分布来看,高于均值的有 8 家,占自治区内总数的 44.44%。其中,数字化要素投入指数在 60 以下的有 15 家,占比 83.33%;60—70 的有 1 家,占比 5.56%;70—80 的有 1 家,占比 5.56%;80 及以上的有 1 家,占比 5.56%。

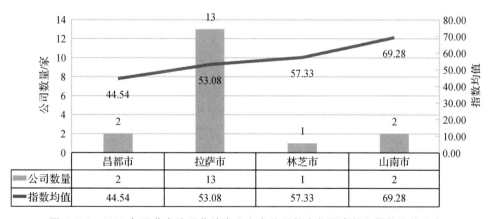

	昌都市	拉萨市	林芝市	山南市
公司数量	2	13	1	2
指数均值	44.54	53.08	57.33	69.28

图 6-138　2022 年西藏自治区传统产业上市公司数字化要素投入指数均值分布

西藏自治区数字化要素投入指数排名前 10 的传统产业上市公司情况如表 6-138 所示。

表 6-138   2022 年西藏自治区传统产业上市公司数字化要素投入指数排名前 10 情况

排名	公司代码	公司名称	数字化要素投入指数	所在城市
1	002653.SZ	海思科	83.03	山南市
2	300564.SZ	筑博设计	76.69	拉萨市
3	600749.SH	西藏旅游	61.87	拉萨市
4	600326.SH	西藏天路	59.79	拉萨市
5	600211.SH	西藏药业	58.68	拉萨市
6	300741.SZ	华宝股份	57.34	拉萨市
7	002287.SZ	奇正藏药	57.33	林芝市
8	603669.SH	灵康药业	55.53	山南市
9	603676.SH	卫信康	51.57	拉萨市
10	002827.SZ	高争民爆	49.67	拉萨市

数据来源:浙江工商大学数字创新与管理研究院和首都经济贸易大学资产评估研究院整理。

6.28.4   数字化创新成果指数

2022 年西藏自治区 18 家传统产业上市公司的数字化创新成果指数平均水平为 54.01,低于全市场平均水平(61.62)。如图 6-139 所示,从自治区内城市分布来看,拉萨市数字化创新成果指数平均水平为 54.01。从指数分布来看,高于均值的有 6 家,占自治区内总数的 33.33%。其中,数字化创新成果指数在 60 以下的有 12 家,占比 66.67%;60—70 的有 2 家,占比 11.11%;70—80 的有 4 家,占比 22.22%。

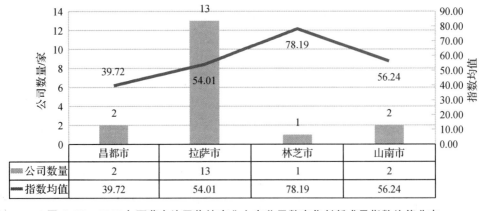

图 6-139   2022 年西藏自治区传统产业上市公司数字化创新成果指数均值分布

西藏自治区数字化创新成果指数排名前 10 的传统产业上市公司情况如表 6-139 所示。

表 6-139　**2022 年西藏自治区传统产业上市公司数字化创新成果指数排名前 10 情况**

排名	公司代码	公司名称	数字化创新成果指数	所在城市
1	002287.SZ	奇正藏药	78.19	林芝市
2	300741.SZ	华宝股份	76.06	拉萨市
3	600749.SH	西藏旅游	74.28	拉萨市
4	300564.SZ	筑博设计	70.59	拉萨市
5	002653.SZ	海思科	67.85	山南市
6	600873.SH	梅花生物	66.39	拉萨市
7	600326.SH	西藏天路	51.09	拉萨市
8	002827.SZ	高争民爆	49.74	拉萨市
9	000752.SZ	*ST 西发	49.34	拉萨市
10	002826.SZ	易明医药	47.52	拉萨市

数据来源：浙江工商大学数字创新与管理研究院和首都经济贸易大学资产评估研究院整理。

6.28.5　数字化创新绩效指数

2022 年西藏自治区 18 家传统产业上市公司的数字化创新绩效指数平均水平为 55.08，低于全市场平均水平(55.86)。如图 6-140 所示，从自治区内城市分布来看，拉萨市数字化创新绩效指数平均水平为 55.09。从指数分布来看，高于均值的有 8 家，占自治区内总数的 44.44%。其中，数字化创新绩效指数在 60 以下的有 11 家，占比 61.11%；60—70 的有 4 家，占比 22.22%；70—80 的有 3 家，占比 16.67%。

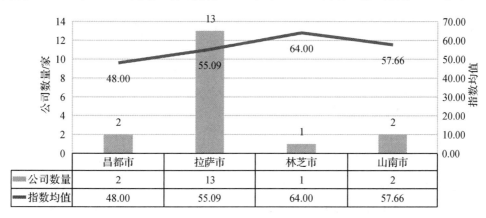

图 6-140　**2022 年西藏自治区传统产业上市公司数字化创新绩效指数均值分布**

西藏自治区数字化创新绩效指数排名前 10 的传统产业上市公司情况如表 6-140 所示。

表 6-140　2022 年西藏自治区传统产业上市公司数字化创新绩效指数排名前 10 情况

排名	公司代码	公司名称	数字化创新绩效指数	所在城市
1	603676.SH	卫信康	75.46	拉萨市
2	002653.SZ	海思科	75.43	山南市
3	600873.SH	梅花生物	71.14	拉萨市
4	300741.SZ	华宝股份	69.81	拉萨市
5	000762.SZ	西藏矿业	64.65	拉萨市
6	002287.SZ	奇正藏药	64.00	林芝市
7	600338.SH	西藏珠峰	61.12	拉萨市
8	300564.SZ	筑博设计	57.85	拉萨市
9	601020.SH	华钰矿业	53.08	拉萨市
10	600211.SH	西藏药业	51.78	拉萨市

数据来源:浙江工商大学数字创新与管理研究院和首都经济贸易大学资产评估研究院整理。

6.29　新疆维吾尔自治区传统产业上市公司数字化创新评价

截至 2022 年底,A 股市场新疆维吾尔自治区共有传统产业上市公司 52 家,总市值 6,582.75 亿元,营业总收入 7,011.00 亿元,平均市值 126.59 亿元/家,平均营业收入 134.83 亿元/家。2022 年,新疆维吾尔自治区传统产业上市公司研发投入合计 191.24 亿元,占营业总收入的比例为 2.73%;无形资产账面价值合计 957.48 亿元,占总资产的比例为 7.60%。根据本报告分析口径,本部分对新疆维吾尔自治区 52 家传统产业上市公司进行数字化创新指数评价,具体情况如下:

6.29.1　数字化创新综合指数

根据本报告评价,2022 年新疆维吾尔自治区传统产业上市公司的数字化创新综合指数平均水平为 54.64,低于全市场平均水平(58.96)。如图 6-141 所示,从自治区内城市分布来看,新疆维吾尔自治区 52 家传统产业上市公司分布在 9 个自治区内城市,其中乌鲁木齐市上市公司数量最多,其数字化创新综合指数平均水平为 57.04。从指数分布来看,高于均值的有 20 家,占自治区内总数的 38.46%。其中最高的是金风科技,其数字化创新综合指数为 81.62。具体来看,数字化创新综合指数在 60 以下的有 35 家,占比 67.31%;60—70 的有 14 家,占比 26.92%;70—80 的有 2 家,占比 3.85%;80 及以上的有 1 家,占比 1.92%。

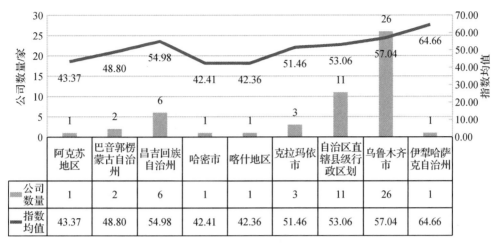

图 6-141　2022 年新疆维吾尔自治区传统产业上市公司数字化创新综合指数均值分布

新疆维吾尔自治区数字化创新综合指数排名前 10 的传统产业上市公司情况如表 6-141 所示。

表 6-141　2022 年新疆维吾尔自治区传统产业上市公司数字化创新综合指数排名前 10 情况

排名	公司代码	公司名称	数字化创新综合指数	所在城市
1	002202.SZ	金风科技	81.62	乌鲁木齐市
2	600089.SH	特变电工	79.80	昌吉回族自治州
3	000877.SZ	天山股份	74.32	乌鲁木齐市
4	603227.SH	雪峰科技	68.60	乌鲁木齐市
5	600888.SH	新疆众和	66.69	乌鲁木齐市
6	600256.SH	广汇能源	66.20	乌鲁木齐市
7	301301.SZ	川宁生物	64.66	伊犁哈萨克自治州
8	002302.SZ	西部建设	64.18	乌鲁木齐市
9	600721.SH	百花医药	64.13	自治区直辖县级行政区划
10	002092.SZ	中泰化学	63.96	乌鲁木齐市

数据来源:浙江工商大学数字创新与管理研究院和首都经济贸易大学资产评估研究院整理。

6.29.2　数字化战略导向指数

2022 年新疆维吾尔自治区 52 家传统产业上市公司的数字化战略导向指数平均水平为 54.55,低于全市场平均水平(60.97)。如图 6-142 所示,从自治区内城市分布来看,乌鲁木齐市数字化战略导向指数平均水平为 57.09。从指数分布来看,高于均值的有 21 家,占自治区内总数的 40.38%。其中,数字化战略导向指数在 60 以下的有 39 家,占比 75.00%;60—70 的有 7 家,占比 13.46%;70—80 的有 1 家,占比 1.92%;80 及以上的有 5 家,占比 9.62%。

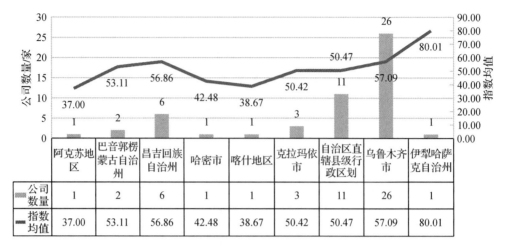

	阿克苏地区	巴音郭楞蒙古自治州	昌吉回族自治州	哈密市	喀什地区	克拉玛依市	自治区直辖县级行政区划	乌鲁木齐市	伊犁哈萨克自治州
公司数量	1	2	6	1	1	3	11	26	1
指数均值	37.00	53.11	56.86	42.48	38.67	50.42	50.47	57.09	80.01

图 6-142　2022 年新疆维吾尔自治区传统产业上市公司数字化战略导向指数均值分布

新疆维吾尔自治区数字化战略导向指数排名前 10 的传统产业上市公司情况如表 6-142 所示。

表 6-142　2022 年新疆维吾尔自治区传统产业上市公司数字化战略导向指数排名前 10 情况

排名	公司代码	公司名称	数字化战略导向指数	所在城市
1	002202.SZ	金风科技	84.92	乌鲁木齐市
2	600089.SH	特变电工	84.63	昌吉回族自治州
3	002302.SZ	西部建设	83.61	乌鲁木齐市
4	603227.SH	雪峰科技	81.45	乌鲁木齐市
5	301301.SZ	川宁生物	80.01	伊犁哈萨克自治州
6	000877.SZ	天山股份	76.37	乌鲁木齐市
7	600721.SH	百花医药	68.36	自治区直辖县级行政区划
8	600075.SH	新疆天业	68.35	自治区直辖县级行政区划
9	002800.SZ	ST 天顺	68.16	乌鲁木齐市
10	002092.SZ	中泰化学	67.24	乌鲁木齐市

数据来源:浙江工商大学数字创新与管理研究院和首都经济贸易大学资产评估研究院整理。

6.29.3　数字化要素投入指数

2022 年新疆维吾尔自治区 52 家传统产业上市公司的数字化要素投入指数平均水平为 54.12,低于全市场平均水平(57.30)。如图 6-143 所示,从自治区内城市分布来看,乌鲁木齐市数字化要素投入指数平均水平为 56.28。从指数分布来看,高于均值的有 23 家,占自治区内总数的 44.23%。其中,数字化要素投入指数在 60 以下的有 37 家,占比 71.15%;60—70 有 11 家,占比 21.15%;70—80 的有 4 家,占比 7.69%。

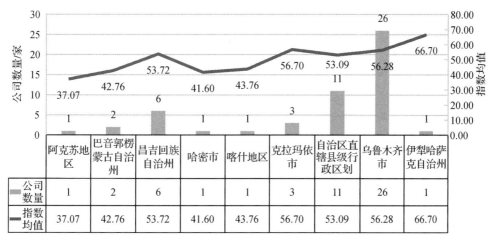

图 6-143　2022 年新疆维吾尔自治区传统产业上市公司数字化要素投入指数均值分布

新疆维吾尔自治区数字化要素投入指数排名前 10 的传统产业上市公司情况如表 6-143 所示。

表 6-143　2022 年新疆维吾尔自治区传统产业上市公司数字化要素投入指数排名前 10 情况

排名	公司代码	公司名称	数字化要素投入指数	所在城市
1	603227.SH	雪峰科技	79.95	乌鲁木齐市
2	600721.SH	百花医药	77.04	自治区直辖县级行政区划
3	002202.SZ	金风科技	72.00	乌鲁木齐市
4	000877.SZ	天山股份	70.87	乌鲁木齐市
5	600251.SH	冠农股份	69.77	自治区直辖县级行政区划
6	600089.SH	特变电工	69.48	昌吉回族自治州
7	002307.SZ	北新路桥	69.47	乌鲁木齐市
8	600888.SH	新疆众和	67.63	乌鲁木齐市
9	600339.SH	中油工程	67.17	克拉玛依市
10	002941.SZ	新疆交建	66.96	乌鲁木齐市

数据来源:浙江工商大学数字创新与管理研究院和首都经济贸易大学资产评估研究院整理。

6.29.4　数字化创新成果指数

2022 年新疆维吾尔自治区 52 家传统产业上市公司的数字化创新成果指数平均水平为 55.62,低于全市场平均水平(61.62)。如图 6-144 所示,从自治区内城市分布来看,乌鲁木齐市数字化创新成果指数平均水平为 56.28。从指数分布来看,高于均值的有 24 家,占自治区内总数的 46.15%。其中,数字化创新成果指数在 60 以下的有 33 家,占比 63.46%;60—70 的有 15 家,占比 28.85%;70—80 的有 3 家,占比 5.77%;80 及以上的有 1 家,占比 1.92%。

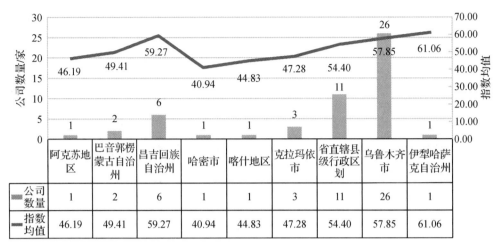

图 6-144　2022 年新疆维吾尔自治区传统产业上市公司数字化创新成果指数均值分布

新疆维吾尔自治区数字化创新成果指数排名前 10 的传统产业上市公司情况如表6-144所示。

表 6-144　2022 年新疆维吾尔自治区传统产业上市公司数字化创新成果指数排名前 10 情况

排名	公司代码	公司名称	数字化创新成果指数	所在城市
1	002202.SZ	金风科技	83.53	乌鲁木齐市
2	600545.SH	卓郎智能	78.29	乌鲁木齐市
3	600089.SH	特变电工	75.86	昌吉回族自治州
4	000877.SZ	天山股份	74.80	乌鲁木齐市
5	600721.SH	百花医药	68.86	自治区直辖县级行政区划
6	603032.SH	德新科技	68.70	乌鲁木齐市
7	600888.SH	新疆众和	68.55	乌鲁木齐市
8	600075.SH	新疆天业	68.47	自治区直辖县级行政区划
9	600419.SH	天润乳业	66.32	乌鲁木齐市
10	002302.SZ	西部建设	64.87	乌鲁木齐市

数据来源:浙江工商大学数字创新与管理研究院和首都经济贸易大学资产评估研究院整理。

6.29.5　数字化创新绩效指数

2022 年新疆维吾尔自治区 52 家传统产业上市公司的数字化创新绩效指数平均水平为 53.96,低于全市场平均水平(55.86)。如图 6-145 所示,从自治区内城市分布来看,乌鲁木齐市数字化创新绩效指数平均水平为 56.63。从指数分布来看,高于均值的有 23 家,占自治区内总数的 44.23%。其中,数字化创新绩效指数在 60 以下的有 35 家,占比 67.31%;60—70 的有 9 家,占比 17.31%;70—80 的有 6 家,占比 11.54%;80 及以上的有 2 家,占比 3.85%。

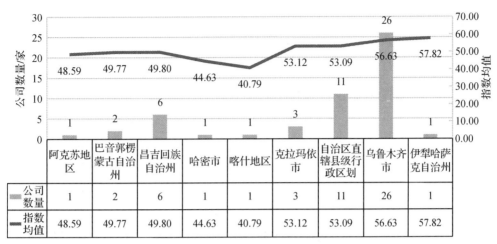

图 6-145　2022 年新疆维吾尔自治区传统产业上市公司数字化创新绩效指数均值分布

	阿克苏地区	巴音郭楞蒙古自治州	昌吉回族自治州	哈密市	喀什地区	克拉玛依市	自治区直辖县级行政区划	乌鲁木齐市	伊犁哈萨克自治州
公司数量	1	2	6	1	1	3	11	26	1
指数均值	48.59	49.77	49.80	44.63	40.79	53.12	53.09	56.63	57.82

新疆维吾尔自治区数字化创新绩效指数排名前 10 的传统产业上市公司情况如表 6-145 所示。

表 6-145　2022 年新疆维吾尔自治区传统产业上市公司数字化创新绩效指数排名前 10 情况

排名	公司代码	公司名称	数字化创新绩效指数	所在城市
1	600089.SH	特变电工	88.75	昌吉回族自治州
2	002202.SZ	金风科技	84.31	乌鲁木齐市
3	600256.SH	广汇能源	77.91	乌鲁木齐市
4	688303.SH	大全能源	76.54	自治区直辖县级行政区划
5	000877.SZ	天山股份	74.99	乌鲁木齐市
6	600339.SH	中油工程	73.66	克拉玛依市
7	600888.SH	新疆众和	71.80	乌鲁木齐市
8	603393.SH	新天然气	70.95	乌鲁木齐市
9	002092.SZ	中泰化学	67.42	乌鲁木齐市
10	002100.SZ	天康生物	66.34	乌鲁木齐市

数据来源:浙江工商大学数字创新与管理研究院和首都经济贸易大学资产评估研究院整理。

6.30　云南省传统产业上市公司数字化创新评价

截至 2022 年底,A 股市场云南省共有传统产业上市公司 36 家,总市值 8,183.71 亿元,营业总收入 5,384.86 亿元,平均市值 227.33 亿元/家,平均营业收入 149.58 亿元/家。2022 年,云南省传统产业上市公司研发投入合计 106.68 亿元,占营业总收入的比例为 1.98%；无形资产账面价值合计 396.37 亿元,占总资产的比例为6.11%。根据本报告分析口径,本部分对云南省36家传统产业上市公司进行数字化创新指数评价,具体情况如下：

6.30.1 数字化创新综合指数

根据本报告评价,2022年云南省传统产业上市公司的数字化创新综合指数平均水平为59.02,高于全市场平均水平(58.96)。如图6-146所示,从省内城市分布来看,云南省36家传统产业上市公司分布在10个省内城市,其中昆明市上市公司数量最多,其数字化创新综合指数平均水平为60.69。从指数分布来看,高于均值的有19家,占全省总数的52.78%。其中最高的是云南白药,其数字化创新综合指数为83.69。具体来看,数字化创新综合指数分值在60以下的有19家,占比52.78%；60—70的有11家,占比30.56%；70—80的有4家,占比11.11%；80及以上的有2家,占比5.56%。

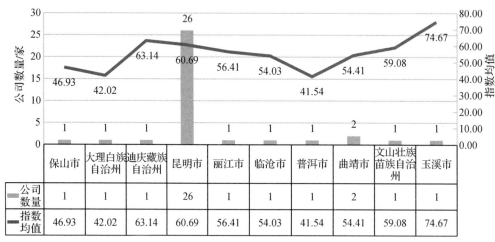

	保山市	大理白族自治州	迪庆藏族自治州	昆明市	丽江市	临沧市	普洱市	曲靖市	文山壮族苗族自治州	玉溪市
公司数量	1	1	1	26	1	1	1	2	1	1
指数均值	46.93	42.02	63.14	60.69	56.41	54.03	41.54	54.41	59.08	74.67

图 6-146 2022 年云南省传统产业上市公司数字化创新综合指数均值分布

云南省数字化创新综合指数排名前10的传统产业上市公司情况如表6-146所示。

表 6-146 2022 年云南省传统产业上市公司数字化创新综合指数排名前 10 情况

排名	公司代码	公司名称	数字化创新综合指数	所在城市
1	000538.SZ	云南白药	83.69	昆明市
2	300957.SZ	贝泰妮	82.76	昆明市
3	300142.SZ	沃森生物	77.68	昆明市
4	600459.SH	贵研铂业	75.69	昆明市
5	600096.SH	云天化	75.47	昆明市
6	002812.SZ	恩捷股份	74.67	玉溪市
7	605266.SH	健之佳	69.84	昆明市

排名	公司代码	公司名称	数字化创新综合指数	所在城市
8	301311.SZ	昆船智能	67.93	昆明市
9	000960.SZ	锡业股份	67.61	昆明市
10	600422.SH	昆药集团	67.54	昆明市

数据来源:浙江工商大学数字创新与管理研究院和首都经济贸易大学资产评估研究院整理。

6.30.2　数字化战略导向指数

　　2022年云南省36家传统产业上市公司的数字化战略导向指数平均水平为62.28,高于全市场平均水平(60.97)。如图6-147所示,从省内城市分布来看,昆明市数字化战略导向指数平均水平为65.28。从指数分布来看,高于均值的有16家,占全省总数的44.44%。其中,数字化战略导向指数在60以下的有18家,占比50.00%;60—70的有5家,占比13.89%;70—80的有5家,占比13.89%;80及以上的有8家,占比22.22%。

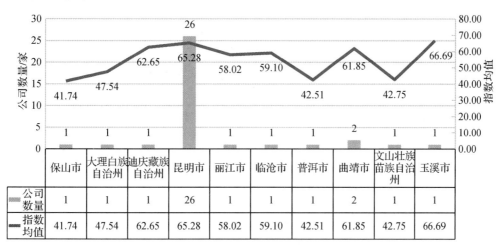

	保山市	大理白族自治州	迪庆藏族自治州	昆明市	丽江市	临沧市	普洱市	曲靖市	文山壮族苗族自治州	玉溪市
公司数量	1	1	1	26	1	1	1	2	1	1
指数均值	41.74	47.54	62.65	65.28	58.02	59.10	42.51	61.85	42.75	66.69

图6-147　2022年云南省传统产业上市公司数字化战略导向指数均值分布

　　云南省数字化战略导向指数排名前10的传统产业上市公司情况如表6-147所示。

表6-147　2022年云南省传统产业上市公司数字化战略导向指数排名前10情况

排名	公司代码	公司名称	数字化战略导向指数	所在城市
1	300957.SZ	贝泰妮	95.69	昆明市
2	000538.SZ	云南白药	91.54	昆明市
3	600096.SH	云天化	89.83	昆明市
4	300142.SZ	沃森生物	86.88	昆明市

续　表

排名	公司代码	公司名称	数字化战略导向指数	所在城市
5	600459.SH	贵研铂业	86.65	昆明市
6	605266.SH	健之佳	85.02	昆明市
7	600422.SH	昆药集团	83.61	昆明市
8	002727.SZ	一心堂	80.86	昆明市
9	301311.SZ	昆船智能	77.86	昆明市
10	000960.SZ	锡业股份	76.77	昆明市

数据来源:浙江工商大学数字创新与管理研究院和首都经济贸易大学资产评估研究院整理。

6.30.3　数字化要素投入指数

2022 年云南省 36 家传统产业上市公司的数字化要素投入指数平均水平为 57.51,高于全市场平均水平(57.30)。如图 6-148 所示,从省内城市分布来看,昆明市数字化要素投入指数平均水平为 57.23。从指数分布来看,高于均值的有 15 家,占全省总数的 41.67%。其中,数字化要素投入指数在 60 以下的有 22 家,占比 61.11%;60—70 的有 8 家,占比 22.22%;70—80 的有 6 家,占比 16.67%。

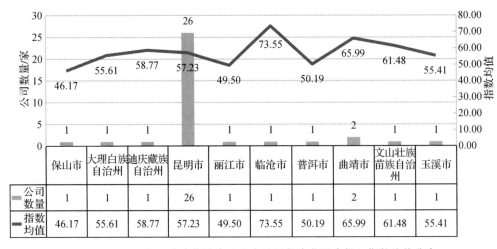

	保山市	大理白族自治州	迪庆藏族自治州	昆明市	丽江市	临沧市	普洱市	曲靖市	文山壮族苗族自治州	玉溪市
公司数量	1	1	1	26	1	1	1	2	1	1
指数均值	46.17	55.61	58.77	57.23	49.50	73.55	50.19	65.99	61.48	55.41

图 6-148　2022 年云南省传统产业上市公司数字化要素投入指数均值分布

云南省数字化要素投入指数排名前 10 的传统产业上市公司情况如表 6-148 所示。

表 6-148　2022 年云南省传统产业上市公司数字化要素投入指数排名前 10 情况

排名	公司代码	公司名称	数字化要素投入指数	所在城市
1	000538.SZ	云南白药	76.55	昆明市
2	600459.SH	贵研铂业	74.93	昆明市

续　表

排名	公司代码	公司名称	数字化要素投入指数	所在城市
3	600497.SH	驰宏锌锗	74.79	曲靖市
4	300957.SZ	贝泰妮	74.06	昆明市
5	002428.SZ	云南锗业	73.55	临沧市
6	000903.SZ	云内动力	72.10	昆明市
7	600096.SH	云天化	69.72	昆明市
8	300142.SZ	沃森生物	69.49	昆明市
9	301311.SZ	昆船智能	66.69	昆明市
10	000960.SZ	锡业股份	66.00	昆明市

数据来源:浙江工商大学数字创新与管理研究院和首都经济贸易大学资产评估研究院整理。

6.30.4　数字化创新成果指数

2022 年云南省 36 家传统产业上市公司的数字化创新成果指数平均水平为 59.66,低于全市场平均水平(61.62)。如图 6-149 所示,从省内城市分布来看,昆明市数字化创新成果指数平均水平为 62.08。从指数分布来看,高于均值的有 17 家,占全省总数的 47.22%。其中,数字化创新成果指数在 60 以下的有 19 家,占比 52.78%;60—70 的有 9 家,占比 25.00%;70—80 的有 6 家,占比 16.67%;80 及以上的有 2 家,占比 5.56%。

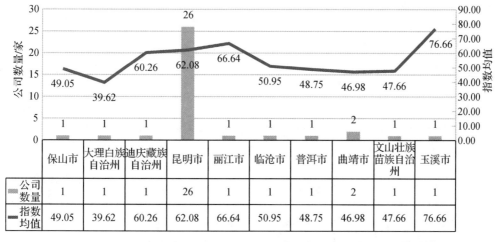

	保山市	大理白族自治州	迪庆藏族自治州	昆明市	丽江市	临沧市	普洱市	曲靖市	文山壮族苗族自治州	玉溪市
公司数量	1	1	1	26	1	1	1	2	1	1
指数均值	49.05	39.62	60.26	62.08	66.64	50.95	48.75	46.98	47.66	76.66

图 6-149　2022 年云南省传统产业上市公司数字化创新成果指数均值分布

云南省数字化创新成果指数排名前 10 的传统产业上市公司情况如表 6-149 所示。

表 6-149　2022 年云南省传统产业上市公司数字化创新成果指数排名前 10 情况

排名	公司代码	公司名称	数字化创新成果指数	所在城市
1	000538.SZ	云南白药	90.02	昆明市
2	301311.SZ	昆船智能	81.73	昆明市
3	605266.SH	健之佳	77.42	昆明市
4	002812.SZ	恩捷股份	76.66	玉溪市
5	300957.SZ	贝泰妮	75.17	昆明市
6	300142.SZ	沃森生物	73.64	昆明市
7	000960.SZ	锡业股份	73.32	昆明市
8	600459.SH	贵研铂业	72.12	昆明市
9	600096.SH	云天化	69.88	昆明市
10	000903.SZ	云内动力	69.60	昆明市

数据来源:浙江工商大学数字创新与管理研究院和首都经济贸易大学资产评估研究院整理。

6.30.5　数字化创新绩效指数

2022 年云南省 36 家传统产业上市公司的数字化创新绩效指数平均水平为 57.34,高于全市场平均水平(55.86)。如图 6-150 所示,从省内城市分布来看,昆明市数字化创新绩效指数平均水平为 58.75。从指数分布来看,高于均值的有 20 家,占全省总数的 55.56%。其中,数字化创新绩效指数在 60 以下的有 18 家,占比 50.00%;60—70 的有 9 家,占比 25.00%;70—80 的有 4 家,占比 11.11%;80 及以上的有 5 家,占比 13.89%。

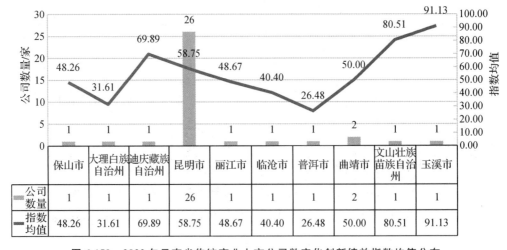

图 6-150　2022 年云南省传统产业上市公司数字化创新绩效指数均值分布

云南省数字化创新绩效指数排名前 10 的传统产业上市公司情况如表 6-150 所示。

表 6-150 2022 年云南省传统产业上市公司数字化创新绩效指数排名前 10 情况

排名	公司代码	公司名称	数字化创新绩效指数	所在城市
1	002812.SZ	恩捷股份	91.13	玉溪市
2	300957.SZ	贝泰妮	89.69	昆明市
3	600025.SH	华能水电	88.65	昆明市
4	300142.SZ	沃森生物	82.51	昆明市
5	600995.SH	南网储能	80.51	文山壮族苗族自治州
6	600096.SH	云天化	77.12	昆明市
7	000538.SZ	云南白药	76.73	昆明市
8	000878.SZ	云南铜业	73.55	昆明市
9	600459.SH	贵研铂业	73.54	昆明市
10	300755.SZ	华致酒行	69.89	迪庆藏族自治州

数据来源:浙江工商大学数字创新与管理研究院和首都经济贸易大学资产评估研究院整理。

6.31 浙江省传统产业上市公司数字化创新评价

截至 2022 年底,A 股市场浙江省共有传统产业上市公司 533 家,总市值 53,097.05 亿元,营业总收入 41,105.26 亿元,平均市值 99.62 亿元/家,平均营业收入 77.12 亿元/家。2022 年,浙江省传统产业上市公司研发投入合计 931.69 亿元,占营业总收入的比例为 2.27%;无形资产账面价值合计 1,990.95 亿元,占总资产的比例为 4.09%。根据本报告分析口径,本部分对浙江省 533 家传统产业上市公司进行数字化创新指数评价,具体情况如下:

6.31.1 数字化创新综合指数

根据本报告评价,2022 年浙江省传统产业上市公司的数字化创新综合指数平均水平为 58.09,低于全市场平均水平(58.96)。如图 6-151 所示,从省内城市分布来看,浙江省 533 家传统产业上市公司分布在 11 个省内城市,其中数字化创新综合指数平均水平最高的是杭州市(60.64),最低的是舟山市(44.08)。从指数分布来看,高于均值的有 244 家,占全省总数的 45.78%。其中最高的是中控技术,其数字化创新综合指数为 89.65。具体来看,数字化创新综合指数在 60 以下的有 323 家,占比 60.60%;60—70 的有 137 家,占比 25.70%;70—80 的有 62 家,占比 11.63%;80 及以上的有 11 家,占比 2.06%。

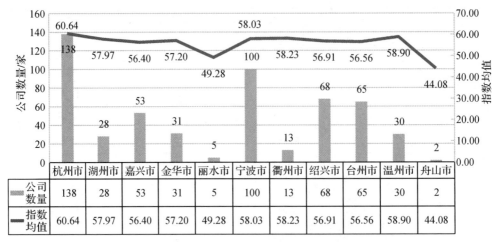

图 6-151　2022 年浙江省传统产业上市公司数字化创新综合指数均值分布

浙江省数字化创新综合指数排名前 50 的传统产业上市公司情况如表 6-151 所示。

表 6-151　2022 年浙江省传统产业上市公司数字化创新综合指数排名前 50 情况

排名	公司代码	公司名称	数字化创新综合指数	所在城市
1	688777.SH	中控技术	89.65	杭州市
2	601877.SH	正泰电器	84.24	温州市
3	002120.SZ	韵达股份	83.32	宁波市
4	603456.SH	九洲药业	83.31	台州市
5	000963.SZ	华东医药	83.05	杭州市
6	300244.SZ	迪安诊断	82.43	杭州市
7	300316.SZ	晶盛机电	82.05	绍兴市
8	603195.SH	公牛集团	82.01	宁波市
9	603338.SH	浙江鼎力	81.06	湖州市
10	600521.SH	华海药业	80.74	台州市
11	002010.SZ	传化智联	80.69	杭州市
12	600415.SH	小商品城	79.64	金华市
13	300763.SZ	锦浪科技	79.34	宁波市
14	688348.SH	昱能科技	79.13	嘉兴市
15	603606.SH	东方电缆	78.96	宁波市

排名	公司代码	公司名称	数字化创新综合指数	所在城市
16	603129.SH	春风动力	78.58	杭州市
17	600699.SH	均胜电子	78.43	宁波市
18	300203.SZ	聚光科技	77.82	杭州市
19	002056.SZ	横店东磁	77.08	金华市
20	301096.SZ	百诚医药	77.07	杭州市
21	002389.SZ	航天彩虹	76.60	台州市
22	000925.SZ	众合科技	76.56	杭州市
23	002434.SZ	万里扬	76.10	金华市
24	601567.SH	三星医疗	76.06	宁波市
25	300772.SZ	运达股份	75.93	杭州市
26	600704.SH	物产中大	75.75	杭州市
27	300729.SZ	乐歌股份	75.56	宁波市
28	002468.SZ	申通快递	75.40	台州市
29	688819.SH	天能股份	75.17	湖州市
30	603799.SH	华友钴业	75.09	嘉兴市
31	600160.SH	巨化股份	74.97	衢州市
32	603700.SH	宁水集团	74.83	宁波市
33	601689.SH	拓普集团	74.74	宁波市
34	603816.SH	顾家家居	74.48	杭州市
35	688032.SH	禾迈股份	74.36	杭州市
36	002563.SZ	森马服饰	74.27	温州市
37	688298.SH	东方生物	74.08	湖州市
38	002001.SZ	新和成	74.06	绍兴市
39	688306.SH	均普智能	73.87	宁波市
40	300068.SZ	南都电源	73.71	杭州市
41	688320.SH	禾川科技	73.68	衢州市
42	300360.SZ	炬华科技	73.65	杭州市
43	002050.SZ	三花智控	73.31	绍兴市
44	603556.SH	海兴电力	73.19	杭州市
45	000559.SZ	万向钱潮	72.89	杭州市

排名	公司代码	公司名称	数字化创新综合指数	所在城市
46	600580.SH	卧龙电驱	72.87	绍兴市
47	300347.SZ	泰格医药	72.84	杭州市
48	600933.SH	爱柯迪	72.76	宁波市
49	603337.SH	杰克股份	72.68	台州市
50	300349.SZ	金卡智能	72.57	温州市

数据来源:浙江工商大学数字创新与管理研究院和首都经济贸易大学资产评估研究院整理。

6.31.2　数字化战略导向指数

2022年浙江省533家传统产业上市公司的数字化战略导向指数平均水平为58.57,低于全市场平均水平(60.97)。如图6-152所示,从省内城市分布来看,数字化战略导向指数平均水平最高的是杭州市(63.30),最低的是舟山市(34.96)。从指数分布来看,高于均值的有248家,占全省总数的46.53%。其中,数字化战略导向指数在60以下的有302家,占比56.66%;60—70的有87家,占比16.32%;70—80的有79家,占比14.82%;80及以上的有65家,占比12.20%。

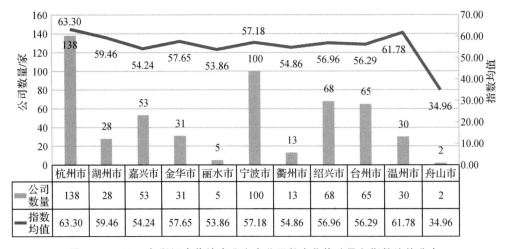

	杭州市	湖州市	嘉兴市	金华市	丽水市	宁波市	衢州市	绍兴市	台州市	温州市	舟山市
公司数量	138	28	53	31	5	100	13	68	65	30	2
指数均值	63.30	59.46	54.24	57.65	53.86	57.18	54.86	56.96	56.29	61.78	34.96

图6-152　2022年浙江省传统产业上市公司数字化战略导向指数均值分布

浙江省数字化战略导向指数排名前50的传统产业上市公司情况如表6-152所示。

表6-152　2022年浙江省传统产业上市公司数字化战略导向指数排名前50情况

排名	公司代码	公司名称	数字化战略导向指数	所在城市
1	688777.SH	中控技术	99.28	杭州市
2	002120.SZ	韵达股份	96.99	宁波市

排名	公司代码	公司名称	数字化战略导向指数	所在城市
3	603338.SH	浙江鼎力	96.55	湖州市
4	603456.SH	九洲药业	93.89	台州市
5	002010.SZ	传化智联	93.60	杭州市
6	601877.SH	正泰电器	92.52	温州市
7	300244.SZ	迪安诊断	92.36	杭州市
8	688298.SH	东方生物	92.32	湖州市
9	000963.SZ	华东医药	92.20	杭州市
10	600415.SH	小商品城	91.80	金华市
11	000925.SZ	众合科技	91.59	杭州市
12	600704.SH	物产中大	90.89	杭州市
13	002131.SZ	利欧股份	89.93	台州市
14	600699.SH	均胜电子	89.56	宁波市
15	688606.SH	奥泰生物	88.80	杭州市
16	600521.SH	华海药业	88.73	台州市
17	002468.SZ	申通快递	88.57	台州市
18	300945.SZ	曼卡龙	88.00	杭州市
19	300203.SZ	聚光科技	87.99	杭州市
20	300349.SZ	金卡智能	86.91	温州市
21	688075.SH	安旭生物	86.76	杭州市
22	301096.SZ	百诚医药	86.23	杭州市
23	603700.SH	宁水集团	86.20	宁波市
24	300729.SZ	乐歌股份	86.11	宁波市
25	688611.SH	杭州柯林	86.09	杭州市
26	301055.SZ	张小泉	86.06	杭州市
27	300894.SZ	火星人	85.95	嘉兴市
28	688819.SH	天能股份	85.83	湖州市
29	688348.SH	昱能科技	85.51	嘉兴市
30	603195.SH	公牛集团	85.02	宁波市
31	603129.SH	春风动力	84.75	杭州市
32	002563.SZ	森马服饰	84.54	温州市

排名	公司代码	公司名称	数字化战略导向指数	所在城市
33	300795.SZ	米奥会展	83.76	杭州市
34	688320.SH	禾川科技	83.68	衢州市
35	688215.SH	瑞晟智能	83.59	宁波市
36	002434.SZ	万里扬	83.27	金华市
37	688092.SH	爱科科技	83.21	杭州市
38	688767.SH	博拓生物	83.07	杭州市
39	600126.SH	杭钢股份	83.01	杭州市
40	300897.SZ	山科智能	82.73	杭州市
41	001228.SZ	永泰运	82.66	宁波市
42	603662.SH	柯力传感	82.53	宁波市
43	600572.SH	康恩贝	82.47	金华市
44	300360.SZ	炬华科技	82.20	杭州市
45	000559.SZ	万向钱潮	82.02	杭州市
46	000967.SZ	盈峰环境	81.86	绍兴市
47	002758.SZ	浙农股份	81.80	绍兴市
48	002389.SZ	航天彩虹	81.69	台州市
49	002364.SZ	中恒电气	81.69	杭州市
50	300880.SZ	迦南智能	81.57	宁波市

数据来源:浙江工商大学数字创新与管理研究院和首都经济贸易大学资产评估研究院整理。

6.31.3 数字化要素投入指数

2022 年浙江省 533 家传统产业上市公司的数字化要素投入指数平均水平为 55.69,低于全市场平均水平(57.30)。如图 6-153 所示,从省内城市分布来看,数字化要素投入指数平均水平最高的是杭州市(59.66),最低的是舟山市(38.65)。从指数分布来看,高于均值的有 241 家,占全省总数的 45.22%。其中,数字化要素投入指数在 60 以下的有 359 家,占比 67.35%;60—70 的有 106 家,占比 19.89%;70—80 的有 52 家,占比 9.76%;80 及以上的有 16 家,占比 3.00%。

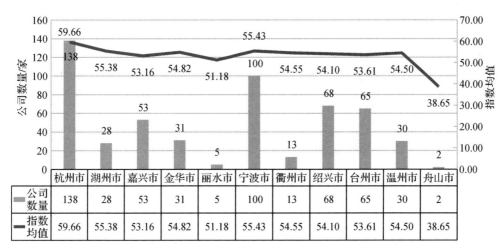

图 6-153　2022 年浙江省传统产业上市公司数字化要素投入指数均值分布

浙江省数字化要素投入指数排名前 50 的传统产业上市公司情况如表 6-153 所示。

表 6-153　2022 年浙江省传统产业上市公司数字化要素投入指数排名前 50 情况

排名	公司代码	公司名称	数字化要素投入指数	所在城市
1	688777.SH	中控技术	99.08	杭州市
2	600126.SH	杭钢股份	89.94	杭州市
3	002849.SZ	威星智能	84.17	杭州市
4	600330.SH	天通股份	83.63	嘉兴市
5	601567.SH	三星医疗	82.38	宁波市
6	688092.SH	爱科科技	82.13	杭州市
7	603618.SH	杭电股份	81.92	杭州市
8	300244.SZ	迪安诊断	81.88	杭州市
9	300882.SZ	万胜智能	81.64	台州市
10	002056.SZ	横店东磁	81.55	金华市
11	688348.SH	昱能科技	81.43	嘉兴市
12	600415.SH	小商品城	80.85	金华市
13	300203.SZ	聚光科技	80.62	杭州市
14	000925.SZ	众合科技	80.46	杭州市
15	600699.SH	均胜电子	80.11	宁波市
16	603606.SH	东方电缆	80.05	宁波市
17	300763.SZ	锦浪科技	79.30	宁波市
18	300068.SZ	南都电源	79.22	杭州市

排名	公司代码	公司名称	数字化要素投入指数	所在城市
19	600704.SH	物产中大	79.20	杭州市
20	603225.SH	新凤鸣	78.92	嘉兴市
21	002120.SZ	韵达股份	78.88	宁波市
22	688611.SH	杭州柯林	78.19	杭州市
23	300349.SZ	金卡智能	78.09	温州市
24	300347.SZ	泰格医药	77.55	杭州市
25	603799.SH	华友钴业	76.93	嘉兴市
26	002364.SZ	中恒电气	76.89	杭州市
27	600114.SH	东睦股份	76.71	宁波市
28	601877.SH	正泰电器	75.82	温州市
29	300360.SZ	炬华科技	75.72	杭州市
30	300729.SZ	乐歌股份	75.14	宁波市
31	688032.SH	禾迈股份	75.07	杭州市
32	603015.SH	弘讯科技	74.82	宁波市
33	002010.SZ	传化智联	74.58	杭州市
34	603456.SH	九洲药业	74.51	台州市
35	300897.SZ	山科智能	74.49	杭州市
36	688306.SH	均普智能	74.31	宁波市
37	688320.SH	禾川科技	74.13	衢州市
38	300853.SZ	申昊科技	74.11	杭州市
39	000963.SZ	华东医药	74.05	杭州市
40	600477.SH	杭萧钢构	73.92	杭州市
41	688606.SH	奥泰生物	73.62	杭州市
42	600059.SH	古越龙山	73.53	绍兴市
43	603129.SH	春风动力	73.50	杭州市
44	301096.SZ	百诚医药	73.39	杭州市
45	300412.SZ	迦南科技	73.39	温州市
46	002434.SZ	万里扬	73.21	金华市
47	300306.SZ	远方信息	72.62	杭州市
48	688789.SH	宏华数科	72.57	杭州市

排名	公司代码	公司名称	数字化要素投入指数	所在城市
49	600070.SH	ST富润	72.47	绍兴市
50	300943.SZ	春晖智控	72.13	绍兴市

数据来源:浙江工商大学数字创新与管理研究院和首都经济贸易大学资产评估研究院整理。

6.31.4　数字化创新成果指数

2022年浙江省533家传统产业上市公司的数字化创新成果指数平均水平为60.85,低于全市场平均水平(61.62)。如图6-154所示,从省内城市分布来看,数字化创新成果指数平均水平最高的是温州市(64.47),最低的是舟山市(52.56)。从指数分布来看,高于均值的有256家,占全省总数的48.03%。其中,数字化创新成果指数在60以下的有269家,占比50.47%;60—70的有145家,占比27.20%;70—80的有86家,占比16.14%;80及以上的有33家,占比6.19%。

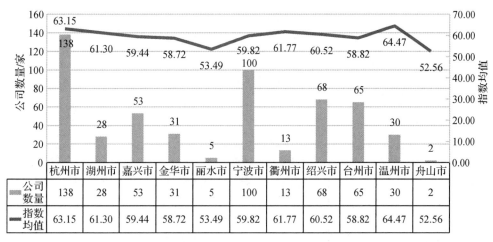

图6-154　2022年浙江省传统产业上市公司数字化创新成果指数均值分布

浙江省数字化创新成果指数排名前50的传统产业上市公司情况如表6-154所示。

表6-154　2022年浙江省传统产业上市公司数字化创新成果指数排名前50情况

排名	公司代码	公司名称	数字化创新成果指数	所在城市
1	688777.SH	中控技术	92.18	杭州市
2	688306.SH	均普智能	90.76	宁波市
3	603456.SH	九洲药业	90.69	台州市
4	300203.SZ	聚光科技	90.31	杭州市

排名	公司代码	公司名称	数字化创新成果指数	所在城市
5	688215.SH	瑞晟智能	89.62	宁波市
6	601877.SH	正泰电器	88.46	温州市
7	688320.SH	禾川科技	87.03	衢州市
8	002010.SZ	传化智联	86.84	杭州市
9	603338.SH	浙江鼎力	86.68	湖州市
10	300729.SZ	乐歌股份	86.47	宁波市
11	688360.SH	德马科技	86.37	湖州市
12	603700.SH	宁水集团	85.86	宁波市
13	000925.SZ	众合科技	85.76	杭州市
14	603816.SH	顾家家居	85.68	杭州市
15	688310.SH	迈得医疗	85.35	台州市
16	300316.SZ	晶盛机电	85.06	绍兴市
17	300412.SZ	迦南科技	83.92	温州市
18	688290.SH	景业智能	83.01	杭州市
19	603337.SH	杰克股份	82.95	台州市
20	688298.SH	东方生物	82.81	湖州市
21	300244.SZ	迪安诊断	82.78	杭州市
22	002050.SZ	三花智控	82.62	绍兴市
23	002364.SZ	中恒电气	82.59	杭州市
24	603195.SH	公牛集团	82.47	宁波市
25	002250.SZ	联化科技	82.02	台州市
26	000963.SZ	华东医药	81.55	杭州市
27	688348.SH	昱能科技	81.37	嘉兴市
28	601233.SH	桐昆股份	81.20	嘉兴市
29	002120.SZ	韵达股份	80.96	宁波市
30	300512.SZ	中亚股份	80.92	杭州市
31	002434.SZ	万里扬	80.42	金华市
32	605268.SH	王力安防	80.39	金华市
33	688006.SH	杭可科技	80.21	杭州市
34	600699.SH	均胜电子	79.70	宁波市

排名	公司代码	公司名称	数字化创新成果指数	所在城市
35	300969.SZ	恒帅股份	79.60	宁波市
36	300349.SZ	金卡智能	79.55	温州市
37	002154.SZ	报喜鸟	79.41	温州市
38	600160.SH	巨化股份	79.20	衢州市
39	605066.SH	天正电气	79.20	温州市
40	002389.SZ	航天彩虹	79.14	台州市
41	002006.SZ	精工科技	79.08	绍兴市
42	301096.SZ	百诚医药	78.55	杭州市
43	600521.SH	华海药业	78.52	台州市
44	603129.SH	春风动力	78.49	杭州市
45	601579.SH	会稽山	78.25	绍兴市
46	688577.SH	浙海德曼	78.12	台州市
47	600576.SH	祥源文旅	78.03	杭州市
48	688092.SH	爱科科技	77.90	杭州市
49	002468.SZ	申通快递	77.86	台州市
50	301066.SZ	万事利	77.82	杭州市

数据来源:浙江工商大学数字创新与管理研究院和首都经济贸易大学资产评估研究院整理。

6.31.5　数字化创新绩效指数

2022 年浙江省 533 家传统产业上市公司的数字化创新绩效指数平均水平为 56.36,高于全市场平均水平(55.86)。如图 6-155 所示,从省内城市分布来看,数字化创新绩效指数平均水平最高的是衢州市(58.90),最低的是丽水市(40.25)。从指数分布来看,高于均值的有 256 家,占全省总数的 48.03%。其中,数字化创新绩效指数在 60 以下的有 350 家,占比 65.67%;60—70 的有 105 家,占比 19.70%;70—80 的有 57 家,占比 10.69%;80 及以上的有 21 家,占比 3.94%。

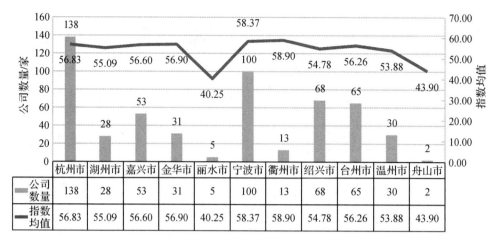

图 6-155　2022 年浙江省传统产业上市公司数字化创新绩效指数均值分布

浙江省数字化创新绩效指数排名前 50 的传统产业上市公司情况如表 6-155 所示。

表 6-155　2022 年浙江省传统产业上市公司数字化创新绩效指数排名前 50 情况

排名	公司代码	公司名称	数字化创新绩效指数	所在城市
1	300316.SZ	晶盛机电	92.06	绍兴市
2	300763.SZ	锦浪科技	91.98	宁波市
3	002493.SZ	荣盛石化	91.87	杭州市
4	603195.SH	公牛集团	88.65	宁波市
5	603806.SH	福斯特	87.39	杭州市
6	002648.SZ	卫星化学	85.83	嘉兴市
7	000963.SZ	华东医药	85.56	杭州市
8	600521.SH	华海药业	85.51	台州市
9	601689.SH	拓普集团	84.07	宁波市
10	002050.SZ	三花智控	83.97	绍兴市
11	600176.SH	中国巨石	83.48	嘉兴市
12	603606.SH	东方电缆	83.33	宁波市
13	002001.SZ	新和成	81.84	绍兴市
14	002430.SZ	杭氧股份	81.33	杭州市
15	601865.SH	福莱特	81.15	嘉兴市
16	603799.SH	华友钴业	81.00	嘉兴市
17	002120.SZ	韵达股份	80.75	宁波市

排名	公司代码	公司名称	数字化创新绩效指数	所在城市
18	600352.SH	浙江龙盛	80.70	绍兴市
19	605117.SH	德业股份	80.60	宁波市
20	600884.SH	杉杉股份	80.40	宁波市
21	601877.SH	正泰电器	80.32	温州市
22	603260.SH	合盛硅业	79.88	嘉兴市
23	002032.SZ	苏泊尔	79.44	台州市
24	601018.SH	宁波港	79.24	宁波市
25	603129.SH	春风动力	78.53	杭州市
26	600160.SH	巨化股份	77.92	衢州市
27	300772.SZ	运达股份	77.40	杭州市
28	300347.SZ	泰格医药	76.86	杭州市
29	600763.SH	通策医疗	76.58	杭州市
30	603605.SH	珀莱雅	76.37	杭州市
31	300244.SZ	迪安诊断	76.30	杭州市
32	002006.SZ	精工科技	76.16	绍兴市
33	300118.SZ	东方日升	75.89	宁波市
34	002508.SZ	老板电器	75.67	杭州市
35	601022.SH	宁波远洋	75.63	宁波市
36	002056.SZ	横店东磁	75.49	金华市
37	688819.SH	天能股份	75.01	湖州市
38	603456.SH	九洲药业	74.65	台州市
39	600415.SH	小商品城	74.26	金华市
40	002389.SZ	航天彩虹	74.08	台州市
41	002532.SZ	天山铝业	74.06	台州市
42	688777.SH	中控技术	74.04	杭州市
43	002534.SZ	西子洁能	74.01	杭州市
44	603556.SH	海兴电力	73.95	杭州市
45	601567.SH	三星医疗	73.54	宁波市
46	002011.SZ	盾安环境	73.47	绍兴市
47	600177.SH	雅戈尔	73.39	宁波市

排名	公司代码	公司名称	数字化创新绩效指数	所在城市
48	002563.SZ	森马服饰	73.12	温州市
49	600032.SH	浙江新能	73.09	杭州市
50	002372.SZ	伟星新材	72.71	台州市

数据来源:浙江工商大学数字创新与管理研究院和首都经济贸易大学资产评估研究院整理。

7 传统产业上市公司数字化创新评价：产权评价

企业的产权性质不同，可能会导致数字化创新投入和产出也有所差异。本章从产权维度，对中央国有控股、地方国有控股和非国有控股的传统产业上市公司的数字化创新综合指数、数字化战略导向指数、数字化要素投入指数、数字化创新成果指数和数字化创新绩效指数进行评价，以期有助于广大市场参与者对不同产权性质的传统产业上市公司的数字化创新程度和绩效表现进行分析和判断。

7.1 中央国有控股传统产业上市公司数字化创新评价

截至 2022 年底，A 股市场中央国有控股传统产业上市公司共有 325 家，总市值 110,230.40 亿元，营业总收入 220,795.70 亿元，平均市值 339.17 亿元/家，平均营业收入 679.37 亿元/家。中央国有控股传统产业上市公司研发投入合计 4,344.16 亿元，占营业总收入的比例为 1.97%；无形资产账面价值合计 18,164.75 亿元，占总资产的比例为 5.96%。根据本报告分析口径，本部分对 325 家中央国有控股传统产业上市公司进行数字化创新指数评价，具体情况如下：

7.1.1 数字化创新综合指数

根据本报告评价，2022 年中央国有控股传统产业上市公司的数字化创新综合指数平均水平为 63.15，高于全市场平均水平（58.96）。从指数分布来看，高于均值的有 157 家，占中央国有控股传统产业上市公司总数的 48.31%。其中最高的是时代电气，其数字化创新综合指数为 91.14。具体来看，数字化创新综合指数在 60 以下的有 124 家，占比 38.15%；60—70 的有 123 家，占比 37.85%；70—80 的有 64 家，占比 19.69%；80 及以上的有 14 家，占比 4.31%。在 31 个省份分布中，中央国有控股传统产业上市公司数字化创新综合指数平均水平较高的有广东省（68.25）、天津市（67.84）、北京市（66.12），如图 7-1 所示。

根据本报告评价，中央国有控股传统产业上市公司数字化创新综合指数排名前 10% 的上市公司情况如表 7-1 所示。

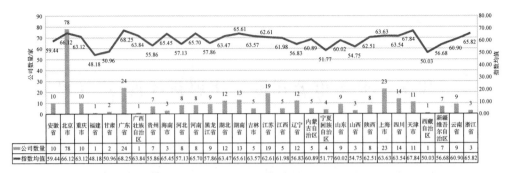

图 7-1　2022 年中央国有控股传统产业上市公司数字化创新综合指数均值分布

表 7-1　2022 年中央国有控股传统产业上市公司数字化创新综合指数排名前 10% 情况

排名	公司代码	公司名称	数字化创新综合指数	省份
1	688187.SH	时代电气	91.14	湖南省
2	000032.SZ	深桑达 A	87.72	广东省
3	600406.SH	国电南瑞	87.47	江苏省
4	688248.SH	南网科技	85.90	广东省
5	000039.SZ	中集集团	85.37	广东省
6	688009.SH	中国通号	84.98	北京市
7	601808.SH	中海油服	83.86	天津市
8	000625.SZ	长安汽车	83.44	重庆市
9	601766.SH	中国中车	83.22	北京市
10	001965.SZ	招商公路	81.87	天津市
11	000901.SZ	航天科技	81.82	黑龙江省
12	000400.SZ	许继电气	81.43	河南省
13	688297.SH	中无人机	81.18	四川省
14	688425.SH	铁建重工	80.19	湖南省
15	600150.SH	中国船舶	79.85	上海市
16	600764.SH	中国海防	79.83	北京市
17	002819.SZ	东方中科	79.82	北京市
18	600378.SH	昊华科技	79.75	四川省
19	600528.SH	中铁工业	79.65	北京市
20	601668.SH	中国建筑	79.49	北京市
21	601186.SH	中国铁建	79.34	北京市
22	600970.SH	中材国际	79.18	江苏省

排名	公司代码	公司名称	数字化创新综合指数	省份
23	600583.SH	海油工程	78.89	天津市
24	600019.SH	宝钢股份	78.65	上海市
25	601868.SH	中国能建	78.50	北京市
26	001872.SZ	招商港口	78.11	广东省
27	300024.SZ	机器人	77.99	辽宁省
28	601598.SH	中国外运	77.94	北京市
29	000927.SZ	中国铁物	77.77	天津市
30	000999.SZ	华润三九	77.42	广东省
31	300073.SZ	当升科技	77.22	北京市
32	600875.SH	东方电气	76.97	四川省

数据来源:浙江工商大学数字创新与管理研究院和首都经济贸易大学资产评估研究院整理。

7.1.2　数字化战略导向指数

2022 年中央国有控股传统产业上市公司的数字化战略导向指数平均水平为 64.94,高于全市场均值(60.97)。从指数分布来看,高于均值的有 165 家,占中央国有控股传统产业上市公司总数的 50.77%。其中最高的是深桑达 A,其数字化战略导向指数为 97.36。具体来看,数字化战略导向指数在 60 以下的有 127 家,占比 39.08%;60—70 的有 66 家,占比 20.31%;70—80 的有 72 家,占比 22.15%;80 及以上的有 60 家,占比 18.46%。在 31 个省份分布中,中央国有控股传统产业上市公司数字化战略导向指数平均水平较高的有广东省(76.23)、海南省(75.09)、天津市(71.47)、湖南省(69.59),如图 7-2 所示。

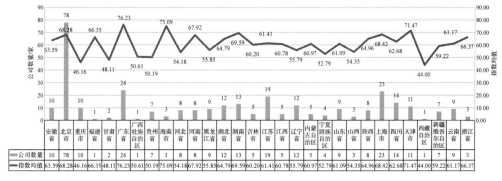

图 7-2　2022 年中央国有控股传统产业上市公司数字化战略导向指数均值分布

根据本报告评价,中央国有控股传统产业上市公司数字化战略导向指数排名前 10%的上市公司情况如表 7-2 所示。

表 7-2　2022 年中央国有控股传统产业上市公司数字化战略导向指数排名前 10％情况

排名	公司代码	公司名称	数字化战略导向指数	省份
1	000032.SZ	深桑达 A	97.36	广东省
2	000039.SZ	中集集团	97.00	广东省
3	688248.SH	南网科技	96.90	广东省
4	688187.SH	时代电气	95.91	湖南省
5	601808.SH	中海油服	95.07	天津市
6	001965.SZ	招商公路	93.60	天津市
7	688009.SH	中国通号	92.89	北京市
8	601872.SH	招商轮船	91.59	上海市
9	601598.SH	中国外运	91.57	北京市
10	300024.SZ	机器人	91.35	辽宁省
11	301039.SZ	中集车辆	90.38	广东省
12	600787.SH	中储股份	90.33	天津市
13	688128.SH	中国电研	89.81	广东省
14	688425.SH	铁建重工	89.60	湖南省
15	001872.SZ	招商港口	89.59	广东省
16	000901.SZ	航天科技	88.39	黑龙江省
17	000625.SZ	长安汽车	88.24	重庆市
18	601965.SH	中国汽研	88.22	重庆市
19	688297.SH	中无人机	87.98	四川省
20	600764.SH	中国海防	87.96	北京市
21	601766.SH	中国中车	87.66	北京市
22	600406.SH	国电南瑞	86.72	江苏省
23	000998.SZ	隆平高科	86.65	湖南省
24	600583.SH	海油工程	86.59	天津市
25	600150.SH	中国船舶	86.45	上海市
26	000927.SZ	中国铁物	85.82	天津市
27	600062.SH	华润双鹤	85.48	北京市
28	000028.SZ	国药一致	85.42	广东省
29	600011.SH	华能国际	85.13	北京市
30	603060.SH	国检集团	84.75	北京市

排名	公司代码	公司名称	数字化战略导向指数	省份
31	002419.SZ	天虹股份	84.67	广东省
32	600056.SH	中国医药	84.63	北京市

数据来源:浙江工商大学数字创新与管理研究院和首都经济贸易大学资产评估研究院整理。

7.1.3 数字化要素投入指数

2022年中央国有控股传统产业上市公司的数字化要素投入指数平均水平为60.16,高于全市场均值(57.30)。从指数分布来看,高于均值的有149家,占中央国有控股传统产业上市公司总数的45.85%。其中最高的是航天科技,其数字化要素投入指数为89.56。具体来看,数字化要素投入指数在60以下的有174家,占比53.54%;60—70的有83家,占比25.54%;70—80的有49家,占比15.08%;80及以上的有19家,占比5.85%。在31个省份分布中,中央国有控股传统产业上市公司数字化要素投入指数平均水平较高的有广东省(64.46)、河南省(64.15)、重庆市(63.69)、陕西省(63.02),如图7-3所示。

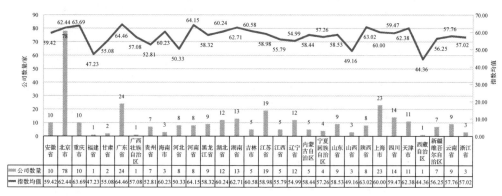

图7-3　2022年中央国有控股传统产业上市公司数字化要素投入指数均值分布

根据本报告评价,中央国有控股传统产业上市公司数字化要素投入指数排名前10%的上市公司情况如表7-3所示。

表7-3　2022年中央国有控股传统产业上市公司数字化要素投入指数排名前10%情况

排名	公司代码	公司名称	数字化要素投入指数	省份
1	000901.SZ	航天科技	89.56	黑龙江省
2	002819.SZ	东方中科	87.44	北京市
3	000032.SZ	深桑达A	86.99	广东省
4	601965.SH	中国汽研	86.25	重庆市

排名	公司代码	公司名称	数字化要素投入指数	省份
5	002051.SZ	中工国际	85.96	北京市
6	000400.SZ	许继电气	85.78	河南省
7	688248.SH	南网科技	85.35	广东省
8	688187.SH	时代电气	84.68	湖南省
9	688009.SH	中国通号	83.71	北京市
10	603128.SH	华贸物流	82.84	上海市
11	600268.SH	国电南自	82.28	江苏省
12	600406.SH	国电南瑞	82.16	江苏省
13	600970.SH	中材国际	82.13	江苏省
14	300024.SZ	机器人	81.67	辽宁省
15	688297.SH	中无人机	81.46	四川省
16	688425.SH	铁建重工	80.84	湖南省
17	000927.SZ	中国铁物	80.39	天津市
18	001965.SZ	招商公路	80.26	天津市
19	000928.SZ	中钢国际	80.15	吉林省
20	600744.SH	华银电力	79.38	湖南省
21	003035.SZ	南网能源	78.76	广东省
22	001872.SZ	招商港口	78.65	广东省
23	601668.SH	中国建筑	78.57	北京市
24	300747.SZ	锐科激光	78.40	湖北省
25	600378.SH	昊华科技	77.74	四川省
26	600764.SH	中国海防	77.07	北京市
27	300557.SZ	理工光科	76.52	湖北省
28	300140.SZ	中环装备	75.70	陕西省
29	600449.SH	宁夏建材	75.64	宁夏回族自治区
30	603060.SH	国检集团	75.62	北京市
31	002080.SZ	中材科技	75.44	江苏省
32	600582.SH	天地科技	75.43	北京市

数据来源:浙江工商大学数字创新与管理研究院和首都经济贸易大学资产评估研究院整理。

7.1.4 数字化创新成果指数

2022 年中央国有控股传统产业上市公司的数字化创新成果指数平均水平为 62.98,高于全市场均值(61.62)。从指数分布来看,高于均值的有 156 家,占中央国有控股传统产业上市公司总数的 48.00%。其中最高的是深桑达 A,其数字化创新成果指数为 96.68。具体来看,数字化创新成果指数在 60 以下的有 137 家,占比 42.15%;60—70 的有 106 家,占比 32.62%;70—80 的有 53 家,占比 16.31%;80 及以上的有 29 家,占比 8.92%。在 31 个省份中,中央国有控股传统产业上市公司数字化创新成果指数平均水平较高的有广东省(70.46)、天津市(69.02)、浙江省(66.67)、河南省(66.30),如图 7-4 所示。

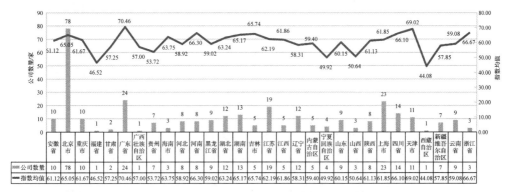

图 7-4　2022 年中央国有控股传统产业上市公司数字化创新成果指数均值分布

根据本报告评价,中央国有控股传统产业上市公司数字化创新成果指数排名前 10% 的上市公司情况如表 7-4 所示。

表 7-4　2022 年中央国有控股传统产业上市公司数字化创新成果指数排名前 10% 情况

排名	公司代码	公司名称	数字化创新成果指数	省份
1	000032.SZ	深桑达 A	96.68	广东省
2	000039.SZ	中集集团	95.03	广东省
3	688248.SH	南网科技	93.82	广东省
4	688128.SH	中国电研	90.77	广东省
5	688187.SH	时代电气	89.29	湖南省
6	688425.SH	铁建重工	89.27	湖南省
7	600528.SH	中铁工业	88.93	北京市
8	300024.SZ	机器人	87.99	辽宁省
9	601598.SH	中国外运	87.34	北京市
10	688297.SH	中无人机	86.69	四川省

排名	公司代码	公司名称	数字化创新成果指数	省份
11	000901.SZ	航天科技	86.34	黑龙江省
12	601226.SH	华电重工	86.33	北京市
13	600378.SH	昊华科技	85.31	四川省
14	688009.SH	中国通号	85.29	北京市
15	600764.SH	中国海防	84.27	北京市
16	301039.SZ	中集车辆	84.08	广东省
17	001965.SZ	招商公路	83.91	天津市
18	000927.SZ	中国铁物	82.93	天津市
19	002080.SZ	中材科技	82.71	江苏省
20	300073.SZ	当升科技	82.24	北京市
21	001872.SZ	招商港口	82.22	广东省
22	000400.SZ	许继电气	82.01	河南省
23	301311.SZ	昆船智能	81.73	云南省
24	300557.SZ	理工光科	81.05	湖北省
25	601808.SH	中海油服	81.00	天津市
26	600406.SH	国电南瑞	80.98	江苏省
27	601766.SH	中国中车	80.42	北京市
28	600970.SH	中材国际	80.08	江苏省
29	601156.SH	东航物流	80.04	上海市
30	002819.SZ	东方中科	79.82	北京市
31	601608.SH	中信重工	79.66	河南省
32	000625.SZ	长安汽车	79.48	重庆市

数据来源:浙江工商大学数字创新与管理研究院和首都经济贸易大学资产评估研究院整理。

7.1.5　数字化创新绩效指数

2022年中央国有控股传统产业上市公司的数字化创新绩效指数平均水平为64.38,高于全市场均值(55.86)。从指数分布来看,高于均值的有164家,占中央国有控股传统产业上市公司总数的50.46%。其中最高的是国电南瑞,其数字化创新绩效指数为99.17。具体来看,数字化创新绩效指数在60以下的有115家,占比35.38%;60—70的有101家,占比31.08%;70—80的有69家,占比21.23%;80及以上的有40家,占比12.31%。在31个省份分布中,中央国有控股传统产业上市公司数字化创新绩效指数平均水平较高的有广西壮族自治区(84.69)、浙江省(70.84)、北京市(68.66)、天津市(68.16),如图 7-5 所示。

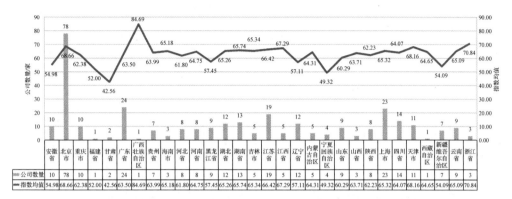

图 7-5 2022 年中央国有控股传统产业上市公司数字化创新绩效指数均值分布

根据本报告评价,中央国有控股传统产业上市公司数字化创新绩效指数排名前 10%的上市公司情况如表 7-5 所示。

表 7-5 2022 年中央国有控股传统产业上市公司数字化创新绩效指数排名前 10%情况

排名	公司代码	公司名称	数字化创新绩效指数	省份
1	600406.SH	国电南瑞	99.17	江苏省
2	601808.SH	中海油服	95.54	天津市
3	003816.SZ	中国广核	95.08	广东省
4	688187.SH	时代电气	94.93	湖南省
5	600875.SH	东方电气	94.53	四川省
6	600019.SH	宝钢股份	94.22	上海市
7	601766.SH	中国中车	91.39	北京市
8	000625.SZ	长安汽车	90.97	重庆市
9	601668.SH	中国建筑	90.11	北京市
10	600760.SH	中航沈飞	89.54	山东省
11	600150.SH	中国船舶	88.77	上海市
12	600893.SH	航发动力	88.77	陕西省
13	600025.SH	华能水电	88.65	云南省
14	601800.SH	中国交建	87.81	北京市
15	600886.SH	国投电力	87.78	北京市
16	600026.SH	中远海能	87.77	上海市
17	601618.SH	中国中冶	87.74	北京市

排名	公司代码	公司名称	数字化创新绩效指数	省份
18	600938.SH	中国海油	87.73	—
19	601919.SH	中远海控	87.66	天津市
20	000708.SZ	中信特钢	87.38	湖北省
21	601669.SH	中国电建	86.87	北京市
22	600765.SH	中航重机	86.30	贵州省
23	600795.SH	国电电力	85.01	辽宁省
24	601888.SH	中国中免	84.75	北京市
25	600236.SH	桂冠电力	84.69	广西壮族自治区
26	600299.SH	安迪苏	84.45	北京市
27	601390.SH	中国中铁	84.39	北京市
28	601117.SH	中国化学	84.33	北京市
29	601898.SH	中煤能源	83.92	北京市
30	601186.SH	中国铁建	83.79	北京市
31	600900.SH	长江电力	83.72	北京市
32	600176.SH	中国巨石	83.48	浙江省

数据来源:浙江工商大学数字创新与管理研究院和首都经济贸易大学资产评估研究院整理。

7.2 地方国有控股传统产业上市公司数字化创新评价

截至 2022 年底,A 股市场地方国有控股传统产业上市公司共有 719 家,总市值 131,860.13亿元,营业总收入 140,452.80 亿元,平均市值 183.39 亿元/家,平均营业收入 195.34 亿元/家。地方国有控股传统产业上市公司研发投入合计2,495.41亿元,占营业总收入的比例为 1.78%,无形资产账面价值合计14,208.83 亿元,占总资产的比例为 7.61%。根据本报告分析口径,本部分对 719 家地方国有控股传统产业上市公司进行数字化创新指数评价,具体情况如下:

7.2.1 数字化创新综合指数

根据本报告评价,2022 年地方国有控股传统产业上市公司的数字化创新综合指数平均水平为 57.49,低于全市场平均水平(58.96)。从指数分布来看,高于均值的有 334 家,占地方国有控股传统产业上市公司总数的 46.45%。其中最高的是建发股份,其数字化创新综合指数为 84.99。具体来看,数字化创新综合指数在 60 以下的有 446 家,占比 62.03%;60—70 的有 187 家,占比 26.01%;70—80 的有 75 家,占比 10.43%;80 及以上的有 11 家,占比 1.53%。在 31 个省份中,中央国有控股传统产业上市公司数字化创新综合指数平均水平较高的有内蒙古自治区(69.04)、四川省(61.31)、广东省(60.75),如图 7-6 所示。

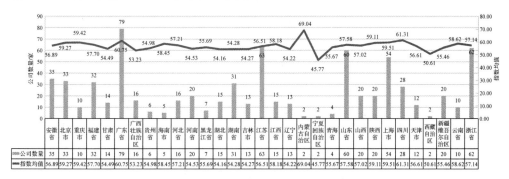

图 7-6　2022 年地方国有控股传统产业上市公司数字化创新综合指数均值分布

根据本报告评价,地方国有控股传统产业上市公司数字化创新综合指数排名前 50 的上市公司情况如表 7-6 所示。

表 7-6　2022 年地方国有控股传统产业上市公司数字化创新综合指数排名前 50 情况

排名	公司代码	公司名称	数字化创新综合指数	省份
1	600153.SH	建发股份	84.99	福建省
2	000538.SZ	云南白药	83.69	云南省
3	601607.SH	上海医药	82.89	上海市
4	601238.SH	广汽集团	82.65	广东省
5	000338.SZ	潍柴动力	82.15	山东省
6	000425.SZ	徐工机械	82.04	江苏省
7	002202.SZ	金风科技	81.62	新疆维吾尔自治区
8	000682.SZ	东方电子	81.10	山东省
9	000157.SZ	中联重科	80.90	湖南省
10	600018.SH	上港集团	80.69	上海市
11	603025.SH	大豪科技	80.68	北京市
12	600741.SH	华域汽车	79.96	上海市
13	002030.SZ	达安基因	79.91	广东省
14	600415.SH	小商品城	79.64	浙江省
15	000581.SZ	威孚高科	79.51	江苏省

排名	公司代码	公司名称	数字化创新综合指数	省份
16	600166.SH	福田汽车	79.38	北京市
17	603108.SH	润达医疗	79.34	上海市
18	601369.SH	陕鼓动力	78.85	陕西省
19	600662.SH	外服控股	78.72	上海市
20	600057.SH	厦门象屿	78.32	福建省
21	600880.SH	博瑞传播	77.87	四川省
22	600839.SH	四川长虹	77.57	四川省
23	002183.SZ	怡亚通	77.51	广东省
24	600104.SH	上汽集团	77.47	上海市
25	000568.SZ	泸州老窖	77.20	四川省
26	002429.SZ	兆驰股份	77.05	广东省
27	601727.SH	上海电气	76.96	上海市
28	600755.SH	厦门国贸	76.95	福建省
29	000801.SZ	四川九洲	76.55	四川省
30	600060.SH	海信视像	76.45	山东省
31	301091.SZ	深城交	76.03	广东省
32	300772.SZ	运达股份	75.93	浙江省
33	600704.SH	物产中大	75.75	浙江省
34	600459.SH	贵研铂业	75.69	云南省
35	601225.SH	陕西煤业	75.58	陕西省
36	600096.SH	云天化	75.47	云南省
37	603100.SH	川仪股份	75.40	重庆市
38	002243.SZ	力合科创	75.13	广东省
39	600111.SH	北方稀土	75.10	内蒙古自治区
40	300026.SZ	红日药业	75.08	天津市
41	600160.SH	巨化股份	74.97	浙江省
42	002669.SZ	康达新材	74.86	上海市
43	300486.SZ	东杰智能	74.74	山西省
44	600008.SH	首创环保	74.67	北京市
45	000792.SZ	盐湖股份	74.52	青海省
46	300510.SZ	金冠股份	74.20	吉林省

排名	公司代码	公司名称	数字化创新综合指数	省份
47	603169.SH	兰石重装	73.97	甘肃省
48	002967.SZ	广电计量	73.71	广东省
49	600332.SH	白云山	73.64	广东省
50	000858.SZ	五粮液	73.58	四川省

数据来源:浙江工商大学数字创新与管理研究院和首都经济贸易大学资产评估研究院整理。

7.2.2　数字化战略导向指数

2022 年地方国有控股传统产业上市公司的数字化战略导向指数平均水平为 59.92,低于全市场均值(60.97)。从指数分布来看,高于均值的有 341 家,占地方国有控股传统产业上市公司总数的 47.43%。其中最高的是东方电子,其数字化战略导向指数为 94.02。具体来看,数字化战略导向指数在 60 以下的有 380 家,占比 52.85%;60—70 的有 144 家,占比 20.03%;70—80 的有 114 家,占比 15.86%;80 及以上的有 81 家,占比 11.27%。在 31 个省份中,中央国有控股传统产业上市公司数字化战略导向指数平均水平较高的有内蒙古自治区(75.98)、广东省(65.47)、四川省(64.79)、海南省(64.47),如图 7-7 所示。

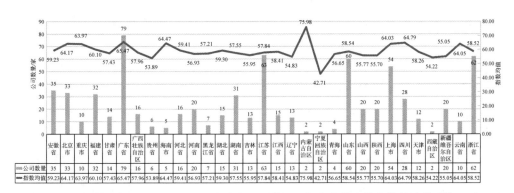

图 7-7　2022 年地方国有控股传统产业上市公司数字化战略导向指数均值分布

根据本报告评价,地方国有控股传统产业上市公司数字化战略导向指数排名前 50 的上市公司情况如表 7-7 所示。

表 7-7　2022 年地方国有控股传统产业上市公司数字化战略导向指数排名前 50 情况

排名	公司代码	公司名称	数字化战略导向指数	省份
1	000682.SZ	东方电子	94.02	山东省
2	000581.SZ	威孚高科	93.85	江苏省

排名	公司代码	公司名称	数字化战略导向指数	省份
3	600057.SH	厦门象屿	93.11	福建省
4	600153.SH	建发股份	92.86	福建省
5	301091.SZ	深城交	92.57	广东省
6	600839.SH	四川长虹	91.91	四川省
7	600415.SH	小商品城	91.80	浙江省
8	000538.SZ	云南白药	91.54	云南省
9	002030.SZ	达安基因	91.20	广东省
10	603025.SH	大豪科技	91.13	北京市
11	600662.SH	外服控股	90.95	上海市
12	600704.SH	物产中大	90.89	浙江省
13	000157.SZ	中联重科	90.68	湖南省
14	688660.SH	电气风电	90.58	上海市
15	688739.SH	成大生物	90.08	辽宁省
16	600166.SH	福田汽车	90.03	北京市
17	600096.SH	云天化	89.83	云南省
18	000829.SZ	天音控股	89.82	江西省
19	002183.SZ	怡亚通	89.81	广东省
20	000570.SZ	苏常柴 A	89.60	江苏省
21	600548.SH	深高速	89.03	广东省
22	688165.SH	埃夫特	88.96	安徽省
23	688276.SH	百克生物	88.94	吉林省
24	603108.SH	润达医疗	88.83	上海市
25	000905.SZ	厦门港务	88.68	福建省
26	300635.SZ	中达安	87.78	广东省
27	601607.SH	上海医药	87.53	上海市
28	600332.SH	白云山	87.51	广东省
29	600008.SH	首创环保	87.48	北京市
30	300030.SZ	阳普医疗	87.18	广东省
31	300486.SZ	东杰智能	87.07	山西省
32	300026.SZ	红日药业	86.78	天津市

排名	公司代码	公司名称	数字化战略导向指数	省份
33	000524.SZ	岭南控股	86.76	广东省
34	600459.SH	贵研铂业	86.65	云南省
35	601238.SH	广汽集团	86.63	广东省
36	600755.SH	厦门国贸	86.28	福建省
37	836892.BJ	广咨国际	86.20	广东省
38	000338.SZ	潍柴动力	86.04	山东省
39	688247.SH	宣泰医药	86.03	上海市
40	600018.SH	上港集团	85.82	上海市
41	600060.SH	海信视像	85.64	山东省
42	002243.SZ	力合科创	85.09	广东省
43	002202.SZ	金风科技	84.92	新疆维吾尔自治区
44	000061.SZ	农产品	84.68	广东省
45	300011.SZ	鼎汉技术	84.62	北京市
46	601727.SH	上海电气	83.89	上海市
47	000425.SZ	徐工机械	83.73	江苏省
48	300675.SZ	建科院	83.54	广东省
49	600713.SH	南京医药	83.28	江苏省
50	600880.SH	博瑞传播	83.26	四川省

数据来源：浙江工商大学数字创新与管理研究院和首都经济贸易大学资产评估研究院整理。

7.2.3　数字化要素投入指数

2022 年地方国有控股传统产业上市公司的数字化要素投入指数平均水平为 56.67，低于全市场均值（57.30）。从指数分布来看，高于均值的有 341 家，占地方国有控股传统产业上市公司总数的 47.43%。其中最高的是杭钢股份，其数字化要素投入指数为 89.94。具体来看，数字化要素投入指数在 60 以下的有 454 家，占比 63.14%；60—70 的有 185 家，占比 25.73%；70—80 的有 68 家，占比 9.46%；80 及以上的有 12 家，占比 1.67%。在 31 个省份分布中，中央国有控股传统产业上市公司数字化要素投入指数平均水平较高的有四川省（62.96）、重庆市（61.33）、广东省（61.07）、云南省（60.03），如图 7-8 所示。

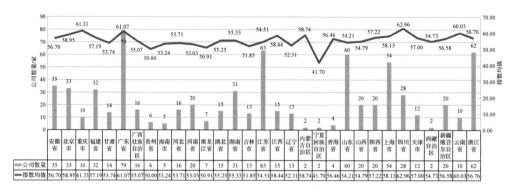

图 7-8　2022 年地方国有控股传统产业上市公司数字化要素投入指数均值分布

根据本报告评价,地方国有控股传统产业上市公司数字化要素投入指数排名前 50 的上市公司情况如表 7-8 所示。

表 7-8　2022 年地方国有控股传统产业上市公司数字化要素投入指数排名前 50 情况

排名	公司代码	公司名称	数字化要素投入指数	省份
1	600126.SH	杭钢股份	89.94	浙江省
2	600166.SH	福田汽车	87.30	北京市
3	600880.SH	博瑞传播	86.34	四川省
4	000682.SZ	东方电子	83.92	山东省
5	000801.SZ	四川九洲	83.44	四川省
6	002799.SZ	环球印务	83.01	陕西省
7	603100.SH	川仪股份	82.59	重庆市
8	603025.SH	大豪科技	81.71	北京市
9	600415.SH	小商品城	80.85	浙江省
10	600624.SH	复旦复华	80.16	上海市
11	301091.SZ	深城交	80.10	广东省
12	000680.SZ	山推股份	80.04	山东省
13	603227.SH	雪峰科技	79.95	新疆维吾尔自治区
14	000157.SZ	中联重科	79.74	湖南省
15	600629.SH	华建集团	79.46	上海市
16	002429.SZ	兆驰股份	79.45	广东省
17	600704.SH	物产中大	79.20	浙江省
18	600153.SH	建发股份	79.09	福建省
19	002669.SZ	康达新材	78.80	上海市
20	688660.SH	电气风电	78.44	上海市

排名	公司代码	公司名称	数字化要素投入指数	省份
21	000792.SZ	盐湖股份	78.36	青海省
22	600741.SH	华域汽车	78.34	上海市
23	002183.SZ	怡亚通	77.94	广东省
24	300486.SZ	东杰智能	77.89	山西省
25	002204.SZ	大连重工	77.40	辽宁省
26	688165.SH	埃夫特	77.10	安徽省
27	002168.SZ	惠程科技	76.94	广东省
28	601727.SH	上海电气	76.93	上海市
29	603108.SH	润达医疗	76.88	上海市
30	002848.SZ	高斯贝尔	76.66	湖南省
31	300370.SZ	安控科技	76.58	四川省
32	000538.SZ	云南白药	76.55	云南省
33	300422.SZ	博世科	76.54	广西壮族自治区
34	600170.SH	上海建工	76.39	上海市
35	300281.SZ	金明精机	76.29	广东省
36	003013.SZ	地铁设计	76.29	广东省
37	000027.SZ	深圳能源	75.94	广东省
38	000600.SZ	建投能源	75.89	河北省
39	000425.SZ	徐工机械	75.60	江苏省
40	300011.SZ	鼎汉技术	75.00	北京市
41	000581.SZ	威孚高科	74.99	江苏省
42	836892.BJ	广咨国际	74.98	广东省
43	000539.SZ	粤电力A	74.95	广东省
44	600459.SH	贵研铂业	74.93	云南省
45	600060.SH	海信视像	74.78	山东省
46	600368.SH	五洲交通	74.47	广西壮族自治区
47	600678.SH	四川金顶	74.30	四川省
48	300030.SZ	阳普医疗	74.16	广东省
49	600894.SH	广日股份	74.08	广东省
50	600388.SH	ST龙净	74.01	福建省

数据来源:浙江工商大学数字创新与管理研究院和首都经济贸易大学资产评估研究院整理。

7.2.4 数字化创新成果指数

2022年地方国有控股传统产业上市公司的数字化创新成果指数平均水平为58.49,低于全市场均值(61.62)。从指数分布来看,高于均值的有325家,占地方国有控股传统产业上市公司总数的45.20%。其中最高的是云南白药,其数字化创新成果指数为90.02。具体来看,数字化创新成果指数在60以下的有413家,占比57.44%;60—70的有187家,占比26.01%;70—80的有82家,占比11.40%;80及以上的有37家,占比5.15%。在31个省份分布中,中央国有控股传统产业上市公司数字化创新成果指数平均水平较高的有内蒙古自治区(69.30)、广东省(62.59)、北京市(61.78)、四川省(61.53),如图7-9所示。

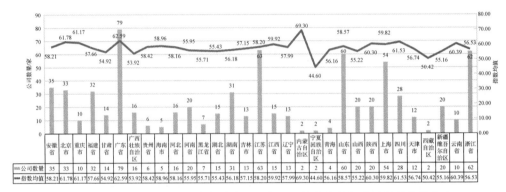

图7-9 2022年地方国有控股传统产业上市公司数字化创新成果指数均值分布

根据本报告评价,地方国有控股传统产业上市公司数字化创新成果指数排名前50的上市公司情况如表7-9所示。

表7-9 2022年地方国有控股传统产业上市公司数字化创新成果指数排名前50情况

排名	公司代码	公司名称	数字化创新成果指数	省份
1	000538.SZ	云南白药	90.02	云南省
2	601369.SH	陕鼓动力	88.40	陕西省
3	688165.SH	埃夫特	88.18	安徽省
4	000157.SZ	中联重科	88.06	湖南省
5	601727.SH	上海电气	87.38	上海市
6	600153.SH	建发股份	86.86	福建省
7	603066.SH	音飞储存	86.86	江苏省
8	000425.SZ	徐工机械	86.74	江苏省
9	688660.SH	电气风电	85.92	上海市

排名	公司代码	公司名称	数字化创新成果指数	省份
10	300486.SZ	东杰智能	85.16	山西省
11	000338.SZ	潍柴动力	84.77	山东省
12	300030.SZ	阳普医疗	84.52	广东省
13	002030.SZ	达安基因	84.47	广东省
14	603100.SH	川仪股份	84.20	重庆市
15	603108.SH	润达医疗	83.99	上海市
16	601607.SH	上海医药	83.96	上海市
17	600008.SH	首创环保	83.61	北京市
18	002202.SZ	金风科技	83.53	新疆维吾尔自治区
19	002669.SZ	康达新材	83.23	上海市
20	603025.SH	大豪科技	82.89	北京市
21	002243.SZ	力合科创	82.71	广东省
22	300281.SZ	金明精机	82.62	广东省
23	300466.SZ	赛摩智能	82.38	江苏省
24	600880.SH	博瑞传播	82.37	四川省
25	600839.SH	四川长虹	82.36	四川省
26	000581.SZ	威孚高科	82.25	江苏省
27	600662.SH	外服控股	82.06	上海市
28	601238.SH	广汽集团	81.62	广东省
29	300370.SZ	安控科技	81.53	四川省
30	300722.SZ	新余国科	81.29	江西省
31	300011.SZ	鼎汉技术	81.28	北京市
32	002183.SZ	怡亚通	81.22	广东省
33	300470.SZ	中密控股	80.94	四川省
34	300510.SZ	金冠股份	80.51	吉林省
35	301091.SZ	深城交	80.33	广东省
36	000921.SZ	海信家电	80.12	广东省
37	600755.SH	厦门国贸	80.08	福建省
38	600057.SH	厦门象屿	79.65	福建省
39	000682.SZ	东方电子	79.36	山东省

续　表

排名	公司代码	公司名称	数字化创新成果指数	省份
40	600160.SH	巨化股份	79.20	浙江省
41	000521.SZ	长虹美菱	79.12	安徽省
42	002429.SZ	兆驰股份	78.95	广东省
43	600860.SH	京城股份	78.82	北京市
44	300026.SZ	红日药业	78.80	天津市
45	002598.SZ	山东章鼓	78.72	山东省
46	300635.SZ	中达安	78.69	广东省
47	002799.SZ	环球印务	78.44	陕西省
48	300675.SZ	建科院	78.43	广东省
49	000524.SZ	岭南控股	78.41	广东省
50	000729.SZ	燕京啤酒	78.31	北京市

数据来源:浙江工商大学数字创新与管理研究院和首都经济贸易大学资产评估研究院整理。

7.2.5　数字化创新绩效指数

2022 年地方国有控股传统产业上市公司的数字化创新绩效指数平均水平为 55.43,低于全市场均值(55.86)。从指数分布来看,高于均值的有 373 家,占地方国有控股传统产业上市公司总数的 51.88%。其中最高的是上汽集团,其数字化创新绩效指数为 99.66。具体来看,数字化创新绩效指数在 60 以下的有 464 家,占比 64.53%;60—70 的有 168 家,占比 23.37%;70—80 的有 60 家,占比 8.34%;80 及以上的有 27 家,占比 3.76%。在 31 个省份分布中,中央国有控股传统产业上市公司数字化创新绩效指数平均水平较高的有内蒙古自治区(71.86)、山西省(61.44)、陕西省(61.21)、山东省(58.26),如图 7-10 所示。

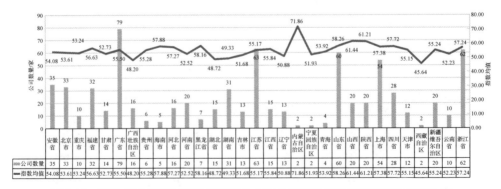

图 7-10　2022 年地方国有控股传统产业上市公司数字化创新绩效指数均值分布

根据本报告评价,地方国有控股传统产业上市公司数字化创新绩效指数排名前50的上市公司情况如表7-10所示。

表7-10 2022年地方国有控股传统产业上市公司数字化创新绩效指数排名前50情况

排名	公司代码	公司名称	数字化创新绩效指数	省份
1	600104.SH	上汽集团	99.66	上海市
2	000858.SZ	五粮液	94.74	四川省
3	601238.SH	广汽集团	90.93	广东省
4	002304.SZ	洋河股份	90.20	江苏省
5	601607.SH	上海医药	88.38	上海市
6	600111.SH	北方稀土	88.37	内蒙古自治区
7	600741.SH	华域汽车	88.26	上海市
8	600309.SH	万华化学	88.00	山东省
9	600018.SH	上港集团	87.80	上海市
10	000596.SZ	古井贡酒	87.28	安徽省
11	600600.SH	青岛啤酒	86.57	山东省
12	000338.SZ	潍柴动力	85.02	山东省
13	600809.SH	山西汾酒	84.81	山西省
14	000568.SZ	泸州老窖	84.53	四川省
15	603369.SH	今世缘	84.35	江苏省
16	600519.SH	贵州茅台	84.34	贵州省
17	002202.SZ	金风科技	84.31	新疆维吾尔自治区
18	600188.SH	兖矿能源	83.85	山东省
19	601225.SH	陕西煤业	83.12	陕西省
20	688122.SH	西部超导	82.66	陕西省
21	600153.SH	建发股份	82.20	福建省
22	600362.SH	江西铜业	81.74	江西省
23	600039.SH	四川路桥	81.51	四川省
24	002430.SZ	杭氧股份	81.33	浙江省
25	600547.SH	山东黄金	80.59	山东省
26	000425.SZ	徐工机械	80.25	江苏省
27	600085.SH	同仁堂	80.18	北京市
28	600009.SH	上海机场	79.54	上海市

续 表

排名	公司代码	公司名称	数字化创新绩效指数	省份
29	601018.SH	宁波港	79.24	浙江省
30	600332.SH	白云山	79.06	广东省
31	601298.SH	青岛港	78.19	山东省
32	600160.SH	巨化股份	77.92	浙江省
33	600515.SH	海南机场	77.87	海南省
34	000661.SZ	长春高新	77.52	吉林省
35	300772.SZ	运达股份	77.40	浙江省
36	600674.SH	川投能源	77.37	四川省
37	000792.SZ	盐湖股份	77.28	青海省
38	000932.SZ	华菱钢铁	77.15	湖南省
39	600096.SH	云天化	77.12	云南省
40	600141.SH	兴发集团	76.78	湖北省
41	000538.SZ	云南白药	76.73	云南省
42	002030.SZ	达安基因	76.65	广东省
43	600063.SH	皖维高新	76.15	安徽省
44	600436.SH	片仔癀	76.15	福建省
45	600662.SH	外服控股	75.90	上海市
46	601022.SH	宁波远洋	75.63	浙江省
47	000959.SZ	首钢股份	75.50	北京市
48	600755.SH	厦门国贸	75.45	福建省
49	600549.SH	厦门钨业	74.44	福建省
50	600578.SH	京能电力	74.34	北京市

数据来源:浙江工商大学数字创新与管理研究院和首都经济贸易大学资产评估研究院整理。

7.3 非国有控股传统产业上市公司数字化创新评价

截至 2022 年底,A 股市场非国有控股传统产业上市公司共有 2,650 家,总市值 304,793.21 亿元,营业总收入 153,863.39 亿元,平均市值 115.02 亿元/家,平均营业收入 58.06 亿元/家。非国有控股传统产业上市公司研发投入合计5,191.80亿元,占营业总收入的比例为 3.37%,无形资产账面价值合计 10,386.65 亿元,占总资产的比例为 4.63%。根据本报告分析口径,本部分对 2,650 家非国有控股传统产业上市公司进行数字化创新指数评价,具体情况如下:

7.3.1 数字化创新综合指数

根据本报告评价,2022 年非国有控股传统产业上市公司的数字化创新综合指数平均水平为 58.84,低于全市场平均水平(58.96)。从指数分布来看,高于均值的有 1,245 家,占非国有控股传统产业上市公司总数的 46.98%。其中最高的是汇川技术,其数字化创新综合指数为 93.59。具体来看,数字化创新综合指数在 60 以下的有 1,500 家,占比 56.60%;60—70 的有 726 家,占比 27.40%;70—80 的有 353 家,占比 13.32%;80 及以上的有 71 家,占比 2.68%。在 31 个省份分布中,非国有控股传统产业上市公司数字化创新综合指数平均水平较高的有北京市(62.85)、天津市(62.60)、广东省(62.00),如图 7-11 所示。

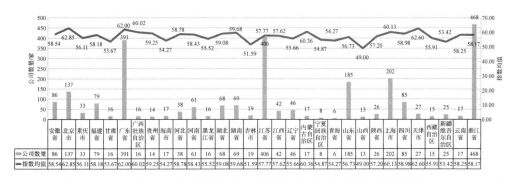

图 7-11　2022 年非国有控股传统产业上市公司数字化创新综合指数均值分布

根据本报告评价,非国有控股传统产业上市公司数字化创新综合指数排名前 50 的上市公司情况如表 7-11 所示。

表 7-11　2022 年非国有控股传统产业上市公司数字化创新综合指数排名前 50 情况

排名	公司代码	公司名称	数字化创新综合指数	省份
1	300124.SZ	汇川技术	93.59	广东省
2	300760.SZ	迈瑞医疗	91.77	广东省
3	688777.SH	中控技术	89.65	浙江省
4	300274.SZ	阳光电源	89.57	安徽省
5	000333.SZ	美的集团	88.68	广东省
6	688599.SH	天合光能	88.37	江苏省
7	600690.SH	海尔智家	88.18	山东省
8	688271.SH	联影医疗	87.38	上海市

排名	公司代码	公司名称	数字化创新综合指数	省份
9	000810.SZ	创维数字	87.17	四川省
10	603259.SH	药明康德	86.80	江苏省
11	300014.SZ	亿纬锂能	86.59	广东省
12	688114.SH	华大智造	86.11	广东省
13	300759.SZ	康龙化成	85.95	北京市
14	000651.SZ	格力电器	85.95	广东省
15	002335.SZ	科华数据	85.64	福建省
16	002821.SZ	凯莱英	85.61	天津市
17	002352.SZ	顺丰控股	84.88	广东省
18	688001.SH	华兴源创	84.68	江苏省
19	300450.SZ	先导智能	84.34	江苏省
20	600031.SH	三一重工	84.30	北京市
21	601877.SH	正泰电器	84.24	浙江省
22	688363.SH	华熙生物	83.99	山东省
23	603392.SH	万泰生物	83.94	北京市
24	002129.SZ	TCL 中环	83.57	天津市
25	688676.SH	金盘科技	83.56	海南省
26	002120.SZ	韵达股份	83.32	浙江省
27	603456.SH	九洲药业	83.31	浙江省
28	300298.SZ	三诺生物	83.20	湖南省
29	000963.SZ	华东医药	83.05	浙江省
30	688499.SH	利元亨	82.88	广东省
31	600196.SH	复星医药	82.83	上海市
32	300957.SZ	贝泰妮	82.76	云南省
33	002594.SZ	比亚迪	82.75	广东省
34	600887.SH	伊利股份	82.62	内蒙古自治区
35	300725.SZ	药石科技	82.54	江苏省
36	002747.SZ	埃斯顿	82.53	江苏省
37	002271.SZ	东方雨虹	82.49	北京市
38	300363.SZ	博腾股份	82.48	重庆市
39	300244.SZ	迪安诊断	82.43	浙江省

排名	公司代码	公司名称	数字化创新综合指数	省份
40	688139.SH	海尔生物	82.32	山东省
41	600998.SH	九州通	82.06	湖北省
42	300316.SZ	晶盛机电	82.05	浙江省
43	688349.SH	三一重能	82.05	北京市
44	603195.SH	公牛集团	82.01	浙江省
45	300015.SZ	爱尔眼科	82.00	湖南省
46	300012.SZ	华测检测	81.93	广东省
47	301221.SZ	光庭信息	81.87	湖北省
48	000785.SZ	居然之家	81.82	湖北省
49	600276.SH	恒瑞医药	81.56	江苏省
50	600233.SH	圆通速递	81.52	辽宁省

数据来源:浙江工商大学数字创新与管理研究院和首都经济贸易大学资产评估研究院整理。

7.3.2 数字化战略导向指数

2022 年非国有控股传统产业上市公司的数字化战略导向指数平均水平为 60.77,低于全市场均值(60.97)。从指数分布来看,高于均值的有 1,257 家,占非国有控股传统产业上市公司总数的 47.43%。其中最高的是中控技术,其数字化战略导向指数为 99.28。具体来看,数字化战略导向指数在 60 以下的有 1,358 家,占比 51.25%;60—70 的有 473 家,占比 17.85%;70—80 的有 398 家,占比 15.02%;80 及以上的有 421 家,占比 15.89%。在 31 个省份分布中,非国有控股传统产业上市公司数字化战略导向指数平均水平较高的有北京市(67.18)、天津市(67.01)、广西壮族自治区(66.05)、广东省(65.81),如图 7-12 所示。

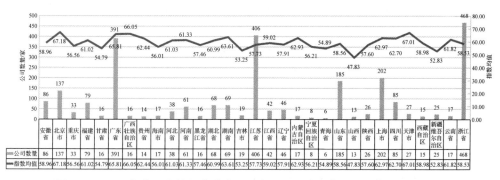

图 7-12 2022 年非国有控股传统产业上市公司数字化战略导向指数均值分布

根据本报告评价,非国有控股传统产业上市公司数字化战略导向指数排名前50的上市公司情况如表7-12所示。

表7-12 2022年非国有控股传统产业上市公司数字化战略导向指数排名前50情况

排名	公司代码	公司名称	数字化战略导向指数	省份
1	688777.SH	中控技术	99.28	浙江省
2	000333.SZ	美的集团	98.80	广东省
3	688363.SH	华熙生物	98.46	山东省
4	600998.SH	九州通	98.30	湖北省
5	300124.SZ	汇川技术	97.71	广东省
6	000785.SZ	居然之家	97.61	湖北省
7	002120.SZ	韵达股份	96.99	浙江省
8	603338.SH	浙江鼎力	96.55	浙江省
9	603259.SH	药明康德	96.52	江苏省
10	300760.SZ	迈瑞医疗	96.32	广东省
11	688202.SH	美迪西	96.27	上海市
12	300298.SZ	三诺生物	95.90	湖南省
13	300957.SZ	贝泰妮	95.69	云南省
14	688349.SH	三一重能	95.10	北京市
15	002352.SZ	顺丰控股	94.74	广东省
16	688271.SH	联影医疗	94.29	上海市
17	000513.SZ	丽珠集团	94.21	广东省
18	688133.SH	泰坦科技	94.09	上海市
19	603456.SH	九洲药业	93.89	浙江省
20	300759.SZ	康龙化成	93.81	北京市
21	688105.SH	诺唯赞	93.61	江苏省
22	002010.SZ	传化智联	93.60	浙江省
23	300007.SZ	汉威科技	93.57	河南省
24	300015.SZ	爱尔眼科	93.51	湖南省
25	688131.SH	皓元医药	93.48	上海市
26	300662.SZ	科锐国际	93.38	北京市
27	002851.SZ	麦格米特	93.37	广东省
28	300482.SZ	万孚生物	93.09	广东省

排名	公司代码	公司名称	数字化战略导向指数	省份
29	300888.SZ	稳健医疗	92.92	广东省
30	000651.SZ	格力电器	92.87	广东省
31	600518.SH	ST 康美	92.77	广东省
32	688139.SH	海尔生物	92.70	山东省
33	601877.SH	正泰电器	92.52	浙江省
34	600233.SH	圆通速递	92.49	辽宁省
35	002821.SZ	凯莱英	92.45	天津市
36	600143.SH	金发科技	92.43	广东省
37	300244.SZ	迪安诊断	92.36	浙江省
38	688298.SH	东方生物	92.32	浙江省
39	300012.SZ	华测检测	92.27	广东省
40	000963.SZ	华东医药	92.20	浙江省
41	600276.SH	恒瑞医药	92.16	江苏省
42	688315.SH	诺禾致源	92.08	北京市
43	600690.SH	海尔智家	92.00	山东省
44	688235.SH	百济神州	91.98	—
45	300003.SZ	乐普医疗	91.90	北京市
46	688114.SH	华大智造	91.84	广东省
47	300825.SZ	阿尔特	91.74	北京市
48	002301.SZ	齐心集团	91.73	广东省
49	000925.SZ	众合科技	91.59	浙江省
50	301177.SZ	迪阿股份	91.56	广东省

数据来源:浙江工商大学数字创新与管理研究院和首都经济贸易大学资产评估研究院整理。

7.3.3　数字化要素投入指数

2022 年非国有控股传统产业上市公司的数字化要素投入指数平均水平为 57.12,略低于全市场均值(57.30)。从指数分布来看,高于均值的有 1,235 家,占非国有控股传统产业上市公司总数的 46.60%。其中最高的是中控技术,其数字化要素投入指数为 99.08。具体来看,数字化要素投入指数在 60 以下的有 1,632 家,占比 61.58%;60—70 的有 610 家,占比 23.02%;70—80 的有 340 家,占比 12.83%;80 及以上的有 68 家,占比 2.57%。在 31 个省份分布中,非国有控股传统产业上市公司数字化要素投入指数平均水平较高的有北京市（62.81）、天津市（61.18）、广东省（61.06）、湖南省（58.83），如图 7-13 所示。

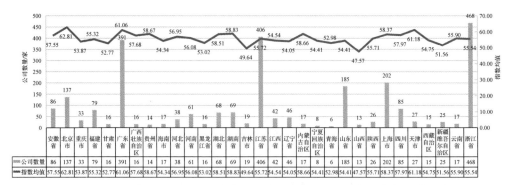

图 7-13　2022 年非国有控股传统产业上市公司数字化要素投入指数均值分布

　　根据本报告评价，非国有控股传统产业上市公司数字化要素投入指数排名前 50 的上市公司情况如表 7-13 所示。

表 7-13　2022 年非国有控股传统产业上市公司数字化要素投入指数排名前 50 情况

排名	公司代码	公司名称	数字化要素投入指数	省份
1	688777.SH	中控技术	99.08	浙江省
2	300376.SZ	易事特	94.90	广东省
3	300760.SZ	迈瑞医疗	94.04	广东省
4	000810.SZ	创维数字	93.16	四川省
5	300124.SZ	汇川技术	92.09	广东省
6	301221.SZ	光庭信息	91.36	湖北省
7	000651.SZ	格力电器	90.16	广东省
8	688001.SH	华兴源创	89.75	江苏省
9	000516.SZ	国际医学	89.38	陕西省
10	300259.SZ	新天科技	88.35	河南省
11	603956.SH	威派格	88.15	上海市
12	002747.SZ	埃斯顿	87.95	江苏省
13	002518.SZ	科士达	87.62	广东省
14	600730.SH	中国高科	87.25	北京市
15	002090.SZ	金智科技	87.23	江苏省
16	300567.SZ	精测电子	87.05	湖北省
17	600525.SH	长园集团	85.77	广东省
18	688271.SH	联影医疗	85.69	上海市
19	002766.SZ	索菱股份	85.67	广东省

排名	公司代码	公司名称	数字化要素投入指数	省份
20	688389.SH	普门科技	85.10	广东省
21	002335.SZ	科华数据	84.96	福建省
22	600770.SH	综艺股份	84.81	江苏省
23	600196.SH	复星医药	84.60	上海市
24	688202.SH	美迪西	84.33	上海市
25	002849.SZ	威星智能	84.17	浙江省
26	300356.SZ	光一退	84.07	江苏省
27	300014.SZ	亿纬锂能	84.00	广东省
28	300137.SZ	先河环保	83.88	河北省
29	600330.SH	天通股份	83.63	浙江省
30	603882.SH	金域医学	83.19	广东省
31	300639.SZ	凯普生物	83.16	广东省
32	002653.SZ	海思科	83.03	西藏自治区
33	002527.SZ	新时达	82.89	上海市
34	601567.SH	三星医疗	82.38	浙江省
35	688092.SH	爱科科技	82.13	浙江省
36	688139.SH	海尔生物	82.10	山东省
37	688114.SH	华大智造	81.98	广东省
38	600380.SH	健康元	81.94	广东省
39	603618.SH	杭电股份	81.92	浙江省
40	300244.SZ	迪安诊断	81.88	浙江省
41	002044.SZ	美年健康	81.80	江苏省
42	300882.SZ	万胜智能	81.64	浙江省
43	002056.SZ	横店东磁	81.55	浙江省
44	301129.SZ	瑞纳智能	81.47	安徽省
45	688348.SH	昱能科技	81.43	浙江省
46	002821.SZ	凯莱英	81.42	天津市
47	300617.SZ	安靠智电	81.26	江苏省
48	300759.SZ	康龙化成	81.14	北京市
49	002348.SZ	高乐股份	81.08	广东省
50	002979.SZ	雷赛智能	81.02	广东省

数据来源:浙江工商大学数字创新与管理研究院和首都经济贸易大学资产评估研究院整理。

7.3.4 数字化创新成果指数

2022年非国有控股传统产业上市公司的数字化创新成果指数平均水平为62.30,高于全市场均值(61.62)。从指数分布来看,高于均值的有1,253家,占非国有控股传统产业上市公司总数的47.28%。其中最高的是美的集团,其数字化创新成果指数为99.06。具体来看,数字化创新成果指数在60以下的有1,222家,占比46.11%;60—70的有673家,占比25.40%;70—80的有509家,占比19.21%;80及以上的有246家,占比9.28%。在31个省份分布中,非国有控股传统产业上市公司数字化创新成果指数平均水平较高的有天津市(67.28)、北京市(66.72)、广东省(66.70)、广西壮族自治区(64.88),如图7-14所示。

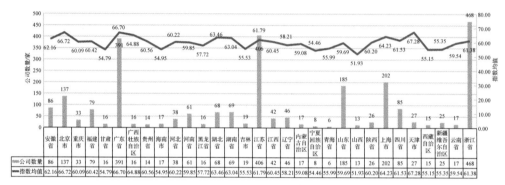

图 7-14 2022年非国有控股传统产业上市公司数字化创新成果指数均值分布

根据本报告评价,非国有控股传统产业上市公司数字化创新成果指数排名前50的上市公司情况如表7-14所示。

表 7-14 2022年非国有控股传统产业上市公司数字化创新成果指数排名前50情况

排名	公司代码	公司名称	数字化创新成果指数	省份
1	000333.SZ	美的集团	99.06	广东省
2	688114.SH	华大智造	96.61	广东省
3	002831.SZ	裕同科技	93.96	广东省
4	002008.SZ	大族激光	93.81	广东省
5	688271.SH	联影医疗	92.55	上海市
6	300124.SZ	汇川技术	92.43	广东省
7	300760.SZ	迈瑞医疗	92.34	广东省
8	688777.SH	中控技术	92.18	浙江省
9	688131.SH	皓元医药	92.05	上海市
10	001323.SZ	慕思股份	92.03	广东省

排名	公司代码	公司名称	数字化创新成果指数	省份
11	688363.SH	华熙生物	91.42	山东省
12	300007.SZ	汉威科技	91.38	河南省
13	300840.SZ	酷特智能	91.31	山东省
14	300616.SZ	尚品宅配	91.18	广东省
15	688139.SH	海尔生物	90.88	山东省
16	600233.SH	圆通速递	90.80	辽宁省
17	688306.SH	均普智能	90.76	浙江省
18	603456.SH	九洲药业	90.69	浙江省
19	300450.SZ	先导智能	90.63	江苏省
20	688211.SH	中科微至	90.55	江苏省
21	300759.SZ	康龙化成	90.40	北京市
22	300203.SZ	聚光科技	90.31	浙江省
23	001322.SZ	箭牌家居	90.27	广东省
24	688125.SH	安达智能	90.20	广东省
25	600143.SH	金发科技	90.18	广东省
26	688155.SH	先惠技术	89.93	上海市
27	000810.SZ	创维数字	89.87	四川省
28	002335.SZ	科华数据	89.76	福建省
29	688215.SH	瑞晟智能	89.62	浙江省
30	600998.SH	九州通	89.60	湖北省
31	688137.SH	近岸蛋白	89.60	江苏省
32	688115.SH	思林杰	89.57	广东省
33	688349.SH	三一重能	89.51	北京市
34	300207.SZ	欣旺达	89.45	广东省
35	688160.SH	步科股份	89.41	上海市
36	688222.SH	成都先导	89.40	四川省
37	301221.SZ	光庭信息	89.27	湖北省
38	688337.SH	普源精电	89.26	江苏省
39	300724.SZ	捷佳伟创	89.23	广东省
40	688599.SH	天合光能	89.14	江苏省

续　表

排名	公司代码	公司名称	数字化创新成果指数	省份
41	688162.SH	巨一科技	89.12	安徽省
42	688499.SH	利元亨	89.10	广东省
43	688202.SH	美迪西	89.10	上海市
44	002611.SZ	东方精工	89.03	广东省
45	002184.SZ	海得控制	89.02	上海市
46	300240.SZ	飞力达	88.99	江苏省
47	300274.SZ	阳光电源	88.63	安徽省
48	688218.SH	江苏北人	88.56	江苏省
49	601877.SH	正泰电器	88.46	浙江省
50	688676.SH	金盘科技	88.24	海南省

数据来源:浙江工商大学数字创新与管理研究院和首都经济贸易大学资产评估研究院整理。

7.3.5　数字化创新绩效指数

　　2022 年非国有控股传统产业上市公司的数字化创新绩效指数平均水平为 54.93,低于全市场均值(55.86)。从指数分布来看,高于均值的有 1,288 家,占非国有控股传统产业上市公司总数的 48.60%。其中最高的是隆基绿能,其数字化创新绩效指数为 98.94。具体来看,数字化创新绩效指数在 60 以下的有 1,770 家,占比 66.79%;60—70 的有 569 家,占比 21.47%;70—80 的有 226 家,占比 8.53%;80 及以上的有 85 家,占比 3.21%。在 31 个省份分布中,非国有控股传统产业上市公司数字化创新绩效指数平均水平较高的有内蒙古自治区(61.45)、河北省(57.06)、河南省(56.69)、云南省(56.25),如图 7-15 所示。

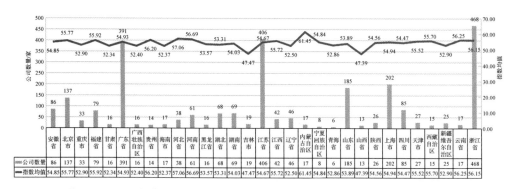

图 7-15　2022 年非国有控股传统产业上市公司数字化创新绩效指数均值分布

　　根据本报告评价,非国有控股传统产业上市公司数字化创新绩效指数排名前 50 的上市公司情况如表 7-15 所示。

表 7-15　2022 年非国有控股传统产业上市公司数字化创新绩效指数排名前 50 情况

排名	公司代码	公司名称	数字化创新绩效指数	省份
1	601012.SH	隆基绿能	98.94	陕西省
2	002129.SZ	TCL 中环	98.60	天津市
3	300274.SZ	阳光电源	98.30	安徽省
4	600690.SH	海尔智家	96.59	山东省
5	002459.SZ	晶澳科技	96.19	河北省
6	601633.SH	长城汽车	95.42	河北省
7	688223.SH	晶科能源	94.48	江西省
8	300896.SZ	爱美客	94.17	北京市
9	688599.SH	天合光能	94.14	江苏省
10	600031.SH	三一重工	93.95	北京市
11	300750.SZ	宁德时代	93.90	福建省
12	300124.SZ	汇川技术	93.44	广东省
13	600438.SH	通威股份	92.98	四川省
14	300316.SZ	晶盛机电	92.06	浙江省
15	300763.SZ	锦浪科技	91.98	浙江省
16	002493.SZ	荣盛石化	91.87	浙江省
17	300014.SZ	亿纬锂能	91.53	广东省
18	002812.SZ	恩捷股份	91.13	云南省
19	603392.SH	万泰生物	90.01	北京市
20	600732.SH	爱旭股份	89.82	上海市
21	600276.SH	恒瑞医药	89.74	江苏省
22	002352.SZ	顺丰控股	89.73	广东省
23	300957.SZ	贝泰妮	89.69	云南省
24	688063.SH	派能科技	89.48	上海市
25	600089.SH	特变电工	88.75	新疆维吾尔自治区
26	603195.SH	公牛集团	88.65	浙江省
27	002252.SZ	上海莱士	88.56	上海市
28	002594.SZ	比亚迪	88.22	广东省
29	002311.SZ	海大集团	88.18	广东省
30	603259.SH	药明康德	87.86	江苏省

排名	公司代码	公司名称	数字化创新绩效指数	省份
31	600887.SH	伊利股份	87.42	内蒙古自治区
32	603806.SH	福斯特	87.39	浙江省
33	603288.SH	海天味业	86.77	广东省
34	300760.SZ	迈瑞医疗	86.66	广东省
35	601100.SH	恒立液压	86.42	江苏省
36	600803.SH	新奥股份	86.34	河北省
37	002460.SZ	赣锋锂业	86.14	江西省
38	600132.SH	重庆啤酒	85.99	重庆市
39	300122.SZ	智飞生物	85.90	重庆市
40	002648.SZ	卫星化学	85.83	浙江省
41	603659.SH	璞泰来	85.63	上海市
42	000963.SZ	华东医药	85.56	浙江省
43	600521.SH	华海药业	85.51	浙江省
44	600660.SH	福耀玻璃	85.51	福建省
45	603596.SH	伯特利	85.49	安徽省
46	600779.SH	水井坊	85.45	四川省
47	603786.SH	科博达	85.31	上海市
48	000408.SZ	藏格矿业	85.02	青海省
49	300450.SZ	先导智能	84.51	江苏省
50	601689.SH	拓普集团	84.07	浙江省

数据来源:浙江工商大学数字创新与管理研究院和首都经济贸易大学资产评估研究院整理。

数字原生产业评价篇

8 数字原生产业上市公司数字化创新评价:区域评价

数字产业化是我国数字经济发展的重要组成部分,数字原生产业的数字化创新对实现我国数字经济高质量发展具有重要的促进作用。本章从区域维度,对东北地区、华北地区、华东地区、华南地区、华中地区、西北地区和西南地区等七大区域的数字原生产业上市公司的数字化创新综合指数、数字化战略导向指数、数字化要素投入指数、数字化创新成果指数和数字化创新绩效指数进行评价,以期有助于广大市场参与者对不同区域内数字原生产业上市公司的数字化创新程度和表现进行分析和判断。

8.1 东北地区数字原生产业上市公司数字化创新评价

截至 2022 年底,A 股市场东北地区共有数字原生产业上市公司 25 家,总市值 1,636.30 亿元,营业总收入 368.26 亿元,平均市值 65.45 亿元/家,平均营业收入 14.73 亿元/家。2022 年,东北地区数字原生产业上市公司研发投入合计 28.91 亿元,占营业总收入的比例为 7.85%;无形资产账面价值合计 35.80 亿元,占总资产的比例为 3.46%。根据报告分析口径,本部分对东北地区 25 家数字原生产业上市公司进行数字化创新指数评价,具体情况如下:

8.1.1 数字化创新综合指数

根据本报告评价,2022 年东北地区数字原生产业上市公司的数字化创新综合指数平均水平为 63.67,低于全市场平均水平(69.28)。其中最高的是启明信息,数字化创新综合指数为 85.32。从本区域内省份分布来看,东北地区 25 家数字原生产业上市公司分布在 3 个省份,数字化创新综合指数平均水平最高的是辽宁省(65.90),最低的是黑龙江省(54.93),如图 8-1 所示。从指数分布来看,高于均值的有 13 家,占区域总数的 52.00%。其中,数字化创新综合指数在 60 以下的有 11 家,占比 44.00%;60—70 的有 5 家,占比 20.00%;70—80 的有 8 家,占比 32.00%;80 及以上的有 1 家,占比 4.00%。

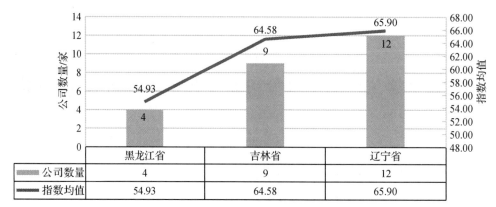

图 8-1 2022 年东北地区数字原生产业上市公司数字化创新综合指数均值分布

东北地区中,数字化创新综合指数排名前 10 的数字原生产业上市公司情况如表 8-1 所示。

表 8-1 2022 年东北地区数字原生产业上市公司数字化创新综合指数排名前 10 情况

排名	公司代码	公司名称	数字化创新综合指数	省份	产权性质
1	002232.SZ	启明信息	85.32	吉林省	中央国有控股
2	688072.SH	拓荆科技	77.42	辽宁省	非国有控股
3	600718.SH	东软集团	77.06	辽宁省	非国有控股
4	002123.SZ	梦网科技	76.08	辽宁省	非国有控股
5	300290.SZ	荣科科技	75.02	辽宁省	地方国有控股
6	002354.SZ	天娱数科	74.96	辽宁省	非国有控股
7	003029.SZ	吉大正元	73.39	吉林省	非国有控股
8	601929.SH	吉视传媒	72.14	吉林省	地方国有控股
9	300597.SZ	吉大通信	71.90	吉林省	中央国有控股
10	688409.SH	富创精密	69.17	辽宁省	非国有控股

数据来源:浙江工商大学数字创新与管理研究院和首都经济贸易大学资产评估研究院整理。

8.1.2 数字化战略导向指数

2022 年东北地区 25 家数字原生产业上市公司的数字化战略导向指数平均水平为 69.45,低于全市场均值(74.24),其中最高的是东软集团,数字化战略导向指数为 95.26。从本区域内省份分布来看,数字化战略导向指数平均水平最高的是辽宁省(71.99),最低的是黑龙江省(60.30),如图 8-2 所示。从指数分布来看,高于均值的有 13 家,占区域总数的 52.00%。其中,数字化战略导向指数在 60 以下的有 7 家,占比 28.00%;60—70 的有 5 家,占比 20.00%;70—80 的有 2 家,占比 8.00%;80 及以上的有 11 家,占比 44.00%。

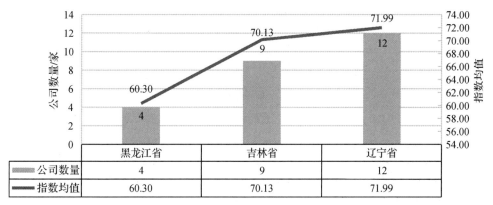

图 8-2　2022 年东北地区数字原生产业上市公司数字化战略导向指数均值分布

东北地区中,数字化战略导向指数排名前 10 的数字原生产业上市公司情况如表 8-2 所示。

表 8-2　2022 年东北地区数字原生产业上市公司数字化战略导向指数排名前 10 情况

排名	公司代码	公司名称	数字化战略导向指数	省份	产权性质
1	600718.SH	东软集团	95.26	辽宁省	非国有控股
2	002232.SZ	启明信息	91.62	吉林省	中央国有控股
3	002123.SZ	梦网科技	90.29	辽宁省	非国有控股
4	300290.SZ	荣科科技	90.26	辽宁省	地方国有控股
5	002354.SZ	天娱数科	90.23	辽宁省	非国有控股
6	601929.SH	吉视传媒	88.34	吉林省	地方国有控股
7	003029.SZ	吉大正元	86.77	吉林省	非国有控股
8	688072.SH	拓荆科技	85.79	辽宁省	非国有控股
9	600715.SH	文投控股	81.92	辽宁省	地方国有控股
10	300597.SZ	吉大通信	81.18	吉林省	中央国有控股

数据来源:浙江工商大学数字创新与管理研究院和首都经济贸易大学资产评估研究院整理。

8.1.3　数字化要素投入指数

2022 年东北地区 25 家数字原生产业上市公司的数字化要素投入指数平均水平为 69.59,低于全市场均值(73.93),其中最高的是启明信息,数字化要素投入指数为 91.63。从本区域内省份分布来看,数字化要素投入指数平均水平最高的是辽宁省 (70.74),最低的是黑龙江省(63.94),如图 8-3 所示。从指数分布来看,高于均值的有 12 家,占区域总数的 48.00%。其中,数字化要素投入指数在 60 以下的有 7 家,占比 28.00%;60—70 的有 6 家,占比 24.00%;70—80 的有 8 家,占比 32.00%;80 及以上的有 4 家,占比 16.00%。

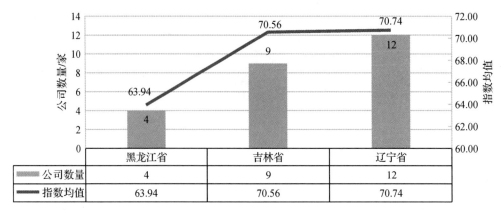

图 8-3　2022 年东北地区数字原生产业上市公司数字化要素投入指数均值分布

东北地区中,数字化要素投入指数排名前 10 的数字原生产业上市公司情况如表 8-3 所示。

表 8-3　2022 年东北地区数字原生产业上市公司数字化要素投入指数排名前 10 情况

排名	公司代码	公司名称	数字化要素投入指数	省份	产权性质
1	002232.SZ	启明信息	91.63	吉林省	中央国有控股
2	300290.SZ	荣科科技	90.18	辽宁省	地方国有控股
3	600718.SH	东软集团	85.63	辽宁省	非国有控股
4	002123.SZ	梦网科技	81.56	辽宁省	非国有控股
5	300597.SZ	吉大通信	79.81	吉林省	中央国有控股
6	003029.SZ	吉大正元	79.47	吉林省	非国有控股
7	002354.SZ	天娱数科	79.36	辽宁省	非国有控股
8	600289.SH	ST 信通	78.49	黑龙江省	非国有控股
9	688072.SH	拓荆科技	78.12	辽宁省	非国有控股
10	688037.SH	芯源微	77.13	辽宁省	中央国有控股

数据来源:浙江工商大学数字创新与管理研究院和首都经济贸易大学资产评估研究院整理。

8.1.4　数字化创新成果指数

2022 年东北地区 25 家数字原生产业上市公司的数字化创新成果指数平均水平为 68.83,低于全市场均值(73.39),其中最高的是东软集团,数字化创新成果指数为 93.48。从本区域内省份分布来看,数字化创新成果指数平均水平最高的是辽宁省(72.39),最低的是黑龙江省(61.23),如图 8-4 所示。从指数分布来看,高于均值的有 12 家,占区域总数的 48.00%。其中,数字化创新成果指数在 60 以下的有 6 家,占比 24.00%;60—70 的有 8 家,占比 32.00%;70—80 的有 5 家,占比 20.00%;80 及以上的有 6 家,占比 24.00%。

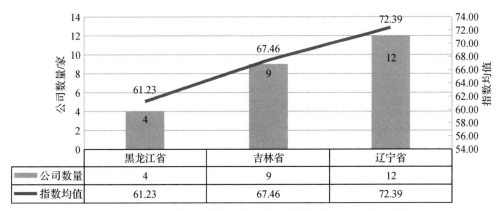

图 8-4 2022 年东北地区数字原生产业上市公司数字化创新成果指数均值分布

东北地区中,数字化创新成果指数排名前 10 的数字原生产业上市公司情况如表 8-4 所示。

表 8-4 2022 年东北地区数字原生产业上市公司数字化创新成果指数排名前 10 情况

排名	公司代码	公司名称	数字化创新成果指数	省份	产权性质
1	600718.SH	东软集团	93.48	辽宁省	非国有控股
2	002232.SZ	启明信息	89.37	吉林省	中央国有控股
3	002123.SZ	梦网科技	87.74	辽宁省	非国有控股
4	003029.SZ	吉大正元	84.63	吉林省	非国有控股
5	300290.SZ	荣科科技	84.56	辽宁省	地方国有控股
6	688072.SH	拓荆科技	80.07	辽宁省	非国有控股
7	002354.SZ	天娱数科	79.38	辽宁省	非国有控股
8	688409.SH	富创精密	77.93	辽宁省	非国有控股
9	601929.SH	吉视传媒	76.51	吉林省	地方国有控股
10	300597.SZ	吉大通信	73.57	吉林省	中央国有控股

数据来源:浙江工商大学数字创新与管理研究院和首都经济贸易大学资产评估研究院整理。

8.1.5 数字化创新绩效指数

2022 年东北地区 25 家数字原生产业上市公司的数字化创新绩效指数平均水平为 49.94,低于全市场均值(58.16),其中最高的是启明信息,数字化创新绩效指数为 72.25。从本区域内省份分布来看,数字化创新绩效指数平均水平最高的是吉林省 (53.57),最低的是黑龙江省(37.92),如图 8-5 所示。从指数分布来看,高于均值的 有 13 家,占区域总数的 52.00%。其中,数字化创新绩效指数在 60 以下的有 20 家, 占比 80.00%;60—70 的有 4 家,占比 16.00%;70—80 的有 1 家,占比 4.00%。

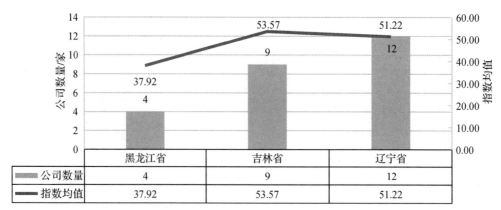

图 8-5　2022 年东北地区数字原生产业上市公司数字化创新绩效指数均值分布

东北地区中,数字化创新绩效指数排名前 10 的数字原生产业上市公司情况如表 8-5 所示。

表 8-5　2022 年东北地区数字原生产业上市公司数字化创新绩效指数排名前 10 情况

排名	公司代码	公司名称	数字化创新绩效指数	省份	产权性质
1	002232.SZ	启明信息	72.25	吉林省	中央国有控股
2	688072.SH	拓荆科技	68.70	辽宁省	非国有控股
3	688037.SH	芯源微	61.56	辽宁省	中央国有控股
4	688409.SH	富创精密	61.35	辽宁省	非国有控股
5	600360.SH	华微电子	61.00	吉林省	非国有控股
6	002338.SZ	奥普光电	59.71	吉林省	中央国有控股
7	300597.SZ	吉大通信	58.59	吉林省	中央国有控股
8	002354.SZ	天娱数科	57.31	辽宁省	非国有控股
9	688233.SH	神工股份	56.64	辽宁省	非国有控股
10	601999.SH	出版传媒	55.47	辽宁省	地方国有控股

数据来源:浙江工商大学数字创新与管理研究院和首都经济贸易大学资产评估研究院整理。

8.2　华北地区数字原生产业上市公司数字化创新评价

截至 2022 年底,A 股市场华北地区共有数字原生产业上市公司 196 家,总市值 32,142.86 亿元,营业总收入 16,762.17 亿元,平均市值 163.99 亿元/家,平均营业收入 85.52 亿元/家。2022 年,华北地区数字原生产业上市公司研发投入合计 1,071.84 亿元,占营业总收入的比例为 6.39%;无形资产账面价值合计 1,368.58 亿元,占总资产的比例为 4.31%。根据本报告分析口径,本部分对华北地区 196 家数字原生产业上市公司进行数字化创新指数评价,具体情况如下:

8.2.1 数字化创新综合指数

根据本报告评价,2022 年华北地区数字原生产业上市公司的数字化创新综合指数平均水平为 73.66,高于全市场平均水平(69.28),其中最高的是金山办公,数字化创新综合指数为 98.99。从本区域内省份分布来看,华北地区 196 家数字原生产业上市公司分布在 5 个省份,数字化创新综合指数平均水平最高的是北京市(74.86),最低的是内蒙古自治区(57.72),如图 8-6 所示。从指数分布来看,高于均值的有 109 家,占区域总数 55.61%。其中,数字化创新综合指数在 60 以下的有 17 家,占比 8.67%;60—70 的有 39 家,占比 19.90%;70—80 的有 93 家,占比 47.45%;80 及以上的有 47 家,占比 23.98%。

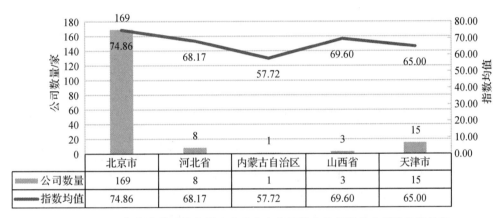

图 8-6 2022 年华北地区数字原生产业上市公司数字化创新综合指数均值分布

华北地区中,数字化创新综合指数排名前 10% 的数字原生产业上市公司情况如表8-6所示。

表 8-6 2022 年华北地区数字原生产业上市公司数字化创新综合指数排名前 10% 情况

排名	公司代码	公司名称	数字化创新综合指数	省份	产权性质
1	688111.SH	金山办公	98.99	北京市	非国有控股
2	002410.SZ	广联达	95.46	北京市	非国有控股
3	000938.SZ	紫光股份	93.00	北京市	非国有控股
4	002439.SZ	启明星辰	92.05	北京市	非国有控股
5	601728.SH	中国电信	91.42	北京市	中央国有控股
6	300496.SZ	中科创达	90.17	北京市	非国有控股
7	002368.SZ	太极股份	89.14	北京市	中央国有控股

续　表

排名	公司代码	公司名称	数字化创新综合指数	省份	产权性质
8	600588.SH	用友网络	88.41	北京市	非国有控股
9	600536.SH	中国软件	88.07	北京市	中央国有控股
10	301236.SZ	软通动力	87.87	北京市	非国有控股
11	002153.SZ	石基信息	87.68	北京市	非国有控股
12	600225.SH	卓朗科技	87.34	天津市	地方国有控股
13	300212.SZ	易华录	87.09	北京市	中央国有控股
14	688561.SH	奇安信	86.75	北京市	非国有控股
15	688066.SH	航天宏图	86.07	北京市	非国有控股
16	600050.SH	中国联通	85.80	北京市	中央国有控股
17	300229.SZ	拓尔思	85.64	北京市	非国有控股
18	002065.SZ	东华软件	85.27	北京市	非国有控股
19	601360.SH	三六零	85.10	天津市	非国有控股

数据来源:浙江工商大学数字创新与管理研究院和首都经济贸易大学资产评估研究院整理。

8.2.2　数字化战略导向指数

　　2022 年华北地区 196 家数字原生产业上市公司的数字化战略导向指数平均水平为 82.54,高于全市场均值(74.24),其中最高的是奇安信,数字化战略导向指数为 99.68。从本区域内省份分布来看,数字化战略导向指数平均水平最高的是北京市(84.62),最低的是天津市(63.74),如图 8-7 所示。从指数分布来看,高于均值的有 130 家,占区域总数 66.33%。其中,数字化战略导向指数在 60 以下的有 19 家,占比 9.69%;60—70 的有 14 家,占比 7.14%;70—80 的有 25 家,占比 12.76%;80 及以上的有 138 家,占比 70.41%。

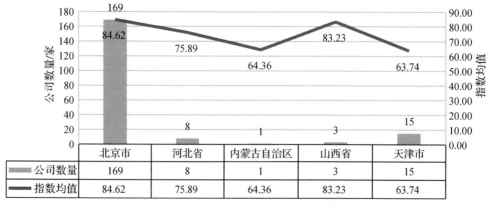

图 8-7　2022 年华北地区数字原生产业上市公司数字化战略导向指数均值分布

华北地区中,数字化战略导向指数排名前 10％的数字原生产业上市公司情况如表 8-7 所示。

表 8-7　2022 年华北地区数字原生产业上市公司数字化战略导向指数排名前 10％情况

排名	公司代码	公司名称	数字化战略导向指数	省份	产权性质
1	688561.SH	奇安信	99.68	北京市	非国有控股
2	002153.SZ	石基信息	99.44	北京市	非国有控股
3	688111.SH	金山办公	99.00	北京市	非国有控股
4	002439.SZ	启明星辰	98.49	北京市	非国有控股
5	301236.SZ	软通动力	98.48	北京市	非国有控股
6	300496.SZ	中科创达	98.18	北京市	非国有控股
7	002410.SZ	广联达	97.85	北京市	非国有控股
8	000938.SZ	紫光股份	97.51	北京市	非国有控股
9	600588.SH	用友网络	97.28	北京市	非国有控股
10	002368.SZ	太极股份	97.14	北京市	中央国有控股
11	002405.SZ	四维图新	96.92	北京市	非国有控股
12	688256.SH	寒武纪	96.65	北京市	非国有控股
13	688066.SH	航天宏图	96.43	北京市	非国有控股
14	601728.SH	中国电信	96.06	北京市	中央国有控股
15	603613.SH	国联股份	95.75	北京市	非国有控股
16	688169.SH	石头科技	95.73	北京市	非国有控股
17	688568.SH	中科星图	95.69	北京市	中央国有控股
18	601360.SH	三六零	95.51	天津市	非国有控股
19	688326.SH	经纬恒润	95.49	北京市	非国有控股

数据来源:浙江工商大学数字创新与管理研究院和首都经济贸易大学资产评估研究院整理。

8.2.3　数字化要素投入指数

2022 年华北地区 196 家数字原生产业上市公司的数字化要素投入指数平均水平为 78.46,高于全市场均值(73.93),其中最高的是紫光股份,数字化要素投入指数为 99.15。从本区域内省份分布来看,数字化要素投入指数平均水平最高的是北京市(79.81),最低的是内蒙古自治区(56.71),如图 8-8 所示。从指数分布来看,高于均值的有 113 家,占区域总数 57.65％。其中,数字化要素投入指数在 60 以下的有 17 家,占比 8.67％;60—70 的有 14 家,占比 7.14％;70—80 的有 73 家,占比 37.24％;80 及以上的有 92 家,占比 46.94％。

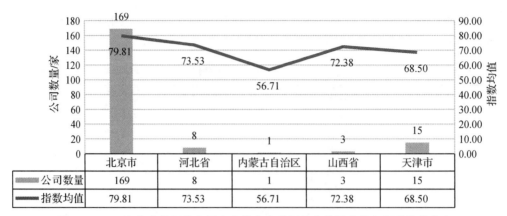

图 8-8　2022 年华北地区数字原生产业上市公司数字化要素投入指数均值分布

华北地区中,数字化要素投入指数排名前 10％的数字原生产业上市公司情况如表 8-8 所示。

表 8-8　2022 年华北地区数字原生产业上市公司数字化要素投入指数排名前 10％情况

排名	公司代码	公司名称	数字化要素投入指数	省份	产权性质
1	000938.SZ	紫光股份	99.15	北京市	非国有控股
2	688111.SH	金山办公	98.81	北京市	非国有控股
3	002439.SZ	启明星辰	98.41	北京市	非国有控股
4	002153.SZ	石基信息	98.32	北京市	非国有控股
5	002368.SZ	太极股份	97.84	北京市	中央国有控股
6	600588.SH	用友网络	96.50	北京市	非国有控股
7	002410.SZ	广联达	96.43	北京市	非国有控股
8	300229.SZ	拓尔思	95.68	北京市	非国有控股
9	002373.SZ	千方科技	94.90	北京市	非国有控股
10	300212.SZ	易华录	94.33	北京市	中央国有控股
11	300271.SZ	华宇软件	93.59	北京市	非国有控股
12	300663.SZ	科蓝软件	93.27	北京市	非国有控股
13	600100.SH	同方股份	93.07	北京市	中央国有控股
14	300369.SZ	绿盟科技	92.46	北京市	非国有控股
15	300075.SZ	数字政通	92.44	北京市	非国有控股
16	600536.SH	中国软件	92.16	北京市	中央国有控股
17	300846.SZ	首都在线	92.12	北京市	非国有控股
18	300542.SZ	新晨科技	92.11	北京市	非国有控股
19	002151.SZ	北斗星通	92.08	北京市	非国有控股

数据来源:浙江工商大学数字创新与管理研究院和首都经济贸易大学资产评估研究院整理。

8.2.4　数字化创新成果指数

2022 年华北地区 196 家数字原生产业上市公司的数字化创新成果指数平均水平为 78.33,高于全市场均值(73.39),其中最高的是金山办公,数字化创新成果指数为 98.24。从本区域内省份分布来看,数字化创新成果指数平均水平最高的是北京市(79.83),最低的是内蒙古自治区(59.37),如图 8-9 所示。从指数分布来看,高于均值的有 115 家,占区域总数 58.67%。其中,数字化创新成果指数在 60 以下的有 19 家,占比 9.69%;60—70 的有 18 家,占比 9.18%;70—80 的有 59 家,占比 30.10%;80 及以上的有 100 家,占比 51.02%。

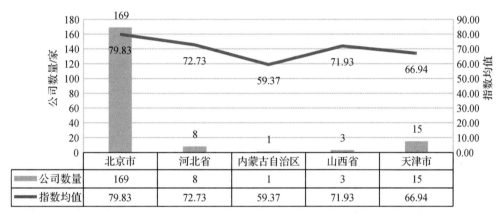

	北京市	河北省	内蒙古自治区	山西省	天津市
公司数量	169	8	1	3	15
指数均值	79.83	72.73	59.37	71.93	66.94

图 8-9　2022 年华北地区数字原生产业上市公司数字化创新成果指数均值分布

华北地区中,数字化创新成果指数排名前 10% 的数字原生产业上市公司情况如表 8-9 所示。

表 8-9　2022 年华北地区数字原生产业上市公司数字化创新成果指数排名前 10% 情况

排名	公司代码	公司名称	数字化创新成果指数	省份	产权性质
1	688111.SH	金山办公	98.24	北京市	非国有控股
2	601360.SH	三六零	97.18	天津市	非国有控股
3	002153.SZ	石基信息	95.29	北京市	非国有控股
4	002439.SZ	启明星辰	95.06	北京市	非国有控股
5	301236.SZ	软通动力	94.72	北京市	非国有控股
6	600588.SH	用友网络	93.96	北京市	非国有控股
7	688561.SH	奇安信	93.85	北京市	非国有控股
8	000938.SZ	紫光股份	93.54	北京市	非国有控股
9	688326.SH	经纬恒润	93.38	北京市	非国有控股
10	688169.SH	石头科技	93.20	北京市	非国有控股

续 表

排名	公司代码	公司名称	数字化创新成果指数	省份	产权性质
11	600100.SH	同方股份	93.13	北京市	中央国有控股
12	300352.SZ	北信源	93.12	北京市	非国有控股
13	002410.SZ	广联达	92.77	北京市	非国有控股
14	600225.SH	卓朗科技	92.29	天津市	地方国有控股
15	601728.SH	中国电信	92.26	北京市	中央国有控股
16	600536.SH	中国软件	92.23	北京市	中央国有控股
17	300674.SZ	宇信科技	91.96	北京市	非国有控股
18	300271.SZ	华宇软件	91.38	北京市	非国有控股
19	002368.SZ	太极股份	91.16	北京市	中央国有控股

数据来源:浙江工商大学数字创新与管理研究院和首都经济贸易大学资产评估研究院整理。

8.2.5 数字化创新绩效指数

2022 年华北地区 196 家数字原生产业上市公司的数字化创新绩效指数平均水平为 59.39,高于全市场均值(58.16),其中最高的是金山办公,数字化创新绩效指数为 99.96。从本区域内省份分布来看,数字化创新绩效指数平均水平最高的是天津市(61.04),最低的是内蒙古自治区(52.48),如图 8-10 所示。从指数分布来看,高于均值的有 99 家,占区域总数 50.51%。其中,数字化创新绩效指数在 60 以下的有 100 家,占比 51.02%;60—70 的有 47 家,占比 23.98%;70—80 的有 31 家,占比 15.82%;80 及以上的有 18 家,占比 9.18%。

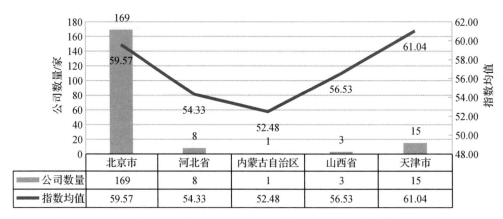

	北京市	河北省	内蒙古自治区	山西省	天津市
公司数量	169	8	1	3	15
指数均值	59.57	54.33	52.48	56.53	61.04

图 8-10 2022 年华北地区数字原生产业上市公司数字化创新绩效指数均值分布

华北地区中,数字化创新绩效指数排名前 10% 的数字原生产业上市公司情况如表 8-10 所示。

表 8-10 2022 年华北地区数字原生产业上市公司数字化创新绩效指数排名前 10%情况

排名	公司代码	公司名称	数字化创新绩效指数	省份	产权性质
1	688111.SH	金山办公	99.96	北京市	非国有控股
2	300661.SZ	圣邦股份	97.84	北京市	非国有控股
3	002410.SZ	广联达	96.38	北京市	非国有控股
4	002371.SZ	北方华创	95.84	北京市	地方国有控股
5	600050.SH	中国联通	92.42	北京市	中央国有控股
6	601728.SH	中国电信	91.98	北京市	中央国有控股
7	002049.SZ	紫光国微	89.89	河北省	非国有控股
8	003031.SZ	中瓷电子	89.15	河北省	中央国有控股
9	301269.SZ	华大九天	87.27	北京市	非国有控股
10	603712.SH	七一二	86.20	天津市	地方国有控股
11	300496.SZ	中科创达	85.83	北京市	非国有控股
12	000938.SZ	紫光股份	85.19	北京市	非国有控股
13	688041.SH	海光信息	84.65	天津市	非国有控股
14	601698.SH	中国卫通	83.50	北京市	中央国有控股
15	600118.SH	中国卫星	83.27	北京市	中央国有控股
16	600225.SH	卓朗科技	82.72	天津市	地方国有控股
17	600536.SH	中国软件	80.84	北京市	中央国有控股
18	002439.SZ	启明星辰	80.06	北京市	非国有控股
19	301153.SZ	中科江南	79.49	北京市	地方国有控股

数据来源:浙江工商大学数字创新与管理研究院和首都经济贸易大学资产评估研究院整理。

8.3 华东地区数字原生产业上市公司数字化创新评价

截至 2022 年底,A 股市场华东地区共有数字原生产业上市公司 439 家,总市值 47,746.89 亿元,营业总收入 18,524.19 亿元,平均市值 108.76 亿元/家,平均营业收入 42.20 亿元/家。2022 年,华东地区数字原生产业上市公司研发投入合计 1,259.32 亿元,占营业总收入的比例为 6.80%;无形资产账面价值合计 795.06 亿元,占总资产的比例为 2.83%。根据本报告分析口径,本部分对华东地区 439 家数字原生产业上市公司进行数字化创新指数评价,具体情况如下:

8.3.1 数字化创新综合指数

根据本报告评价,2022 年华东地区数字原生产业上市公司的数字化创新综合指数平均水平为 68.50,低于全市场平均水平(69.28),其中最高的是海康威视,数字化创新综合指数为 96.13。从本区域内省份分布来看,华东地区 439 家上市公司分布在 7 个省份,数字化创新综合指数平均水平最高的是山东省(71.68),最低的是安徽省(64.64),如图 8-11 所示。从指数分布来看,高于均值的有 225 家,占区域总数的51.25%。其中,数字化创新综合指数在 60 以下的有 99 家,占比 22.55%;60—70 的有 141 家,占比 32.12%;70—80 的有 138 家,占比 31.44%;80 及以上的有 61 家,占比 13.90%。

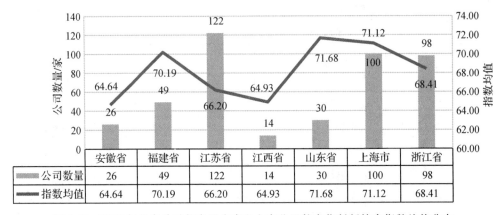

	安徽省	福建省	江苏省	江西省	山东省	上海市	浙江省
公司数量	26	49	122	14	30	100	98
指数均值	64.64	70.19	66.20	64.93	71.68	71.12	68.41

图 8-11　2022 年华东地区数字原生产业上市公司数字化创新综合指数均值分布

华东地区中,数字化创新综合指数排名前 10%的数字原生产业上市公司情况如表 8-11 所示。

表 8-11　2022 年华东地区数字原生产业上市公司数字化创新综合指数排名前 10%情况

排名	公司代码	公司名称	数字化创新综合指数	省份	产权性质
1	002415.SZ	海康威视	96.13	浙江省	中央国有控股
2	600570.SH	恒生电子	94.12	浙江省	非国有控股
3	002230.SZ	科大讯飞	92.24	安徽省	非国有控股
4	002236.SZ	大华股份	90.20	浙江省	非国有控股
5	600845.SH	宝信软件	89.43	上海市	中央国有控股
6	300682.SZ	朗新科技	88.66	江苏省	非国有控股
7	300525.SZ	博思软件	88.22	福建省	非国有控股
8	300628.SZ	亿联网络	87.89	福建省	非国有控股
9	300782.SZ	卓胜微	87.46	江苏省	非国有控股

排名	公司代码	公司名称	数字化创新综合指数	省份	产权性质
10	688008.SH	澜起科技	86.98	上海市	非国有控股
11	300017.SZ	网宿科技	86.80	上海市	非国有控股
12	300451.SZ	创业慧康	86.72	浙江省	非国有控股
13	603444.SH	吉比特	86.66	福建省	非国有控股
14	300188.SZ	美亚柏科	86.50	福建省	中央国有控股
15	600850.SH	电科数字	86.47	上海市	中央国有控股
16	688521.SH	芯原股份	85.50	上海市	非国有控股
17	600602.SH	云赛智联	85.48	上海市	地方国有控股
18	600637.SH	东方明珠	85.47	上海市	地方国有控股
19	600562.SH	国睿科技	84.97	江苏省	中央国有控股
20	300170.SZ	汉得信息	84.83	上海市	非国有控股
21	300339.SZ	润和软件	84.61	江苏省	非国有控股
22	300627.SZ	华测导航	84.54	上海市	非国有控股
23	000681.SZ	视觉中国	84.26	江苏省	非国有控股
24	300253.SZ	卫宁健康	84.00	上海市	非国有控股
25	300442.SZ	润泽科技	83.88	上海市	非国有控股
26	300033.SZ	同花顺	83.81	浙江省	非国有控股
27	002555.SZ	三七互娱	83.60	安徽省	非国有控股
28	688536.SH	思瑞浦	83.35	江苏省	非国有控股
29	000547.SZ	航天发展	83.27	福建省	中央国有控股
30	603039.SH	泛微网络	83.19	上海市	非国有控股
31	002396.SZ	星网锐捷	83.19	福建省	地方国有控股
32	300183.SZ	东软载波	83.12	山东省	地方国有控股
33	601231.SH	环旭电子	82.93	上海市	非国有控股
34	002401.SZ	中远海科	82.75	上海市	中央国有控股
35	688002.SH	睿创微纳	82.47	山东省	非国有控股
36	600487.SH	亨通光电	82.36	江苏省	非国有控股
37	688206.SH	概伦电子	82.32	上海市	非国有控股
38	002474.SZ	榕基软件	82.16	福建省	非国有控股
39	600522.SH	中天科技	82.02	江苏省	非国有控股

续　表

排名	公司代码	公司名称	数字化创新综合指数	省份	产权性质
40	600797.SH	浙大网新	81.97	浙江省	中央国有控股
41	300560.SZ	中富通	81.72	福建省	非国有控股
42	000409.SZ	云鼎科技	81.66	山东省	地方国有控股
43	300623.SZ	捷捷微电	81.63	江苏省	非国有控股

数据来源:浙江工商大学数字创新与管理研究院和首都经济贸易大学资产评估研究院整理。

8.3.2　数字化战略导向指数

2022 年华东地区 439 家数字原生产业上市公司的数字化战略导向指数平均水平为 72.68,低于全市场均值(74.24),其中最高的是大华股份,数字化战略导向指数为 99.46。从本区域内省份分布来看,数字化战略导向指数平均水平最高的是山东省(78.87),最低的是江西省(66.31),如图 8-12 所示。从指数分布来看,高于均值的有 237 家,占区域总数 53.99%。其中,数字化战略导向指数在 60 以下的有 116 家,占比 26.42%;60—70 的有 64 家,占比 14.58%;70—80 的有 69 家,占比 15.72%;80 及以上的有 190 家,占比 43.28%。

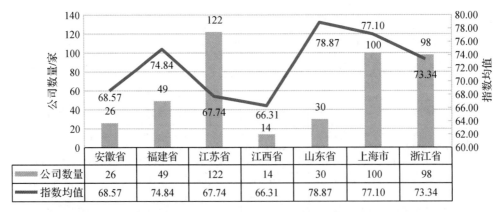

	安徽省	福建省	江苏省	江西省	山东省	上海市	浙江省
公司数量	26	49	122	14	30	100	98
指数均值	68.57	74.84	67.74	66.31	78.87	77.10	73.34

图 8-12　2022 年华东地区数字原生产业上市公司数字化战略导向指数均值分布

华东地区中,数字化战略导向指数排名前 10% 的数字原生产业上市公司情况如表 8-12 所示。

表 8-12　2022 年华东地区数字原生产业上市公司数字化战略导向指数排名前 10% 情况

排名	公司代码	公司名称	数字化战略导向指数	省份	产权性质
1	002236.SZ	大华股份	99.46	浙江省	非国有控股
2	002415.SZ	海康威视	99.39	浙江省	中央国有控股
3	002230.SZ	科大讯飞	99.32	安徽省	非国有控股

排名	公司代码	公司名称	数字化战略导向指数	省份	产权性质
4	688521.SH	芯原股份	98.83	上海市	非国有控股
5	600637.SH	东方明珠	98.15	上海市	地方国有控股
6	688232.SH	新点软件	97.55	江苏省	非国有控股
7	688023.SH	安恒信息	97.53	浙江省	非国有控股
8	300682.SZ	朗新科技	96.64	江苏省	非国有控股
9	300168.SZ	万达信息	96.20	上海市	非国有控股
10	300451.SZ	创业慧康	96.15	浙江省	非国有控股
11	300188.SZ	美亚柏科	95.94	福建省	中央国有控股
12	688475.SH	萤石网络	95.83	浙江省	中央国有控股
13	688031.SH	星环科技	95.78	上海市	非国有控股
14	688008.SH	澜起科技	95.52	上海市	非国有控股
15	300339.SZ	润和软件	95.16	江苏省	非国有控股
16	300525.SZ	博思软件	95.00	福建省	非国有控股
17	603636.SH	南威软件	94.63	福建省	非国有控股
18	300017.SZ	网宿科技	94.49	上海市	非国有控股
19	603444.SH	吉比特	94.39	福建省	非国有控股
20	002127.SZ	南极电商	93.90	江苏省	非国有控股
21	600570.SH	恒生电子	93.81	浙江省	非国有控股
22	300031.SZ	宝通科技	92.94	江苏省	非国有控股
23	300628.SZ	亿联网络	92.92	福建省	非国有控股
24	600845.SH	宝信软件	92.86	上海市	中央国有控股
25	300520.SZ	科大国创	92.70	安徽省	非国有控股
26	000547.SZ	航天发展	92.63	福建省	中央国有控股
27	688579.SH	山大地纬	92.62	山东省	中央国有控股
28	002298.SZ	中电兴发	92.61	安徽省	非国有控股
29	300078.SZ	思创医惠	92.56	浙江省	非国有控股
30	000156.SZ	华数传媒	92.51	浙江省	地方国有控股
31	000681.SZ	视觉中国	92.38	江苏省	非国有控股
32	688206.SH	概伦电子	92.36	上海市	非国有控股
33	002474.SZ	榕基软件	92.36	福建省	非国有控股

排名	公司代码	公司名称	数字化战略导向指数	省份	产权性质
34	688225.SH	亚信安全	92.33	江苏省	非国有控股
35	600602.SH	云赛智联	92.31	上海市	地方国有控股
36	688588.SH	凌志软件	92.25	江苏省	非国有控股
37	002401.SZ	中远海科	92.21	上海市	中央国有控股
38	688158.SH	优刻得	92.08	上海市	非国有控股
39	300941.SZ	创识科技	91.86	福建省	非国有控股
40	300226.SZ	上海钢联	91.79	上海市	非国有控股
41	688365.SH	光云科技	91.61	浙江省	非国有控股
42	300033.SZ	同花顺	91.61	浙江省	非国有控股
43	300830.SZ	金现代	91.61	山东省	非国有控股

数据来源:浙江工商大学数字创新与管理研究院和首都经济贸易大学资产评估研究院整理。

8.3.3 数字化要素投入指数

2022年华东地区439家数字原生产业上市公司的数字化要素投入指数平均水平为73.09,略低于全市场均值(73.93),其中最高的是大华股份,数字化要素投入指数为99.45。从本区域内省份分布来看,数字化要素投入指数平均水平最高的是上海市(76.81),最低的是江西省(66.50),如图8-13所示。从指数分布来看,高于均值的有243家,占区域总数的55.35%。其中,数字化要素投入指数在60以下的有83家,占比18.91%;60—70的有79家,占比18.00%;70—80的有130家,占比29.61%;80及以上的有147家,占比33.49%。

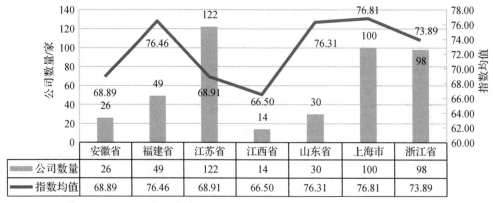

	安徽省	福建省	江苏省	江西省	山东省	上海市	浙江省
公司数量	26	49	122	14	30	100	98
指数均值	68.89	76.46	68.91	66.50	76.31	76.81	73.89

图8-13 2022年华东地区数字原生产业上市公司数字化要素投入指数均值分布

华东地区中,数字化要素投入指数排名前10%的数字原生产业上市公司情况如表8-13所示。

表 8-13 2022 年华东地区数字原生产业上市公司数字化要素投入指数排名前 10％情况

排名	公司代码	公司名称	数字化要素投入指数	省份	产权性质
1	002236.SZ	大华股份	99.45	浙江省	非国有控股
2	300442.SZ	润泽科技	98.98	上海市	非国有控股
3	002415.SZ	海康威视	98.74	浙江省	中央国有控股
4	688023.SH	安恒信息	97.05	浙江省	非国有控股
5	600845.SH	宝信软件	96.90	上海市	中央国有控股
6	300168.SZ	万达信息	96.77	上海市	非国有控股
7	002602.SZ	世纪华通	96.31	浙江省	非国有控股
8	300188.SZ	美亚柏科	96.27	福建省	中央国有控股
9	300525.SZ	博思软件	95.31	福建省	非国有控股
10	603636.SH	南威软件	95.21	福建省	非国有控股
11	600570.SH	恒生电子	95.07	浙江省	非国有控股
12	300017.SZ	网宿科技	94.85	上海市	非国有控股
13	603444.SH	吉比特	94.79	福建省	非国有控股
14	300782.SZ	卓胜微	94.44	江苏省	非国有控股
15	600637.SH	东方明珠	94.39	上海市	地方国有控股
16	300451.SZ	创业慧康	94.28	浙江省	非国有控股
17	600602.SH	云赛智联	93.91	上海市	地方国有控股
18	002396.SZ	星网锐捷	92.95	福建省	地方国有控股
19	600797.SH	浙大网新	92.84	浙江省	中央国有控股
20	300078.SZ	思创医惠	92.75	浙江省	非国有控股
21	002555.SZ	三七互娱	92.61	安徽省	非国有控股
22	600850.SH	电科数字	92.53	上海市	中央国有控股
23	000409.SZ	云鼎科技	92.47	山东省	地方国有控股
24	688039.SH	当虹科技	92.22	浙江省	非国有控股
25	300560.SZ	中富通	92.22	福建省	非国有控股
26	000503.SZ	国新健康	92.09	山东省	中央国有控股
27	300183.SZ	东软载波	92.01	山东省	地方国有控股
28	300113.SZ	顺网科技	92.00	浙江省	非国有控股
29	600633.SH	浙数文化	91.90	浙江省	地方国有控股
30	600756.SH	浪潮软件	91.87	山东省	地方国有控股
31	300469.SZ	信息发展	91.82	上海市	中央国有控股

续 表

排名	公司代码	公司名称	数字化要素投入指数	省份	产权性质
32	603039.SH	泛微网络	91.76	上海市	非国有控股
33	300096.SZ	易联众	91.68	福建省	非国有控股
34	002178.SZ	延华智能	91.67	上海市	非国有控股
35	300308.SZ	中际旭创	91.62	山东省	非国有控股
36	603893.SH	瑞芯微	91.60	福建省	非国有控股
37	300645.SZ	正元智慧	91.43	浙江省	非国有控股
38	300479.SZ	神思电子	91.26	山东省	地方国有控股
39	300659.SZ	中孚信息	91.26	山东省	非国有控股
40	601519.SH	大智慧	91.10	上海市	非国有控股
41	300609.SZ	汇纳科技	90.68	上海市	非国有控股
42	300270.SZ	中威电子	90.35	浙江省	地方国有控股
43	300627.SZ	华测导航	90.33	上海市	非国有控股

数据来源:浙江工商大学数字创新与管理研究院和首都经济贸易大学资产评估研究院整理。

8.3.4 数字化创新成果指数

2022 年华东地区 439 家数字原生产业上市公司的数字化创新成果指数平均水平为 72.53,低于全市场均值(73.39),其中最高的是海康威视,数字化创新成果指数为 96.56。从本区域内省份分布来看,数字化创新成果指数平均水平最高的是山东省(75.74),最低的是江西省(69.96),如图 8-14 所示。从指数分布来看,高于均值的有 229 家,占区域总数的 52.16%。其中,数字化创新成果指数在 60 以下的有 71 家,占比 16.17%;60—70 的有 104 家,占比 23.69%;70—80 的有 133 家,占比 30.30%;80 及以上的有 131 家,占比 29.84%。

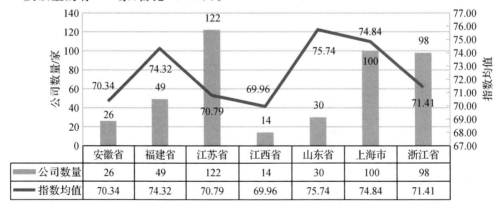

	安徽省	福建省	江苏省	江西省	山东省	上海市	浙江省
公司数量	26	49	122	14	30	100	98
指数均值	70.34	74.32	70.79	69.96	75.74	74.84	71.41

图 8-14 2022 年华东地区数字原生产业上市公司数字化创新成果指数均值分布

华东地区中,数字化创新成果指数排名前 10％的数字原生产业上市公司情况如表8-14所示。

表 8-14　2022 年华东地区数字原生产业上市公司数字化创新成果指数排名前 10％情况

排名	公司代码	公司名称	数字化创新成果指数	省份	产权性质
1	002415.SZ	海康威视	96.56	浙江省	中央国有控股
2	688232.SH	新点软件	94.66	江苏省	非国有控股
3	300682.SZ	朗新科技	94.44	江苏省	非国有控股
4	688521.SH	芯原股份	94.21	上海市	非国有控股
5	688206.SH	概伦电子	93.40	上海市	非国有控股
6	603039.SH	泛微网络	93.13	上海市	非国有控股
7	600845.SH	宝信软件	92.57	上海市	中央国有控股
8	002230.SZ	科大讯飞	92.50	安徽省	非国有控股
9	688220.SH	翱捷科技	92.48	上海市	非国有控股
10	600570.SH	恒生电子	92.28	浙江省	非国有控股
11	300628.SZ	亿联网络	92.25	福建省	非国有控股
12	000997.SZ	新大陆	91.98	福建省	非国有控股
13	300525.SZ	博思软件	91.43	福建省	非国有控股
14	300170.SZ	汉得信息	91.11	上海市	非国有控股
15	000681.SZ	视觉中国	90.98	江苏省	非国有控股
16	688158.SH	优刻得	90.81	上海市	非国有控股
17	688023.SH	安恒信息	90.80	浙江省	非国有控股
18	300451.SZ	创业慧康	90.60	浙江省	非国有控股
19	688262.SH	国芯科技	90.45	江苏省	非国有控股
20	600850.SH	电科数字	90.35	上海市	中央国有控股
21	300031.SZ	宝通科技	90.15	江苏省	非国有控股
22	600562.SH	国睿科技	90.11	江苏省	中央国有控股
23	300560.SZ	中富通	90.05	福建省	非国有控股
24	688475.SH	萤石网络	89.73	浙江省	中央国有控股
25	688118.SH	普元信息	89.72	上海市	非国有控股
26	002236.SZ	大华股份	89.67	浙江省	非国有控股
27	002024.SZ	ST 易购	89.63	江苏省	非国有控股
28	002401.SZ	中远海科	89.59	上海市	中央国有控股

排名	公司代码	公司名称	数字化创新成果指数	省份	产权性质
29	601519.SH	大智慧	89.52	上海市	非国有控股
30	000547.SZ	航天发展	89.19	福建省	中央国有控股
31	300469.SZ	信息发展	89.16	上海市	中央国有控股
32	688365.SH	光云科技	89.14	浙江省	非国有控股
33	300033.SZ	同花顺	88.94	浙江省	非国有控股
34	600363.SH	联创光电	88.42	江西省	非国有控股
35	300078.SZ	思创医惠	88.41	浙江省	非国有控股
36	688031.SH	星环科技	88.41	上海市	非国有控股
37	688258.SH	卓易信息	88.13	江苏省	非国有控股
38	688296.SH	和达科技	88.03	浙江省	非国有控股
39	688225.SH	亚信安全	87.96	江苏省	非国有控股
40	300339.SZ	润和软件	87.81	江苏省	非国有控股
41	603171.SH	税友股份	87.27	浙江省	非国有控股
42	002530.SZ	金财互联	87.20	江苏省	非国有控股
43	300520.SZ	科大国创	87.04	安徽省	非国有控股

数据来源:浙江工商大学数字创新与管理研究院和首都经济贸易大学资产评估研究院整理。

8.3.5　数字化创新绩效指数

2022年华东地区439家数字原生产业上市公司的数字化创新绩效指数平均水平为58.01,略低于全市场均值(58.16),其中最高的是恒生电子,数字化创新绩效指数为95.73。从本区域内省份分布来看,数字化创新绩效指数平均水平最高的是山东省(59.27),最低的是安徽省(52.62),如图8-15所示。从指数分布来看,高于均值的有216家,占区域总数49.20%。其中,数字化创新绩效指数在60以下的有248家,占比56.49%;60—70的有100家,占比22.78%;70—80的有69家,占比15.72%;80及以上的有22家,占比5.01%。

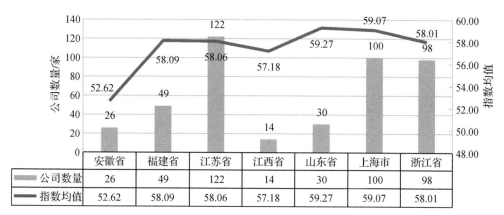

图 8-15　2022 年华东地区数字原生产业上市公司数字化创新绩效指数均值分布

华东地区中,数字化创新绩效指数排名前 10％的数字原生产业上市公司情况如表 8-15 所示。

表 8-15　2022 年华东地区数字原生产业上市公司数字化创新绩效指数排名前 10％情况

排名	公司代码	公司名称	数字化创新绩效指数	省份	产权性质
1	600570.SH	恒生电子	95.73	浙江省	非国有控股
2	688536.SH	思瑞浦	94.79	江苏省	非国有控股
3	300782.SZ	卓胜微	92.46	江苏省	非国有控股
4	002415.SZ	海康威视	91.75	浙江省	中央国有控股
5	000977.SZ	浪潮信息	91.69	山东省	地方国有控股
6	002230.SZ	科大讯飞	89.89	安徽省	非国有控股
7	603501.SH	韦尔股份	88.34	上海市	非国有控股
8	002624.SZ	完美世界	87.36	浙江省	非国有控股
9	601231.SH	环旭电子	86.45	上海市	非国有控股
10	600584.SH	长电科技	85.34	江苏省	非国有控股
11	600460.SH	士兰微	84.93	浙江省	非国有控股
12	002384.SZ	东山精密	84.67	江苏省	非国有控股
13	300327.SZ	中颖电子	83.51	上海市	非国有控股
14	301095.SZ	广立微	83.28	浙江省	非国有控股
15	600563.SH	法拉电子	83.15	福建省	非国有控股
16	300628.SZ	亿联网络	82.84	福建省	非国有控股
17	688126.SH	沪硅产业	82.42	上海市	地方国有控股
18	600522.SH	中天科技	81.87	江苏省	非国有控股

排名	公司代码	公司名称	数字化创新绩效指数	省份	产权性质
19	002517.SZ	恺英网络	81.74	福建省	非国有控股
20	600487.SH	亨通光电	81.33	江苏省	非国有控股
21	688008.SH	澜起科技	80.94	上海市	非国有控股
22	600562.SH	国睿科技	80.60	江苏省	中央国有控股
23	688012.SH	中微公司	79.98	上海市	地方国有控股
24	300017.SZ	网宿科技	79.57	上海市	非国有控股
25	000681.SZ	视觉中国	79.55	江苏省	非国有控股
26	688002.SH	睿创微纳	78.66	山东省	非国有控股
27	002555.SZ	三七互娱	78.55	安徽省	非国有控股
28	002236.SZ	大华股份	78.44	浙江省	非国有控股
29	300682.SZ	朗新科技	78.41	江苏省	非国有控股
30	600845.SH	宝信软件	78.37	上海市	中央国有控股
31	301165.SZ	锐捷网络	78.22	福建省	地方国有控股
32	300627.SZ	华测导航	78.15	上海市	非国有控股
33	300308.SZ	中际旭创	78.04	山东省	非国有控股
34	300253.SZ	卫宁健康	77.96	上海市	非国有控股
35	600850.SH	电科数字	77.90	上海市	中央国有控股
36	603444.SH	吉比特	77.68	福建省	非国有控股
37	002195.SZ	岩山科技	77.45	上海市	非国有控股
38	603005.SH	晶方科技	77.01	江苏省	非国有控股
39	000738.SZ	航发控制	77.00	江苏省	中央国有控股
40	002079.SZ	苏州固锝	76.79	江苏省	非国有控股
41	001270.SZ	铖昌科技	76.43	浙江省	非国有控股
42	603881.SH	数据港	76.35	上海市	地方国有控股
43	300373.SZ	扬杰科技	76.28	江苏省	非国有控股

数据来源:浙江工商大学数字创新与管理研究院和首都经济贸易大学资产评估研究院整理。

8.4 华南地区数字原生产业上市公司数字化创新评价

截至 2022 年底，A 股市场华南地区共有数字原生产业上市公司 304 家(不含注册地在香港的 1 家。本节内全同)，总市值 28,818.72 亿元，营业总收入 21,157.70 亿元，平均市值 94.80 亿元/家，平均营业收入 69.60 亿元/家。2022 年，华南地区数字原生产业上市公司研发投入合计 1,200.83 亿元，占营业总收入的比例为 5.68%；无形资产账面价值合计 787.93 亿元，占总资产的比例为 3.08%。根据本报告分析口径，本部分对华南地区 304 家数字原生产业上市公司进行数字化创新指数评价，具体情况如下：

8.4.1 数字化创新综合指数

根据本报告评价，2022 年华南地区数字原生产业上市公司的数字化创新综合指数平均水平为 68.44，低于全市场平均水平(69.28)，其中最高的是工业富联，数字化创新综合指数为 92.12。从本区域内省份分布来看，华南地区 304 家数字原生产业上市公司分布在 3 个省份，广东省数字原生产业上市公司数量最多，数字化创新综合指数平均水平为 68.40，如图 8-16 所示。从指数分布来看，高于均值的有 158 家，占区域总数的 51.97%。其中，数字化创新综合指数在 60 以下的有 74 家，占比 24.34%；60—70 的有 96 家，占比 31.58%；70—80 的有 99 家，占比 32.57%；80 及以上的有 35 家，占比 11.51%。

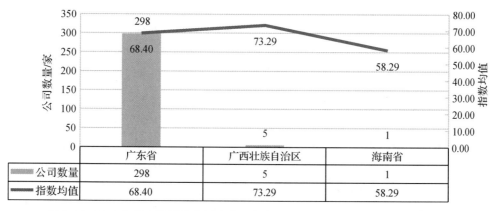

	广东省	广西壮族自治区	海南省
公司数量	298	5	1
指数均值	68.40	73.29	58.29

图 8-16 2022 年华南地区数字原生产业上市公司数字化创新综合指数均值分布

华南地区中，数字化创新综合指数排名前 10% 的数字原生产业上市公司情况如表 8-16 所示。

表 8-16 2022 年华南地区数字原生产业上市公司数字化创新综合指数排名前 10% 情况

排名	公司代码	公司名称	数字化创新综合指数	省份	产权性质
1	601138.SH	工业富联	92.12	广东省	非国有控股
2	000063.SZ	中兴通讯	90.74	广东省	非国有控股
3	300454.SZ	深信服	90.47	广东省	非国有控股
4	300676.SZ	华大基因	90.41	广东省	非国有控股
5	002841.SZ	视源股份	88.88	广东省	非国有控股
6	002063.SZ	远光软件	88.25	广东省	中央国有控股
7	002152.SZ	广电运通	87.95	广东省	地方国有控股
8	000555.SZ	神州信息	87.87	广东省	非国有控股
9	002920.SZ	德赛西威	86.71	广东省	地方国有控股
10	002421.SZ	达实智能	86.58	广东省	非国有控股
11	002212.SZ	天融信	86.29	广东省	非国有控股
12	300687.SZ	赛意信息	85.93	广东省	非国有控股
13	002938.SZ	鹏鼎控股	85.86	广东省	非国有控股
14	688036.SH	传音控股	85.47	广东省	非国有控股
15	000066.SZ	中国长城	85.38	广东省	中央国有控股
16	002180.SZ	纳思达	85.29	广东省	非国有控股
17	300634.SZ	彩讯股份	85.05	广东省	非国有控股
18	600556.SH	天下秀	84.46	广西壮族自治区	非国有控股
19	300377.SZ	赢时胜	84.37	广东省	非国有控股
20	300638.SZ	广和通	83.77	广东省	非国有控股
21	002402.SZ	和而泰	82.62	广东省	非国有控股
22	688208.SH	道通科技	82.59	广东省	非国有控股
23	002528.SZ	英飞拓	82.24	广东省	地方国有控股
24	000062.SZ	深圳华强	82.05	广东省	非国有控股
25	300448.SZ	浩云科技	81.43	广东省	非国有控股
26	300458.SZ	全志科技	81.43	广东省	非国有控股
27	002027.SZ	分众传媒	81.29	广东省	非国有控股
28	000034.SZ	神州数码	81.24	广东省	非国有控股
29	300348.SZ	长亮科技	81.20	广东省	非国有控股
30	300468.SZ	四方精创	80.71	广东省	非国有控股

数据来源:浙江工商大学数字创新与管理研究院和首都经济贸易大学资产评估研究院整理。

8.4.2 数字化战略导向指数

2022年华南地区304家数字原生产业上市公司的数字化战略导向指数平均水平为72.56,低于全市场均值(74.24),其中最高的是广电运通,数字化战略导向指数为98.34。从本区域内省份分布来看,广东省的上市公司数量最多,其数字化战略导向指数平均水平为72.49,如图8-17所示。从指数分布来看,高于均值的有167家,占区域总数54.93%。其中,数字化战略导向指数在60以下的有76家,占比25.00%;60—70的有49家,占比16.12%;70—80的有50家,占比16.45%;80及以上的有129家,占比42.43%。

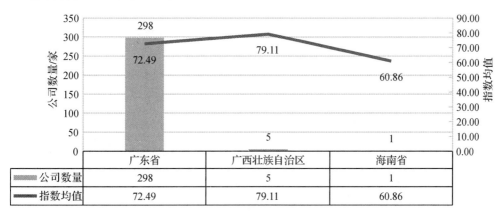

图8-17 2022年华南地区数字原生产业上市公司数字化战略导向指数均值分布

华南地区中,数字化战略导向指数排名前10%的数字原生产业上市公司情况如表8-17所示。

表8-17 2022年华南地区数字原生产业上市公司数字化战略导向指数排名前10%情况

排名	公司代码	公司名称	数字化战略导向指数	省份	产权性质
1	002152.SZ	广电运通	98.34	广东省	地方国有控股
2	300676.SZ	华大基因	97.51	广东省	非国有控股
3	300454.SZ	深信服	97.34	广东省	非国有控股
4	688036.SH	传音控股	96.73	广东省	非国有控股
5	688083.SH	中望软件	96.73	广东省	非国有控股
6	002212.SZ	天融信	96.39	广东省	非国有控股
7	688327.SH	云从科技	96.26	广东省	非国有控股
8	002528.SZ	英飞拓	95.87	广东省	地方国有控股
9	002063.SZ	远光软件	95.32	广东省	中央国有控股
10	600556.SH	天下秀	94.87	广西壮族自治区	非国有控股

续　表

排名	公司代码	公司名称	数字化战略导向指数	省份	产权性质
11	000555.SZ	神州信息	94.82	广东省	非国有控股
12	601138.SH	工业富联	93.84	广东省	非国有控股
13	000062.SZ	深圳华强	93.82	广东省	非国有控股
14	002841.SZ	视源股份	93.77	广东省	非国有控股
15	002929.SZ	润建股份	93.66	广西壮族自治区	非国有控股
16	002421.SZ	达实智能	93.15	广东省	非国有控股
17	000034.SZ	神州数码	93.12	广东省	非国有控股
18	300634.SZ	彩讯股份	93.02	广东省	非国有控股
19	300348.SZ	长亮科技	92.82	广东省	非国有控股
20	300098.SZ	高新兴	92.55	广东省	非国有控股
21	300468.SZ	四方精创	92.08	广东省	非国有控股
22	688228.SH	开普云	91.95	广东省	非国有控股
23	002291.SZ	遥望科技	91.82	广东省	非国有控股
24	301330.SZ	熵基科技	91.80	广东省	非国有控股
25	002197.SZ	证通电子	91.69	广东省	非国有控股
26	000676.SZ	智度股份	91.57	广东省	非国有控股
27	002938.SZ	鹏鼎控股	91.31	广东省	非国有控股
28	300377.SZ	赢时胜	91.28	广东省	非国有控股
29	300311.SZ	任子行	91.23	广东省	非国有控股
30	300925.SZ	法本信息	91.18	广东省	非国有控股

数据来源:浙江工商大学数字创新与管理研究院和首都经济贸易大学资产评估研究院整理。

8.4.3　数字化要素投入指数

2022 年华南地区 304 家数字原生产业上市公司的数字化要素投入指数平均水平为 72.84,低于全市场均值(73.93),其中最高的是深信服,数字化要素投入指数为 98.73。从本区域内省份分布来看,广东省的上市公司数量最多,其数字化要素投入指数平均水平为 72.85,如图 8-18 所示。从指数分布来看,高于均值的有 167 家,占区域总数的 54.93%。其中,数字化要素投入指数在 60 以下的有 54 家,占比 17.76%;60—70 的有 69 家,占比 22.70%;70—80 的有 90 家,占比 29.61%;80 及以上的有 91 家,占比 29.93%。

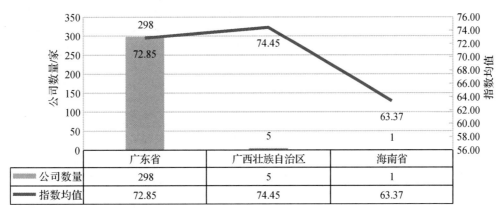

图 8-18　2022 年华南地区数字原生产业上市公司数字化要素投入指数均值分布

华南地区中,数字化要素投入指数排名前 10％的数字原生产业上市公司情况如表 8-18 所示。

表 8-18　2022 年华南地区数字原生产业上市公司数字化要素投入指数排名前 10％情况

排名	公司代码	公司名称	数字化要素投入指数	省份	产权性质
1	300454.SZ	深信服	98.73	广东省	非国有控股
2	601138.SH	工业富联	96.94	广东省	非国有控股
3	002063.SZ	远光软件	96.08	广东省	中央国有控股
4	000555.SZ	神州信息	95.43	广东省	非国有控股
5	688083.SH	中望软件	94.37	广东省	非国有控股
6	002528.SZ	英飞拓	94.10	广东省	地方国有控股
7	300634.SZ	彩讯股份	94.09	广东省	非国有控股
8	300687.SZ	赛意信息	93.84	广东省	非国有控股
9	002421.SZ	达实智能	93.73	广东省	非国有控股
10	300676.SZ	华大基因	93.71	广东省	非国有控股
11	002197.SZ	证通电子	93.53	广东省	非国有控股
12	300310.SZ	宜通世纪	93.39	广东省	非国有控股
13	300638.SZ	广和通	93.04	广东省	非国有控股
14	300311.SZ	任子行	92.50	广东省	非国有控股
15	300052.SZ	中青宝	92.46	广东省	非国有控股
16	300738.SZ	奥飞数据	92.40	广东省	非国有控股
17	002990.SZ	盛视科技	92.10	广东省	非国有控股
18	300448.SZ	浩云科技	91.88	广东省	非国有控股
19	688208.SH	道通科技	91.73	广东省	非国有控股

排名	公司代码	公司名称	数字化要素投入指数	省份	产权性质
20	002152.SZ	广电运通	91.40	广东省	地方国有控股
21	300377.SZ	赢时胜	91.33	广东省	非国有控股
22	688418.SH	震有科技	90.70	广东省	非国有控股
23	000676.SZ	智度股份	90.56	广东省	非国有控股
24	002465.SZ	海格通信	90.26	广东省	地方国有控股
25	301248.SZ	杰创智能	90.18	广东省	非国有控股
26	688159.SH	有方科技	90.10	广东省	非国有控股
27	002402.SZ	和而泰	89.58	广东省	非国有控股
28	300053.SZ	欧比特	89.32	广东省	地方国有控股
29	002238.SZ	天威视讯	89.08	广东省	地方国有控股
30	002583.SZ	海能达	89.07	广东省	非国有控股

数据来源:浙江工商大学数字创新与管理研究院和首都经济贸易大学资产评估研究院整理。

8.4.4　数字化创新成果指数

2022 年华南地区 304 家数字原生产业上市公司的数字化创新成果指数平均水平为 72.96,低于全市场均值(73.39),其中最高的是华大基因,数字化创新成果指数为 95.79。从本区域内省份分布来看,广东省的上市公司数量最多,其数字化创新成果指数平均水平为 72.89,如图 8-19 所示。从指数分布来看,高于均值的有 154 家,占区域总数的 50.66%。其中,数字化创新成果指数在 60 以下的有 47 家,占比 15.46%;60—70 的有 67 家,占比 22.04%;70—80 的有 101 家,占比 33.22%;80 及以上的有 89 家,占比 29.28%。

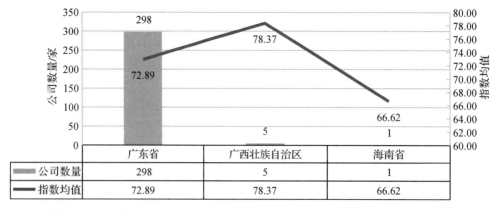

图 8-19　2022 年华南地区数字原生产业上市公司数字化创新成果指数均值分布

华南地区中，数字化创新成果指数排名前 10％的数字原生产业上市公司情况如表 8-19 所示。

表 8-19 2022 年华南地区数字原生产业上市公司数字化创新成果指数排名前 10% 情况

排名	公司代码	公司名称	数字化创新成果指数	省份	产权性质
1	300676.SZ	华大基因	95.79	广东省	非国有控股
2	002152.SZ	广电运通	93.99	广东省	地方国有控股
3	688327.SH	云从科技	92.94	广东省	非国有控股
4	002528.SZ	英飞拓	92.24	广东省	地方国有控股
5	002421.SZ	达实智能	92.07	广东省	非国有控股
6	002402.SZ	和而泰	91.81	广东省	非国有控股
7	600556.SH	天下秀	91.09	广西壮族自治区	非国有控股
8	300454.SZ	深信服	90.93	广东省	非国有控股
9	002841.SZ	视源股份	90.79	广东省	非国有控股
10	000063.SZ	中兴通讯	90.77	广东省	非国有控股
11	000555.SZ	神州信息	90.73	广东省	非国有控股
12	000066.SZ	中国长城	90.07	广东省	中央国有控股
13	688228.SH	开普云	89.68	广东省	非国有控股
14	688036.SH	传音控股	89.62	广东省	非国有控股
15	000062.SZ	深圳华强	89.61	广东省	非国有控股
16	300687.SZ	赛意信息	89.47	广东省	非国有控股
17	300047.SZ	天源迪科	89.22	广东省	非国有控股
18	002212.SZ	天融信	89.09	广东省	非国有控股
19	300634.SZ	彩讯股份	88.91	广东省	非国有控股
20	002063.SZ	远光软件	88.82	广东省	中央国有控股
21	002180.SZ	纳思达	88.27	广东省	非国有控股
22	000034.SZ	神州数码	88.24	广东省	非国有控股
23	300264.SZ	佳创视讯	88.23	广东省	非国有控股
24	001308.SZ	康冠科技	88.06	广东省	非国有控股
25	600728.SH	佳都科技	87.87	广东省	非国有控股
26	688083.SH	中望软件	87.42	广东省	非国有控股
27	688227.SH	品高股份	87.31	广东省	非国有控股
28	002970.SZ	锐明技术	87.26	广东省	非国有控股

续 表

排名	公司代码	公司名称	数字化创新成果指数	省份	产权性质
29	688318.SH	财富趋势	87.08	广东省	非国有控股
30	688322.SH	奥比中光	87.06	广东省	非国有控股

数据来源:浙江工商大学数字创新与管理研究院和首都经济贸易大学资产评估研究院整理。

8.4.5 数字化创新绩效指数

2022 年华南地区 304 家数字原生产业上市公司的数字化创新绩效指数平均水平为 57.58,低于全市场均值(58.16),其中最高的是工业富联,数字化创新绩效指数为 95.33。从本区域内省份分布来看,广东省的上市公司数量最多,其数字化创新绩效指数平均水平为 57.53,如图 8-20 所示。从指数分布来看,高于均值的有 153 家,占区域总数的 50.33%。其中,数字化创新绩效指数在 60 以下的有 165 家,占比 54.28%;60—70 的有 88 家,占比 28.95%;70—80 的有 43 家,占比 14.14%;80 及以上的有 8 家,占比 2.63%。

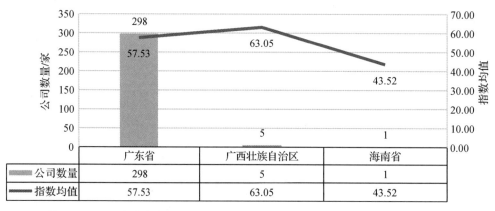

	广东省	广西壮族自治区	海南省
公司数量	298	5	1
指数均值	57.53	63.05	43.52

图 8-20 2022 年华南地区数字原生产业上市公司数字化创新绩效指数均值分布

华南地区中,数字化创新绩效指数排名前 10% 的数字原生产业上市公司情况如表 8-20 所示。

表 8-20 2022 年华南地区数字原生产业上市公司数字化创新绩效指数排名前 10% 情况

排名	公司代码	公司名称	数字化创新绩效指数	省份	产权性质
1	601138.SH	工业富联	95.33	广东省	非国有控股
2	000063.SZ	中兴通讯	95.29	广东省	非国有控股
3	002920.SZ	德赛西威	94.53	广东省	地方国有控股
4	002475.SZ	立讯精密	89.31	广东省	非国有控股
5	002938.SZ	鹏鼎控股	87.14	广东省	非国有控股

排名	公司代码	公司名称	数字化创新绩效指数	省份	产权性质
6	002841.SZ	视源股份	86.59	广东省	非国有控股
7	002180.SZ	纳思达	83.39	广东省	非国有控股
8	002027.SZ	分众传媒	82.43	广东省	非国有控股
9	300454.SZ	深信服	79.75	广东省	非国有控股
10	002916.SZ	深南电路	78.95	广东省	中央国有控股
11	600183.SH	生益科技	78.62	广东省	非国有控股
12	300458.SZ	全志科技	78.21	广东省	非国有控股
13	301313.SZ	凡拓数创	77.92	广东省	非国有控股
14	002063.SZ	远光软件	77.63	广东省	中央国有控股
15	300676.SZ	华大基因	77.48	广东省	非国有控股
16	002600.SZ	领益智造	77.20	广东省	非国有控股
17	002212.SZ	天融信	77.05	广东省	非国有控股
18	301308.SZ	江波龙	76.18	广东省	非国有控股
19	300638.SZ	广和通	76.04	广东省	非国有控股
20	000066.SZ	中国长城	75.51	广东省	中央国有控股
21	600556.SH	天下秀	75.10	广西壮族自治区	非国有控股
22	002544.SZ	普天科技	75.06	广东省	中央国有控股
23	000555.SZ	神州信息	74.87	广东省	非国有控股
24	002881.SZ	美格智能	74.73	广东省	非国有控股
25	688036.SH	传音控股	74.65	广东省	非国有控股
26	300687.SZ	赛意信息	73.75	广东省	非国有控股
27	301391.SZ	卡莱特	73.65	广东省	非国有控股
28	002741.SZ	光华科技	73.53	广东省	非国有控股
29	300377.SZ	赢时胜	73.14	广东省	非国有控股
30	000062.SZ	深圳华强	72.57	广东省	非国有控股

数据来源:浙江工商大学数字创新与管理研究院和首都经济贸易大学资产评估研究院整理。

8.5 华中地区数字原生产业上市公司数字化创新评价

截至 2022 年底,A 股市场华中地区共有数字原生产业上市公司 71 家,总市值 8,374.04 亿元,营业总收入 3,608.31 亿元,平均市值 117.94 亿元/家,平均营业收入 50.82 亿元/家。2022 年,华中地区数字原生产业上市公司研发投入合计 262.78 亿元,占营业总收入的比例为 7.28%;无形资产账面价值合计 350.91 亿元,占总资产的比例为 5.22%。根据本报告分析口径,本部分对华中地区 71 家数字原生产业上市公司进行数字化创新指数评价,具体情况如下:

8.5.1 数字化创新综合指数

根据本报告评价,2022 年华中地区数字原生产业上市公司的数字化创新综合指数平均水平为 68.53,低于全市场平均水平(69.28),其中最高的是芒果超媒,数字化创新综合指数为 86.17。从本区域内省份分布来看,华中地区 71 家数字原生产业上市公司分布在 3 个省份,数字化创新综合指数平均水平最高的是湖南省(72.30),最低的是河南省(66.58),如图 8-21 所示。从指数分布来看,高于均值的有 42 家,占区域总数的 59.15%。其中,数字化创新综合指数在 60 以下的有 15 家,占比 21.13%;60—70 的有 19 家,占比 26.76%;70—80 的有 33 家,占比 46.48%;80 及以上的有 4 家,占比 5.63%。

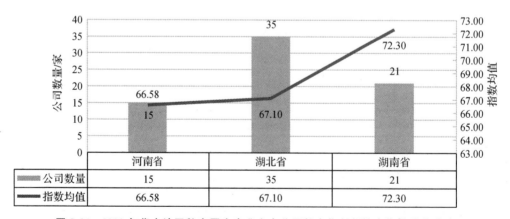

	河南省	湖北省	湖南省
公司数量	15	35	21
指数均值	66.58	67.10	72.30

图 8-21 2022 年华中地区数字原生产业上市公司数字化创新综合指数均值分布

华中地区中,数字化创新综合指数排名前 10 的数字原生产业上市公司情况如表 8-21 所示。

表 8-21　2022 年华中地区数字原生产业上市公司数字化创新综合指数排名前 10 情况

排名	公司代码	公司名称	数字化创新综合指数	省份	产权性质
1	300413.SZ	芒果超媒	86.17	湖南省	地方国有控股
2	300248.SZ	新开普	84.10	河南省	非国有控股
3	300866.SZ	安克创新	81.77	湖南省	非国有控股
4	300494.SZ	盛天网络	80.66	湖北省	非国有控股
5	688152.SH	麒麟信安	79.92	湖南省	非国有控股
6	002179.SZ	中航光电	79.43	河南省	中央国有控股
7	000988.SZ	华工科技	79.31	湖北省	地方国有控股
8	688100.SH	威胜信息	79.28	湖南省	非国有控股
9	300054.SZ	鼎龙股份	78.56	湖北省	非国有控股
10	300474.SZ	景嘉微	78.34	湖南省	非国有控股

数据来源:浙江工商大学数字创新与管理研究院和首都经济贸易大学资产评估研究院整理。

8.5.2　数字化战略导向指数

2022 年华中地区 71 家数字原生产业上市公司的数字化战略导向指数平均水平为 72.98,低于全市场均值(74.24),其中最高的是芒果超媒,数字化战略导向指数为 97.35。从本区域内省份分布来看,数字化战略导向指数平均水平最高的是湖南省(78.96),最低的是湖北省(69.84),如图 8-22 所示。从指数分布来看,高于均值的有 40 家,占区域总数的 56.34%。其中,数字化战略导向指数在 60 以下的有 15 家,占比 21.13%;60—70 的有 15 家,占比 21.13%;70—80 的有 12 家,占比 16.90%;80 及以上的有 29 家,占比 40.85%。

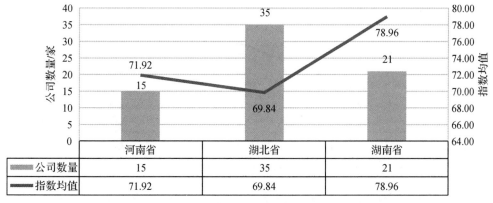

图 8-22　2022 年华中地区数字原生产业上市公司数字化战略导向指数均值分布

华中地区中,数字化战略导向指数排名前 10 的数字原生产业上市公司情况如表 8-22 所示。

表 8-22　2022 年华中地区数字原生产业上市公司数字化战略导向指数排名前 10 情况

排名	公司代码	公司名称	数字化战略导向指数	省份	产权性质
1	300413.SZ	芒果超媒	97.35	湖南省	地方国有控股
2	688100.SH	威胜信息	93.75	湖南省	非国有控股
3	300248.SZ	新开普	92.86	河南省	非国有控股
4	688152.SH	麒麟信安	92.38	湖南省	非国有控股
5	300592.SZ	华凯易佰	92.04	湖南省	非国有控股
6	300494.SZ	盛天网络	90.69	湖北省	非国有控股
7	688038.SH	中科通达	90.66	湖北省	非国有控股
8	688081.SH	兴图新科	90.63	湖北省	非国有控股
9	835207.BJ	众诚科技	90.46	河南省	非国有控股
10	000971.SZ	ST 高升	90.39	湖北省	非国有控股

数据来源:浙江工商大学数字创新与管理研究院和首都经济贸易大学资产评估研究院整理。

8.5.3　数字化要素投入指数

2022 年华中地区 71 家数字原生产业上市公司的数字化要素投入指数平均水平为 73.72,低于全市场均值(73.93),其中最高的是拓维信息,数字化要素投入指数为 92.92。从本区域内省份分布来看,数字化要素投入指数平均水平最高的是湖南省(75.91),最低的是河南省(70.26),如图 8-23 所示。从指数分布来看,高于均值的有 43 家,占区域总数的 60.56%。其中,数字化要素投入指数在 60 以下的有 8 家,占比 11.27%;60—70 的有 15 家,占比 21.13%;70—80 的有 30 家,占比 42.25%;80 及以上的有 18 家,占比 25.35%。

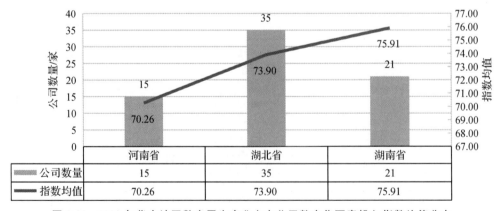

图 8-23　2022 年华中地区数字原生产业上市公司数字化要素投入指数均值分布

华中地区中,数字化要素投入指数排名前 10 的数字原生产业上市公司情况如表 8-23 所示。

表 8-23　2022 年华中地区数字原生产业上市公司数字化要素投入指数排名前 10 情况

排名	公司代码	公司名称	数字化要素投入指数	省份	产权性质
1	002261.SZ	拓维信息	92.92	湖南省	非国有控股
2	300248.SZ	新开普	92.81	河南省	非国有控股
3	300413.SZ	芒果超媒	90.25	湖南省	地方国有控股
4	601869.SH	长飞光纤	90.20	湖北省	非国有控股
5	300474.SZ	景嘉微	90.14	湖南省	非国有控股
6	300494.SZ	盛天网络	89.48	湖北省	非国有控股
7	000665.SZ	湖北广电	88.28	湖北省	地方国有控股
8	688387.SH	信科移动	86.87	湖北省	中央国有控股
9	300205.SZ	天喻信息	86.23	湖北省	非国有控股
10	000988.SZ	华工科技	85.99	湖北省	地方国有控股

数据来源:浙江工商大学数字创新与管理研究院和首都经济贸易大学资产评估研究院整理。

8.5.4　数字化创新成果指数

2022 年华中地区 71 家数字原生产业上市公司的数字化创新成果指数平均水平为 71.34,低于全市场均值(73.39),其中最高的是麒麟信安,数字化创新成果指数为 92.08。从本区域内省份分布来看,数字化创新成果指数平均水平最高的是湖南省(75.28),最低的是湖北省(69.63),如图 8-24 所示。从指数分布来看,高于均值的有 40 家,占区域总数的 56.34%。其中,数字化创新成果指数在 60 以下的有 12 家,占比 16.90%;60—70 的有 17 家,占比 23.94%;70—80 的有 27 家,占比 38.03%;80 及以上的有 15 家,占比 21.13%。

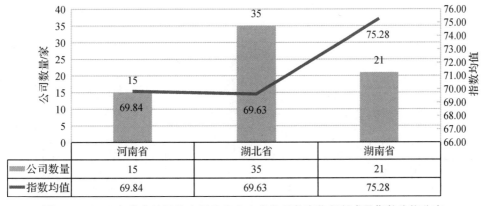

图 8-24　2022 年华中地区数字原生产业上市公司数字化创新成果指数均值分布

华中地区中,数字化创新成果指数排名前 10 的数字原生产业上市公司情况如表 8-24 所示。

表 8-24　2022 年华中地区数字原生产业上市公司数字化创新成果指数排名前 10 情况

排名	公司代码	公司名称	数字化创新成果指数	省份	产权性质
1	688152.SH	麒麟信安	92.08	湖南省	非国有控股
2	300248.SZ	新开普	88.72	河南省	非国有控股
3	688143.SH	长盈通	85.69	湖北省	非国有控股
4	300730.SZ	科创信息	85.31	湖南省	非国有控股
5	600355.SH	精伦电子	85.06	湖北省	非国有控股
6	300413.SZ	芒果超媒	83.85	湖南省	地方国有控股
7	002261.SZ	拓维信息	83.71	湖南省	非国有控股
8	688387.SH	信科移动	83.54	湖北省	中央国有控股
9	300054.SZ	鼎龙股份	83.48	湖北省	非国有控股
10	688038.SH	中科通达	83.31	湖北省	非国有控股

数据来源:浙江工商大学数字创新与管理研究院和首都经济贸易大学资产评估研究院整理。

8.5.5　数字化创新绩效指数

2022 年华中地区 71 家数字原生产业上市公司的数字化创新绩效指数平均水平为 58.82,高于全市场均值(58.16),其中最高的是中航光电,数字化创新绩效指数为 92.72。从本区域内省份分布来看,数字化创新绩效指数平均水平最高的是湖南省(62.20),最低的是河南省(56.91),如图 8-25 所示。从指数分布来看,高于均值的有 38 家,占区域总数的 53.52%。其中,数字化创新绩效指数在 60 以下的有 35 家,占比 49.30%;60—70 的有 20 家,占比 28.17%;70—80 的有 10 家,占比 14.08%;80 及以上的有 6 家,占比 8.45%。

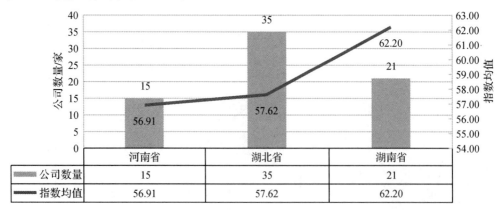

图 8-25　2022 年华中地区数字原生产业上市公司数字化创新绩效指数均值分布

华中地区中,数字化创新绩效指数排名前 10 的数字原生产业上市公司情况如表 8-25 所示。

表 8-25　2022 年华中地区数字原生产业上市公司数字化创新绩效指数排名前 10 情况

排名	公司代码	公司名称	数字化创新绩效指数	省份	产权性质
1	002179.SZ	中航光电	92.72	河南省	中央国有控股
2	300866.SZ	安克创新	88.44	湖南省	非国有控股
3	300474.SZ	景嘉微	85.25	湖南省	非国有控股
4	600745.SH	闻泰科技	83.63	湖北省	非国有控股
5	600703.SH	三安光电	83.14	湖北省	非国有控股
6	300672.SZ	国科微	80.20	湖南省	非国有控股
7	300413.SZ	芒果超媒	79.00	湖南省	地方国有控股
8	002281.SZ	光迅科技	76.78	湖北省	中央国有控股
9	600498.SH	烽火通信	75.76	湖北省	中央国有控股
10	300433.SZ	蓝思科技	75.41	湖南省	非国有控股

数据来源:浙江工商大学数字创新与管理研究院和首都经济贸易大学资产评估研究院整理。

8.6　西北地区数字原生产业上市公司数字化创新评价

截至 2022 年底,A 股市场西北地区共有数字原生产业上市公司 25 家,总市值 1,665.51 亿元,营业总收入 471.69 亿元,平均市值 66.62 亿元/家,平均营业收入 18.87 亿元/家。2022 年,西北地区数字原生产业上市公司研发投入合计 20.93 亿元,占营业总收入的比例为 4.44%;无形资产账面价值合计 34.42 亿元,占总资产的比例为 2.38%。根据本报告分析口径,本部分对西北地区 25 家数字原生产业上市公司进行数字化创新指数评价,具体情况如下:

8.6.1　数字化创新综合指数

根据本报告评价,2022 年西北地区数字原生产业上市公司的数字化创新综合指数平均水平为 62.18,低于全市场平均水平(69.28),其中最高的是熙菱信息,数字化创新综合指数为 76.42。从本区域内省份分布来看,西北地区 25 家上市公司分布在 5 个省份,陕西省数字原生产业上市公司数量最多,数字化创新综合指数平均水平为 60.72,如图 8-26 所示。从指数分布来看,高于均值的有 14 家,占区域总数的 56.00%。其中,数字化创新综合指数在 60 以下的有 11 家,占比 44.00%;60—70 的有 7 家,占比 28.00%;70—80 的有 7 家,占比 28.00%。

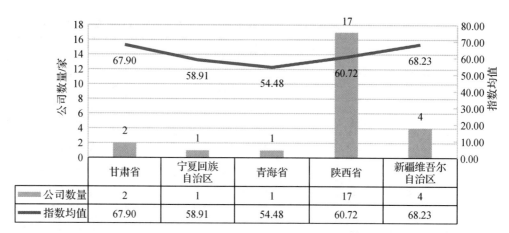

图 8-26　2022 年西北地区数字原生产业上市公司数字化创新综合指数均值分布

西北地区中,数字化创新综合指数排名前 10 的数字原生产业上市公司情况如表 8-26 所示。

表 8-26　2022 年西北地区数字原生产业上市公司数字化创新综合指数排名前 10 情况

排名	公司代码	公司名称	数字化创新综合指数	省份	产权性质
1	300588.SZ	熙菱信息	76.42	新疆维吾尔自治区	非国有控股
2	301171.SZ	易点天下	75.81	陕西省	非国有控股
3	430564.BJ	天润科技	74.95	陕西省	非国有控股
4	300397.SZ	天和防务	73.79	陕西省	非国有控股
5	300603.SZ	立昂技术	73.49	新疆维吾尔自治区	非国有控股
6	301139.SZ	元道通信	71.16	新疆维吾尔自治区	非国有控股
7	600831.SH	广电网络	70.99	陕西省	地方国有控股
8	603999.SH	读者传媒	68.97	甘肃省	地方国有控股
9	605168.SH	三人行	67.40	陕西省	非国有控股
10	002185.SZ	华天科技	66.83	甘肃省	非国有控股

数据来源:浙江工商大学数字创新与管理研究院和首都经济贸易大学资产评估研究院整理。

8.6.2　数字化战略导向指数

2022 年西北地区 25 家数字原生产业上市公司的数字化战略导向指数平均水平为 63.78,低于全市场均值(74.24),其中最高的是熙菱信息,数字化战略导向指数为 90.42。从本区域内省份分布来看,数字化战略导向指数平均水平最高的是新疆维吾尔自治区(77.90),最低是青海省(47.62),如图 8-27 所示。从指数分布来看,高于均值的有 12 家,占区域总数的 48.00%。其中,数字化战略导向指数在 60 以下的有

13 家,占比 52.00%;60—70 的有 3 家,占比 12.00%;70—80 的有 1 家,占比 4.00%;80 及以上的有 8 家,占比 32.00%。

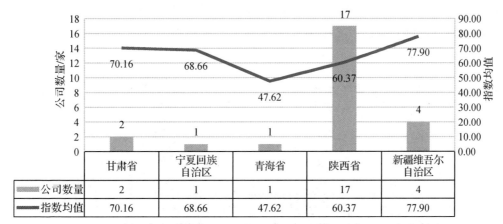

图 8-27 2022 年西北地区数字原生产业上市公司数字化战略导向指数均值分布

西北地区中,数字化战略导向指数排名前 10 的数字原生产业上市公司情况如表 8-27 所示。

表 8-27 2022 年西北地区数字原生产业上市公司数字化战略导向指数排名前 10 情况

排名	公司代码	公司名称	数字化战略导向指数	省份	产权性质
1	300588.SZ	熙菱信息	90.42	新疆维吾尔自治区	非国有控股
2	430564.BJ	天润科技	88.27	陕西省	非国有控股
3	300603.SZ	立昂技术	87.86	新疆维吾尔自治区	非国有控股
4	600831.SH	广电网络	87.12	陕西省	地方国有控股
5	301171.SZ	易点天下	86.82	陕西省	非国有控股
6	300397.SZ	天和防务	83.68	陕西省	非国有控股
7	603999.SH	读者传媒	81.52	甘肃省	地方国有控股
8	301139.SZ	元道通信	81.18	新疆维吾尔自治区	非国有控股
9	688498.SH	源杰科技	79.63	陕西省	非国有控股
10	000815.SZ	美利云	68.66	宁夏回族自治区	中央国有控股

数据来源:浙江工商大学数字创新与管理研究院和首都经济贸易大学资产评估研究院整理。

8.6.3 数字化要素投入指数

2022 年西北地区 25 家数字原生产业上市公司的数字化要素投入指数平均水平为 65.24,低于全市场均值(73.93),其中最高的是立昂技术,数字化要素投入指数为 91.76。从本区域内省份分布来看,数字化要素投入指数平均水平最高的是新疆维吾尔自治区(75.83),最低的是青海省(54.57),如图 8-28 所示。从指数分布来看,高于均值的有 12 家,占区域总数的 48.00%。其中,数字化要素投入指数在 60 以下的有 10 家,占比 40.00%;60—70 的有 6 家,占比 24.00%;70—80 的有 6 家,占比 24.00%;80 及以上的有 3 家,占比 12.00%。

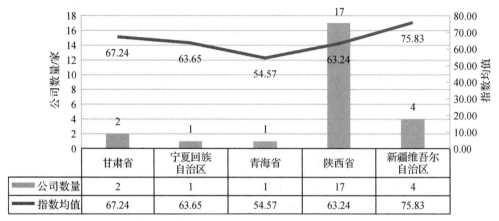

图 8-28　2022 年西北地区数字原生产业上市公司数字化要素投入指数均值分布

西北地区中,数字化要素投入指数排名前 10 的数字原生产业上市公司情况如表 8-28 所示。

表 8-28　2022 年西北地区数字原生产业上市公司数字化要素投入指数排名前 10 情况

排名	公司代码	公司名称	数字化要素投入指数	省份	产权性质
1	300603.SZ	立昂技术	91.76	新疆维吾尔自治区	非国有控股
2	300588.SZ	熙菱信息	91.13	新疆维吾尔自治区	非国有控股
3	300397.SZ	天和防务	88.49	陕西省	非国有控股
4	600831.SH	广电网络	76.52	陕西省	地方国有控股
5	301171.SZ	易点天下	75.82	陕西省	非国有控股
6	430564.BJ	天润科技	72.93	陕西省	非国有控股
7	835640.BJ	富士达	72.25	陕西省	中央国有控股
8	688498.SH	源杰科技	72.19	陕西省	非国有控股
9	301139.SZ	元道通信	70.36	新疆维吾尔自治区	非国有控股
10	002185.SZ	华天科技	68.69	甘肃省	非国有控股

数据来源:浙江工商大学数字创新与管理研究院和首都经济贸易大学资产评估研究院整理。

8.6.4　数字化创新成果指数

2022 年西北地区 25 家数字原生产业上市公司的数字化创新成果指数平均水平为 64.50,低于全市场均值(73.39),其中最高的是天润科技,数字化创新成果指数为

85.69。从本区域内省份分布来看,数字化创新成果指数平均水平最高的是新疆维吾尔自治区(71.99),最低的是青海省(43.38),如图 8-29 所示。从指数分布来看,高于均值的有 14 家,占区域总数的 56.00%。其中,数字化创新成果指数在 60 以下的有 9 家,占比 36.00%;60—70 的有 8 家,占比 32.00%;70—80 的有 5 家,占比 20.00%;80 及以上的有 3 家,占比 12.00%。

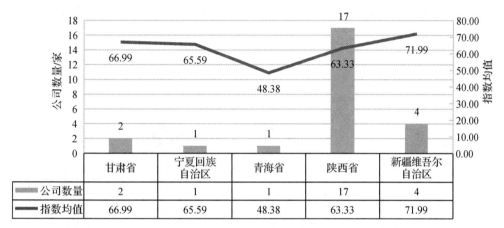

图 8-29 2022 年西北地区数字原生产业上市公司数字化创新成果指数均值分布

西北地区中,数字化创新成果指数排名前 10 的数字原生产业上市公司情况如表 8-29 所示。

表 8-29 2022 年西北地区数字原生产业上市公司数字化创新成果指数排名前 10 情况

排名	公司代码	公司名称	数字化创新成果指数	省份	产权性质
1	430564.BJ	天润科技	85.69	陕西省	非国有控股
2	300397.SZ	天和防务	84.41	陕西省	非国有控股
3	300588.SZ	熙菱信息	83.80	新疆维吾尔自治区	非国有控股
4	688167.SH	炬光科技	78.58	陕西省	非国有控股
5	300603.SZ	立昂技术	78.17	新疆维吾尔自治区	非国有控股
6	600831.SH	广电网络	76.82	陕西省	地方国有控股
7	301139.SZ	元道通信	74.31	新疆维吾尔自治区	非国有控股
8	301171.SZ	易点天下	70.46	陕西省	非国有控股
9	603999.SH	读者传媒	68.51	甘肃省	地方国有控股
10	605168.SH	三人行	66.34	陕西省	非国有控股

数据来源:浙江工商大学数字创新与管理研究院和首都经济贸易大学资产评估研究院整理。

8.6.5 数字化创新绩效指数

2022 年西北地区 25 家数字原生产业上市公司的数字化创新绩效指数平均水平为 56.32,低于全市场均值(58.16),其中最高的是中熔电气,数字化创新绩效指数为 75.33。从本区域内省份分布来看,数字化创新绩效指数平均水平最高的是甘肃省 (68.03),最低的是宁夏回族自治区(41.84),如图 8-30 所示。从指数分布来看,高于均值的有 10 家,占区域总数的 40.00%。其中,数字化创新绩效指数在 60 以下的有 16 家,占比 64.00%;60—70 的有 5 家,占比 20.00%;70—80 的有 4 家,占比 16.00%。

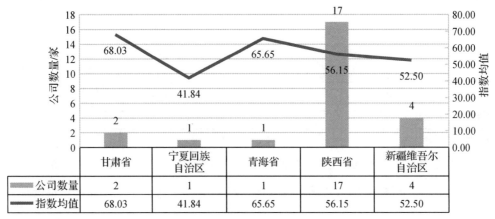

	甘肃省	宁夏回族自治区	青海省	陕西省	新疆维吾尔自治区
公司数量	2	1	1	17	4
指数均值	68.03	41.84	65.65	56.15	52.50

图 8-30　2022 年西北地区数字原生产业上市公司数字化创新绩效指数均值分布

西北地区中,数字化创新绩效指数排名前 10 的数字原生产业上市公司情况如表 8-30 所示。

表 8-30　2022 年西北地区数字原生产业上市公司数字化创新绩效指数排名前 10 情况

排名	公司代码	公司名称	数字化创新绩效指数	省份	产权性质
1	301031.SZ	中熔电气	75.33	陕西省	非国有控股
2	301171.SZ	易点天下	75.13	陕西省	非国有控股
3	002185.SZ	华天科技	72.01	甘肃省	非国有控股
4	605168.SH	三人行	71.52	陕西省	非国有控股
5	000606.SZ	顺利退	65.65	青海省	非国有控股
6	603999.SH	读者传媒	64.05	甘肃省	地方国有控股
7	835640.BJ	富士达	63.75	陕西省	中央国有控股
8	300114.SZ	中航电测	62.50	陕西省	中央国有控股
9	301139.SZ	元道通信	61.96	新疆维吾尔自治区	非国有控股
10	301306.SZ	西测测试	56.56	陕西省	非国有控股

数据来源:浙江工商大学数字创新与管理研究院和首都经济贸易大学资产评估研究院整理。

8.7 西南地区数字原生产业上市公司数字化创新评价

截至 2022 年底,A 股市场西南地区共有数字原生产业上市公司 52 家,总市值 4,988.06 亿元,营业总收入 1,310.92 亿元,平均市值 95.92 亿元/家,平均营业收入 25.21 亿元/家。2022 年,西南地区数字原生产业上市公司研发投入合计 107.92 亿元,占营业总收入的比例为 8.23%;无形资产账面价值合计 125.94 亿元,占总资产的比例为 4.94%。根据本报告分析口径,本部分对西南地区 52 家数字原生产业上市公司进行数字化创新指数评价,具体情况如下:

8.7.1 数字化创新综合指数

根据本报告评价,2022 年西南地区数字原生产业上市公司的数字化创新综合指数平均水平为 70.20,高于全市场平均水平(69.28),其中最高的是电科网安,数字化创新综合指数为 91.37。从本区域内省份分布来看,西南地区 52 家数字原生产业上市公司分布在 5 个省份,四川省数字原生产业上市公司数量最多,数字化创新综合指数平均水平为 68.52,如图8-31所示。从指数分布来看,高于均值的有 28 家,占区域总数的 53.85%。其中,数字化创新综合指数在 60 以下的有 10 家,占比 19.23%;60—70 的有 14 家,占比 26.92%;70—80 的有 16 家,占比 30.77%;80 及以上的有 12 家,占比 23.08%。

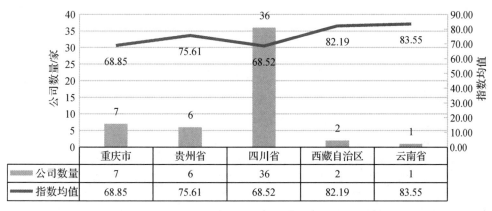

	重庆市	贵州省	四川省	西藏自治区	云南省
公司数量	7	6	36	2	1
指数均值	68.85	75.61	68.52	82.19	83.55

图 8-31 2022 年西南地区数字原生产业上市公司数字化创新综合指数均值分布

西南地区中,数字化创新综合指数排名前 10 的数字原生产业上市公司情况如表 8-31 所示。

表 8-31 2022 年西南地区数字原生产业上市公司数字化创新综合指数排名前 10 情况

排名	公司代码	公司名称	数字化创新综合指数	省份	产权性质
1	002268.SZ	电科网安	91.37	四川省	中央国有控股
2	600131.SH	国网信通	89.62	四川省	中央国有控股
3	002558.SZ	巨人网络	86.65	重庆市	非国有控股
4	000851.SZ	高鸿股份	85.09	贵州省	中央国有控股
5	000948.SZ	南天信息	83.55	云南省	地方国有控股
6	300872.SZ	天阳科技	83.13	西藏自治区	非国有控股
7	301117.SZ	佳缘科技	82.84	四川省	非国有控股
8	300678.SZ	中科信息	82.20	四川省	中央国有控股
9	300366.SZ	创意信息	81.67	四川省	非国有控股
10	300624.SZ	万兴科技	81.24	西藏自治区	非国有控股

数据来源:浙江工商大学数字创新与管理研究院和首都经济贸易大学资产评估研究院整理。

8.7.2 数字化战略导向指数

2022 年西南地区 52 家数字原生产业上市公司的数字化战略导向指数平均水平为 73.85,低于全市场均值(74.24),其中最高的是电科网安,数字化战略导向指数为 96.89。从本区域内省份分布来看,数字化战略导向指数平均水平最高的是四川省(71.33),如图 8-32 所示。从指数分布来看,高于均值的有 29 家,占区域总数的 55.77%。其中,数字化战略导向指数在 60 以下的有 12 家,占比 23.08%;60—70 的有 9 家,占比 17.31%;70—80 的有 6 家,占比 11.54%;80 及以上的有 25 家,占比 48.08%。

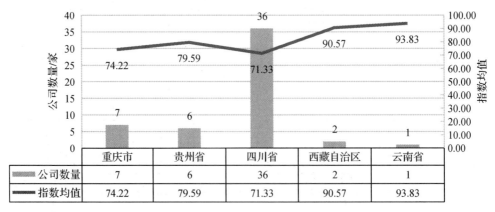

图 8-32 2022 年西南地区数字原生产业上市公司数字化战略导向指数均值分布

西南地区中,数字化战略导向指数排名前 10 的数字原生产业上市公司情况如表 8-32 所示。

表 8-32　2022 年西南地区数字原生产业上市公司数字化战略导向指数排名前 10 情况

排名	公司代码	公司名称	数字化战略导向指数	省份	产权性质
1	002268.SZ	电科网安	96.89	四川省	中央国有控股
2	000948.SZ	南天信息	93.83	云南省	地方国有控股
3	000851.SZ	高鸿股份	93.19	贵州省	中央国有控股
4	002777.SZ	久远银海	92.76	四川省	中央国有控股
5	300678.SZ	中科信息	92.65	四川省	中央国有控股
6	600131.SH	国网信通	92.64	四川省	中央国有控股
7	300366.SZ	创意信息	92.40	四川省	非国有控股
8	301117.SZ	佳缘科技	92.25	四川省	非国有控股
9	300872.SZ	天阳科技	91.64	西藏自治区	非国有控股
10	300559.SZ	佳发教育	91.32	四川省	非国有控股

数据来源:浙江工商大学数字创新与管理研究院和首都经济贸易大学资产评估研究院整理。

8.7.3　数字化要素投入指数

2022 年西南地区 52 家数字原生产业上市公司的数字化要素投入指数平均水平为 76.51,高于全市场均值(73.93),其中最高的是电科网安,数字化要素投入指数为 98.01。从本区域内省份分布来看,数字化要素投入指数平均水平最高的是四川省(75.58),如图 8-33 所示。从指数分布来看,高于均值的有 27 家,占区域总数的 51.92%。其中,数字化要素投入指数在 60 以下的有 5 家,占比 9.62%;60—70 的有 11 家,占比 21.15%;70—80 的有 17 家,占比 32.69%;80 及以上的有 19 家,占比 36.54%。

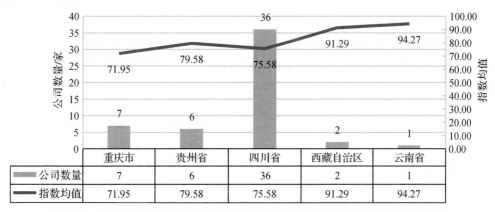

	重庆市	贵州省	四川省	西藏自治区	云南省
公司数量	7	6	36	2	1
指数均值	71.95	79.58	75.58	91.29	94.27

图 8-33　2022 年西南地区数字原生产业上市公司数字化要素投入指数均值分布

西南地区中,数字化要素投入指数排名前 10 的数字原生产业上市公司情况如表 8-33 所示。

表 8-33　**2022 年西南地区数字原生产业上市公司数字化要素投入指数排名前 10 情况**

排名	公司代码	公司名称	数字化要素投入指数	省份	产权性质
1	002268.SZ	电科网安	98.01	四川省	中央国有控股
2	600131.SH	国网信通	95.30	四川省	中央国有控股
3	000948.SZ	南天信息	94.27	云南省	地方国有控股
4	300366.SZ	创意信息	93.75	四川省	非国有控股
5	002558.SZ	巨人网络	92.53	重庆市	非国有控股
6	300872.SZ	天阳科技	92.36	西藏自治区	非国有控股
7	000851.SZ	高鸿股份	92.10	贵州省	中央国有控股
8	300101.SZ	振芯科技	91.87	四川省	非国有控股
9	300624.SZ	万兴科技	90.21	西藏自治区	非国有控股
10	300275.SZ	梅安森	89.63	重庆市	非国有控股

数据来源:浙江工商大学数字创新与管理研究院和首都经济贸易大学资产评估研究院整理。

8.7.4　数字化创新成果指数

　　2022 年西南地区 52 家数字原生产业上市公司的数字化创新成果指数平均水平为 73.21,低于全市场均值(73.39),其中最高的是电科网安,数字化创新成果指数为92.85。从本区域内省份分布来看,数字化创新成果指数平均水平最高的是四川省(72.72),如图 8-34 所示。从指数分布来看,高于均值的有 30 家,占区域总数的57.69%。其中,数字化创新成果指数在 60 以下的有 8 家,占比 15.38%;60—70 的有 11 家,占比 21.15%;70—80 的有 15 家,占比 28.85%;80 及以上的有 18 家,占比 34.62%。

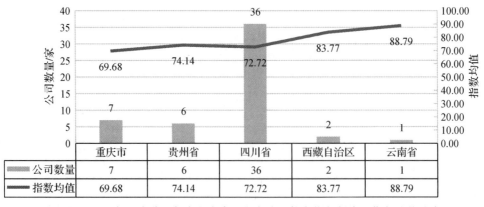

图 8-34　**2022 年西南地区数字原生产业上市公司数字化创新成果指数均值分布**

　　西南地区中,数字化创新成果指数排名前 10 的数字原生产业上市公司情况如表 8-34 所示。

表 8-34　**2022 年西南地区数字原生产业上市公司数字化创新成果指数排名前 10 情况**

排名	公司代码	公司名称	数字化创新成果指数	省份	产权性质
1	002268.SZ	电科网安	92.85	四川省	中央国有控股
2	000851.SZ	高鸿股份	90.39	贵州省	中央国有控股
3	300366.SZ	创意信息	90.34	四川省	非国有控股
4	300559.SZ	佳发教育	90.32	四川省	非国有控股
5	600131.SH	国网信通	89.99	四川省	中央国有控股
6	300678.SZ	中科信息	89.39	四川省	中央国有控股
7	000948.SZ	南天信息	88.79	云南省	地方国有控股
8	301117.SZ	佳缘科技	86.83	四川省	非国有控股
9	002777.SZ	久远银海	84.73	四川省	中央国有控股
10	300624.SZ	万兴科技	84.63	西藏自治区	非国有控股

数据来源:浙江工商大学数字创新与管理研究院和首都经济贸易大学资产评估研究院整理。

8.7.5　数字化创新绩效指数

2022 年西南地区 52 家数字原生产业上市公司的数字化创新绩效指数平均水平为 59.96,高于全市场均值(58.16),其中最高的是振华科技,数字化创新绩效指数为 88.45。从本区域内省份分布来看,数字化创新绩效指数平均水平最高的是四川省(56.90),如图 8-35 所示。从指数分布来看,高于均值的有 27 家,占区域总数的 51.92%。其中,数字化创新绩效指数在 60 以下的有 25 家,占比 48.08%;60—70 的有 15 家,占比 28.85%;70—80 的有 7 家,占比 13.46%;80 及以上的有 5 家,占比 9.62%。

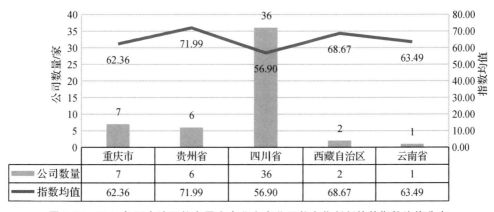

图 8-35　**2022 年西南地区数字原生产业上市公司数字化创新绩效指数均值分布**

西南地区中,数字化创新绩效指数排名前 10 的数字原生产业上市公司情况如表8-35 所示。

表 8-35　2022 年西南地区数字原生产业上市公司数字化创新绩效指数排名前 10 情况

排名	公司代码	公司名称	数字化创新绩效指数	省份	产权性质
1	000733.SZ	振华科技	88.45	贵州省	中央国有控股
2	002558.SZ	巨人网络	84.95	重庆市	非国有控股
3	600131.SH	国网信通	83.26	四川省	中央国有控股
4	002268.SZ	电科网安	81.50	四川省	中央国有控股
5	002025.SZ	航天电器	81.47	贵州省	中央国有控股
6	600877.SH	电科芯片	76.60	重庆市	中央国有控股
7	002935.SZ	天奥电子	74.51	四川省	中央国有控股
8	600996.SH	贵广网络	74.03	贵州省	地方国有控股
9	301117.SZ	佳缘科技	73.01	四川省	非国有控股
10	300502.SZ	新易盛	72.71	四川省	非国有控股

数据来源:浙江工商大学数字创新与管理研究院和首都经济贸易大学资产评估研究院整理。

9 数字原生产业上市公司数字化创新评价:省份评价

根据第 4 章第 2 节"31 个省份数字化创新生态环境评价",北京市、广东省、上海市、浙江省、江苏省的数字化创新生态环境优势明显,在 31 个省份中排名前 5。另外,从数字原生产业上市公司的省份分布看,北京市、广东省、江苏省、上海市和浙江省 5 个省份拥有的数字原生产业上市公司数量之和占数字原生产业上市公司总量的70.77%,进一步表明北京市、广东省、江苏省、上海市、浙江省的数字化创新能力较强。因此,本章结合 31 个省份数字原生产业上市公司的数量分布,选择数字化创新生态环境较好、数字原生产业上市公司拥有数量超过 50 家且排名靠前的省份进行分析,对北京市、广东省、江苏省、上海市、浙江省 5 个省份的数字原生产业上市公司的数字化创新综合指数、数字化战略导向指数、数字化要素投入指数、数字化创新成果指数和数字化创新绩效指数进行评价,以期有助于广大市场参与者对这些数字原生产业上市公司的数字化创新程度和表现进行分析和判断。

9.1 北京市数字原生产业上市公司数字化创新评价

截至 2022 年底,北京市共有数字原生产业上市公司 169 家,总市值 27,534.27亿元,营业总收入 15,963.76 亿元,平均市值 162.92 亿元/家,平均营业收入 94.46亿元/家。2022 年,北京市数字原生产业上市公司研发投入合计 953.32 亿元,占营业总收入的比例为 5.97%;无形资产账面价值合计 1,249.16 亿元,占总资产的比例为 4.27%。根据本报告分析口径,本部分对北京市 169 家数字原生产业上市公司进行数字化创新指数评价,具体情况如下。

9.1.1 数字化创新综合指数

根据本报告评价,2022 年北京市数字原生产业上市公司的数字化创新综合指数平均水平为 74.86,高于全市场平均水平(69.28)。如图 9-1 所示,从市内各辖区分布来看,北京市 169 家数字原生产业上市公司分布在 13 个市内区域,其中海淀区数字原生产业上市公司数量最多,数字化创新综合指数平均水平为 76.05。从指数分布来看,高于均值的有 85 家,占市内总数的 50.30%。其中最高的是金山办公,数字化创新综合指数为 98.99。具体来看,数字化创新综合指数在 60 以下的有 9 家,占比 5.33%;60—70 的有 32 家,占比 18.93%;70—80 的有 85 家,占比 50.30%;80 及以上的有 43 家,占比 25.44%。

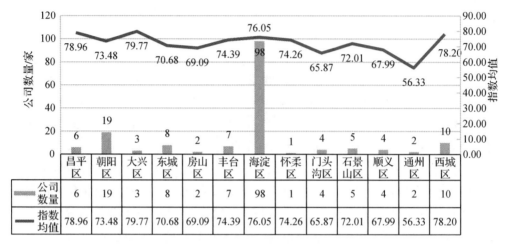

	昌平区	朝阳区	大兴区	东城区	房山区	丰台区	海淀区	怀柔区	门头沟区	石景山区	顺义区	通州区	西城区
公司数量	6	19	3	8	2	7	98	1	4	5	4	2	10
指数均值	78.96	73.48	79.77	70.68	69.09	74.39	76.05	74.26	65.87	72.01	67.99	56.33	78.20

图 9-1　2022 年北京市数字原生产业上市公司数字化创新综合指数均值分布

北京市数字化创新综合指数排名前 10% 的数字原生产业上市公司情况如表 9-1 所示。

表 9-1　2022 年北京市数字原生产业上市公司数字化创新综合指数排名前 10% 情况

排名	公司代码	公司名称	数字化创新综合指数	所在辖区
1	688111.SH	金山办公	98.99	海淀区
2	002410.SZ	广联达	95.46	海淀区
3	000938.SZ	紫光股份	93.00	海淀区
4	002439.SZ	启明星辰	92.05	海淀区
5	601728.SH	中国电信	91.42	西城区
6	300496.SZ	中科创达	90.17	海淀区
7	002368.SZ	太极股份	89.14	海淀区
8	600588.SH	用友网络	88.41	海淀区
9	600536.SH	中国软件	88.07	昌平区
10	301236.SZ	软通动力	87.87	海淀区
11	002153.SZ	石基信息	87.68	海淀区
12	300212.SZ	易华录	87.09	石景山区
13	688561.SH	奇安信	86.75	西城区
14	688066.SH	航天宏图	86.07	海淀区

排名	公司代码	公司名称	数字化创新综合指数	所在辖区
15	600050.SH	中国联通	85.80	西城区
16	300229.SZ	拓尔思	85.64	海淀区

数据来源:浙江工商大学数字创新与管理研究院和首都经济贸易大学资产评估研究院整理。

9.1.2　数字化战略导向指数

2022 年北京市 169 家数字原生产业上市公司的数字化战略导向指数平均水平为 84.62,高于全市场均值(74.24)。如图 9-2 所示,从市内各辖区分布来看,海淀区的数字原生产业上市公司数量最多,其数字化战略导向指数平均水平为 85.35。从指数分布来看,高于均值的有 109 家,占市内总数的 64.50%。其中,数字化战略导向指数在 60 以下的有 12 家,占比 7.10%;60—70 的有 9 家,占比 5.33%;70—80 的有 20 家,占比 11.83%;80 及以上的有 128 家,占比 75.74%。

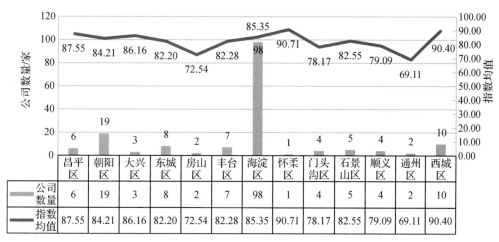

	昌平区	朝阳区	大兴区	东城区	房山区	丰台区	海淀区	怀柔区	门头沟区	石景山区	顺义区	通州区	西城区
公司数量	6	19	3	8	2	7	98	1	4	5	4	2	10
指数均值	87.55	84.21	86.16	82.20	72.54	82.28	85.35	90.71	78.17	82.55	79.09	69.11	90.40

图 9-2　2022 年北京市数字原生产业上市公司数字化战略导向指数均值分布

北京市数字化战略导向指数排名前 10% 的数字原生产业上市公司情况如表 9-2 所示。

表 9-2　2022 年北京市数字原生产业上市公司数字化战略导向指数排名前 10% 情况

排名	公司代码	公司名称	数字化战略导向指数	所在辖区
1	688561.SH	奇安信	99.68	西城区
2	002153.SZ	石基信息	99.44	海淀区
3	688111.SH	金山办公	99.00	海淀区
4	002439.SZ	启明星辰	98.49	海淀区
5	301236.SZ	软通动力	98.48	海淀区

排名	公司代码	公司名称	数字化战略导向指数	所在辖区
6	300496.SZ	中科创达	98.18	海淀区
7	002410.SZ	广联达	97.85	海淀区
8	000938.SZ	紫光股份	97.51	海淀区
9	600588.SH	用友网络	97.28	海淀区
10	002368.SZ	太极股份	97.14	海淀区
11	002405.SZ	四维图新	96.92	海淀区
12	688256.SH	寒武纪	96.65	海淀区
13	688066.SH	航天宏图	96.43	海淀区
14	601728.SH	中国电信	96.06	西城区
15	603613.SH	国联股份	95.75	丰台区
16	688169.SH	石头科技	95.73	昌平区

数据来源:浙江工商大学数字创新与管理研究院和首都经济贸易大学资产评估研究院整理。

9.1.3　数字化要素投入指数

2022 年北京市 169 家数字原生产业上市公司的数字化要素投入指数平均水平为 79.81,高于全市场均值(73.93)。如图 9-3 所示,从市内各辖区分布来看,海淀区的数字原生产业上市公司最多,其数字化要素投入指数平均水平为 82.03。从指数分布来看,高于均值的有 87 家,占市内总数的 51.48%。其中,数字化要素投入指数在 60 以下的有 8 家,占比 4.73%;60—70 的有 12 家,占比 7.10%;70—80 的有 65 家,占比 38.46%;80 及以上的有 84 家,占比 49.70%。

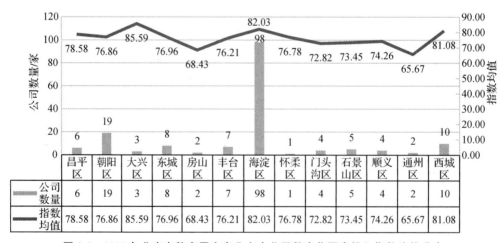

	昌平区	朝阳区	大兴区	东城区	房山区	丰台区	海淀区	怀柔区	门头沟区	石景山区	顺义区	通州区	西城区
公司数量	6	19	3	8	2	7	98	1	4	5	4	2	10
指数均值	78.58	76.86	85.59	76.96	68.43	76.21	82.03	76.78	72.82	73.45	74.26	65.67	81.08

图 9-3　2022 年北京市数字原生产业上市公司数字化要素投入指数均值分布

北京市数字化要素投入指数排名前10％的数字原生产业上市公司情况如表9-3所示。

表9-3 　2022年北京市数字原生产业上市公司数字化要素投入指数排名前10％情况

排名	公司代码	公司名称	数字化要素投入指数	所在辖区
1	000938.SZ	紫光股份	99.15	海淀区
2	688111.SH	金山办公	98.81	海淀区
3	002439.SZ	启明星辰	98.41	海淀区
4	002153.SZ	石基信息	98.32	海淀区
5	002368.SZ	太极股份	97.84	海淀区
6	600588.SH	用友网络	96.50	海淀区
7	002410.SZ	广联达	96.43	海淀区
8	300229.SZ	拓尔思	95.68	海淀区
9	002373.SZ	千方科技	94.90	海淀区
10	300212.SZ	易华录	94.33	石景山区
11	300271.SZ	华宇软件	93.59	海淀区
12	300663.SZ	科蓝软件	93.27	大兴区
13	600100.SH	同方股份	93.07	海淀区
14	300369.SZ	绿盟科技	92.46	海淀区
15	300075.SZ	数字政通	92.44	海淀区
16	600536.SH	中国软件	92.16	昌平区

数据来源:浙江工商大学数字创新与管理研究院和首都经济贸易大学资产评估研究院整理。

9.1.4　数字化创新成果指数

2022年北京市169家数字原生产业上市公司的数字化创新成果指数平均水平为79.83,高于全市场均值(73.39)。如图9-4所示,从市内各辖区分布来看,数字化创新成果指数平均水平最高的是西城区(83.93),最低的是通州区(62.41)。从指数分布来看,高于均值的有95家,占市内总数的56.21％。其中,数字化创新成果指数在60以下的有11家,占比6.51％;60—70的有14家,占比8.28％;70—80的有49家,占比28.99％;80及以上的有95家,占比56.21％。

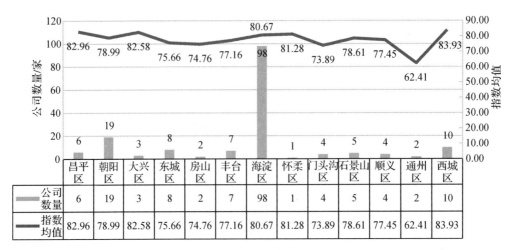

图9-4　2022年北京市数字原生产业上市公司数字化创新成果指数均值分布

北京市数字化创新成果指数排名前10％的数字原生产业上市公司情况如表9-4所示。

表9-4　2022年北京市数字原生产业上市公司数字化创新成果指数排名前10％情况

排名	公司代码	公司名称	数字化创新成果指数	所在辖区
1	688111.SH	金山办公	98.24	海淀区
2	002153.SZ	石基信息	95.29	海淀区
3	002439.SZ	启明星辰	95.06	海淀区
4	301236.SZ	软通动力	94.72	海淀区
5	600588.SH	用友网络	93.96	海淀区
6	688561.SH	奇安信	93.85	西城区
7	000938.SZ	紫光股份	93.54	海淀区
8	688326.SH	经纬恒润	93.38	朝阳区
9	688169.SH	石头科技	93.20	昌平区
10	600100.SH	同方股份	93.13	海淀区
11	300352.SZ	北信源	93.12	海淀区
12	002410.SZ	广联达	92.77	海淀区
13	601728.SH	中国电信	92.26	西城区
14	600536.SH	中国软件	92.23	昌平区
15	300674.SZ	宇信科技	91.96	大兴区
16	300271.SZ	华宇软件	91.38	海淀区

数据来源:浙江工商大学数字创新与管理研究院和首都经济贸易大学资产评估研究院整理。

9.1.5 数字化创新绩效指数

2022 年北京市 169 家数字原生产业上市公司的数字化创新绩效指数平均水平为 59.57,高于全市场均值(58.16)。如图 9-5 所示,从市内各辖区分布来看,数字化创新绩效指数平均水平最高的是昌平区(69.35),最低的是通州区(34.76)。从指数分布来看,高于均值的有 87 家,占市内总数的 51.48%。其中,数字化创新绩效指数在 60 以下的有 83 家,占比 49.11%;60—70 的有 43 家,占比 25.44%;70—80 的有 30 家,占比 17.75%;80 及以上的有 13 家,占比 7.69%。

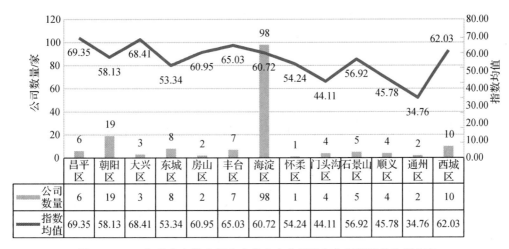

图 9-5　2022 年北京市数字原生产业上市公司数字化创新绩效均值分布

北京市数字化创新绩效指数排名前 10% 的数字原生产业上市公司情况如表 9-5 所示。

表 9-5　2022 年北京市数字原生产业上市公司数字化创新绩效指数排名前 10% 情况

排名	公司代码	公司名称	数字化创新绩效指数	所在辖区
1	688111.SH	金山办公	99.96	海淀区
2	300661.SZ	圣邦股份	97.84	海淀区
3	002410.SZ	广联达	96.38	海淀区
4	002371.SZ	北方华创	95.84	朝阳区
5	600050.SH	中国联通	92.42	西城区
6	601728.SH	中国电信	91.98	西城区
7	301269.SZ	华大九天	87.27	朝阳区
8	300496.SZ	中科创达	85.83	海淀区
9	000938.SZ	紫光股份	85.19	海淀区

排名	公司代码	公司名称	数字化创新绩效指数	所在辖区
10	601698.SH	中国卫通	83.50	海淀区
11	600118.SH	中国卫星	83.27	海淀区
12	600536.SH	中国软件	80.84	昌平区
13	002439.SZ	启明星辰	80.06	海淀区
14	301153.SZ	中科江南	79.49	海淀区
15	300223.SZ	北京君正	79.04	海淀区
16	603613.SH	国联股份	77.34	丰台区

数据来源:浙江工商大学数字创新与管理研究院和首都经济贸易大学资产评估研究院整理。

9.2　广东省数字原生产业上市公司数字化创新评价

截至2022年底,广东省共有数字原生产业上市公司298家,总市值28,425.65亿元,营业总收入20,988.46亿元,平均市值95.39亿元/家,平均营业收入70.43亿元/家。2022年,广东省数字原生产业上市公司研发投入合计1,193.39亿元,占营业总收入的比例为5.69%;无形资产账面价值合计779.54亿元,占总资产的比例为3.10%。根据本报告分析口径,本部分对广东省298家数字原生产业上市公司进行数字化创新指数评价,具体情况如下:

9.2.1　数字化创新综合指数

根据本报告评价,2022年广东省数字原生产业上市公司的数字化创新综合指数平均水平为68.40,低于全市场平均水平(69.28)。如图9-6所示,从省内城市分布来看,广东省298家数字原生产业上市公司分布在14个省内城市,其中深圳市数字原生产业上市公司数量最多,数字化创新综合指数平均水平为69.21,数字化创新综合指数平均水平最高的是珠海市(72.80),最低的是阳江市(46.73)。从指数分布来看,高于均值的有154家,占全省总数的51.68%。其中最高的是工业富联,数字化创新综合指数为92.12。具体来看,数字化创新综合指数在60以下的有72家,占比24.16%;60—70的有95家,占比31.88%;70—80的有98家,占比32.89%;80及以上的有33家,占比11.07%。

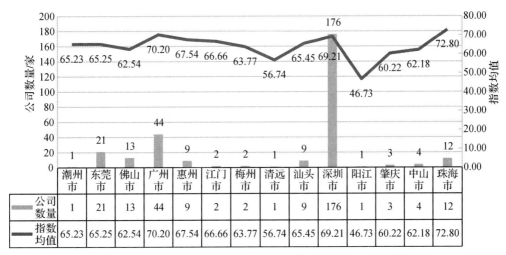

图 9-6　2022 年广东省数字原生产业上市公司数字化创新综合指数均值分布

广东省数字化创新综合指数排名前 10％的数字原生产业上市公司情况如表 9-6
所示。

表 9-6　2022 年广东省数字原生产业上市公司数字化创新综合指数排名前 10％情况

排名	公司代码	公司名称	数字化创新综合指数	所在城市
1	601138.SH	工业富联	92.12	深圳市
2	000063.SZ	中兴通讯	90.74	深圳市
3	300454.SZ	深信服	90.47	深圳市
4	300676.SZ	华大基因	90.41	深圳市
5	002841.SZ	视源股份	88.88	广州市
6	002063.SZ	远光软件	88.25	珠海市
7	002152.SZ	广电运通	87.95	广州市
8	000555.SZ	神州信息	87.87	深圳市
9	002920.SZ	德赛西威	86.71	惠州市
10	002421.SZ	达实智能	86.58	深圳市
11	002212.SZ	天融信	86.29	汕头市
12	300687.SZ	赛意信息	85.93	广州市
13	002938.SZ	鹏鼎控股	85.86	深圳市
14	688036.SH	传音控股	85.47	深圳市
15	000066.SZ	中国长城	85.38	深圳市
16	002180.SZ	纳思达	85.29	珠海市
17	300634.SZ	彩讯股份	85.05	深圳市

排名	公司代码	公司名称	数字化创新综合指数	所在城市
18	300377.SZ	赢时胜	84.37	深圳市
19	300638.SZ	广和通	83.77	深圳市
20	002402.SZ	和而泰	82.62	深圳市
21	688208.SH	道通科技	82.59	深圳市
22	002528.SZ	英飞拓	82.24	深圳市
23	000062.SZ	深圳华强	82.05	深圳市
24	300448.SZ	浩云科技	81.43	广州市
25	300458.SZ	全志科技	81.43	珠海市
26	002027.SZ	分众传媒	81.29	广州市
27	000034.SZ	神州数码	81.24	深圳市
28	300348.SZ	长亮科技	81.20	深圳市
29	300468.SZ	四方精创	80.71	深圳市

数据来源:浙江工商大学数字创新与管理研究院和首都经济贸易大学资产评估研究院整理。

9.2.2　数字化战略导向指数

2022年广东省298家数字原生产业上市公司的数字化战略导向指数平均水平为72.49,低于全市场均值(74.24)。如图9-7所示,从省内城市分布来看,数字化战略导向指数平均水平最高的是广州市(79.30),最低的是阳江市(54.16)。从指数分布来看,高于均值的有163家,占全省总数的54.70%。其中,数字化战略导向指数在60以下的有75家,占比25.17%;60—70的有48家,占比16.11%;70—80的有49家,占比16.44%;80及以上的有126家,占比42.28%。

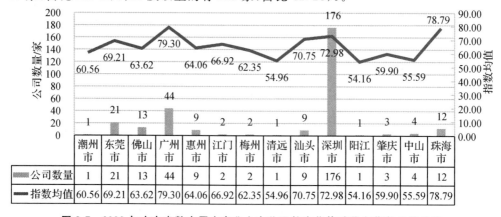

图9-7　2022年广东省数字原生产业上市公司数字化战略导向指数均值分布

广东省数字化战略导向指数排名前 10％的数字原生产业上市公司情况如表 9-7
所示。

表 9-7 2022 年广东省数字原生产业上市公司数字化战略导向指数排名前 10％情况

排名	公司代码	公司名称	数字化战略导向指数	所在城市
1	002152.SZ	广电运通	98.34	广州市
2	300676.SZ	华大基因	97.51	深圳市
3	300454.SZ	深信服	97.34	深圳市
4	688036.SH	传音控股	96.73	深圳市
5	688083.SH	中望软件	96.73	广州市
6	002212.SZ	天融信	96.39	汕头市
7	688327.SH	云从科技	96.26	广州市
8	002528.SZ	英飞拓	95.87	深圳市
9	002063.SZ	远光软件	95.32	珠海市
10	000555.SZ	神州信息	94.82	深圳市
11	601138.SH	工业富联	93.84	深圳市
12	000062.SZ	深圳华强	93.82	深圳市
13	002841.SZ	视源股份	93.77	广州市
14	002421.SZ	达实智能	93.15	深圳市
15	000034.SZ	神州数码	93.12	深圳市
16	300634.SZ	彩讯股份	93.02	深圳市
17	300348.SZ	长亮科技	92.82	深圳市
18	300098.SZ	高新兴	92.55	广州市
19	300468.SZ	四方精创	92.08	深圳市
20	688228.SH	开普云	91.95	东莞市
21	002291.SZ	遥望科技	91.82	佛山市
22	301330.SZ	熵基科技	91.80	东莞市
23	002197.SZ	证通电子	91.69	深圳市
24	000676.SZ	智度股份	91.57	广州市
25	002938.SZ	鹏鼎控股	91.31	深圳市
26	300377.SZ	赢时胜	91.28	深圳市
27	300311.SZ	任子行	91.23	深圳市
28	300925.SZ	法本信息	91.18	深圳市
29	300448.SZ	浩云科技	91.12	广州市

数据来源:浙江工商大学数字创新与管理研究院和首都经济贸易大学资产评估研究院整理。

9.2.3 数字化要素投入指数

2022年广东省298家数字原生产业上市公司的数字化要素投入指数平均水平为72.85,低于全市场均值(73.93)。如图9-8所示,从省内城市分布来看,数字化要素投入指数平均水平最高的是珠海市(78.24),最低的是清远市(58.90)。从指数分布来看,高于均值的有163家,占全省总数的54.70%。其中,数字化要素投入指数在60以下的有53家,占比17.79%;60—70的有68家,占比22.82%;70—80的有88家,占比29.53%;80及以上的有89家,占比29.87%。

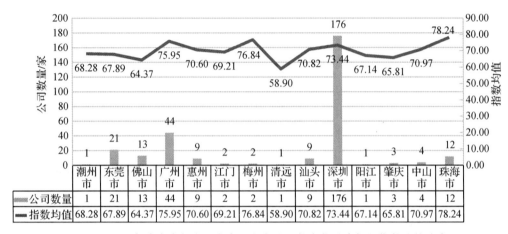

图9-8 2022年广东省数字原生产业上市公司数字化要素投入指数均值分布

广东省数字化要素投入指数排名前10%的数字原生产业上市公司情况如表9-8所示。

表9-8 2022年广东省数字原生产业上市公司数字化要素投入指数排名前10%情况

排名	公司代码	公司名称	数字化要素投入指数	所在城市
1	300454.SZ	深信服	98.73	深圳市
2	601138.SH	工业富联	96.94	深圳市
3	002063.SZ	远光软件	96.08	珠海市
4	000555.SZ	神州信息	95.43	深圳市
5	688083.SH	中望软件	94.37	广州市
6	002528.SZ	英飞拓	94.10	深圳市
7	300634.SZ	彩讯股份	94.09	深圳市
8	300687.SZ	赛意信息	93.84	广州市
9	002421.SZ	达实智能	93.73	深圳市
10	300676.SZ	华大基因	93.71	深圳市

排名	公司代码	公司名称	数字化要素投入指数	所在城市
11	002197.SZ	证通电子	93.53	深圳市
12	300310.SZ	宜通世纪	93.39	广州市
13	300638.SZ	广和通	93.04	深圳市
14	300311.SZ	任子行	92.50	深圳市
15	300052.SZ	中青宝	92.46	深圳市
16	300738.SZ	奥飞数据	92.40	广州市
17	002990.SZ	盛视科技	92.10	深圳市
18	300448.SZ	浩云科技	91.88	广州市
19	688208.SH	道通科技	91.73	深圳市
20	002152.SZ	广电运通	91.40	广州市
21	300377.SZ	赢时胜	91.33	深圳市
22	688418.SH	震有科技	90.70	深圳市
23	000676.SZ	智度股份	90.56	广州市
24	002465.SZ	海格通信	90.26	广州市
25	301248.SZ	杰创智能	90.18	广州市
26	688159.SH	有方科技	90.10	深圳市
27	002402.SZ	和而泰	89.58	深圳市
28	300053.SZ	欧比特	89.32	珠海市
29	002238.SZ	天威视讯	89.08	深圳市

数据来源:浙江工商大学数字创新与管理研究院和首都经济贸易大学资产评估研究院整理。

9.2.4　数字化创新成果指数

2022 年广东省 298 家数字原生产业上市公司的数字化创新成果指数平均水平为 72.89,低于全市场均值(73.39)。如图 9-9 所示,从省内城市分布来看,数字化创新成果指数平均水平最高的是珠海市(75.52),最低的是阳江市(51.75)。从指数分布来看,高于均值的有 151 家,占全省总数的 50.67%。其中,数字化创新成果指数在 60 以下的有 47 家,占比 15.77%;60—70 的有 65 家,占比 21.81%;70—80 的有 100 家,占比 33.56%;80 及以上的有 86 家,占比 28.86%。

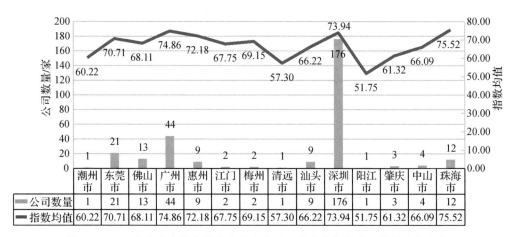

图 9-9 2022 年广东省数字原生产业上市公司数字化创新成果指数均值分布

广东省数字化创新成果指数排名前 10％的数字原生产业上市公司情况如表 9-9 所示。

表 9-9 2022 年广东省数字原生产业上市公司数字化创新成果指数排名前 10％情况

排名	公司代码	公司名称	数字化创新成果指数	所在城市
1	300676.SZ	华大基因	95.79	深圳市
2	002152.SZ	广电运通	93.99	广州市
3	688327.SH	云从科技	92.94	广州市
4	002528.SZ	英飞拓	92.24	深圳市
5	002421.SZ	达实智能	92.07	深圳市
6	002402.SZ	和而泰	91.81	深圳市
7	300454.SZ	深信服	90.93	深圳市
8	002841.SZ	视源股份	90.79	广州市
9	000063.SZ	中兴通讯	90.77	深圳市
10	000555.SZ	神州信息	90.73	深圳市
11	000066.SZ	中国长城	90.07	深圳市
12	688228.SH	开普云	89.68	东莞市
13	688036.SH	传音控股	89.62	深圳市
14	000062.SZ	深圳华强	89.61	深圳市
15	300687.SZ	赛意信息	89.47	广州市
16	300047.SZ	天源迪科	89.22	深圳市
17	002212.SZ	天融信	89.09	汕头市
18	300634.SZ	彩讯股份	88.91	深圳市

排名	公司代码	公司名称	数字化创新成果指数	所在城市
19	002063.SZ	远光软件	88.82	珠海市
20	002180.SZ	纳思达	88.27	珠海市
21	000034.SZ	神州数码	88.24	深圳市
22	300264.SZ	佳创视讯	88.23	深圳市
23	001308.SZ	康冠科技	88.06	深圳市
24	600728.SH	佳都科技	87.87	广州市
25	688083.SH	中望软件	87.42	广州市
26	688227.SH	品高股份	87.31	广州市
27	002970.SZ	锐明技术	87.26	深圳市
28	688318.SH	财富趋势	87.08	深圳市
29	688322.SH	奥比中光	87.06	深圳市

数据来源:浙江工商大学数字创新与管理研究院和首都经济贸易大学资产评估研究院整理。

9.2.5　数字化创新绩效指数

2022 年广东省 298 家数字原生产业上市公司的数字化创新绩效指数平均水平为 57.53,低于全市场均值(58.16)。如图 9-10 所示,从省内城市分布来看,深圳市的数字原生产业上市公司数量最多,其数字化创新绩效指数平均水平为 58.43。从指数分布来看,高于均值的有 150 家,占全省总数的 50.34%。其中,数字化创新绩效指数在 60 以下的有 162 家,占比 54.36%;60—70 的有 86 家,占比 28.86%;70—80 的有 42 家,占比 14.09%;80 及以上的有 8 家,占比 2.68%。

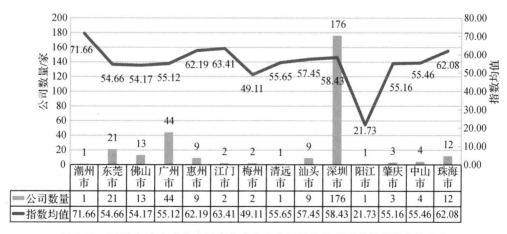

	潮州市	东莞市	佛山市	广州市	惠州市	江门市	梅州市	清远市	汕头市	深圳市	阳江市	肇庆市	中山市	珠海市
公司数量	1	21	13	44	9	2	2	1	9	176	1	3	4	12
指数均值	71.66	54.66	54.17	55.12	62.19	63.41	49.11	55.65	57.45	58.43	21.73	55.16	55.46	62.08

图 9-10　2022 年广东省数字原生产业上市公司数字化创新绩效指数均值分布

广东省数字化创新绩效指数排名前 10％的数字原生产业上市公司情况如表 9-10 所示。

表 9-10 2022 年广东省数字原生产业上市公司数字化创新绩效指数排名前 10％情况

排名	公司代码	公司名称	数字化创新绩效指数	所在城市
1	601138.SH	工业富联	95.33	深圳市
2	000063.SZ	中兴通讯	95.29	深圳市
3	002920.SZ	德赛西威	94.53	惠州市
4	002475.SZ	立讯精密	89.31	深圳市
5	002938.SZ	鹏鼎控股	87.14	深圳市
6	002841.SZ	视源股份	86.59	广州市
7	002180.SZ	纳思达	83.39	珠海市
8	002027.SZ	分众传媒	82.43	广州市
9	300454.SZ	深信服	79.75	深圳市
10	002916.SZ	深南电路	78.95	深圳市
11	600183.SH	生益科技	78.62	东莞市
12	300458.SZ	全志科技	78.21	珠海市
13	301313.SZ	凡拓数创	77.92	广州市
14	002063.SZ	远光软件	77.63	珠海市
15	300676.SZ	华大基因	77.48	深圳市
16	002600.SZ	领益智造	77.20	江门市
17	002212.SZ	天融信	77.05	汕头市
18	301308.SZ	江波龙	76.18	深圳市
19	300638.SZ	广和通	76.04	深圳市
20	000066.SZ	中国长城	75.51	深圳市
21	002544.SZ	普天科技	75.06	广州市
22	000555.SZ	神州信息	74.87	深圳市
23	002881.SZ	美格智能	74.73	深圳市
24	688036.SH	传音控股	74.65	深圳市
25	300687.SZ	赛意信息	73.75	广州市
26	301391.SZ	卡莱特	73.65	深圳市
27	002741.SZ	光华科技	73.53	汕头市
28	300377.SZ	赢时胜	73.14	深圳市
29	000062.SZ	深圳华强	72.57	深圳市

数据来源:浙江工商大学数字创新与管理研究院和首都经济贸易大学资产评估研究院整理。

9.3 江苏省数字原生产业上市公司数字化创新评价

截至 2022 年底,江苏省共有数字原生产业上市公司 122 家,总市值 11,961.84 亿元,营业总收入 5,219.91 亿元,平均市值 98.05 亿元/家,平均营业收入 42.79 亿元/家。2022 年,江苏省数字原生产业上市公司研发投入合计 256.15 亿元,占营业总收入的比例为 4.91%;无形资产账面价值合计 268.66 亿元,占总资产的比例为 3.00%。根据本报告分析口径,本部分对江苏省 122 家数字原生产业上市公司进行数字化创新指数评价,具体情况如下:

9.3.1 数字化创新综合指数

根据本报告评价,2022 年江苏省数字原生产业上市公司的数字化创新综合指数平均水平为 66.20,低于全市场平均水平(69.28)。如图 9-11 所示,从省内城市分布来看,江苏省 122 家数字原生产业上市公司分布在 9 个省内城市,其中苏州市拥有最多数量的数字原生产业上市公司,数字化创新综合指数平均水平为 64.49。从指数分布来看,高于均值的有 61 家,占全省总数的 50.00%。其中最高的是朗新科技,数字化创新综合指数为 88.66。具体来看,数字化创新综合指数在 60 以下的有 36 家,占比 29.51%;60—70 的有 40 家,占比 32.79%;70—80 的有 35 家,占比 28.69%;80 及以上的有 11 家,占比 9.02%。

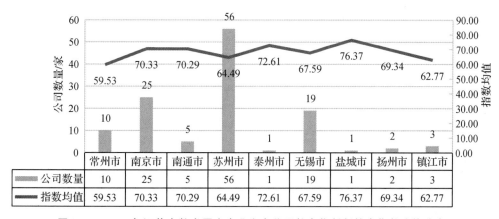

图 9-11 2022 年江苏省数字原生产业上市公司数字化创新综合指数均值分布

江苏省数字化创新综合指数排名前 10% 的数字原生产业上市公司情况如表 9-11 所示。

表 9-11　2022 年江苏省数字原生产业上市公司数字化创新综合指数排名前 10％情况

排名	公司代码	公司名称	数字化创新综合指数	所在城市
1	300682.SZ	朗新科技	88.66	无锡市
2	300782.SZ	卓胜微	87.46	无锡市
3	600562.SH	国睿科技	84.97	南京市
4	300339.SZ	润和软件	84.61	南京市
5	000681.SZ	视觉中国	84.26	常州市
6	688536.SH	思瑞浦	83.35	苏州市
7	600487.SH	亨通光电	82.36	苏州市
8	600522.SH	中天科技	82.02	南通市
9	300623.SZ	捷捷微电	81.63	南通市
10	688232.SH	新点软件	80.99	苏州市
11	688262.SH	国芯科技	80.37	苏州市
12	300292.SZ	吴通控股	79.24	苏州市

数据来源:浙江工商大学数字创新与管理研究院和首都经济贸易大学资产评估研究院整理。

9.3.2　数字化战略导向指数

　　2022 年江苏省 122 家数字原生产业上市公司的数字化战略导向指数平均水平为 67.74,低于全市场均值(74.24)。如图 9-12 所示,从省内城市分布来看,苏州市的数字原生产业上市公司数量最多,其数字化战略导向指数平均水平为 64.56。从指数分布来看,高于均值的有 64 家,占全省总数的 52.46％。其中,数字化战略导向指数在 60 以下的有 46 家,占比 37.70％;60—70 的有 19 家,占比 15.57％;70—80 的有 18 家,占比 14.75％;80 及以上的有 39 家,占比 31.97％。

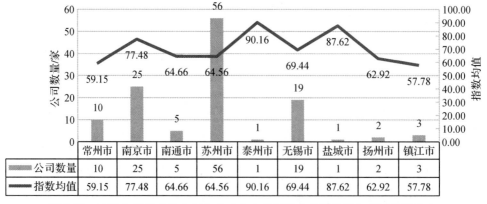

	常州市	南京市	南通市	苏州市	泰州市	无锡市	盐城市	扬州市	镇江市
公司数量	10	25	5	56	1	19	1	2	3
指数均值	59.15	77.48	64.66	64.56	90.16	69.44	87.62	62.92	57.78

图 9-12　2022 年江苏省数字原生产业上市公司数字化战略导向指数均值分布

　　江苏省数字化战略导向指数排名前 10％的数字原生产业上市公司情况如表 9-12 所示。

表 9-12　2022 年江苏省数字原生产业上市公司数字化战略导向指数排名前 10％情况

排名	公司代码	公司名称	数字化战略导向指数	所在城市
1	688232.SH	新点软件	97.55	苏州市
2	300682.SZ	朗新科技	96.64	无锡市
3	300339.SZ	润和软件	95.16	南京市
4	002127.SZ	南极电商	93.90	苏州市
5	300031.SZ	宝通科技	92.94	无锡市
6	000681.SZ	视觉中国	92.38	常州市
7	688225.SH	亚信安全	92.33	南京市
8	688588.SH	凌志软件	92.25	苏州市
9	002024.SZ	ST易购	91.18	南京市
10	002315.SZ	焦点科技	90.77	南京市
11	301339.SZ	通行宝	90.70	南京市
12	688060.SH	云涌科技	90.16	泰州市

数据来源:浙江工商大学数字创新与管理研究院和首都经济贸易大学资产评估研究院整理。

9.3.3　数字化要素投入指数

2022 年江苏省 122 家数字原生产业上市公司的数字化要素投入指数平均水平为 68.91,低于全市场均值(73.93)。如图 9-13 所示,从省内城市分布来看,苏州市的数字原生产业上市公司数量最多,其数字化要素投入指数平均水平为 67.71。从指数分布来看,高于均值的有 68 家,占全省总数的 55.74％。其中,数字化要素投入指数在 60 以下的有 34 家,占比 27.87％;60—70 的有 23 家,占比 18.85％;70—80 的有 42 家,占比 34.43％;80 及以上的有 23 家,占比 18.85％。

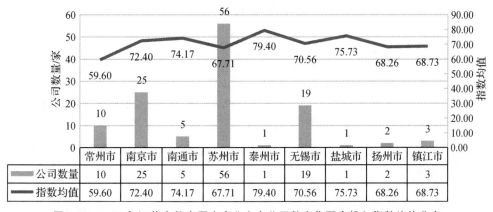

图 9-13　2022 年江苏省数字原生产业上市公司数字化要素投入指数均值分布

江苏省数字化要素投入指数排名前 10％的数字原生产业上市公司情况如表 9-13 所示。

表 9-13　2022 年江苏省数字原生产业上市公司数字化要素投入指数排名前 10％情况

排名	公司代码	公司名称	数字化要素投入指数	所在城市
1	300782.SZ	卓胜微	94.44	无锡市
2	300598.SZ	诚迈科技	90.15	南京市
3	002413.SZ	雷科防务	88.92	常州市
4	300292.SZ	吴通控股	87.91	苏州市
5	600959.SH	江苏有线	87.64	南京市
6	300623.SZ	捷捷微电	87.08	南通市
7	300682.SZ	朗新科技	86.85	无锡市
8	002104.SZ	恒宝股份	85.92	镇江市
9	300339.SZ	润和软件	85.69	南京市
10	600105.SH	永鼎股份	85.27	苏州市
11	688232.SH	新点软件	84.24	苏州市
12	688262.SH	国芯科技	84.17	苏州市

数据来源:浙江工商大学数字创新与管理研究院和首都经济贸易大学资产评估研究院整理。

9.3.4　数字化创新成果指数

　　2022 年江苏省 122 家数字原生产业上市公司的数字化创新成果指数平均水平为 70.79,低于全市场均值(73.39)。如图 9-14 所示,从省内城市分布来看,苏州市的数字原生产业上市公司数量最多,其数字化创新成果指数平均水平为 69.04。从指数分布来看,高于均值的有 64 家,占全省总数的 52.46％。其中,数字化创新成果指数在 60 以下的有 25 家,占比 20.49％;60—70 的有 30 家,占比 24.59％;70—80 的有 41 家,占比 33.61％;80 及以上的有 26 家,占比 21.31％。

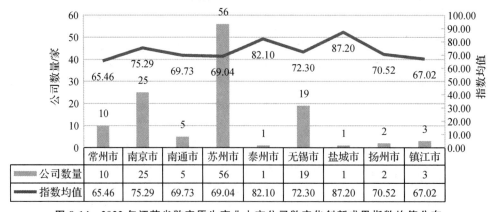

图 9-14　2022 年江苏省数字原生产业上市公司数字化创新成果指数均值分布

　　江苏省数字化创新成果指数排名前 10％的数字原生产业上市公司情况如表 9-14 所示。

表9-14　2022年江苏省数字原生产业上市公司数字化创新成果指数排名前10%情况

排名	公司代码	公司名称	数字化创新成果指数	所在城市
1	688232.SH	新点软件	94.66	苏州市
2	300682.SZ	朗新科技	94.44	无锡市
3	000681.SZ	视觉中国	90.98	常州市
4	688262.SH	国芯科技	90.45	苏州市
5	300031.SZ	宝通科技	90.15	无锡市
6	600562.SH	国睿科技	90.11	南京市
7	002024.SZ	ST易购	89.63	南京市
8	688258.SH	卓易信息	88.13	无锡市
9	688225.SH	亚信安全	87.96	南京市
10	300339.SZ	润和软件	87.81	南京市
11	002530.SZ	金财互联	87.20	盐城市
12	002127.SZ	南极电商	86.85	苏州市

数据来源:浙江工商大学数字创新与管理研究院和首都经济贸易大学资产评估研究院整理。

9.3.5　数字化创新绩效指数

2022年江苏省122家数字原生产业上市公司的数字化创新绩效指数平均水平为58.06,低于全市场均值(58.16)。如图9-15所示,从省内城市分布来看,苏州市的数字原生产业上市公司数量最多,其数字化创新绩效指数平均水平为56.94。从指数分布来看,高于均值的有58家,占全省总数的47.54%。其中,数字化创新绩效指数在60以下的有71家,占比58.20%;60—70的有25家,占比20.49%;70—80的有19家,占比15.57%;80及以上的有7家,占比5.74%。

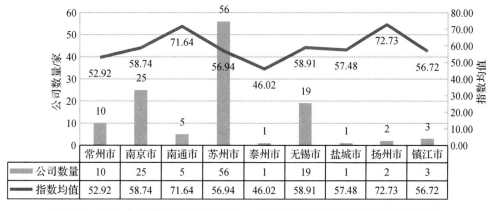

	常州市	南京市	南通市	苏州市	泰州市	无锡市	盐城市	扬州市	镇江市
公司数量	10	25	5	56	1	19	1	2	3
指数均值	52.92	58.74	71.64	56.94	46.02	58.91	57.48	72.73	56.72

图9-15　2022年江苏省数字原生产业上市公司数字化创新绩效指数均值分布

江苏省数字化创新绩效指数排名前 10％的数字原生产业上市公司情况如表 9-15 所示。

表 9-15　2022 年江苏省数字原生产业上市公司数字化创新绩效指数排名前 10％情况

排名	公司代码	公司名称	数字化创新绩效指数	所在城市
1	688536.SH	思瑞浦	94.79	苏州市
2	300782.SZ	卓胜微	92.46	无锡市
3	600584.SH	长电科技	85.34	无锡市
4	002384.SZ	东山精密	84.67	苏州市
5	600522.SH	中天科技	81.87	南通市
6	600487.SH	亨通光电	81.33	苏州市
7	600562.SH	国睿科技	80.60	南京市
8	000681.SZ	视觉中国	79.55	常州市
9	300682.SZ	朗新科技	78.41	无锡市
10	603005.SH	晶方科技	77.01	苏州市
11	000738.SZ	航发控制	77.00	无锡市
12	002079.SZ	苏州固锝	76.79	苏州市

数据来源：浙江工商大学数字创新与管理研究院和首都经济贸易大学资产评估研究院整理。

9.4　上海市数字原生产业上市公司数字化创新评价

截至 2022 年底，上海市共有数字原生产业上市公司 100 家，总市值 12,630.76 亿元，营业总收入 3,770.39 亿元，平均市值 126.31 亿元/家，平均营业收入 37.70 亿元/家。2022 年，上海市数字原生产业上市公司研发投入合计 293.55 亿元，占营业总收入的比例为 7.79％；无形资产账面价值合计 158.36 亿元，占总资产的比例为 2.70％。根据本报告分析口径，本部分对上海市 100 家数字原生产业上市公司进行数字化创新指数评价，具体情况如下：

9.4.1　数字化创新综合指数

根据本报告评价，2022 年上海市数字原生产业上市公司的数字化创新综合指数平均水平为 71.12，高于全市场平均水平（69.28）。如图 9-16 所示，从市内各辖区分布来看，上海市 100 家数字原生产业上市公司分布在 15 个市内区域，其中浦东新区数字原生产业上市公司数量最多,其数字化创新综合指数平均水平为 73.10。从指数分布来看,高于均值的有 50 家,占市内总数的 50.00%。其中最高的是宝信软件,数字化创新综合指数为 89.43。具体来看,数字化创新综合指数在 60 以下的有 15 家,占比 15.00%;60—70 的有 32 家,占比 32.00%;70—80 的有 34 家,占比 34.00%;80 及以上的有 19 家,占比 19.00%。

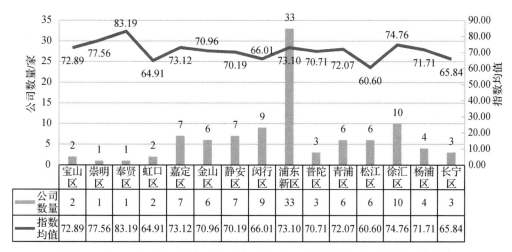

图 9-16　2022 年上海市数字原生产业上市公司数字化创新综合指数均值分布

上海市数字化创新综合指数排名前 10% 的数字原生产业上市公司情况如表 9-16 所示。

表 9-16　2022 年上海市数字原生产业上市公司数字化创新综合指数排名前 10% 情况

排名	公司代码	公司名称	数字化创新综合指数	所在辖区
1	600845.SH	宝信软件	89.43	浦东新区
2	688008.SH	澜起科技	86.98	徐汇区
3	300017.SZ	网宿科技	86.80	嘉定区
4	600850.SH	电科数字	86.47	嘉定区
5	688521.SH	芯原股份	85.50	浦东新区
6	600602.SH	云赛智联	85.48	浦东新区
7	600637.SH	东方明珠	85.47	徐汇区
8	300170.SZ	汉得信息	84.83	青浦区
9	300627.SZ	华测导航	84.54	青浦区
10	300253.SZ	卫宁健康	84.00	浦东新区

数据来源:浙江工商大学数字创新与管理研究院和首都经济贸易大学资产评估研究院整理。

9.4.2 数字化战略导向指数

2022年上海市100家数字原生产业上市公司的数字化战略导向指数平均水平为77.10,高于全市场均值(74.24)。如图9-17所示,从市内各辖区分布来看,浦东新区的数字原生产业上市公司数量最多,其数字化战略导向指数平均水平为80.43。从指数分布来看,高于均值的有55家,占市内总数的55.00%。其中,数字化战略导向指数在60以下的有13家,占比13.00%;60—70的有17家,占比17.00%;70—80的有16家,占比16.00%;80及以上的有54家,占比54.00%。

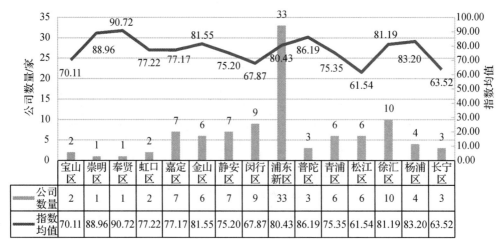

	宝山区	崇明区	奉贤区	虹口区	嘉定区	金山区	静安区	闵行区	浦东新区	普陀区	青浦区	松江区	徐汇区	杨浦区	长宁区
公司数量	2	1	1	2	7	6	7	9	33	3	6	6	10	4	3
指数均值	70.11	88.96	90.72	77.22	77.17	81.55	75.20	67.87	80.43	86.19	75.35	61.54	81.19	83.20	63.52

图9-17 2022年上海市数字原生产业上市公司数字化战略导向指数均值分布

上海市数字化战略导向指数排名前10%的数字原生产业上市公司情况如表9-17所示。

表9-17 2022年上海市数字原生产业上市公司数字化战略导向指数排名前10%情况

排名	公司代码	公司名称	数字化战略导向指数	所在辖区
1	688521.SH	芯原股份	98.83	浦东新区
2	600637.SH	东方明珠	98.15	徐汇区
3	300168.SZ	万达信息	96.20	徐汇区
4	688031.SH	星环科技	95.78	徐汇区
5	688008.SH	澜起科技	95.52	徐汇区
6	300017.SZ	网宿科技	94.49	嘉定区
7	600845.SH	宝信软件	92.86	浦东新区
8	688206.SH	概伦电子	92.36	浦东新区
9	600602.SH	云赛智联	92.31	浦东新区
10	002401.SZ	中远海科	92.21	浦东新区

数据来源:浙江工商大学数字创新与管理研究院和首都经济贸易大学资产评估研究院整理。

9.4.3 数字化要素投入指数

2022 年上海市 100 家数字原生产业上市公司的数字化要素投入指数平均水平为 76.81,高于全市场均值(73.93)。如图 9-18 所示,从市内各辖区分布来看,浦东新区的数字原生产业上市公司数量最多,其数字化要素投入指数平均水平为 79.13。从指数分布来看,高于均值的有 55 家,占市内总数的 55.00%。其中,数字化要素投入指数在 60 以下的有 8 家,占比 8.00%;60—70 的有 17 家,占比 17.00%;70—80 的有 33 家,占比 33.00%;80 及以上的有 42 家,占比 42.00%。

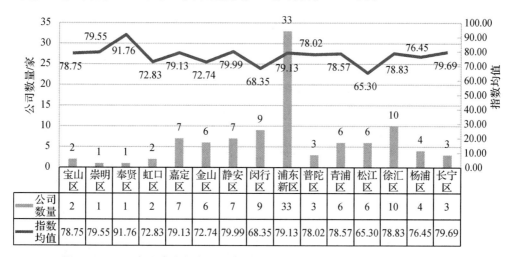

	宝山区	崇明区	奉贤区	虹口区	嘉定区	金山区	静安区	闵行区	浦东新区	普陀区	青浦区	松江区	徐汇区	杨浦区	长宁区
公司数量	2	1	1	2	7	6	7	9	33	3	6	6	10	4	3
指数均值	78.75	79.55	91.76	72.83	79.13	72.74	79.99	68.35	79.13	78.02	78.57	65.30	78.83	76.45	79.69

图 9-18　2022 年上海市数字原生产业上市公司数字化要素投入指数均值分布

上海市数字化要素投入指数排名前 10% 的数字原生产业上市公司情况如表 9-18 所示。

表 9-18　2022 年上海市数字原生产业上市公司数字化要素投入指数排名前 10% 情况

排名	公司代码	公司名称	数字化要素投入指数	所在辖区
1	300442.SZ	润泽科技	98.98	金山区
2	600845.SH	宝信软件	96.90	浦东新区
3	300168.SZ	万达信息	96.77	徐汇区
4	300017.SZ	网宿科技	94.85	嘉定区
5	600637.SH	东方明珠	94.39	徐汇区
6	600602.SH	云赛智联	93.91	浦东新区
7	600850.SH	电科数字	92.53	嘉定区
8	300469.SZ	信息发展	91.82	静安区
9	603039.SH	泛微网络	91.76	奉贤区

排名	公司代码	公司名称	数字化要素投入指数	所在辖区
10	002178.SZ	延华智能	91.67	普陀区

数据来源:浙江工商大学数字创新与管理研究院和首都经济贸易大学资产评估研究院整理。

9.4.4　数字化创新成果指数

2022 年上海市 100 家数字原生产业上市公司的数字化创新成果指数平均水平为 74.84,高于全市场均值(73.39)。如图 9-19 所示,从市内各辖区分布来看,浦东新区的数字原生产业上市公司数量最多,其数字化创新成果指数平均水平为 77.93。从指数分布来看,高于均值的有 54 家,占市内总数的 54.00%。其中,数字化创新成果指数在 60 以下的有 14 家,占比 14.00%;60—70 的有 20 家,占比 20.00%;70—80 的有 28 家,占比 28.00%;80 及以上的有 38 家,占比 38.00%。

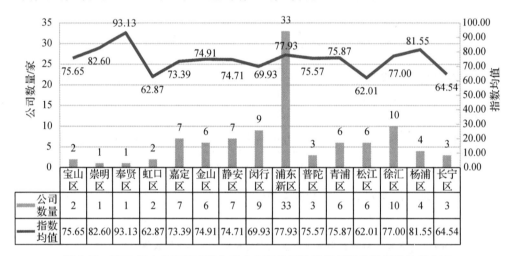

	宝山区	崇明区	奉贤区	虹口区	嘉定区	金山区	静安区	闵行区	浦东新区	普陀区	青浦区	松江区	徐汇区	杨浦区	长宁区
公司数量	2	1	1	2	7	6	7	9	33	3	6	6	10	4	3
指数均值	75.65	82.60	93.13	62.87	73.39	74.91	74.71	69.93	77.93	75.57	75.87	62.01	77.00	81.55	64.54

图 9-19　2022 年上海市数字原生产业上市公司数字化创新成果指数均值分布

上海市数字化创新成果指数排名前 10% 的数字原生产业上市公司情况如表 9-19 所示。

表 9-19　2022 年上海市数字原生产业上市公司数字化创新成果指数排名前 10%情况

排名	公司代码	公司名称	数字化创新成果指数	所在辖区
1	688521.SH	芯原股份	94.21	浦东新区
2	688206.SH	概伦电子	93.40	浦东新区
3	603039.SH	泛微网络	93.13	奉贤区
4	600845.SH	宝信软件	92.57	浦东新区
5	688220.SH	翱捷科技	92.48	浦东新区

排名	公司代码	公司名称	数字化创新成果指数	所在辖区
6	300170.SZ	汉得信息	91.11	青浦区
7	688158.SH	优刻得	90.81	杨浦区
8	600850.SH	电科数字	90.35	嘉定区
9	688118.SH	普元信息	89.72	浦东新区
10	002401.SZ	中远海科	89.59	浦东新区

数据来源:浙江工商大学数字创新与管理研究院和首都经济贸易大学资产评估研究院整理。

9.4.5　数字化创新绩效指数

2022 年上海市 100 家数字原生产业上市公司的数字化创新绩效指数平均水平为 59.07,高于全市场均值(58.16)。如图 9-20 所示,从市内各辖区分布来看,浦东新区的数字原生产业上市公司数量最多,其数字化创新绩效指数平均水平为 58.71。从指数分布来看,高于均值的有 52 家,占市内总数的 52.00%。其中,数字化创新绩效指数在 60 以下的有 51 家,占比 51.00%;60—70 的有 24 家,占比 24.00%;70—80 的有 20 家,占比 20.00%;80 及以上的有 5 家,占比 5.00%。

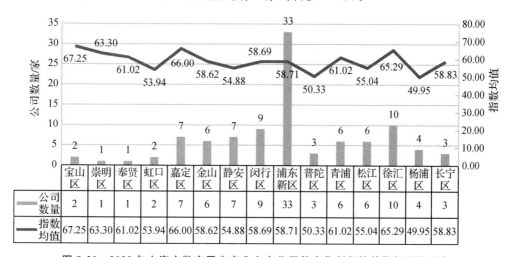

	宝山区	崇明区	奉贤区	虹口区	嘉定区	金山区	静安区	闵行区	浦东新区	普陀区	青浦区	松江区	徐汇区	杨浦区	长宁区
公司数量	2	1	1	2	7	6	7	9	33	3	6	6	10	4	3
指数均值	67.25	63.30	61.02	53.94	66.00	58.62	54.88	58.69	58.71	50.33	61.02	55.04	65.29	49.95	58.83

图 9-20　2022 年上海市数字原生产业上市公司数字化创新绩效指数均值分布

上海市数字化创新绩效指数排名前 10% 的数字原生产业上市公司情况如表 9-20 所示。

表 9-20　2022 年上海市数字原生产业上市公司数字化创新绩效指数排名前 10% 情况

排名	公司代码	公司名称	数字化创新绩效指数	所在辖区
1	603501.SH	韦尔股份	88.34	浦东新区

排名	公司代码	公司名称	数字化创新绩效指数	所在辖区
2	601231.SH	环旭电子	86.45	浦东新区
3	300327.SZ	中颖电子	83.51	长宁区
4	688126.SH	沪硅产业	82.42	嘉定区
5	688008.SH	澜起科技	80.94	徐汇区
6	688012.SH	中微公司	79.98	浦东新区
7	300017.SZ	网宿科技	79.57	嘉定区
8	600845.SH	宝信软件	78.37	浦东新区
9	300627.SZ	华测导航	78.15	青浦区
10	300253.SZ	卫宁健康	77.96	浦东新区

数据来源:浙江工商大学数字创新与管理研究院和首都经济贸易大学资产评估研究院整理。

9.5　浙江省数字原生产业上市公司数字化创新评价

截至 2022 年底,浙江省共有数字原生产业上市公司 98 家,总市值 12,596.03 亿元,营业总收入 3,405.16 亿元,平均市值 128.53 亿元/家,平均营业收入 34.75 亿元/家。2022 年,浙江省数字原生产业上市公司研发投入合计 346.03 亿元,占营业总收入的比例为 10.16%;无形资产账面价值合计 132.00 亿元,占总资产的比例为 2.16%。根据本报告分析口径,本部分对浙江省 98 家数字原生产业上市公司进行数字化创新指数评价,具体情况如下:

9.5.1　数字化创新综合指数

根据本报告评价,2022 年浙江省数字原生产业上市公司的数字化创新综合指数平均水平为 68.41,略低于全市场平均水平(69.28)。如图 9-21 所示,从省内城市分布来看,浙江省 98 家数字原生产业上市公司分布在 9 个省内城市,杭州市的数字原生产业上市公司数量最多,数字化创新综合指数平均水平最高(72.51)。从指数分布来看,高于均值的有 50 家,占全省总数的 51.02%。其中最高的是海康威视,数字化创新综合指数为 96.13。具体来看,数字化创新综合指数在 60 以下的有 23 家,占比 23.47%;60—70 的有 30 家,占比 30.61%;70—80 的有 32 家,占比 32.65%;80 及以上的有 13 家,占比 13.27%。

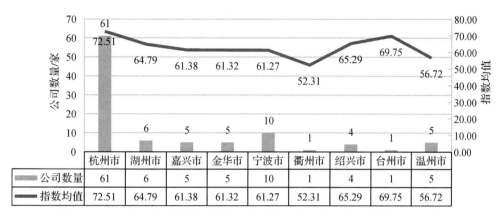

图 9-21　2022 年浙江省数字原生产业上市公司数字化创新综合指数均值分布

浙江省数字化创新综合指数排名前 10 的数字原生产业上市公司情况如表 9-21 所示。

表 9-21　2022 年浙江省数字原生产业上市公司数字化创新综合指数排名前 10 情况

排名	公司代码	公司名称	数字化创新综合指数	所在城市
1	002415.SZ	海康威视	96.13	杭州市
2	600570.SH	恒生电子	94.12	杭州市
3	002236.SZ	大华股份	90.20	杭州市
4	300451.SZ	创业慧康	86.72	杭州市
5	300033.SZ	同花顺	83.81	杭州市
6	600797.SH	浙大网新	81.97	杭州市
7	300270.SZ	中威电子	81.47	杭州市
8	000156.SZ	华数传媒	81.46	杭州市
9	002624.SZ	完美世界	80.94	湖州市
10	300645.SZ	正元智慧	80.89	杭州市

数据来源:浙江工商大学数字创新与管理研究院和首都经济贸易大学资产评估研究院整理。

9.5.2　数字化战略导向指数

2022 年浙江省 98 家数字原生产业上市公司的数字化战略导向指数平均水平为 73.34,低于全市场均值(74.24)。如图 9-22 所示,从省内城市分布来看,数字化战略导向指数平均水平最高的是杭州市(79.86),最低的是衢州市(49.23)。从指数分布来看,高于均值的有 54 家,占全省总数的 55.10%。其中,数字化战略导向指数在 60 以下的有 27 家,占比 27.55%;60—70 的有 14 家,占比 14.29%;70—80 的有 11 家,占比 11.22%;80 及以上的有 46 家,占比 46.94%。

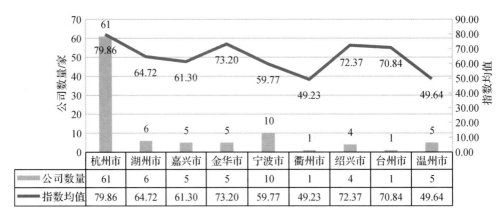

图 9-22　2022 年浙江省数字原生产业上市公司数字化战略导向指数均值分布

浙江省数字化战略导向指数排名前 10 的数字原生产业上市公司情况如表 9-22 所示。

表 9-22　2022 年浙江省数字原生产业上市公司数字化战略导向指数排名前 10 情况

排名	公司代码	公司名称	数字化战略导向指数	所在城市
1	002236.SZ	大华股份	99.46	杭州市
2	002415.SZ	海康威视	99.39	杭州市
3	688023.SH	安恒信息	97.53	杭州市
4	300451.SZ	创业慧康	96.15	杭州市
5	688475.SH	萤石网络	95.83	杭州市
6	600570.SH	恒生电子	93.81	杭州市
7	300078.SZ	思创医惠	92.56	杭州市
8	000156.SZ	华数传媒	92.51	杭州市
9	688365.SH	光云科技	91.61	杭州市
10	300033.SZ	同花顺	91.61	杭州市

数据来源:浙江工商大学数字创新与管理研究院和首都经济贸易大学资产评估研究院整理。

9.5.3　数字化要素投入指数

2022 年浙江省 98 家数字原生产业上市公司的数字化要素投入指数平均水平为 73.89,略低于全市场均值(73.93)。如图 9-23 所示,从省内城市分布来看,数字化要素投入指数平均水平最高的是杭州市(79.26),最低的是衢州市(44.56)。从指数分布来看,高于均值的有 57 家,占全省总数的 58.16%。其中,数字化要素投入指数在 60 以下的有 19 家,占比 19.39%;60—70 的有 15 家,占比 15.31%;70—80 的有 27 家,占比 27.55%;80 及以上的有 37 家,占比 37.76%。

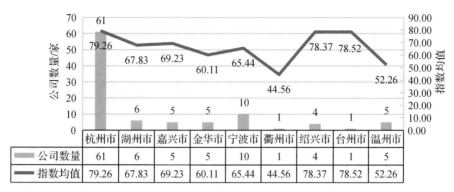

图 9-23　2022 年浙江省数字原生产业上市公司数字化要素投入指数均值分布

浙江省数字化要素投入指数排名前 10 的数字原生产业上市公司情况如表 9-23 所示。

表 9-23　2022 年浙江省数字原生产业上市公司数字化要素投入指数排名前 10 情况

排名	公司代码	公司名称	数字化要素投入指数	所在城市
1	002236.SZ	大华股份	99.45	杭州市
2	002415.SZ	海康威视	98.74	杭州市
3	688023.SH	安恒信息	97.05	杭州市
4	002602.SZ	世纪华通	96.31	绍兴市
5	600570.SH	恒生电子	95.07	杭州市
6	300451.SZ	创业慧康	94.28	杭州市
7	600797.SH	浙大网新	92.84	杭州市
8	300078.SZ	思创医惠	92.75	杭州市
9	688039.SH	当虹科技	92.22	杭州市
10	300113.SZ	顺网科技	92.00	杭州市

数据来源:浙江工商大学数字创新与管理研究院和首都经济贸易大学资产评估研究院整理。

9.5.4　数字化创新成果指数

2022 年浙江省 98 家数字原生产业上市公司的数字化创新成果指数平均水平为 71.41,低于全市场均值(73.39)。如图 9-24 所示,从省内城市分布来看,数字化创新成果指数平均水平最高的是杭州市(75.69),最低的是衢州市(57.48)。从指数分布来看,高于均值的有 52 家,占全省总数的 53.06%。其中,数字化创新成果指数在 60 以下的有 14 家,占比 14.29%;60—70 的有 27 家,占比 27.55%;70—80 的有 31 家,占比 31.63%;80 及以上的有 26 家,占比 26.53%。

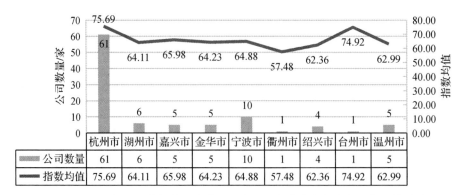

图 9-24 2022 年浙江省数字原生产业上市公司数字化创新成果指数均值分布

浙江省数字化创新成果指数排名前 10 的数字原生产业上市公司情况如表 9-24 所示。

表 9-24 2022 年浙江省数字原生产业上市公司数字化创新成果指数排名前 10 情况

排名	公司代码	公司名称	数字化创新成果指数	所在城市
1	002415.SZ	海康威视	96.56	杭州市
2	600570.SH	恒生电子	92.28	杭州市
3	688023.SH	安恒信息	90.80	杭州市
4	300451.SZ	创业慧康	90.60	杭州市
5	688475.SH	萤石网络	89.73	杭州市
6	002236.SZ	大华股份	89.67	杭州市
7	688365.SH	光云科技	89.14	杭州市
8	300033.SZ	同花顺	88.94	杭州市
9	300078.SZ	思创医惠	88.41	杭州市
10	688296.SH	和达科技	88.03	嘉兴市

数据来源:浙江工商大学数字创新与管理研究院和首都经济贸易大学资产评估研究院整理。

9.5.5 数字化创新绩效指数

2022 年浙江省 98 家数字原生产业上市公司的数字化创新绩效指数平均水平为 58.01,低于全市场均值(58.16)。如图 9-25 所示,从省内城市分布来看,数字化创新绩效指数平均水平最高的是湖州市(63.45),最低的是嘉兴市(50.52)。从指数分布来看,高于均值的有 47 家,占全省总数的 47.96%。其中,数字化创新绩效指数在 60 以下的有 59 家,占比 60.20%;60—70 的有 19 家,占比 19.39%;70—80 的有 15 家,占比 15.31%;80 及以上的有 5 家,占比 5.10%。

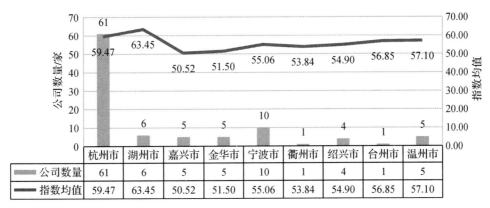

图 9-25　2022 年浙江省数字原生产业上市公司数字化创新绩效指数均值分布

　　浙江省数字化创新绩效指数排名前 10 的数字原生产业上市公司情况如表 9-25 所示。

表 9-25　2022 年浙江省数字原生产业上市公司数字化创新绩效指数排名前 10 情况

排名	公司代码	公司名称	数字化创新绩效指数	所在城市
1	600570.SH	恒生电子	95.73	杭州市
2	002415.SZ	海康威视	91.75	杭州市
3	002624.SZ	完美世界	87.36	湖州市
4	600460.SH	士兰微	84.93	杭州市
5	301095.SZ	广立微	83.28	杭州市
6	002236.SZ	大华股份	78.44	杭州市
7	001270.SZ	铖昌科技	76.43	杭州市
8	300604.SZ	长川科技	75.73	杭州市
9	000156.SZ	华数传媒	75.49	杭州市
10	603258.SH	电魂网络	74.40	杭州市

数据来源:浙江工商大学数字创新与管理研究院和首都经济贸易大学资产评估研究院整理。

10 数字原生产业上市公司数字化创新评价:产权评价

为了更加清晰地分析不同产权性质的数字原生产业上市公司的数字化创新投入和产出是否存在明显差异,本章从产权维度出发,对中央国有控股、地方国有控股和非国有控股的数字原生产业上市公司的数字化创新综合指数、数字化战略导向指数、数字化要素投入指数、数字化创新成果指数和数字化创新绩效指数进行评价,以期帮助广大市场参与者对不同产权性质的数字原生产业上市公司的数字化创新程度和表现进行分析和判断。

10.1 中央国有控股数字原生产业上市公司数字化创新评价

截至 2022 年底,A 股市场中央国有控股数字原生产业上市公司共有 91 家(其中有 2 家注册地在境外),总市值 22,606.17 亿元,营业总收入 23,678.03 亿元,平均市值 248.42 亿元/家,平均营业收入 260.20 亿元/家。中央国有控股数字原生产业上市公司研发投入合计 970.26 亿元,占营业总收入的比例为 4.10%,无形资产账面价值合计 1,510.64 亿元,占总资产的比例为 3.43%。根据本报告分析口径,本部分对中央国有控股 91 家数字原生产业上市公司进行数字化创新指数评价,具体情况如下:

10.1.1 数字化创新综合指数

根据本报告评价,2022 年中央国有控股数字原生产业上市公司的数字化创新综合指数平均水平为 75.29,高于全市场平均水平(69.28)。从指数分布来看,高于均值的有 49 家,占中央国有控股数字原生产业上市公司总数的 53.85%。其中最高的是海康威视,数字化创新综合指数为 96.13。如图 10-1 所示,从 31 个省份分布来看,数字化创新综合指数平均水平较高的有浙江省(83.84)、四川省(83.19)、北京市(78.17)。具体来看,数字化创新综合指数在 60 以下的有 8 家,占比 8.79%;60—70 的有 17 家,占比 18.68%;70—80 的有 34 家,占比 37.36%;80 及以上的有 32 家,占比 35.16%。

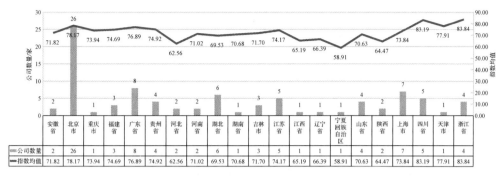

图 10-1　2022 年中央国有控股数字原生产业上市公司数字化创新综合指数均值分布

根据本报告评价,中央国有控股数字原生产业上市公司数字化创新综合指数排名前 10 的上市公司情况如表 10-1 所示。

表 10-1　2022 年中央国有控股数字原生产业上市公司数字化创新综合指数排名前 10 情况

排名	公司代码	公司名称	数字化创新综合指数	省份
1	002415.SZ	海康威视	96.13	浙江省
2	601728.SH	中国电信	91.42	北京市
3	002268.SZ	电科网安	91.37	四川省
4	600941.SH	中国移动	90.49	—
5	600131.SH	国网信通	89.62	四川省
6	600845.SH	宝信软件	89.43	上海市
7	002368.SZ	太极股份	89.14	北京市
8	002063.SZ	远光软件	88.25	广东省
9	600536.SH	中国软件	88.07	北京市
10	300212.SZ	易华录	87.09	北京市

数据来源:浙江工商大学数字创新与管理研究院和首都经济贸易大学资产评估研究院整理。

10.1.2　数字化战略导向指数

2022 年中央国有控股数字原生产业上市公司的数字化战略导向指数平均水平为 80.11,高于全市场均值(74.24)。从指数分布来看,高于均值的有 56 家,占中央国有控股数字原生产业上市公司总数的 61.54%。其中最高的是海康威视,数字化战略导向指数为 99.39。如图 10-2 所示,从 31 个省份分布来看,数字化战略导向指数平均水平较高的有浙江省(92.83)、四川省(87.14)、天津市(86.14)。具体来看,数字化战略导向指数在 60 以下的有 10 家,占比 10.99%;60—70 的有 13 家,占比 14.29%;70—80 的有 12 家,占比 13.19%;80 及以上的有 56 家,占比 61.54%。

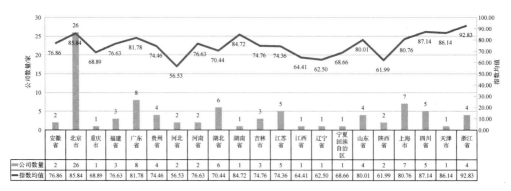

图 10-2　2022 年中央国有控股数字原生产业上市公司数字化战略导向指数均值分布

根据本报告评价,中央国有控股数字原生产业上市公司数字化战略导向指数排名前 10 的上市公司情况如表 10-2 所示。

表 10-2　2022 年中央国有控股数字原生产业上市公司数字化战略导向指数排名前 10 情况

排名	公司代码	公司名称	数字化战略导向指数	省份
1	002415.SZ	海康威视	99.39	浙江省
2	002368.SZ	太极股份	97.14	北京市
3	002268.SZ	电科网安	96.89	四川省
4	601728.SH	中国电信	96.06	北京市
5	300188.SZ	美亚柏科	95.94	福建省
6	688475.SH	萤石网络	95.83	浙江省
7	688568.SH	中科星图	95.69	北京市
8	002063.SZ	远光软件	95.32	广东省
9	603927.SH	中科软	94.64	北京市
10	300212.SZ	易华录	94.57	北京市

数据来源:浙江工商大学数字创新与管理研究院和首都经济贸易大学资产评估研究院整理。

10.1.3　数字化要素投入指数

2022 年中央国有控股数字原生产业上市公司的数字化要素投入指数平均水平为 79.05,高于全市场均值(73.93)。从指数分布来看,高于均值的有 51 家,占中央国有控股数字原生产业上市公司总数的 56.04%。其中最高的是海康威视,数字化要素投入指数为 98.74。如图 10-3 所示,从 31 个省份分布来看,数字化要素投入指数平均水平较高的有浙江省(89.04)、四川省(88.96)、天津市(86.12)。具体来看,数字化要素投入指数在 60 以下的有 7 家,占比 7.69%;60—70 的有 13 家,占比 14.29%;70—80 的有 22 家,占比 24.18%;80 及以上的有 49 家,占比 53.85%。

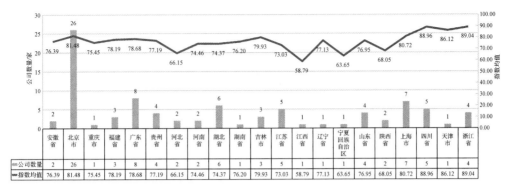

图 10-3　2022 年中央国有控股数字原生产业上市公司数字化要素投入指数均值分布

根据本报告评价,中央国有控股数字原生产业上市公司数字化要素投入指数排名前 10 的上市公司情况如表 10-3 所示。

表 10-3　2022 年中央国有控股数字原生产业上市公司数字化要素投入指数排名前 10 情况

排名	公司代码	公司名称	数字化要素投入指数	省份
1	002415.SZ	海康威视	98.74	浙江省
2	002268.SZ	电科网安	98.01	四川省
3	002368.SZ	太极股份	97.84	北京市
4	600845.SH	宝信软件	96.90	上海市
5	300188.SZ	美亚柏科	96.27	福建省
6	002063.SZ	远光软件	96.08	广东省
7	600131.SH	国网信通	95.30	四川省
8	300212.SZ	易华录	94.33	北京市
9	600100.SH	同方股份	93.07	北京市
10	600797.SH	浙大网新	92.84	浙江省

数据来源:浙江工商大学数字创新与管理研究院和首都经济贸易大学资产评估研究院整理。

10.1.4　数字化创新成果指数

2022 年中央国有控股数字原生产业上市公司的数字化创新成果指数平均水平为 76.83,高于全市场均值(73.39)。从指数分布来看,高于均值的有 53 家,占中央国有控股数字原生产业上市公司总数的 58.24%。其中最高的是海康威视,数字化创新成果指数为 96.56。如图 10-4 所示,从 31 个省份分布来看,数字化创新成果指数平均水平较高的有四川省(85.35)、浙江省(85.28)、广东省(80.34)。具体来看,数字化创新成果指数在 60 以下的有 11 家,占比 12.09%;60—70 的有 16 家,占比 17.58%;70—80 的有 22 家,占比 24.18%;80 及以上的有 42 家,占比 46.15%。

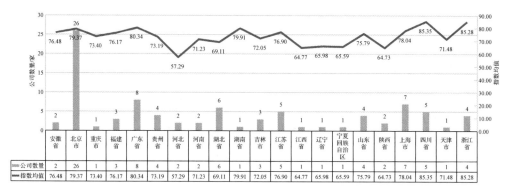

图 10-4　2022 年中央国有控股数字原生产业上市公司数字化创新成果指数均值分布

　　根据本报告评价,中央国有控股数字原生产业上市公司数字化创新成果指数排名前 10 的上市公司情况如表 10-4 所示。

表 10-4　2022 年中央国有控股数字原生产业上市公司数字化创新成果指数排名前 10 情况

排名	公司代码	公司名称	数字化创新成果指数	省份
1	002415.SZ	海康威视	96.56	浙江省
2	600100.SH	同方股份	93.13	北京市
3	002268.SZ	电科网安	92.85	四川省
4	600845.SH	宝信软件	92.57	上海市
5	601728.SH	中国电信	92.26	北京市
6	600536.SH	中国软件	92.23	北京市
7	002368.SZ	太极股份	91.16	北京市
8	300212.SZ	易华录	90.92	北京市
9	000851.SZ	高鸿股份	90.39	贵州省
10	600850.SH	电科数字	90.35	上海市

数据来源:浙江工商大学数字创新与管理研究院和首都经济贸易大学资产评估研究院整理。

10.1.5　数字化创新绩效指数

　　2022 年中央国有控股数字原生产业上市公司的数字化创新绩效指数平均水平为 67.85,高于全市场均值(58.16)。从指数分布来看,高于均值的有 52 家,占中央国有控股数字原生产业上市公司总数的 57.14%。其中最高的是中国移动,数字化创新绩效指数为 98.08。如图 10-5 所示,从 31 个省份分布来看,数字化创新绩效指数平均水平较高的有重庆市(76.60)、贵州省(75.55)、天津市(74.29)。具体来看,数字化创新绩效指数在 60 以下的有 22 家,占比 24.18%;60—70 的有 23 家,占比25.27%;70—80 的有 32 家,占比 35.16%;80 及以上的有 14 家,占比 15.38%。

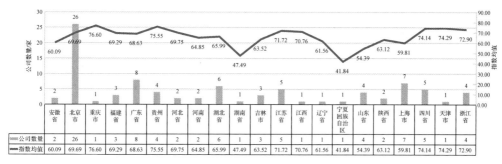

图 10-5　2022 年中央国有控股数字原生产业上市公司数字化创新绩效指数均值分布

根据本报告评价,中央国有控股数字原生产业上市公司数字化创新绩效指数排名前 10 的上市公司情况如表 10-5 所示。

表 10-5　2022 年中央国有控股数字原生产业上市公司数字化创新绩效指数排名前 10 情况

排名	公司代码	公司名称	数字化创新绩效指数	省份
1	600941.SH	中国移动	98.08	—
2	002179.SZ	中航光电	92.72	河南省
3	600050.SH	中国联通	92.42	北京市
4	601728.SH	中国电信	91.98	北京市
5	002415.SZ	海康威视	91.75	浙江省
6	003031.SZ	中瓷电子	89.15	河北省
7	000733.SZ	振华科技	88.45	贵州省
8	601698.SH	中国卫通	83.50	北京市
9	600118.SH	中国卫星	83.27	北京市
10	600131.SH	国网信通	83.26	四川省

数据来源:浙江工商大学数字创新与管理研究院和首都经济贸易大学资产评估研究院整理。

10.2　地方国有控股数字原生产业上市公司数字化创新评价

截至 2022 年底,A 股市场地方国有控股数字原生产业上市公司共有 128 家,总市值 15,055.25 亿元,营业总收入 8,685.10 亿元,平均市值 117.62 亿元/家,平均营业收入 67.85 亿元/家。地方国有控股数字原生产业上市公司研发投入合计 458.58 亿元,占营业总收入的比例为 5.28%,无形资产账面价值合计 493.64 亿元,占总资产的比例为 3.08%。根据本报告分析口径,本部分对地方国有控股 128 家数字原生产业上市公司进行数字化创新指数评价,具体情况如下:

10.2.1 数字化创新综合指数

根据本报告评价,2022 年地方国有控股数字原生产业上市公司的数字化创新综合指数平均水平为 68.88,低于全市场平均水平(69.28)。从指数分布来看,高于均值的有 76 家,占地方国有控股数字原生产业上市公司总数的 59.38%。其中最高的是广电运通,数字化创新综合指数为 87.95。如图 10-6 所示,广东省国有控股数字原生企业数量最多(30 家),其数字化创新综合指数平均水平为 69.11;其次是上海市(13 家),其数字化创新综合指数平均水平为 70.20。具体来看,数字化创新综合指数在 60 以下的有 31 家,占比 24.22%;60—70 的有 28 家,占比 21.88%;70—80 的有 52 家,占比 40.63%;80 及以上的有 17 家,占比 13.28%。

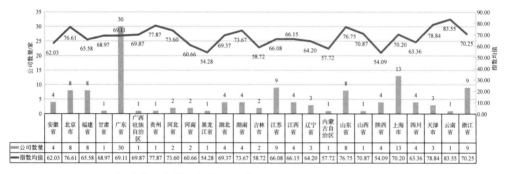

图 10-6 2022 年地方国有控股数字原生产业上市公司数字化创新综合指数均值分布

根据本报告评价,地方国有控股数字原生产业上市公司数字化创新综合指数排名前 10% 的上市公司情况如表 10-6 所示。

表 10-6 2022 年地方国有控股数字原生产业上市公司数字化创新综合指数排名前 10% 情况

排名	公司代码	公司名称	数字化创新综合指数	省份
1	002152.SZ	广电运通	87.95	广东省
2	600225.SH	卓朗科技	87.34	天津市
3	002920.SZ	德赛西威	86.71	广东省
4	300413.SZ	芒果超媒	86.17	湖南省
5	600602.SH	云赛智联	85.48	上海市
6	600637.SH	东方明珠	85.47	上海市
7	000725.SZ	京东方 A	85.01	北京市
8	000948.SZ	南天信息	83.55	云南省
9	002396.SZ	星网锐捷	83.19	福建省
10	300183.SZ	东软载波	83.12	山东省

排名	公司代码	公司名称	数字化创新综合指数	省份
11	002528.SZ	英飞拓	82.24	广东省
12	000409.SZ	云鼎科技	81.66	山东省

数据来源:浙江工商大学数字创新与管理研究院和首都经济贸易大学资产评估研究院整理。

10.2.2 数字化战略导向指数

2022 年地方国有控股数字原生产业上市公司的数字化战略导向指数平均水平为 74.97,高于全市场均值(74.24)。从指数分布来看,高于均值的有 74 家,占地方国有控股数字原生产业上市公司总数的 57.81%。其中最高的是广电运通,数字化战略导向指数为 98.34。如图 10-7 所示,广东省国有控股数字原生产业上市公司数量最多(30 家),其数字化战略导向指数平均水平为 74.38;其次是上海市(13 家),其数字化战略导向指数平均水平为 75.30。具体来看,数字化战略导向指数在 60 以下的有 24 家,占比 18.75%;60—70 的有 16 家,占比 12.50%;70—80 的有 29 家,占比 22.66%;80 及以上的有 59 家,占比 46.09%。

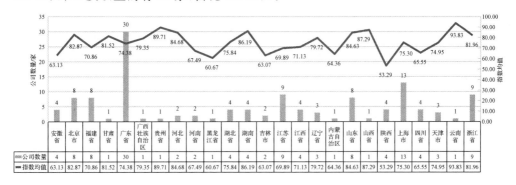

图 10-7 2022 年地方国有控股数字原生产业上市公司数字化战略导向指数均值分布

根据本报告评价,地方国有控股数字原生产业上市公司数字化战略导向指数排名前 10%的上市公司情况如表 10-7 所示。

表 10-7 2022 年地方国有控股数字原生产业上市公司数字化战略导向指数排名前 10%情况

排名	公司代码	公司名称	数字化战略导向指数	省份
1	002152.SZ	广电运通	98.34	广东省
2	600637.SH	东方明珠	98.15	上海市
3	300413.SZ	芒果超媒	97.35	湖南省
4	002528.SZ	英飞拓	95.87	广东省
5	000158.SZ	常山北明	94.55	河北省
6	000948.SZ	南天信息	93.83	云南省

续　表

排名	公司代码	公司名称	数字化战略导向指数	省份
7	688172.SH	燕东微	93.63	北京市
8	000156.SZ	华数传媒	92.51	浙江省
9	600602.SH	云赛智联	92.31	上海市
10	300895.SZ	铜牛信息	91.74	北京市
11	000409.SZ	云鼎科技	91.49	山东省
12	300183.SZ	东软载波	91.30	山东省

数据来源:浙江工商大学数字创新与管理研究院和首都经济贸易大学资产评估研究院整理。

10.2.3　数字化要素投入指数

2022 年地方国有控股数字原生产业上市公司的数字化要素投入指数平均水平为 73.84,低于全市场均值(73.93)。从指数分布来看,高于均值的有 72 家,占地方国有控股数字原生产业上市公司总数的 56.25％。其中最高的是东方明珠,数字化要素投入指数为 94.39。如图 10-8 所示,广东省国有控股数字原生产业上市公司数量最多(30 家),其数字化要素投入指数平均水平为 74.43;其次是上海市(13 家),其数字化要素投入指数平均水平为 74.78。具体来看,数字化要素投入指数在 60 以下的有 21 家,占比 16.41％;60—70 的有 25 家,占比 19.53％;70—80 的有 41 家,占比 32.03％;80 及以上的有 41 家,占比 32.03％。

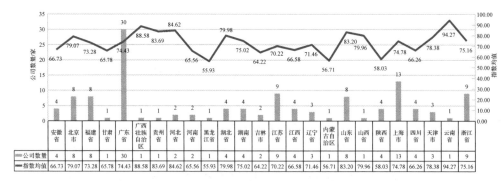

图 10-8　2022 年地方国有控股数字原生产业上市公司数字化要素投入指数均值分布

根据本报告评价,地方国有控股数字原生产业上市公司数字化要素投入指数排名前 10％的上市公司情况如表 10-8 所示。

表 10-8　2022 年地方国有控股数字原生产业上市公司数字化要素投入指数排名前 10％情况

排名	公司代码	公司名称	数字化要素投入指数	省份
1	600637.SH	东方明珠	94.39	上海市
2	000948.SZ	南天信息	94.27	云南省

排名	公司代码	公司名称	数字化要素投入指数	省份
3	002528.SZ	英飞拓	94.10	广东省
4	600602.SH	云赛智联	93.91	上海市
5	002396.SZ	星网锐捷	92.95	福建省
6	000409.SZ	云鼎科技	92.47	山东省
7	300183.SZ	东软载波	92.01	山东省
8	000725.SZ	京东方 A	91.92	北京市
9	600633.SH	浙数文化	91.90	浙江省
10	600756.SH	浪潮软件	91.87	山东省
11	002152.SZ	广电运通	91.40	广东省
12	300479.SZ	神思电子	91.26	山东省

数据来源：浙江工商大学数字创新与管理研究院和首都经济贸易大学资产评估研究院整理。

10.2.4　数字化创新成果指数

2022 年地方国有控股数字原生产业上市公司的数字化创新成果指数平均水平为 71.41，低于全市场均值（73.39）。从指数分布来看，高于均值的有 67 家，占地方国有控股数字原生产业上市公司总数的 52.34%。其中最高的是广电运通，数字化创新成果指数为 93.99。如图 10-9 所示，广东省国有控股数字原生产业上市公司数量最多（30 家），其数字化创新成果指数平均水平为 71.19；其次是上海市（13 家），其数字化创新成果指数平均水平为 73.19。具体来看，数字化创新成果指数在 60 以下的有 22 家，占比 17.19%；60—70 的有 31 家，占比 24.22%；70—80 的有 42 家，占比 32.81%；80 及以上的有 33 家，占比 25.78%。

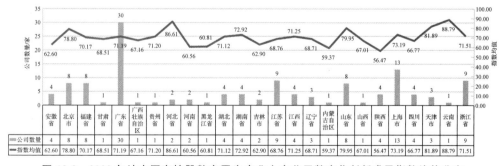

图 10-9　2022 年地方国有控股数字原生产业上市公司数字化创新成果指数均值分布

根据本报告评价，地方国有控股数字原生产业上市公司数字化创新成果指数排名前 10% 的上市公司情况如表 10-9 所示。

表 10-9　2022 年地方国有控股数字原生产业上市公司数字化创新成果指数排名前 10％情况

排名	公司代码	公司名称	数字化创新成果指数	省份
1	002152.SZ	广电运通	93.99	广东省
2	600225.SH	卓朗科技	92.29	天津市
3	002528.SZ	英飞拓	92.24	广东省
4	000725.SZ	京东方 A	90.49	北京市
5	000158.SZ	常山北明	90.28	河北省
6	000948.SZ	南天信息	88.79	云南省
7	000409.SZ	云鼎科技	86.88	山东省
8	300270.SZ	中威电子	86.60	浙江省
9	300479.SZ	神思电子	86.59	山东省
10	600602.SH	云赛智联	86.55	上海市
11	002912.SZ	中新赛克	85.96	广东省
12	688172.SH	燕东微	85.93	北京市

数据来源：浙江工商大学数字创新与管理研究院和首都经济贸易大学资产评估研究院整理。

10.2.5　数字化创新绩效指数

2022 年地方国有控股数字原生产业上市公司的数字化创新绩效指数平均水平为 58.68，高于全市场均值（58.16）。从指数分布来看，高于均值的有 63 家，占地方国有控股数字原生产业上市公司总数的 49.22％。其中最高的是北方华创，数字化创新绩效指数为 95.84。如图 10-10 所示，广东省国有控股数字原生产业上市公司数量最多（30 家），其数字化创新绩效指数平均水平为 59.65；其次是上海市（13 家），其数字化创新绩效指数平均水平为 60.33。具体来看，数字化创新绩效指数在 60 以下的有 66 家，占比 51.56％；60—70 的有 34 家，占比 26.56％；70—80 的有 22 家，占比 17.19％；80 及以上的有 6 家，占比 4.69％。

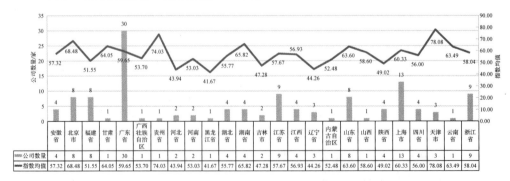

图 10-10　2022 年地方国有控股数字原生产业上市公司数字化创新绩效指数均值分布

根据本报告评价,地方国有控股数字原生产业上市公司数字化创新绩效指数排名前 10% 的上市公司情况如表 10-10 所示。

表 10-10 2022 年地方国有控股数字原生产业上市公司数字化创新绩效指数排名前 10% 情况

排名	公司代码	公司名称	数字化创新绩效指数	省份
1	002371.SZ	北方华创	95.84	北京市
2	002920.SZ	德赛西威	94.53	广东省
3	000977.SZ	浪潮信息	91.69	山东省
4	603712.SH	七一二	86.20	天津市
5	600225.SH	卓朗科技	82.72	天津市
6	688126.SH	沪硅产业	82.42	上海市
7	688012.SH	中微公司	79.98	上海市
8	301153.SZ	中科江南	79.49	北京市
9	300413.SZ	芒果超媒	79.00	湖南省
10	301165.SZ	锐捷网络	78.22	福建省
11	603881.SH	数据港	76.35	上海市
12	000156.SZ	华数传媒	75.49	浙江省

数据来源:浙江工商大学数字创新与管理研究院和首都经济贸易大学资产评估研究院整理。

10.3 非国有控股数字原生产业上市公司数字化创新评价

截至 2022 年底,A 股市场非国有控股数字原生产业上市公司共有 898 家(其中有 3 家注册地在境外),总市值 91,367.30 亿元,营业总收入 39,969.15 亿元,平均市值 101.75 亿元/家,平均营业收入 44.51 亿元/家。非国有控股数字原生产业上市公司研发投入合计 2,811.21 亿元,占营业总收入的比例为 7.03%;无形资产账面价值合计 2,004.69 亿元,占总资产的比例为 3.36%。根据本报告分析口径,本部分对非国有控股 898 家数字原生产业上市公司进行数字化创新指数评价,具体情况如下:

10.3.1 数字化创新综合指数

根据本报告评价,2022 年非国有控股数字原生产业上市公司的数字化创新综合指数平均水平为 68.72,低于全市场平均水平(69.28)。从指数分布来看,高于均值的有 472 家,占非国有控股数字原生产业上市公司总数的 52.56%。其中最高的是金山办公,数字化创新综合指数为98.99。如图10-11所示,从31个省份分布来看,广东省非国有控股数字原生产业上市公司数量最多(260家),其数字化创新综合指数平均水平为68.05;其次是北京市(135家),其数字化创新综合指数平均水平为74.11。具体来看,数字化创新综合指数在60以下的有198家,占比22.05%;60—70的有276家,占比30.73%;70—80的有310家,占比34.52%;80及以上的有114家,占比12.69%。

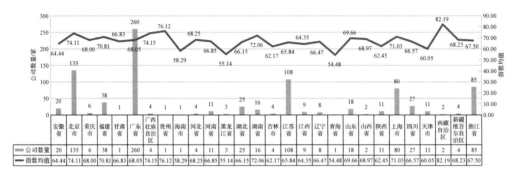

图10-11 2022年非国有控股数字原生产业上市公司数字化创新综合指数均值分布

根据本报告评价,非国有控股数字原生产业上市公司数字化创新综合指数排名前50的上市公司情况如表10-11所示。

表10-11 2022年非国有控股数字原生产业上市公司数字化创新综合指数排名前50情况

排名	公司代码	公司名称	数字化创新综合指数	省份
1	688111.SH	金山办公	98.99	北京市
2	002410.SZ	广联达	95.46	北京市
3	600570.SH	恒生电子	94.12	浙江省
4	000938.SZ	紫光股份	93.00	北京市
5	002230.SZ	科大讯飞	92.24	安徽省
6	601138.SH	工业富联	92.12	广东省
7	002439.SZ	启明星辰	92.05	北京市
8	000063.SZ	中兴通讯	90.74	广东省
9	300454.SZ	深信服	90.47	广东省
10	300676.SZ	华大基因	90.41	广东省
11	002236.SZ	大华股份	90.20	浙江省
12	300496.SZ	中科创达	90.17	北京市
13	002841.SZ	视源股份	88.88	广东省
14	300682.SZ	朗新科技	88.66	江苏省
15	600588.SH	用友网络	88.41	北京市

排名	公司代码	公司名称	数字化创新综合指数	省份
16	300525.SZ	博思软件	88.22	福建省
17	300628.SZ	亿联网络	87.89	福建省
18	301236.SZ	软通动力	87.87	北京市
19	000555.SZ	神州信息	87.87	广东省
20	002153.SZ	石基信息	87.68	北京市
21	300782.SZ	卓胜微	87.46	江苏省
22	688008.SH	澜起科技	86.98	上海市
23	300017.SZ	网宿科技	86.80	上海市
24	688561.SH	奇安信	86.75	北京市
25	300451.SZ	创业慧康	86.72	浙江省
26	603444.SH	吉比特	86.66	福建省
27	002558.SZ	巨人网络	86.65	重庆市
28	002421.SZ	达实智能	86.58	广东省
29	002212.SZ	天融信	86.29	广东省
30	688066.SH	航天宏图	86.07	北京市
31	300687.SZ	赛意信息	85.93	广东省
32	002938.SZ	鹏鼎控股	85.86	广东省
33	300229.SZ	拓尔思	85.64	北京市
34	688521.SH	芯原股份	85.50	上海市
35	688036.SH	传音控股	85.47	广东省
36	002180.SZ	纳思达	85.29	广东省
37	002065.SZ	东华软件	85.27	北京市
38	601360.SH	三六零	85.10	天津市
39	300634.SZ	彩讯股份	85.05	广东省
40	300170.SZ	汉得信息	84.83	上海市
41	688169.SH	石头科技	84.64	北京市
42	300339.SZ	润和软件	84.61	江苏省
43	300627.SZ	华测导航	84.54	上海市
44	600556.SH	天下秀	84.46	广西壮族自治区
45	300377.SZ	赢时胜	84.37	广东省
46	000681.SZ	视觉中国	84.26	江苏省
47	300248.SZ	新开普	84.10	河南省

续　表

排名	公司代码	公司名称	数字化创新综合指数	省份
48	300379.SZ	东方通	84.05	北京市
49	300253.SZ	卫宁健康	84.00	上海市
50	300442.SZ	润泽科技	83.88	上海市

数据来源：浙江工商大学数字创新与管理研究院和首都经济贸易大学资产评估研究院整理。

10.3.2　数字化战略导向指数

2022年非国有控股数字原生产业上市公司的数字化战略导向指数平均水平为73.54，低于全市场均值（74.24）。从指数分布来看，高于均值的有493家，占非国有控股数字原生产业上市公司总数的54.90%。其中最高的是奇安信，数字化战略导向指数为99.68。如图10-12所示，从31个省份分布来看，广东省非国有控股数字原生产业上市公司数量最多（260家），其数字化战略导向指数平均水平为71.99；其次为北京市（135家），其数字化战略导向指数平均水平为84.49。具体来看，数字化战略导向指数在60以下的有224家，占比24.94%；60—70的有131家，占比14.59%；70—80的有124家，占比13.81%；80及以上的有419家，占比46.66%。

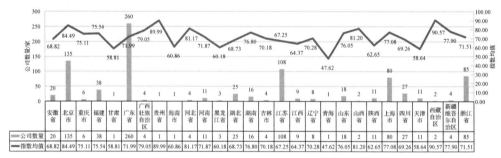

图10-12　2022年非国有控股数字原生产业上市公司数字化战略导向指数均值分布

根据本报告评价，非国有控股数字原生产业上市公司数字化战略导向指数排名前50的上市公司情况如表10-12所示。

表10-12　2022年非国有控股数字原生产业上市公司数字化战略导向指数排名前50情况

排名	公司代码	公司名称	数字化战略导向指数	省份
1	688561.SH	奇安信	99.68	北京市
2	002236.SZ	大华股份	99.46	浙江省
3	002153.SZ	石基信息	99.44	北京市
4	002230.SZ	科大讯飞	99.32	安徽省
5	688111.SH	金山办公	99.00	北京市

排名	公司代码	公司名称	数字化战略导向指数	省份
6	688521.SH	芯原股份	98.83	上海市
7	002439.SZ	启明星辰	98.49	北京市
8	301236.SZ	软通动力	98.48	北京市
9	300496.SZ	中科创达	98.18	北京市
10	002410.SZ	广联达	97.85	北京市
11	688232.SH	新点软件	97.55	江苏省
12	688023.SH	安恒信息	97.53	浙江省
13	300676.SZ	华大基因	97.51	广东省
14	000938.SZ	紫光股份	97.51	北京市
15	300454.SZ	深信服	97.34	广东省
16	600588.SH	用友网络	97.28	北京市
17	002405.SZ	四维图新	96.92	北京市
18	688036.SH	传音控股	96.73	广东省
19	688083.SH	中望软件	96.73	广东省
20	688256.SH	寒武纪	96.65	北京市
21	300682.SZ	朗新科技	96.64	江苏省
22	688066.SH	航天宏图	96.43	北京市
23	002212.SZ	天融信	96.39	广东省
24	688327.SH	云从科技	96.26	广东省
25	300168.SZ	万达信息	96.20	上海市
26	300451.SZ	创业慧康	96.15	浙江省
27	688031.SH	星环科技	95.78	上海市
28	603613.SH	国联股份	95.75	北京市
29	688169.SH	石头科技	95.73	北京市
30	688008.SH	澜起科技	95.52	上海市
31	601360.SH	三六零	95.51	天津市
32	688326.SH	经纬恒润	95.49	北京市
33	002373.SZ	千方科技	95.30	北京市
34	600718.SH	东软集团	95.26	辽宁省
35	300339.SZ	润和软件	95.16	江苏省
36	300525.SZ	博思软件	95.00	福建省
37	300166.SZ	东方国信	94.99	北京市

续 表

排名	公司代码	公司名称	数字化战略导向指数	省份
38	600556.SH	天下秀	94.87	广西壮族自治区
39	300379.SZ	东方通	94.87	北京市
40	000555.SZ	神州信息	94.82	广东省
41	603636.SH	南威软件	94.63	福建省
42	300229.SZ	拓尔思	94.62	北京市
43	300017.SZ	网宿科技	94.49	上海市
44	603444.SH	吉比特	94.39	福建省
45	002127.SZ	南极电商	93.90	江苏省
46	300383.SZ	光环新网	93.90	北京市
47	601138.SH	工业富联	93.84	广东省
48	000062.SZ	深圳华强	93.82	广东省
49	600570.SH	恒生电子	93.81	浙江省
50	002841.SZ	视源股份	93.77	广东省

数据来源:浙江工商大学数字创新与管理研究院和首都经济贸易大学资产评估研究院整理。

10.3.3　数字化要素投入指数

2022 年非国有控股数字原生产业上市公司的数字化要素投入指数平均水平为 73.43,低于全市场均值(73.93)。从指数分布来看,高于均值的有 508 家,占非国有控股数字原生产业上市公司总数的 56.57%。其中最高的是大华股份,数字化要素投入指数为 99.45。如图 10-13 所示,从 31 家省份分布来看,广东省非国有控股数字原生产业上市公司数量最多(260 家),其数字化要素投入指数平均水平为 72.49;其次为北京市(135 家),其数字化要素投入指数平均水平为 79.53。具体来看,数字化要素投入指数在 60 以下的有 156 家,占比 17.37%;60—70 的有 163 家,占比 18.15%;70—80 的有 292 家,占比 32.52%;80 及以上的有 287 家,占比 31.96%。

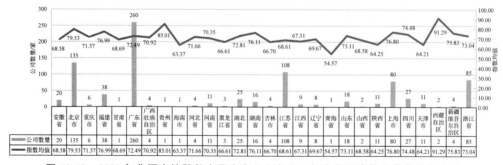

图 10-13　2022 年非国有控股数字原生产业上市公司数字化要素投入指数均值分布

根据本报告评价，非国有控股数字原生产业上市公司数字化要素投入指数排名前 50 的上市公司情况如表 10-13 所示。

表 10-13　2022 年非国有控股数字原生产业上市公司数字化要素投入指数排名前 50 情况

排名	公司代码	公司名称	数字化要素投入指数	省份
1	002236.SZ	大华股份	99.45	浙江省
2	000938.SZ	紫光股份	99.15	北京市
3	300442.SZ	润泽科技	98.98	上海市
4	688111.SH	金山办公	98.81	北京市
5	300454.SZ	深信服	98.73	广东省
6	002439.SZ	启明星辰	98.41	北京市
7	002153.SZ	石基信息	98.32	北京市
8	688023.SH	安恒信息	97.05	浙江省
9	601138.SH	工业富联	96.94	广东省
10	300168.SZ	万达信息	96.77	上海市
11	600588.SH	用友网络	96.50	北京市
12	002410.SZ	广联达	96.43	北京市
13	002602.SZ	世纪华通	96.31	浙江省
14	300229.SZ	拓尔思	95.68	北京市
15	000555.SZ	神州信息	95.43	广东省
16	300525.SZ	博思软件	95.31	福建省
17	603636.SH	南威软件	95.21	福建省
18	600570.SH	恒生电子	95.07	浙江省
19	002373.SZ	千方科技	94.90	北京市
20	300017.SZ	网宿科技	94.85	上海市
21	603444.SH	吉比特	94.79	福建省
22	300782.SZ	卓胜微	94.44	江苏省
23	688083.SH	中望软件	94.37	广东省
24	300451.SZ	创业慧康	94.28	浙江省
25	300634.SZ	彩讯股份	94.09	广东省
26	300687.SZ	赛意信息	93.84	广东省
27	300366.SZ	创意信息	93.75	四川省
28	002421.SZ	达实智能	93.73	广东省

排名	公司代码	公司名称	数字化要素投入指数	省份
29	300676.SZ	华大基因	93.71	广东省
30	300271.SZ	华宇软件	93.59	北京市
31	002197.SZ	证通电子	93.53	广东省
32	300310.SZ	宜通世纪	93.39	广东省
33	300663.SZ	科蓝软件	93.27	北京市
34	300638.SZ	广和通	93.04	广东省
35	002261.SZ	拓维信息	92.92	湖南省
36	300248.SZ	新开普	92.81	河南省
37	300078.SZ	思创医惠	92.75	浙江省
38	002555.SZ	三七互娱	92.61	安徽省
39	002558.SZ	巨人网络	92.53	重庆市
40	300311.SZ	任子行	92.50	广东省
41	300369.SZ	绿盟科技	92.46	北京市
42	300052.SZ	中青宝	92.46	广东省
43	300075.SZ	数字政通	92.44	北京市
44	300738.SZ	奥飞数据	92.40	广东省
45	300872.SZ	天阳科技	92.36	西藏自治区
46	688039.SH	当虹科技	92.22	浙江省
47	300560.SZ	中富通	92.22	福建省
48	300846.SZ	首都在线	92.12	北京市
49	300542.SZ	新晨科技	92.11	北京市
50	002990.SZ	盛视科技	92.10	广东省

数据来源:浙江工商大学数字创新与管理研究院和首都经济贸易大学资产评估研究院整理。

10.3.4　数字化创新成果指数

2022 年非国有控股数字原生产业上市公司的数字化创新成果指数平均水平为 73.32,低于全市场均值(73.39)。从指数分布来看,高于均值的有 483 家,占非国有控股数字原生产业上市公司总数的 53.79%。其中最高的是金山办公,数字化创新成果指数为 98.24。如图 10-14 所示,从 31 个省份分布来看,广东省非国有控股数字原生产业上市公司的数量最多(260 家),其数字化创新成果指数平均水平为 72.85;其次是北京市(135 家),其数字化创新成果指数平均水平为 79.98。具体来看,数字化创新成果指数在 60 以下的有 139 家,占比 15.48%;60—70 的有 186 家,占比 20.71%;70—80 的有 284 家,占比 31.63%;80 及以上的有 289 家,占比 32.18%。

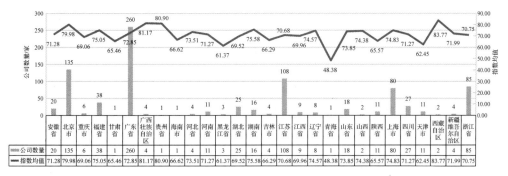

图 10-14 2022 年非国有控股数字原生产业上市公司数字化创新成果指数均值分布

根据本报告评价,非国有控股数字原生产业上市公司数字化创新成果指数排名前 50 的上市公司情况如表 10-14 所示。

表 10-14 2022 年非国有控股数字原生产业上市公司数字化创新成果指数排名前 50 情况

排名	公司代码	公司名称	数字化创新成果指数	省份
1	688111.SH	金山办公	98.24	北京市
2	601360.SH	三六零	97.18	天津市
3	300676.SZ	华大基因	95.79	广东省
4	002153.SZ	石基信息	95.29	北京市
5	002439.SZ	启明星辰	95.06	北京市
6	301236.SZ	软通动力	94.72	北京市
7	688232.SH	新点软件	94.66	江苏省
8	300682.SZ	朗新科技	94.44	江苏省
9	688521.SH	芯原股份	94.21	上海市
10	600588.SH	用友网络	93.96	北京市
11	688561.SH	奇安信	93.85	北京市
12	000938.SZ	紫光股份	93.54	北京市
13	600718.SH	东软集团	93.48	辽宁省
14	688206.SH	概伦电子	93.40	上海市
15	688326.SH	经纬恒润	93.38	北京市
16	688169.SH	石头科技	93.20	北京市
17	603039.SH	泛微网络	93.13	上海市
18	300352.SZ	北信源	93.12	北京市
19	688327.SH	云从科技	92.94	广东省
20	002410.SZ	广联达	92.77	北京市

续　表

排名	公司代码	公司名称	数字化创新成果指数	省份
21	002230.SZ	科大讯飞	92.50	安徽省
22	688220.SH	翱捷科技	92.48	上海市
23	600570.SH	恒生电子	92.28	浙江省
24	300628.SZ	亿联网络	92.25	福建省
25	688152.SH	麒麟信安	92.08	湖南省
26	002421.SZ	达实智能	92.07	广东省
27	000997.SZ	新大陆	91.98	福建省
28	300674.SZ	宇信科技	91.96	北京市
29	002402.SZ	和而泰	91.81	广东省
30	300525.SZ	博思软件	91.43	福建省
31	300271.SZ	华宇软件	91.38	北京市
32	300170.SZ	汉得信息	91.11	上海市
33	600556.SH	天下秀	91.09	广西壮族自治区
34	300353.SZ	东土科技	90.99	北京市
35	000681.SZ	视觉中国	90.98	江苏省
36	300454.SZ	深信服	90.93	广东省
37	688158.SH	优刻得	90.81	上海市
38	688023.SH	安恒信息	90.80	浙江省
39	002841.SZ	视源股份	90.79	广东省
40	000063.SZ	中兴通讯	90.77	广东省
41	000555.SZ	神州信息	90.73	广东省
42	300451.SZ	创业慧康	90.60	浙江省
43	002151.SZ	北斗星通	90.45	北京市
44	688262.SH	国芯科技	90.45	江苏省
45	300366.SZ	创意信息	90.34	四川省
46	300559.SZ	佳发教育	90.32	四川省
47	300496.SZ	中科创达	90.24	北京市
48	300031.SZ	宝通科技	90.15	江苏省
49	300560.SZ	中富通	90.05	福建省
50	002065.SZ	东华软件	89.97	北京市

数据来源:浙江工商大学数字创新与管理研究院和首都经济贸易大学资产评估研究院整理。

10.3.5 数字化创新绩效指数

2022 年非国有控股数字原生产业上市公司的数字化创新绩效指数平均水平为 57.11,低于全市场均值(58.16)。从指数分布来看,高于均值的有 450 家,占非国有控股数字原生产业上市公司总数的 50.11%。其中最高的是金山办公,数字化创新绩效指数为 99.96。如图 10-15 所示,从 31 个省份分布来看,广东省非国有控股数字原生产业上市公司的数量最多(260 家),其数字化创新绩效指数平均水平为 56.95;其次为北京市(135)家,其数字化创新绩效指数平均水平为 57.10。如图 10-15 所示,具体来看,数字化创新绩效指数在 60 以下的有 521 家,占比 58.02%;60—70 的有 223 家,占比 24.83%;70—80 的有 113 家,占比 12.58%;80 及以上的有 41 家,占比 4.57%。

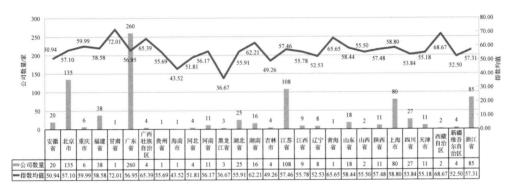

图 10-15　2022 年非国有控股数字原生产业上市公司数字化创新绩效指数均值分布

根据本报告评价,非国有控股数字原生产业上市公司数字化创新绩效指数排名前 50 的上市公司情况如表 10-15 所示。

表 10-15　2022 年非国有控股数字原生产业上市公司数字化创新绩效指数排名前 50 情况

排名	公司代码	公司名称	数字化创新绩效指数	省份
1	688111.SH	金山办公	99.96	北京市
2	300661.SZ	圣邦股份	97.84	北京市
3	002410.SZ	广联达	96.38	北京市
4	688981.SH	中芯国际	96.28	—
5	600570.SH	恒生电子	95.73	浙江省
6	601138.SH	工业富联	95.33	广东省
7	000063.SZ	中兴通讯	95.29	广东省
8	688536.SH	思瑞浦	94.79	江苏省
9	300782.SZ	卓胜微	92.46	江苏省
10	002049.SZ	紫光国微	89.89	河北省

续　表

排名	公司代码	公司名称	数字化创新绩效指数	省份
11	002230.SZ	科大讯飞	89.89	安徽省
12	002475.SZ	立讯精密	89.31	广东省
13	300866.SZ	安克创新	88.44	湖南省
14	603501.SH	韦尔股份	88.34	上海市
15	002624.SZ	完美世界	87.36	浙江省
16	301269.SZ	华大九天	87.27	北京市
17	002938.SZ	鹏鼎控股	87.14	广东省
18	002841.SZ	视源股份	86.59	广东省
19	601231.SH	环旭电子	86.45	上海市
20	300496.SZ	中科创达	85.83	北京市
21	600584.SH	长电科技	85.34	江苏省
22	300474.SZ	景嘉微	85.25	湖南省
23	000938.SZ	紫光股份	85.19	北京市
24	002558.SZ	巨人网络	84.95	重庆市
25	600460.SH	士兰微	84.93	浙江省
26	002384.SZ	东山精密	84.67	江苏省
27	688041.SH	海光信息	84.65	天津市
28	600745.SH	闻泰科技	83.63	湖北省
29	300327.SZ	中颖电子	83.51	上海市
30	002180.SZ	纳思达	83.39	广东省
31	301095.SZ	广立微	83.28	浙江省
32	600563.SH	法拉电子	83.15	福建省
33	600703.SH	三安光电	83.14	湖北省
34	300628.SZ	亿联网络	82.84	福建省
35	002027.SZ	分众传媒	82.43	广东省
36	600522.SH	中天科技	81.87	江苏省
37	002517.SZ	恺英网络	81.74	福建省
38	600487.SH	亨通光电	81.33	江苏省
39	688008.SH	澜起科技	80.94	上海市
40	300672.SZ	国科微	80.20	湖南省

排名	公司代码	公司名称	数字化创新绩效指数	省份
41	002439.SZ	启明星辰	80.06	北京市
42	300454.SZ	深信服	79.75	广东省
43	300017.SZ	网宿科技	79.57	上海市
44	000681.SZ	视觉中国	79.55	江苏省
45	300223.SZ	北京君正	79.04	北京市
46	688002.SH	睿创微纳	78.66	山东省
47	600183.SH	生益科技	78.62	广东省
48	002555.SZ	三七互娱	78.55	安徽省
49	002236.SZ	大华股份	78.44	浙江省
50	300682.SZ	朗新科技	78.41	江苏省

数据来源:浙江工商大学数字创新与管理研究院和首都经济贸易大学资产评估研究院整理。

结 论 篇

11   结论与建议

党的二十大报告提出"加快发展数字经济,促进数字经济和实体经济深度融合",为中国数字经济发展提供了方向指引。立足新发展阶段,数字化创新为企业实现高质量发展提供了新机遇。本报告不仅从上市公司本体出发,构建数字化创新评价体系,多维透视上市公司数字化创新表现,而且从数字化创新生态环境视角构建内外全方位、全链条的数字化创新评价体系。同时,本报告创新性地将上市公司数字化创新实践归类为传统产业数字化创新和数字原生产业数字化创新,以突出比较不同产业类型的上市公司的数字化创新状况,为不同产业类型的上市公司的数字化创新提供管理启示。本报告对国家发展数字经济、促进数字经济和实体经济融合、推进经济高质量发展具有重要价值。

11.1   上市公司数字化创新评价主要结论

11.1.1   上市公司数字化创新生态环境评价

2022年,数字化创新生态环境综合指数的平均水平为49.97,各区域从数字化基础环境、数字化融合环境和数字化支持环境3个方面为上市公司的数字化创新提供了创新生态环境支持。

从七大区域的数字化创新生态环境综合指数来看,华东、华南、华北地区的数字化创新生态环境综合指数表现优异,高于全市场平均水平,华中地区紧随其后,区位排名为第四,西南、东北、西北地区的数字化创新生态环境综合指数还需要进一步提升。具体而言,数字化创新生态环境的细分维度为数字化基础环境、数字化融合环境和数字化支持环境。其中,数字化基础环境指数最佳的是华北地区,其次是华东地区和华南地区。数字化融合环境指数表现最佳的是华南地区,其次是华东地区和华北地区。数字化支持环境指数表现最佳的是华东地区,其次是华南地区和华中地区。

从31个省份的数字化创新生态环境综合指数来看,北京市的数字化创新生态环境综合指数为80.27,位居全市场第一;西藏自治区的数字化创新生态环境综合指数为40.96,居末位。北京市、广东省、上海市、江苏省、浙江省等省份的数字化创新生态环境综合指数高于全市场平均水平。福建省、湖北省、河南省、安徽省略低于全市场平均水平。细分数字化创新生态环境的具体维度,数字化基础环境指数排名前5的是北京市、上海市、天津市、浙江省、福建省。数字化融合环境指数排名前5的是广东省、上海市、北京市、浙江省、江苏省。数字化支持环境指数排名前5的是广东省、北京市、江苏省、浙江省、山东省。综合31个省份来看,北京市、上海市、广东省、浙江省等省份的数字化创新生态环境综合指数、数字化基础环境指数、数字化融合环境指数及数字化支持环境指数均表现优异。

11.1.2　传统产业上市公司数字化创新评价

传统产业是我国加速产业数字化的核心力量。2022年,传统产业共有3,694家上市公司,其数字化创新综合指数平均水平为58.96,高于全市场平均水平的有1741家,占比47.13%。这表明我国产业数字化取得了一定的成效,但要全面促进传统产业转型升级、实现高质量发展,还需要产学研政多方继续发力。

从七大区域层面看,分布在华东地区、华南地区、华北地区的2,831家上市公司不仅占传统产业上市公司总量的76.64%,而且合计占传统产业数字化创新综合指数排名前500上市公司总数的81.20%,这表明华东、华南、华北地区是上市公司数字化创新的主力区域。其中,华北地区传统产业上市公司数字化创新综合指数平均水平最高,其次是华南地区。

从省份层面看,传统产业上市公司数字化创新排名前500中,大多数企业分布在广东省(109家)、浙江省(62家)、北京市(59家)、江苏省(55家)、上海市(47家),合计占传统产业上市公司数字化创新综合指数排名前500上市公司总数的66.40%,这进一步表明北上广、江浙地区传统产业上市公司在数字化创新领域具有明显优势。其中,北京市传统产业上市公司的数字化创新综合指数平均水平最高,其次是天津市。

从产权层面看,在数字化创新综合指数排名前500的传统产业上市公司中,中央国有控股企业71家,地方国有控股企业69家,非国有控股企业360家。其中,中央国有控股上市公司数字化创新综合指数平均水平最高,其次为非国有控股和地方国有控股。

11.1.3　数字原生产业上市公司数字化创新评价

数字原生产业是我国加速数字经济和实体经济融合的关键力量。2022年,数字原生产业共有1,117家上市公司,其数字化创新综合指数平均水平为69.28,远高于传统产业上市公司的平均水平。数字原生产业上市公司中高于平均水平的有588家,占数字原生产业上市公司总数的52.64%,这表明我国数字产业化水平较高,进一步说明我国数字经济发展成效显著。

从七大区域层面看,939家数字原生产业上市公司主要分布在华东地区(439家)、华南地区(304 家)、华北地区(196 家),占数字原生产业上市公司总数的 84.06%。数字原生产业上市公司排名前 500 的上市公司,华东地区 180 家、华北地区 127 家、华南地区 121 家,合计占数字原生产业数字化创新综合指数排名前 500 上市公司总数的 85.60%,凸显出华东、华北和华南地区具有明显的数字化创新优势。其中,华北地区数字原生产业上市公司数字化创新综合指数平均水平最高,其次是西南地区。

从 31 个省份层面看,787 家上市公司分布在广东省、北京市、江苏省、上海市和浙江省,占数字原生产业上市公司总数的 70.77%。排名前 500 的,北京市(118 家)、广东省(118 家)、上海市(50 家)、江苏省(41 家)、浙江省(40 家),合计占数字原生产业数字化创新综合指数排名前 500 上市公司总数的 73.40%,这进一步说明北上广、江浙地区数字化创新优势明显。其中,北京市上市公司数字化创新综合指数平均水平最高,其次是湖南省。

从产权层面看,数字原生产业上市公司中有 91 家中央国有控股上市公司、128 家地方国有控股上市公司以及 898 家非国有控股上市公司。数字化创新综合指数排名前 500 的数字原生产业上市公司中,中央国有控股上市公司 60 家,地方国有控股上市公司 57 家,非国有控股上市公司 383 家。其中,中央国有控股数字原生产业上市公司数字化创新综合指数平均水平最高,其次为地方国有控股和非国有控股。

11.2 上市公司数字化创新对策建议

本报告从上市公司数字化战略导向指数、数字化要素投入指数、数字化创新成果指数和数字化创新绩效指数 4 个关键指数展开,对上市公司数字化创新进行了相对完整的分析与阐释,为我国上市公司立足加速数字经济和实体经济深度融合的情境有效开展数字化创新实践提供了针对性的对策建议。

11.2.1 坚持数字化战略导向

数字化战略导向是上市公司开展数字化创新的先决条件。上市公司的数字化领导力、数字化战略规划和数字化广度为上市公司提升数字化创新水平打下了坚定的基础。基于此,上市公司可以从以下 3 个方面增强其数字化战略导向强度。

11.2.1.1 提升数字化领导力

数字化领导力是驱动上市公司数字化创新的组织、管理与领导力量,是驱动上市公司适应快速变化的内外数字化环境、有效开展数字化创新的重要力量。可以从以下方面提升数字化领导力:第一,成立数字化创新管理部门,根据数字化创新业务需要,设置相应的首席信息官(CIO)、首席数据官(CDO)和首席技术官(CTO),提升上市公司的数字化组织领导力;第二,提升上市公司中高层管理者的数字化洞察力,加强对中高层管理者的培训,提升其数字化技术基础知识、数字化应用场景知识,开发能够洞察并快速响应数字化环境变化的数字化人才;第三,提升上市公司的数字化治理水平,培育包容、鼓励试错的数字化创新文化。

11.2.1.2　制定数字化战略规划

数字化战略规划是指上市公司实现数字化创新的战略决策和详细规划。第一,对上市公司自身的业务流程、数字基础设施、组织架构、人员素质等方面进行全面深入的诊断分析,以确定上市公司数字化创新的必要性和迫切性;第二,结合上市公司的长短期战略规划及外部的数字经济发展趋势与政策和市场需求变化,制定合理的数字化战略目标;第三,结合对上市公司发展现状的诊断和数字化战略目标,制定数字化创新的路线图和时间表,明确提升数字化创新能力的各阶段工作内容,确保公司数字化战略有序推进。

11.2.1.3　循序渐进提升数字化广度

数字化广度是指上市公司数字化创新的领域和多样化程度,揭示了上市公司在各个业务领域和部门中推动数字化创新的程度和范围。一方面,聚焦上市公司数字化创新的核心业务领域,充分发挥上市公司的核心业务优势;另一方面,结合上市公司的数字化战略规划,从核心业务领域逐步向外拓展,循序渐进提升数字化广度。如,三一重工从数字化基础建设、数字化解决方案、数字化云平台循序渐进逐步提升数字化广度,实现了数字化创新升级。

11.2.2　优化数字化要素投入与配置

数字化要素投入是指上市公司为实现数字化创新在技术、人力、资源等生产要素方面的投入。合理的数字化要素投入,可以帮助上市公司建立良好的数字化基础设施,为数字化创新提供良好的内部环境。

11.2.2.1　合理利用数字化技术

数字化技术要素投入反映了上市公司利用人工智能、移动通信、云计算、区块链、物联网、大数据等数字化技术的程度。第一,引进人工智能、大数据分析等数字化技术,促进上市公司更加高效地处理海量数据,挖掘数据价值,为数字化创新决策提供科学依据;第二,合理利用数字化技术,加强上市公司的数据安全与隐私保护,减少数字化技术使用给公司本身和客户带来的隐私安全担忧;第三,有效利用数字并购的方式,获取外部的数字化技术和知识,并与上市公司原有的技术和知识有效整合。

11.2.2.2　加大数字化人才投入

数字化人才要素投入是指上市公司在数字化技术研发与应用方面的人才要素投入。第一,多层次培养复合型数字化人才。数字化创新离不开具备相关技能的人才队伍。加强数字化人才的多层次培养,引进具有数字化思维和技术能力的数字化人才。第二,加快完善上市公司管理数字化人才的基本制度。上市公司可以借鉴国内外优秀经验,建立合理的数字化人才分类标准和培养开发机制。第三,积极开拓上市公司的数字化人才引进新路径,大力提升上市公司数字化人才的激励和服务水平。

11.2.2.3　加强数字化基础设施建设

数字化基础要素投入是指上市公司在数字基础设施建设和数字平台建设方面所投入的资源要素。第一,建设强大的数字化基础设施。上市公司加大云计算、物联网、大数据分析等数字化技术平台的投入,实现生产运营管理等数据的收集、存储、处理和分析。第二,投入足够的资源加强数字化基础设施的建设,为上市公司数字化战略决策提供有力支持。第三,加强上市公司的数字化管理,强化上市公司的数字化管理能力建设,提升上市公司的信息化建设水平。

11.2.3　提升数字化创新水平

数字化创新是指上市公司利用数字化资源和数字化工具改善公司产品、服务、流程和商业模式的过程。上市公司可以从以下3个方面提升其数字化创新水平。

11.2.3.1　加强数字化产品或服务创新

数字化产品或服务创新是指上市公司利用数字化工具改善其产品或服务、提升其产品绩效或服务水平及客户满意度的过程。第一,上市公司从单一产品或服务向“产品＋服务”的一站式数字化解决方案转变,为客户及客户企业更好地数字化赋能。第二,合理利用数字化技术,提升数字化产品的创新水平,如:利用人工智能技术,提升产品的计算和分析能力;利用物联网技术,使产品更加互联互通;利用虚拟现实与可视化技术提升产品的用户体验;等等。第三,利用数据挖掘技术对客户现实需求和潜在需求进行深度挖掘、实时感知和快速响应,及时满足客户的个性化、多样化需求。

11.2.3.2　优化运营管理流程

数字化流程创新是指上市公司利用数字化工具优化流程,以此提升生产运营及管理效率,这也是上市公司数字化创新的核心目标之一。一方面,要建设智能化的上市公司运营环境。上市公司可以利用移动互联、大数据、物联网等数字技术手段促进其运营管理的科学化、高效化、智能化，实现业务流程和运营管理的数字化，达到实时响应的全新运营管理。另一方面，上市公司要为客户提供端到端的解决方案，优化客户的体验流程。上市公司可以建立跨职能部门，将参与端到端客户体验的所有管理、服务、技术人员整合到一起，实现高效的跨团队协作。

11.2.3.3 驱动商业模式创新

数字化商业模式创新是指上市公司利用数字化工具改变其价值创造的逻辑，是上市公司实现数字化创新的重要战略选择。一方面，上市公司通过优化和拓展现有的产品和服务组合来创造新价值，从产品逻辑向服务逻辑转变，以提升客户价值为核心目标创新业务；另一方面，上市公司通过加强数字化平台建设，强化平台与生态思维，为客户创造新价值。

11.3 上市公司数字化创新政策启示

本报告从数字化基础环境指数、数字化融合环境指数和数字化支持环境指数3个关键指数展开，对上市公司数字化创新生态环境进行了相对全面的分析与阐释，为我国上市公司优化创新环境，提高数字化创新能力提供重要政策启示。

11.3.1 加强数字化基础环境建设

传统基础设施和数字基础设施是数字化产业发展和产业数字化融合的基石。只有完善的基础设施才能促进数字化产业快速发展，进而拓展数字经济的广度与深度，充分发挥其效能。西南、东北、西北地区的数字化基础环境较薄弱，应该更多地关注这些地区的传统基础设施，例如增加光缆、光纤、微波、卫星、移动通信、IPv6、IPv4 等传统基础设施的投放数量，在此基础上，寻求数字化高质量发展的突破点。华北、华东和华南地区的数字化基础环境较强，应该持续优化数字化基础设施的投入。工业互联网、物联网、云计算中心、数据存储列阵、5G、6G 等设施是数字经济发展的重要平台与载体，随着数字基础设施的逐步完善，华北、华东和华南地区的信息广度与速度将呈几何级数增长，从而有效带动欠发达地区数字化基础设施的发展。

11.3.2 加速推动数字经济和实体经济融合

实现数字经济与实体经济的深度融合，提升自身的数字化产业的规模与质量，提升数字化融合的广度和深度是关键举措。具体地，东部沿海地区应大力提升数字产品制造业、数字产品服务业、数字技术应用业、数字要素驱动业等数字经济核心产业的规模,同时发挥广东省、北京市、江苏省、山东省和浙江省的区域核心地位,充分发挥其对周边相对低水平地区的产业和技术溢出效应。其他发展水平较为落后的地区应提高数字化产业的质量,增加传感器、神经芯片、类脑智能、DNA 存储、量子信息、网络通信、集成电路、工业软件、大数据、人工智能、区块链等产业的质量,强化中央和地方政府的引导与扶持,走出数字化产业"低水平陷阱",实现量与质的协同提升。

产业数字化是数字经济发展的最终落脚点。扩大数字经济应用维度,实现数字经济与第一、二、三产业的深度融合是经济高质量发展的重要抓手。发展水平较高的地区,譬如广东省、北京市、上海市、山东省、江苏省和浙江省应该在原有基础上逐步提升工业数字化和服务业数字化的水平,即强化数字经济在制造业、电子商务和互联网金融等方面的应用,提升产业数字化的质量。而发展水平较低的西部内陆地区应先提高数字经济在农业和工业上的应用程度,而后逐渐适当提高与第三产业的融合度,如适当提升数字经济在电子商务、互联网金融等服务业方面的应用。

11.3.3 加大企业数字化创新支持力度

为了提升上市公司数字化创新的积极性,更好地推动上市公司数字化创新发展,中央及各级地方政府相继出台了一系列政策,包括提供方向引导、加大资金支持、推广试点和典型发展模式、完善配套支持服务等,以此加快企业数字化创新进程,实现上市公司的高质量发展。基于此,可以从科技创新支持、政府服务支持、智力人才支持及数字政策支持 4 个方面,加大对上市公司数字化创新的支持力度。

11.3.3.1 增强科技创新引领作用

2023 年政府工作报告强调,要"增强科技创新引领作用""加强关键核心技术攻关"。科技创新支持是上市公司进行数字化创新的重要驱动因素。对政府而言,可以从如下方面增强科技创新的引领作用:第一,加强科技创新知识产权保护,鼓励上市公司加大数字经济发明专利申请力度,建立良好的上市公司数字化创新成果转化机制,进一步激发其数字化创新活力;第二,发挥上市公司、高等院校、科研院所、国家数字科技中心的作用,进一步促进产学研政深度融合,推进国际和区域数字科技创新中心建设,为上市公司的数字化创新发展提供更好的科技创新支持;第三,加强关键核心技术攻关,加快解决"卡脖子"难题,鼓励上市公司(尤其是"专精特新"中小企业)与国家重点实验室、科研院所组成关键核心技术攻关团队,优化科技创新资源配置,构建国家战略科技力量体系。

11.3.3.2 提升数字政府服务水平

数字政府是指以新一代信息技术为支撑,旨在通过构建大数据驱动的政务新机制、新平台、新渠道,实现"用数据对话、用数据决策、用数据服务、用数据创新"的现代化治理模式。提升数字政府服务水平对上市公司数字化创新发展具有引导性和驱动性作用。对各级政府而言，一方面，要进一步重视数字政府建设，对数字政府服务进行顶层设计和全面布局，打造鲜明、有特色的数字政府服务品牌；另一方面，要聚焦上市公司数字化创新过程中的共性问题和特性难题，构建上市公司数字化创新全生命周期的服务体系，持续提升服务水平和保障能力，让上市公司真正享受到数字政府建设的红利。

11.3.3.3　丰富数智人才培育举措

对上市公司而言，数字化技术是推动数字化创新的外因，其核心在于员工的数字化素养和能力。基于此，数智人才的培育有其必要性和重要价值。一方面，各级政府应充分发挥政府、高校、企业等多主体、多角色的力量，以产教融合、科教融汇为立足点，围绕以产促教、以教助产的目标，不断丰富数智人才培育的举措，如构建多企业、多高校参与的地区产教联合体，搭建高校、领军企业、数字人才培育项目培训机构三方协同的数字人才产教融合模式；另一方面，开展立足于上市公司数字化创新发展需要的大规模数智技能培训，构建教育链、人才链、产业链、创新链等全链条联通的生态体系。

11.3.3.4　完善数字经济政策体系

上市公司的数字化创新不是一蹴而就的，各级政府应构建动态、全面的政策体系，将引导、支持、治理及监管贯穿到上市公司数字化创新的全过程，最终实现数字经济的良性、可持续发展。一方面，各级政府应加快推进现有数字经济政策体系的完善，如有关数字要素产权界定、数据交易等方面的制度尚未完整建立，数字经济标准体系建设也有待进一步健全；另一方面，应立足上市公司的数字化创新实践难题，"政策要跑在受困企业前面"，构建全方位、多层次、立体化的政策体系，发挥其对上市公司数字化创新的指导和引领作用。

11.4　局限性与未来展望

与现有企业层面的数字化创新性相比，本报告的创新性基于"战略导向—创新投入—创新产出—创新效益"的全过程视角，科学全面地构建了上市公司数字化创新评价体系，并创新性地将上市公司划分为传统产业和数字原生产业，全面地展现了上市公司的数字化创新表现。同时，基于"基础环境—融合环境—支持环境"多维视角，从区域和省份方面揭示了上市公司所处的数字化创新生态环境。然而，本报

告构建的上市公司数字化创新评价体系仍存在一定局限性,具体体现在以下 3 个方面:

11.4.1 评价体系的严谨性和测量的有效性有待进一步完善

在构建数字化创新评价体系时,鉴于数据的可获性,一些指标的数据主要通过提炼上市公司年报中的关键词并进行文本分析的方法来处理。相较于客观数据,这一方面存在一定的局限性,如关键词是否穷尽及通过爬虫技术获取的关键词频次是否准确等,都会导致指标测量的外在效度难以保证。基于此,在未来,随着上市公司年报中披露的数据更为全面,可以通过收集客观数据的方法来测量相关指标,以此提升评价体系的严谨性和测量的有效性。

11.4.2 评价体系的深度和广度有待进一步提升

尽管本报告创新性地将上市公司划分为传统产业和数字原生产业两大类别,分类别从区域、省份和产权 3 个维度对上市公司的数字化创新表现进行分析,但并未考虑行业划分、板块划分等常用分类方法,忽略了这些因素可能带来的上市公司数字化创新表现的差异性。未来,为进一步提升评价体系的深度和广度,可以尝试基于不同行业(如"专精特新"企业、创新型企业等)、不同板块(如主板、创业板、中小板、新三板等)对上市公司进行归类划分,以此实现对上市公司的数字化创新进行更为全面、深入的分析和评价。

11.4.3 评价体系的动态性和阶段性有待进一步强化

与现有数字化创新相关报告一致,本报告仅关注了 2022 年上市公司数字化创新的相关表现,构建的评价体系较为静态,无法有效揭示上市公司数字化创新的动态性、阶段性发展。由于数字化创新是一项系统性活动,且数字化创新的投入具有一定的时间滞后性,为了更为全面地揭示上市公司的数字化创新表现,未来可以考虑收集跨年度的面板数据,通过不同年度数字化创新的阶段性、动态性变化,系统地呈现上市公司的数字化创新发展情况。

参考文献

[1] CHAE B. A General framework for studying the evolution of the digital innovation ecosystem: the case of big data[J]. International journal of information management, 2019,45:83-94.

[2] FICHMAN R G, DOSSANTOS B L, ZHENG Z E. Digital innovation as a fundamental and powerful concept in the information systems curriculum[J]. MIS quarterly,2014,38(2):329-353.

[3] GIBSON J J. The theory of affordances[M]// SHAW R,BRANSFORD J. Perceiving, acting and knowing: toward an ecological psychology. London: Routledge,1977.

[4] HITT M A, IRELAND R D, SIRMON D G,et al. Strategic entrepreneurship: creating value for individuals,organizations,and society[J]. Academy of management perspectives,2011,25(2): 57-75.

[5] HUTCHBY I. Technologies,texts and affordances[J]. Sociology,2001,35(2): 441-456.

[6] KEVIN Z Z,FANG W. Technological capability,strategic flexibility,and product innovation[J]. Strategic management journal,2010,31(5): 547-561.

[7] LYYTINEN K,YOO Y,BOLAND J R. Digital product innovation within four classes of innovation networks[J]. Information systems journal,2016,26(1): 47-75.

[8] MAKARIUS E E,MUKHERJEE D,FOX J D,et al. Rising with the machines: a sociotechnical framework for bringing artificial intelligence into the organization [J]. Journal of business research,2020,120: 262-273.

[9] NAMBISAN S, LYYTINEN K, MAJCHRZAK A, et al. Digital innovation management: reinventing innovation management research in a digital world [J]. MIS quarterly,2017,41(1):223-238.

[10] PFEFFER J,SALANCIK G R. The external control of organizations: a resource dependence perspective[M]. New York: Harper & Row,1978.

[11] QUINTON S,CANHOTO A,MOLINILLO S,et al. Conceptualising a digital

orientation：antecedents of supporting SME performance in the digital economy [J]. Journal of strategic marketing,2018,26(5)：427-439.

[12] ROGERS E M. Diffusion of innovations[M]. New York：The Free Press of Glencoe，1962.

[13] SCHUMPETER J A，FAIN G. Capitalisme,socialisme et démocratie[M]. Paris：Payot,1951.

[14] SOLIMAN M,SAURIN T A,ANZANELLO M J. The impacts of lean production on the complexity of socio-technical systems[J]. International journal of production economics,2018,197：342-357.

[15] TURVEY M T. Affordances and prospective control：an outline of the ontology [J]. Ecological psychology,1992,4(3):173-187.

[16] URBINATI A,CHIARONI D,CHIESA V,et al. The role of digital technologies in open innovation processes：an exploratory multiple case study analysis[J]. R&D management,2020,50(1):136-160.

[17] UTTERBACK J M. Innovation in industry and the diffusion of technology [J]. Science,1974,183(4125)：620-626.

[18] VEGA A，CHIASSON M. A comprehensive framework to research digital innovation：the joint use of the systems of innovation and critical realism[J]. Journal of strategic information systems,2019,28(3):242-256.

[19] YOO Y，BOLAND R J,LYYTINEN K,et al. Organizing for innovation in the digitized world[J]. Organization science,2012,23(5):1398-1408.

[20] YOO Y,HENFRIDSSON O,LYYTINEN K. Research commentary—the new organizing logic of digital innovation：an agenda for information systems research [J]. Information systems research,2010,21(4):724-735.

[21] 陈峣,李天柱. 制造企业数字化创新能力的结构维度划分[J]. 科学与管理, 2023,43(4):28-36.

[22] 程宣梅,朱述全,谢洪明. 数字化、服务化战略与商业模式创新[J]. 科技与经济, 2021,34(1):36-40.

[23] 郭克莎,杨侗龙. 中国产业数字化改造的机制和政策[J]. 经济学动态,2023(3): 21-35.

[24] 洪江涛,张思悦. 可供性理论视角下制造业数字创新的驱动机制[J/OL]. [2023-10-15].科学学研究,1-17. https://doi. org/10. 16192/j. cnki. 1003-2053. 20230602. 002.

[25] 胡媛媛,陈守明,仇方君. 企业数字化战略导向、市场竞争力与组织韧性[J]. 中国软科学,2021(S1):214-225.

[26] 黄勃,李海彤,刘俊岐,等.数字技术创新与中国企业高质量发展:来自企业数字专利的证据[J].经济研究,2023,58(3):97-115.

[27] 江小涓,靳景.数字技术提升经济效率:服务分工、产业协同和数实孪生[J].管理世界,2022,38(12):9-26.

[28] 姜奇平,刘宇洋,许滨鸿.产业数字化转型与居民消费结构升级:效应、路径与机理[J].产业经济评论,2023(4):67-89.

[29] 康瑾,陈凯华.数字创新发展经济体系:框架、演化与增值效应[J].科研管理,2021,42(4):1-10.

[30] 李小青,何玮萱,李子彪,等.制造企业数字化创新能力影响因素识别及评价[J].科技管理研究,2022,42(16):1-10.

[31] 李治国,王杰.数字经济发展、数据要素配置与制造业生产率提升[J].经济学家,2021(10):41-50.

[32] 刘军,杨渊鋆,张三峰.中国数字经济测度与驱动因素研究[J].上海经济研究,2020(6):81-96.

[33] 庞瑞芝,王宏鸣.数字经济与城市绿色发展:赋能还是负能?[J/OL].[2023-10-15].科学学研究,1-17.http://dio.org/10.16192/j.cnki.1003-2053.20230802.001.

[34] 裴秋亚,范黎波.什么样的制度环境更利于数字经济产业发展?:基于多元制度逻辑的组态分析[J].经济与管理研究,2022,43(10):38-52.

[35] 史宇鹏.数字经济与制造业融合发展:路径与建议[J].人民论坛·学术前沿,2021(6):34-39.

[36] 田泽,夏月,管歆格.多维驱动因素联动效应对企业数字化创新的影响:来自SEM与fsQCA的实证分析[J/OL].[2023-10-15].科技进步与对策,1-11.http://kns.cnki.net/kcms/detail/42.1224.G3.20230625.0952.002.html.

[37] 王竞达,王永贵,等.2023中国上市公司创新发展指数报告[M].北京:中国财政经济出版社,2023.

[38] 王军,朱杰,罗茜.中国数字经济发展水平及演变测度[J].数量经济技术经济研究,2021,38(7):26-42.

[39] 王瑞,董明,侯文皓.制造型企业数字化成熟度评价模型及方法研究[J].科技管理研究,2019,39(19):57-64.

[40] 王维,张萌萌,郭韬.商业模式创新对新创企业组织韧性的影响机制研究[J/OL].科技进步与对策,1-11.http://kns.cnki.net/kcms/detail/42.1224.G3.20230901.1326.010.html.

[41] 吴育辉,张腾,秦利宾,等.高管信息技术背景与企业数字化转型[J].经济管理,2022,44(12):138-157.

[42] 谢康,易法敏,古飞婷.大数据驱动的农业数字化转型与创新[J].农业经济问题,2022(5):37-48.

[43] 张永珅,李小波,邢铭强.企业数字化转型与审计定价[J].审计研究,2021(3):62-71.

[44] 赵宸宇.数字化发展与服务化转型:来自制造业上市公司的经验证据[J].南开管理评论,2021,24(2):149-163.

免责声明

一、本报告是课题组在了解企业数字化创新实践的基础上,结合资源依赖理论、技术创新理论、社会技术系统理论等经典理论构建的上市公司数字化创新评价体系,同时利用国家统计局、工信部、国家知识产权局发布的相关数据和上市公司年报、国泰安数据库等相关数据,对 2023 年中国上市公司数字化创新及数字化创新生态环境进行了评价分析。

二、本报告的结论仅代表课题组的研究观点,不构成对任何机构及个人的经营建议。课题组不对本报告内容或因使用本报告的内容而招致的损失承担任何责任。

三、本报告所引用的信息来自市场公开披露的信息,课题组依据收集数据的客观性原则进行分析和研究,但由于企业数字化创新数据本身和课题组数据收集的局限性,课题组不对数据和信息的完整性负责。

四、本报告版权归浙江工商大学数字创新与管理研究院和首都经济贸易大学资产评估研究院共同所有,未经书面许可,任何机构或个人不得以任何形式翻版、复制、刊登或者发表。